仏教史研究ハンドブック

佛教史学会［編］

法藏館

刊行の辞

　佛教史学会は、1949（昭和24）年に「仏教に関する諸般の史的研究」を行うことを目的として設立されました。研究対象とする地域は、インド・中央アジア・東南アジア、中国・朝鮮半島、そして日本など諸地域にわたっています。時代は古代から近現代にまで及んでおり、学問的方法も仏教学・歴史学・文学・美術など多様な分野を包摂しています。本会はこれまで仏教の史的研究に大きな足跡を残し、研究の発展に貢献してまいりました。

　今、仏教史研究の現状をあらためて見渡してみると、研究は非常に旺盛であり、意欲的な論文が次々に発表されています。私の関係する日本中世をとってみても、民衆仏教論の否定、時代区分の変更、宗派的枠組みの相対化、宗教政策論の提起、国際的要因の積極的導入など、研究の大枠が劇的に変化しており、その当否までふくめ活発な議論が繰り広げられています。歴史・文学・美術や仏教学との学際的連携もますます盛んですし、史料の電子化の劇的な進展は、これまでにない新たな研究テーマへの取り組みを可能としています。

　しかし、こうした研究の深化と高度化は、他方では諸研究を俯瞰することを困難にしつつあります。時代や地域、研究分野が少し異なるだけで、何をテーマに、どのような議論が行われているのか、まるで分からないという危惧すべき事態が進行しています。

　そこで本会の60周年記念事業として、「初学者」を対象とした〈研究ハンドブック〉の編纂を企画しました。ここでいう「初学者」とは、研究を始めたばかりの若手を指しますが、それだけではありません。どのような研究者であれ、自分の専門分野以外は「初学者」であるはずです。その意味において本書は、仏教史に関心のある、すべての人々に向けて編纂されています。

　一人でも多くの方々に本ハンドブックを手にとっていただき、仏教史研究の深さと広がりを体感していただくことを強く願っています。

　　2016年12月

　　　　　　　　　　　　　　　　佛教史学会　会長　平　　雅行

目　次

刊行の辞 ………………………………… i
読者のみなさまへ ……………………… iv

第1部　インド、アジア諸国・地域

第1章　インド ……………………… 2

総説 ……………………………………… 2
第1節 初期仏教 ………………………… 4
第2節 部派仏教 ………………………… 6
　　1教団の分裂／2阿含とニカーヤ／3アビダルマ
第3節 仏伝文学・仏教説話 …………… 14
第4節 初期大乗経典 …………………… 16
　　1般若経と浄土系経典／2法華経と華厳経
第5節 中・後期大乗経典と密教経典 … 20
　　1涅槃経と如来蔵系経典／2大日経・金剛頂経など密教経典
第6節 大乗諸学派 ……………………… 24
　　1中観学派／2瑜伽行唯識学派・仏教論理学派
第7節 仏教遺跡・仏教美術 …………… 28
　　1仏塔・石窟寺院／2仏像の起源とその展開
特論　インド仏教研究における
　　梵文写本の資料的価値 ……………… 32
参考文献 ………………………………… 34
コラム　ブッダの生涯 ………………… 35

第2章　アジア諸国・地域 ………… 36

総説 ……………………………………… 36
第1節 中央アジア ……………………… 38
第2節 チベット ………………………… 42
　　1仏教の伝来と受容の歴史／2仏教文化(チベット・モンゴルの仏教美術)／3ボン教の歴史的概要
第3節 スリランカ ……………………… 48
　　1仏教の受容と展開／2仏教寺院(遺跡)
第4節 ミャンマー(ビルマ) ………… 52
　　1仏教の受容と展開／2仏教寺院(遺跡)
第5節 タイ ……………………………… 56
　　1仏教の受容と展開／2仏教寺院(遺跡)
第6節 カンボジア ……………………… 60
　　1仏教の受容と展開／2仏教寺院(遺跡)
第7節 インドネシア …………………… 64
　　1仏教の受容と展開／2仏教寺院(遺跡)
第8節 ベトナム ………………………… 68
　　1仏教の伝播と受容／2仏教寺院(遺跡)
基礎資料・参考文献 …………………… 72
コラム　ウイグル仏教 ………………… 74

第2部　中国、朝鮮半島

第1章　中国 …………………………… 76

総説 ……………………………………… 76
第1節 仏教の伝来と展開 ……………… 78
　　1訳経事業／2経録
第2節 国家と仏教 ……………………… 82
　　1崇仏の皇帝たち／2教団の統制／3仏教弾圧／4教団の自治
第3節 非漢族政権と仏教 ……………… 90
　　1北魏／2契丹(遼)・金／3モンゴル・元
第4節 活躍した僧たち ………………… 96
　　1中世(1)　隋代まで／2中世(2)　唐代／3近世　宋・元代
第5節 社会のなかの仏教 …………… 102
　　1法会と在俗信仰組織／2民間信仰
第6節 大蔵経 ………………………… 106
　　1大蔵経通史／2大蔵経の類型
第7節 石窟寺院 ……………………… 110
　　1中国の仏教石窟／2敦煌／3雲崗石窟・龍門石窟
第8節 仏教史料 ……………………… 116
　　1仏教史書／2石刻／3文物
基礎資料・参考文献 ………………… 120
コラム　中国浄土教思想史 ………… 122
コラム　西夏と仏教 ………………… 123

第2章　朝鮮半島 …………………… 124

総説 …………………………………… 124
第1節 朝鮮仏教通史 ………………… 126
　　1古代三国・統一新羅時代／2高麗時代以後
第2節 朝鮮仏教の独自性 …………… 130
第3節 国外との関係 ………………… 132
　　1新羅以前のインド・中国・日本との交流／2高麗と宋・契丹・元・日本
第4節 国家と仏教(護国仏教) ……… 136
　　1古代／2高麗時代の国家が行う仏教儀礼
第5節 他宗教との関係 ……………… 140
　　1古代における儒教・道教等との関係／2朝鮮時代の仏教弾圧／3近代における他宗教(キリスト教)との関係
第6節 仏教文化(仏教美術) ………… 146
基礎資料・参考文献 ………………… 148
コラム　中国・朝鮮半島の
　　　　近代仏教史研究 …………… 150

目 次 iii

第3部 日本（古代・中世・近世・近代）

第1章 日本古代 …………………… **152**

総説 ………………………………… **152**

第1節 仏教の伝来と受容 …………… **154**
1飛鳥仏教の展開／2古代寺院の造営と東アジア

第2節 奈良仏教 …………………… **160**
1僧尼令とその実態／2国分寺・国分尼寺の建立と大仏造立／3行基と行基信仰／4出家と得度と受戒／5僧尼身分と僧位僧官

第3節 平安仏教 …………………… **170**
1最澄・空海と「平安仏教」／2宗の成立と展開／3大寺・定額寺から御願寺へ／4法会とその歴史的展開

第4節 日本古代史と仏教史料 ……… **180**
1正倉院文書と奈良仏教／2仏教説話集の世界／3出土文字資料と古代寺院／4仏教文物と古代仏教史

第5節 古代仏教とその周辺 ……… **186**
1神仏習合／2仏教と諸宗教／3御霊信仰／4対外交流と仏教／5宋外交と僧侶／6聖の原像と展開／7女性と仏教

基礎資料・参考文献 ……………… **200**

第2章 日本中世 …………………… **202**

総説 ………………………………… **202**

第1節 中世国家と仏教 …………… **204**
1院政と仏教／2寺社勢力の展開／3顕密体制論／4諸国一宮制／5室町仏教／6戦国仏教／

第2節 中世の仏教思想 …………… **216**
1浄土教／2専修念仏／3禅／4法華／5南都仏教の展開と律宗／6本覚思想／7中世神道説と神国思想

第3節 中世仏教と東アジア ………… **230**
1五山僧／2渡来僧と外交／3経典の輸入

第4節 中世の信仰世界 …………… **236**
1本尊（信仰対象の多様化）／2霊場・寺社参詣／3葬送・墓制・追善／4修験道と仏教／5女性と仏教

第5節 中世の仏教文化 …………… **246**
1経典・聖教／2板碑・石塔／3起請文・願文／4五山文学／5寺社建築／6法会・音楽（声明・唱導）／7仏教と芸能／8仏教美術

基礎資料・参考文献 ……………… **262**
特論 吉田神道 …………………… **264**
コラム 一向一揆・寺内町 ……… **265**

第3章 日本近世 …………………… **266**

総説 ………………………………… **266**

第1節 国家と仏教 ………………… **268**
1織豊政権期の仏教／2朝廷・公家社会と仏教／3幕府の宗教政策／4徳川と仏教／5藩と仏教

第2節 諸宗派の動向 ……………… **278**
1南都・律／2天台宗／3真言宗／4禅／5浄土宗／6日蓮宗・法華宗／7時宗／8浄土真宗／9修験

第3節 社会と仏教 ………………… **290**
1都市社会における仏教／2寺社参詣／3勧進／4葬送文化／5女性と仏教／6被差別民・差別と仏教

第4節 仏教の学問・知識 ………… **300**
1仏教治国論／2書物と仏教知／3寺院縁起と由緒書上

第5節 諸思想・諸宗教と仏教 ……… **306**
1神道と仏教／2儒образと仏教／3キリスト教と仏教／4異端的宗教／5民衆宗教

基礎資料・参考文献 ……………… **316**
特論 仏教と科学 ………………… **318**

第4章 日本近代 …………………… **320**

総説 ………………………………… **320**

第1節 国家と仏教 ………………… **322**
1廃仏毀釈／2天皇制と仏教／3国家神道と仏教／4宗教行政／5従軍布教

第2節 近代的知と仏教 …………… **330**
1近代仏教学・近代仏教史学／2仏教系教育機関／3メディア

第3節 異文化接触 ………………… **336**
1キリスト教と近代日本／2仏跡巡礼と遺跡調査・探検／3来日仏教徒／4海外布教（ハワイ・北米開教）／5海外布教（アジア）

第4節 社会と仏教 ………………… **346**
1戒律／2仏教改革運動（その1）／3仏教改革運動（その2）／4社会主義／5女性と仏教／6民間信仰と仏教／7社会福祉／8差別と仏教／9仏教系新宗教／10仏教系NGO／11平和運動

第5節 文学・芸術と仏教 ………… **364**
1仏教と文学／2仏教と美術／3仏教と音楽

基礎資料・参考文献 ……………… **368**

仏教史関連地図 …………………… **370**
仏教史年表 ………………………… **380**
索引 ………………………………… **400**
執筆者一覧 ………………………… **409**

iv

読者の皆様へ

　まずは、本書のなかで興味をもったところから読みはじめてください。各総説・項目は、読みやすさを考え、見開きでまとめています。地図・年表・索引も各項目への導入として活用してください。本書を手がかりに〈仏教史〉への興味を広げていただければ幸いです。

本書の構成とねらい

(1)このハンドブックは、仏教史学の最新成果を踏まえながら、大学生・大学院生をはじめ、広く仏教史学に興味関心をもち、これから研究に取り組もうとする読者を主な対象として、佛教史学会が制作・編集した。初学者向けの入門書としての性格を強く意識しつつ、教員・研究者の利便をも考慮した。

(2)佛教史学会として、インド、アジア諸国・地域、中国、朝鮮半島、日本など、仏教が伝播するすべての地域をできるかぎりとりあげ、時代についても仏教の歴史のはじまりから近現代に至るまでを見通しながら、1冊にまとめた。

(3)記述については平明な文章を心がけ、専門用語・難読語句には適宜ルビ（よみがな）を付した。また、理解の一助とすべく適宜、図版（写真・図表）を配置した。

(4)本書は全3部8章構成からなり（目次参照）、各章は(a)総説、(b)項目、(c)基礎資料、(d)参考文献で構成した。また特論、コラムも配置した。さらに本書末尾に、付録として地図・年表・索引を掲げた。

(5)各章の総説は、その章の内容に関する導入、概説である。

(6)各章の項目については、章内をさらに節で分けながら、各研究テーマを立項した。項目数は全168項目で、加えて特論が3項目、コラムが6項目である。

(7)各項目の解説については、小見出しを設け、テーマの概要、研究状況、課題と展望をまとめた。キーワードはゴチック体で強調し

た。関連項目は「→○部○章○節○」と示した。末尾には主要な参考文献を掲げた。経典などが収録されている『大正新脩大蔵経』は『大正蔵』と略記した。

(8)各章末尾の「基礎資料」は、その章の内容に関する基本的な資料（史料）やその資料（史料）を見るのに手に取りやすい文献名を掲げ、簡単な解説文を付した。ただし、第1部第1章のみ特論をもってこれにかえた。

(9)各章末尾の「参考文献」は、その章の内容に関してまずは見るべき主要な研究書籍・研究論文などを掲げた。

(10)付録の地図は、①ユーラシア大陸、②南アジア（インドとその周辺国、ブッダゆかりの地周辺拡大図）、③中央アジア・チベット、④中国、⑤東南アジア（関連部分）、⑥朝鮮半島、⑦日本を掲げた。

(11)付録の年表は4地域並行で示し、地域ごとの時代の流れを概略的に理解するとともに、地域横断的な理解をしやすい編集を心がけた。

(12)付録の索引は、ゴチック体で強調したキーワードを中心に、仏教史に関する基本的な語句を50音順に並べた。

(13)総説・項目・特論・コラムの執筆者名については各解説末尾に（　）で記した。本書の編集責任は編集委員会にある。執筆者一覧と編集委員会名簿は本書末尾に掲げた。

(14)本書内の図版写真の撮影者は特記のない場合、執筆者・編集委員である。

(15)本書の内容については、地域横断的な視角を重視したため、とりあげなかったテーマ、学説、文献等もあるが、企画の性格をご理解いただき、ご海容を願う次第である。

第1部
インド、アジア諸国・地域

第1章 インド

総 説

本章の扱う範囲と用語

　第1部第1章で扱う時代は、紀元前5、6世紀の仏教の開祖であるブッダ在世時から、イスラム勢力の台頭によってインドで仏教が衰退する13世紀初頭までである。第1－6節までは仏教思想の推移・展開を時代順に追っており、第7節では美術や芸術的な視点から述べる。なおブッダ（仏陀）には、ほかにも仏、釈尊、釈迦牟尼、如来、世尊など様々な呼称があるが、本章では原則として「ブッダ」に統一する。ただし、仏像に関しては「釈迦」を用いるなどの例外もある。また、文献資料（テキスト）については、古代インド諸語で書かれた一次資料を「原典」と呼び、翻訳された二次資料と区別する。

インドの仏教から世界宗教へ

　仏教とは、およそ2,500年前にヒマラヤ山麓の小国に生まれたガウタマ・シッダールタ王子（ブッダ。→1部1章コラム）が創始した宗教である。仏（ブッダ）と法（ダルマ、彼が発見した真理）と僧団（サンガ、それを受け継ぐ集団）の三宝を基盤としており、輪廻からの解脱（成仏）を目的とする。

　ブッダ入滅後、仏教は全インドに広まり、やがて南方と北方の2つのルートで伝播した。南方に伝播したものは、南伝仏教、初期仏教、原始仏教、上座部（テーラヴァーダ）仏教などと呼ばれ、ブッダ在世時の出家を重視した形態を継承している。主にスリランカや東南アジアに伝えられた→1部1章1節。北方に伝わったものは、紀元前後（仏滅300-400年後）に興った新しい仏教運動である。中央アジアから中国やチベット、さらには朝鮮半島、日本へと伝わり、北伝仏教あるいは大乗仏教→1部1章4－6節と呼ばれる。5世紀頃には、密教という新しい運動→1部1章5節2が興り、中国

表1　インド仏教の流れ

初期仏教	BC.6-4c	教団が1つの時代　ブッダ在世-入滅後100年まで（初期仏教）　　　　　　　　　　　　　　　　　※マウリヤ王朝による統一		
部派仏教	BC.3c	部派仏教の時代　第二結集（根本分裂）　　※アショーカ王による仏教保護　南方に伝わった仏教　→　パーリ語聖典《上座部》　北方に伝わった仏教　→　サンスクリット語聖典《説一切有部など》		
大乗仏教		BC.1c	自らを菩薩と称する弟子の登場、新しい経典、現在他方仏の誕生　　　　　　　　　　　　　　　　　　　※クシャーナ王朝	
		AD.3-4c	全インドに仏教が普及、学問的に体系化される　※グプタ王朝	
	密教	AD.6c	陀羅尼や曼荼羅を使った儀礼　※ヴァルダナ王朝、パーラ王朝	
		AD.13c	ヴィクラマシラー寺院の破壊によりインド仏教教団滅亡	

やチベット、日本に伝わった→1部2章2節1・2部・3部。この頃には、仏教はインドを越えてアジアを中心に世界各地に広がり始めていた（表1）。

◎ ブッダの生涯と仏滅後の諸思想

　ブッダは29歳で出家し、35歳の時に菩提樹のもとで成道した（さとりを得た）。ブッダの得た真理とは、苦（生きるとは苦しいこと）、集（その原因は自らの作り出す執着）、滅（それを滅すことができる）、道（滅すための実践方法がある）の4つ「四聖諦」である。その後、80歳で入滅（般涅槃）するまでの45年間、ブッダはガンジス河中流域の各地を遍歴・説法し、様々な実践方法を説いた。代表的なものは八正道、六波羅蜜があげられる。入滅後、ブッダの遺骸は荼毘にふされ、残った遺骨は分骨され、それを祀った仏塔が建立された。仏滅100年後には僧団は分裂し、上座部、説一切有部、経量部→1部1章2節1といった部派の林立する時代となり、全インドに広まり始める。紀元前後には新たに大乗仏教運動が興り、浄土思想→1部1章4節1、中観思想→1部1章6節1、瑜伽行唯識思想→1部1章6節2、如来蔵思想→1部1章5節1などが生まれた。さらに5世紀には大乗仏教を基盤とした新しい密教運動→1部1章5節2が興る。

◎ 仏教の聖典

　仏教聖典とは経蔵・律蔵・論蔵から構成される三蔵である。経蔵は、ブッダが説いた教えの集成、いわば仏説書であり、経典とも呼ばれる→1部1章2節2。律蔵は、出家者教団の規則・罰則集であり、教団の六法全書ともいえる。いずれも仏滅100年目の結集（集会）で整備された。それに対し、論蔵はさらに100年ほど成立が遅れる。論書とも呼ばれ、経典の注釈解説書であり、僧侶によって著されている→1部1章2節3。もともと三蔵は口伝であったが、後に筆写されるようになり、サンスクリット語やパーリ語など、古代インド語で記された。それらのなかで完本として現存するのはパーリ三蔵のみで、それ以外は部分的に写本が発見されているのみである。中国語やチベット語など各地の言語にも翻訳されており、各地域で「大蔵経」として集成された。漢訳大蔵経、チベット大蔵経、モンゴル大蔵経などが完本として残されている。

◎ 研究方法

　インド仏教研究は、あるテキストに注目し、それを正確に理解する手法（文献学）をとることが多い。近年、多くの古代インド諸語やチベット語などの写本・版本が発見されたことから、それらの考古学的・言語学的・文献学的な研究が盛んである。したがって、サンスクリット語、パーリ語、古典チベット語、仏教漢語、古典モンゴル語などの古語の知識が必要である。　　　　　　　　　　　　　　　　（佐藤直実）

◎ 参考文献

高崎直道　1983　『仏教入門』　東京大学出版会

山折哲雄　2000　『仏教用語の基礎知識』　角川書店

水野弘元　2006（初版 1972）『仏教要語の基礎知識』　春秋社

平川　彰　2011（初版 1974・79）『インド仏教史』全2巻　春秋社

『シリーズ大乗仏教』全10巻　2011-2014　春秋社

1 初期仏教

● 定義・内容

インドにおける最初期の仏教のことを初期仏教という。この用語の定義については研究者によって異なる場合もあるが、本書では、その時代範囲をブッダ在世時代（紀元前5世紀後半頃、紀元前6世紀後半頃の2説がある）からアショーカ王がインドを統治した時代（在位紀元前268-紀元前232年）までとし、現存する文献や碑文、遺跡などから構築できるこの時代の仏教を初期仏教と呼ぶ。

次に、我々が初期仏教の情報を得るための文献について述べておく。古代インドには史書がないため、古い仏典に含まれる情報が最初期の仏教を知る手がかりとなる。だが、今日に伝わる経蔵（阿含・ニカーヤ）や律蔵などの初期仏典→1部1章2節2・3といえども、仏滅後数百年の後に編纂された部派仏教→1部1章2節1の所産であるため、最初期の仏教を直接的に語る文献とはいえない。しかし、それらの仏典のなかにも新層部分と古層部分が存在し、特に古層部分には最初期の仏教に関わる内容が含まれていると思われる。つまり、部派仏教時代の仏典から、最初期の仏教を復元する作業が必要となるのである。

一方、アショーカ王時代の仏教については、彼の領土各地に建立された摩崖法勅や石柱法勅といった、いわゆるアショーカ王碑文の内容から知ることが可能となる。アショーカ王の年代は、ギリシャやローマの史料をもとに設定されているため、アショーカ王碑文は、紀元前3世紀頃の仏教の様相の一部を伝えるものとされている。これらのことを前提として、「ブッダ在世時代」「ブッダの入滅と仏典編纂」「アショーカ王時代の仏教」の順に、初期仏教における重要事項を述べていこう。

● ブッダ在世時代

仏教の開祖であるブッダは王族の出身であり、現在のインドとネパールの国境付近で誕生した。やがて彼は出家し、35歳頃に悟りを得た→1部1章コラム。その後、入滅するまでの約45年間、ガンジス河中流地域のマガダ国やコーサラ国を中心に説法を行ったと考えられている。説法に用いた言語はマガダ語であったとする説が有力である。ブッダの説法を受ける弟子たちの数も次第に増加していき、出家者で組織される教団も

図1 ブッダガヤー大菩提寺の大塔
ブッダ成道の地となるブッダガヤーは、現在も仏教の重要な聖地の1つとして、多くの仏教徒に認知されている。写真の大塔を中心に、西側には菩提樹と金剛宝座が祀られている。

誕生した。教団の構成員は、在家者から寄進された土地に精舎を建てて暮らした。有名な精舎に、祇園精舎や竹林精舎などがある。またブッダ在世時には、ジャイナ教の開祖であるマハーヴィーラなど著名な思想家が6人いたとされる。そして、ブッダがクシナガラの地で入滅したあと、遺骨は8つに分配され、それぞれ仏塔に安置されたという。そのブッダの遺骨を納めた可能性のある舎利容器が、19世紀後半に発見されている。

ブッダの入滅と仏典編纂

仏典の記載によると、ブッダ入滅の直後、その教えを正しく伝承することを目的とした仏弟子たちによる会議が開催されたという。この会議は、結集と呼ばれており、その概要は、摩訶迦葉を中心とした500人の仏弟子たちがマガダ国の首都である王舎城に集まり、自分たちが記憶しているブッダの教説を誦出することで、その内容に誤りがないかの確認作業を行ったというものである。この結集伝説は、歴史的事実をそのままに伝えているとは思えないが、この伝説には、ブッダの入滅後、その教説を、数百年にわたって口頭で伝えたとされる仏教徒たちの営みが十分に反映されているといえよう。後に、その口頭による伝承内容の一部が書写され、経蔵（阿含・ニカーヤ）や律蔵などの仏典として編纂されていったのである。

アショーカ王時代の仏教

ブッダ在世時のインドは、十六大国と呼ばれる強国が割拠する状態であったが、紀元前3世紀頃には、マウリヤ王朝第3代のアショーカ王が現れ、インドは統一される。彼は仏教徒となり、仏教以外の宗教を承認しつつ、仏法による統治を行っていた。そのことはアショーカ王碑文の内容から知ることができる。たとえば、王が仏跡地に巡礼し、仏塔の修繕をしたという記述が碑文にある。このことからアショーカ王の時代には、仏塔崇拝があったものと思われる。また碑文には、「七種の法門」と呼ばれるブッダの教説があげられ、その学習が推奨されている。この「七種の法門」は、近代の研究者によって、現存する仏典の一部に比定されている。さらに、仏教教団の分裂を誡める内容の碑文もあるため、この時代には、教団の分裂がすでに問題となっていた可能性もある。またアショーカ王は、数多くの伝道師を各地域へ派遣したというが、そのうちの1人であるマヒンダが、パーリ語の仏典をインド本土からスリランカに伝えたという伝説もある。このようなアショーカ王による一連の活動が、仏教の勢力を急速に広める要因となったことは間違いないであろう。　　　　（天野　信）

参考文献

長尾雅人　2001　『仏教の源流　インド』（中公文庫）　中央公論新社

並川孝儀　2010　「原始仏教の世界」（『新アジア仏教史2　インドⅡ　仏教の形成と展開』佼成出版社）

馬場紀寿　2010　「初期経典と実践」（『新アジア仏教史3　インドⅢ　仏典からみた仏教世界』佼成出版社）

平川　彰　2011（初版1974）『インド仏教史』上　春秋社

② 部派仏教

1　教団の分裂

● サンガと部派

　仏教教団は出家修行者と在家信者で構成される。出家修行者は、比丘（20歳以上で正式な具足戒を受けた男性出家者）、比丘尼（同じく女性出家者）などに分けられる。在家信者は、優婆塞（正式に仏教徒となった一般男性）と優婆夷（正式に仏教徒となった一般女性）である。出家者集団は、**サンガ**（僧団、漢訳：**僧伽**）と呼ばれ、このサンガの分裂を一般に「**部派分裂**」という。部派とは、出家者の間で生活規則や教義への解釈の相違で分かれたグループのことで、それぞれが三蔵（経蔵・律蔵・論蔵。→1部1章2節2・3）を保有し、それを伝えた出家者集団の集まりを指す。

　サンガの概念には、「**現前サンガ**」と「**四方サンガ**」との2つがある。「現前サンガ」とは、実際に活動している集団のことで、5人以上の比丘が集まる集団各々を指し、それらは15日ごとに定められた場所に集まって会議（布薩）などを行う。「四方サンガ」とは、仏教僧団の全体を指しており、あらゆる出家者が所属する概念的なまとまりのことである。どの部派に所属しているかは関係なく、出家者であればみな「四方サンガ」に属していると見なす。

● 僧団の分裂とその過程

　本来、仏教僧団は、ブッダの在世時よりその入滅後およそ100年の間は1つであった。ブッダの入滅直後、仏弟子のマハーカッサパが責任者となり、アーナンダとウパーリを中心として、ブッダの説いた教え（スートラ、経）とブッダの定めた生活規則（ヴィナヤ、律）に関して、確認と集成のための大規模な会議が行われた。これを第一結集といい、2度目は第二結集といわれ、入滅後およそ100年後に開催されたと伝えられる。この第二結集については、南方の伝承でみると、もっぱら10項目の解釈をめぐって、保守派（上座部）と改革派（大衆部）に分裂したといわれる。これを根本分裂といい、これが部派の始まりである。

　ここで保守派の上座部が、従来の教団規則に抵触すると主張した10項目（**十事の非法**）は、①塩の貯蔵、②正午以降に食事を摂ること、③すでに食事を済ませたものが村に入って新しく用意された食事を摂ること、④同一の境界内の住処で別々に集会（布薩）を行うこと、⑤一部の比丘のみで集会を行わない、他の比丘には事後承諾で済ませること、⑥和尚や阿闍梨の習慣に従うこと、⑦食後にヨーグルト状になっていない乳を飲むこと、⑧発酵した樹液などを飲むこと、⑨装飾のある坐具を使用すること、⑩金銀を受け取ること、である。

　これに対して、改革派の大衆部は、10項目の内容については僧団の活動地域や活動状況に適したものであるとして、従来の教団規則を柔軟に運営すべきだと主張した。このような部派の分裂は、仏教僧団の勢力が少しずつ拡大し、インドの周辺地域にも

その活動拠点が広がっていくなかで、修行生活の様式も多様化していったこととも少なからず連動している（図1・2）。

そうして、根本分裂をきっかけに、その後およそ300年かけて最終的には約20のグループ（部派）に分裂したと伝えられる。これを枝末分裂という（8頁表1）。

この枝末分裂について伝承する文献としては、『島史（ディーパヴァンサ）』と『大史（マハーヴァンサ）』（上座部大寺派所属）、ブッダゴーサ（5世紀）の『論事注（カターヴァットゥ・アッタカター）』、そして『異部宗輪論』（説一切有部所属）などをあげることができる。

比丘や比丘尼たちが修行生活を行う際にその拠り処とするのが、出家者の生活規則であるが、それらの集成である律蔵は、現在6種類を数え、各々所属する部派が異なる（9頁表2）。

そもそも、出家者の生活規則には大きく2つの目的があるといえる。1つめは、ブッダの教えに基づいて出家者として正しく修行生活を送るため、2つめは僧団、あるいは在家信者や一般社会との間で発生した（あるいは発生するかもしれない）トラブルを解決・回避するため、である。そして、

図1　祇園精舎（シュラーヴァスティー／現インド・ウッタルプラデーシュ州）　教団成立の最初期に、給孤独長者とジェータ王子から布施されたと伝えられる平地に建てられた僧院址。現在でも多くの仏教徒が訪れる聖地の1つ。

図2　タフティバーイ（ガンダーラ／現パキスタン）　1世紀頃に山間部に建てられた僧院址で、7世紀頃までは活動が盛んであった。ガンダーラの仏教遺跡でも保存状態が良いことで知られる。

出家者の生活規則は、個人的生活に関わる条項（戒）と集団生活に関わる条項（律）とに大別される。出家者は、修行生活を送る中で、これらの生活規則を遵守しながら、教団の維持・運営に努めたのである。

● 研究の動向と今後の課題

僧団の分裂については、「破僧」（僧団を分裂させること）がキーワードとなる。近年、佐々木閑氏により以下の指摘がなされている。律蔵を中心に「破僧」の定義を追うと、cakrabheda（仏説に反する見解を主張して、独自にグループを形成すること）と、karmabheda（1つの僧団内で別々に布薩など僧団の行事を行うこと）という2つに分類することが可能である。

上座部系の各部派は、初めはチャクラベーダを採用していたが、後にカルマベーダへと定義を変更する。ただし、有部はチャクラベーダを破僧の定義とした。そして大

表1　枝末分裂

「根本分裂」に続き、上座・大衆のそれぞれがさらに分裂を繰り返す。これが「枝末分裂」であり、仏教は「部派仏教」の時代を迎える。およそ20の部派に分裂したといわれるが、インドからスリランカ、東南アジア地域に広がった「南伝仏教」と、インドから中央アジア・中国・朝鮮半島・日本、また、インドからチベット・モンゴリア地域へと伝播した「北伝仏教」とではその所伝が異なる。

北伝仏教に伝わる部派仏教（『異部宗輪論』に基づく説。番号は分裂した順番）

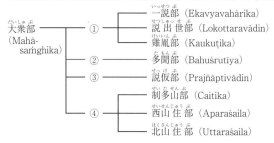

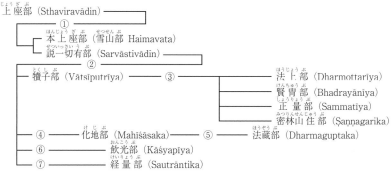

南伝仏教に伝わる部派仏教（『島史』『大史』に基づく説）

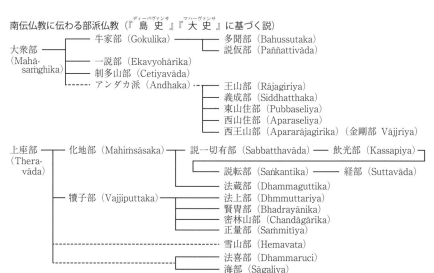

＊8頁表1は、平川彰『インド仏教史』上巻（春秋社、1974）152-153頁を参考に編集委員会が作成。ただし、こうした分派図については佐々木閑「部派分派図の表記方法」（『印度学仏教学研究』47-1、1998）、同「部派仏教の概念に関するいささか奇妙な提言」（櫻部健博士喜寿記念論集刊行会編『初期仏教からアビダルマへ』平楽寺書店、2002年）等の批判があり、今後も検討が必要である。

表2　六広律（ほぼ完全な構成で伝わる6種の律蔵）

所属部派名	律蔵の名称	訳出年など
上座部（じょうざぶ）	ヴィナヤ・ピタカ	パーリ語で伝わった律蔵で、現代ではスリランカ、タイ、ミャンマー（ビルマ）などで用いられている。『パーリ律』ともいわれる。
説一切有部（せついっさいうぶ）	『十誦律』（じゅうじゅりつ）	409年訳
法蔵部（ほうぞうぶ）	『四分律』（しぶんりつ）	410-412年訳
大衆部（だいしゅぶ）	『摩訶僧祇律』（まかそうぎりつ）	416-418年訳
化地部（けじぶ）	『彌沙塞部和醯五分律』（みしゃそくぶわけいごぶんりつ）	422-423年訳
説一切有部系	『根本説一切有部毘奈耶』（こんぽんせついっさいうぶびなや）	695-713年訳　※サンスクリット語の原典、漢訳ともに散逸がみられるが、チベット語訳の大蔵経には完訳がある。

衆部がチャクラベーダからカルマベーダへの定義の変更を積極的に行ったことを、『摩訶僧祇律』とアショーカ王碑文との比較により指摘している（佐々木 2000）。

　さきにあげた『異部宗輪論』では、根本分裂はアショーカ王（在位紀元前268-紀元前232年頃）の治世であったとされるが、ここでアショーカ王によるサーンチーの法勅碑文（ほうちょくひぶん）を紹介しておく。

　　比丘あるいは比丘尼でありながらサンガを破壊しようとするものは、白衣を着せしめて、住処でないところに住せしめなければならない。（抜粋訳出）

　この「白衣を着せしめて……」とは、サンガを分裂させようとする比丘を還俗させてサンガの和合（わごう）を保つことを意味している。

　このようにサンガの動向は、在家信者や一般社会に対しても影響が及んでいたことを視野に入れねばならない。部派の分裂については、いまだ解明されていないことも多く、仏教伝播の過程を探究するうえでも大きな課題である。　　　　　　（岩田朋子）

● 参考文献

佐藤密雄　1963　『原始仏教教団の研究』　山喜房佛書林

平川　彰　1989・1990　『平川彰著作集3・4　初期大乗仏教の研究Ⅰ・Ⅱ』　春秋社

佐々木閑　1999　『出家とはなにか』　大蔵出版

平川　彰　1999・2000　『平川彰著作集9・10　律蔵の研究Ⅰ・Ⅱ』　春秋社

佐々木閑　2000　『インド仏教変移論』　大蔵出版

10　第1部　インド、アジア諸国・地域＊第1章　インド

2　阿含とニカーヤ

● 定義・内容

　仏典を分類する際、経蔵・律蔵・論蔵の3種類とするのが最も基本であり、これ
を三蔵と呼ぶ。三蔵のうち、ブッダの教えをまとめたものが経蔵である。経とは、サ
ンスクリット語でスートラといい、「ひも」を意味する。ひもは、ものとものを結び
つけ、まとめることができるため、古代インドでは、祭式や学術の基本説を暗唱用の
短い文章にまとめたものをスートラと呼んだ。仏教もこれにならい、ブッダの教えを
文章にまとめたものをスートラとしたのである。そして、現在まとまった形で残って
いる古い時代の経典が、漢訳で伝わる阿含と、パーリ語で伝わるニカーヤである。
パーリ語は、サンスクリット語と同様にインドの古典語であるが、サンスクリット語
が、文法家によって規定された「標準語」であるのに対して、パーリ語は、「プラー
クリット語（自然にできあがった言語）」の1種となる。ちなみにジャイナ教の聖典に
用いられるアルダマーガディー（半マガダ語）も、パーリ語と同じくプラークリット
語の1つとなる。

　阿含とは、サンスクリット語ではアーガマといい、「伝承」を意味する。ニカーヤ
とは、「部、部類」という意味のパーリ語である。経典は、「仏説」であることを基本
条件とする文献となるのだが、その編纂時期は、ブッダの入滅後であるため、ブッダ
の直接的な言行録であるとはいえない。それは大乗経典だけではなく、初期経典と呼
ばれる阿含・ニカーヤといえども例外ではない。ブッダの入滅後、その教えは、ただ
ちに書物としてまとめられたのではなく、はじめの数百年間は口頭で伝承され、やが
て書写されるようになったと考えられている。そのため、現存する阿含とニカーヤは、
部派仏教時代の所産となるのだが、その古層部分には、ブッダの直説が含まれている
可能性も十分にある。

　次に、阿含とニカーヤのおおまかな内容構成と編纂方法について述べよう。阿含と
ニカーヤは、単一の経典の呼称ではなく、一定の編纂方法に基づいて集成された経典
群の総称となる。下記の表1に示したように、それぞれ4つと5つのグループから成
り立っており、共通点も多い。

　『長阿含経』『長部』（図1）は、比較的長い経典を30経ほど収録したものであり、
『中阿含経』『中部』は、中程度の長さの経典を多数収録したものである。『雑阿含経』『相応部』は、基本的な教理や実践修道などに関する短い経典をテーマ別に集成したものであり、『増一阿含経』『増支部』

表1　阿含とニカーヤのグループ

四阿含	五ニカーヤ
『長阿含経』	『ディーガ・ニカーヤ』（『長部』）
『中阿含経』	『マッジマ・ニカーヤ』（『中部』）
『雑阿含経』	『サムユッタ・ニカーヤ』（『相応部』）
『増一阿含経』	『アングッタラ・ニカーヤ』（『増支部』）
	『クッダカ・ニカーヤ』（『小部』）

図1　サンスクリット長阿含経（8世紀前半。平山郁夫シルクロード美術館蔵、龍谷大学龍谷ミュージアム編『釈尊と親鸞』より転載）

は、法数で分類された短い経典の集成となる。『小部』は、他の4部に入らない特殊なものを15経収録したものであり、『ダンマパダ』『スッタニパータ』『ジャータカ』などがある。『小部』については、漢訳には相当するグループが見当たらないが、『小部』収録の経典と同様の内容をもつ単独の漢訳経典は複数存在する。『ダンマパダ』の対応漢訳となる『法句経』はその1例となる。

　次に、これらの経典の所属部派について述べておこう。ニカーヤはすべて上座部大寺派のものであるが、漢訳の四阿含は、それぞれ所属する部派が異なる。『長阿含経』は法蔵部、『中阿含経』と『雑阿含経』は説一切有部系、『増一阿含経』は諸説あるが所属部派不明である。このように阿含とニカーヤは、それぞれ部派に所属することから、初期仏教研究はもとより、部派仏教研究においても重要な文献となる。また、サンスクリット語やチベット語による説一切有部系の阿含も、一部ではあるが発見されている。

● 研究動向

　ニカーヤなどのパーリ聖典には、**アッタカター**と呼ばれるパーリ語で書かれた注釈文献が多数存在する。これらは、5世紀以降にスリランカで成立したものであるため、かつては初期仏教研究の補助的な文献とされていたが、近年の研究成果によって、その内容には、阿含・ニカーヤと同様に、インド起源の古い要素も含まれていることが明らかとなるなど、資料的価値が大きく見直された。

　さらに、阿含・ニカーヤおよびパーリ注釈文献と大乗仏典との関連性などについても、大乗仏教成立研究の一環として、最近の学界で大きな問題となっている。

（天野　信）

● 参考文献

前田恵学　1964　『原始仏教聖典の成立史研究』　山喜房佛書林

水野弘元　2004　『経典はいかに伝わったか』　佼成出版社

中村　元、三枝充悳　2009（初版 1987）『バウッダ［仏教］』（講談社学術文庫）　講談社

馬場紀寿　2010　「初期経典と実践」（『新アジア仏教史3　インドⅢ　仏典からみた仏教世界』　佼成出版社）

吹田隆道　2013　『ブッダとは誰か』　春秋社

3 アビダルマ

● 定義

アビダルマ (abhidharma) とは、仏教諸部派の三蔵 (経・律・論) のうちの論蔵 (abhidharma-piṭaka) を形成する文献群、その注釈書や綱要書、あるいは、それらによって知られる学説体系である。語義的には、「アビ」(abhi) は「……に対する」を意味する接頭辞であり、「ダルマ」(dharma) すなわち「法」に「対する」考察、分析を意味するものと解釈することができる。また、「アビ」を「すぐれた」の意味に解し、「すぐれた法」を意味するとする伝統的解釈も存在する。もともとアビダルマは、ブッダの教説における多数の重要項目をリストアップした上でそれらに適切な定義や説明を与え、分類整理しようとするものであるが、上座部や説一切有部 (Sarvāstivādin, 以下、有部。→1部1章2節1) など、これを「仏説」として、経と同等あるいはそれ以上の権威を与える場合もある。

● 基礎資料

上座部の論蔵としてはいわゆる「パーリの七論」として『法集論 (Dhammasa-mghani)』、『分別論 (Vibhaṅga)』、『論事 (Kathāvatthu)』、『人施設 (Puggalapaññatti)』、『界論 (Dhātukathā)』、『双論 (Yamaka)』、『発趣論 (Paṭṭhāna)』がある。またそれらに対して、ブッダゴーサ (Buddhaghosa, 5世紀前半頃) をはじめとする注釈家たちによる注釈書 (Aṭṭhakathā) が作られている。上記七論のうちの特定の論書の注釈書ではないが、ブッダゴーサの著である『清浄道論 (Visuddhimagga)』は上座部の教理綱要書として重要なものである。

一方、有部の七論としては、『集異門足論 (Saṃgītiparyāya)』、『法蘊足論 (Dharmaskandha)』、『識身足論 (Vijñānakāya)』、『界身足論 (Dhātukāya)』、『施設論 (Prajñaptiśāstra)』、『品類足論 (Prakaraṇapāda)』、『発智論 (Jñānaprasthāna)』がある。これらのなかで『発智論』は、それまでの有部アビダルマの説を集大成し、また新たな教理の展開を含む。後期のものになるほど有部独特の諸理論が現れ、その発達過程が反映されているとされる。『阿毘達磨大毘婆沙論』(以下、『婆沙論』) は『発智論』に対する浩瀚な注釈書であり、玄奘訳では200巻に達する。この『婆沙論』の成立によって有部アビダルマはひとまず完成する。ところで『婆沙論』は、『発智論』の内容構成に基づくとはいえ、多くの派生的議論を含み、また、多数の異説をも紹介することなどから、当時のインドの仏教思想に関する豊富な情報を提供する。その一方で、有部アビダルマの綱要書などが作られた。『阿毘曇甘露味論』、『阿毘曇心論』、『阿毘曇心論経』(『阿毘曇心論』の注釈)、『雑阿毘曇心論』などがそれである。なかでも、『阿毘曇心論』は「偈」(韻文) とそれに対する「長行」(散文による注釈) からなり、『倶舎論』にも受け継がれる形式を採用したという点で重要である。そしてこの種の綱要書のなかで最も有名であり、かつ我々がアビダルマ研究の出発点とすべきであるのは、世親 (Vasubandhu, 5世紀頃) の『阿毘達磨倶舎論 (Abhidharmakośabhāṣya)』

（以下、『倶舎論』）である。

　『倶舎論』は有部の正統説に不信を表明する場合もあるが、全体的には有部アビダルマの重要項目を巧みにまとめたものとなっており、学習者にとっても歓迎されるべきものであったと思われる。『倶舎論』については、サンスクリット語文献、チベット語訳、2種の漢訳（真諦訳、玄奘訳）が現存する。そのサンスクリット語テキストは P. プラダンの校訂本（Pradhan 1969）が底本として用いられるが、多くの研究者によってテキストの修正が提案されているので、それらもよく参照する必要がある。

　この『倶舎論』と、ほぼ同時期とされる特異な綱要書として『入 阿毘達磨論（Abhidharmāvatāra）』があり、チベット語訳と玄奘による漢訳とが現存する。衆賢（Saṅghabhadra, 5 世紀頃）の『阿毘達磨 順 正 理論』は、『倶舎論』の偈をほぼそのまま使用しながら、批判的に注釈を加えて有部の正統説の確立に努めているが、それ以前の有部アビダルマから一新された観があり、その学説は「新薩婆多」と呼ばれることもある。サンスクリット語文献は失われ、完全な形で現存するのは玄奘による漢訳のみであるが、後のインドの『倶舎論』注釈書その他の文献に引用されていることも多い。『阿毘達磨蔵顕 宗 論』は、その批判的議論を省略したものである。これ以外の『倶舎論』注釈書として、ヤショーミトラ（Yaśomitra）の『明瞭義（Sphuṭārthā）』はサンスクリット語テキストとチベット語訳とが現存し、『倶舎論』と併せて邦訳され刊行されている（末尾の参考文献を参照）。安慧（Sthiramati）の『真実義（Tattvārtha）』（これの抄訳である『倶舎論実義疏』が漢訳として現存）、満増（Pūrṇavardhana）の『随相（Lakṣaṇānusāriṇī）』なども、チベット語訳として現存する。また『アビダルマディーパ（Abhidharmadīpa）』はサンスクリット語文献のみが伝存するが、『倶舎論』に範を取りながら、その反有部的な説を批判するものである（上記の有部アビダルマ諸文献については、塚本啓祥ほか〈1990〉も参照されたい）。もちろん有部以外にも有力な部派は存在したが、インド仏教末期に属するモークシャーカラグプタ（Mokṣākaragupta, 11－12世紀頃）の論理学書『タルカバーシャー』（Tarkabhāṣā）などにも、中観派、唯識派、経量部とともに、いわゆる「仏教四大学派」の1つとして有部が取り上げられるなど、ひとたび確立された有部アビダルマは、インドにおける最も主要な仏教学説体系の1つとして長く重視され続けたことが特記されるであろう。　　　　　（吉田　哲）

● 参考文献

櫻部　建　1969　『倶舎論の研究　界品・根品』　法藏館

森　祖道　1984　『パーリ仏教註釈文献の研究：アッタカターの上座部的様相』　山喜房佛書林

塚本啓祥ほか編著　1990　『梵語仏典の研究Ⅲ　論書篇』　平楽寺書店

櫻部　建、上山春平　1996（初版 1969）『存在の分析「アビダルマ」』（角川文庫）　角川書店

③ 仏伝文学・仏教説話

● 定義・内容

　仏典の中で、ブッダの伝記をテーマにした文学作品を、一般に「仏伝文学」（岩本 1988）あるいは「仏伝」（外薗 1994）と呼ぶ。代表的なものとしては、ブッダの過去世物語が大部分を占める『Jātaka-atthavaṇṇanā』に含まれる『Nidānakathā』、Aśvaghoṣa作の詩形仏伝『Buddhacarita』、また、部派仏教の1つである説出世部の律蔵の一部であったとされる『Mahāvastu』、大乗の仏伝『Lalitavistara』などがあげられる。これらの仏伝は、ブッダの主要な事績（「成道」や「初転法輪」など→1部1章コラム）において一致するが（岡野 1999）、相違点も存在する。大きな違いの1つは、その仏伝がどの事績でもって終了するか、という点である。たとえば、『ニダーナカター』は「祇園精舎の布施」に終わり、『マハーヴァストゥ』もブッダの現在世の事績としては僧団の成立で終わる。『ラリタヴィスタラ』も諸弟子たちの出家でもって終わる。ブッダの誕生から入滅までを描く一代記的仏伝は少ないのである。ブッダの誕生から入滅までの今生の全生涯を語る最古の仏伝の1つは『ブッダチャリタ』とされる。そのサンスクリット語テキストは「降魔成道」を描く章の半ばまでで途切れているが、漢訳とチベット語訳は「舎利八分」と「アショーカ王による仏塔建立」までを記し、本来は入滅前後までを描く資料だったことが推測されている。

　仏伝の成立には律文献→1部1章2節1が深く関わっているとの指摘がある。いくつかの律文献に、ブッダの事績がまとまった形で存在するためである。そのような事績は、具足戒制定の経緯を述べる箇所に顕著であり、ブッダの事績を編年史的に語るため、仏伝と類似した形式と内容を備える。したがって、その部分だけを切り取ると「仏伝」ができあがる。部派の律蔵に内包されていた痕跡を残す『マハーヴァストゥ』は、上述のような「仏伝」生成過程の可能性を示唆する。もちろん、他の説もあり、なお不明な部分が多い。律文献に仏伝の原初形態を求める説も、有力な説のうちの1つに過ぎない。

　次に、「仏教説話」に目を向けよう。「仏教説話」が指す範囲は広く、金岡秀友・柳川啓一監修『仏教文化事典』は「仏教説話と文学」の項目で、「説話」を「伝承され

図1　仏伝浮彫「樹下観耕・仏礼拝図」（龍谷大学所蔵。ガンダーラ。13.6×44.9cm。2-3世紀）

たハナシ」ととらえ「仏教説話」の定義を3種示すが、このうち、「①「ハナシ」によって、仏の教えを具体的に説くもの」と「②仏の教えを生きた人物、あるいは仏の教えにそむいて生きた人物の「ハナシ」を語るもの」という最初の2つの定義が、インドの仏教説話にもあてはまるだろう。インドの仏教説話として代表的なものは『Divyāvadāna(ディヴィヤ・アヴァダーナ)』などの「アヴァダーナ」を題名に含む資料群、および、広義の「仏伝」にも含められる「ジャータカ(本生話)」を内容とする資料群である。田中於菟彌(おとや)は、アヴァダーナは内容的に出家か在家かを問わず仏弟子の活躍を描くものが比較的多く、ジャータカは釈尊(しゃくそん)の過去世の活躍を語ろうとする点に特徴があると指摘する。一方、杉本卓洲は、アヴァダーナは善因楽果(ぜんいんらくか)・悪因苦果(あくいんくか)という「因果応報(いんがおうほう)」を説く筋書きが多く、ジャータカは現在と同じ状況が過去にもあったと説明する点に特徴があると指摘する。

図2 仏伝浮彫「マーラの誘惑・降魔成道・初転法輪」(龍谷大学所蔵。ガンダーラ。35.6×28.8 cm。2-3世紀)

● 研究状況(研究史・基礎資料)・課題と展望

　仏伝および仏教説話の基礎資料としてのサンスクリット語およびパーリ語校訂テキストは、1800年代から現代に至るまで次々と公表され、多くの研究がなされてきた。仏伝および仏教説話に対する研究のうち、わが国における代表的なものとしては干潟龍祥(ひかたりゅうしょう)や平等通照(びょうどうつうしょう)、岩本裕による研究があげられよう。近年では、森章司らの研究グループが仏伝資料群についての網羅的な研究を行っており、岡野潔による写本に基づくテキスト校訂や、平岡聡による多くの翻訳研究や構造解析などが、後続の研究を促進している。また、仏伝の重大事績「涅槃」については下田正弘の研究に詳しく扱われている。さらに、モンゴル語テキスト→2部1章3節3を用いた仏伝研究(山口2013)も試みられつつある。とはいえ、仏伝や仏教説話を記す資料は膨大で、未校訂のテキストも少なくない。研究の余地が多く残されている分野といえるだろう。

(岡本健資)

● 参考文献

岩本　裕　1988　『岩本裕著作集1　仏教の虚像と実像』　同朋舎出版

岡野　潔　1999　「仏陀が永劫回帰する場所への信仰：古代インドの仏蹟巡礼の思想」(『論集』26)

平岡　聡　2010　「仏伝からみえる世界」(『新アジア仏教史3　インドⅢ　仏典から見た仏教世界』　佼成出版社)

外薗幸一　1994　『ラリタヴィスタラの研究』上巻　大東出版社

山口周子　2013　『〈仏の物語〉の伝承と変容：草原の国と日出ずる国へ』(プリミエ・コレクション36)　京都大学学術出版会

16　第1部　インド、アジア諸国・地域＊第1章　インド

④　初期大乗経典

1　般若経と浄土系経典

● 般若経と浄土系経典

　般若経とは「般若（prajñā）」すなわち「智慧」の完成をテーマにした経典群のことである。最初に「大乗」の語を用いた経典であり、ものごとの自性を「空」と表現したことでも有名である。一方、浄土系経典とは、阿弥陀（Amitābha, Amitāyuṣ）仏や阿閦（Akṣobhya, 不動）仏をはじめとする現在他方仏とその浄土、すなわち仏国土について著す一連の経典群である。あるいは阿弥陀仏関連経典のみを指す場合もある。前者が「法」を中心に説くのに対し、後者は「仏」中心の経典といえる。いずれも初期大乗仏教の経典であるが、成立は浄土系経典の方が般若経にやや先行する。

● 般若経の種類と研究

　広義には題名に「般若波羅蜜〈多〉（prajñāpāramitā）」が付されるものを指し、初期大乗から密教に至るまで種々多様なものがある。その成立は一般的に4段階に分けて理解されている。紀元前1世紀から紀元後1世紀にかけての形成期、その後4世紀までの増広期、6世紀までの教説の個別化と韻文化の時期、13世紀までの密教化の時期である。密教化を除いた3段階のものを蒐集した叢書が、玄奘訳『大般若波羅蜜多経』600巻である。また、般若経の真髄をコンパクトにまとめたものとして『般若心経』は有名である。最も古い形態のものは『八千頌般若経』と呼ばれ、インド原典が発見されている。漢訳は7訳、チベット語訳やモンゴル語訳もあり、支婁迦讖訳『道行般若経』が最古訳である。

　般若経は多くの宗派で重視されており、研究は枚挙にいとまがない。各経典の校訂・現代語訳を基盤に、主に、経典の形成発展史と般若・空思想の理解という2つの観点でなされている。前者に関しては、大乗仏教の起源解明にも寄与している。後者は龍樹（Nāgārjuna、150-250頃）の中観思想研究と関連しながら発展している。また、『金剛般若経（Vajracchedikā-prajñāpāramitā）』『理趣経（Āryaprajñāpāramitā-nayaśata-pañcaśatikā）』といった、個別経典の研究も注目されている。

● 浄土系経典の種類と研究

　浄土系経典とは、浄土、すなわち仏国土とその主宰仏を主題とする経典である。主に、「仏国土の特性」「仏の菩薩時代の誓願（本願）」「仏国土への往生方法」の3つの観点から記される。我々が住む娑婆世界は欲望に満ちた穢土であるのに対し、煩悩の汚れのない世界を浄土という。阿弥陀仏の主宰する西方極楽（Sukhāvatī）世界や、阿閦仏の東方妙喜（Abhirati）世界は代表的な浄土であり、両仏は紀元前後に登場した大乗仏教特有の仏である（図1参照）。支謙訳『阿弥陀三耶三仏薩楼仏檀過度人道経（大阿弥陀経）』と支婁迦讖訳『阿閦仏国経』が各々に関する現存最古の訳経であり、大乗経典の中でも最初期のものである。「大乗」や「空」の語は見られず、声

図1 （左）阿閦、（右）阿弥陀（『ナルタンの500図像』より転載）

聞乗（初期仏教）を排斥しないなど、大乗仏教の発生状況を知るためにも貴重な資料である。『大阿弥陀経』は、その後増広発展し、康僧鎧訳『大無量寿経』では誓願数が2倍に増えている。なお、当該経典には対応するサンスクリット語原典が発見されている。また、極楽世界の様子に焦点を当てた鳩摩羅什訳『阿弥陀経』や阿弥陀仏の観想を説いた畺良耶舎訳『観無量寿経』といった新たな経典も著されたが、『阿閦仏国経』は異訳が作成されるに留まり、発展しなかった。阿弥陀仏や阿閦仏以外にも、薬師仏や弥勒菩薩を主役に据えるものや、ブッダ（釈尊）の誓願を扱った曇無讖訳『悲華経』などもある。これまでの研究者の関心は主に、仏国土の様子や誓願内容にあったが、大乗仏教の起源を探る研究も増えている。

● 今後の課題と展望

般若経、浄土系経典はともに大乗仏教教理が確立する大事な時期に制作発展を遂げており、大乗仏教を理解するには重要である。1990年代よりアフガニスタンとパキスタン→1部2章1節から大乗仏典が新たに発見され、その中には『八千頌般若経』や阿閦仏に関する経典が含まれており、大乗仏教の発生地に関する有力な情報が得られている。これらの写本研究により、漢訳やチベット語訳資料では理解しきれなかった問題の解決が期待される。
（佐藤直実）

● 参考文献

藤田宏達　1970　『原始浄土思想の研究』　岩波書店
佐藤直実　2008　『蔵漢訳『阿閦仏国経』研究』　山喜房佛書林
庄司史生　2016　『八千頌般若経の形成史的研究』　山喜房佛書林

2 法華経と華厳経

● **法華経とは**

　法華経には梵・蔵・漢のテキストが現存し、その梵語(サンスクリット語)原典の題名はSaddharmapuṇḍarīka-sūtra(白い蓮華のように正しい教えの経典)という。本経の特色は、それまでの教えを方便としたうえで、ここで初めて真実の教えをあらわす(開権顕実)ことにある。すなわち、法華経の方便品(「品」とは章のような意味)では声聞・縁覚の二乗(大乗仏教以前の仏教を指す蔑称)もまた成仏できること(二乗作仏、如来が生じた理由)、如来寿量品ではブッダの寿命の永遠性(久遠実成、如来が滅する理由)が説き明かされる。

　その成立に関する学説は段階成立説と同時成立説とに二分される。いずれにせよ、1-2世紀頃には現行にまとめられていたといえる。本経は北伝仏教史上強い影響力を持った大乗経典であり、インドから東アジアに至る地域で著された翻訳書と注釈書が伝えられている。漢訳には『正法華経』(竺法護　286年訳)、『妙法蓮華経』(鳩摩羅什　406年訳)、『添品妙法蓮華経』(闍那崛多、達磨笈多　601年訳)の3訳が、また、チベット語訳(9世紀)が残されている。

● **研究史と論点**

　法華経に関する研究は、フランスのE.ビュルヌフ(1801-52)、オランダのH.ケルン(1833-1917)より開始されていた。成立、文献、思想に関する基礎的研究、現代語への翻訳が他経典に比べて多い。特に成立論に関しては、布施浩岳による段階成立説が現在まで軸をなしている。その後、勝呂信静による同時成立説が主張され、さらに伊藤瑞叡によってこれまでの成立論に関する研究が28種にまとめられている。近年では平岡聡が、「仏伝」という視点からその成立を論じている。今後は、従来の成立論中心の研究から主題論への展開も試みられるべきであろう。

図1　ボロブドゥール遺跡第3回廊、ブッダと普賢菩薩(華厳経より。アジア文化交流センター編『甦るボロブドゥール』より転載)

華厳経とは

『華厳経』とは、漢字文化圏にて用いられる通名であり、詳しくは『大方広仏華厳経』という。これには同名であるが巻数の異なる3種の漢訳が現存し、それぞれ『六十華厳』（仏駄跋陀羅 418-420訳、60巻本）、『八十華厳』（実叉難陀 695-699訳、80巻本）、『四十華厳』（般若 795-798訳、40巻本）と呼ばれている。『華厳経』全体（大本『華厳経』）の梵語原典は発見されておらず、本経所収のいくつかの章で単独の経典として現存するのは Daśabhūmika-sūtra、Gaṇḍavyūha、Bhadracaryāpraṇidhāna のみである。大本『華厳経』は、5世紀以前、中央アジアのコータン周辺で編纂されたといわれる。また、大本『華厳経』にはチベット語訳（9世紀）が残されている。

本経の思想的特色として、因行（覚りを得るための原因となる修行）となる菩薩道を十段階として説く「十地」、菩薩道の果徳（修行の結果として得られる徳）である仏性の現起を説く「如来性起」、そしてこの世界をただ心のあらわれのみとする「唯心」思想をあげることができる。

研究史と論点

『華厳経』大本に関する研究がこれまで十分なされてきたとは言い難い。そもそも『大方広仏華厳経』の梵語名がいまだ明らかではなく、チベット語訳によれば、Buddha-avataṃsaka-nāma-mahāvaipulya-sūtra（仏華厳と名づくる大方広経）であるものの、経典名に冠せられる「華厳」の原語をめぐっては、avataṃsaka と gaṇḍavyūha の2説が主張され、いまだ解決を見ない状況にある。チベット語訳大本『華厳経』全体の現代語訳への試みもなされるべきであろう。　　　　　　　（庄司史生）

基礎資料　法華経と華厳経の基礎資料〈梵本校訂本とその和訳〉

『法華経』

H. Kern, Bunyiu Nanjio 1912 *Saddharmapuṇḍarīka*（Impr. de I'Académie impériale des sciences, St.-Pétersbourg）

　〈和訳〉坂本幸男、岩本裕訳注　1962-67　『法華経』　岩波書店

『華厳経』

1．鈴木大拙、泉芳璟　1934-36　*The Gandavyuha sutra*（Sanskrit Buddhist Texts Pub. Society, Kyoto）

　〈和訳〉梶山雄一監修・丹治昭義ほか訳　1994　『さとりへの遍歴』全2巻　中央公論社

2．J. Rahder 1926 *Daśabhūmikasūtra et Bodhisattvabhūmi*（Paul Geuthner, Paris）

　〈和訳〉荒牧典俊訳　2003　『十地経』　中央公論社

参考文献

平川　彰ほか編　1996　『講座大乗仏教3　華厳思想』（新装版）　春秋社

平川　彰ほか編　1996　『講座大乗仏教4　法華思想』（新装版）　春秋社

桂　紹隆ほか編　2013　『シリーズ大乗仏教4　智慧／世界／ことば』　春秋社

20　第1部　インド、アジア諸国・地域＊第1章　インド

⑤　中・後期大乗経典と密教経典

1　涅槃経と如来蔵系経典

◉　涅槃経と如来蔵系経典

　初期仏教以来、ブッダの教えは三法印（諸行無常、諸法無我、一切皆苦）によってあらわされてきた。しかしブッダ（釈尊）なきあと、仏の神格化が推進されていくと、仏は無常・無我・苦という概念から解放された絶対者として崇められていく。それを信仰する仏教徒たちは、仏身の永遠性（如来常住）と、仏身の人々への内在化（悉有仏性）を語り始め、この教えは大乗の『大般涅槃経』（以下、『涅槃経』）と、『如来蔵経』とに端を発する2系統の経典群のなかに伝えられていく。

◉『涅槃経』の系統

　大乗の『涅槃経』は、同名の初期仏典群をモチーフにしたリバイバル版である。初期仏典の『涅槃経』においてブッダは亡くなる間際に、私のこの身は永遠ではなく、我々の人生に残された時間は限られている、ひたすら精進努力せよ、というメッセージを、己の身をもって体現する。ところが大乗の『涅槃経』は、ブッダの入滅というテーマを主題としながらも、むしろその身体が永遠不滅であること（如来常住）を開陳する逆説的な内容となっている。儚い仏の身と、人々の信仰のなかで生き続ける絶対者としての仏との間に生じた乖離を解消すべく登場したのが、本経である。

　大乗経典のなかでもひときわ独創的な同経には時代を画する思想がちりばめられるが、とりわけ永遠なる仏身がさらに「仏性」（buddhadhātu）として我々衆生にも遍く内在することを教える仏性思想は注目に値する。荼毘に付されたブッダの遺骨がbuddhadhātuと呼ばれ、肉身のブッダに代わる永遠不滅（常住＝nitya）な「仏宝」として仏塔に納められ、篤く供養され崇拝されるようになるが、その同じものが我々にも内在する、という教えである。じつはサンスクリット語のnityaには、「永遠」と「内在」という2つの異なる意味を含んでいることを幅田弘美の研究は指摘する。

　同経の教えは、『央掘魔羅経』に力強く継承される。この経は、殺人者アングリマーラ（央掘魔羅）がブッダの導きによって改心するという初期仏典以来の有名なモチーフを転用し、彼がじつはもともと仏の化身であり、殺められた人々は仏教内部の反立者たちであり、しかも殺生は幻であったということを開陳する。大乗の『涅槃経』の「金剛身品」「長寿品」所説の折伏（信仰上の対立者たちを調伏・教化すること）の概念を、枠物語にはめこんだものといえる。人口に膾炙したモチーフを逆説的に転用し大乗化する例は、大乗経典の常套手段であるが、2経にはその点が顕著に表出している。

　また万人に宿る仏の存在が、殺生などの破戒行為抑止のための教理根拠として用いられている点は、下記『如来蔵経』などにはみられない特徴である。『涅槃経』の系統には、『大法鼓経』『大雲経』なども並ぶ。

◉『如来蔵経』の系統

第5節　中・後期大乗経典と密教経典　21

　如来蔵の語の初出は『如来蔵経』であり、これに『不増不減経』と『勝鬘経』とを加えた3経が如来蔵思想の根本的な経典といわれる（ただし異説もあり）。

　『如来蔵経』は衆生に内在する如来の姿を9種の比喩で描き出す。「如来蔵」の「蔵」（ガルバ）の語は、「地蔵」や「虚空蔵」といった例からも知られるように、「あるものごとの徳性を内に宿す者」を意味する。つまり、我々は本来、「ブッダを内に宿す（如来蔵）」ので、いずれはかならず成仏できることを保証するのが、同経の眼目である。ブッダが自己に内在するという確信は、初学者を奮い立たせ、さらなる難行に立ち向かわせる動機を与えた。歴史的にみるとこの思想は、行者自身を仏そのものと見立てる密教の観想法（即身成仏）につながっていく。

　『不増不減経』は、迷いの世界（輪廻）とさとりの世界（法界）とが本来は1つであり（一界）、それを如来蔵と呼ぶ。そして衆生が輪廻からさとりへと赴いても、世界における衆生の総数が変化しないため不増不減という。つまりさとりとは、如来蔵が垢を離れることを指す。同経で如来蔵は思想的に高められ、抽象度を増して、法身と同体視され、万象の基盤とまでいわれるようになる。

　『勝鬘経』は、『不増不減経』と同じく、如来蔵を形而上的概念に高め、一元論を推進する。王妃シュリーマーラー（勝鬘）を主人公とする戯曲的な舞台設定とは裏腹に、その内容は高度に教学的なものとなっている。

　以上の3経の如来蔵説は、その思想的一典拠となった『華厳経』「如来性起品」→1部1章4節2とともに、『究竟一乗宝性論』のなかで包括的に論じられ、如来蔵思想の体系はいったんの完成をみる。その後は、瑜伽行派→1部1章6節2の諸概念と融合の度合いを強め、『楞伽経』、『密厳経』などに展開していき、やがては換骨奪胎され中観学派→1部1章6節1の教学のなかに取り込まれていく。

◉ 研究史と展望

　『宝性論』を手がかりに如来蔵系経典群の形成史の究明を目指した高崎直道、『涅槃経』の成立史の解明を試みた下田正弘などが歴史的視座を軸とした如来蔵思想研究を積み重ねてきた一方で、松本史朗と袴谷憲昭は、そもそも如来蔵思想が仏教か否かを問う「批判仏教」という視座を提唱する。後者は、ブッダの三法印に反立する一元論である如来蔵思想を、仏教にあらずと判定する。この判定結果の是非は読者に委ねられる類のものであるが、そこに提示される如来蔵思想の構造を示すモデルは、同思想を学ぶうえで理解の助けになるところが大きい。

　如来蔵思想研究の課題は、膨大な蔵漢訳のテキストと翻訳を制定し、先行研究の仮説を丹念に検証補足し、より盤石なものとしていくことである。　　　　（加納和雄）

◉ 参考文献

松本史朗　1989　『縁起と空—如来蔵思想批判—』　大蔵出版

下田正弘　1997　『涅槃経の研究—大乗経典の研究方法試論—』　春秋社

高崎直道　2009-10　『高崎直道著作集4-7』　春秋社

高崎直道監修、下田正弘編　2014　『シリーズ大乗仏教8　如来蔵と仏性』　春秋社

22 第1部 インド、アジア諸国・地域＊第1章 インド

2 大日経・金剛頂経など密教経典

● 定義・内容

　密教経典は7世紀頃に成立した『大日経』と『金剛頂経』を中期とし、その以前
に成立した経典は初期、以後に成立したものを後期とするのが一般的である。初期密
教経典では除災招福などを目的とした様々な儀礼を中心に説いており、仏教の思想
的な背景との関連は明確に打ち出されていない。中期密教経典『大日経』『金剛頂経』
などの成立する頃になって、密教の大乗化が始まるのである。密教思想史を通してみ
ると、この2つの経典の成立がメルクマールとなる。その後、登場する後期密教経典
もこうした展開の影響下にある。

　『大日経』は、正式には『大毘盧遮那成仏神変加持経』という。そのサンスク
リット語原典はいまだ発見されていないが、他の経典や論典の引用文からその一部分
は回収できる。724（開元12）年に善無畏（Subhakarasiṃha、637-735）により漢訳され
ており、9世紀初頭、シーレーンドラボーディとペルチェクによってチベット語訳さ
れた。『大日経』の第一・住心品は、特に思想的な叙述を多く含む。そして、第二・
具縁品以下はマンダラや灌頂など儀礼を中心に説く。その叙述は毘盧遮那如来が執
金剛秘密主の質問に答える形で展開する。その思想的根幹は住心品に説かれている
「悟りを求める心を因とし、大悲を根とし、悟りへの手段を究竟とする」いわゆる三
句の法門と、「ありのままに自らの心を知ること」（如実知自心）である。心の深層世
界を解明しつつ、絶対的な智慧の獲得を目指す。

　『金剛頂経』は特定の経典というよりも、金剛頂経系というべき同じ基盤をもった
経典や儀軌の一群のことを指す。唐代の金剛智（Vajrabodhi、671-741）、不空金剛
（Amoghavajra、705-774）、そして宋代の施護による別本漢訳が存在する。『金剛頂経』
には伝統的に広本と略本があったとされ、広本は18の場所で説かれた経典の集成であ
り、それらのリストが不空金剛訳『金剛頂経十八会指帰』となる。しかし、現在の
研究では、広本の存在については否定的である。7世紀項、金剛頂経系の文献が成立
し始め、その完成形態というべき経典が11世紀初頭の施護訳『一切如来真実摂大乗
現証三昧大教王経』である。一般的に、十八会の初めなので『初会金剛頂経』、あ
るいは『真実摂経』とも呼ばれる。その叙述は基本的に、毘盧遮那如来が一切義成
就菩薩の質問に対して答える形をとる。そして、行者自身がその如来性を悟り、行者
と絶対的な真理の一体化（ヨーガ）によって即座に成仏する修行方法を説いている。
金剛頂経系文献は『大日経』に比べて、より修道に焦点を当てている。

● 研究史・基礎資料

　密教経典、特に『大日経』と『金剛頂経』は真言宗および天台宗→2部1章4節2、3
部1章3節1の重要経典であったことから、宗学として長い間研究されてきたが、漢訳
を中心としたものであった。しかし、近代になって、仏教学としてサンスクリット語
やチベット語などの文献研究が本格的に行われるようになると、インドから日本まで、

図1　両界曼荼羅（右：胎蔵界曼荼羅、左：金剛界曼荼羅。奈良国立博物館所蔵）

文化史的な、より広い視点が求められるようになった。そして、最近の研究ではヒンドゥー教の聖典（タントラ）と密教経典の密接な関係が明らかになってきている。

　密教経典および関連文献の数は膨大である。基礎資料としては、まず原典であるサンスクリット写本が挙げられる。こうした写本へのアクセスはそのデジタルデータ化が進み、比較的容易になってきている（東洋文化研究所「南アジア・サンスクリット語写本データベース」など）。さらに、チベット大蔵経→1部2章2節1や大正新脩大蔵経に収録される翻訳が参照可能である。

● 残された課題

　密教はインド古来の呪術や呪文を基盤として、およそ3世紀前後に成立してから複雑に展開してきたというのが今日一般的な見解である。しかしながら、その成立要因や発展過程についてはいまだ不明瞭といわざるを得ない。こうした残された課題を研究する上で、これからの密教経典の研究には、原典の読解はいうまでもなく、インド文化史の流れを把握し、異宗教間の関わりを考慮した汎宗教的な視点が必要となってきている。

（倉西憲一）

● 参考文献

松長有慶編　1995　『密教を知るためのブックガイド』　法藏館

6 大乗諸学派

1 中観学派

● 定義

中観学派は、『中頌』（*Madhyamaka-kārikā*）の著者であるナーガールジュナ（龍樹 Nāgārjuna、150-250頃）の流れを汲む学派である。『中頌』は中国において『中観論』とも呼ばれており、義浄（635-713。→2部1章4節2）がそれを学派名として用いたのが、「中観」という呼称の始まりだという。「中観」とは、中道を観るということであるが、この学派名に相当するインド語 Madhyamaka ／ Mādhyamika には本来、「観」という意味は存在しない。しかし、この名称が、精緻な体系を構築するのではなく、様々な事柄を観察する方法の確立に力を注ぐという、この学派の思想の特徴をよく表していることから、伝統的に「中観」学派という呼称が用いられている。

● 内容

インドにおける中観学派の歴史は現在、便宜的に、3つの時期（初期・中期・後期）に区分して理解されることが多い。

初期（3-5世紀頃）は、学派としての自覚がなかった時期にあたる。代表的な論師としては、ナーガールジュナや、彼の弟子アーリヤデーヴァらがあげられる。学派の開祖と仰がれるナーガールジュナは、初期仏教の教説に依拠しつつ、初期の般若経典に説かれる空・無自性説を強調し、「大乗のアビダルマ」を確立した論師として思想史上に位置づけられている。

中期（6-7世紀頃）は、瑜伽行唯識学派→1部1章6節2への批判などを通して、学派としての「中観学派」が意識されるようになった時期である。この時期には、中観学派の内部においても、『中頌』に説かれる論理の証明方法をめぐって、論師たちの間で論争が行われた。この時期の論師としては、あくまで現存する資料の範囲内においてではあるが、「中観学派」という言葉を初めて用いたとみられるバーヴィヴェーカや、彼に激しい反論を加えたチャンドラキールティらがいる。なお、『中頌』への注釈活動が盛んになされた時期（5-7世紀）を「中期」、それよりも前の段階の時期（3-4世紀）を「初期」と見なす場合も多くあり、最初期の『中頌』注釈家であるブッダパーリタについては、定義によって初期にも中期にも位置づけられる場合がある。

後期（8-11世紀頃）は、仏教論理学派→1部1章6節2のダルマキールティから大きな影響を受けつつ、瑜伽行唯識学派を中観派の体系のなかに組み入れることを目指した時期である。また、インドの他宗教ならびに仏教の諸学派の教義を並べて解説する「学説綱要書」が著されるようになった。この時期の論師としては、カマラシーラ、シャーンタラクシタらがよく知られている。なお、この2人は、チベットでも活動し、チベットへの仏教の導入ならびに中観派の地位の確立に尽力した。

● 研究史・基礎資料・論点

　歴史研究を行ううえでの1番の資料は、中観派の論師たちが著したテキストである。ただし、その多くは、サンスクリット原典が散逸しており、チベット語訳・漢訳でのみ残っている。サンスクリット原典を参照できないことは、中観派の研究を行ううえでの障害の1つとなってきた。しかし、近年、ラサのポタラ宮に保管されていたサンスクリット写本など、各地で新出写本の整理・研究が進むなかで、中観派のテキストも発見されており、状況が大きく変化しつつある。今後、これまでに蓄積された、チベット語訳→1部2章2節1・漢訳→2部1章2節1を駆使した研究を十全に活用した写本研究の進展が期待される。

　また、テキストの解明にあたっては、彼らが典拠としてあげる初期経典→1部1章2節2や大乗経典→1部1章4・5節、および、彼らが論難相手と見なした諸学派の文献資料への目配りも欠かせない。本文や注釈書が、典拠や論難相手の名前を指示してくれている場合もあるが、明示されていなかったり、注釈者が誤った解釈をしていたりする場合もあるため、注意が必要である。また、これらの解明を通して、個々のテキストの思想をより深く解明するだけでなく、インド思想史のなかに中観思想史を位置づけることが可能となる。

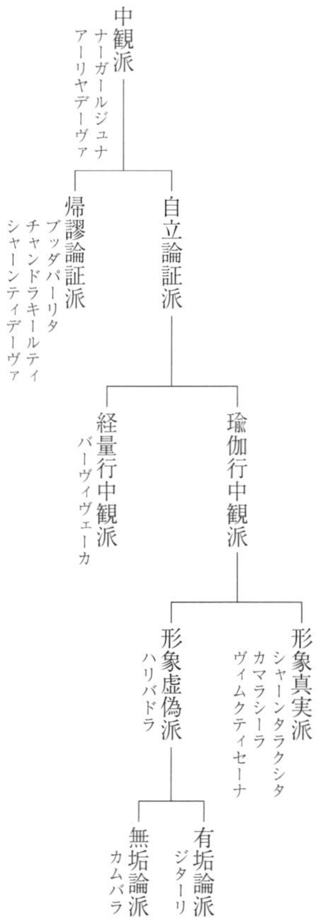

　もう1つの重要な資料が、チベットの仏教徒たちの著作である。特に、チベットで著された学説綱要書では、ブッダパーリタ以後の中観派の諸論師が、その主張の立場から様々に分類されている。そうした記述が適切かどうか、判断が分かれる場合もあるが、各論師の思想上の特色を把握するうえで極めて便利である。近年、これまで存在を知られつつも入手できなかったチベット撰述文献が続々と刊行されており、それらの研究によって、インド中観思想史への新たな視点がもたらされることが期待される。

（江田昭道）

図1　コンチョクジクメワンポ著『学説宝環』の分類（梶山雄一『中観思想の歴史と文献』のものを一部改変）

```
中観派
 ナーガールジュナ
 アーリヤデーヴァ
 ├ 帰謬論証派
 │  ブッダパーリタ
 │  チャンドラキールティ
 │  シャーンティデーヴァ
 └ 自立論証派
    ├ 経量行中観派
    │  バーヴィヴェーカ
    └ 瑜伽行中観派
       ├ 形象虚偽派
       │  ハリバドラ
       │  ├ 無垢論派
       │  │  カムバラ
       │  └ 有垢論派
       │     ジターリ
       └ 形象真実派
          シャーンタラクシタ
          カマラシーラ
          ヴィムクティセーナ
```

● 参考文献

江島恵教　2003　『空と中観』　春秋社

梶山雄一著、御牧克己編　2008・2010　『梶山雄一著作集4・5　中観と空Ⅰ・Ⅱ』　春秋社

高崎直道監修、桂　紹隆ほか編　2012　『シリーズ大乗仏教6　空と中観』　春秋社

2 瑜伽行唯識学派・仏教論理学派

● 瑜伽行唯識学派とは

瑜伽行派（Yogācāra）とは、「ヨーガを実践する人々」という意味で、空思想を採り入れ、独自の修行体系とそれを支える認識論を構築した仏教者たちを指す。彼らは、外界にある「対象（事物）」も、認識主体としての「心」も実在せず、あらゆるものは心の中の「識」つまり「表象（vijñapti ＝認識させること）」としてのみ存在すると考える。この「識」は、①眼耳鼻舌身意による6つの認識、②自我意識（末那識＝第七識）、③アーラヤ（ālaya）識（第八識）の三層構造をとっており、アーラヤ識は識の最深部にある根源的な認識として1つの人格を統合する働きをもつとされる。アーラヤ識の中に貯蔵される認識や行為の種子（潜在印象）は、未来の認識や行為の原因となる。

現象世界の存在のあり方については三性説という理論が確立された。心に現れる表象は、虚妄分別（凡夫の認識・判断作用）によって主観と客観に2分される。その虚妄分別によって誤ってとらえられた存在のあり方が「遍計所執性（仮に作り出された性質）」と呼ばれる。反対に、無分別智によって認識される現象世界の真実の姿は「円成実性（完成された性質）」と呼ばれる。そして、これら両者をつなぐ性質として「依他起性（他に依る性質）」を想定する。これは縁起思想を反映したものである。

唯識思想を説く主な文献としては、『解深密経』、『瑜伽師地論』、弥勒（Maitreya）著（？）『大乗荘厳経論』『中辺分別論』、無著（Asaṅga）著『摂大乗論』、世親（Vasubandhu）著『唯識二十論』『唯識三十頌』などがあげられるが、これら3師の年代と著者問題については未解決の問題も多い。初学者は、『唯識二十論』『唯識三十頌』から読み始めるのが適当であろう。当該分野の研究史と最新の研究成果は、桂紹隆ほか（2012a）所収の各論文に詳しい。

● 仏教論理学派とは

仏教論理学派とは現代の研究者による便宜的な呼称であり、実際にはプラマーナ（pramāṇa ＝正しい認識手段）の理論体系を構築した仏教論師たちを指す。具体的には、ディグナーガ（Dignāga 陳那、480-540）およびダルマキールティ（Dharmakīrti 法称、600-660）とその注釈者たちのことであり、おおむね経量部あるいは瑜伽行唯識学派の立場に立つ。ダルマキールティは、プラマーナとは「整合性をもつ認識（プラマーナの与える情報がその人を裏切らないこと）」であり、「未知の対象を明らかにするもの」と定義した。プラマーナには「直接知覚」と「推理」の2種がある。

直接知覚 今ここにしかないもの（独自相）を対象とし、「概念化作用（ことばと結びつきうる知）を離れた誤りや混乱のない認識」と定義される。感官知、意知覚、自己認識、ヨーガ行者の直観の4種がある。

推理 諸々の個物に共通する一般的性質（一般相）を対象とする。認識者自身の知識を本質とする「自分のための推理」と、ことばによる陳述を本質とする「他者のため

の推理」の2種に分けられるが、両者に本質的な違いはない。前者はさらに、「3条件を備えた論理的理由（論証因）に基づく推理対象に関する認識」と定義される。この論証因の三条件の理論体系を確立したのはディグナーガである。しばしば具体例としてあげられる推論式に「あの山に火あり。なぜなら煙があるから」というものがある。「あの山（主題）には火（推理対象）がある」と推理するために必要な論理的理由

図1　ナーランダ寺院　ディグナーガやダルマキールティなど多くの学匠を輩出。7世紀には玄奘も訪れた。

は、確認可能な「煙」の存在である。そして、「煙」が論証因として成り立つためには次の3つの条件、すなわち①あの山（主題）に煙（論証因）が存在していること、②火（推理対象）をもつという点であの山（主題）と同種類のもの（かまど等）にも煙（論証因）が存在すること、③火（推理対象）をもたないという点であの山（主題）とは異種類のもの（湖等）には決して存在しないこと、を満たしていなければならない。

　仏教論理学派の主な文献としては、ディグナーガ著 *Pramāṇasamuccaya*、シャンカラスヴァーミン著 *Nyāyapraveśa*（『因明入正理論』）、ダルマキールティ著 *Pramāṇavārttika*、*Nyāyabindu* 等がある。初学者には、『因明入正理論』や『ニヤーヤ・ビンドゥ』から読み始めることを薦めたい。また、梶山（1975）も必読書である。当該分野の研究史と最新の研究成果は、桂ほか（2012b）所収の各論文に詳しい。

（志賀浄邦）

◉ 参考文献

梶山雄一　1975　『論理のことば』　中央公論社
平川　彰ほか編　1984　『講座大乗仏教9　認識論と論理学』　春秋社
桂　紹隆ほか編　2012a　『シリーズ大乗仏教7　唯識と瑜伽行』　春秋社
桂　紹隆ほか編　2012b　『シリーズ大乗仏教9　認識論と論理学』　春秋社

7 仏教遺跡・仏教美術

1 仏塔・石窟寺院

◉ 仏塔

仏教美術の起源は、ブッダ（仏陀）や高僧の遺骨を祀った仏塔（ストゥーパ）の造立と深く関わっている。現存する紀元前に遡る遺構としては、中インドのバールフトやサーンチー、南インドではアーンドラ地方のアマラーヴァティーが知られる。仏塔（図1）は元来、ブッダの涅槃を象徴するものであった。釈迦の入滅後、仏舎利は分配され（舎利八分）、8つの仏塔が建てられたというが、考古学的な立証は現段階では困難である。しかし、アショーカ王柱→1部1章1節や同時代の銘文を伴う仏塔が存在することから、紀元前3世紀には仏塔の建立がなされていたことは明らかである（杉本 1981）。

仏塔をめぐる荘厳は、やがて本格的な仏教美術を開花させる。仏塔の周囲に巡らされた欄楯や塔門には装飾文様のほか、本生図や仏伝図→1部1章3節など仏教説話図が表された。特に仏伝図では、ブッダを人間の形姿で表すのではなく、法輪や聖樹、聖壇などによって、南インドでは空の御座（背凭れに火焔柱、台座にクッション、足下の台に仏足跡を配した空座）といったモティーフによって象徴的に表現する。また仏・法・僧を象徴する三宝標もみられる。サーンチーにみられる、ガジャ・ラクシュミー（象が女神に灌水する図像）または満瓶、聖樹、法輪、仏塔の4つのモティーフは、それぞれ誕生、成道、初転法輪、涅槃と関連づけ、釈迦の四大事（生涯における4つの重要な出来事）と解釈する説もある。この人体表現を忌避する理由には、釈迦を涅槃に入った超越的存在、不可視の存在ととらえたためとする説が有力であるが、南インドでは仏陀像の出現後も象徴的図像表現が仏陀像と並行して用いられる現象がある（宮治 2010）。

仏塔は、出家者や在家信者にとってまさに礼拝対象の中心であり、仏塔を荘厳する仏教説話図は、絵解きを通じて釈迦の生涯や仏教思想を視覚的にも伝達し、人々に広めるという布教の機能を有していたとみられている。

◉ 石窟寺院

仏教美術が展開したもう1つの場は、岩山を人為的に開鑿して造り出した寺院建築、石窟寺院である。その数は1,200以上といわれ、約75%が仏教に属し、その多くが西インドのデカン高原に分布し、前2－後3世紀頃の前期石窟と、5－8世紀頃の後期石窟に分類される（肥塚・宮治 1999・2000）。

図1　サーンチー第1塔　1世紀。マディヤ・プラデーシュ州（インド）

一般に仏教石窟は、仏塔を祀る**チャイティヤ窟**と僧侶の居住する**ヴィハーラ窟**から構成される。前期ヴィハーラ窟はほぼ方形で、周壁に複数の僧房を設ける。これがほぼ無装飾であるのに対して、前期チャイティヤ窟は多くが奥壁を半円形とする馬蹄形プランをとり、奥中央に仏塔を彫出し、周壁に沿って列柱が並ぶ。また天井はヴォールトと呼ばれる蒲鉾型を呈する。こ

図2　アジャンター第26窟　6世紀。マハーラーシュトラ州（インド）

れは木造建築を模したもので、前期石窟のみならず後期石窟にも同様に見出せる。前期チャイティヤ窟には、仏塔をめぐる欄楯や塔門のように、周壁に本生図や仏伝図などの仏教説話図が描かれ、列柱も蓮華文などで彩色されていたとみられる。後期石窟も前期石窟と基本的には同様の構造であるが、全体的に石窟の正面や列柱は総じて装飾性を増す。大きな変化は、ヴィハーラ窟の後壁奥に本尊を祀る仏堂を設ける点で、周壁にはアジャンター石窟にみるように守門像や仏教説話図が描かれ、天井や列柱も装飾文様で荘厳される（図2）。一方、後期チャイティヤ窟では、仏塔前面に仏陀像が配され、窟内は一層華美になる。このように前期石窟から後期石窟にかけて、仏塔から仏陀像へ礼拝対象の推移がみられる。

　なお、近年の研究では、前期石窟と後期石窟の間にも石窟造営が続いていることが、石窟の構造分析から実証されている（平岡 2009）。

● 今後の課題と展望

　19世紀以降の発掘に伴う仏塔研究の多くは、欄楯や塔門に表された仏教説話図の主題解明に主眼が置かれたが、最近の興味深い研究に、それら説話図が仏伝場面を表したものではなく、聖跡図を意図したものであるとする説がある（島田 2010）。しかし、なぜ、初期仏教美術においてブッダを人間の形姿で表現しなかったのかという根本的問題は解決をみていない。一方、近年発掘されたカンガンハッリ仏塔には仏教説話図のほか、アショーカ王や王侯を表した浮彫りや題銘も含まれており、既存の考古遺物との総合的分析によって、説話美術研究に加え、仏教教団と寄進行為、そして造形活動をめぐる問題についてもより一層の進展が期待される。　　　　　（福山泰子）

● 参考文献

杉本卓洲　1981　『インド仏塔の研究』　平楽寺書店
肥塚　隆、宮治　昭　1999・2000　『世界美術大全集　東洋編13・14　インド(1)(2)』　小学館
平岡三保子　2009　『インド仏教石窟寺院の成立と展開』　山喜房佛書林
島田　明　2010　「造形と仏教」（奈良康明、下田正弘編『新アジア仏教史2　インドⅡ　仏教の形成と展開』　佼成出版社）
宮治　昭　2010　『インド仏教美術史論』　中央公論美術出版

2　仏像の起源とその展開

● 定義

　初期仏教美術では、ブッダ（仏陀）は人の姿ではなく聖樹や法輪などの象徴的図像によって表されたが、やがて礼拝像としての仏陀像の出現をみることになる。

　仏陀像の起源に関する諸説は後述するが、現存作例からクシャーン朝のガンダーラ（現在のパキスタン北部）とマトゥラー（中インド）が二大制作拠点として知られる。共通する像容として仏陀像には、通常の人間とは異なるブッダの超人間性を示す三十二相の主なものとして、眉間の白毫や頭頂の隆起である肉髻が認められる。ガンダーラ仏は一般に両肩を衣で覆う通肩と波状の頭髪が特徴で、マウリヤ朝以降のインド・グリーク王国やパルティアなどヘレニズム文化の影響を多分に受けたガンダーラの地域性→1部2章1節を物語っている。一方、中インドのマトゥラー仏（図1）は前代の民間信仰の神であるヤクシャ像の伝統を受け、堂々とした体軀で、右肩を脱ぐ偏袒右肩に衣をまとうほか、剃り残した髪を頭頂で巻き上げるカパルダ（巻貝）型肉髻を特徴とする。仏陀像でありながら「菩薩」銘を伴う例もあり、仏陀像不表現の伝統から脱しえない当時の状況がうかがわれる。なお、ガンダーラでは菩薩像も数多く制作された。菩薩像は当時の王侯貴族をモデルとするほか、持物や装身具には古代インドの神々や社会構造、ゾロアスター教の神々やギリシャ神話から取り入れたモティーフもみられ、重層的な文化基盤がうかがわれる。マトゥラーでは、菩薩像の制作は極めて少ない。

● 仏像の起源と様式の諸相

　仏陀像の起源論は20世紀前半より多くの研究者の関心事であるが、いまだ決定的な結論をみていない。初期の論争はギリシャ・ローマ文化の伝統を重視するガンダーラ起源説と、ヤクシャ像の表現伝統に基づくマトゥラー起源説に二極化していたが、近年はガンダーラ北部のスワートから典型的ガンダーラ仏と異なる特徴の仏陀像が発見され、新たな議論を呼んでいるほか、イラン系遊牧民のクシャーン族に注目し、皇帝崇拝・皇帝像の表現伝統が仏陀像を出現させたとする説など、中央アジアの歴史や考古美術を含んだ研究もみられる（高田 1967、宮治 2004、田辺 2006、島田 2010）。

　クシャーン朝にみられた像容を異にする状況は、5世紀に確立されるグプタ様式によって一変する。グプタ朝の主たる制作拠点は、前代の拠点でもあったマトゥラーと初転法輪の地サールナートである。マトゥラーでは、引き締まった体軀に通肩

図1　仏三尊像　マトゥラー出土
（マトゥラー博物館）

にまとった衣には、水面に広がる波紋のような流麗な衣文線が刻まれ、伏し目がちで内省的な表情を見せる顔貌は威厳を感じさせ、仏教精神の造形としてのインド古典様式の完成と評されている。一方、サールナート仏（図2）は身体に貼りついたような薄い衣を通して調和のとれた肉体を表すが、衣文線をほとんど刻まない。丸みを帯びた顔は穏やかで、独自の様式美を確立している。また、同地では観音菩薩や文殊菩薩など多様な菩薩像の制作もみられる。

このグプタ朝に完成をみた古典様式は、後代パーラ朝のみならず、中央アジア、東南アジア→1部2章、東アジア→2部・3部にも影響を及ぼし、アジアにおける仏像の規範となる。パーラ朝、後続するセーナ朝の仏陀像の作例では、単独の礼拝像と仏伝図の性格を両立させた釈迦仏、いわゆる釈迦八相像が数多く制作されている。

図2　転法輪印仏坐像　サールナート出土（サールナート考古博物館）

また、パーラ朝の仏教美術のもう1つの特色として、密教の隆盛に伴う尊格の多様化がある。密教美術はすでに前代のサールナートにもみられたが、パーラ朝では大日如来や阿閦如来などの密教五仏のほか、多臂や忿怒相のほとけたちも登場する。その図像は、遠く日本にまで受け継がれている（森 2001）。

● **今後の課題と展望**

仏陀像の起源論は既述のとおり諸説あり、今後の考古学的発掘や発見がまたれる。仏像研究において近年注目されるのは、美術にみる大乗仏教である。仏陀像が誕生した紀元後1世紀は、すでに初期大乗経典が編纂された時期とも重なり、ことにガンダーラにおける蓮池の大蓮華に坐す説法印仏陀像の周囲に様々な姿の仏・菩薩を配した表現は、かつて「舎衛城の神変」と解釈されていたが、近年では『法華経』や『阿弥陀経』など大乗思想、特に浄土教との関連から盛んに論じられている。ガンダーラ美術は、考古遺物としての大乗経典の発見や仏教学との統合的研究によって、仏陀像・菩薩像の尊格をはじめ、浄土教美術の起源も視野に入れた研究が進展する可能性を含んでいる。

(福山泰子)

● **参考文献**

高田　修　1967　『仏像の起源』　岩波書店
森　雅秀　2001　『インド密教の仏たち』　春秋社
宮治　昭　2004　『仏像学入門』　春秋社
田辺勝美　2006　『仏像の起源に学ぶ性と死』　柳原出版
島田　明　2010　「造形と仏教」（奈良康明、下田正弘編『新アジア仏教史2　インドⅡ　仏教の形成と展開』　佼成出版社）

32　第1部　インド、アジア諸国・地域＊第1章　インド

特論　インド仏教研究における梵文写本の資料的価値

仏典の梵文原典

　仏典の原典は主にサンスクリット（梵）語で書かれているが、中期インド方言で記されたものもある。それらすべてを「梵文写本」と呼ぶ。仏典の梵文写本は、寺院跡から出土した写本（出土写本）と、現在まで仏教徒が連綿と伝えてきた写本（伝世写本）との2種に類型化される。

出土写本　アフガニスタン、バーミヤーン、中央アジアの寺院遺構などから発見。ほとんどは断簡の状態。書写年代は非常に古い（紀元前後から9世紀頃まで）。しかしながら、19世紀以降、各国の探検調査隊が持ち去り、あるいは現地の人々が売却したため、多くの写本が異国に所蔵管理されている。主に、**中央アジア、タクラマカン砂漠各地遺構、メルヴ、ギルギット、バーミヤーン渓谷とその近郊**→1部2章1節から出土している。調査隊や現在の所蔵場所については松田（2010）に詳しい。

伝世写本　タイやミャンマー（ビルマ）などの上座部仏教国（パーリ語仏典。→1部2章4・5節）、ネパール、チベット→1部2章2節、日本などの今日の仏教国に伝存する。完本が多い。インドからもたらされた将来本と、各地でコピー伝承されていったものとがある。とりわけチベットの伝世写本は高地特有の寒冷・乾燥の気候に助けられ、極めて良好な保存状態にあるものが多く含まれる。また、ネパールは、仏典の梵文写本の筆記伝統を伝えるほぼ唯一の国であり、豊富な資料が残されている。

ネパールの伝世写本

　ネパール写本はカトマンズ盆地で集中的に発見されている。20世紀前半、祭官ヘムラージ・シャルマらにより諸写本が蒐集され、現在はケーセル図書館、国立公文書館に保管されている。ネパール国内には把握しきれない個人蔵の写本も多く、ネパール・ドイツ写本保存プロジェクト（NGMPP http://catalogue.ngmcp.uni-hamburg.de/wiki/Main_Page）のほか（図1）、アーシャー・アーカイブス（Vaidya 1991）も、それらの電子化・公開を担う。

　一方、19世紀以降諸外国に流出した稀少な古写本は、現在ではインド（カルカッタのアジア協会）、イギリス（ケンブリッジ大学図書館）、日本（東京大学、京都大学、東海大学、東洋文庫）などに所蔵され、各目録が刊行されている。

チベットの伝世写本

　前伝期（9世紀頃まで古代チベット王国のもとで仏教が栄えた時期）の将来写本をかつて所蔵していたサムイェー寺などを除くと、チベットに現存する梵文写本の多くは、11-13世紀頃にインド人仏教徒やチベット人訳経僧たちがもたらしたものである→1部2章2節1。西チベットのトリン寺、中央チベットのレティン寺やサキャ寺などに将来され、さらにはそれらの末寺など（ポカン寺、シャルリプク、ゴル寺など）に伝播していった。やがてダライラマ5世（1617-1682）が政権を掌握すると他派寺院から梵文写本をラサに集め、文化大革命前後になると中国政府は地方寺院の写本を回収して、

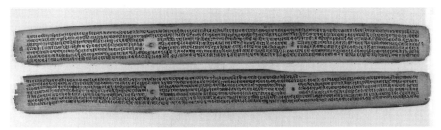

図1 *Khasamā*（カトマンズ国立公文書館蔵。11-12世紀〈NGMPP, C25/8〉）

やはりラサに移送した。特にポタラ宮、ノルブリンカ、西蔵博物館（以上、シャルリプク、ゴル寺、クンデリン寺の旧蔵本も含む）に多くが収蔵され、その他、デプン寺などにもある。

それらの写真版は、中国蔵学研究中心（ポタラ宮、ノルブリンカなどの蔵本を撮影）、北京大学（シャル寺旧蔵本＝北京民族文化宮旧蔵本を撮影）に保管される（一部公開中 http://www.mldc.cn/sanskritweb/index.html）。また中国政府は、チベット自治区内の全梵本を撮りなおした写真を図版集全61冊にまとめた（『西藏自治区珍藏贝叶经影印大全』2012年、未公開）。

中国国外では、インドのパトナ博物館の写真版コレクション、およびそのコピーを蔵するドイツのゲッティンゲン州立兼大学図書館（公開）、またローマの東洋アフリカ研究所の写真版コレクション（一部公開）がある。これらの目録一覧は加納（2012）の巻末資料を参照されたい。

（加納和雄）

● 参考文献

塚本啓祥ほか　1989・1990　『梵語仏典の研究Ⅲ・Ⅳ』（平楽寺書店、2巻）

松田和信　2010　「中央アジアの仏教写本」（『新アジア仏教史5　中央アジア　文明・文化の交差点』　佼正出版社）

加納和雄　2012　「アティシャに由来するレティン寺旧蔵の梵文写本―1934年のチベットにおける梵本調査を起点として―」（『インド論理学研究』4）

Vaidya, Janakalāla (ed.) 1991. *A descriptive catalogue of selected manuscripts preserved at the Āśā Saphū Kuthi*, Kathmandu.

参考文献（インド）

　古代インドでは歴史書が編纂されなかったため、通史的に知るには近代の研究によるところが大きい。近代仏教学はイギリスやフランス、ドイツをはじめとするヨーロッパに端を発するが、ここでは主に国内の研究を紹介する。また、インド原典からの仏典和訳については、まとめて紹介する。

原典和訳

中村元　1958　『ブッダのことば―スッタニパータ―』　岩波書店（岩波文庫）

中村元　1980　『ブッダ最後の旅―大パリニッバーナ経―』　岩波書店

外薗幸一　1994　『ラリタヴィスタラの研究』上　大東出版

高楠順次郎監　2001-04　『OD版　南伝大蔵経』全65巻　大蔵出版

長尾雅人ほか　2001-05　『大乗仏典』　中央公論新社（中公文庫）

平岡聡　2010　『ブッダの大いなる物語―梵文『マハーヴァストゥ』全訳』全2巻　大蔵出版

平川彰・三枝充悳・高崎直道監　1993-2011　『新国訳大蔵経　インド撰述部』全50巻　大蔵出版

インド仏教入門

高崎直道　1983　『仏教入門』　東京大学出版会

梶山雄一　1988-89　『岩波講座　東洋思想8-10　インド思想』　岩波書店

増谷文雄ほか　1996-97　『仏教の思想　インド篇1-4』　角川書店（角川ソフィア文庫）

長尾雅人　2001　『仏教の源流　インド』　中央公論新社（中公文庫）

インド仏教史概説

奈良康明　1979　『世界宗教史叢書7　仏教史1　インド・東南アジア』　山川出版社

奈良康明・下田正弘編　2010　『新アジア仏教史　インド1-3』　佼成出版社

平川彰　2011（初版1974・79）　『インド仏教史』全2巻　春秋社

初期仏教・部派仏教

三枝充悳　1999　『ブッダとサンガ―〈初期仏教〉の原像―』　法藏館

佐々木閑　2000　『インド仏教変移論』　大蔵出版

鈴木大拙著、佐々木閑訳　2004　『大乗仏教概論』　岩波書店

中村元　2015　『ブッダ伝　生涯と思想』　KA-DOKAWA（角川ソフィア文庫）

仏伝文学・仏教説話

岩本裕　1988　『岩本裕著作集1　仏教の虚像と実像』　同朋舎出版

平岡聡　2002　『説話の考古学―インド仏教説話に秘められた思想―』　大蔵出版

山口周子　2013　『〈仏の物語〉の伝承と変容―草原の国と日出ずる国へ―』　京都大学学術出版会

大乗仏教

グレゴリー・ショペン著、小谷信千代訳　2000　『大乗仏教興起時代　インドの僧院生活』　春秋社

高崎直道ほか編　2011-14　『シリーズ大乗仏教』全10巻　春秋社

大乗諸学派

松本史朗　1989　『縁起と空―如来蔵思想批判―』　大蔵出版

江島惠教　2003　『空と中観』　春秋社

梶山雄一著、御牧克己編　2008・10　『梶山雄一著作集4・5　縁起と空I・II』　春秋社

密教

頼富本宏　1990　『密教仏の研究』　法藏館

松長有慶編　1995　『密教を知るためのブックガイド』　法藏館

立川武蔵・頼富本宏編　1999　『シリーズ密教1　密教と曼荼羅』　春秋社

頼富本宏　2014　『密教とマンダラ』　講談社（講談社学術文庫）

仏教遺跡・仏教美術

塚本啓祥ほか　1989-90　『梵語仏典の研究　III・IV』　平楽寺書店

宮治昭　1999　『仏教美術のイコノロジー―インドから日本まで―』　吉川弘文館

コラム　ブッダの生涯

　仏教の開祖シャーキャムニ・ブッダ（釈迦牟尼仏・釈尊）は、今から約2500年前にインドのガンジス河中流域において活躍したと伝えられる。その生涯については経蔵や律蔵、仏伝文学、仏伝図などからうかがい知ることができる。おおよそ歴史上に実在した人物であることは認められているが、文献によって活動時期に100年以上の開きがあるなど、詳細を歴史的な事実として確かめることは現在では不可能とされる。ここでは主な仏伝が伝える代表的な8つの出来事（八相：下天、入胎、出胎、出家、降魔、成道、初転法輪、涅槃）や八大仏跡（ルンビニー、ブッダガヤー、サールナート、クシナガリー〈クシナガラ〉、ラージャグリハ、サヘート・マヘート、ヴァイシャーリー、サンカーシャ）を中心に、ブッダの生涯を概略的に紹介し、理解の一助としたい。

下天・入胎・出胎　古代インドの輪廻思想を背景に、ブッダは兜率天で人間に生まれ変わる機会を待っていたとされる。やがて母マーヤーの胎内に入り、シャカ族の王子ガウタマ・シッダールタとしてルンビニー（現ネパール）で誕生したとされる。生まれてすぐ七歩あるいて「天上天下唯我独尊」と唱えたという逸話は有名である。七歩は六道輪廻の迷いから解脱する決意を示すものとされる。仙人から将来、真実の法を説くブッダとなることを予言されたという逸話もある。

出家・降魔・成道　幼少より人生に悩みがちであったシッダールタは、29歳の時に出家を決意する。生老病死を示す四門出遊の逸話は有名である。最初は師匠のもとで禅定修行に励むが求める真理は得られず、次に仲間とともに苦行を行うが果たせず、一人静かに菩提樹のもとで瞑想に入る。すると魔（マーラ）が現れ、その決意を阻もうとしたが、それを退けたシッダールタは深い瞑想のなかで真理（法）に目覚め、ブッダ（目覚めた者）になったという（降魔・成道）。今その場所はブッダガヤーと呼ばれる。

初転法輪・涅槃　ブッダは最初、説法をためらうが、ブラフマンの勧め（梵天勧請）で教えを説く決意をし、まず苦行仲間の5人に対してサールナートで説法をする（初転法輪）。やがて彼らも真理を得て阿羅漢になったという。これが教団（僧伽・サンガ。→1部1章2節1）のはじまりである。その後もブッダは各地を遍歴し、マガダ国の霊鷲山や竹林精舎、コーサラ国の祇園精舎などを拠点として（サヘート・マヘート）、仏教をひろめた。80歳の時に最後の旅に出たブッダは、ヴァイシャーリーで死の病に倒れ、クシナガリーにおいて沙羅双樹の下で入滅したという（涅槃）。

　ブッダの生涯を歴史的事実として解明していくのは不可能に近いなかで、今後の研究展望として、たとえば、成道後のブッダが、神通力で忉利天に赴き母に説法し、その後、サンカーシャの地に降り立ったという逸話など、さまざまな伝説の解釈が重要といえる。そこに込められた意味を見出すことは、ブッダを慕い、仏教を信仰したさまざまな人びとの想いを歴史的に捉える重要な課題である。また仏教各派による理解や重点の置き方の違いなどを学術的に比較し、背景に浮かび上がる思想や文化を考えてみるのも興味深い課題である。

（編集委員会）

第2章 アジア諸国・地域

● 総 説

　インドで興った仏教は、主として2つの経路で他地域へと伝播した。1つはインド北部地域経由、もう1つはスリランカ経由で東南アジアへ向かうものである。これらのうち、本章第1－2節では、インド北部地域経由の仏教について扱う。

　この北部地域を抜けての伝播経路は、インドから中央アジアを経て、中国、朝鮮半島、日本へと至るものと、ヒマラヤ山脈を越えてチベット、モンゴル、さらにカルムイクやブリヤート、トヴァといった現ロシア領地域まで至るものの2つである。

　中央アジアへの仏教伝播は、**アショーカ王**（紀元前3世紀、→1部1章1節）にまで遡ることができる。彼はカリンガ国での戦いで多くの犠牲者を出したことを悔いて仏教に帰依し、「**法**（ダルマ）」による治世をめざした。インドのみならず、アフガニスタンなどにも現存する「**アショーカ王碑文**」はその痕跡の1つである。

　古代インドにおける中央アジアへの主要な出入り口は、仏教美術で名高いガンダーラや世界遺産として知られる古代遺跡タキシラを含む西北地域であった。この地域は、古くからインド亜大陸とユーラシア大陸の交易路として栄え、様々な宗教や文化の「交差点」でもあった。仏教の東漸もまた、この地点から始まっており、その伝播ルートは中央アジアを東西に横切る隊商路（西域南道・天山南路・天山北路）に沿っている。

　中央アジア地域における仏教は、この隊商路に点在していたそれぞれのオアシス国家（コータン、ウイグル、敦煌など）を基盤として発展していった。本章では、第1節において、それらの地における仏教伝来と受容の歴史や仏教遺跡について紹介する。

　一方、チベットへの仏教伝播は、**吐蕃王国**の王である**ソンツェン・ガンポ**（？-649）の時代に遡る。8世紀後半、仏教が国教として本格的に導入された際には土着の宗教である**ボン教**→1部2章2節3との対立もあったが、やがて互いの要素も取り入れるようになり、現在に至るまで両者は共存している。

　吐蕃王国の時代より、チベット仏教はインド仏教との交流も重ねつつ、分派・発展を続けていった。また、その中でモンゴルなどの周辺国にも仏教を介して多くの影響を与えた→1部2章2節。そして、1203年、インドに侵攻してきたイスラム教徒によるヴィクラマシーラ寺院破壊を機に、インドから多くの仏教僧がチベットに亡命すると、チベットは、いわば「インド直伝」の仏教体系をもつ唯一の地となった。

　チベット仏教には、**ゲルク派、カギュ派**といった4つの主たる宗派（4大宗派）が現存している。1959年の政治的変動を境に、チベット仏教の置かれた状況は大きく変化したが、亡命者も含めた多くのチベット僧が世界各地で宗教的活動を続けている。

（山口周子）

第3−8節では、スリランカ、および東南アジアに伝えられた仏教（南伝仏教）
——なかでもミャンマー（ビルマ）、タイ、カンボジア、ベトナム（大陸部）、インド
ネシア（島嶼部）の仏教の歴史——について述べる。

紀元前3世紀、スリランカに上座部（テーラヴァーダ、分別説部。→1部1章2節1）仏
教が伝えられたが、保守的な大寺に対して無畏山寺や祇多林寺では大乗仏教も受容さ
れた→1部2章3節。東南アジアでは5世紀以降インド文明が本格的に受容され、ヒン
ドゥー教や仏教が信仰された。特にヒンドゥー教や大乗仏教・密教は、王を神格化し
て王権を強化する役割を担った。カンボジアでは、プレ・アンコール時代（インド文
明の受容に始まり、扶南、真臘が興亡した時代）、アンコール時代（802-1431）にヒン
ドゥー教や大乗仏教が信奉された→1部2章6節。インドネシアでは、中部ジャワの古
マタラム王国（8-10世紀）はヒンドゥー教、シャイレーンドラ朝（8世紀半ば-9世紀
半ばに中部ジャワで優勢）は大乗仏教を信奉した。東部ジャワに拠点を置くクディリ朝
（929頃-1222）、シンガサリ王国（1222-92）、マジャパヒト王国（1293-1527頃）の時代、
ヒンドゥー教と大乗仏教の融合が進んだ→1部2章7節。

11世紀、スリランカはインド・チョーラ朝（846頃-1279）の遠征によって大打撃を
受けた。これに対してヴィジャヤバーフ1世（在位1055-1110）はチョーラ朝の勢力を
駆逐し、戒統断絶の危機に際して、ミャンマー（ビルマ）より比丘を招聘してサンガ
を復興した→1部2章3節。

12世紀、スリランカでパラッカマバーフ1世（在位1153-86）によって、上座部大寺
派のもとにサンガが統一されると、東南アジア諸国でもこの戒統を正統とする動きが
みられた。ミャンマー（ビルマ）では、ハンターワディー（ペグー）朝（1287-1539）
のダンマゼーディー王（在位1472-92）によってカルヤーニー戒壇が設立され、上座部
仏教史上画期的な出来事となった→1部2章4節。このように、上座部仏教諸国では相
互に交流がはかられるとともに、サンガ復興のための支援が行われた。

13世紀、元の遠征を機に、ミャンマー（ビルマ）のパガン朝（1044-1287）、ジャワ
のシンガサリ王国が崩壊、カンボジアは元に朝貢して侵攻を免れた。11世紀以降カン
ボジアの支配下にあったチャオプラヤー川流域では、中国南部・雲南の地から南下し
て定着したとされるタイ族によって、スコータイ朝（1240頃-1438）が創設された。ス
コータイ朝も上座部仏教を受容し→1部2章5節、カンボジアでも13世紀末頃には上座
部仏教が社会に浸透していたことがうかがえる→1部2章6節。

西欧列強による植民地時代、宣教師たちによってキリスト教が広められたが、19世
紀末以降、仏教復興の動きがみられた。今日、スリランカや東南アジア大陸部では上
座部仏教が人々の生活の隅々にまで根を下ろしている。ただしベトナム仏教は、中国
仏教の影響を受けて展開し、他とは異なる特徴を持つ→1部2章8節。島嶼部では、13
世紀以降イスラム教が浸透し始め、今日では国民の大半がイスラム教徒であるが、お
よそ200万人の仏教徒がいるとされる。

（仲宗根充修）

① 中央アジア

中央アジア地域における仏教

● 中央アジアの地理と宗教

　ここでいう「中央アジア」とは、ユーラシア大陸中央内陸部を指し、およそ東はタリム盆地（タクラマカン砂漠）から、西はカスピ海にいたる地域である。現在の国でいうと、一般的にはカザフスタン、キルギス、タジキスタン、ウズベキスタン、トルクメニスタンが中央アジアとされるが、仏教史研究では中国新疆ウイグル自治区、アフガニスタンを含めて「中央アジア」ということが多い。

　古代の東西交通路「シルクロード」を含む中央アジアは、仏教の東漸経路にもあたり、この地の仏教は、かつて「西域仏教」と表現され、中国仏教の前提とみなされたが、現在では、中央アジアそのものの歴史文化をしっかりと捉え、その中に仏教が展開した歴史的実態を明らかにすべきと考えられ、研究が進められている。

　中央アジアの歴史を見ていくと、そこはさまざまな民族や文化が入り交じる世界で、各宗教についても相互に影響しあって変容を重ねたものとみられる。

　仏教が伝播していく以前の中央アジアにおいては、紀元前6世紀には、アケメネス朝ペルシャの侵攻があり、ゾロアスター教が受容された。紀元前4世紀には、アレクサンドロス大王（紀元前356-紀元前323）の東征以降、ギリシャ文化が流入し、これとオリエント文化が融合したヘレニズム文化が、のちにガンダーラ地方の仏像制作（1世紀）に影響を与えた。また、インドやイラン、ローマなど各所に起源をもつミスラ（ミトラ）教も流行した。

　仏教が伝播する紀元前3世紀頃には、ゾロアスター教やユダヤ教などさまざまな宗教の影響を受けたマニ教もひろまり、5世紀以降には景教（ネストリウス派キリスト教）も伝わっている。中央アジアの仏教は、必然的にこれらの宗教の影響を受けていた。

● 中央アジアへの仏教伝播と展開

　仏教がインドから中央アジアへと伝播するのは、マガダ国マウリヤ朝の王アショーカ（在位紀元前268-紀元前232年頃。→1部1章1節）の時代のこととされる。アショーカ王は、カリンガ国（現インドのオリッサ州を中心とする地域）征服を機に、仏教的精神に基づく治世を目指した。彼が支配地域に刻ませた法勅「アショーカ王碑文」が、カンダハル（アフガニスタン南部）より出土している。また、ギリシャ系インド・グリーク朝の王メナンドロス（ミリンダ）1世（在位紀元前155-紀元前130年頃）とナーガセーナ比丘との問答を記した『ミリンダ王の問い』は、仏教と異文化との接触を記す貴重な文献である。

　一方で、クシャーナ朝（大月氏国。「クシャーン朝」表記も多い）が紀元前2世紀頃には中央アジアで勢力を伸ばしていたが、その後（2世紀半ば頃）、王カニシカ1世（生没年不詳）が仏教を保護し、各地に仏塔を建てたといわれる。また、同じく2世紀頃、

多くの仏典が中国語に翻訳されたが、中央アジアから中国に入った訳経僧としては、大月氏国の支婁迦讖（147？-？）や、パルティア（安息国。現在のトルクメニスタン、カスピ海東岸あたりとされる）の王子、安世高（生没年不詳）が有名である→2部1章1節1。それぞれ大乗経典、初期仏教経典→1部1章4節1・2を翻訳し、中国に伝えている。

その後、3世紀頃以降は、各地のオアシス都市を中心に、上座部系の説一切有部や、大乗仏教、特に密教などが同時に興隆し、また都市周辺に石窟寺院も開鑿された。その様子は法顕（337-422。→2部1章4節1）や玄奘（602-664。→2部1章4節2）らの旅行記などに垣間見ることができる。しかし、7世紀頃、イスラム勢力の侵攻により仏教は衰退しはじめ、9世紀にイスラム系のサーマーン朝が興ると、サマルカンドなどの西側の地域から徐々にイスラム教支配下に入っていく。そして、14世紀半ば、東部に位置した西ウイグル国（天山ウイグル国）の衰退をもって、中央アジア地域における仏教信仰はほぼ消滅したとされる。

図1　バーミヤーン大仏（破壊前。井ノ口泰淳ほか編『図説　日本仏教の原像　インド・中国・朝鮮』より転載）

シルクロードを舞台に多民族が行き交い、多言語が飛び交い、移動する民族や、交易で栄えた支配層、貿易商人らが担い手となった中央アジアの仏教は、自らがさとりを目指す求道的傾向よりも、布施や礼拝により繁栄や安寧を願う現世利益の傾向が強いとされている（山田 2010）。

● **各地の仏教受容**

続いて、現時点における研究成果に基づきながら、理解しやすいように、中央アジアを、（1）バクトリア（南西部）、（2）ソグディアナ（北西部）、（3）東トルキスタン（東部）の3地域に区分してさらに概説する（→付録地図参照）。

◆ **（1）バクトリア（トハリスタン〈吐火羅〉・大夏。現在のイラン北東部、アフガニスタン北部、タジキスタン、ウズベキスタン、トルクメニスタンの一部とされる地域の古名）**

中央アジアにおける仏教は、この地域でもっとも早く受容された。前述したように、カンダハル（アフガニスタン南部）に紀元前3世紀のアショーカ王碑文が出土しており、碑文にはギリシャ語や、アラム語というイラン系言語も用いられていることから、広範囲な交流の中で仏教も広く伝播していったものとみられる。イラン系言語のバクトリア語で記される文献が注目され、古代インド文字であるカローシュティー文字やブラーフミー文字で綴られた経典も発見されている→1部1章特論、3部4章2節1、同章3節2。特に後述する「スコイエン・コレクション」はそれらを多く含み、注目される。

この地域の仏教が発展した要因に、同地域とインドを支配したクシャーナ朝の隆盛があった。この王朝下で仏教は、土着の伝統宗教であるゾロアスター教、新興のマニ教とも共存しつつ、融合するかたちで根付いていったものとみられる。

40　第1部　インド、アジア諸国・地域＊第2章　アジア諸国・地域

　仏教遺跡としては、カラ・テペ（ウズベキスタンのテルメズ近郊）やバーミヤーン（アフガニスタン北部。2001年にタリバンによって破壊される）が有名で、仏教美術としては、バーミヤーン大仏（図1）のほか、ガンダーラ（アフガニスタン東部－パキスタン北部）の仏像美術→1部1章7節2がやはり注目すべきテーマである。

◆　（2）ソグディアナ（現在のウズベキスタンの一部、タジキスタンの一部）

　バクトリアの北、ウズベキスタンの古都サマルカンドを中心とする地域で、イラン系ソグド人の本拠地であった。サマルカンドは中国では「康国」と称され、訳経僧の名に康の姓がみられる場合は、同地の出自とされる。ただし、この地域での主要な宗教はゾロアスター教で、仏教教団は7世紀頃までは存在しなかった。仏教を信仰したソグド人の多くは、商用目的で故郷を離れ、中国、あるいは、タクラマカン砂漠周辺地域で改宗した人々とみられる。

　そのためか、ソグド語訳の仏典は当地では発見されておらず、敦煌やトルファンで出土している。また、完本はほとんどない。ただし、数少ない完本の中で最長の本生譚（ブッダの前世物語）として有名な『ヴェッサンタラ・ジャータカ』のソグド語訳に、古代イランの神格・ミスラ神の名が登場する。ミスラ神は既述のとおりゾロアスター教のみならず他の宗教との習合の可能性もあるが、いずれにしてもソグディアナ土着宗教の影響がうかがえる事例である。なお、現時点で確認されている当地出土の原典はすべて漢訳仏典で、『金剛般若経』や『維摩経』などである。

◆　（3）東トルキスタン（タクラマカン砂漠周辺地域。現在の中国新疆ウイグル自治区とその周辺）

　この地域は、中国と中央アジアをつなぐシルクロードが主要三路にわたって通り、各地で仏教が栄えた。タクラマカン砂漠の南側の経路は「西域南道」といわれ、北側には「西域北道（天山南路）」、さらにその北側に「天山北路」があった。仏教は、早い時代からこれらの隊商路に沿って伝播し、各オアシス国家で独自に発展していった。仏教の拠点としては、たとえば南道沿いのコータン（于闐）やニヤ、北道沿いのクチャ（亀茲）やカラシャール（焉耆）、トルファン（高昌）などが有名である。

　西域南道沿いにあったコータンは、紀元前1世紀頃にはガンダーラより仏教を受容していた。この地域はイラン系言語のコータン語を使用していたが、2世紀初頭、カニシカ王の時代にクシャーナ朝の支配下に入り、それを機にガンダーラ語が文字言語として導入された。樺皮に書かれたカローシュティー文字ガンダーラ語の『法句経』（2世紀）が出土している。なお、仏典のコータン語訳は5世紀に始まると考えられ、『金光明経』『宝積経』『大無量寿経』などの翻訳が知られる。

　また、毘沙門天への信仰も盛んであった。玄奘の『大唐西域記』（7世紀）はコータン建国の王は毘沙門天の子であると伝え、この所伝は『今昔物語集』にもみられる。

　一方、西域北道地域でも仏典翻訳は盛んに行われた。研究上、クチャで使用された言語は「トカラ語B」、カラシャールのものは「トカラ語A」と区別される。これらトカラ語仏典の大半は6－8世紀訳出とみられている。『十誦律』などの律文献やアビ

ダルマ文献のほか、ブッダの言説を伝える『ウダーナヴァルガ』や、本生譚などの説話文献の存在も確認されている。また、クチャ出身の訳経僧には高名な鳩摩羅什（344-413／350-409。→2部2章4節1）がいる。

クチャは、キジルやクムトラをはじめとする石窟寺院の造営も盛んであった。発掘調査も重ねられ、貴重な発見がある。約240窟におよぶキジル石窟の壁画は1－7世紀にわたり描かれ、ガンダーラ美術の影響を受けつつ、

図2　ベゼクリク遺跡全景（井ノ口泰淳ほか編『図説　日本仏教の原像　インド・中国・朝鮮』より転載）

また独自の展開も遂げている（宮治 2012）。クムトラ石窟は、唐の支配時代（7-8世紀）から西ウイグル時代（10世紀以降）にも造営されたため、中国仏教やウイグル仏教関連の窟も残されており、貴重である。また、トルファン近郊のベゼクリク千仏洞（石窟。図2）は誓願図を描く大回廊を龍谷大学龍谷ミュージアムが復元展示しており（2011年-）、こうした復元研究も重要である。

● 研究史・今後の展望

中央アジア仏教史研究に取り組むのであれば、いずれは現地への調査訪問が必要となるが、まず研究書・論文はもちろん、それに加えて既刊の調査報告書や図録などを丹念に読む必要がある。2010年には『新アジア仏教史5　中央アジア　文明・文化の交差点』が刊行され、必読の研究書である。

遺跡調査→3部4章3節2から発見された絵画・像塔美術の研究には蓄積があり、図録やインターネット上における良質な画像の公開も増え、さらなる研究進展が期待できる。仏典写本の研究も進められ、その解読により中央アジア仏教の多様な実態が明らかにされつつある。特に写本研究では、たとえば20世紀末にノルウェーの収集家が作成した「スコイエン・コレクション」が研究者の注目を集めているが、さらに複数の言語で記された文献資料も見つかっている。多言語を読み解く必要があり難題ではあるが、それを行うことで、今後も研究は大いに進展するであろう。

また、移動・交流が特徴であることから、中央アジア仏教史そのものを見据えながら、同時にあらためてインドや中国、チベットとの関係や比較を視点に考えてみることも重要と思われる。
　　　　　　　　　　　　　　　　　　　　　　　　　　　　　　（編集委員会）

● 参考文献

山田明爾　2010　「インダス越えて―仏教の中央アジア―」（『新アジア仏教史5　中央アジア　文明・文化の交差点』 佼成出版社）

宮治 昭　2012　「ガンダーラから西域、中国へ―仏教文化の伝播と発展―」（『特別展　仏教の来た道―シルクロード探検の旅―』 龍谷大学龍谷ミュージアム）

42　第1部　インド、アジア諸国・地域＊第2章　アジア諸国・地域

② チベット

1　仏教の伝来と受容の歴史

● チベット仏教とは

　チベット仏教は、チベット密教、ラマ教とも呼ばれ、密教色が濃い。7世紀の吐蕃（チベット）王国建国とほぼ同時に始まり、王国が分裂した10世紀を境に前期伝播期（ガダル）と後期伝播期（チダル）に区分される。前伝期の仏教は国家宗教として統一されていたのに対し、後伝期には多くの宗派が生まれた。現存するチベット語仏典の大半は、後伝期に集大成された**チベット大蔵経**および**蔵外チベット文献**である。

● チベット仏教の始まりとチベット大蔵経

　ラサを中心とする中央チベットは観音菩薩に祝福された地と言われ、歴代の王はその化身と考えられている。初代国王ソンツェン・ガンポ（？-649）は中国とネパールより王妃を迎え、それと同時に仏教文化も受け入れたことが『**王統明示鏡（王統明鏡史）**』に記される。国家の有力者によって仏教が取り入れられた点は日本と共通しており、ほぼ同時代に伝来している点も興味深い。

　8世紀後半の6代目ティソン・デツェン王（在位755-797）の時代には、サムエ寺が建立され、正式に国教となり、国家事業として経典が翻訳された。814年には語彙集『**翻訳名義大集（Mahāvyuttpatti）**』『**二巻本難語釈**』が作られ、仏教用語が統一された。さらに824年には最初の訳経目録『**デンカルマ目録**』が作られた。しかし、9世紀前半、10代目ダルマ王（在位841-846）の時代になると仏教は衰退し、彼の死後、2人の息子によって王国が東西に分裂すると、ほぼ壊滅に近い状態になった。以上が前伝期である。当時の中央チベット作成資料は現存しないが、東方の辺境に位置する**敦煌写本群**の中に同時期のチベット語文献が含まれており、貴重である。

　その後、リンチェン・サンポ（958-1055）を中心に新たに仏典翻訳が始められ、インドからはアティシャ（982-1054）が招聘されるなど、仏教再興運動が興った。そして、**サキャ派、カギュ派、ゲルク派**などの様々な宗派教団が成立し、各宗派はモンゴル帝国、元朝などの支持を得て、勢力を伸ばしていった。現在の法主ダライ・ラマ14世はゲルク派である。また、前伝期訳出の密教経典（古タントラ）を所依とする**ニンマ派（古派）**が現れ、チベット土着の宗教ボン（ポン）**教**と影響しあいながらその教義を体系化していった。このような仏教再興運動以後を後伝期と言う。

　翻訳仏典はこの時代に蒐集編纂が始まり、14世紀初頭、ナルタン寺において「仏説の翻訳（カンギュル）」と「論書の翻訳（テンギュル）」の2部からなる『**チベット大蔵経**』（古ナルタン本）が完成する。その後、多くの版本写本が作られ、その種類は数十にも及ぶ。また、チベット人僧侶による著作全集（スンブム）や単行本が刊行され、これらは**蔵外チベット文献**と呼ばれる。漢訳大蔵経が、中国人学僧の著作もその中に納めるのに対し、チベットでは蔵外として扱う点が特徴的である。また、密教文献

（タントラ）が多い点もチベット仏教の特徴と言える。

◉ 研究史と論点（課題と展望）

　チベット学は、ハンガリー人のＡ・チョーマ・ド・ケーレス（1784-1842）の研究により大きく発展した。日本人初のチベット入国（入蔵）者としては河口慧海（1866-1945）が有名であり、種々の資料を将来している。ダライ・ラマ14世の活動をきっかけに、欧米や日本をはじめ世界各国でチベット仏教が見直され、研究も進展を見せている。チベット大蔵経はインド原典を逐語的に翻訳しているため、散逸している同原典を知るには大変有用である。後伝期には論理学や認識論に関する論書が多く記され、それらは中観学派や瑜伽行唯識学派の思想理解にも寄与している。また、中国・日本には伝来しなかったインド後期密教を伝えるタントラ研究も盛んである。20世紀後半には、チベット大蔵経の伝承研究が急速に発展し、古ナルタン本として集大成された後、ツェルパ系とテンパンマ系の２つの系統に分かれ、前者は木版印刷本として、後者は写本として伝承されていることが明らかとなった。今後は、ボン（ポン）教やモンゴル仏教研究との連携も期待される。

◉ 基礎資料

　歴史書としては、プトン（1290-1364）やターラナータ（クンガ・ニンポ、1575-？）による仏教史が著名であり、中観思想についてはツォンカパ（1357-1419）の『ラムリム（菩提道次第論）』がまとまっている。チベット大蔵経の利用には、ツェルパ系の校合本『中華大蔵経』（中国蔵学研究中心大蔵経対勘局対勘編輯、2008）が便利である。また多くの文献が The Asian Classics Input Project（ACIP）により電子化されており、電子辞書も作成されている。　　　　　　　　　　　　　　　　　（佐藤直実）

◉ 参考文献

長尾雅人、井筒俊彦、上山春平ほか編　1989　『岩波講座　東洋思想11　チベット仏教』　岩波書店

立川武蔵編　1991　『講座　仏教の受容と変容３　チベット・ネパール編』　佼正出版社

石濱裕美子編著　2004　『チベットを知るための50章』　明石書店

2 仏教文化（チベット・モンゴルの仏教美術）

● チベット仏教美術

チベットに初めて仏像をもたらしたのは、チベット全土を統一したソンツェン・ガンポ王（？-649、在位593-638、643-649）の妃、ティツン（ネパール出身）と文成公主（唐出身）であったといわれる。彼女らはそれぞれ、輿入れの際に阿閦金剛仏と釈迦牟尼仏の尊像を持参した。また、ソンツェン・ガンポ王自身も、念持仏としてインドから観音像を取り寄せたといわれる。

さらに、ティソン・デツェン（742-797）統治下で建立されたサムイェー寺院は、パーラ朝（インド）の寺院を模して造られた。その中峯大殿（3層造り）の各層には本尊と八大菩薩の組み合わせが見られるが、これは吐蕃時代のチベット仏教美術の代表的なスタイルとみられる。

それ以降では、グゲ王国（西チベット）の大訳経官リンチェン・サンポ（958-1055頃）の活躍が顕著である。彼は数多くの寺院建立に尽力し、「リンチェン・サンポ様式（西チベット様式）」と呼ばれる様式を築いた。

元の時代（1271-1368）に入ると、タンカ（仏画）の作成が盛んになってゆく。特に、元朝下で勢力を伸ばしたサキャ派は、「サキャ派様式」と呼ばれる祖師を描いた秀作を数多く残した。また、16世紀以降、カルマ派からはカルマ・ガルディ派と呼ばれる画流が形成された。後に中国絵画の影響も受け、新カルマ・ガルディ派へと発展してゆく。

他にも15世紀には、チベット仏教美術の2大流派である「メンリ流」と「キェンツェ派」が成立している。

メンリ流の祖メンラ・トゥントゥプ（15世紀、南部チベットのメンタン地方出身）は、ゲルク派の名刹タシルンポ寺が創建された際、壁画と大型タンカ作成を担当した。そのため、ダライ・ラマ政権樹立以降、メンリ派は宮廷絵師を輩出し、チベット仏教美術の主流をなすようになった。

一方、キェンツェ・チェンモ（中央チベットのコンカル出身）は、サキャ派大本山コンカル・ドルジェデン寺（1464年創建）の壁画と仏像の制作を担当した人物である。

● モンゴル仏教美術

仏教を受容した元代の作品として、カラホト出土の十一面観音像や、後期密教系の女性

図1　ヴァジュラ・ヴァイラヴァ十三尊曼荼羅　下段左の端にモンゴルの王侯夫妻が描かれている（アメリカ・メトロポリタン美術館所蔵。Image copyright © The Metropolitan Museum of Art. Image source: Art Resource, NY）

守護尊ヴァジュラ・ヴァラーヒー（金剛猪女）などが確認されている。なお、元朝下ではネパール出身の仏師の活躍もあった。例えば、モンゴル王侯夫妻の肖像画が描き込まれたヴァジュラ・ヴァイラヴァ（怖畏金剛）十三尊曼荼羅（図1）は、その作風からしてネパールの職人の手によるものとみられる。

17-18世紀には、ザナバザル（1635-1723。ジェプツン・ダンパ・ホトクト1世）の活躍があった。彼の指導のもと、モンゴル仏教美術は大きく発展したといえる。「ザナバザル流」は、角ばった四角い顔、二重瞼のややつり上がり気味の眼、鼻梁の高い鼻などを特徴とすることで知られる（図2）。

◉ 今後の展望

仏教美術研究を進めるには、図像の内容を解釈する知識も必要である。Robert Beer（2003）は、そういった点から勧められる資料のひとつである。また、ディヴィット・ジャクソン（2006）には、チベット仏教美術史に関する先行研究や、各時代の仏画師について比較的丁寧な解説が見られる。図像の紹介も充実しており、研究の手掛かりとして有用な一冊といえるだろう。

図2　ターラー像　モンゴルで最も信仰を集める女尊の1つ（ザナバザル美術館蔵。G・ザナバザル作、N.ツルティム、田中克彦解説『モンゴルの仏教美術』より転載）

モンゴルの仏教美術研究に関しては、今後さらなる発展が期待される。充実しつつあるチベット仏教美術研究と連携して進められることが望ましい。　　　　（山口周子）

◉ 参考文献

N.ツルテム監修　1987　『モンゴルの曼荼羅』　新人物往来社
G・ザナバザル作、N.ツルテム、田中克彦解説　1994　『モンゴルの仏教美術』　恒文社
田中公明　2001　『タンカの世界：チベット仏教美術入門』　山川出版社
Robert Beer　2003　*The Handbook of Tibetan Buddhist Symbols*　Chicago : Serindia Publications
ディヴィット・ジャクソン著、瀬戸敦朗ほか共訳　2006　『チベット絵画の歴史―偉大な絵師達の絵画様式とその伝統―』　平河出版社

3　ボン教の歴史的概要

● ボン教史概要

　チベットといえばダライ・ラマに代表される仏教圏というイメージを持つのが一般的であろう。しかし、チベットに仏教が伝来したのは7世紀初頭の吐蕃（チベット）王国の王ソンツェン・ガンポ（？-649）の時代といわれているように、チベットにおいて仏教とはあくまで外来宗教なのである。仏教伝来以前には、**ボン教**（あるいは「ポン教」）という宗教が存在していた。しかしながら、このボン教すらもチベットで発生したものではなく、タジクのオル・モ・ルン・リンという都市（タジキスタンあるいはペルシャなど諸説存在）からやってきた外来宗教と伝えられている。いずれにしても、チベットは、ボン教と仏教という2つの宗教を中心に各種地域信仰を加えた、重層的な宗教文化を構築してきたといってよいであろう。

　18世紀のトゥ・カン3世（1737-1802）は、主著『一切宗義』の中でボン教を大きく3つに区分している。すなわち、初期の**ドゥル・ボン**（芽が出たばかりのボン）、第2期の**キャル・ボン**（方向を転じたボン）、第3期の**ギュル・ボン**（変形されたボン）である。第2期までは古来からのボン教であったが、8世紀の吐蕃王ティソン・デツェン（在位755-797）の時代に仏教が国教化し、ボン教はその影響を受け始めた。それ以後、仏教教義を取り入れながらも独自の教義体系を構築していったのが、第3期のギュル・ボンである。

　このギュル・ボンは、顕教・密教両方の仏教理論を独自にアレンジすることで、仏教とは似て非なる独自の教義体系を構築していった。ボン教の学僧が仏教寺院で哲学などを学習する機会も古今を問わず存在していたようであるし、ボン教徒出身の仏教僧も珍しくない。そうした緊密な関係の中で、仏教理論がボン教に取り込まれていったということは想像に難くない。

　ボン教の開祖は、**トンパ**（教主）**・シェンラプ・ミウォ**と呼ばれ、伝承上、その寿命は8,200歳（紀元前16016-紀元前7816）とされている。トンパ・シェンラプは、ボン教通史上8番目のブッダに相当すると言われることから、過去七仏を提唱する仏教のゴータマ・シッダールタに相当する人物と考えられている。

　このトンパ・シェンラプは、オル・モ・ルン・リンで生まれたとされる。やがて、トンパ・シェンラプはボン教の布教を開始し、インド、中国、シャン・シュン（西チベット）、そして中央チベットの順にボン教を広めたと言われている。ボン教徒たちのこの伝承に基づけば、ボン教と仏教との教義的類似性の理由を以下のとおりに説明することができよう。すなわち、トンパ・シェンラプが太古にインドで説いたボン教を、何千年以上も後にゴータマ・シッダールタという人物が独自解釈を加え「仏教」という形に改変し、その仏教が後にチベットに伝わったため、本質的に両教義は類似しているが、両教義の細部は自ずと異なっているという認識になる。当然、チベット仏教徒側からはこの歴史解釈は受け入れ難いであろう。

9世紀に吐蕃王国が崩壊すると、チベットは歴史的記述のない暗黒期に突入し、国家的な保護を失った仏教とともにボン教も衰退した。しかし、11世紀前半にはインド僧のアティシャ（982-1054）の訪蔵に代表されるように、仏教が再興され後期伝播期が始まり、ボン教も仏教教義を取り入れる形で宗教的アイデンティティを取り戻していった。そうした中でボン教は、チベット仏教ニンマ派と同様、多くの埋蔵経典を発掘するに至った。埋蔵経典発掘者の代表格

図1　ネパールにあるティテン・ノルブツェ僧院において、問答の練習をするボン教僧侶たち

は、シェンチェン・ルガ（996-1035）である。彼は、仏教の『倶舎論』に相当する『ズー・プク』など多くの埋蔵経典を発見した人物として有名である。
　以後、ボン教徒たちは様々な埋蔵経典を発掘すると同時に、自ら論書も作成するようになり、仏教と同様、説一切有部、経量部、唯識派、中観派という顕教の4大学派から密教へという流れで学説綱要書を作成するようになった。代表的な学説綱要書としては、テトゥン・ギェルツェンペル（14世紀）著『ボン・ゴ・セル・チェー（ボン門明示）』がある。同著作に関しては、御牧克己とサムテン・カルメイによる批判的校訂テキストが存在するため学術研究を行いやすい。なお、ボン教の思想史上、ニャンメー・シェーラプギェルツェン（1356-1415）、シャルザ・タシ・ギェルツェン（1859？-1934）など、偉大な学僧たちの存在も忘れてはならない。

● 研究史料および今後の展望
　こうしたボン教学の動向を大まかに把握するためには、『チベットポン教の神がみ』が、とりわけ初学者にとっては参考になろう。また、国立民族学博物館が出版してきた、*Bon Studies* のシリーズは、ボン教に特化した学術誌として世界に類を見ない。
　ボン教は仏教理論を導入することでチベットにおける宗教的権威を高めてきたが、やはりそうした仏教的影響を除いた部分にこそ、本来のボン教としての特質が存在するものと思われる。したがって、仏教伝来以前のボン教、すなわち、ドゥル・ボンやキャル・ボンの実態解明が望まれる。なお、8世紀以前のボン教は、主に葬送儀礼に関する宗教であったという研究結果が報告されているが、その全容については未だ解明されていない。今後、敦煌文書などを用いた研究により、さらなる実態を解明していくことが望まれる。

（熊谷誠慈）

● 参考文献
長野泰彦責任編集、国立民族学博物館編　2009　『チベット　ポン教の神がみ』　千里文化財団

③ スリランカ

1 仏教の受容と展開

● 概要

紀元前3世紀にインドから上座部（Theravāda）仏教→1部1章2節1が伝えられたが、12世紀にパラッカマバーフ1世（在位1153-86）によって上座部大寺派のもとにサンガ（教団）が統一されるまでの間、大乗仏教や密教の受容もみられた。現在スリランカでは、人口の約75％を占めるシンハラ民族を中心に、国民の7割以上が上座部仏教徒であり、近年、比丘尼サンガ復興の動きもみられる。

● アヌラーダプラ時代の仏教

紀元前3世紀、インド・マウリヤ朝の第3代王アショーカ（アソーカ、在位 紀元前268-紀元前232。→1部1章1節）の子と伝えられるマヒンダによって、スリランカに初めて仏教がもたらされた。マヒンダはデーヴァーナンピヤ・ティッサ王（在位 紀元前250-紀元前210）の支援を得て、アヌラーダプラ（紀元前4世紀頃-11世紀の都）に大寺（Mahāvihāra）の基礎となる寺院や仏塔を建立し、比丘サンガを創設した。また、その妹のサンガミッターはブッダ成道地の菩提樹の枝を将来してアヌラーダプラに移植するとともに比丘尼教団を創設した。しかし、ヴァッタガーマニー・アバヤ王（復位 前89-前77）による無畏山寺（Abhayagirivihāra）の建立後、スリランカの教団は大寺派と無畏山寺派とに分裂した。また、飢饉発生などにより混乱したこの時代、マータレーのアルヴィハーラにおいて三蔵および注釈書の書写が行われた。その後、3世紀に詭弁論者もしくは方広派と呼ばれる大乗仏教徒がインドから来島し、無畏山寺を拠点としたが、ヴォーハーリカティッサ王（在位214-236）は、これらの大乗仏教徒を弾圧した。これに対して、マハーセーナ王（在位276-303）は大乗仏教を受容して大寺派を弾圧し、祇多林寺（Jetavanavihāra）を建立した。これにより、大寺派、無畏山寺派、祇多林寺派の3派が分立した。また、4世紀にはカリンガ国のヘーママーラー（ランマリー）王女によって歯舎利（ブッダの左犬歯）が将来され、年に一度、歯舎利を歯舎利堂から無畏山寺へ遷して供養が行われた。5世紀初めに来島した東晋の僧法顕（生没年不詳。→2部1章4節1）はその様子を記している。5世紀にはブッダゴーサ（Buddhagosa）が来島し、『清浄道論（Visuddhimagga）』、ニカーヤ注釈書を著して上座部大寺派の教理の基礎を確立した→2部1章4節1。

その後、8世紀に、唐に金剛頂経系の密教を伝えたヴァジュラボーディ（金剛智、671-741）やアモーガヴァジュラ（不空、705-774）の来島が、伝記資料などから知られる→2部1章4節2。

● ポロンナルワ時代の仏教

11世紀、インド・チョーラ朝によるスリランカ北部の支配を受け、アヌラーダプラの南東に位置するポロンナルワ（11-13世紀の都）へ都が移された。その後、チョーラ

朝の勢力を駆逐したヴィジャヤバーフ1世（在位1055-1110）は、戒統断絶の危機に瀕したサンガの復興のためにミャンマー（ビルマ）より比丘を迎えた。12世紀、スリランカを統一したパラッカマバーフ1世は、上座部大寺派のもとに無畏山寺派と祇多林寺派とを統合した。

図1　ガルヴィハーラ（ポロンナルワ）

● 植民地時代の仏教

　13世紀末以降、シンハラ政権は、ダンバデーニヤ、ヤーパフワ、クルネーガラ、ガンポラへと都を移した。移転の理由は諸説あってはっきりしない。西欧による植民地時代（1505-1948）に、南西部のコーッテ王国（14世紀後半-1597）、中央山地のキャンディ王国（15世紀後半-1815）が滅亡した。この間、仏教は衰微し、再び戒統断絶の危機に瀕したが、1753年、サンガ復興のためにタイより比丘を迎え、シャム派の基礎を築いた。しかしシャム派は高位カースト出身者にしか具足戒を授けなかったので、1803年にアマラプラ派が設立され、1864年にアマラプラ派からラーマンニャ派が分離した。1880年に来島した神智学協会のブラバツキー（1831-91）とオルコット（1832-1907）、1891年にコロンボに大菩提会を創設したアナガーリカ・ダルマパーラ（1864-1933）らによる仏教復興運動もみられた→3部4章3節3。

● 研究状況、課題と展望

　スリランカ政府・考古局発行の碑刻文資料 Epigraphia Zeylanica（1904-）、また『島史（Dīpavaṃsa）』（4-5世紀初め）、『大史（Mahāvaṃsa）』（5-6世紀初め）、『小史（Cūlavaṃsa）』（1815年の記事を下限とする）、『ニカーヤサングラハ（Nikāyasaṃgraha）』（14世紀後半-15世紀）などの史書が基礎資料として挙げられる。これら4つの史書のうち、初めの3書については、『南伝大蔵経』（大蔵出版）の第60巻、第61巻に日本語訳されている。近年、森祖道ら日本人研究者による仏教史研究が進展しており、リチャード・ゴンブリッチによる上座部仏教史の著作なども翻訳出版されている。また、前田惠學らによる現代スリランカにおける比丘サンガの活動や、復興途上にある比丘尼サンガの活動などに対する調査報告もみられ、今後の研究の進展が期待される。

(仲宗根充修)

● 参考文献

森　祖道　1984　『パーリ仏教註釈文献の研究』　山喜房佛書林
前田惠學編著　1986　『現代スリランカの上座仏教』　山喜房佛書林
鈴木正崇　1996　『スリランカの宗教と社会—文化人類学的考察—』　春秋社
リチャード・ゴンブリッチ著、森　祖道、山川一成訳　2005　『インド・スリランカ上座仏教史—テーラワーダの社会—』　春秋社
藪内聡子　2009　『古代中世スリランカの王権と佛教』　山喜房佛書林

2　仏教寺院（遺跡）

● 概要

　仏教寺院（遺跡）は、アヌラーダプラ、ポロンナルワ、キャンディの3つの古都を結ぶエリア周辺に集中する。アヌラーダプラの南約64kmに位置するダンブッラ寺院（図1）や、ポロンナルワの西約25kmに位置するシーギリヤなどもこのエリアに所在する。この外にも、ウバ州ブドゥルヴェーガラの磨崖仏像（図2）など、島内には数多くの寺院（遺跡）が点在する。ここでは、上記3つの古都の寺院（遺跡）について簡単に紹介する。

● アヌラーダプラとその周辺

　最大都市コロンボの北東約208kmに位置するアヌラーダプラは、北中部州の州都で、紀元前4世紀頃–11世紀まで都が置かれた。13世紀以降廃墟となり、19世紀に遺跡が密林の中から再発見された。アヌラーダプラには、大寺（Mahāvihāra）、大菩提樹堂、トゥーパーラーマ、ルウァンウェリセーヤ仏塔、無畏山寺仏塔、祇多林寺仏塔などが残る。「仏塔」はパーリ語で「トゥーパ」、シンハラ語で「ダーガバ」という。
　大寺は上座部大寺派の中心寺院で、前3世紀、デーヴァーナンピヤ・ティッサ王（在位 紀元前250-紀元前210）が、スリランカに仏教を伝えたマヒンダにマハーメーガヴァナ園を寄進したことに由来する。大菩提樹堂の菩提樹はマヒンダの妹であるサンガミッターがブッダ成道地の菩提樹の枝を移植したものとされ、トゥーパーラーマはサンガミッターの子であるスマナが将来した仏舎利（ブッダの右鎖骨）を納めたスリランカ最古の仏塔とされる。ルウァンウェリセーヤ仏塔はドゥッタガーマニー王（在位 紀元前161-紀元前137）創建の仏塔で、19世紀後半–20世紀前半に大修復された。
　無畏山寺仏塔は、ヴァッタガーマニー・アバヤ王（復位 前89-前77）創建の無畏山寺（Abhayagirivihāra）の仏塔で、同寺はその後積極的に大乗仏教を受容した。
　祇多林寺仏塔は、マハーセーナ王（在位276-303）創建の祇多林寺（Jetavanavihāra）の仏塔で、1982年この僧院地区から9世紀頃とみられる金板に記された二万五千頌般若経の断簡が発掘された。
　アヌラーダプラの東約13kmに位置するミヒンタレーは、マヒンダによる仏教初伝の地で、カンタカ・チェーティヤ、アンバスタラ仏塔などの遺跡が残る。1934年に発掘されたカンタカ・チェーティヤは、3層の基壇の四方に、浮き彫りを施した突出部（ヴァーハルカダ）を持つ塔廟である。アンバスタラ仏塔はマヒンダとティッサ王との初対面の場所に建立されたと伝えられる。

● ポロンナルワ

　アヌラーダプラの南東約90kmに位置するポロンナルワは、北中部州の都市で、11世紀、チョーラ朝によるスリラ

図1　ダンブッラ寺院の仏像

ンカ北部の支配を受け、アヌラーダプラからポロンナルワへ都が移され、13世紀まで栄えた。ポロンナルワには王宮跡、ダラダーマルワ、ガルヴィハーラ（前項図1）などの遺跡が残る。

王宮跡北に隣接するダラダーマルワは歯舎利を祀る寺院の遺構で、ヴィジャヤバーフ1世（在位1055-1110）の創建である。寺院内部には、ワタダーゲー（円形仏堂）、アタダーゲー（歯舎利堂）、

図2　ブドゥルヴェーガラの磨崖仏像

ハタダーゲー（歯舎利堂）などが残る。ワタダーゲーは、パラッカマバーフ1世（在位1153-86）の創建、ニッサンカマッラ王（在位1187-96）の再建とみられる。直径約33mの2層の円形基壇上の中央に仏塔を置き、四方に仏坐像を外向きに安置する。仏塔の周囲に、3重の列柱、囲繞壁を円形に巡らせる。アタダーゲーは、ヴィジャヤバーフ1世の建立で、1階内陣奥には立像3体を安置していたとみられる。ハタダーゲーは、ニッサンカマッラ王の建立で、1階内陣奥に立像3体、2階に歯舎利を安置していたとみられる。

ダラダーマルワの北約4kmに所在するガルヴィハーラは、パラッカマバーフ1世創建で、花崗岩を彫った長さ約14mの仏涅槃像、高さ約6.9mの仏立像、高さ約4.6mの仏坐像が残る。

● キャンディ

コロンボの北東約85kmに位置するキャンディは、中部州の州都で、キャンディ王国の都が置かれた。4世紀にスリランカへ将来された仏歯（歯舎利）を祀る仏歯寺（ダラダーマーリガーワ）は特に有名である。歴代の王は王権の正統性を証するものとして仏歯を護持した。現在の仏歯堂はナレーンドラシンハ王（在位1707-39）の建立である。仏歯はきらびやかな宝石で飾られた黄金の舎利容器に納められ、2階の最奥室に安置されている。毎年エサラ月（7-8月）にはペラヘラ祭が開催され、仏歯を背に載せたゾウが街を練り歩く。

● 研究状況、課題と展望

早稲田大学アジア建築研究会による研究（中川 1991）は、アヌラーダプラ後期－ポロンナルワ期に建てられた仏教寺院建築の遺構を対象として、それらの修復方法を提言する内容となっている。ここで紹介した遺跡以外にも、密林に覆われたメディリーギリヤ遺跡やリティガラ遺跡、ローハナ地方（ティッサマハーラーマ周辺）の遺跡など、未解明の遺跡も多く、今後の発掘・保存事業が期待される。　　　　　　（仲宗根充修）

● 参考文献

中川　武監修　1991　『スリランカの古代建築』　早稲田大学アジア建築研究会
東京国立博物館、読売新聞社編　2008　『特別展　スリランカ―輝く島の美に出会う―』　読売新聞社
森　祖道　2015　『スリランカの大乗仏教―文献・碑文・美術による解明―』　大蔵出版

④ ミャンマー（ビルマ）

1 仏教の受容と展開

● 概要

11世紀以降、パガン（バガン）に上座部仏教が将来され、寺院や仏塔が盛んに建立された。15世紀、ハンターワディー（ペグー）朝（1287-1539）のダンマゼーディー王（在位1472-92）は、スリランカ上座部大寺派の授戒作法に基づくサンガの統一をはかった。現在、国民の約90％が仏教徒であるが、仏教と土着の精霊信仰（アニミズム）との融合もみられる。

● ピュー族の仏教

現在のピェー市の南東約9kmに位置するタイェーキッタヤー（梵語名シュリークシェートラ、室利察咀羅）、ベイタノー、ハリンヂーなど、エーヤーワディー川流域に点在するピュー（驃、剽）族の城郭都市遺跡（1-9世紀）の出土品から、上座部仏教、大乗仏教、ヒンドゥー教などが信仰されていたことが知られる。しかし、ピュー族は832年に中国雲南地方の南詔（なんしょう）国の攻撃を受け、以後衰退した。

● パガン朝の仏教

ビルマ族最初の統一王朝であるパガン朝（1044-1287）を創設したアノーヤター王（在位1044-77）は、1057年にモン族の王国ラーマニャデーサの都タトンを攻略し、パーリ聖典および比丘500人を将来して上座部仏教を保護、密教的呪術を行うアリー僧を排除したとされる。その後、ナラパティスィードゥー王（在位1174-1211）治世下、スリランカから帰国したサッパダが、上座部大寺派の戒壇（結界処）を設けてサンガを組織した。パガン朝時代、上座部仏教、大乗仏教、密教、またヒンドゥー教などが信仰された。このことは、アノーヤターの銘が入った塼仏（せんぶつ）に観音菩薩像（かんのんぼさつぞう）もみられること、アベーヤダナーなどの寺院に大乗系・密教系菩薩やヒンドゥー諸神の壁画がみられること、ナンパヤー寺院内部の石柱にブラフマーの浮き彫りがみられることからも知られる。またパガン中期以降、密教色の強いアラニャ僧団（森住派）が政治権力と結びついて社会的影響力を保持した。

図1　アーナンダ寺院の釈迦牟尼仏像（パガン）

● ポスト・パガンの仏教

エーヤーワディー川中流域のインワ（アヴァ）朝（1364-1555）時代、現存最古のビルマ語仏教文学『彼岸道物語（ひがんどうものがたり）』（1511）などの作品が著された。エーヤーワディー川下流域に栄えたモン族のハンターワディー（ペグー）朝のダンマゼーディー王は、1476年に比丘

をスリランカへ派遣し、翌年帰国した比丘を中心に都ハンターワディー郊外のカルヤーニーに戒壇を設立して、スリランカ上座部大寺派の授戒作法に基づくサンガの統一をはかった。また同王は1479年にパーリ語およびモン語によるカルヤーニー碑文を作成させた。

◉ タウングー朝以後の仏教

　タウングー朝（1486-1752）時代、ビルマ語仏教文学作品として『称誉増大物語』（1618）や、『ルビーの耳輪物語』（1619）などが著された。その後、コンバウン朝（1752-1885）のボードーパヤー王（在位1782-1819）は、入村時に両肩を覆って衣を着る通肩派を正統としてサンガを統一し、またトゥダンマ派（宗教会議派）を設立してサンガの行政機構を整えた（タータナーバイン制度）。1800年にスリランカからの沙弥（男性の見習い出家者）６人がアマラプラで受戒し、帰国後にアマラプラ派を設立するなど、海外との交流もみられた。ミンドン王（在位1853-78）は、1871年のマンダレーにおける「第５回仏典結集」を後援し、パーリ聖典の編集および大理石板への刻記を行わせた。現在この大理石板729枚はクゥドードー仏塔に安置されている。また、仏教史書として『タータナー・リンガーヤ・サーダン（教法荘厳文書）』（1831）、『タータナウンタッパディーピカー（サーサナヴァンサ・教史）』（1861年ビルマ語からパーリ語へ改訳編纂）などが著された。その後、イギリス植民地時代（1886-1948）を経て、1954－56年、ビルマ連邦政府は仏暦2500年記念事業としてラングーン（ヤンゴン）にて「第６回仏典結集」を開催し、ビルマ文字によるパーリ三蔵聖典を出版した。

◉ 研究状況、課題と展望

　モン語、パーリ語、ビルマ語などの碑刻文、また『大年代記』（18世紀前半）、『玻璃宮大年代記』（1829-32）などのビルマ語年代記（ヤーザウィン）、仏教建造物およびその地方史（タマイン）などが基礎資料として挙げられる。近年、生野善應や池田正隆らによる研究が上座部仏教史の解明に大きな功績をもたらした。また、原田正美によるビルマ語仏教典籍の研究成果もみられる。さらに、アノーヤター王の時代に上座部仏教が確立したとする見解に対して異なる見解が提示される（伊東 2001）など、新しい知見もみられる。近年、中国・ミャンマー国境地域（徳宏）の上座部仏教に対する調査研究報告もみられる。　　　　　　　　　　　　　　　　　　（仲宗根充修）

◉ 参考文献

生野善應　1980　『ビルマ上座部佛教史』　山喜房佛書林

原田正美　1991　「アッタカターが物語る仏教世界—ダンマパダを中心に—」（『講座　仏教の受容と変容2　東南アジア編』　佼成出版社）

奥平龍二　1994　「上座仏教国家」（『変わる東南アジア史像』　山川出版社）

池田正隆　1995　『ミャンマー上座仏教史伝』　法藏館

伊東利勝　2001　「エーヤーワディ流域における南伝上座仏教政治体制の確立」（『岩波講座　東南アジア史2　東南アジア古代国家の成立と展開』　岩波書店）

伊東利勝編　2011　『ミャンマー概説』　めこん

2 仏教寺院（遺跡）

● 概要

　2014年ユネスコの世界文化遺産に登録されたピュー（驃、剽）族の城郭都市遺跡（タイェーキッタヤー、ベイタノー、ハリンヂー）のなかでも、ピェー市の南東約9 kmに位置するタイェーキッタヤー（シュリークシェートラ）には、東南アジア最古の建築とされるボーボージー（5-7世紀頃）などの煉瓦造の仏塔や祠堂が残る。
　エーヤーワディー川中流域のパガン（バガン）は、パガン時代（1044-1287）に建てられた夥しい数の寺院や仏塔などの遺構で有名である。
　また、最大都市ヤンゴンには、仏髪を納めたと伝えられるシュエダゴン仏塔（図1）やスーレー仏塔などが残る。ヤンゴンの北約90kmに位置するバゴー（ペグー）には、仏髪を納めたと伝えられるシュエモードー仏塔、横臥仏像で知られるシュエターリャウン寺院、ダンマゼーディー王（在位1472-92）建立のカルヤーニー戒壇などが残る。さらに第2の都市マンダレーには、ミンドン王（在位1853-78）建立のクドードォ仏塔、ティーボー王（在位1878-85）建立のシュエナンドー僧院（図2）などの寺院が残る。
　ミャンマーでは、ブッダの遺骨（仏舎利）やその代替品を納めた仏塔は「ゼーディー」と言われ、欧米人がアジアにおける塔状の宗教建造物に付した呼称である「パゴダ」も多用される。

● パガン

　アノーヤター王（在位1044-77）によって創設されたビルマ族最初の統一王朝であるパガン朝は「建寺王朝」とも称され、この時代、王城およびその周辺に夥しい数の寺院や仏塔などが建立された。ここではパガン遺跡のうち主なものを簡単に紹介する。
　パガン朝初期の仏塔として、シュエサンドー仏塔（1057）、ペッレイ双塔などがある。前者はアノーヤター王の建立で、仏髪を納めたと伝えられる。5層の方形基壇上に八角形台座、仏塔を載せる。高さ約75mである。後者は基壇にテラコッタのパネルがはめ込まれており、ジャータカをモティーフにした浮き彫りが施されている。
　また、パガン最大の仏塔であるシュエズィーゴン仏塔は、アノーヤター王およびチャンスィッター王（在位1084-1113）2代にわたる建立で、額と歯の舎利を納めたと伝えられる。高さ約45mで、3層の方形基壇上に仏塔を載せる。
　大乗仏教や密教、ヒンドゥー教などの影響を示すものとして、ナンパヤー寺院（11世紀）、アベーヤダナー寺院（11世紀末頃）などがある。前者は下層に祠堂と前室、上層にシカラ状（砲弾形）の尖塔を載せ、祠堂内中央の石柱4本にはブラフマー神像計8体、お

図1　シュエダゴン仏塔（ヤンゴン）

よび植物文様が彫刻されている。後者はチャンスィッター王の建立で、アベーヤダナーは妃の名と伝えられる。下層に祠堂および前室、上層に仏塔状の塔を載せる。祠堂中央に巨大な触地印仏像を安置する。祠堂内部の回廊壁には仏伝・ジャータカをモティーフとする壁画、大乗系・密教系の菩薩像、ヒンドゥー諸神が描かれる。

図2　シュエナンドー僧院（マンダレー）

パガンで最も壮麗優美な寺院と評されるアーナンダ寺院（1091。前項図1）は、チャンスィッター王の建立で、下層は1辺約55mの方形で、中心支柱の四面に穿たれた仏龕内に、拘留孫、拘那含牟尼、迦葉、釈迦牟尼の四仏立像を安置する。中心支柱の周囲に2重の回廊を巡らせ、建物の四方に突き出た前室を備える。高さ約50mで、上層に3層の基壇およびシカラ状の塔を載せる。

重層建築としては、ナラパティスィードゥー王（在位1174-1211）建立のスーラーマニ寺院（1183）、ゴードーパリン寺院（12世紀後半）、ティーローミンロー寺院（13世紀初頭）などが有名である。アラウンスィートゥー王（在位1113-63?）建立のタッビィンニュ寺院（12世紀）は、パガン最高の重層建築である。

また、未完でありながらもパガン最大級の建築であるダマヤンヂー寺院（1165）は、ナラトゥー王（在位1163?-65）の建立で、階段ピラミッド状に積み上げられた5層の方形壇上に尖塔を載せる構造を持つが、頂部は崩壊している。建物の四方に突き出た前室を備える。

パガン朝最後の仏塔であるミンガラーゼーディー（1284）は、ナラティーハパテ王（在位1256-87）の建立で、高さ約42m、4層の方形基壇上に八角形壇と仏塔を載せる。

● **研究状況、課題と展望**

図像学の分野では大野徹らによる壁画研究がみられる。寺院や仏塔にみられる壁画や浮き彫りの研究については、そのモティーフとなっている仏伝・ジャータカなどの文献研究とあわせて進められるのが望ましい。近年、ミャンマーの文化遺産は自然災害や人為的破壊によって崩壊の危険にあるとされる。奈良文化財研究所を中心とするミャンマーの文化遺産保護のための調査研究活動は特筆される。今後、遺跡の保存修復技術の向上、および考古学・歴史学研究のさらなる進展が期待される。　　（仲宗根充修）

● **参考文献**

大野　徹、井上隆雄編　1978　『パガンの仏教壁画』　講談社
鈴木伸治　1997　「パガン遺跡の保存とその問題点」（『おもしろアジア考古学』　連合出版）
奈良国立文化財研究所　2000　『南アジア仏教遺跡保存整備に関する基礎的調査研究：ミャンマー関係』　奈良国立文化財研究所
大野　徹　2002　『謎の仏教王国パガン』　日本放送出版協会

5 タイ

1 仏教の受容と展開

● 概要

13世紀、タイ族最初の王朝であるスコータイ朝（1240頃-1438）が上座部仏教を受容して以降、歴代の王はこれを保護するとともに、サンガの管理を行った。現在、タイ王国憲法では国王は仏教徒でなければならないと定められている。国民の約95％が仏教徒で、特に男子は一時的に出家する社会慣行が普及している。

● スコータイ朝以前の仏教

6-11世紀、チャオプラヤー川下流域にはモン族の港市ドヴァーラヴァティー（堕羅鉢底）が栄えた。バンコクの西約56kmに位置するナコーンパトムに残る遺跡からは、パーリ偈文を刻んだ石製法輪などが出土している。唐の僧義浄（635-713。→2部1章4節2）の『南海寄帰内法伝』の記述からはドヴァーラヴァティーなどでは大衆部、上座部、説一切有部、正量部の4つの部派があったとみられている。

また、7世紀後半-11世紀、マラッカ海峡周辺を中心に交易国家シュリーヴィジャヤが栄えた。タイ南部マレー半島東海岸に位置するチャイヤーからはシュリーヴィジャヤ時代の遺物も出土しており、1905年に発見された青銅製観世音菩薩像（8〜9世紀）から当地における大乗仏教信仰がうかがえる。

● スコータイ朝の仏教

タイ北部に位置するスコータイは、13世紀までアンコール朝の支配下にあったが、ジャヤヴァルマン7世没後、タイ族によってスコータイ朝が創設された。ラームカムヘーン王（在位1279頃-98頃）考案の「タイ文字」を刻んだ最古のタイ語史料とされる「ラームカムヘーン王刻文」（1292）には「水に魚住み、田に稲実る」と記されるとともに、同王がタイ南部マレー半島東海岸に位置するナコーンシータンマラートから森林住部（アランニカ）の比丘を招聘したことが記される。1345年、リタイ王（在位1346/47-68/74）はタイ語による宇宙論『トライプーミ・カター（Traiphūmi Kathā、三界論）』を著作し、即位の際には自ら「マハータンマラーチャー（大正法王）」と号した。

● アユタヤ朝の仏教

アユタヤ朝（1351-1767）のトライローカナート王（在位1448-88）治世下、パーリ『ジャータカ』第547話「布施太子本生経（Vessantara Jātaka）」を題材にしたタイ語古典文学『マハーチャート・カムルアン（欽定版大本生経）』が編纂された。1753年、ボーロマコート王（在位1733-58）は戒統断絶の危機にあったスリランカへ比丘を派遣し、サンガ復興の支援を行っ

図1　ワット・アルン（バンコク）

た。

　13世紀末にタイ北部に創建されたラーンナー王国では、ティローカラート王（在位1441/42-87）の時代に最盛期を迎え、1477年にチェンマイにおいて「第8回仏典結集」が開催された。また15‐17世紀頃には『パンニャーサ・ジャータカ（Paññāsa Jātaka）』が編纂された。

図2　ワット・プラケオ（バンコク）

◉ ラタナコーシン（チャクリー）朝の仏教

　ラタナコーシン朝（1782-）を創設したラーマ1世（チャオプラヤー・チャクリー、在位1782-1809）は、バンコク王宮内にワット・プラケオ（玉仏寺。図2）を建立し、また1788年開催の「第9回仏典結集」を後援した。ラーマ4世（モンクット、在位1851-68）は、即位までの27年間、僧院生活を送った。その間、復古主義的改革運動（タンマユット運動）を起こし、1836年にワット・ボーウォンニウェートの寺長に就任した。この運動はタンマユット派として独立し、在来派はマハーニカーイ派と呼ばれる。ラーマ5世（チュラーロンコーン、在位1868-1910）は、1893年にタイ文字版三蔵を出版した。また1902年にラタナコーシン暦121年サンガ統治法を制定し、タイ全土の仏教教団を統一、国家の統制下に置いた。

◉ 研究状況、課題と展望

　タイ語、クメール語、パーリ語の碑刻文、また『アユタヤ王朝年代記』（ファン・フリート本の生田滋訳『大航海時代叢書Ⅱ-11　オランダ東インド会社と東南アジア』岩波書店 1988）や『ラタナコーシン王朝年代記』などの王朝年代記（ポンサーワダン）、さらに『ムーラサーサナー』（15世紀）や『ジナカーラマーリー』（16世紀前半）などの仏教史書（タムナーン）などが基礎資料として挙げられる。近年、仏教史学の分野では佐々木教悟や石井米雄らによる研究がみられ、また田辺和子らによる文献研究が特筆される。現在、中国雲南省（西双版納・シプソンパンナー）タイ族の上座部仏教、『プラ・マーライ』などの東南アジア撰述仏典（蔵外仏典・非正典）や仏教文学作品の写本の調査研究などが注目される。

（仲宗根充修）

◉ 参考文献

佐々木教悟　1980　「七世紀におけるドヴァーラヴァティーの仏教について」（仏教史学会編『仏教の歴史と文化』　同朋舎）

田辺和子　1980　「Paññāsa-jātaka 中の Sudhana-jātaka について」（『印度学仏教学研究』28-2）

石井米雄　1993　「東南アジア仏教の民衆化―スコータイにおける仏教の受容をめぐって―」『中世史講座8　中世の宗教と学問』　学生社

石井米雄　1998　「上座仏教と国家形成」（『岩波講座　世界歴史13　東アジア・東南アジア伝統社会の形成』　岩波書店）

2　仏教寺院（遺跡）

● 概要
　タイ中部のナコーンパトム、ウートーン、ロップリーなどにはドヴァーラヴァティー時代の遺跡、タイ南部マレー半島東海岸に位置するチャイヤー、ナコーンシータンマラートなどにはシュリーヴィジャヤ時代の遺跡、ロップリー、イサーン地方（東北地方）などにはクメール時代の遺跡が残る。13世紀以降、**スコータイ**、シー・サッチャナーライ、**アユタヤ**、チェンマイなどには寺院が数多く建てられた。

● スコータイ
　スコータイ朝（1240頃-1438）の都城は、タイ北部スコータイ市の西約12kmに位置し、東西約2km、南北約1.6km、3重の土塁と水濠に囲まれている。
　ジャヤヴァルマン7世（在位1181-1218頃）時代のプラーン（クメール様式の塔堂）として、ワット・プラ・パーイルアンのものが有名である。ラテライト造りのプラーンで、3塔形式の中央塔のうち残存状態が比較的良いのは北塔で、他の2塔はほとんど崩壊している。この他、城内の南に所在するワット・シー・サワイにも同時代のプラーンが残る。
　スコータイ様式の蓮蕾形(れんらい)の尖塔部を有するチェーディー（仏塔）として、城内中央に所在する王室寺院ワット・マハータートのものが有名である。初代王シーイントラーティット（在位1240頃-70頃）時代の創建とみられ、150基を超えるチェーディーには歴代王らの遺骨が納められたとみられる。
　スコータイ様式のモンドップ（方形仏塔）として、ワット・シー・チュムのものが有名である。ラームカムヘーン王刻文にあるプラ・アチャナ仏像は堂内の巨大な触地(そくち)印(いん)仏像に比定されている。

● アユタヤ
　アユタヤ朝（1351-1767）の都城は、1351年、チャオプラヤー川、ロップリー川、パーサック川に囲まれた島に建設されたが、1767年のコンバウン朝ビルマの攻撃で都城は灰燼に帰したため、修復されずに廃墟と化した遺構も多い。

図1　ワット・マハータート（アユタヤ）

　前期アユタヤのプラーンとして、ワット・マハータート（図1）やワット・ラーチャ・ブーラナ（1424）のものが有名である。前者はボーロマラーチャーティラート1世（在位1370-88）創建とされ、戦火による破壊の跡を留め、木の根に絡め取られた仏頭でも有名である。後者はボーロマラーチャーティラート2世（在位1424-48）創建で、伽藍中央にプラーン、その周囲に回廊、東正面にウィハーン（本堂）、西背面にウ

ボーソット（布薩堂）が配される。プラーン内には15世紀に描かれた仏伝・ジャータカをモティーフとする壁画が残る。

　また、アユタヤ様式の釣鐘形の覆鉢を有するチェーディーとして、トライローカナート王（在位1448-88）創建の王宮寺院ワット・プラ・シーサンペットに建つ3基が有名である（図2）。その子のラーマーティボディー2世（在位1491-1529）は東塔に父の遺骨、中央塔に兄のボーロマラーチャー3世（在位1488-91）の遺骨を納めた。ラーマーティボディー2世自身の遺骨は、その子のボーロマラーチャー4世（在位1529-33）によって西塔に納められた。

図2　ワット・プラ・シーサンペット（アユタヤ）

　また、後期アユタヤのプラーンとして、プラサートトーン王（在位1629-56）創建のワット・チャイワッタナーラーム（1630）のものが有名である。

● バンコク

　ラタナコーシン朝（1782-）の王宮付属寺院ワット・プラケオ（玉仏寺、1782）は、ラーマ1世（在位1782-1809）の創建で、ウボーソットに安置されるエメラルド仏像は、1778年にヴィエンチャンを攻略したチャクリー将軍（後のラーマ1世）によってトンブリーへもたらされたものである。

　トンブリー朝（1767-82）の王宮寺院ワット・アルン（前項図1）は、当時「ワット・チェーン」という名で、エメラルド仏像が祀られていた。1820年のラーマ2世（在位1809-24）による修復時に「ワット・アルン（暁の寺）」の名が与えられた。美しく聳えるプラーン形仏塔は10バーツ硬貨に描かれている。

　ワット・ポーに横たわる全長約46mの横臥仏像は、ラーマ3世（在位1824-51）の造立で、黒漆地に螺鈿細工があしらわれた仏足跡は美術的価値が高い。

● 研究状況、課題と展望

　建築学の分野では、藤木良明らによるスコータイ遺跡の研究がみられる。美術史学の分野では、ダムロン親王（1862-1943）の子で、考古学者・美術史学者のディサクン（1923-2003）の著作も翻訳出版されている。近年、石澤良昭らによる仏教寺院壁画の調査研究もみられる。

（仲宗根充修）

● 参考文献

スパトラディット・ディサクン編、柳　博、レヌカー・M. 訳　1987　『タイ国の美術』　井村文化事業社

藤木良明　1988　「スコータイ」（『アジアの仏教名蹟』　雄山閣）

石澤良昭編　1989　『タイの寺院壁画と石造建築』　めこん

吉川利治　1998　「スコータイ」（『季刊文化遺産』5　財団法人島根県並河萬里写真財団）

肥塚　隆責任編集　2001　『世界美術大全集 東洋編12 東南アジア』　小学館

6 カンボジア

1 仏教の受容と展開

● 概要

5世紀以降インド文明の本格的な受容にともなって、ヒンドゥー教や仏教が信仰されたが、13世紀以降上座部仏教が受容され、18世紀以降タイ仏教→1部2章5節2の影響を大きく受けた。仏教はポル・ポト政権時代（1975-79）に壊滅的被害を受けたが、現在カンボジア王国憲法では国教に定められ、国民の約96％が仏教徒である。

● プレ・アンコール時代の仏教

1世紀頃から7世紀、メコン川下流域に扶南（古代クメール語「ブナム」の音写で「山」の意）が存在した。1940年代に扶南の外港とみられるオケオ遺跡（ベトナム南部）が発掘され、ローマ皇帝の名と肖像を刻んだ貨幣型金メダル、ピュー族の旭日銀貨、青銅製仏像、ヒンドゥー教の神像、後漢の夔鳳鏡断片などが出土している。

漢文史料によれば、484年、カウンディンヤ・ジャヤヴァルマン王（在位?-514、憍陳如闍耶跋摩）によって南斉（479-502）へ派遣されたインド人比丘ナーガセーナは、武帝（在位482-493）に扶南では仏教も盛んであることを伝えている。503年、ジャヤヴァルマン王によって梁（502-557）へ派遣されたマンドゥラセーナ（曼陀羅仙）は、武帝（在位502-549）に珊瑚の仏像を献じ、扶南のサンガパーラ（僧伽婆羅）とともに『文殊師利所説摩訶般若波羅蜜経』などを訳出した。その後、サンガパーラは梁において『阿育王経』（512）、『解脱道論』（515）、『文殊師利問経』（518）などを訳出した。

ルドラヴァルマン王（在位514-550頃、留陁跋摩）時代の都とみられるアンコール・ボレイ周辺（タケオ地方）からは、プノン・ダー様式とよばれるヒンドゥー教の神像や仏像も出土しており、当時の信仰の様子がうかがえる。

通説では、扶南は7世紀初めに勃興した真臘（カンボジア）の勢力拡大により、次第に衰退し、滅亡したとされるが、近年、扶南の衰因を交易ルートの変化によるものとする見解もみられる。

● アンコール時代の仏教

図1　アンコール・ワット

ジャヤヴァルマン2世（在位802-834）によって創設されたアンコール朝（802-1431）歴代の王は、ヒンドゥー教や仏教を信奉した。アンコール朝の最盛期、スールヤヴァルマン2世（在位1113-50頃）はカンボジア北西部のアンコール都城にヒンドゥー教ヴィシュヌ派寺院アンコール・ワット（図1）を建立し、熱心な仏教徒であったジャヤヴァルマン7世（在位1181-1218頃）は都城の中心にバイヨン

寺院（図2）など、多くの大乗仏教寺院を建立した。しかし、ジャヤヴァルマン8世（在位1243-95）治世下、廃仏運動が起こり、ジャヤヴァルマン7世時代の仏教寺院は破壊された。この廃仏運動は2001年バンテアイ・クデイ遺跡にて出土した、破壊された仏像274体から知られる。1296-97年の間、元の使節に随行してカンボジアに滞在した周達観の『真臘風土記』の記述からは、当時、上座部

図2　バイヨン

仏教が社会に浸透していたことがうかがえる。また、現在知られるカンボジア最古のパーリ語碑文（1309）には、上座部仏教を公認したシュリーンドラヴァルマン王（在位1295-1307）を称讃する記事がみられる。その後、1431年、アユタヤの軍事的脅威を理由にアンコール都城は放棄され、バサン（スレイ・サントー）へ遷都したとされる。

● ポスト・アンコール時代の仏教

　15世紀以降、カンボジアは弱体化してタイの影響を受け、仏教についてもアン・ドゥオン王（在位1847-59）によるタイのタマユット派の導入によって、トアンマユット派が組織され、在来の上座部仏教教団はモハーニカイ派と呼ばれた。現在、カンボジアの仏教教団（サンガ）はこれら2つの宗派から成る。

● 研究状況、課題と展望

　古代カンボジア史研究の基礎資料として、ジョルジュ・セデス（1886-1969）による『カンボジア碑文』全8巻、ポスト・アンコール史研究の基礎資料として、『王朝年代記』などが挙げられる。ただし『王朝年代記』は後代の編纂のため、その他の資料と比較しながら用いる必要がある。近年、藤吉慈海や石井米雄らによる仏教（教団）史研究、小林知らによる現代カンボジア仏教の研究などもみられる。日本におけるカンボジア研究の先駆者・石澤良昭の旧著の全面改訂新版『〈新〉古代カンボジア史研究』には、最新の研究成果が盛り込まれている。また、北川香子はセデスによって確立された歴史の枠組みを再考し、新たな歴史の構築を試みている。　　　　（仲宗根充修）

● 参考文献

藤吉慈海　1973　「カンボジアの仏教」（『アジア仏教史　インド編Ⅵ　東南アジアの仏教』佼成出版社）

石井米雄　1980　「カンボジアのサンガについて」（『佛教研究』9）

石澤良昭　2001　「カンボジア平原・メコンデルタ」（『岩波講座　東南アジア史1　原史東南アジア世界』　岩波書店）

北川香子　2006　『カンボジア史再考』　連合出版

小林　知　2009　「ポル・ポト時代以後のカンボジア仏教における僧と俗」（林　行夫編『〈境域〉の実践宗教—大陸部東南アジア地域と宗教のトポロジー—』　京都大学学術出版会）

2 仏教寺院（遺跡）

● 概要

カンボジア北西部に位置するアンコール地方には、アンコール・ワット（前項図1）をはじめとするアンコール遺跡群が点在する。アンコール・ワットはスールヤヴァルマン2世（在位1113-50頃）創建の寺院である。また、ジャヤヴァルマン7世（在位1181-1218頃）造営のアンコール・トム（「大きな都城」の意）およびその周辺には、仏教寺院も多く残る。ここでは、アンコール周辺の遺跡について簡単に紹介する。

● アンコール・ワット

アンコール・ワットは、砂岩、ラテライトなどで造られた石造建造物で、12世紀前半にスールヤヴァルマン2世によってヒンドゥー教ヴィシュヌ派の寺院として創建され、王の死後、霊廟になったとみられる。アンコール・ワットの外周に巡らされた幅190mの環濠（かんごう）は、南北1,300m、東西1,500mである。3重の回廊（第1回廊から第3回廊）に囲まれた中央祠堂（しどう）は、地上からの高さ65mで、古代インドの宇宙観の中心に位置するメール山（須弥山（しゅみせん））を模している。

総延長800mの第1回廊の壁面は、「マハーバーラタ」「王の行幸行進（ぎょうこう）」「天界と地獄界」「乳海攪拌（にゅうかいかくはん）」などをモティーフとした精緻な浮き彫りによって装飾される。

第2回廊の外側壁面には「偽の連子窓（れんじまど）」、内側壁面には通気・採光の機能を持つ連子窓、および多くのデヴァター（女神）の浮き彫りが施される。

第3回廊は、田の字型の平面を構成し、回廊中央に中央祠堂、回廊四隅には塔堂が聳え立つ。回廊壁面の連子窓を通して下界の風景を眺めることができる。

アンコール期に建立されたヒンドゥー教や大乗仏教の寺院は、16世紀には上座部仏教寺院へ改造された。アンコール・ワットは、1546年以降チャン・リエチエ王（在位1529-67）らによって、第1回廊東面北側および北面に浮き彫りが施され、1580年頃までに中央祠堂の壁面にブッダ像が彫り込まれたとみられる。

17世紀前半に長崎の通詞（つうじ）・島野兼了（しまのけんりょう）（偽名説有り）はアンコール・ワットを参詣して「祇園精舎図（ぎおんしょうじゃず）」と題する絵図面（徳川ミュージアム所蔵）を作成した。また1632年に加藤清正旧臣の子で平戸藩士の森本右近太夫一房（もりもとうこんだゆうかずふさ）はアンコール・ワットを参詣し、仏像4体を奉納したという墨書をアンコール・ワットの十字回廊（プリヤ・ポアン、「千体仏」の意）の柱などに残した。

1860年、フランス人のアンリ・ムオーの報告によって、アンコール遺跡は一躍世界へ知れ渡り、カンボジアがフランスの保護領となる1863年以降、アンコール遺跡の調査研究および保存修復事業が本格的に行われた。1992年、ユネスコはカンボジア内戦で荒廃したアンコール遺跡を、

図1　プリア・カーン

危機遺産リストにも登録し、広範な保護計画を実施した。2004年、危機遺産リストから解除された。

アンコール・トムおよびその周辺

アンコール・トムは、ジャヤヴァルマン7世造営の宗教都城で、周囲12kmの環濠に囲まれ、高さ8mの城壁、および南門、西門、北門、勝利の門、死者の門（東門）の5つの城門を持つ。アンコール・トム周辺に所在するタ・プローム寺院、プリア・カーン寺院（図1）、ネアック・ポアン寺院（図2）、バイヨン寺院（前項図2）、バンテアイ・クデイ寺院などの大乗仏教寺院はジャヤヴァルマン7世の建立である。

図2 ネアック・ポアン

バイヨン寺院は、アンコール・トムの中心部に位置する護国寺院である。2重の回廊によって囲まれた中央祠堂は地上からの高さ43mである。周達観の『真臘風土記』は「金塔」と記しており、当時のバイヨン中央祠堂は金で飾られていたとみられる。林立する尖塔の四面に観世音菩薩ともみられる巨大な顔が彫刻される。総延長600mの第1回廊に施された浮き彫りには、チャンパとの戦いに向かうクメール軍の行軍、1177年のチャンパ軍との湖上戦、闘鶏に興ずる庶民生活など、当時の人びとの様子が活き活きと描かれている。

バンテアイ・クデイ寺院は、2001年に274体、さらに2010年に6体の破壊された仏像が出土した寺院遺跡である。この廃仏行為はジャヤヴァルマン8世（在位1243-95）治世下に起こったとみられる。

研究状況、課題と展望

近年、各国の組織による遺跡の保存修復事業が考古学・歴史学の分野に大きな成果をもたらしている。日本では日本国政府アンコール遺跡救済チーム、奈良文化財研究所、上智大学アンコール遺跡国際調査団などが多大な功績をあげている。特にバンテアイ・クデイ寺院における破壊された仏像の発掘は歴史を書き換える大発見となった。今後、ベン・メリア、コー・ケー、ソンボール・プレイ・クック、バンテアイ・チュマー、コンポン・スヴァイの大プリア・カーンなどのアンコール広域拠点遺跡群に対するさらなる調査研究の進展が期待される。

（仲宗根充修）

参考文献

石澤良昭　2005　『アンコール・王たちの物語──碑文・発掘成果から読み解く──』　日本放送出版協会

石澤良昭編　2005　『アンコール・ワットを読む』　連合出版

石澤良昭、三輪　悟　2014　『カンボジア　密林の五大遺跡』　連合出版

中川　武・溝口明則監修　2014　『コー・ケーとベン・メアレア──アンコール広域拠点遺跡群の建築学的研究──』　中央公論美術出版

7 インドネシア

1 仏教の受容と展開

● 概要

5世紀以降インド文明の本格的な受容にともなってヒンドゥー教や仏教が信仰され、9世紀には中部ジャワにチャンディ・ボロブドゥールが建立された。その後、ジャワではヒンドゥー教と仏教の融合が進んだが、13世紀以降、スマトラ島からイスラム教が浸透し始め仏教は衰微した。19世紀末以降、上座部仏教復興の動きがみられる。

● シュリーヴィジャヤの仏教

唐の僧義浄（635-713→2部1章4節2）はインドから海路で帰る途中、マラッカ海峡付近に展開した交易国家シュリーヴィジャヤ（室利仏逝、7世紀後半-11世紀）に滞在し（687-694）、仏典の漢訳や『南海寄帰内法伝』『大唐西域求法高僧伝』を著述した。『南海寄帰内法伝』によれば、南海諸島では一般に小乗仏教が信仰されていたが、シュリーヴィジャヤとなったマラユ（現在のスマトラ島パレンバンとする説が有力であるが異説もある）では大乗仏教も信仰されていた。義浄は『根本説一切有部百一羯磨』において、インドで仏教を学ぼうとする僧はシュリーヴィジャヤで仏教を学んでからインドへ向かうよう勧めている。

スマトラ島パレンバンで発見されたタラン・トゥオ碑文（684）には、シュリーヴィジャヤ王とみられる王による園林造成の記事がみられるが、そこには「誓願」「菩提心」「摩訶薩」などの仏教の術語や、「金剛身」などの密教の術語がみられることから、ここでは大乗仏教・密教が信仰されていたことがうかがえる。また『貞元新定釈教目録』（800）などは、唐代中国に金剛頂経系の密教を伝えたヴァジュラボーディ（金剛智、671-741）が渡唐前にシュリーヴィジャヤに滞在したことを伝える。

● シャイレーンドラ朝の仏教

中部ジャワのカラサン碑文（778）には、シャイレーンドラ王の王師の説得によって、パナンカラナ王がターラー女尊の祠堂、および僧院を建立したという記事がみられる。すなわち、大乗仏教を信奉するシャイレーンドラ王家（8世紀半ば-9世紀半ばに中部ジャワで優勢）は、シヴァ教を信奉する中部ジャワ・古マタラム王国のパナンカラン（パナンカラナ）王に、服属の証として大乗仏教寺院チャンディ・カラサン（図1）を建立させた。

また、マレー半島で発見されたリゴール碑文（775）には、シャイレーンドラ王家のシュリーヴィジャヤ王によって蓮華手菩薩、釈迦牟尼仏、金剛手

図1　チャンディ・カラサン

菩薩を祀る3つの祠堂が建立されたという記事がみられる。チャンディ・ボロブドゥール遺跡（後項図1）も、8世紀後半から9世紀前半にかけて、同王家によって建立されたとみられる。シャイレーンドラは8世紀後半からシュリーヴィジャヤの王位にある一方で、9世紀半ばにジャワでの勢力を失った。11世紀初め、シャイレーンドラ王家でマレー半島中部のクダをも支配するシュリーヴィジャヤ王は、インド・チョーラ朝のナーガパッティナムに仏教寺院を建立した。

図2　チャンディ・ジャウィ

● 東部ジャワの仏教

10世紀前半、マタラム国の拠点が中部ジャワから東部ジャワへ移された。この時代、東部ジャワにおいて古代ジャワの密教教理書『聖大乗論（しょうだいじょうろん）』および密教灌頂次第『聖真言道大乗（しょうしんごんどうだいじょう）』が編纂されたとみられる。この『聖真言道大乗』の梵文偈頌（ぼんぶんげじゅ）に『大日経（だいにちきょう）』などの密教文献の内容に相当する記述がみられる。

シンガサリ王国（1222-92）のクルタナガラ王（在位1254-92）は、『スブーティ・タントラ』に通暁し、瞑想を実践していた。同王は死後にシワ・ブッダとして墓祠堂のひとつであるチャンディ・ジャウィ（図2）に祀られた。この墓祠堂はヒンドゥー教様式の建造物の上に仏教のストゥーパを冠する構造を持ち、阿閦（あしゅく）如来像を安置していたとも伝えられる。

● 研究状況、課題と展望

さまざまな文字や言語で記された碑刻文や、王統記『ナーガラクルターガマ』(1365)、『パララトン』(1481年の記事を下限とする) などが基礎資料として挙げられる。近年、東南アジア史に新知見をもたらしたジョルジュ・セデス（1886-1969）の研究を出発点として、深見純生や青山亨らによる新しい歴史の構築が試みられており、今後、シュリーヴィジャヤやシャイレーンドラの歴史的実態の解明をはじめとする研究の進展が期待される。インドネシアの仏教に関しては、岩本裕、石井和子、松長恵史らによる貴重な研究成果もみられ、石井米雄や木村文輝らによる近代以降復興途上にあるインドネシア仏教（上座部）に対する調査研究報告もみられる。　　　　（仲宗根充修）

● 参考文献

石井和子　1994　「ジャワの王権」（池端雪浦編『変わる東南アジア史像』　山川出版社）

松長恵史　1999　『インドネシアの密教』　法藏館

深見純生　2001　「マラッカ海峡交易世界の変遷」（『岩波講座　東南アジア史1　原史東南アジア世界』　岩波書店）

青山　亨　2010　「ベンガル湾を渡った古典インド文明―東南アジアからの視点―」（『南アジア研究』22）

2　仏教寺院（遺跡）

● 概要

インドネシアには、石造りや煉瓦造りの宗教建造物の遺構が数多く残るが、これらは一般に「チャンディ」と総称される。ここでは、インドネシア最大の仏教遺跡であるチャンディ・ボロブドゥールについて簡単に紹介する。

● チャンディ・ボロブドゥール

チャンディ・ボロブドゥール（図1）は、ジョグジャカルタの北西約40kmに位置するクドゥ盆地に所在する大乗仏教寺院の遺構で、建造年代は創建時の基壇に刻まれた古代ジャワ文字から、8世紀後半から9世紀中頃であると推定される。創建者は当時この地に栄えたシャイレーンドラ王家とみられる。「ボロブドゥール」は、一説には「地の資糧の山」を意味する梵語「ブーミ・サンバーラ・ブーダラ」からの転訛形とされる。

自然の丘に盛土をして安山岩の切石を積み上げたこの石造建造物は、1辺約120mの方形基壇を第1層とし、この上に階段ピラミッド状に積み上げられた5層の方形壇、および3層の円形壇によって、全体で9層を構成し、頂点に鐘型中心塔を頂く構造を持つ。第1層の基壇の各辺中央から上へと登る階段が設けられており、当初は全高約42mあったとみられる。

第1層の基壇は、建造物の崩壊を防止するための擁壁で、これを除去すれば、1885年の調査で見つかった「隠れた基壇」と呼ばれる創建時の基壇が姿を見せる。

創建時の基壇には、『マハーカルマヴィバンガ（分別善悪報応経）』の教えを示した160枚の浮き彫りが施されているが、現在そのほとんどは石組みで覆われており、南東角のみを露出させる。

次に、第2層から第5層までの方形壇上には、幅約2ｍの回廊（第1回廊から第4回廊）があり、各回廊の主壁（方形壇側壁）、および欄楯（回廊外周を囲む垣）には、計1,300枚の浮き彫りが施されている。第1回廊主壁から第2回廊欄楯に至る840枚の浮き彫りは、「ジャータカ（本生）」、「アヴァダーナ（譬喩）」、『ラリタ・ヴィスタラ（方広大荘厳経）』に基づく仏伝をモティーフとし、第2回廊主壁から第4回廊に至る460枚の浮き彫りは、『ガンダヴューハ（華厳経入法界品）』に説かれる善財童子の求法物語である普賢行願讃をモティーフとする。

またボロブドゥールには、計504体の仏像が幾何学的に配置される。基壇上部、および第3回廊までの主壁上部には、仏龕内に安置された如来像計368体が、四方に面

図1　チャンディ・ボロブドゥール

する形で配置される。すなわち、触地印如来像計92体が東方に、与願印如来像計92体が南方に、定印如来像計92体が西方に、施無畏印如来像計92体が北方に面する。

続いて、第4回廊主壁上部には、説法印如来像計64体が四方に面する形で配置される。さらに3層の円形壇上には、格子状に石積みされた鐘型ストゥーパ計72基が配置され、その中に転法輪印如来像が安置される。

図2　チャンディ・ムンドゥット　転法輪印仏

ボロブドゥールの構造については、立体曼荼羅とする説が有力である。これらの如来像については、触地印如来を阿閦如来、与願印如来を宝生如来、定印如来を阿弥陀如来、施無畏印如来を不空成就如来に比定し、さらに『初会金剛頂経（真実摂経）』（『大日経』とともに密教を代表する経典）を典拠として、説法印如来を釈迦牟尼如来（金剛界如来）、転法輪印如来を一切如来となって顕現した大毘盧遮那に比定する説（石井1994）などがある。

1814年、イギリス人のT. S. ラッフルズ（1781-1826）は密林に覆われたボロブドゥールを再発見し、1817年、『ジャワ誌』に紹介した。1973年から10年にわたる大規模な解体修理後、史跡公園として整備された。

● 研究状況、課題と展望

1924年刊行の井尻進『ボロブドゥル』は日本人最初の研究書である。ボロブドゥールの浮き彫りのジャータカについては干潟龍祥による研究が早くにみられるが、いまなお浮き彫りの出典やモティーフなどについては未比定のものも少なくない。1973年にユネスコ主導で始まった修復事業において国際技術諮問委員として参加した千原大五郎による建築学の分野からの研究成果もみられる。ボロブドゥールの東にはチャンディ・パウォン、チャンディ・ムンドゥット（図2）が一直線上に点在しており、またジョグジャカルタの東17kmに位置するプランバナン寺院遺跡群には、ヒンドゥー教のチャンディ・プランバナンの他、チャンディ・カラサンなどの仏教遺跡も含まれる。これらジャワをはじめとするインドネシアの仏教遺跡については未解明の点も多く、今後の研究の進展が期待される。

（仲宗根充修）

● 参考文献

佐和隆研　1973　『インドネシアの遺蹟と美術』　日本放送出版協会
千原大五郎　1975　『インドネシア社寺建築史』　日本放送出版協会
干潟龍祥　1981　『ジャータカ概観』（改訂増補版）　春秋社
石井和子　1994　「ジャワの王権」（池端雪浦編『変わる東南アジア史像』　山川出版社）
青山亨　1998　「ボロブドゥールとプランバナン」（『季刊文化遺産』5　財団法人島根県並河萬里写真財団）

⑧ ベトナム

1 仏教の伝播と受容

◉ 概要

　ベトナム仏教は、他の東南アジア諸地域と異なり、多数民族キン族の漢文仏典を用いる大乗仏教が広く普及している。歴史的に北部・中部・南部で王朝や文化も異なることが多く、各地域によって仏教の展開にも特色がある。

北部　中国属領期（紀元前111-938）の２世紀頃、交州交趾郡の行政所在地贏陵（現バクニン省）または龍編で、インド渡来の修行者や僧が仏教を伝えた。仙山など周辺の丘陵では中国僧曇弘（？-451）が『観無量寿経』『無量寿経』を、交趾僧慧勝（502-512間に卒）が『法華経』を誦えた。６‐13世紀のベトナム僧の伝記集『禅苑集英』には、始祖をインドや中国の僧に仮託した禅宗の法系が記されている。ただその実質は独立期における李朝（1009-1225）の道行（？-1117）のような祈雨治病で活躍した密教僧が多い。また龍瑞太平４年（1057）創建の万福寺（通称ファッティック〈仏跡〉寺、現バクニン省）の本尊が、唐代様式を帯びた現存最古の阿弥陀仏坐像であることは李朝の浄土信仰を象徴する。陳朝（1225-1400）の仁宗皇帝（在位1278-93）は退位後２度出家し、1295年には道士となり、1299年には安子山（現クアンニン省）で臨済禅系の竹林派を開創、その影響下に『金剛経』が普及した。しかし同派第２祖の法螺（1278-1330）住持の寺では『阿弥陀経』『般若心経』以外は「消災吉祥陀羅尼」などの真言のみが唱えられた。17世紀、新たに臨済宗が福建省の僧拙公（別名拙拙。1590-1644）、曹洞宗は水月（1636-1704）により広められた。

中部　マレー系のチャム族が創立したチャンパ王国（192-1835）の仏教は、上座部と大乗がともに信仰された。阮氏広南国（1558-1777）が建国されキン族と華人が進出すると、中国浙江省天童寺の道忞木陳（1596-1676）を法祖とする臨済宗が、1665年から広東省の僧元韶（1648-1728）により布教された。さらにその弟子了観（1670-1742）らにより、天童派臨済宗は南部にも広められた。曹洞宗も覚浪道盛（1592-1659）の弟子大汕（1633-1704）が伝えた。1932年には竹林寺（現フエ市）から仏教振興運動が始まり、信仰の整理や青少年信徒育成が推進された。

南部　18世紀までクメール族が主権を握ったメコンデルタ南部では、１‐６世紀の扶南帝国時代には大乗仏教が盛んであったが、８‐９世紀に、近隣地域でのタイ系民族勃興に伴って上座部仏教が普及する。17世紀から、南部東境から阮氏広南国が進出するとともに、覚林寺（現ホーチミン市）を中心に臨済宗が布教された。1821年以来の住職海浄（1788-1875）が、南部西端の西安寺の住職（在任1849-56）も務めたので南部全域に臨済宗が広まった。そのため同寺に拠点を置いた1849年開創の宝山奇香仏教や、その後継で1939年開創の和好仏教という儒教と民間信仰の影響が強い新仏教教団も臨済宗に連なる。1944年には上座部仏教と大乗仏教を融合した乞士仏教が開創さ

● 研究史と基礎資料

グェン・ラーンが1973年以降、逐次公表した『ベトナム仏教史論』(1994) は、政治経済史的内容も考慮した最初の本格的な研究である。通史にはレー・マイン・タートの大著『ベトナム仏教史』(1999-) がある。16－18世紀中南部の法系と寺院の歴史については、グェン・ヒェン・ドック『中・南部ベトナム仏教史』(1996) に現代にまで及ぶ体系的記述がある。南部仏教史については、チャン・ホン・リェン『南部仏教―17世紀から1975年―』(1996) で充実した情報が得られる。乞士仏教の研究では、ティック・ザック・ズエン『乞士派―形成と発展の70年―』(2014) がある。

基礎資料としては『禅苑集英』という史料が必読で、その総合的研究書にレー・マイン・タートの『禅苑集英の研究』(1999) がある。現フエ市を中心

図1　筆塔寺千手千眼観音坐像
ブッタープ じ

とした18－19世紀中部の仏寺、名僧については『含龍山志』という史料を読む必要がある。南部禅宗の基礎資料には覚林寺海浄の『五家宗派記全集』がある。仏教儀礼で使用される多様な漢文祈禱文書は、ティック・グェン・タム『疏牒攻文』第1集 (2010)、第2集 (2013) に収録され、漢字原文の写真も掲載されている。

ベトナム仏教史料は厖大であるが、未開拓史料や未公表の学術情報が多い。したがって、ベトナム語を学び先行研究を読解しつつ、実地調査で情報を収集し確認する必要がある。こうした取り組みは、アジア仏教史の再構築を促す重要な研究になるので、ぜひ現地の研究に踏み込んでいただきたい。

● 課題と展望

ベトナムの大乗仏教は禅宗、浄土教、密教と言われてきた。しかしグェン・クオック・トゥアンは、『仏教考古学から見た貝渓寺』(2012) で、密教と道教が結合した信仰への新たな研究を提起している。

（大西和彦）

● 参考文献

石井公成　2010　「ベトナムの仏教」（『新アジア仏教史10　朝鮮半島・ベトナム　漢字文化圏への広がり』　佼成出版社）

大西和彦　2010　「ベトナム　多様な仏教の継承と発展」（木村文輝編『挑戦する仏教―アジア各国の歴史といま―』　法藏館）

70　第1部　インド、アジア諸国・地域＊第2章　アジア諸国・地域

2　仏教寺院（遺跡）

● 定義・概要

　ここでは、ベトナムの多数民族キン族、少数民族チャム族とクメール族の大乗仏教と上座部仏教の寺院遺跡、考古学遺物と現存建築、碑文、仏像、仏具（鐘）、経典と版木について、北部・中部・南部の各地域に分けて以下に記す。

北部　中国属領期（紀元前111-938）に仏教の中心地であった交州 交趾郡の行政所在地贏陵（現バクニン省）の法雲寺（延応寺、通称ザウ〈桑〉寺）は、気象信仰と融合した女性様の仏像、法雲、法雨、法雷、法電の四法仏を安置し、現在も大塔を回廊が囲む初期仏教寺院の面影を残す。2012年には同寺西方で「大隋仁寿元年（601）（中略）交州 龍編県禅衆寺に於いて舎利を奉安」と刻む石碑が発見された。これは『広弘明集』巻17に記される隋文帝の舎利塔建立事跡に相応する。1986年に現ハノイ市西南で発見された唐の貞元14年（798）鋳造銅鐘の銘文「青梅社鐘銘」には、涇州（現甘粛省）や愛州（現タインホア省）の地方官吏も加わる仏教結社「随喜社」の活動が刻まれ、広域的な仏教交流のあったことが明らかとなった。独立王朝期には密教が盛んであり、前黎朝（980-1009）の都華閭（現ニンビン省）で973年に建立された亡者供養の『仏頂尊勝陀羅尼』経柱が1963年に発見された。李朝（1009-1225）は大河川沿いの丘陵に大塔を建立し、ドイ（隊）山（現ハノイ市）の天符睿武2年（1121）撰述『大越国李家第四帝崇善延齢宝塔碑』は塔内の密教の五智如来と『法華経』見宝塔品に基づく釈迦と多宝如来の併置を刻む。大定18年（1157）撰述『古越村延福寺碑銘』（現フンイェン省）は、日本の仏教寺院の金堂に相当する紺堂に安置された観世音菩薩を本尊とした仏像群を描写している。2009年には再建 寧福寺（通称筆塔寺、バクニン省）の初代住持明行（1594-1659、現中国江西省出身）の墓塔「尊徳塔」頂部から銅板製『華厳経』と『金剛経』が発見された。17世紀から横長の拝堂の後ろに縦長の仏堂を連結する逆T字形の建築が普及し、階段状の須弥壇後方に仏像、前方に道教神が配置されるようになった。

中部　875年にチャンパの王インドラヴァルマン2世が立てたドンジュオン第1碑文（現クアンナム省）によれば、ヒンドゥー教の神と大乗仏教の観世音菩薩が融合した信仰対象ラクシュミーンドラ・ローケーシュヴァラの名によって仏教の僧院を建立した。この碑文に相応する女神の銅像が1978年に発掘された。キン族の阮氏広南国（1558-1777）が1601年に建立したと伝えられる天姥寺（現フエ市）などは、中国仏寺建築の影響から中心は三字形をした三堂であり、釈迦と文殊、普賢、観音、勢至の菩薩の五体を五賢として安置する。

南部　1-6世紀に栄えたクメール人の扶南帝国では大乗仏教が栄え、チャービン省トラパンヴェン寺からは4世紀頃の阿弥陀仏坐像が出土している。8-9世紀に上座部仏教が広まり、現在も1569年建立のソクチャン省マハートップ寺のような釈迦のみを安置した仏堂を中心とする同系寺院が南部西境に多い。阮氏広南国の南下に伴い、

南部東境から臨済宗寺院が建立された。それらは覚林寺(現ホーチミン市)のように中部寺院に倣い三堂が縦長に併置されるが屋根は連結している。

● 研究史と基礎資料

1954年までにフランス極東学院が行った仏教遺跡研究の主要成果は、ルイ・ブザシエ『ベトナム美術』(1955年)に見ることができる。ベトナム人の研究では、14世紀までの仏教建築史を通観したグェン・ヴァン・ラーン『ベトナム仏教建築Ⅰ』(1972)が最初の成果である。またハー・ヴァン・タン等の写真集『ベトナム仏教寺院』(1993年)の巻頭論文は、考古学の視点による優れたベトナム寺院史である。

基礎的な史料集としては、1943年にハノイ市の北圻仏教総会が発行した『越南仏典叢刊』があり、『課虚録』など陳朝期編纂の主要仏典を収める。1998年から漢喃研究院が中心となって刊行中の『越南漢喃刻銘文匯編』第1・2集とその後継史料集の『越南漢喃刻文拓本総集』にも多数の仏教金石文が収められており重要である。北部の主要寺院図面集には、ルイ・ブザシエ『北部ベトナムの古代記念物図版』(1956)がある。中部チャンパ王国などインド文化系仏教遺跡については、ルイ・フィノーの論文「インドシナ仏教史のアウトライン」(『インド史四季報』2、1926)にまとめられている。

図1 ラクシュミーンドラ・ローケーシュヴァラ銅像(ダナン市チャム彫刻博物館所蔵)

● 課題と展望

厖大な仏教金石文や、永厳寺(現バクザン省)が所蔵するような多様な内容の経典木版、そして交通の要衝に建立された仏寺は、仏教史のみならず不明な点が多いベトナム史全般を再構築するための豊富な重要史料である。これらを活用するには、個々の現地調査とともに歴史地図、年表、目録、索引の作成と周辺地理情報との総合研究を行わなければならない。

また、先行研究はベトナム語で書かれたものが多いので、ベトナム語の学習は必須である。

(大西和彦)

● 参考文献

伊東照司　2005　『ベトナム仏教美術入門』　雄山閣
西村昌也　2011　『ベトナムの考古・古代学』　同成社

基礎資料（アジア諸国・地域）

　チベット仏教資料については、チベット語訳された大蔵経をあげる。中央アジアについては美術資料のみをあげるにとどめる。スリランカ・東南アジアにおける仏教資料については、原史料から日本語訳されたものをあげるが、原史料については『東南アジア史研究案内』［岩波講座　東南アジア史別巻］「原史料と文書館」などに詳しいので、それらを参照されたい。

西藏大藏經『影印西藏大藏経』　…　北京版チベット大蔵経のテキスト原典である。

SMC Publishing "The Tibetan Tripitaka"　…　デルゲ版チベット大蔵経のテキスト原典である。

中国蔵学研究中心大蔵経対勘局編纂『中華大蔵経（蔵文）』全108巻（中国蔵学出版社）　…　チベット大蔵経カンギュル・テンギュルの校合本。デルゲ版を底本とし、北京版、ナルタン版、チョネ版といった代表的な版本を参照している。同シリーズには、漢語、満州語、モンゴル語版も出版されている。

歴史学研究会編『南アジア・イスラーム世界・アフリカ　18世紀まで』（世界史史料2　岩波書店　2009）　…　アショーカ王碑文や初期仏教経典、初期大乗経典、古代スリランカの史料など、インド・スリランカにおける仏教関連史料なども収録。

歴史学研究会編『東アジア・内陸アジア・東南アジア I　10世紀まで』（世界史史料3）、『同 II　10-18世紀まで』（世界史史料4　ともに岩波書店　2009・10）　…　I には10世紀までの内陸アジア、ベトナム、インドネシア、カンボジアに関連する漢語史料や碑刻文史料などを収録。II には10-18世紀までの当地域に関連する漢語史料や碑刻文史料などを収録。

『島王統史・大王統史』（『南傳大藏經』第60巻　大蔵出版）　…　仏教聖典語であるパーリ語による古代スリランカの史書『ディーパヴァンサ（島史）』および『マハーヴァンサ（大史）』の日本語訳。

『小王統史』（『南傳大藏經』第61巻　大蔵出版）　…　パーリ語によるスリランカの史書『チュッラヴァンサ（小史）』（『マハーヴァンサ（大史）』の続編）の日本語訳。

生野善應『ビルマ上座部佛教史』（山喜房佛書林　1980）　…　19世紀にパーリ語で編纂されたミャンマーの仏教史書『サーサナヴァンサ』の日本語訳と注解。

池田正隆『ミャンマー上座仏教史伝─『タータナー・リンガーヤ・サーダン』を読む─』（法藏館　2007）　…　19世紀にビルマ語で編纂されたミャンマーの仏教史書『タータナー・リンガーヤ・サーダン』の日本語訳と注解。

周達観著・和田久徳訳注『真臘風土記　アンコール期のカンボジア』（東洋文庫507　平凡社　1989）　…　13世紀末のカンボジアに滞在し、当時のカンボジアの様子を報告した元の周達観による『真臘風土記』の日本語訳と注解。

アンリ・ムオ著、大岩誠訳『インドシナ王国遍歴記　アンコールワット発見』（中央公論新社　2002〈初版『シャム、カンボヂァ、ラオス諸王国遍歴記』改造社　1942〉）　…　19世紀にタイ、カンボジア、ラオスを探検し、アンコール遺跡を詳細に報告したフランス人アンリ・ムオによる紀行の日本語訳と注解。

『世界美術大全集　東洋編』（第12・15巻　小学館　1999・2001）　…　第12巻には東南アジアの仏教やヒンドゥー教などの遺跡調査が報告されている。第15巻には中央アジアにおける仏像を始めとする美術が紹介されている。

参考文献（アジア諸国・地域）

　この地域における仏教史については、近年、多くの新資料が発見され歴史像を再構築する動きがみられる。またこれまでの文献研究による成果に加え、現地における学術調査によって重層的な研究が進められつつある。

中央アジア

奈良康明・石井公成編　2010　『新アジア仏教史5　中央アジア　文明・文化の交差点』　佼成出版社

チベット

山口瑞鳳　1987、2004（下巻は改訂版）『チベット』全2巻　東京大学出版会

長尾雅人ほか編　1989　『岩波講座　東洋思想11　チベット仏教』　岩波書店

立川武蔵編　1991　『講座 仏教の受容と変容3　チベット・ネパール編』　佼正出版社

石濱裕美子編著　2004　『チベットを知るための50章』　明石書店

沖本克己編、福田洋一協力　2010　『新アジア仏教史9　チベット　須弥山の仏教世界』　佼成出版社

田中公明　2012　『図説チベット密教』　春秋社

スリランカ・東南アジア全般

石井米雄編集　1991　『講座 仏教の受容と変容2　東南アジア編』　佼成出版社

池端雪浦編　1994　『変わる東南アジア史像』　山川出版社

岸本美緒ほか編　1998　『岩波講座　世界歴史13　東アジア・東南アジア伝統社会の形成』　岩波書店

石井米雄・桜井由躬雄編　1999　『東南アジア史I　大陸部』（新版世界各国史5）　山川出版社

池端雪浦編　1999　『東南アジア史II　島嶼部』（新版世界各国史6）　山川出版社

山崎元一ほか編　1999　『岩波講座　世界の歴史6　南アジア世界・東南アジア世界の形成と展開』　岩波書店

肥塚隆・宮治昭編　1999　『世界美術大全集 東洋編　第14巻　インド（2）』　小学館

肥塚隆編　2000　『世界美術大全集 東洋編　第12巻　東南アジア』　小学館

池端雪浦ほか編　2001-03　『岩波講座 東南アジア史』全10巻　岩波書店

桃木至朗ほか編　2008　『東南アジアを知る事典』（新版）　平凡社

木村文輝編　2010　『挑戦する仏教―アジア各国の歴史といま―』　法藏館

奈良康明・下田正弘編、林行夫協力　2011　『新アジア仏教史4　スリランカ・東南アジア　静と動の仏教』　佼成出版社

スリランカ

ゴンブリッジ著、森祖道・山川一成訳　2005　『インド・スリランカ上座仏教史』　春秋社

森祖道　2015　『スリランカの大乗仏教―文献・碑文・美術による解明―』　大蔵出版

ミャンマー（ビルマ）

生野善應　1995　『ビルマ佛教―その実態と修行―』　大蔵出版

池田正隆　1995　『ビルマ仏教―その歴史と儀礼・信仰―』　法藏館

タイ

石井米雄　1975　『上座部仏教の政治社会学―国教の構造―』（東南アジア研究双書9）　創文社

石井米雄　1991　『タイ仏教入門』　めこん

カンボジア

北川香子　2006　『カンボジア史再考』　連合出版

石澤良昭監修・著　2007　『アンコールの仏像』全2冊　日本放送出版協会

石澤良昭　2013　『〈新〉古代カンボジア史研究』　風響社

インドネシア

石井米雄監修、土屋健治・加藤剛・深見純生編　1991　『インドネシアの事典』（東南アジアを知るシリーズ）　同朋舎

ベトナム

石井公成　2010　「ベトナムの仏教」（石井公成編『新アジア仏教史10　朝鮮半島・ベトナム　漢字文化圏への広がり』　佼成出版社）

大西和彦　2010　「ベトナム　多様な仏教の継承と発展」（木村文輝編『挑戦する仏教―アジア各国の歴史といま―』　法藏館）

西村昌也　2011　『ベトナムの考古・古代学』　同成社

74　第1部　インド、アジア諸国・地域＊アジア諸国・地域

コラム　ウイグル仏教

　8世紀半ばにモンゴル高原を支配したウイグル族は、9世紀中頃、キルギス族に追われ、ビシュ・バリク（東部天山北麓の都市）やトルファン盆地（東部天山南麓）に拠点を移した。これが、天山ウイグル王国（西ウイグル国）の始まりである。それまでは支配者層を中心に、マニ教信仰が盛んだったが、この時期から仏教へと改宗しはじめる。

　ウイグル仏教は、3つの時代に区分される。

　①ウイグル族の移動から10世紀前後。この時期は、マニ教と共存している。

　②11世紀からモンゴル支配下に入るまで。漢語仏典からの影響が強い時期。

　③モンゴルの支配を受けた時期（13-14世紀半ば）。チベット仏教の影響も受ける。

　①から②の期間、つまり、モンゴルの支配下に入るまで、ウイグル仏教は、主として中国仏教とトカラ仏教の影響を受けている。例えば、『ダシャカルマパタ・アヴァダーナ・マーラー（十業道物語）』（10世紀前後成立。特に、サンクトペテルブルク所蔵の写本については、庄垣内正弘他〈1998〉を参照）の奥書には、トカラ語A（トカラ語はインド＝ヨーロッパ語族に分類され、なかでもギリシャ語やラテン語に近い言語である。「トカラ語A」と「トカラ語B」があり、前者はカラシャール、後者はクチャで使用された）から翻訳されたとの記述がある。また、ほぼ同時期に、漢語仏典である『天地八陽神呪経』（偽経）の翻訳もなされている。

　ウイグル仏典には、ウイグル文のほかに、漢語やソグド語、トカラ語といった複数言語に由来する語彙がみられるが、特に漢語仏典の影響の特徴として、漢文の語順でのウイグル語訳がある。『阿毘達磨倶舎論実義疏』は、その代表的な例といえる。

　③は、モンゴルの支配下にある時期である。ウイグル僧は、モンゴルの政治・文化の中枢でも活躍した。例えば、『聖救度佛母二十一種禮讃経』などの翻訳も手がけたビシュ・バリク出身の安蔵（？-1312）は、クビライ（在位1260-94）の下では政治顧問としても重用されていた。また、この時期に入ると、チベット仏教の影響も受け始める。

　ウイグル仏教は、言語や文化といった点でも、極めて多様性に富んでいる。このため、他の仏教文化圏（トカラ、中国、チベット、モンゴルなど）の理解にも極めて有用な分野といえよう。現在、大英博物館主催の国際敦煌プロジェクト（http://idp.bl.uk）が資料閲覧データベースを構築するなど、研究は盛んになりつつある。　　（山口周子）

◉ 参考文献

庄垣内正弘、トゥグーシェワ・リリヤ、藤代節　1998　『ウイグル文 Daśakarmapathāvadā-namālā の研究：サンクトペテルブルグ所蔵『十業道物語』』　松香堂

橘堂晃一　2010　「東トルキスタンにおける仏教の受容とその展開」（『新アジア仏教史5 中央アジア　文明・文化の交差点』　佼成出版社）

第2部
中国、朝鮮半島

姚秦羅什尊者

第1章　中国

● 総 説

　本章で取り上げる地域は、中央ユーラシアを含めた中国である。仏教の中国への伝来は紀元前後のことであり、文献上確認できる範囲では前漢末期、紀元前2年に景盧が大月氏王の使者から浮図経を口授されたというものがもっとも古い。当初、仏教は当時流行していた黄老思想と結び付き、中国古典の知識をもとに、それになぞらえて経典を解釈する形（格義仏教）によって受容されていったが、五胡十六国（304-439）・東晋期（317-420）には経典の翻訳も進んだことから独自の要素をまじえつつ定着した。南北朝期（439-589）には南朝・北朝それぞれの特徴を反映する形で発展していき、隋（581-618）・唐（618-907）期の隆盛を迎えることになる。宋代（960-1276）以降は中国独自の要素を深めながら、幅広い階層へと浸透していく。清（1616-1912）末以降の近代化の流れの中で、仏教は廟産興学運動による圧迫や迷信的であるとの批判にさらされたが、組織化を進め、教育機関や団体を設立し、革新を行ってきた。中華人民共和国成立（1949）以後は、1966年から10年続いた文化大革命によって大きな打撃を受けたが、1980年代以降、復興がすすめられている。

　第1節では仏教の伝来とその後の展開について取り上げる。中国での仏教の普及に不可欠であるのが、経典の漢語への翻訳である。401年に鳩摩羅什が長安入りし、多数の経典を漢訳したのは、中国仏教史上において1つの画期をなす出来事であった。経典が蓄積されると、それらを分類・整理した目録である経録が作成されるようになるが、これは訳経の歴史を考える上でも重要な史料である。

　第2節では仏教と国家の関係について取り上げる。仏教が広まった他の地域に比べ、中国は特に国家権力が強かったため、特徴的な問題が生じることがあった。典型的なものとして、僧尼は仏教の戒律によって教団内で統制されるか、国家の法の支配を受けるかという問題があり、実際には様々な形で国家による教団統制が行われてきた。それに関連して、東晋から唐にかけて起こった礼敬（拝君親）問題であり、僧尼は君主や父母に敬礼すべきであるか否か論争が交わされた。また、時としては教団弾圧に及ぶこともあり、代表的なものは「三武一宗の法難」と称される。一方、中国の皇帝の中には、仏教を崇拝する皇帝もしばしば現れた。こうした皇帝たちは仏教を統治のため利用してきた。また、仏教教団の側も王権と結びつく形で、勢力を拡大してきた。

　第3節では非漢族政権と仏教について取り上げる。それぞれの非漢族政権は仏教との関わりも特徴的であった。仏教が飛躍的に発展したのは五胡十六国時代であり、それを受けて統一を果たした北魏（386-534）も、太武帝による廃仏の時期があったと

はいえ、国家権力と結びつきながら発展を遂げた。10－12世紀、北宋・南宋と並び立った契丹（遼。907-1125）・金（1115-1234）でも仏教が盛んであり、仏教文化を考える上においては、唐から宋への流れと並行して、唐から契丹（遼）を経て金への流れを考慮しなければならない。続くモンゴル（元。1271-1368）政権下においては、禅宗をはじめとする従来の中国仏教に加えて、政権と深く関わったチベット仏教に注目する必要がある。

　第4節では活躍した僧たちについて取り上げる。仏教が発展していく中で多くの僧の活躍があったのは言うまでもない。基本資料である高僧伝などの典籍に加え、石刻史料などの活用により、今後より一層、僧たちの姿が具体的に明らかにされていくことが期待される。

　第5節では社会のなかでの仏教について取り上げる。典籍を中心に研究が進められてきた中国史では、庶民の仏教信仰に関する研究はそれほど進んでいない。石刻や敦煌文献、あるいは小説類の活用によって研究を進めていく必要がある。また、地方志等を活用し、仏教を超えて幅広く民間信仰を考察することから、庶民の信仰のあり方を解明しうるであろう。

　第6節では大蔵経について取り上げる。大蔵経は経典やその他の仏教関係著述を集成した一大叢書である。宋代以降は印刷されるようになり、周辺諸国にももたらされ大きな影響を与えた。版本学的見地からのさらなる研究が求められよう。

　第7節では石窟寺院について取り上げる。インドに由来する石窟寺院は、中央アジアを経て、五胡十六国時代には中国でも開鑿が行われるようになっていた。中央アジアに近い甘粛などの西北地域には比較的早い時期から石窟寺院の事例が見られ、陝西・山西・河南・河北・山東などの華北や、四川など西南地域に多く、代表的な石窟寺院としては、敦煌・雲崗・龍門などがあげられる。これら石窟は仏教美術の宝庫であることは言うまでもないが、開鑿の背景から当時の国家や社会の様相を知ることができる。また、敦煌からは仏典をはじめとする「敦煌文献」が1900年に発見されており、仏教史研究の史料として貴重である。

　第8節では仏教史研究のための史料について取り上げる。近年、仏教史研究の史料に関しては状況の進展が著しい。中国史の他の分野同様、仏教史研究においても典籍史料は重要である。大蔵経が電子化されるなど、典籍利用の環境は飛躍的に恵まれたものとなりつつあるが、一方で基本資料を丁寧に読むことが肝要であるのは言うまでもない。典籍に加えて、近年注目されているのが文物史料である。特に盛んに用いられているのが石刻史料で、典籍の少ない分野や時代などでは、不可欠の史料である。基本資料を押さえた上で、文物史料を積極的に利用していくことが求められよう。

（松浦典弘）

① 仏教の伝来と展開

1 　訳経事業

● 定義と内容

　訳経とは、インドの言語で書かれた仏教経典を他の言語に翻訳することである。なかでも漢語に訳す場合、漢訳という。中国への仏教伝来以降、インドや西域諸国から夥しい数の経典がもたらされた。中国ではそれらを漢語に翻訳し、漢訳経典を通して仏教を受容していった。

　中国の訳経は後漢時代（25-220）に始まり、魏晋南北朝、隋唐を経て北宋時代（960-1127）まで及ぶ。これ以降の時代にもいくらかは事例があるが、後漢－北宋までのおよそ900年が訳経の主要期間といってよい。なかでも特に大きな功績を残した人物に、東晋時代（317-420）に渡来した亀茲国出身の鳩摩羅什（350-409、一説に344-413）と、唐（618-907）の漢人僧である玄奘（602-664）がいる→2部1章4節1・2。訳経史の上では、この2人の訳経を基準に「旧訳」と「新訳」という語で時代を区分している（表1）。玄奘の訳経が新訳の始まりで、それ以前を旧訳とし、この旧訳を代表するのが鳩摩羅什の訳経である。また、旧訳の時代をさらに「古訳」と「旧訳」に細分することもあり、その場合は鳩摩羅什の訳経以前が古訳、以後が旧訳となる。

　古訳の時代にも後漢の安世高（生没年未詳）や呉の康僧会（？-280）、西晋の竺法護（239-316）ら、すぐれた訳経者を輩出した。ただ、仏教教理が説かれる経典を言語体系の異なる漢語に訳すことは困難を伴う作業であり、この時代は概して翻訳における試行錯誤の期間といってよい。

　そのような中、5世紀初頭に来朝した鳩摩羅什は仏教学に精通し語学の才能に恵まれ、漢語にも堪能で、後秦の皇帝の姚興の庇護のもと、35部294巻の経典を訳出した。翻訳の特徴は流麗かつ達意的な意訳といわれる。

　通常、訳経は翻訳する場所（訳場）において複数人の分業体制で行われた。主要な役割には「訳主」「伝訳」「筆受」がある。訳主が原典の経文を読み上げ、伝訳が訳主の言葉を漢語に翻訳し、筆受が耳で聞いて文字で筆写する。

表1　訳経の時代区分

時代区分		西暦	訳経関連の主な事項
旧訳	古訳	2 C	後漢の安世高、支婁迦讖らが、洛陽にて経典を翻訳する。訳経活動の始まり。
		3 C	呉の康僧会が建康にて訳経を行う。西晋の竺法護が訳経を行う。
		5 C	鳩摩羅什が後秦の長安にて訳経を行う。
		6 C	梁末、真諦は建康に至るも侯景の乱に遭い、各地を流転しながら訳経に従事。
新訳		7 C	唐の玄奘、インドより帰国。訳経を行う。
		8 C	唐の義浄、インド・南海より帰国し、訳経を行う。
		9 C	唐の般若が訳経を行う。
		10 C	北宋の天息災らが訳経を行う。
		12 C	北宋の訳経活動の終焉。

第1節 仏教の伝来と展開 79

　鳩摩羅什の訳場では彼が訳主を務めるのはもちろん翻訳もこなし、数多くつめかけた僧侶や在家信者に対しては経典の講義も行った。こうした講義を伴う形式は六朝(りくちょう)末までの訳場の特徴で、彼の来朝以降、ようやく仏教術語の訳語や音写の方法が定まっていったのである。

　その後、唐に登場した玄奘は、皇帝の太宗と高宗による国家規模の支援のもと、20年間に75部1,335巻を訳出した。彼が目指したのは、インドへの求法の旅→1部2章1節ほかで培った語学力と仏教学を生かした原典により忠実でより厳密な翻訳で、新たに案出した訳語はのちに大きな影響を与えることになる。

　また、隋唐以後の訳場は少数精鋭の専門家集団のみによる分業体制であった。原則として聴衆は参加しない。「訳主」「伝訳」「筆受」からさらに細分化された組織を編成して、流れ作業のような形で翻訳したのである。玄奘が鳩摩羅什に比べて短期間でより多くの訳経ができたのも、こうした訳場の性格の違いによるところが大きい。

　ただ、双方の訳経はあくまでも翻訳観の違いであり優劣の問題ではない。両者が訳した『阿弥陀経』は、玄奘訳が原典に忠実で正確な訳である一方、現在までよく読誦されているのは、読みやすい鳩摩羅什訳であることも、それぞれの特徴をよく表している。

　訳経史上には彼ら2人の他にもたくさんの訳経者が活躍した。その功績は訳経者のみに帰すものではなく、多くの協力者や賛助者の支援があったことも忘れてはならない。各時代の訳経者については高僧伝類に詳しく、漢訳経典および訳経事情については経典目録が基本的な資料となる→2部1章1節2。

● 研究の状況

　個々の訳経者の訳経に注目したものから訳経史全体を俯瞰したものもあり、訳場組織および翻訳工程に関する研究もある。近年では、漢訳経典が梵語（サンスクリット）やパーリ語のテキスト、あるいは異訳→1部1章特論と比較対照が可能なことから、難解な語法・語彙の研究、音写語による音韻の研究などが進められている。同じく、漢訳経典の成立事情の解明を目的としたものとして、翻訳過程における加筆や省略など中国的編輯に注目した研究もある。

● 課題と展望

　訳経者個別の研究としては、玄奘のすぐあとに同じくインドに留学し、帰国後に訳経に従事した義浄(ぎじょう)（635-713。→2部1章4節2）に関するものがまだ十分ではなく、今後の課題となっている。また上で述べた近年の研究動向については、さらなる進展が期待される。　　　　　　　　　　　　　　　　　　　　　　　　　　　　（藤井政彦）

● 参考文献

辛嶋静志　1996　「漢訳仏典の漢語と音写語の問題」（『シリーズ東アジア仏教5　東アジア社会と仏教文化』　春秋社）

船山　徹　2010　「仏典漢訳史要略」（『新アジア仏教史6　中国Ⅰ南北朝　仏教の東伝と受容』　佼成出版社）

船山　徹　2013　『仏典はどう漢訳されたのか―スートラが経典になるとき―』　岩波書店

2　経　録

● 定義

　経 録とは仏教経典の目録のことである。経・律・論の三蔵→1部1章2節1-3のほか、
インド・西域の聖人や学者の著作、および中国で著述された注釈書や僧侶の伝記など
をも含み、経のみの目録ではない。したがって歴代の経録には、衆 経 録、内典録、
釈 教 録、法宝録などの仏教の聖典を包括した目録であることを意味する名称がある。
経録は、経名（異名・略名）、巻数・紙数、訳者・撰集者、翻訳の年月、翻訳の場所、
翻訳の回数、経典の真・偽、訳経の性質（全訳・抄訳など）、所属部門（大・小乗また
は経・律・論）など、経典に関わる多彩な情報を記載する。それゆえ、経典の成立事
情や訳経の歴史を研究する上で不可欠の文献となる。

● 内容

　中国に仏教が伝来して以来、経・律・論の三蔵および聖人・学者の著作がインド・
西域より次々に中国にもたらされて漢語に翻訳された→2部1章1節1。これらの原典は
本来、異なる時代や地域で成立したものであったばかりか、文体の形式や内容も様々
であった。ところが、中国はそうした経典の成立事情や内容を整理することなく受け
容れ、翻訳してきた。あるいは、1つの原典を何度も翻訳したり（同本異訳）、一部
の経典を部分的に訳したりもした（抄訳）。くわえて中国で注釈書や僧侶の伝記、中
国撰述経典（疑経・偽経）などが著された。こうして経典の種類・分量が膨大になる
と、それらの経典の翻訳の事情だけでなく、大・小乗あるいは経・律・論などの分類、
真偽の別、現存しているか否かの状況などを整理して示すために経録が著されるよう
になった。

　ところで、インドでは中国の経録のような文献はないとされている。経録は多種多
様な仏典をランダムに受容した中国仏教において、独自に発展した文献といえよう。

表1　現存する代表的な経録（唐代まで）

名　称	巻数	撰者	撰述年代	収書部数	収書巻数
出三蔵記集	15巻	僧祐	梁・天監4-14年（505-515）	2,162部	4,328巻
衆経目録（法経録）	7巻	法経など	隋・開皇14年（594）	2,257部	5,310巻
歴代三宝紀	15巻	費長房	隋・開皇17年（597）	2,268部	6,417巻
衆経目録（仁寿録）	5巻	彦琮	隋・仁寿2年（602）	2,109部	5,058巻
大唐内典録	10巻	道宣	唐・麟徳元年（664）	2,487部	8,476巻
大唐東京大敬愛寺一切経目録	5巻	静泰	唐・麟徳2年（665）	2,219部	6,994巻
古今訳経図紀	1巻	靖邁	唐・高宗時（649-683）	1,620部	5,552巻
大周刊定衆経目録	15巻	明佺	武周・天冊万歳元年（695）	3,616部	8,641巻
開元釈教録	20巻	智昇	唐・開元18年（730）	2,278部	7,046巻
貞元新定釈教目録	30巻	円照	唐・貞元16年（800）	1,213部	5,390巻

経録は西晋時代（265-316）までにも存在していたようだが、多くは一時代・一地域に限られた訳経録であったと推測されている。総合的な経録として企図された最古の経録は、前秦・道安（314-385）の『綜理衆経目録』全1巻である。しかし、これは現存しておらず、梁・僧祐（445-518）の『出三蔵記集』全15巻が現存最古の経録である。以降、唐代までの間に多くの経録が撰述されている（表1）。

　経録のスタイルは大きく三種に分けられる。（1）各時代の訳経を編年的に配列する「代録」。（2）大小乗・経律論などの分類によって配列する「分類整理目録」（標準入蔵目録、入蔵録）。（3）上記（1）と（2）を併用する目録である。（3）に属する唐・智昇（658-740）の『開元釈教録』全20巻は、体裁や経典分類法がその後の経録の指針となったほか、その入蔵録が中国の大蔵経（一切経。→2部1章6節1・2）の収録経典の範囲とされるなど、決定版とも呼ぶべき経録である。ちなみに日本の一切経は、唐・円照『貞元新定釈教目録』の入蔵録をもって収録の範囲とするのが一般的である。

◉ 研究の状況

　経録研究の先駆的業績としてまず挙げるべきは、常盤大定の研究である。『出三蔵記集』『歴代三宝紀』『開元釈教録』のいわゆる三大録を整理し、また道安の『綜理衆経目録』の復元を試みている（常盤 1938）。林屋友次郎は経録の意義および目的、経録の種類とその組織内容、経録の発展過程とその環境、経録研究と訳経史との関係、経録研究の方法など、多岐にわたる経録研究の方向性を提示し（林屋 1941）、川口義照は林屋の所説を受け、『出三蔵記集』から『開元釈教録』までの主要な経録の構成を分析している（川口 2000）。これらは、経録の根幹部分ともいえる「代録」や「入蔵録」に対する考証とその思想に注視する研究といえる。他方、経録は仏教史書としての性格をもち、撰者の歴史意識を反映している。大内文雄はこの点に注目し、『歴代三宝紀』の「帝年」（仏教史年表）や「代録」に現れた紀年法を分析し、中国の仏教者が外来宗教である仏教をどのように中国の歴史の中に位置づけ、仏教の正統性を示してきたかを明らかにしている（大内 2013）。　　　　　　　　　　（今西智久）

◉ 参考文献

　常盤大定　1938　『後漢より宋斉に至る訳経総録』　東方文化学院東京研究所

　林屋友次郎　1941　『経録研究』　岩波書店

　川口義照　2000　『中国仏教における経録研究』　法藏館

　大内文雄　2013　『南北朝隋唐期仏教史研究』　法藏館

82　第2部　中国、朝鮮半島＊第1章　中国

② 国家と仏教

1　崇仏の皇帝たち

● はじめに

　中国の皇帝は本来、中国で伝統的に語られる堯や舜などの聖人を理想のモデルとするが、中国に仏教がひろまると、仏教を崇奉して、仏典が説く、仏法をもって世を治める転輪聖王やインドのアショーカ王（阿育王、在位紀元前268-紀元前232頃。→1部1章1節）をも理想の姿に奉仏行為を行う皇帝が現れた。こうした皇帝の時代には、仏教の発展が促進され、仏教が社会にひろく行き渡った。ここでは、崇仏の皇帝とされる梁の武帝、隋の文帝、則天武后の3人について紹介する。

● 内容

　南朝梁の初代皇帝武帝（蕭衍、在位502-549）は在位中、多数の家僧（一家の専属の僧）を擁し、都の建康（江蘇・南京）に数多くの仏寺を建立した。512（天監11）年には西域僧の僧伽婆羅による『阿育王経』訳出に筆受として参加し、517（天監16）年には先祖の祭祀などに用いる犠牲を、不殺生を理由に大餅や野菜・果物に改め、519（天監18）年には武帝自身が撰述した受菩薩戒法に基づき、僧の慧約より菩薩戒を受けた。以降、仏教への傾斜をますます深め、戒律に基づく厳格な生活を送るようになる。治世後半期には、無遮大会（僧尼や在家信者に食事や物品などを無制限に布施する法会）を建康の同泰寺で挙行し、その後、皇帝の位を捨てて仏寺に入り奴となる行為（捨身）を、3回ないし4回行った。また537（大同3）年、阿育王の造塔と伝えられた長干寺阿育王塔の地下から仏舎利が発見されると、寺に詣でて無遮大会を設け、宮中に安置して人々とともに盛大に供養した。こうした武帝による奉仏行為は、南斉時代（479-502）以来のものを基本的に継承しているが、皇帝みずからが実施したため、当時の社会や文化、あるいは後世に大きな影響を及ぼした。皇帝の菩薩戒受戒や捨身供養は次代にも盛んに行われ、また釈迦の遺骨（舎利）に関する舎利信仰がこの時期を境に急速に盛行していった。

　隋の初代皇帝文帝（楊堅、在位581-604）は、馮翊郡（陝西省）の般若寺に生まれ、尼僧の智仙に養育されたという誕生説話をもち、小名を那羅延（仏法の守護神の名）といったなど、仏教と深い因縁をもつ。北周の宗教廃毀後→2部1章2節3まもない時期に隋朝を創業（581年）して、南北朝を統一（589年）し、社会のひろい信仰を集めていた仏教を治国の理念として大々的な仏教興隆を実現した（仏教治国策）。583（開皇3）年、新都の大興城（長安）に国寺の大興善寺を建立し、州や県には官寺を設置した。大興城では西域より新たに将来された経典の翻訳が国家事業として行われ、また各地から招かれた僧侶の中でとくに学徳すぐれたものを二十五衆主や五衆主に勅任して僧侶の指導を担わせるなど、仏教の発展を促進した。仏・道二教の保護にも努め、600（開皇20）年には仏像と天尊像（道教の尊像）を破壊したものを厳罰で処す

る法を定めている。そして601（仁寿元）年には、儒教の学校の削減と同時に、諸州において同一日時に舎利を埋納して舎利塔を建立するという大事業を実施した（仁寿舎利塔。図1）。阿育王の造塔事業に倣ったこの事業は、仁寿年間（601-604）に3度行われ、舎利塔が建立された州は110余州にも及んだ。607（大業3）年に来朝した倭国の遣隋使節は、このような文帝を「海西の菩薩天子」と称賛したと伝えられている（『隋書』東夷伝）。

中国史上唯一の女帝として有名な則天武后（武照、624？-705、在位690-705）は、自身の皇帝即位の正当化のために仏教を利用した皇帝であった。14歳で唐の太宗の後宮に入り、太宗の死に伴い感業寺に出家したものの、すぐに高宗の後宮に入り、655（永徽6）年には皇后の位に登った。時に病弱だった高宗に代わって政務を執り、高宗が没すると、皇太后となって政界を粛清し、政権簒奪に向けて地歩を固めていく。武周革命前夜、男妾でもあった僧の薛懐義とその一派は、曇無讖訳『大雲経』の注釈書として『武后登極讖疏』を撰述し、さらに諸州に建立した大雲寺にて『大雲経』を講説させ、仏説をもって女帝の君臨の正当性を宣伝させた。こうして武周革命（690年）を遂げ唐に代って周（武周）を建てると、薛懐義一派は『宝雨経』を重訳して、武后が転輪聖王ないし弥勒仏であると再び主張した。武后もまた「金輪聖神皇帝」や「慈氏」（弥勒）を附した尊号を用いて、自身を転輪聖王（金輪聖王）や弥勒仏に擬した。唐朝は皇室の遠祖として老子を仰いでいたため、仏・道二教に対する基本的立場は、道教優位の「道先仏後」であった。しかし、武后の時代には仏教優位の「仏先道後」に改められ、仏教の発展が助長された。

図1　仁寿舎利塔の一つとされる南京の棲霞寺舎利塔

● 課題と展望

　皇帝と仏教との関係を伝える史料は仏教者の著したものが少なくない。仏教に偏重した記述が見られる場合も多いため、研究にあたっては、正史や石刻史料など多様な史料も用いる必要がある。その上で、皇帝の崇仏行為の実際や行為の思想的・文化的背景の考究、儒教・道教に対する政策との比較、さらにそれらを貫通する政治方針にも目を向けた、ひろい視野での研究が求められる。近年、対外関係史や美術史の観点から崇仏皇帝の時代を明らかにする研究が盛んになっており、今後の展開に期待される。

（今西智久）

● 参考文献

森三樹三郎　1956　『梁の武帝―仏教王朝の悲劇―』　平楽寺書店
山崎　宏　1967　『隋唐仏教史の研究』　法藏館
山崎　宏　1971（初版 1942）　『支那中世仏教の展開』　法藏館
氣賀澤保規　1995　『則天武后』　白帝社
藤善眞澄　2004　『隋唐時代の仏教と社会―弾圧の狭間にて―』　白帝社

84 第2部 中国、朝鮮半島＊第1章 中国

2 教団の統制

◉ 定義
　中国における仏教教団をめぐる論点は多方面にわたるであろうが、本項では儀礼・制度を通じた国家による教団への統制について述べることとする。

◉ 内容
　僧侶となることが出家・出世間と称されるように、仏教においては本来、僧侶は俗世間から距離を保った自立的な教団を形成していた。しかし中国仏教においては教団の自立性が相対的に低下し、いやおうなく国家・皇帝権力と密接な関係を持たざるを得なくなる→2部1章2節1。それは秦の始皇帝による統一以後の中国王朝においては、世界でもまれに見る高度な官僚機構とそれに支えられた強大な皇帝権力とが存在したためであろう。

　国家と教団との関わりのうち儀礼については、とくに僧侶の拝君親（皇帝および両親への拝礼）が重要な研究課題となってきた。本来の仏教の理念に従うならば、俗世間から自立・超越した存在である僧侶は、たとえ帝王に対しても拝礼する必要はなく、また出家者である以上、両親への拝礼も不要であった。しかし、これは皇帝権力が強大な中国王朝の秩序意識からすれば不遜かつ無礼なことであり、また孝の倫理を重視する儒教的感覚からは、両親に拝礼せぬことは非難の対象とされたのである。東晋時代、君主への拝礼を僧侶に強制しようとする重臣桓玄と、これに抵抗して『沙門不敬王者論』を著した廬山の僧・慧遠との論争は、慧遠の主張が通る形で決着したが、この問題は唐代に至るまでの歴代王朝においてたびたび蒸し返されることになり、その経緯は唐・彦悰『集沙門不応拝俗等事』（『大正蔵』52所収）に記録される。

　国家が機構的側面から教団を統制する手段としては、僧官（国家によって僧侶の中から任命された役職）が教団の統制にあたる制度がある。その起源は北魏時代（386-534）の道人統とされ、以後、沙門統・昭玄統・僧正・僧録など名称は様々であるが、歴代王朝において中央・地方それぞれに各種の僧官が置かれて、教団の運営・司法および国家機構との仲介を担当したのである。また唐中期以降には、中央の尚書省祠部の俗人官僚が仏教・道教に対する宗教行政を担当し、出家資格証明書である度牒の発給を行った。なお僧官の概略については北宋時代（960-1127）の賛寧『大宋僧史略』（『大正蔵』54所収）にまとめられている。

◉ 研究史
　僧侶の拝君親については道端良秀・藤善眞澄らの研究があり、その後、礪波護が安史の乱を契機として僧侶が拝君親をしない習慣（不拝君親）はようやく中国社会に定着したことを論証した（礪波 1986）。僧官制度については、塚本善隆・高雄義堅・道端良秀・滋野井恬をはじめとする数多くの研究者が関連論文を発表しており、その一々を列挙することはできないので、比較的まとまったものとして山崎宏および諸戸立雄の著作を挙げるにとどめたい（山崎 1942、諸戸 1990）。

◉ 基礎資料

　国家との関わりという課題の性質上、高僧伝や前掲文献など教団の視点から記された仏教文献だけでは不充分であり、正史（歴代王朝によって正統性を公認された歴史書）を始めとする非仏教的視点からの史料をも積極的に利用すべきである。たとえば唐代ならば正史である『旧唐書』『新唐書』は当然として、詔勅・上奏文を多数収録した『唐大詔令集』『冊府元亀』『文苑英華』、国家の諸制度の沿革をまとめた『唐会要』なども重要であり、唐代以後の各時代を対象とする場合でも同様の諸史料、たとえば宋代に関する『宋会要輯稿』や元代に関する『元典章』などが存在する。また国家による統制に関しては、『唐律疏議』や『宋刑統』などの法典類にその規定が存在することも忘れてはならない。

　さらに国家が個々の寺院に与えた特権や恩典に関しては、寺院側がその経緯や内容を石碑に刻んで境内に建立することがよく行われており、国家と教団・寺院の関係の具体像を明らかにするうえで重要な史料となる。これらの石刻史料は『石刻史料新編』にほぼ網羅されており、その拓本写真は『北京図書館蔵 中国歴代石刻拓本匯編』や京都大学人文科学研究所がインターネットで公開している「石刻拓本資料」において見ることができる。

◉ 課題と展望

　上述の僧侶による拝君親とくに拝君は、国家と教団の関係を象徴することがらとして重要なのだが、しいて言うならば、この問題に関心が集中してきたために、他の儀礼に関する研究が手薄になったという感は否めない。そのような中で竺沙雅章が北宋時代の宮廷における葬礼について、前掲『宋会要輯稿』を用いて考察したことは注目される（竺沙 2002）。また従来は南北朝、隋唐時代に研究が集中しているが、これは第一にこの時代を中国仏教の最盛期とする見方があること、第二に日本仏教の源流がこの時代であることが要因であろう。しかし近年、のちの元・明・清の各王朝でも仏教が隆盛したことが徐々に明らかにされつつあり（野口 2010）、第一点については修正の必要があろう。いずれにせよ、このテーマに関しては、宋代以後の時代に未開拓の領域が広がっていると言ってよいだろう。　　　　　　　　　　　　　（米田健志）

◉ 参考文献

山崎 宏　1971（初版 1942）『支那中世仏教の展開』　法藏館

諸戸立雄　1990　『中国仏教制度史の研究』　平河出版社

礪波 護　1999（初版 1986）「唐代における僧尼拝君親の断行と撤回」（『隋唐の仏教と国家』　中央公論社）

竺沙雅章　2002　「宋代宮廷の葬送と禅宗教団」（『宋代禅宗の社会的影響』　山喜房佛書林）

野口善敬　2010　「元・明の仏教」（『新アジア仏教史8　中国Ⅲ　中国文化としての仏教』　佼成出版社）

86　第2部　中国、朝鮮半島＊第1章　中国

3　仏教弾圧

● 定義と内容

　仏教の浸透と社会的影響力の増大に伴い、しばしば国家権力による仏教弾圧が行わ
れた。これを廃仏という。また仏教側から見た場合は法難ともいう。寺院を打ち壊し、
仏像や経典を焼き払い、僧尼を還俗させ、財産を没収するなど非常に厳しい内容で
あった。中国仏教史上、代表的な廃仏事件に「三武一宗の法難」がある。
　「三武一宗の法難」とは、北魏の太武帝、北周の武帝、唐の武宗の「三武」と、後
周の世宗の「一宗」の4人の皇帝による廃仏のことをいう（表1）。いずれも当時の
仏教界に大きな打撃を与えた。なかでも唐の武宗の廃仏（会昌の廃仏ともいう）は最
も大規模で、寺院4,600、蘭若などの小寺院4万が破壊、僧尼26万500人が還俗したと
いわれる。

　仏教が中国に受容され同化していく道のりは平坦ではなく、中国の思想や文化、政
治や経済との間で様々な軋轢を生んだ。僧尼の剃髪は「孝」に基づく社会通念に抵触
し、世俗社会を捨てて出家生活をするあり方は、ひいては皇帝を頂点とする儒教的統
治秩序を破壊するものとして「王法と仏法の問題」に発展した。あるいは、仏教はあ
くまでも夷狄を教化するための教えであるとする「夷夏論争」が起こるなど、仏教を
とりまく状況にこうした問題が常にくすぶっていた。その上で、さらに廃仏という深
刻な結果があらわれたのには、次の3つの大きな要因があったと考えられる。

　まず1つ目は道教との確執である。道教は中国固有の宗教であり、道教と仏教との
対立は歴史の中でしばしば起こった。「三武」の廃仏にはいずれも道教がからんでい
る。北魏の太武帝は道教君主ともいうべき存在で、儒教政治を理想とした漢人宰相の
崔浩、天師道教の寇謙之と結びついて廃仏が起こった。北周の武帝は廃仏を断行する
前に、数回にわたって儒教・仏教・道教の三教の優劣をめぐる討論会を開催し、仏教
と道教との間で激しい論難合戦が行われている。唐の武宗もまた道教へ傾倒し、道士
の趙帰真らはそれにつけ込んで仏教を排除する策謀をめぐらした。後周の世宗のと
きには道教は介在していない。

　次には仏教教団の腐敗と堕落がある。公式に定められた許可を受けていない私度僧
の横行、官権との癒着、奢侈的な寺院造営などが大きな社会問題となった。太武帝の
ときに長安内の一寺院における武器隠匿事件が発覚したのは、まさにそれにあたる。

表1　三武一宗の法難一覧

王朝	皇帝	在位	廃仏の詔勅発布	弾圧の対象
北魏	太武帝	423-452	446（太平真君7）年	仏教
北周	武帝	560-578	574（建徳3）年［北周］ 577（建徳6）年［旧北斉］	仏教、道教、儒教古典に載らない祭祀
唐	武宗	840-846	845（会昌5）年	仏教、マニ教、ゾロアスター教、景教
後周	世宗	954-959	955（顕徳2）年	仏教

武帝の廃仏決断に影響を与えた還俗僧、衛元嵩の仏教教団粛清の意見書でも当時の仏教界を批判し、唐の武宗のときや後周の世宗のときもこうした教団内の問題が深刻であった。

　3つ目として、各時代の政治、経済、社会の状況からくる事情が挙げられる。為政者にとっては廃仏もまた政策の1つであり、これは2つ目に挙げた仏教教団の腐敗と堕落とも深く関係している。北魏の場合は、華北統一を成し遂げた後の漢族世界の支配統治に対して、年号にもある「太平真君」という道教の宗教的権威を利用しようとした政治的意図が垣間見える。北周では武帝が当時それまで実権を握っていた宇文護を宮中に殺して諸政を一新し、富国強兵策を推し進めていた最中であり、その一環としての宗教統制の意味合いが強い。豪奢な寺院造営や多額の蓄財、兵役や課税の負担免除は粛清の標的となった。唐の武宗のときにも経済問題が深刻で、絢爛豪華な寺院の乱立や寺院所有の荘園の増加による国家財政の疲弊が背景にあり、後周の世宗もまた財政問題を全面に押し出した政策であったと言える。

　以上、3つの要因が複雑に絡み合った結果、廃仏は断行されたのである。ただし、後周世宗の廃仏については、上述のように道教の介在は見られず、国家財政のための仏教教団整理が強い上に、一定数の寺院や僧尼の存続を許した点から、従来、廃仏とは見なされないことが多い。

◉ 研究状況

　「三武一宗の法難」については、それぞれ全体像は既に明らかにされており、宗教史だけなく政治・経済史など多角的な観点から事件の背景と要因、歴史的位置づけがなされている。唐の武宗の廃仏に関しては、日本の入唐僧である円仁が→3部1章5節4長安崇仁坊の資聖寺に滞在中、実際に廃仏を体験しており、その著『入唐求法巡礼行記』は武宗の廃仏の基本的な資料となっている。

◉ 課題と展望

　「三武一宗の法難」そのものに関する研究は、ほぼ尽くされたと言ってよい。むしろ、廃仏が仏教界に影響を及ぼした結果として現れた事象の方に注目が集まっている。たとえば、北周の廃仏は、仏教徒に末法時代の到来を現実のものとして意識させ、護法運動が展開された。隋代に開始された房山石経と呼ばれる刻経事業もその1つである。唐・遼・金を経て明末まで継承される大規模なもので、現在、この房山石経に関する多くの研究成果が報告されている。　　　　　　　　　　　　　（藤井政彦）

◉ 参考文献

塚本善隆　1974　『塚本善隆著作集2　北朝仏教史研究』　大東出版社

吉川忠夫　1984　「中国における排仏論の形成」（『六朝精神史研究』　同朋舎）

藤善眞澄　2004　『隋唐時代の仏教と社会—弾圧の狭間にて—』　白帝社

88　第2部　中国、朝鮮半島＊第1章　中国

4　教団の自治

● 定義と内容

　仏教教団の自治運営は律（毘尼）→1部1章2節1にしたがって行われるが、中国ではこれに清規が加わるのが特徴である。紀元後1世紀、中国に仏教が伝わった当初は、律の一部が散発的にもたらされる程度で、組織的な自治はいまだ意識されなかった。しかし4世紀半ば、道安によって教団規則の必要性が認識され独自の規則が作られる。そののち5世紀のはじめに北方で十誦律と四分律が、南方で摩訶僧祇律と五分律が翻訳され、8世紀初頭に根本有部律が翻訳されることで、初めて禁止条項としての戒本・戒心（波羅提木叉）と運営規則としての犍度という、律の全体が知られるようになった。

　律が訳された当初、南北朝時代（439-589）には十誦律が行われたが、のちに大乗的要素の多い四分律が盛んとなる。そして7世紀、唐初に道宣（596-667）が四分律によって南山律宗を興すと、以降はもっぱらこの南山律が用いられた。

　ただし中国では、現実には律にしたがって厳格に生活を規定し、教団を運営することはなかったようだ。その主要因は3点あろう。1つは先ほど述べたように、5世紀まで完全な律がもたらされなかったこと。もう1つはインドと中国では自然環境や社会構造が異なっていたこと。そして最後の1つは、戒つまり大乗菩薩戒が早くに展開したということである。

　大乗菩薩戒は、4-5世紀に漢訳された『菩薩善戒経』などの瑜伽論系三聚浄戒や、同じく5世紀頃に撰述された『梵網経』などの華厳経系十重禁戒を根拠とした戒思想で、小乗律を補完する形で流行し、中国仏教の規律として作用した。

　そして以上のインド由来の戒律とともに、清規という中国成立の規律がある。清規は、中国において寺院で集団生活を行うために、独自に制定された運営規則であり、いわば律の犍度に当たる。それは中国の自然、文化、政治そして時代性に適応して制定されており、おのずとインド成立の犍度とは異なる、多くの法会や役職が存在する。

　中国では、僧団の運営は律と戒と清規との3つが、重層的に絡まり合ってなされている。ゆえに教団の自治を研究するには、この3つに、外圧としての律令の理解が必要である。

　さて清規は、8世紀末から9世紀初頭に、禅宗の百丈懐海（749-814）とその周辺により初めて制定された（表1）。ただし百丈が制定した「古清規」は散逸し存在せず、現存史料としては12世紀初頭、北宋の長蘆宗賾（生没年不詳）が編纂した『禅苑清規』が最古の清規である。そののち、いくつかの清規が制定されたが、やがて14

表1　代表的清規

名　称	成立時期	編著者
百丈清規	796-814年頃	百丈懐海
禅苑清規	1103（崇寧2）年	長蘆宗賾
日用小清規	1209（嘉定2）年	無量宗寿
叢林校定清規総要	1274（咸淳10）年	惟勉
禅林備用清規	1311（至大4）年	沢山
勅修百丈清規	1341（至正1）年	東陽徳輝ら

世紀の元代に東陽徳輝らが詔勅によって『勅修百丈清規』を編纂し、それまでの清規を統括した。清規は他宗派にも拡がり、南山律宗の『律苑事規』や、天台宗の『教苑清規』などが成立している。

では清規に基づいた自治運営について見てみよう。寺院では僧侶が数人から数百人集まって集団生活を行い、檀越の寄付と荘園の管理および農園活動などによって寺院を運営する。その組織統率と運営を、隋唐代は寺主、上座、都維那の三綱が統括した。それが宋代以降は住持長老が寺院を統括し、住持のもとに侍者と四知事・五頭首が置かれるようになる。これがやがて五侍者、東班（東序）の六知事、西班（西序）の六頭首へと整備されて、住持の補佐、修行統治、寺院運営をつかさどるようになった。

表2　基本資料の所在

戒律	大正蔵22-24、30 新纂卍続蔵第1、2
戒律の注釈	大正蔵40、45
戒の注釈	新纂卍続蔵第59-61、95
律の注釈	新纂卍続蔵第62-71、95
儀軌類	新纂卍続蔵第105-107
清規	大正蔵48 新纂卍続蔵第111、112

大正蔵＝大正新脩大蔵経

新纂卍続蔵＝新纂大日本続蔵経

研究史および基本資料

戒律の研究は、領域がインドから中国さらには日本にまたがり、非常に多岐にわたるが、基本的な論文は、森章司が編集した論文集に集められている（森 1993）。また大乗戒に限れば、やや古いが大野法道の総合的な研究がある（大野 1954）。まずこれらの著書を読むことで論点が浮かび上がってこよう。戒律の内容を理解するには、佐々木閑がパーリ律を現代語訳しており助けになる（佐々木 1999）。

清規の研究は、中国のみを取り上げた論文は少ないが、小坂機融の研究が参考になり、また林徳立に清規の専著がある。清規の内容を理解するには、鏡島元隆ほかによる『禅苑清規』の訳註が助けになる（鏡島ほか 1972）。

戒律や清規研究のための基本的な資料としては「律、戒、戒律の注釈書、式次第などの儀軌類、清規」があるが、それらの所在は表2を参考にしてほしい。

課題と展望

教団自治の研究は、インド地域に比べると東アジア地域は遅れている。教団自治の研究は、つまりは律・戒・清規の研究であり、教団の枠組みや役割、そして僧侶の行動規範という、仏教の社会的立ち位置を理解することにつながる。しかし中国における制度の変遷、儀式内容、思想的意味などは、まだまだ未解明な点が多く、研究のやりがいがある分野である。

（千田たくま）

参考文献

鏡島元隆ほか校注　1972　『訳註禅苑清規』　曹洞宗宗務庁

森　章司編　1993　『戒律の世界』　北辰堂

佐々木閑　1999　『出家とはなにか』　大蔵出版

大野法道　2006（初版 1954）『大乗戒経の研究』　山喜房佛書林

90　第2部　中国、朝鮮半島＊第1章　中国

③ 非漢族政権と仏教

1　北　魏

● 定義と内容

　西晋（265-316）の滅亡後、華北地域には「五胡」と総称される非漢民族の政権が興亡した。いわゆる五胡十六国である。北魏（386-534）はこの五胡の1つ鮮卑族の拓跋氏が建国し、華北地域を再統一した王朝である。

　五胡十六国時代（304-439）は群雄が割拠する戦乱の世であったが、多くの政権下で仏教が受容された。後趙の仏図澄（232-348）やその門下で中国仏教の基礎を確立した道安（312-385）、またその道安が招聘を熱望し後秦の長安に迎えられた鳩摩羅什（350-409、一説に344-413）、そして北涼の曇無讖（385-433）など各地で多くの僧が活躍し、むしろ仏教が飛躍的に発展した時代と言える。

　ただし、権力者が仏教に期待したのは、仏図澄らが軍事顧問を務めたように僧が発揮する神通力や豊富な知識であった。一方で仏教側も乱世のなかで庇護を得るために権力者への接近を余儀なくされ、おのずと国家権力と仏教の結びつきが強くなる傾向にあった。

　北魏もまた仏教が盛行し、国家の統制のもとに営まれた。北魏の歴代皇帝を表1にまとめてみた。既に初代の道武帝のとき招致された**法果**（生没年不詳）が道人統という僧官に任命され、道武帝を「当今の如来」と称して礼拝している。道人統は僧徒を監督する中央の僧官で、のちに地方も含めた僧官制度の成立につながり、法果の発言は「皇帝即如来」の思想といわれ、どちらも国家仏教的性格が色濃く出た事例である。

　道武帝が398（天興元）年に中原に進出して平城に都を置き、その後、太武帝が439（太延5）年に華北を統一すると、かつて仏教が盛んだった長安・北涼地域が勢力下に入り、ここにおいて北魏仏教の形成の下地が用意される。

　446（太平真君7）年に太武帝が廃仏を断行し一旦は仏教が排斥されるが→2部1章2節3、次の文成帝の治世に復仏の詔が下されると再びその勢いを増した。朝廷の熱心な奉仏者による寺院建立などの仏教事業が行われるなか、道人統に任命された師賢、そして後任の曇曜（生没年不詳）によって復興運動が展開される。この2人がともに旧北涼の出身であったことは注目に値しよう。とくに曇曜は強力に復興運動を推進し、毎年粟60石を昭玄曹（宗教行政をつかさどる役所）に納める僧祇戸教団に隷属して寺院の清掃や寺田の耕作に従事する仏図戸を設置したほか、

表1　北魏歴代皇帝一覧

	帝号　（廟号）	在位期間
1	道武帝（太祖）	386-409
2	明元帝（太宗）	409-423
3	太武帝（世祖）	423-452
4	文成帝（高宗）	452-465
5	献文帝（顕祖）	465-471
6	孝文帝（高祖）	471-499
7	宣武帝（世宗）	499-515
8	孝明帝（粛宗）	515-528
9	孝荘帝（敬宗）	528-530
10	節閔帝・前廃帝	531
11	後廃帝	531-532
12	孝武帝・出帝	532-534

雲崗石窟→2部1章7節3の開鑿に尽力した。雲崗石窟には曇曜が開いたいわゆる曇曜五窟のほか、権力者の造像や庶民の集団による造像も見られ、平城を中心とした仏教はこの雲崗石窟によって結実する。

　493（太和17）年に孝文帝が平城から洛陽に遷都すると、北魏仏教は洛陽を中心として新たな展開を迎える。遷都した当初、膨張して弊害が出始めた仏教教団に対して規制が試みられたものの成功せず、かえって宣武帝や孝明帝の治世を経て、洛陽城内は夥しい数の豪奢な寺院がひしめき合い、活況を呈した。景明年間（500-503）の初めには、洛陽の南に位置する伊河の両岸に孝文帝と皇后のための石窟が開鑿された。これを龍門石窟→2部1章7節3という。これに先立って王公官吏の造像がすでに始まっており、庶民の集団による造像も行われた。以後、連綿と開鑿が続けられ、唐代に最盛期を迎える。

　民間においては中国において撰述された経典である疑偽経がたくさん出現した。たとえば『提謂波利経』は廃仏後の仏教復興運動のなかで庶民を導く経典として曇靖という僧が作成したもので大いに流行した。上述の庶民の集団造像にみえる「邑義」や「義邑」などの信仰団体の存在→2部1章5節1、さらには北魏時代に数多く発生した、大乗の乱や月光童子劉景暉の乱に代表される仏教を精神的紐帯とした民衆反乱は、仏教の社会浸透の一端を示すものである。

● 研究の状況

　北魏の仏教は政治や社会と密接に関連している。政治との関わりからは太武帝の廃仏に関する研究があり、社会との関わりからは民間に流布した疑偽経に関する研究、仏教反乱に関する研究、「邑義」や「義邑」などの民間信仰団体に関する研究などがある。雲崗石窟や龍門石窟には多くの造像銘が残され、貴重な史料を提供してくれる。

● 課題と展望

　上述した民間信仰団体については依然として不明な点が多く、今後の新史料の発見とともに実態の解明が待たれる。また、これらの造像銘の中には皇帝崇拝が見えるものも少なくなく、尊像との関係や説かれた教説への検討を通して、北魏の国家仏教のあり方を考えていく必要がある。　　　　　　　　　　　　　　　　　（藤井政彦）

● 参考文献

横超慧日　1970　『北魏仏教の研究』　平楽寺書店

塚本善隆　1974　『塚本善隆著作集2　北朝仏教史研究』　大東出版社

佐藤智水　1998　『北魏仏教史論考』（岡山大学文学部研究叢書15）　岡山大学文学部

2 契丹（遼）・金

● 概要

　10世紀から13世紀にかけては、南に漢族王朝の北宋（960-1127）と南宋（1127-1276）が次第し、北に契丹（キタイ・遼 907-1125。モンゴル高原東部から遼寧省・河北の一部を支配）と金（1115-1234。中国東北部と華北一帯を支配）が相次いで割拠する南北分立の状況にあった。契丹はシラムレン河（内モンゴル東部）流域に遊牧していた契丹族が建てた国家であり、金は松花江（黒竜江省－吉林省）の支流域に住む女真族が建国したものである。唐代にひとつの完成を迎えた中国仏教は、南北両宋だけでなくその北方にあった契丹と金にも継承されたのである。

　契丹では建国の前後頃から仏教の受容が認められるが、国家的規模で盛行するのはその後期、おおむね第7代の興宗・耶律只骨（在位1031-55）以降である。興宗は律学僧の澄淵から受戒するとともに、隋代に始まる房山石経に資金援助するなど、政権と仏教の結合を推進した。仏典の一大集成である大蔵経（『契丹蔵』。→2部1章6節1・2）の雕造が始まったのもこの時期とされる。『契丹蔵』については1974年に山西省の応県木塔から残巻が見つかり、北宋で雕造された『開宝蔵』と版式の異なることが確認された。

　仏教学研究も盛んであり、守臻・鮮演・覚苑など多くの学僧を輩出した。当時の教学の主流は、唐代以来の華厳・唯識・律・密教であった。第8代の道宗・耶律査剌（在位1055-1101）も仏典に精通し、自ら章疏（注釈書）を著している。彼らのものした章疏類は高麗の義天が収集して『続蔵経（教蔵）』→2部2章3節2に編入され、わが国にも伝わった。

図1　興宗の母后が建立した慶州白塔
（内モンゴル自治区バリン右旗）

　当時は社会全般にわたって仏舎利に対する関心が高く、僧俗貴賤を問わず財をなげうって仏舎利塔の建立に熱をあげた。内モンゴル東部・遼寧省西部・北京市などに数多く現存する契丹時代の仏塔は、かかる状況を裏づける格好の物証である（図1）。

　一方、金では、北宋を滅ぼして華北一帯を領有したことで、その地に行われていた禅宗を取り込み、これが次第に信仰の大勢を占めるようになった。当時を代表する禅僧として『従容録』を著した曹洞宗の万松行秀（1166-1246）がいる。

　支配者層も仏教に関心を寄せており、第3代の熙宗・完顔合剌（在位1135-49）は都の上京会寧府（ハルピン市阿城区）に大儲慶寺を建立して海

慧・清慧の両僧を招聘したほか、インドから伝来したとされる栴檀釈迦瑞像を本寺に奉安している。第5代の世宗・完顔烏禄（在位1161-89）は即位するや内外の軍事行動（対南宋戦と契丹人反乱の鎮圧）の費用を捻出するため度牒（僧としての身分証）や寺額（寺の名額）などを売り出したが、やがてこれを停止し、教団に対する統制を強めた。

　金においても契丹と同じく大蔵経が編纂された。『金蔵』は解州（山西省）の一尼僧の発願で開版されたもので、1933年に山西省趙城県の広勝寺において見つかった。『契丹蔵』とは異なり、北宋の『開宝蔵』→2部1章6節2の系統に連なる大蔵経である。

● 史料・研究状況・課題

　契丹と金の仏教について全体像を把握するためには、まず野上俊静（1953）に目を通す必要がある。現在のところ本書は両時代を通観した唯一の研究書である。

　契丹・金代の仏教に関わる文献史料は乏しいが、僧の事績や寺塔造修の経緯などを記した石刻（碑刻）および経典・仏像・法具などの文物が豊富に存在する。

　石刻については『北京図書館蔵中国歴代石刻拓本彙編』（第45-47冊　遼・金　中州古籍出版社　1990）・『北京遼金史迹図志』（燕山出版社　2003・04）などの史料集成が比較的利用しやすい。文物については『応県木塔遼代秘蔵』（文物出版社　1991）・『金源文物図集』（哈爾濱出版社　2001）・『草原の王朝　契丹』（西日本新聞社　2011）など次々と刊行される図録や展観カタログが有用である。中国・モンゴル・ロシアでは契丹・金代の遺跡や建造物に対する発掘・学術調査が活発に行われており、関連する石刻や文物の数量は今後も確実に増加していくであろう。

　近年はこれらの史料に基づく研究が主流となっている。たとえば応県木塔発現の『契丹蔵』を含む新出仏典を用いて、契丹仏教の系譜を書誌学的に解明した竺沙雅章の一連の研究（竺沙　2000）はその代表的なものである。また石刻から当時の信仰のあり方を探る試みもなされ、契丹の社会における菩薩戒への高い関心と、金およびモンゴル族政権の元におけるその影響の波及が指摘されている。

　契丹の仏教は金そして元にも継承されたが、その具体的なありようは中都・大都地域（北京市）を除いてほとんど明らかとなっていない。唐から元に至る仏教の流れのなかに契丹と金を確実に位置づけるためにも、広域にわたる継承の実態の解明が求められるのである。また10－13世紀の東部ユーラシア（おおむねパミール高原以東の地域）の国際関係において契丹と金の仏教が果たした役割や、契丹語・女真語への仏典翻訳の問題など、明らかにすべき事柄が多く残されている。　　　　　（藤原崇人）

● 参考文献

野上俊静　1953　『遼金の仏教』　平楽寺書店

竺沙雅章　2000　『宋元仏教文化史研究』　汲古書院

藤原崇人　2014　「栴檀瑞像の遷転と一〇～一四世紀東部ユーラシアの王権」（『日本古代中世の仏教と東アジア』　関西大学出版部）

藤原崇人　2015　『契丹仏教史の研究』　法藏館

94 第2部 中国、朝鮮半島＊第1章 中国

3 モンゴル・元

● 定義・内容

　13世紀、ユーラシア大陸東西に勢力を広げたモンゴル帝国は、政権に反抗しない限り、在来の諸宗教の活動を制限しなかった。中国では、金・南宋から引き続き、多くの漢人僧侶が活躍したが、注目されるのはチベット人僧侶が政権中枢に深く関わったことである。

　7世紀以来、チベットでは多くの仏典がチベット語に翻訳され、質・量を兼備したチベット語による仏教研究が蓄積されてきた。これをチベット仏教と称する→1部2章2節1・2。9世紀に古代チベット帝国（吐蕃）が崩壊した後、11世紀頃になると、中央チベット（ヤルツァンポ河流域）の諸氏族は、領域内の僧院を経済的に援助しつつ親族を僧院長とするなど、人的にも僧院と深く関わった。このような僧院を中心とする集団を、氏族教団と呼ぶこともある。一部の教団は、仏教が盛んであった西夏→2部1章コラム西夏と仏教と交渉を持ったようだ。

　1240年、モンゴル帝国第2代カアンのオゴデイの次子コデンは、軍をチベットに進める。それに対し、中央チベット西部のサキャ派の僧サキャ＝パンディタは、甥のパクパを連れ、涼州でコデンと会見する。これ以降チベットの各教団は、モンゴル皇族を施主とする「施主－帰依処」の関係を構築していく（表1）。なかでもサキャ＝パンディタ亡き後、その衣鉢を継いだパクパは、モンゴル帝国第5代カアン・元朝皇帝となるクビライと、その即位以前から深く関わり、サキャ派隆盛の基礎を作った。

　第4代皇帝のモンケの時代には、1255年から3度にわたり、仏教僧と道士の論争、いわゆる道仏論争が行われたことが知られているが、最初の2回はキリスト教徒なども参加した宗教論争であり、チベット仏教カルマ派のカルマ＝パクシも参加している。また最後の1回は華北経営を委ねられていたクビライのもとで開催され、パクパが主要な論者として登場していることが重要である。1260年にクビライが即位すると、パクパは国師に任命され、彼は仏教界の頂点に立つのである（中村 1994）。

　パクパは仏事の主催や、パクパ文字の制作等、クビライの王権を荘厳する事業に携わり、1270年には帝師に任じられる。そして帝師位は元末まで、サキャ派の僧によって継承されていく。一方、モンケとの関わりが深かったカルマ派は、順帝トゴン＝テムルの時代（1333年-）まで政権中枢には接近できなかった。

　クビライは仏教行政を管轄する総制院（のち宣政院と改称）を至元年間（1264-）の初めに設置するが、このような官衙の設置は元朝の特徴といってよい。南宋滅亡後には、杭州に出先機関である行宣政院が置かれるが、これは大蔵経磧砂蔵→2部1章6

表1　モンゴル皇族とチベット仏教教団の施主－帰依処関係

[施主]	[帰依処]
コデン	サキャ派
モンケ	カルマ派
クビライ	サキャ派
フレグ	パクモドゥ派

節2の追曡事業にも関わった。

元代（1271-1368）には、カアンをはじめとするモンゴル皇族が、多くの仏事を主催した。そのような仏事には多数のチベット人僧侶が参集し、彼らは布施をチベットへ持ち帰った（山本 2008）。また、近年ウイグル人のチベット仏教僧の存在も明らかになってきている。14世紀中頃になるとサキャ派は内部分裂が進み、それに取って代わるようにカルマ派の僧が来朝するようになる。そしてモンゴル政権がモンゴル高原に退くと、カルマ派は明朝廷と結びついていく。皇帝という巨大な施主を持つことにより、カルマ派はチベット内部で優位に立っていくのである。

● 研究状況と展望

以下、日本人による当該時代の仏教史研究の一端を紹介し、展望を述べる。まず漢文・チベット語史料の精緻な考

図1　元代の大聖寿万安寺
（北京市妙応寺白塔）

証から歴代帝師について検討した、稲葉正就の研究が重要である（稲葉 1965）。この研究では、帝師が発給したチベット語法旨を史料として有効に用いている点が画期的であった。また、総制院・宣政院などの仏教系官署についても、漢文典籍史料を利用した多くの研究が蓄積されてきた。近年では、モンゴル時代史の文脈からこの時代の宗教のあり方を読み解き、さらに法旨の文献学的研究などから歴史的新事実を明らかにし続けている、中村淳の研究に注目すべきである。

この時代に関してはチベット語典籍史料の利用も大切である。1980年代以降、中華人民共和国から重要なチベット語典籍が次々と出版され、利用が簡便になってきた。しかし、それぞれの著作年代の吟味なども含め、これらを歴史的な資料として用いるためには、史料批判が不可欠である。山本明志はこのようなチベット語典籍史料を用いて、入朝するチベット人僧について検討している。また、最近は Tibetan Buddhist Resource Center（TBRC）による、チベット人僧侶の伝記史料の公開が進みつつあり、これらを用いた今後の研究の展開が期待される。

中国仏教については、従来禅宗の隆盛に注目が集まっていたが、竺沙雅章が石刻史料→2部1章8節2を駆使して慈恩宗などの歴史的研究を推し進めた。石刻史料については、漢文典籍中に碑の文章が収録されているものも多くあるが、最近では拓影の出版が盛んになってきており、その積極的な利用が望まれる。　　　　　（山本明志）

● 参考文献

稲葉正就　1965　「元の帝師に関する研究」（『大谷大学研究年報』17）
中村　淳　1994　「モンゴル時代の「道仏論争」の実像」（『東洋学報』75-3/4）
竺沙雅章　2000　『宋元仏教文化史研究』　汲古書院
山本明志　2008　「モンゴル時代におけるチベット・漢地間の交通と站赤」（『東洋史研究』67-2）

96　第2部　中国、朝鮮半島＊第1章　中国

④　活躍した僧たち

1　中世（1）　隋代まで

はじめに

　仏教伝来より隋代に至るまでの約600年間は、インドの仏教が中国人の仏教として発展した時代である。この間に重要な役割を果たした代表的な僧について略説する。

内容

　三国魏の朱士行が漢人として初めて出家して以来、漢人の出家者がしだいに増加し、西晋（265-316）末に来朝した仏図澄には1万人近い門人がいたといわれている。

　仏図澄の門人の中で著名かつ重要なのは道安（314-385）である。仏道修行法の確定、翻訳論の主張、経録の編纂、中国固有思想（儒教や道教など）で仏教を理解・説明する格義仏教の否定、教団規則の確立、出家者は「釈」を姓とすることなど、以後の中国の仏教者が拠り所とすべき幅広い業績を残したため、中国仏教の基礎を確立した人物と称されている。

　ところで、当時の漢人僧の多くは自国を仏教が生まれたインドから遠く離れた場所とみる辺国意識を懐いていたが、その意識は求法の旅へと駆り立てる原動力ともなった。この時期、最も有名な求法僧の法顕（生没年不詳）は、399年に長安を出発し、シルクロードを経てインドに入り、仏教の聖蹟を巡りつつ梵文経典を獲得し、師子国→1部2章3節1・2より海路で帰国した（412年）。その著『法顕伝』（『仏国記』とも）は5世紀初頭のアジア・南アジアの様子を詳述する記録として貴重である→1部2章1節ほか。

　法顕が求法の旅にあった頃、長安では鳩摩羅什（以下、羅什。→2部1章1節1）が多数の経典を訳出、一方で僧肇・慧観など多くの漢人僧を育成した。道安の弟子慧遠（334-416）も書簡を通じて羅什に質疑するなど、最新の学説の吸収につとめたことで知られている。慧遠は教理学の研究と同時に仏道の実践を重視し、廬山の東林寺に念仏結社の白蓮社を開き浄土往生を願求し、また出家者が王者に拝礼する必要のないことを主張した『沙門不敬王者論』を撰述するなど、道安・羅什とともに仏教が中国に根づく上で重要な役割を演じた。

　仏教が中国に受容されるに際しては、中国固有思想に基づく仏教非難が起こり、し

表1　南北朝時代の代表的な学派

学派	経論	代表者
涅槃学派	涅槃経	道生、慧厳、慧観、宝亮、曇延など
成実学派	成実論	僧導、僧嵩、慧次、智蔵、僧旻、法雲など
地論学派	十地経論	相州北道派：菩提流支、道寵 相州南道派：勒那摩提、慧光、法上、道憑、慧遠（浄影寺）、霊裕など
摂論学派	摂大乗論	真諦、慧愷、曇遷、靖嵩、道基など

ばしば論争が展開された。それらの主要な論争は、梁の僧祐（445-518）が『弘明集』全14巻にまとめている。僧祐には『出三蔵記集』全15巻→2部1章1節2があ

り、そこに収められた訳経僧の伝記は
現存最古の僧伝である。この時期には、
僧祐の弟子・宝唱が『名僧伝』（佚）
や『比丘尼伝』などを著し、また同時
代の慧皎（497-554）が『高僧伝』全
14巻を撰するなど、自国の歴史の中で

表2　隋代の主な宗派

宗派	開　祖	主な著作
天台宗	智顗（538-597）	『摩訶止観』など
三論宗	吉蔵（549-623）	『三論玄義』など
三階教	信行（540-594）	『三階仏法』など
浄土教	道綽（562-645）	『安楽集』

仏教伝来以来の仏教の歴史を記す動きが現れてきた。

　さて、中国は主張命題の異なる様々な経典を内容の整理がなされないままに受容した。そのため、南北朝時代にはそれらの経教の意図や目的を明らかにする必要から、種々の教相判釈が起こり、特定の経論を重視する学派が形成された（表1）。ただし、複数の学派で兼学することが多い点で、隋代以降の「宗」とは性格が異なる。

　隋代に至ると、南北両朝の異なる学風に対する批判から、新しい仏教が起こった。開祖、教義、伝授、信者、教団規則をもつ、いわゆる「宗」である（表2）。宗派の形成は教相判釈による所依経典の違いが主な要因となるが、いま一つ重要な要素に末法思想がある。末法思想とは仏滅後の500年（または1,000年）を正法、その後の1,000年を像法、その後の1万年を末法の時代とし、やがて仏法が滅亡する法滅の時を迎えると説く思想である。天台智顗の師である南岳慧思（515-577）はその著『立誓願文』において、中国で初めて今現在を末法の時代と表明したとされている。法滅を説く経典の多くは6世紀中頃に訳出されたが、時あたかも断行された北周武帝の廃仏→2部1章2節3（574年、577年）は末法思想を人々に強く印象づけ、隋代には信行の三階教や道綽の浄土教→2部1章コラム中国浄土教思想史などの末法を意識した教えが現れひろまった。

　この時期にはまた、末法への意識から法滅に備えて石板や自然石の表面に経文を刻む行為が盛んに行われた。7世紀初から12世紀頃まで継続され、1万点を上回る数量の石刻経典が作成された静琬の房山石経の事業はとくに有名である。

　隋の頃には末法思想が興起したとはいえ、天台宗の智顗や三論宗の吉蔵、唐初の道宣など、当時を代表する僧には今を末法の時代とする認識はやや稀薄であるため、末法思想が当時の支配的思想であったとは必ずしもいえないことには注意を要する。

◉ 研究の状況

　僧各人の著作を通じた思想研究や、ある主題に即して当時の代表的な僧侶の解釈を明らかにする研究、僧と政治・社会の動向との関わりを考究するものなど多岐にわたる。敦煌写本や石刻史料、日本の一切経などの中から発見された新資料に基づく成果も少なくない。　　　　　　　　　　　　　　　　　　　　　（今西智久）

◉ 参考文献

沖本克己編、菅野博史協力　2010　『新アジア仏教史6　中国I南北朝　仏教の東伝と受容』
　　佼成出版社

沖本克己編、菅野博史協力　2010　『新アジア仏教史7　中国II隋唐　興隆・発展する仏教』
　　佼成出版社

2 中世 (2) 唐代

● 唐の国際性と僧侶

漢代に中国に伝わった仏教は、異質な外来宗教として反発を受けながらも、魏晋南北朝期から隋唐期にかけて、着実に社会的に受容されていった。そして、唐代(618-907)になると、教学面での充実にくわえ、国家の保護のもとで経典の翻訳が精力的に行われ、大蔵経(一切経。→2部1章6節1・2)が整備されるなど、中国仏教は黄金期を迎える。こうした唐代にみられる仏教の隆盛は、社会や国家とさまざまな交渉を持ちながら活動を行った僧侶たちの活躍に負うところが大きい。なかでも唐代の僧侶に特徴的なのは、唐とインド・西域・南海間を往来し、仏教的知識や文物を唐に大量にもたらしたことであろう。広大な領域を支配した唐は、諸地域間の交流を促し、国際色豊かな文化を生み出していくが、僧侶の活動もこうした状況と無関係ではなかった。

● 僧侶の広域にわたる活動

唐初の僧侶で著名なものとしては、律宗の道宣(596-667)、浄土教の善導(613-681。→2部1章コラム中国浄土教思想史)らがあげられるが、広域にわたる活動を行った僧侶といえば、玄奘と義浄であろう。玄奘(602-664。→2部1章1節1)は627年あるいは629年に国禁を犯して中国を出て、高昌国(トゥルファン。→1部2章1節)など西域諸国を経てインドに達し、経典や仏像などの大量の文物を携えて645年に帰還した。その後、皇帝の勅許のもと、『大般若経』をはじめとする75部1,335巻に及ぶ経典の翻訳を行った。帰国した玄奘はすぐに太宗に謁見するが、太宗は、玄奘が語る西域やインドの気候風土や物産、習俗、聖迹等に強い関心をもったようである。このころ唐は西域支配のために当地の最新情報を収集する必要があったのだろう。太宗は玄奘に旅先の見聞をまとめるよう命じ、『大唐西域記』が撰述されるに至った→1部2章1節ほか。

義浄(635-713)は671年に海路でインドに渡り、30余の国を経たのち、再び海路で帰国した。695年に洛陽入りした際には、当時皇帝として即位していた則天武后→2部1章2節1が出迎えた。その後、義浄は洛陽や長安において『根本説一切有部毘奈耶』や『金光明最勝王経』など56部230巻を訳出した。また義浄は、『大唐西域求法高僧伝』と『南海寄帰内法伝』を著している。後者は戒律に関する記事を中心に、インド・南海諸国の僧侶の日常生活などを詳細に記している。なお則天武后の時期は外国出身の僧の活躍が目立っており、法蔵(祖父の代にサマルカンドから移住)、提雲般若・実叉難陀(ともにコータン出身)、菩提流志(インド出身)、弥陀山(トハリスタン出身)、宝思惟(カシミール出身)などが訳経に参加するなど、国際色豊かな顔ぶれが揃っていた。

8世紀になると、善無畏(637-735)や金剛智(671-741。→1部1章5節2)といったインドから来た密教僧が活躍するようになるが、とくに安史の乱(755-763)以降は、唐朝の絶大な支持を得た不空(705-774)や般若(カーピシー出身)の活動が顕著に

なってくる。この頃、唐内地では反乱が続き、さらに勢力を伸張する吐蕃やウイグルの圧迫を受け、かつて広大な領域に影響力を及ぼした大唐帝国の面影は失われつつあった。こうしたなか、都の長安では、密教僧らが中心となり、『仁王護国般若波羅蜜多経』や『大乗理趣六波羅蜜多経』といった護国色の強い経典を訳出し、それらに基づく法会を行うなど、国家守護のために奉仕した。また同じ頃、浄土教の法照や華厳の澄観が活躍するなど、長安仏教界は活況を呈した。

　安史の乱以降、唐は西域支配の手を緩めざるを得なくなるが、唐とインド・西域における僧侶の往来が途絶えたわけではない。悟空や般若がその例である。悟空は、玄宗期に使節の随員として罽賓国に派遣され、その後、現地で出家し、僧侶となって790年に長安に帰還し、『十地経』等の経典をもたらした。そして同年のうちに、般若が徳宗より勅命を受け、カシミールに使者として派遣されている。派遣の理由は史料に記載されていないが、このころ吐蕃が中央アジアへの進出を強めていたことから、唐はこれへの対抗措置として、吐蕃の西方に位置するカシミールなど近隣諸国との連携を図ろうとしていた可能性がある。この般若の派遣にあたっては、帰国したばかりの悟空がもたらしたとみられる中央アジアの最新情報が生かされたに違いない。なお、悟空の旅程は、円照が悟空から直接聞いたことに基づき撰述した『大唐貞元新訳十地等経記』(『悟空入竺記』)に詳細に記されている。

　このように、僧侶は、唐に仏教的知識や思想、経典、文物などを将来し、仏教を社会に浸透させることに貢献しただけではなく、インド・西域・南海等の地理や習俗、政治状況などの最新情報を伝達するなど、さまざまな役割を担っていたことがわかる。

● 課題と展望

　近年、中国では石刻史料が相次いで発見され、それらの整理・刊行が進められており、史料状況が大きく変わりつつある。そのなかには造像記や墓誌、経幢など、仏教関連のものも多数含まれており、編纂史料からはうかがえない僧侶に関わる貴重な情報を得ることができる。よって今後、唐代の僧侶を研究対象とする際には、編纂史料にくわえ、こうした石刻史料を積極的に活用し、思想や教学面での分析や、社会や国家におけるさまざまな活動の実態など、多方面から僧侶の姿を描く必要があろう。

(中田美絵)

● 参考文献

小野勝年　1984　「空海の将来した「大唐貞元新訳十地等経記」─「悟空入竺記」のこと─」(『密教文化』148)

岩崎日出男　2002　「般若三蔵の在唐初期における活動の実際について─『大乗理趣六波羅蜜経』翻訳と北天竺・迦湿蜜国派遣の考察を中心として─」(『高野山大学密教文化研究所紀要』15)

藤善眞澄　2004　『隋唐時代の仏教と社会─弾圧の狭間にて─』　白帝社

宮林昭彦、加藤栄司訳　2004　『南海寄帰内法伝─七世紀インド仏教僧伽の日常生活─』(法藏館)

3 近世 宋・元代

● 定義

本項目で取り扱う唐代以降の仏教史に関しては、それまでの時代に比べ石刻などの一次史料が豊富に現存している。最近の研究傾向は、その史料状況を反映して、「一人の僧、あるいはその系統の僧たちが政権とどのように関わって活動していくのか」ということに焦点を当てたものが多い。

● 研究の状況

研究動向を見る前に、まず当時の社会状況を一言しておきたい。唐代以降の中国は、五代十国（907-960）の内乱期を経て、元朝が南宋を接収するまでの間、中国の中央あたりを流れる淮河を境にし、北中国は北方遊牧系の王朝（契丹〈遼〉・金朝→2部1章3節2）が、南は漢族王朝（北宋960-1127・南宋1127-1279）が統治する時代が続いた。中国国内の仏教も、分断されてそれぞれが成長したため、以下に、宋代以降に活躍した僧に関する研究について、時代を区切りながら紹介しておく。

北宋 北宋代の仏教史に対しては、全体的に仏教統括制度などに研究の焦点が向けられる傾向がある。僧個人の活動について検討したものは少ないが、ひとつの師弟関係（法系）に着目し、宋代禅宗の系統を明らかにしたものもある。石井修道は、芙蓉道楷（1043-1118）より続く曹洞宗の法系を明らかにしている（石井 1987）。この法系は、のちに北中国へ移動し、金朝の保護を受け隆盛し、元時代にも引き継がれていった。

契丹（遼）・金 10世紀以後、北中国に北方遊牧民が台頭し、契丹（遼）と金朝が相次いで誕生した。彼らは北中国をその版図とすると同時に、そこで行われていた中国仏教の流れを組み込み、それを尊崇していった。それがこの時代の特徴で、現在の中国北京市内やその周辺には、この時期に造られた仏塔や寺院が残っており、当時の仏教隆盛の一端を垣間見ることができる。

遼代においては、法均（1021-75）が大乗菩薩戒壇を創設し多くの人に菩薩戒を授けた。それを時の皇帝道宗が公認したため、さらなる反響を呼び一大受戒ブームが起こったという（古松 2006）→2部1章3節2。

図1　法均が活動した慧聚寺（現在の戒台寺）の戒台殿

金代については、禅宗の活動が目立つ。初期の曹洞宗の僧、青州希弁（1081-1149）は、山東の青州から金朝によって現在の北京へと連れてこられた僧であった。彼が北京地区で弟子をもったことが契機となり、曹洞宗はその後の北中国で一大勢力を保つこととなる。また臨済宗では、北京地区から広慧通理大師円性（1104-75）が出現し、彼が東北地方へと教線を拡大した

（竺沙 2010）→2部1章3節2。

南宋・元　南宋があった南中国と元朝があった北中国は、仏教も同様に分かれており、元朝が南宋を接収する13世紀の後半までは、基本的に南北二系統が交わり合う形跡がみられない。

　元代（1271-1368）においては、初期段階では金朝の流れを汲んだ万松行秀（1166-1246）の一門などの禅宗系の活動が活発であったが、のちクビライの治世の後半にさしかかってからは、政権の思惑もあって華厳宗・慈恩宗系の僧たちの活躍が目立った。特に華厳宗の龍泉行育（？-1293）は、元朝の南宋接収後、南宋の仏教教団を統制する僧官として派遣された政権と深い繋がりを持つ僧であった（竺沙 2000）。

　一方、南宋では、禅宗のなかでも臨済系が隆盛していて、その中心となっていたのが一握りの大寺院（五山十刹）の住持たちである。そこには海を渡った日本僧たちが多数参禅したことが明らかにされていて、近年、日本史の視点からの研究で一連の成果が出されている（榎本 2007）。日本への影響を考えると、南宋前半の大慧宗杲（1089-1163）や無準師範（1177-1249）などが挙げられよう→3部2章2節3・同章3節2。また元代末期には、文宗トク・テムルと密接に関わりを持った笑隠大訢（1284-1344）が、官営寺院ともいえる大龍翔集慶寺の開山住持に充てられている。

　これら中国系仏教とともに、元代のもう一つの流れとなるのが、チベット系の僧→1部2章2節1・2たちの動向である。たとえば国字を制定し、初代帝師となったパクパ（1235-80）などチベット僧の動向については、この時期の研究をする上で視野に入れておかねばならない→2部1章3節3。

● 課題と展望

　ここでは中国近世において活躍した僧とそれに関する研究を紹介した。これより前の時代、中世仏教史の研究では、基本的な通説が形成されているが、この時期の研究は、いまだそこまで成熟しているとは言い難い。ここで時代を区切って紹介したのは、地域的・時期的に独立した個別事例が多いという、この時代の仏教史特有の研究状況をそのまま映し出したからである。

　今後の研究に求められるのは、いかに個別事例を繋げてひとつの大きな歴史の流れとしてつかむか、ということに集約されるであろう。そのために必要なのは、典籍史料の欠を補う石刻史料の検討、それによって当時の仏教の流れを確認していくことである。

（福島　重）

● 参考文献

石井修道　1987　『宋代禅宗史の研究』　大東出版社

古松崇志　2006　「法均と燕京馬鞍山の菩薩戒壇―契丹（遼）における大乗菩薩戒の流行―」（『東洋史研究』65- 3）

榎本　渉　2007　『東アジア海域と日中交流―九～一四世紀―』　吉川弘文館

竺沙雅章　2000　『宋元仏教文化史研究』　汲古書院

竺沙雅章　2010　「遼金代燕京の禅宗」（『禅学研究』88）

102　第2部　中国、朝鮮半島＊第1章　中国

⑤ 社会のなかの仏教

1　法会と在俗信仰組織

◉ 定義

　本項では民衆への布教手段として重要な法会（僧侶と信者による集会）、在家信者によって結成された在俗信仰組織について述べる。

◉ 内容

　中国に伝来した仏教はいわゆる大乗仏教であり、したがって衆生救済のための民衆教化は教団において重視され、そのために様々な法会や儀礼が行われた。たとえば仏説を俗人にわかりやすく説き聞かせる俗講、経典内容の講義である講経、仏への礼拝・讃歎を行う礼讃儀礼、『盂蘭盆経』の教えに従って亡き両親の供養を行う盂蘭盆会等である。これらの法会が盛んになる東晋－南北朝時代は、ちょうど教化の中心がインド・西域出身の外国僧侶から中国出身の僧侶へと移り変わる時期であった。そのためであろう、たとえば俗講には庶民が理解できるような俗語が用いられ、講経の一部はやがて中国人による経典注釈書へと発展していくなど、中国人が仏教を自らの宗教として主体的に受容し始めたことがうかがわれる。インド発祥の仏教→1部1章は中国での布教の過程において、中国の伝統的価値観から影響を受けて変容せざるを得ず、またそうでなければ民衆の間に根づくことはなかったであろう。その一例として、盂蘭盆会の根拠である『盂蘭盆経』は、親孝行を重視する儒教的倫理観に基づいて中国で偽作されたものである。

　一方、また民衆の側でも、義邑・社邑または法社・邑会等と呼ばれる在家信仰組織が結成された→2部1章3節1。これらの組織は地域ごとに存在したため名称や構成は多様であるが、おおむね様々な行事や造像等の事業を通じて、構成員が功徳を積むことを目的としていた。南北朝時代以降に作製された仏像等に刻まれた造像記には、費用を共同出資した義邑構成員の名が列記され、また20世紀初頭に敦煌莫高窟→2部1章7節1で発見された敦煌文献の中には、社邑に関する文書が多数含まれており、その規則・運営の実態について具体像が示されている（竺沙 2002）。そもそも中国史の典籍史料として今に伝わるものは、大部分が支配階級である知識人によって編纂されたものであり、これは仏教史に関しても同様である。そのため民衆に関する事柄は不明瞭なことが多かったのだが、敦煌文献の発見はそうした困難を乗り越えるための大きな鍵となる出来事なのであった。

◉ 研究史

　一言で法会といってもその内容は上述したように多様であり、また牧田諦亮・福井文雅・道端良秀・金岡照光ほか数多くの研究者が関連論文を発表しており、その一々を列挙することはできないが、近年では塩入良道および齊藤隆信・西本照真による研究・概観があることを指摘するにとどめたい（塩入 2007、齊藤・西本 2010）。また民

間信仰団体については上述のように敦煌文献を利用した研究が多いが、さしあたっては、敦煌文献を様々な視角から取り上げた叢書『講座敦煌』の中に、仏教を扱った一冊があること（牧田、福井 1984）、また近年においても上山大峻による概説があること（上山 2006）を挙げておこう。

◉ 基礎資料

高僧伝等の伝記史料には、様々な法会を通じて民衆教化が行われたことが記されるが、しかし法会の具体的な様子が描かれることは稀である。そこで法会の式次第について知るためには、種々の懺法や礼讃文（『大正蔵』諸宗部や『大日本続蔵経』礼懺部に収録）を利用する必要があるが、ただし、これらはいわば儀式の「規範」であり、これだけでは実施の具体像はなおも不明瞭である。これを補うものとして平安時代の円仁『入唐求法巡礼行記』・成尋『参天台五台山記』→3部1章5節4・5には、彼らが現地で参加した唐・北宋時代の法会の詳細が記録されており貴重な史料となる。在俗信仰組織を研究するうえでは、上述したように造像記や敦煌文献の利用が不可欠となる。造像記については『石刻史料新編』などの金石書があり、また、京都大学人文科学研究所がインターネット上で公開している「石刻拓本資料」も非常に有用である。敦煌文献は現在、フランス・イギリス・中国・ロシア・日本など世界各地に分散所蔵されているが、いずれも最近20年ほどの間に次々と図版が出版されたことで利用が容易になった。主なものとして、『法国国家図書館蔵敦煌西域文献』、『英蔵敦煌文献：漢文仏経以外部分』、『英国国家図書館蔵敦煌遺書』、『中国国家図書館蔵敦煌遺書』、『俄羅斯科学院東方研究所聖彼得堡分所蔵敦煌文献』などがある。

◉ 課題と展望

法会にせよ在俗信仰組織にせよ、研究はいまだなお発展途上であり、上述した各種史料の分析をより一層深めていかねばならない。また従来はあまり注目されてこなかった『太平広記』等に収められた小説類には、民衆の信仰の様子をうかがわせる史料が含まれている可能性があり、今後の研究が待たれる。また、あまりに性急かつ安易な比較・類推は慎まねばならないが、現代中国における信仰の実態について現地での見聞を広めることは、過去の民衆信仰への理解を深めるうえで決して無駄にはならないであろう。

（米田健志）

◉ 参考文献

牧田諦亮、福井文雅編　1984　『講座敦煌7　敦煌と中国仏教』　大東出版社

竺沙雅章　2002　「敦煌出土「社」文書の研究」（『増訂版中国仏教社会史研究』　朋友書店）

上山大峻　2006　「敦煌の仏教」（岡部和雄・田中良昭『中国仏教研究入門』　大蔵出版）

塩入良道　2007　『中国仏教における懺法の成立』　大正大学天台学研究室

齊藤隆信、西本照真　2010　「民衆仏教の系譜」（『新アジア仏教史7　中国Ⅱ　興隆・発展する仏教』　佼成出版社）

2　民間信仰

● 定義
　民間信仰という言葉は極めて広い意味で使われてきたが、その定義は必ずしも統一されていない。ひとまず本項では、「宗教教団とは直接的には関わらない民衆の信仰」としておく。仏教教団は、教義を民衆に浸透させるため、様々な努力を重ねてきたが、実際には体系化された教えの影響を受けつつも、その枠にとらわれない様々な信仰が存在した。さらにそこに国家権力の統制や保護が加わる。中国の民間信仰に興味を持つ者は一度、「仏教」という枠組みから自由になってみる必要がある。

● 内容
　中国の寺廟を訪れると、人々が香を焚き神々に祈りを捧げているのを目にする。これを進香という。そこに祀られているのは、観音のような仏像だけでなく、関羽のような歴史上の英雄も多い。とりわけ目立つのは碧霞元君（図2）・媽祖といった女性の姿をした神々である。人々はこれらの神々に子宝祈願や、病気治癒など、様々な現世利益を求める。霊験あらたかな神々と縁が深いとされた土地は大いに栄えてきた。浙江省の沖合に浮かぶ普陀山は観音の聖地とされ、特別な法要の時期には島は参詣者で埋まる。文殊菩薩の五臺山、普賢菩薩の峨眉山、地蔵菩薩の九華山と合わせて仏教四大名山と呼ばれるが、近世以降の巡礼者の多さにおいて、普陀山は別格である。山東省の泰山や湖北省の武当山（図1）にも、伊勢参りさながらの大群衆が訪れた。このように中国の巡礼は名山が対象になることが多いため、朝山進香とも呼ばれる。

● 研究史
　民間信仰に関する近代的な研究は、欧米人や日本人の手によって行われ始めた。上記の著名な聖地への信仰や、娘娘という女性神への盛んな信仰などが明らかにされ、民間信仰が諸経典の記録だけでは説明できないことが早くから理解された。シャヴァンヌの泰山に関する調査をはじめ、現在でも色あせない研究は多い。中国でも1920年代に民俗学が勃興し、北京近郊の妙峰山での現地調査など、貴重な事例研究が民国期の雑誌『民俗』などに多数掲載された。

　戦後は民衆反乱との関わりに注目が集まりがちであったが、文学研究者や道教研究者によって地道な研究が行われ、仏教史でも観音信仰などの研究が進んだ。新たな展開が起こるのは1980年代で、この頃から様々な領域の研究者が民衆の信仰を視野に入れ始める。地域信仰と国家による公認の問題、祭祀と社会組織の関係など多様な論点が生まれ、研究は活性化した。この経緯については上田信（1992）に詳しい。さらに、明清史を専門とする濱島敦俊は、江南デルタで信仰される神々の研究を進め、現地調査なども踏まえた上で、『総管信仰』によってその形成過程

図1　武当山巡礼者の題記

を明らかにした（濱島 2001）。近年は、このようなフィールドワークを踏まえた研究も増えつつある。

◉ **基礎資料**

民間信仰は当事者の記録は乏しく、為政者や知識人による外部からの視線に頼らざるを得ない。成果をあげた研究の多くは、国家が民間信仰を把握した際の記録を活用している。宋代（960-1276）になると国家は民間信仰の把握を試み、霊験などを審査して正しい祭祀（正祀）と誤った祭祀（淫祀）の選別を行う。国家や地方が祀るべき神を「祀典」というリストにまとめ、霊験あらたかな神には称号が下賜された。ここに民間信仰の記述は飛躍的に増えることになる。また『破邪詳辨』のように、「邪教」を批判する形で信仰の実態を浮き彫りにする文献もある。まずは、このような史料を一つ定めて徹底的に読み込むことで、「基礎資料」に変えていく必要があるだろう。しかし、このような出会いは、ある程度の読書量の蓄積が必要なことも否めない。

図2　碧霞元君（*Taoism and the arts of China*, Arts Institute of Chicago in association with University of California Press, 2000より転載）

初学者にとって幸いなことに、史料集は豊富である。神々については『中国民間諸神』があり、信仰対象ごとに関連文献を抄出する。『中国地方志民俗史料彙編』は地方志の「風俗」の部分を抜き出す。簡潔な記述が大半だが、ときに信仰に関わる習俗にも及び、索引代わりとして役立つ。また、聖地の歴史をまとめた寺廟志や山志も有用である。主要なものは『中国仏寺史志彙刊』などの叢書に収録されており、閲覧は容易である。宝の山はまだ、身近な図書館の中に眠っている。

◉ **論点（課題と展望）**

上述のごとく優れた成果をあげた研究は、いずれも個別の史料の徹底的な読み込みからもたらされている。近年の旺盛な影印出版やデータベース化により、関連する史料を網羅することは容易になった。寺院は自らの宣伝のために伝説を創作し、考証学者の民間信仰への考察はときに杜撰である。民間信仰の研究は、当然ながら文献上の記録を正確に理解することが求められるが、書かれていないことを合理的に推測していく緊張感に満ちた作業も伴う。本書の読者の中から野心的な研究が現れることを期待したい。

（石野一晴）

◉ **参考文献**

上田　信　1992　「宋―明代の民俗宗教―」（社会経済史学会編『社会経済史学の課題と展望』 有斐閣）

窪　徳忠　1996　『道教の神々』 講談社

エドゥアール・シャヴァンヌ著・菊地章太訳　2001　『泰山―中国人の信仰―』 勉誠出版

濱島敦俊　2001　『総管信仰』 研文出版

⑥ 大蔵経

1 大蔵経通史

◉ 定義

　本項で取り上げるのは、漢文大蔵経である。大蔵経とは仏教経典を集大成したものであり、衆経・一切経などとも称される。経・律・論→1部1章2節1-3の三蔵を中心に、中国で撰述された仏教関係の著作が加わり構成されている。

◉ 内容

　仏教経典の漢訳が進むにつれ、経典が蓄積され、分類・整理がなされて、一大叢書である大蔵経がつくられるようになる。大蔵経は当初は書写された。写本大蔵経は南北朝後期から盛んに作成されるようになってきた。国家が写経所を作り、専門の写経生を集めて写経するということが行われるようになる。こうした写本大蔵経の現物は、敦煌文書などに見られる。

　730（開元18）年に撰された智昇『開元釈教録』入蔵録→2部1章1節2は、その後の入蔵経選定の基準となった点で大蔵経の歴史において重要である。また、経典の整理に千字文番号が付されるようになるが、その最も早いものとみられるのが『開元釈教録略出』で、9世紀ごろのものと考えられる。

　印刷技術の発展に伴い、宋代以降、版本大蔵経があらわれる。北宋の建国後、勅命により成都で雕造されたのが、最古の版本大蔵経であり、開宝年間に開版されたことから、「開宝蔵」と称され、版木は983（太平興国8）年に完成し、都の開封へと送られた。「開宝蔵」は国内の大寺に下賜されたほか、周辺諸国の使節にも与えられた。

　一方、北方の遼においても大蔵経の作成は行われ、「契丹蔵」→2部1章3節2と称される。長らくその存在は確認されなかったが、1974年に山西省応県木塔の釈迦像の胎内から残巻が発見された。また、房山石経の遼金期以降のものは「契丹蔵」を底本として用いていることから、「契丹蔵」研究の参考となる。

　北宋後期から南宋にかけて、江南地域で相次いで大蔵経の雕造が行われた。第一は1112（政和2）年に完成した福州の「東禅寺等覚禅院版（崇寧蔵）」、それを受けて雕造された「開元寺版（毘盧蔵）」で、当時、仏教が盛んであった当地で、寺院の豊かな財力を背景に雕造された。第二は湖州思渓の富豪王永従によって雕造された「思渓蔵」で、北宋末から1132（紹興2）年ごろ完成したと考えられるが（「前思渓版〈円覚蔵〉」）、南宋後期に補刻がなされた（「後思渓版〈資福蔵〉」）。第三は蘇州の磧砂延聖院で雕造された「磧砂延聖禅院版（磧砂蔵）」であり、1216（嘉定9）年から1229（紹定2）年の間に『大般若経』巻1-13が雕造され、その後、刊経局が設立され事業が拡大された。

　一方、金においては、「開宝蔵」をもとに、約30年かけて山西南部において民間で大蔵経が雕造された（「金蔵」）。完成した大蔵経は、1178（大定18）年に1蔵を印刷し

朝廷に送り、3年後には経板を中都へと送った。

モンゴル支配下→2部1章3節3、1238年ごろから金蔵の補刻が行われた。1933年、山西省趙城県の広勝寺において、「金蔵（趙城蔵）」が発見されたが、これは1260（中統元）年の印造とされる。「金蔵」はクビライ（在位1260-94）の治世の下で大規模な補修を経たのち、官版となり、版木が蔵されていた寺の名にちなみ「弘法蔵」と称される。

また、1336（後至元2）年には、太皇太后の卜答失里により官版の大蔵経が雕造され、「元官蔵」と称される。残巻が発見されているが、雕造場所など不明の点が多い。

元代の江南では、「思渓蔵」の版式を踏襲する形で、白雲宗の協力のもと、「杭州南山大普寧寺版（普寧蔵）」が雕造され、1290（至元27）年に完成した。また、宋元の戦乱のため途絶えていた「磧砂蔵」の雕造が1297（大徳元）年から再開された。

明では、初期に三種の官版大蔵経が雕造された。第一は南京で雕造された「洪武南蔵」であり、1401（建文3）年に一応の完成を見、1403（永楽元）年に流通を開始した。これを継いで刻されたのは「永楽南蔵」で、1419（永楽17）年末までには完成した。1420（永楽18）年には北京で大蔵経の雕造が始められたが、これが「永楽北蔵」で1440（正統5）年に至って完成した。

官版の南北蔵が利用の便に供さないため、明末の万暦年間に雕造が始まり、清の康熙年間に至って完成したのが「嘉興蔵（径山蔵）」である。当初は五臺山において事業が行われていたが、のちに浙江余杭径山に移って完成させ、最終的に経板は嘉興楞厳寺に集約された。

清では1773（雍正11）年に官版の大蔵経の雕造が始められ、1738（乾隆3）年に完成した。これを「乾隆大蔵経（龍蔵）」と称する。

● 課題と展望

日本に将来されたものが何点も残る宋元版の江南諸蔵に関しては、比較的研究が進んでいる。一方で、「弘法蔵」「元官蔵」のように史料の状況もあって未だ明らかでない点が多い大蔵経もあり、今後の研究の進展が俟たれる。

近年、中国においてこの分野の研究は割合に多く出されており、注意する必要がある。

（松浦典弘）

● 参考文献

大蔵会編　1964　『大蔵経―成立と変遷―』　百華苑

野沢佳美　1998　『明代大蔵経史の研究』　汲古書院

竺沙雅章　2000　「宋元版大蔵経の系譜」（『宋元仏教文化史研究』）　汲古書院

2 大蔵経の類型

● 定義

唐代までは書写されていた**大蔵経**は、技術の発達に伴い、宋代以降、印刷されるようになる。仏典については長らく版本学的な研究が行われていなかったが、宋元時代の大蔵経を版本形式から3つの類型に大別したのが竺沙(2000)所収の諸論考で、第一類の**開宝蔵**系、第二類の**契丹蔵**系、第三類の**江南諸蔵**系に分類する。

● 内容

4-5世紀の写経は1行16-22字で一定していないが、5世紀末ごろから1行17字というのが定着したスタイルとなることが敦煌文献などから確認される。

宋代以降の印刷されるようになった大蔵経は、版本学的見地から3つの類型に分かれる。

第1の類型は、北宋(960-1127)初期に編纂された「開宝蔵」の系統である。毎版23行、1行あたり14字で巻子本の形式をとり、千字文による帙号は『開元釈教録略出』より1字繰り上げとなる(図1)。

「開宝蔵」は周辺諸国へと下賜されたが、特に高麗ではその覆刻が行われた。これが「高麗大蔵経(高麗蔵)→2部2章3節2」であり、高麗初期に開版したものを「初雕本」(1029年完成)、モンゴルの侵攻により「初雕本」が焼失したのち再版したものを「再雕本」(1251年完成)と称する。後者は日本にも各地に伝わっており、『大正新脩大蔵経』の底本になっている。

また、金(1115-1234。→2部1章3節2)でも「開宝蔵」の覆刻が行われ(「金蔵」)、これが『中華大蔵経』の底本となっている。さらに「金蔵」の系譜を引くのが、元のクビライ(在位1260-94)政権下で雕造された「弘法蔵」である。

第2の類型は、遼→2部1章3節2で雕造された「契丹蔵」の系統である。毎版27-28行、1行あたり17字で巻子本であり、千字文帙号は『開元釈教録略出』より1字繰り下がる。「契丹蔵」は唐代の正統な写経の系統を受け継いでおり、テキストとして優れたものである。残巻としては山西省応県木塔発見本が存在するが、不明の点も多く、「房山石経」や小字冊子本などとの比較研究が求められよう(図2)。

第3の類型は、北宋末以降、江南の各地で相次いで雕造された「江南諸蔵」の系統である。毎版36行(30行)、毎行17字、折本形式で毎版6折(5折)、1折6行、千字文帙号は『開元釈教録略出』と一致する。「崇寧蔵」に始まり、「毘盧蔵」「思渓蔵」「磧砂蔵」→2部1章3節3「普寧蔵」は、何れもこの形式をとる(図3)。

また、「元官蔵」もこの系譜に属し毎行17字、1折6行であるが、毎版42行、7折と大版になっている。

明代(1368-1644)初期に雕造された官版の「洪武南蔵」「永楽南蔵」「永楽北蔵」は、何れも第3の類型を引き継ぐ。ただし、「永楽北蔵」は毎版25行で、折本の1面は5行となり、清代の「乾隆大蔵経(龍蔵)」も同様である。

「嘉興蔵（径山蔵）」は「永楽北蔵」に基づいているが、経費の節減と利用の便から袋綴じの方冊本形式をとり、半葉10行、毎行20字である。

◉ 課題と展望

版本形式に基づいた研究が行われるようになった結果、大蔵経の類型に関する研究には大きな進展が見られた。また、1974年に応県木塔において「契丹蔵」、1984年に北京智化寺において「弘法蔵」、1979年に雲南図書館、1983年に対馬仁位東泉寺においてそれぞれ「元官蔵」が発見されており、「元官蔵」については近年も新たに発見されている。こうした史料状況の変化によって、さらに研究が進むことが期待される。

(松浦典弘)

◉ 参考文献

竺沙雅章　2000　「宋元版大蔵経の系譜」（『宋元仏教文化史研究』）　汲古書院

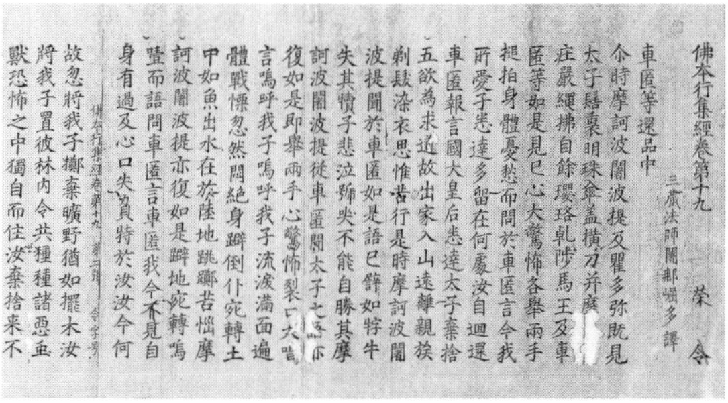

図1　第1の類型　開宝蔵版（『仏本行集経』巻第19、京都・南禅寺所蔵。京都国立博物館・京都仏教各宗学校連合会『仏法東漸─仏教の典籍と美術─』より転載）

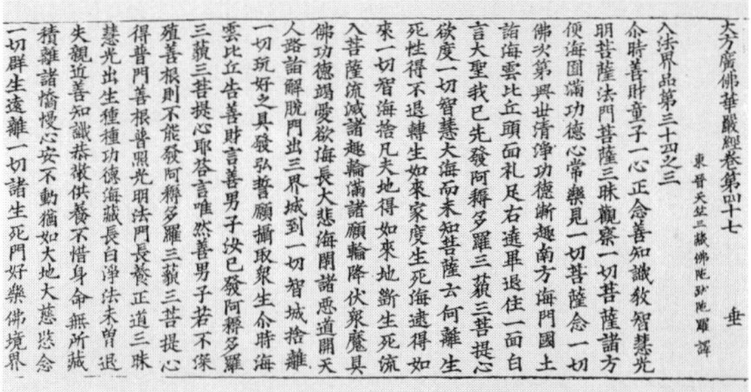

図2　第2の類型　契丹蔵版（『応県木塔遼代秘蔵』〈文物出版社 1991〉より転載）

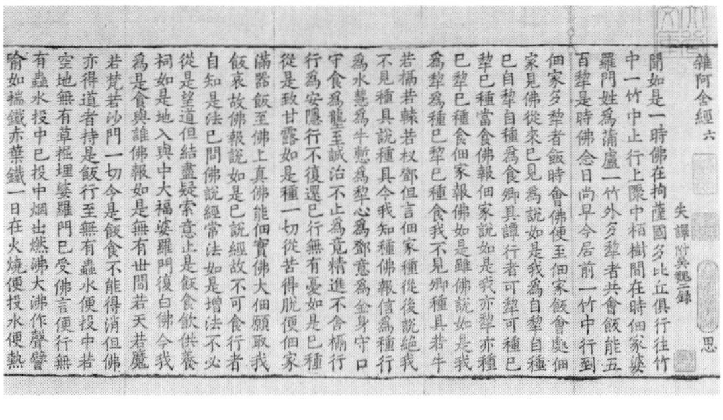

図3　第3の類型　思渓蔵（『雑阿含経』巻第6、京都・大谷大学所蔵。『仏法東漸─仏教の典籍と美術─』より転載）

7 石窟寺院

1 中国の仏教石窟

● 概要

中国においては、その堅固不朽の性質によるものか、石に対して一種の神性が認識されていたようである。人々はその石の壁崖に窟室や仏龕をうがち、坐禅観法（禅観、坐禅して法〔仏〕を心のなかに観想する）の修行や仏・菩薩の世界を疑似体験する空間をつくりだした。これを石窟（または石窟寺院）という。中国の石窟はインドに源流をもちながら、中国の文化や習俗の影響を受けつつ独自の発展をとげていった。

中国には数多くの石窟が存在する。そのうち代表的なものを「主要石窟一覧表」（表1）にまとめた。甘粛省の炳霊寺石窟や麦積山石窟、河北省の響堂山石窟、山西省の天龍山石窟、河南省の鞏県石窟、重慶市の大足石窟などが有名であり、観光スポットとしても知られている。なお敦煌・雲岡・龍門の三窟については後節にとりあげる。

たとえば甘粛省天水市の東南、秦嶺山脈の西端に位置する麦積山石窟（図1）はまさしく奇観と言え、高さ140m余りの独立峰の側面絶壁に、あたかも蜂の巣のように窟龕がうがたれている。開窟は5世紀頃、五胡十六国の後秦（384-417）ないし西秦（385-431）時代とされ、清代（1616-1912）に至るまで造修が続けられた。現存する窟龕は194箇所、造像は7,200余体にのぼる。西崖の西側上方と東崖の中央にはそれぞれ10mを超える巨大な仏と脇侍菩薩の塑像が露出している。西崖の像は北魏（386-534）時代、東崖の像は隋（581-618）の頃に造られたものと考えられている。

中国における石窟の分布には偏りが認められ、河西回廊（甘粛）から黄河の中・下流域（山西・河北・河南・山東）、および長江の上流域（重慶・四川）に集中している。一方、長江の中・下流域では、南京市の棲霞山石窟や杭州市の飛来峰石窟を除くと、めぼしいものはほとんど確認されない。つまり中国の石窟は北方に多く、南方に少ないと言えるのである。その理由はいくつか考えられるが、ひとつには北方が禅観に基づく実践修行を重んじていたこと、南方の多雨多湿の気候風土が窟龕にこもる修行に不向きであったことが指摘されている（肥田 2010）。

なお8世紀を境として、黄河の中・下流域（華北）よりも四川地域において石窟の造営が盛んとなる。この契機として想定されるものが唐の節度使・安禄山の引き起こした反乱、いわゆる安史の乱（755-763）である。9年間にわたっ

図1 麦積山石窟（天水麦積山石窟芸術研究所『中国石窟 麦積山石窟』より転載）

て続いたこの反乱は華北一帯をまきこんで社会に大きな混乱をもたらしたが、天然の要害である四川地域にはほとんど戦禍が及ばなかった。このような社会状況が、華北にかわって四川地域に石窟の造営をうながしたひとつの要因と考えられるのである。

◉ 研究に向けて

中国の石窟のあらましについては肥田路美の概説（肥田 2010）が有用である。簡潔にして要点をおさえた内容で全体像の把握に適している。

個々の石窟の理解には平凡社の『中国石窟』シリーズ（全18冊 1980-90）が役に立つ。本シリーズは中国に存する諸々の石窟の図録兼解説書である。豊富な図版とその解説および専門家の概説・論考で構成されており、特定の石窟について詳しく知りたいときには必ず参照すべきものである。ただし当然ながらすべての石窟を網羅しているわけではなく、比較的有名なものに限られている。本シリーズに収録されている石窟は炳霊寺・麦積山・鞏県・雲崗・龍門・敦煌・安西楡林窟・キジル・クムトラである。これら以外の石窟については、文物出版社や科学出版社など中国の出版社から刊

表1　主要石窟一覧表

名　称	所在地
馬蹄寺石窟	甘粛省張掖市
天梯山石窟	甘粛省武威市
敦煌石窟	甘粛省敦煌市
慶陽北石窟寺	甘粛省慶陽市
炳霊寺石窟	甘粛省永靖県
麦積山石窟	甘粛省天水市
須弥山石窟	寧夏回族自治区固原市
真寂之寺石窟	内蒙古自治区赤峰市
雲崗石窟	山西省大同市
天龍山石窟	山西省太原市
響堂山石窟	河北省甘鄲市
龍門石窟	河南省洛陽市
霊泉寺石窟	河南省安陽市
小南海石窟	河南省安陽市
鞏県石窟	河南省鞏義市
雲門山石窟	山東省青州市
義県万仏堂	遼寧省錦州市義県
大足石窟	重慶市大足県
安岳石窟	四川省資陽市安岳県
棲霞山石窟	江蘇省南京市
飛来峰石窟	浙江省杭州市

行されている図録・解説書・調査報告書などに頼ることになる。また東洋美術史の分野において中国の石窟を研究対象として扱うことが多いため、当該分野の概説書や学術雑誌（仏教芸術学会編『仏教芸術』など）に目を通すことも重要である。

石窟はその内外に安置された仏像や壁面に描かれた仏画などを含めて、その造営に携わった人々や所在地の社会における信仰のありようを鮮明に映し出す「鏡」といってよい。このような第一級の「モノ」資料と仏教史書や仏典などの文字史料を結びつけ、一方から読み取れる事柄を他方によって裏づけることで、より奥行きのある歴史像を描き出すことが可能となるのである。　　　　　　　　　　　　（藤原崇人）

◉ 参考文献

天水麦積山石窟芸術研究所編　1987　『中国石窟12　麦積山石窟』　平凡社

肥田路美　2010　「仏教美術」（『新アジア仏教史8　中国Ⅲ　宋元明清　中国文化としての仏教』　佼成出版社）

2　敦煌

● 概要

　敦煌は甘粛省の西北端にあるオアシス都市である。敦煌の南側から東南方面に祁連山脈が走っており、その北麓には幅数キロから数十キロの平地が帯状に続いている。これを河西回廊もしくは河西走廊という。敦煌はこの河西回廊の西北端に位置し、反対の東南端の延長線上には西安がある。これがいわゆる「シルクロード」の中国側の出入り口にあたるルートである。つまり天山北路・天山南路・西域南道など、どのルートを通るにせよ中国に出入りするためには基本的に敦煌を経由しなければならなかった。そのため敦煌は古来、シルクロードの中国側の玄関口と称され、元（1271-1368）の時代に海上ルートが確立されるまでは、多様な民族が集う交易拠点として栄えてきた。

　紀元前2－1世紀にかけて、匈奴を駆逐した前漢の武帝は河西回廊に沿って河西四郡を置き、シルクロードが中国側に接続された。敦煌という地名はこのときに始まる。仏教はこのシルクロードを経由して、中央アジア→1部2章1節から中国に伝えられることとなったのである。したがって敦煌は政治の上から見れば中国の辺境ではあるが、仏教の流伝という側面について言えば、むしろ中国の最先進地とも言うべく、中央アジアから敦煌を経た仏教が中国内地へと伝えられていたのである。したがってそこで信仰されていた仏教には中央アジアの影響も少なからず見られ、また3世紀の竺法護のような著名な訳経家→2部1章1節1も輩出するに至った。さらに敦煌の莫高窟（千仏洞）・西千仏洞や安西の楡林窟・東千仏洞・水峡口下洞子石窟、粛北の五箇廟石窟・一箇廟石窟、玉門の昌馬石窟など、敦煌とその周辺に数多くの石窟寺院が造営されたのも、こうした事情による。広義にはこれらの石窟群を総称して敦煌石窟というが、狭義には莫高窟のみを指していうこともある（図1）。

　莫高窟は中国における最初の石窟寺院といわれる。敦煌市から東南におよそ25km、三危山と向かい合うかたちで、鳴沙山の東麓の岩壁に、南北およそ1,600mにわたって大小無数の石窟が並ぶ。鳴沙山は礫岩質のため彫像には向かず、窟内にはもっぱら彩色された塑像や壁画が配される。また第96窟に代表されるように、窟の外面に木造建築を備えたものもある（図1）。その創建は、一説には366年（前秦・建元2年）とも言われ（ただしその窟は現在消滅）、その後、元の時代に至るまでおよそ千年もの長きにわたって絶えることなく造営された。南北に長い莫高窟は南区と北区に分けられ、南区には487窟、北区には248窟が確認さ

図1　莫高窟　第96窟（通称「九層楼」または「大仏殿」）

第7節　石窟寺院　113

れている。塑像や壁画のある窟は南区に集中しており、北区はもっぱら僧侶の生活・修行や埋葬のための石窟だったことが近年の発掘調査で判明している。

莫高窟で特筆すべきは、1900年に第17窟（通称「蔵経洞」）から偶然発見された、いわゆる「敦煌文献」

表1　敦煌石窟群一覧

石窟名称	所在地	現存窟数
莫高窟	敦煌市東南25km	735
西千仏洞	敦煌市西南35km	19
楡林窟	安西県東南70km	41
東千仏洞	安西県橋子郷南35km	23
水峡口下洞子石窟	安西県南50km	8
五箇廟石窟	粛北蒙古族自治県北20km	22
一箇廟石窟	粛北蒙古族自治県北20km	2
昌馬石窟	玉門市東南90km	11

（敦煌文書・敦煌遺書）である。この一大古文献群は、書写年代が5世紀から11世紀初までにわたり、全体の9割以上を仏典および寺院文書が占めるが、それ以外にも儒教や道教、マニ教などの経典や歴史書・地理書・医薬書・民間契約書など、多岐にわたっている。また、使用言語については、漢語のほかにチベット語やウイグル語、ソグド語、サンスクリットなどが確認される。総計6万点の大半は断片であるものの、その内容の豊富さゆえに仏教学のみならず歴史学全般からも大いに注目され、敦煌学という言葉さえ生まれた。敦煌文献といえばかつてはこの蔵経洞出土のものを指していたが、のちには北区など他の窟および付近一帯からの出土品も少数ながら発見されている。また写本とともに紙・絹・麻などに描かれた仏画も多く発見されており、壁画や塑像とあわせて仏教美術の恰好の研究材料となっている。

● 研究状況と展望

敦煌文献を用いた仏教関連の研究としては、大きく2つの方向性がある。1つは経典そのものの研究。たとえば現代に伝わる各種経典のテキストや内容について、より古い形が残されている敦煌写本を利用して検討したり、あるいはすでに失われてしまった佚書を敦煌写本から復元したりするもの。そしてもう1つは寺院文書や民間文書、あるいは変文と呼ばれる講経のためのテキストなどを利用して、当時の寺院の経済活動や僧官組織、さらには民衆の信仰活動のあり方など、当時の仏教の姿を多方面から浮かび上がらせようとするもの。どちらもすでに膨大な数の成果を得ている。

敦煌文献は、上述の仏画も含め、イギリスやフランスを始めとして世界中に分散収蔵されており、しかも情報が必ずしも公開されていなかったため、研究をするうえで困難をきたしていた。しかし近年では画期的に情報公開が進んでおり、敦煌文献を利用した研究のより一層の飛躍的な進展が期待されている。　　　　　（山口正晃）

● 参考文献

榎　一雄ほか編　1980－1992　『講座敦煌』全9巻　大東出版社

季羨林主編　1998　『敦煌学大辞典』　上海辞書出版社

郝春文　2007　『石室写経―敦煌遺書―』　甘粛教育出版社

山口正晃　2011　「敦煌学百年」（『唐代史研究』14）

3 雲崗石窟・龍門石窟

● 定義・内容

　雲崗・龍門石窟は、北魏時代（386-534）に開鑿された仏教石窟で、いずれもユネスコ世界遺産に登録されている。

　雲崗石窟（図1）は山西省大同市城の西方15kmに位置し、東西1kmにわたり45窟を有している。古くは「武州山石窟」や「霊巌寺石窟」とも呼ばれた。その歴史は、北魏→第2部1章3節1文成帝の460（和平元）年に、僧官のトップである沙門統の曇曜が、当時の都平城の西の武州塞において5窟を開き、各窟に大仏を彫り出すよう奏請したことに始まる。これがいわゆる曇曜五窟であり、太武帝による廃仏後の仏教復興のシンボル的存在であった。以降も石窟の開鑿は続いたが、おおよそ正光年間（520-525）に窟の開鑿はほぼ終了する。

　龍門石窟（図2）は、河南省洛陽の南約12km、南から北へと流れる伊水の両岸（東山と西山）に開かれた石窟である。雲崗とは異なり唐代にも盛んに造像活動が行われ、現存窟龕は約2,350、造像記は2,800点余りも存在する。この地は古くより「伊闕」と呼ばれ要衝の地であった。最も早く開かれたのは古陽洞であり、5世紀末、北魏王朝が平城から洛陽へと遷都した前後に開鑿された。古陽洞開鑿に関わった主要人物の一人とされる比丘慧成の造像記は、書道の世界では「始平公造像記」として有名である。次いで開鑿されたのは、宣武帝が孝文帝と文昭皇太后のために開鑿した二洞と、やや遅れて宦官劉騰が宣武帝のために開鑿した洞よりなる賓陽三洞である。中洞は北魏時代に完成したが、南北二洞は工事が中断された。北魏王朝の東西分裂以後も細々と造像活動は続いたが、それが再び活発になったのは唐の640年代頃からである。この頃、賓陽南洞が完成されたことは、褚遂良の書で有名な「伊闕仏龕之碑」の記録などからわかる。660年代には、太宗の妃であった紀国太妃韋氏によって「敬善寺洞」が開鑿された。また、現在龍門石窟のシンボルとなっている奉先寺洞の盧舎那大仏は、高宗の皇后武氏（後の則天武后→2部1章2節1）が化粧料二万貫を喜捨し、浄土教の祖師善導→2部1章4節2も検校僧としてその造営に関わり、675（上元2）年に完成した。以後は、万仏洞、極南洞が開鑿され、東山側では、高平郡王洞、看経寺洞、擂鼓台三洞などが開鑿されたが、主要な造像活動は8世紀前半に終焉を迎えた。

● 基礎資料・研究状況・課題と展望

　雲崗石窟の開鑿には、北魏帝室が関与しており、「皇帝即如来」の思想との関係、孝文帝の漢化政策と造像様式の中国化との関係など、興味深い研究

図1　雲崗第20窟（田林啓氏提供）

テーマはつきない。

雲崗石窟の研究においては、戦前の長期にわたる詳細な実地調査の成果である、『雲崗石窟』（水野清一・長広敏雄共著、京都大学人文科学研究所編、雲崗刊行会 1951-75）がその基礎資料となる。関連する文献史料は極めて少なく、曇曜五窟をそれぞれどの皇帝に比定

図2　龍門西山石窟群（田林啓氏提供）

するのか、そして、それ以降、いつどの窟が開鑿されたかという編年を主要な論点とし、様々な説が提出されている。古くは長広敏雄と宿白との論争が有名だが、近年では、石松（2005）が、窟内の造像に民間の邑義が参入した483（太和7）年を画期とした新たな編年論を提示し、その画期の背景に曇曜の失脚があると論じた。また、曾布川（2008）は曇曜五窟の帝の比定と主要窟の編年という、雲崗石窟に関する主要な論点を総合的に再検討している。今後は両氏の説を再度検証することが必要であろう。

龍門石窟の研究には、多数残された造像記が基礎資料となる。北魏の造像記を総合的に扱い、その史料としての重要性を明らかにしたのが塚本（1941）である。塚本は北魏の釈迦・弥勒から唐の阿弥陀・観音・地蔵へという尊像の変化が見られることを造像記の統計的分析によって示し、そこに中国仏教の性格の変化を読み取った。久野（2011）は唐代龍門石窟の主要な造像記を初めて総合的に検討した。これは、唐代においても法身や釈迦仏が重視されていたことを論じた重要な成果である。龍門石窟については、古陽洞開鑿の中心人物とされる比丘慧成の父始平公とは誰か、また、優塡王像と玄奘将来像との関係、唐代主要窟の本尊の尊格は何であるのかなど、いまだ定論がない重要テーマも多い。初唐期を中心に豊富に残っている造像記については十分に研究されているとは言えず、これを伝世文献史料や仏典と比較対照しながら詳細に分析することで、新たな研究成果が期待される。また、雲崗石窟もそうであるが、石窟周辺の遺跡の考古学的発掘調査の進展が目覚ましく、新発見も相次いでいる。仏教史学の立場から研究する場合においても、美術史学と考古学の成果を十分参考にすることが肝要である。

(倉本尚徳)

参考文献

塚本善隆　1941　「龍門石窟に現れたる北魏仏教」（『龍門石窟の研究』　座右宝刊行会）
石松日奈子　2005　『北魏仏教造像史の研究』　ブリュッケ
曾布川寛　2008　「雲崗石窟再考」（『東方学報』83）
久野美樹　2011　『唐代龍門石窟の研究』　中央公論美術出版

⑧ 仏教史料

1 仏教史書

● 定義

　歴史学研究では、歴史を知るための手がかりとなるものを「史料」と呼ぶ。また文字化されたものを「史料」、文字ではない、あるいは文字が書かれていないものを「資料」と区別する場合もある。これら史料のなかで、最も研究者の身近にあり、使用する機会が多いのは「史書」であろう。

　ここでは特に仏教史を志す者にとって身近なもの、『大正新脩大蔵経』の史伝部に収録される史書のおおまかな種類について述べる。

● 仏教史書の種類

　歴史叙述の代表的な形式として、歴代の帝王の事績（本紀）と各時代の有名人の伝記（列伝）をそなえた「紀伝体」、史実の発生・発展を時系列順に叙述する「編年体」、一つの事件についてその原因から結果までをひとまとめに叙述する「紀事本末体」がある（「史の三体」）。これらは、中国の歴史を一貫したもの（通史）としてとらえるために考え出された著述方法であるが、仏教関係の典籍のなかにもこの手法を意識して書かれたものがみられる。

　仏教史を一貫したものとしてとらえる手法は、早くは隋代（581-618）、費長房『歴代三宝紀』の代録にその試みがみられるものの、明確に形となるのは、13世紀成立の『釈門正統』『仏祖統紀』からであった（大内 2013）。この2種の史料がもつ通史的視点は、司馬光『資治通鑑』の影響を受けたものであったとされ、『釈門正統』は、紀伝体の体裁に倣ったもの、『仏祖統紀』は、天台宗の視点からみた仏教史で、紀伝体・編年体両方の形式を併せ持っている。また、14世紀に入って成立した『仏祖歴代通載』と『釈氏稽古略』は編年体を用いて書かれた。これらの史料は、各時代における仏教の盛衰を描いたものであって、読み解いていくことで仏教の歴史の流れを知ることが可能となる。

　次いで、僧の伝記を収集し再編した「高僧伝類」についてみておきたい。現在、広く伝わっているものに、『（梁）高僧伝』『続（唐）高僧伝』『宋高僧伝』『明高僧伝』がある。なかでも『高僧伝』『続高僧伝』は、中国仏教の初期の僧から最盛期である唐代初期までの僧を扱い、とりわけ史料価値が高いとされる。それに伴い、それぞれの編纂者の意図についての研究もある。『高僧伝』とその著者の慧皎については船山徹の解説（吉川・船山 2010 第1巻巻末）を、『続高僧伝』の著者道宣については藤善眞澄の一連の研究（藤善 2002）を、『宋高僧伝』の著者賛寧については、牧田諦亮の研究（牧田 1957）を参照されたい。その他、厳密にいうと高僧伝類とは異なるが、それと類似するものに、禅宗の法系を中心に記述した『景徳伝灯録』『五灯会元』など「灯史」と呼ばれるものもある。

第8節 仏教史料 117

これら高僧伝類には、『国訳一切経』（大東出版社 1936-）のほか、先に紹介した吉川・船山（2010）などに和訳がある。史料として高僧伝類を用いる際には、できるだけ様々な和訳を参照しながら臨みたい。

◎ 各史料の扱い方

これら史書に限らず、編纂史料と呼ばれるものすべてに対して必要なことであるが、史料を扱うにあたっては「史料の性格を知る」ということが重要になる。上に挙げた史書は、二次史料として位置づけられるもので、作成されるにあたり、編纂者の意図が多分に含まれるため、他の歴史書と同様、扱う史料の性格や意図などを十分に把握することが必要である。これら『大正新脩大蔵経』に収録される史書については、『仏書解説大辞典』（大東出版社 1933-36）のほか、『国訳一切経』に収録される史書ごとの解説、『仏典解題事典』（春秋社 1966）などによってその全体像を知ることができるので参照しておきたい。

また上述の注意に関連するが、仏教関係の史料は仏教、あるいは仏教者の顕彰を1つの目的としている。そのため、1つの史料に書かれた文章のみを鵜呑みにするだけでは正しい歴史的評価は下せない。様々な史料を相互に検討した上での客観的な考察が求められる。

◎ これからの研究に向けて

近年、台湾・日本を中心に大蔵経の電子化が行われていて、パソコン上での典籍の閲覧、文字・単語の検索が可能になった。現段階で最も便利なのは、台湾の中華電子仏典教会（http://www.cbeta.org/）が公開する「CBETA 電子仏典集成」であろう。上述のURLからダウンロードできる「CBETA 電子仏典集成」のソフトは毎年更新され、閲覧できる典籍も増加している。

この電子化の進歩によって、それまで高価で自分では購入し難かった仏教関係の史書がパソコン上で確認できるようになった反面、実際に本を手に取る機会が少なくなり、データ自体の誤字などを見落とす場合も増えてきた。たとえば、本項で紹介した『高僧伝』『続高僧伝』『宋高僧伝』には、それぞれに対応する『高僧伝索引』がある。これは呼称が違う固有名詞などもよく吟味されており、パソコンでの検索よりもはるかに正確である。これからますます電子化は進められ、電子史料がさらに身近なものになっていくであろうが、目先の便利さにつられて先人の検討の成果を無視してしまわぬよう、肝に銘じておきたい。

（福島　重）

◎ 参考文献

牧田諦亮　1957　「賛寧とその時代」（『中国近世仏教史研究』　平楽寺書店）

藤善眞澄　2002　『道宣伝の研究』　京都大学学術出版会

吉川忠夫、船山　徹訳　2009-10　『高僧伝』　岩波書店

大内文雄　2013　『南北朝隋唐期仏教史研究』　法藏館

2 石刻

● **定義**

石刻とは、読んで字のごとく「石に何かを刻んだ」ものである。そこには様々なものが含まれるが、ここでは主に文字・文章を刻んだものについて扱う。

● **石刻史料**

中国仏教史を研究するにあたって、まず史料として頻繁に活用されるのは、『高僧伝』に代表される僧伝類→2部1章8節1である。これらの著者は、編纂段階で収録されるべき僧の情報を集めた。その情報源の1つに挙げられるのが、僧の事績を記す塔銘・道行碑などの石刻である（図1）。

これまでにも数多くの石刻が見つかっており、新たな史料が出てくる可能性もある。この点で、歴史研究者からみて魅力的に映る。ただこれを用いるにあたって注意すべきなのは、石刻そのものが帯びる「地方性」である。そこに顕彰される人物の業績が、中国全域に影響を及ぼしたものか、あるいはその地方だけに限定されることなのかを判断するためには、1つだけでなく、数多くの石刻を確認したうえで総合的に判断を下していかねばならない（塚田 1983、氣賀澤 2005）。

● **石刻書**

現在は、現地に赴いて石刻を実見することや、出版された拓本集を見て実物を確認することが比較的容易になっているが、以前は、研究に石刻を利用しようとする場合、その録文を掲載した石刻書に依っていた。代表的なものに、清代の金石学の成果をまとめた『石刻資料新編』（第一～四輯、新文豊出版 1977-）がある。ここにはいま見ることができない石刻の録文も掲載されていることがあるので、必ず確認しておきたい。ただ、録文自体は、少なからず人の手を経て収録されるものであって、石刻のもとの体裁を保たず、場合によっては部分的省略や文字の間違いがある。

● **モノとして見ること**

石刻は、そのほとんどが一次史料として扱われるもので、文献として見るだけにとどまらず、その形・模様・石の材質・資料の置かれた情況などを注意深く確認しておかなければならない。その時々の石刻の情況については、国内外の研究者たちが残した現地調査の報告などで知ることができる。研究を進めていくうえで理想的なのは、文献としてだけではなく、モノとしても石刻に向き合っていくことであろう。　　（福島　重）

図1　元代蒙漢合璧少林寺聖旨碑

● **参考文献**

常盤大定、関野　貞　1975-76　『中国文化史蹟』全12巻　法藏館
塚田康信　1983　『西安碑林の研究』　西安碑林の研究刊行会
氣賀澤保規　2005　「『東アジア石刻研究』の発刊に寄せて」（『東アジア石刻研究』創刊号）

3 文物

● **定義**

　ここに述べる「文物」は、仏像（塑像・金銅像・レリーフほか）、仏舎利とそれを納める舎利函、経典類を封入する経筒、各種の法具・供具など、仏教史研究上の学術的価値をもつ「モノ」を指している。広義にとれば、版本や写本の経典、陀羅尼などを刻んだ石幢、そして先述の石刻などもここに含まれよう。

● **研究に向けて**

　陝西省西安市の西、扶風県に法門寺と呼ばれる古刹がある。1987年、大雨によって半壊した本寺仏塔の地宮（地下収蔵スペース）から唐代の仏教文物が大量に見つかった。このなかに極めて珍しい指骨状の仏舎利が含まれていた。これこそ『旧唐書』韓愈伝に記された法門寺「護国真身塔」の「釈迦文仏指骨」である。この仏指舎利は唐の皇帝や貴族たちの心をとらえ、30年ごとの開帳に際しては法門寺から都に運ばれ宮中で盛大に供養された。唐を代表する名文家の韓愈が憲宗（在位805-820）に「論仏骨表」を奉ってこの仏指舎利の供養を諫めたため、帝の怒りをかった話はよく知られている。また地宮に置かれた「衣物帳碑」・「真身誌文碑」と呼ばれる両石刻の記載から、仏指舎利とともに見つかった仏教文物は懿宗（在位859-873）以下の喜捨品であり、帝の没後、息子の僖宗（在位873-888）が仏指舎利を法門寺に戻す際に、一緒に奉納したものであることが明らかとなったのである（図1）。

　このように「文物」には編纂史料の記事を裏づけ、これを補強することのできるものが少なくない。その利用に際しては実物を観察しておくことが望ましいが、実見の困難なものも多い。そこで活用すべきものが図録類である。特定のテーマや対象にしぼったもの、博物館の所蔵品を紹介したもの、そして企画展・特別展など展観の出品カタログなど、さまざまな種類の図録が中国はもとより日本や欧米の出版社から刊行されている。くわえて中国各地で行われている発掘・学術調査の報告も有用である。発掘調査の成果はおおむね考古系の学術雑誌（『文物』や『考古』など）に公表された後、情報整理のうえ単行の調査報告書として出版されることが多い。また「文物」はその性格上、美術史の分野で取り上げられることが多いため、個々の詳細や研究動向を知るためには、当該分野の概説書や専門書、あるいは学術論文に目を配ることも欠かせない。

（藤原崇人）

図1　法門寺塔出土の仏指舎利（陝西省考古研究院ほか 2007）

● **参考文献**

気賀澤保規　2000　「法門寺の宝物」（『月刊しにか』2000-12）

陝西省考古研究院ほか編　2007　『法門寺考古発掘報告（上・下）』　文物出版社

基礎資料（中国）

　　中国の仏教史に関する基礎的な史料は、おおむね『大正新脩大蔵経』史伝部（第49-52巻、1927-1928、大正新脩大蔵経刊行会）のなかにまとめられている。ここでは、この大正蔵に掲載される基本的な仏教史書のほか、近年、比較的容易に確認できるようになってきた石刻史料や研究する上で知っておくと便利な史料集などを紹介する。

『高僧伝』（『大正蔵』第50巻）　…　全14巻。『梁高僧伝』とも称される。梁の慧皎（497-554）撰。後漢時代（1世紀中ごろ）から梁の天監18年（519）までの僧257人（附見243人）の伝記を載せる。

『続高僧伝』（『大正蔵』第50巻）　…　全30巻。『唐高僧伝』とも称される。唐の道宣（596-667）撰。梁代初期（6世紀初頭）より唐代初期（7世紀中ごろ）までの僧485人（附見219人）の伝記を載せる。

『宋高僧伝』（『大正蔵』第50巻）　…　全30巻。宋の賛寧（919-1001）撰。唐代初期から五代期までの僧533人（附見130人）の伝記を載せる。

『明高僧伝』（『大正蔵』第50巻）　…　全8巻。明の如惺（生卒不明）によって、1617（万暦45）年に成立。南宋・元・明代（12世紀-17世紀）の僧119人（附見60人）の伝記を収めるが、その人選に極端な偏りがある。

『仏祖統紀』（『大正蔵』第49巻）　…　全54巻。1269（南宋・咸淳5）年成立。著者は志磐（生卒不明）。天台宗の立場から編纂された仏教史書。主に正史に倣った紀伝体で編纂されており、中国編纂の仏教史書のなかでもとりわけ広範囲の情報が掲載される。

『仏祖歴代通載』（『大正蔵』第49巻）　…　全22巻。1341（元・至正1）年成立。著者は念常。太古より元の順帝の時代（1333）までの仏教史が編年体で記される。『大正蔵』所収の22巻本のほか、36巻本も伝わっており、研究では後者が用いられることが多い。

『石刻史料新編』第1-4輯（新文豊出版公司編輯部　1977-2006）　…　石刻関係の史料を網羅的に収集したもので、情報量も極めて豊富である。

『北京図書館蔵中国歴代石刻拓本匯編』（中州古籍出版社　1989-91）　…　北京図書館（現在の中国国家図書館）に所蔵される、戦国時代（前5世紀）～民国時代（20世紀前半）までの石刻拓本を掲載。仏教関係の拓本を多く含む。

『京都大学人文科学研究所所蔵石刻拓本資料』　http://kanji.zinbun.kyoto-u.ac.jp/db-machine/imgsrv/takuhon/　…　京都大学人文科学研究所が所蔵する前漢時代（紀元前1年）－民国時代（20世紀前半）までの画像石拓本や文字拓本を掲載しており、仏教関係の拓本も数多く含まれている。

陳垣『釈氏疑年録』（中華書局　1964）　…　晋代（3世紀）から清代初期（17世紀）までの僧で、活動年代が判明する2800人に対して、その生卒を考察したもの。中国仏教史研究における基本的な工具書の1つ。

常盤大定・関野貞『中国文化史蹟』（法藏館　1975-76）　…　図版篇と解説篇がある。中国の主要な史蹟と、それに関連する史資料について解題と考察を加えたもの。著者たちが大正時代に中国各地の史蹟を調査した際の情報が基になっているため、図版篇には、現在とは様相が異なった史蹟や、崩壊して現存しない史蹟の写真も掲載されている。

参考文献（中国）

　当該分野においては、特定の時代や地域を対象とする研究に加えて、通時代的・広域的に問題を設定した研究も目立つ。また既存の文献のみならず、新出の仏教典籍や石刻などいわゆる「生」の史料を活用した研究も少なくない。なお下記リストでは仏教美術史および仏教建築史の専門書は除外している。

矢吹慶輝　1927　『三階教之研究』岩波書店

野上俊静　1953　『遼金の仏教』平楽寺書店

山崎宏　1967　『隋唐仏教史の研究』法藏館

野上俊静ほか編　1968　『仏教史概説 中国篇』平楽寺書店

山崎宏　1971（初版1942）『支那中世仏教の展開』法藏館

滋野井恬　1973　『唐代仏教史論』平楽寺書店

塚本善隆　1974-76　『塚本善隆著作集1-7』大東出版社

高雄義堅　1975　『宋代仏教史の研究』百華苑

野上俊静　1978　『元史釈老伝の研究』朋友書店

神尾弌春　1982（初版1937）『契丹仏教文化史考』第一書房

鎌田茂雄　1982-99　『中国仏教史1-6』東京大学出版会

大藪正哉　1983　『元代の法制と宗教』秀英出版

道端良秀　1985　『中国仏教全集1-11』書苑

石井修道　1987　『宋代禅宗史の研究』大東出版社

小野勝年　1989　『中国隋唐長安・寺院資料集成』法藏館

塚本善隆訳注　1990　『魏書釈老志』（東洋文庫）平凡社

諸戸立雄　1990　『中国仏教制度史の研究』平河出版社　平凡社

日比野丈夫・小野勝年　1995　『五台山』（東洋文庫）平凡社

高崎直道・木村清孝編　1995-97　『シリーズ東アジア仏教1-5』春秋社

氣賀澤保規　1996　『中国仏教石経の研究 房山雲居寺石経を中心に』京都大学学術出版会

佐藤智水　1998　『北魏仏教史論考』岡山大学文学部

礪波護　1999　『隋唐の仏教と国家』（中公文庫）中央公論社

川口義照　2000　『中国仏教における経録研究』法藏館

竺沙雅章　2000　『宋元仏教文化史研究』汲古書院

伊吹敦　2001　『禅の歴史』法藏館

鎌田茂雄　2001　『新 中国仏教史』大東出版社

竺沙雅章　2002　『増訂版 中国仏教社会史研究』朋友書店

藤善眞澄　『道宣伝の研究』　2002　京都大学学術出版会

藤善眞澄　2004　『隋唐時代の仏教と社会 弾圧の狭間にて』（アジア史選書）白帝社

野口善敬　2006　『元代禅宗史研究』禅文化研究所

西尾賢隆　2006　『中国近世における国家と禅宗』思文閣出版

安藤智信　2007　『中国近世以降における仏教思想史』法藏館

西脇常記　2009　『中国古典社会における仏教の諸相』知泉書館

沖本克己ほか編　2010　『新アジア仏教史5-8』佼成出版社

河上麻由子　2011　『古代アジア世界の対外交渉と仏教』山川出版社

大内文雄　2013　『南北朝隋唐期仏教史研究』法藏館

藤善眞澄　2013　『中国仏教史研究―隋唐仏教への視角―』法藏館

船山徹　2013　『仏典はどう漢訳されたのか―スートラが経典になるとき―』岩波書店

佐藤文子・原田正俊・堀裕編　2014　『仏教がつなぐアジア―王権・信仰・美術―』勉誠出版

牧田諦亮　2014-　『牧田諦亮著作集1-8』（刊行中）臨川書店

陳垣　西脇常記・村田みお訳　2014　『中国仏教史籍概論』知泉書館

藤原崇人　2015　『契丹仏教史の研究』法藏館

倉本尚徳　2016　『北朝仏教造像銘研究』法藏館

礪波護　2016　『隋唐仏教文物史論考』法藏館

コラム　中国浄土教思想史

　中国仏教史の中で浄土教を取り上げる時、次の3点に注目する必要がある。第1は廬山慧遠（334-416）が創始したとされる念仏結社白蓮社の浄土教である。第2は中国仏教の精華である天台宗に属する浄土教である。第3は日本浄土教に強い影響を与えた曇鸞（476-542）、道綽（562-645）、善導（613-681）の浄土教である。

　第1の廬山慧遠の念仏結社とは、中国仏教における浄土教の出発点である。この時期の浄土思想の特徴は、支婁迦讖訳『般舟三昧経』（最初期の漢訳浄土経典の1つ）が説く念仏三昧・見仏三昧という教えにある。この問題をめぐる慧遠と鳩摩羅什（350-409、344-413の2説）の問答が『大乗大義章』に記されている。また、龍樹伝『十住毘婆沙論』が説く修行法は『般舟三昧経』に拠るところが大きく、そのため、廬山慧遠の浄土教はインド浄土思想の原型を受け継ぐものと考えられている。

　第2は中国仏教思想の中でも独自の形成をみた天台宗の浄土教である。隋の天台智顗（538-597）が『摩訶止観』で説く常行三昧の典拠は『般舟三昧経』と『十住毘婆沙論』である。この点では廬山慧遠の浄土教を継承しているが、智顗以降の天台宗はさらに広く浄土教思想を展開する。宋代に至ると山家派・山外派に分裂する。山外派は『大乗起信論』の思想や華厳教学の説を採り入れ、独自の展開を見せる。山家派は特に注目すべきは四明知礼（960-1028）である。知礼の思想形態は『観無量寿経』の「是心作仏、是心是仏」といった観想念仏に基づく唯心浄土観である。知礼の教えを継承した宗暁（1151-1214）の『楽邦文類』によれば、「慧遠－善導－法照－少康－省常－宗賾」という中国浄土教の系譜が示されている。これら天台浄土教の特徴は、阿弥陀仏と諸仏を同等に置き、また融合し礼拝の対象とする点にある。

　第3は、現在の日本で広く知られる『無量寿経』『観無量寿経』『阿弥陀経』の「浄土三部経」に基づく浄土教である。日本の法然（1133-1212）や親鸞（1173-1262）らは、「曇鸞－道綽－善導」流の浄土思想を重視する。しかし、「三部経」という捉え方は法然が『選択本願念仏集』で示したものであるため、中国仏教においては、その発想はなく、この系譜は異質である。彼ら3人に共通するものは、浄土三部経に基づく阿弥陀一仏を礼拝の対象としていること、また独自の教義理解を示すことである。曇鸞は自力・他力、難・易の二道、道綽は聖道・浄土の二門、善導は雑・正の二行を明らかにした。この流派の特徴は、阿弥陀の名を称える称名念仏により凡夫の救済が可能となるという点である。法然は中国浄土教全体の流れを慧遠流・慈愍流（禅・浄土・戒律を併修）・善導流と理解したうえで、自らは善導流に依り、専修念仏を主眼として、広く日本に伝えたのである。　　　　　（市野智行・藤村　潔）

● 参考文献

柴田　泰　1997　「浄土系の仏教」『シリーズ東アジア仏教3　新仏教の興隆　東アジアの仏教思想Ⅱ』　春秋社

梯　信暁　2012　『インド・中国・朝鮮・日本　浄土教思想史』　法藏館

コラム　西夏と仏教

　11世紀から13世紀にかけて、中国の西北部すなわち現在の寧夏回族自治区・甘粛省・青海省北部に相当する地域を支配していたのが西夏（1038-1227）である。

　西夏はチベット＝ビルマ語系に属する**タングート族**の建てた国家であり、建国の主を**李元昊**（景宗、在位1032-48）という。1032年、父・李徳明を継いで王となった元昊は、**興慶府**（寧夏回族自治区銀川市）を都として国家の陣容を整えたのち、河西地域のオアシス都市を攻略して東西交易の主要ルートを押さえ、1038年に皇帝を称した。西夏は東方の契丹、次いで金と通好する一方、漢族王朝の宋を圧迫して多額の歳幣（年毎に贈呈される銀や絹などの物資）を獲得したほか、東西交易の利益によって大いに勢力を振るったが、1227年にチンギス・カンの率いるモンゴル軍の攻撃をうけて降伏し、10代、190年でその命脈を絶った。

　西夏を象徴する文化の1つが**西夏文字**である。李元昊が自分たちの言語を表記するために大臣の野利仁栄らに命じて創作させたと言われ、1036年頃に公布された。総字数は6,000余字にのぼる。筆画が多く複雑に見えるが、その性格や用法は漢字に近い。この西夏文字を使って法律・歴史・医学・詩歌など様々な分野の書物が著されたほか、大量の漢籍や仏典が西夏語に翻訳された。

　初代皇帝の李元昊は仏教学に通じ、以後の皇帝や后妃たちも概して仏教を信奉した。西夏語への仏典翻訳事業も盛んとなり、12世紀半ば頃まで北宋の『開宝蔵』→2部1章6節2に基づく訳経をすすめ、『**西夏大蔵経**』が編まれた。また第5代皇帝の李仁孝（仁宗、在位1139-94）の頃にはチベット仏教が伝わり、これを受容している。甘粛の安西楡林窟第29窟のように、西夏時代のとくに後期に開かれた石窟寺院にはチベット仏教様式のものが認められ、西夏におけるチベット仏教の浸透を裏づける。西夏皇帝はチベット仏教の高僧を「**帝師**」に任じて自身と国家の師僧としており、この制度はチベット仏教とともに、モンゴル族政権の元に受け継がれたとされる。

（藤原崇人）

図1　西夏語訳『六祖壇経』（龍谷ミュージアム・読売新聞社『特別展 仏教の来た道―シルクロード探検の旅―』より転載）

● 参考文献

向本　健　2006　「西夏の仏教とその政治的背景」（『大谷大学大学院研究紀要』23）

池田 巧　2010　「西夏文字」（『新アジア仏教史5　中央アジア　文明・文化の交差点』　佼成出版社）

龍谷ミュージアム、読売新聞社　2012『特別展 仏教の来た道―シルクロード探検の旅―』（展観図録）

第2章　朝鮮半島

総説

　本章では、朝鮮半島の仏教史に関して6節構成で研究動向を示す。総説では、各節の概説と各節で触れられなかった分野についても若干の補足を加える。

　朝鮮半島の仏教はかつて中国仏教の模倣、移植と見なされてきた。しかしながら、日本や朝鮮半島の仏教の歴史的実態については、中国の仏教を直接的な母胎としながらも、それぞれの土地で独自の仏教を展開したと見るべきである。本章では朝鮮半島の仏教が周辺諸国に与えた影響やその独自性についても取り上げた。

　第1節では、朝鮮半島の仏教思想を中心に、通史的に整理した。特に、7世紀に活躍した元暁（ウォニョ）の思想や義相（ウィサン）の華厳教学は、半島だけではなく中国や日本にも影響を及ぼしたことに注目すべきと考える。元暁が残した多くの著述の中で『大乗起信論海東疏（だいじょうきしんろんかいとうしょ）』は、中国華厳第三祖である法蔵の『起信論義記（きしんろんぎき）』や『梵網経疏（ぼんもうきょうしょ）』の学ぶところであった。それらが日本の奈良時代に伝来し、後に最澄が彼の一乗思想、菩薩戒思想に強い関心を示した。最澄の『守護国界章（しゅごこっかいしょう）』では元暁を一乗師の代表とし、『顕戒論（けんかいろん）』巻下には元暁の『梵網経菩薩戒本持犯要記（ぼんもうきょうぼさつかいほんじぼんようき）』を引用している。最澄は義寂、勝荘（ジャンソウ）、太賢（テヒョン）といった元暁以降の新羅梵網経研究の展開にも多くを学んだ。義相は、智儼の華厳教学を継承しつつも独自の展開を見せている。その学統は勝詮、見登（キョンドゥン）等が継承し、法蔵教学に対して実践性が深められた。

　第2節では、朝鮮半島の仏教の独自性について取り上げる。「独自性」が説かれ始めたのは近代以降である。日本の近代仏教研究からの影響も大きく、それに反発する動きから始まった。本節では特に変体漢文の存在を挙げ、漢文文献を多様な文脈から読み解くことで、これまでとは異なった側面を発見する可能性を示唆している。

　第3節では、統一新羅時代（トンイルシルラ）（668-935）以前と高麗時代（コリョ）（918-1392）以降の周辺諸国との関係について取り上げる。統一新羅以前は中国との関係が深いが、インドへの求法僧や日本で活躍した僧侶、新羅仏教のチベットへの影響も指摘され、当時の仏教が相互交流のなかで発展した。高麗時代、中国では相次ぐ廃仏政策によって衰退した仏教界に、天台や華厳の教学や典籍が逆輸入された。また、大覚国師義天（テガクウィチョン）（1055-1101）は、経・律・論以外のいわゆる章疏類を収集して刊行し（義天の教蔵）、東アジア仏教界の中心的な役割を果たしたと評価できる。

　第4節では、国家と仏教（護国仏教）について取り上げた。朝鮮半島は中国と接しているため、その影響を直接受けた。王朝が変わればその影響は半島に及び、ひいては国の存続に関わる事態に陥ることもあった。こうした地理的条件もあり、朝鮮半島の仏教には護国的側面があらわれることが多い。それは、三国時代（4-7世紀）の新

羅で皇龍寺九層塔が護国のシンボルとして建立されたことからもうかがえる。また、護国的色彩が色濃くあらわれたのが高麗時代である。この時代は、顕宗2年（1011）から宣宗4年（1087）にかけて完成した初雕大蔵経と、高宗22年（1236）から38年（1251）にかけて完成した再雕大蔵経に象徴されるように、二度にわたる大蔵経の雕造が実施された。この事業は、契丹（遼）やモンゴルの高麗侵攻に対し、仏力によって退散を祈願するためのもので、その背景には護国思想があった。また、高麗時代には数多くの法会が開催され、その体系が整備される。

第5節では、仏教と他宗教との関係について取り上げた。儒教および道教は、すでに三国時代には受容・展開していた。僧侶は、儒教の基本典籍である『易経』などの五経も読んでおり、それらを日本に伝えている。また、道教や神仙思想に関する文言が仏像の銘文に見られることから、仏教信者に普及していたと考えられる。高麗時代末期には、過度な仏事と飯僧法会による国庫浪費と僧侶の堕落により、儒教側の排仏論が起こる。その影響もあり、朝鮮時代（1392-1910）は排仏崇儒政策が執られ、仏教は弾圧される。18世紀後半にキリスト教が伝来し、医療や教育分野で朝鮮社会に貢献した。キリスト教の活動の影響を受けて、近代になり仏教界でも改革が起こる。

近代においては、仏教と新宗教の関係も見逃すことができないため、ここで補足的に触れておきたい。新宗教とは、1860年に崔済愚（号は水雲、1824-64）が東学を創始して以来、多くの新たな宗教が相次いで創立したことに始まる。崔済愚が創始した東学とは、西洋の学問である西学に対して生まれた言葉である。その正統な流れを汲む天道教は、新宗教の中で最も歴史が古い。新宗教の形成期は、4つに区分される。第1期は東学の創始（1860年）から1910年までである。この時期に誕生した新宗教には東学、天道教、甑山教、大倧教などがある。その特徴は、仏教、儒教、道教および民間信仰など伝統宗教を再解釈して独自の教義体系と組織を形成し、同時にキリスト教に対する抵抗・対抗を試みたことである。第2期は日本の統治期（1910-45）で、この時期に誕生した新宗教には覚世教、圓仏教、奉南教、キリスト教系などがある。第3期は1945年から1970年までで、第2期に解散あるいは縮小した新宗教が再建される一方、分裂や統合も生じた。第4期は、1970年前後の時期である。新宗教の中には仏教系の新生宗団もあり、確認されているだけでも法華系、禅系、浄土系、弥勒系、華厳系、密教系などがある。これらは、伝統仏教の曹渓宗や太古宗（日本統治期に影響を受けて成立した妻帯可能な宗派）とは異なり新宗教として分類されているが、その実態は完全には把握されていない。現代韓国の宗教事情を読み解く場合、新仏教の理解、把握は必須事項である。

第6節では、朝鮮半島の仏教文化（仏教美術）について、特に論点が進んでいる寺院建築と仏塔、彫刻、仏画を取り上げた。朝鮮半島の仏教文化（仏教美術）に見る特徴は、弥勒寺西塔に代表される石塔や、石窟庵に代表されるように「石」の文化である。仏教文化（仏教美術）にはその他多くの分野があるため、基礎資料や参考文献などから研究を進めてもらえれば幸いである。

（馬場久幸）

① 朝鮮仏教通史

1 古代三国・統一新羅時代

◉ 定義

　朝鮮半島では中国魏晋朝の仏教が陸海のさまざまな経路で伝播し、4世紀後半には本格的な受容が始まる。高句麗・百済・新羅の三国時代は7世紀、新羅によって統一されるが、中国唐代仏教との密接な交流のうえに教理研究は高度な到達点を見せた。

◉ 内容

　三国のなかでもっとも早く国家形成を進めた高句麗（紀元前37-668）では、前秦王苻堅（在位357-385）が372（小獣林王2）年に僧順道を派遣し、374（同王4）年には僧阿道を派遣した。これが高句麗への仏教の初伝である。伝来当時の仏教は、道家的清談の影響（格義仏教→2部1章総説）や般若系空思想→1部1章4節1が入ってきた。中国に留学した僧朗は、梁武帝の下で三論学派の基礎を築いた。

　百済（346?-660）は、384（枕流王元）年に東晋から来た胡僧摩羅難陀が来朝したことが仏教の初伝とされる。熊津（公州）に遷都（475年）後、日本に仏教を伝えた聖王（聖明王）の代には、インドへ留学した僧謙益が倍達多三蔵とともに梵本阿毘曇蔵と『五分律』を持ち帰った。百済では戒律研究が深められたが、他にも南岳慧思の下で学んだ玄光の法華信仰があり、弥勒信仰を表現した仏像、磨崖仏が残されている。

　新羅（356-935）の仏教初伝には諸説があるが、法興王（在位514-540）の時、高句麗より伝播した仏教の受容を訴えた異次頓の殉教を経て公認されたという説が有力である。新羅では、国王自らが仏教による体制の強化を進め、弥勒が下生した地であるという新羅仏国土思想が浸透し、弥勒の化生とされる「花郎」（貴族子弟。→2部2章4節1）の下に組織された花郎徒に弥勒下生信仰を見ることができる。円光（566?-649?）は、花郎徒に「世俗五戒」を説き、護国仏教の思想的基盤を与えた。新羅が勢力を拡大するにあたって、儒仏道の三教を奉じた花郎道の果たした役割は大きい。

　慈蔵（607~678?）は、入唐（636年）して新羅に戒律を伝え、善徳女王（在位632-646）によって大国統に任命され、通度寺に戒壇を設けて僧制を整備した。また、慈蔵は『阿弥陀経』の研究でも知られ、弥陀信仰の出発点に位置する。

　7世紀中頃には、密本、明朗、恵通が『灌頂経』などを使った密教儀礼を行っていた記録があるが、神秘的な教義は高麗時代にまで継承された。

　新羅が三国を統一（676年）した7世紀は、東アジア古代国家（唐・新羅・日本）の仏教も最盛期を迎えた。僧侶の往来も盛んになり、唐の義浄『大唐西域求法高僧伝』や『三国史記』『海東高僧伝』などは多数のインド求法新羅僧も記録している。

　新羅は多くの学僧を輩出したが、唯識学では、円測（613-696）が627（真平王49）年に入唐して玄奘の下で唯識学を学んだ。彼は長安で没したが、唯識の学統は遁倫（道倫。→2部2章2節1）、憬興らに継承された。

元暁（617～686）は諸経典に通暁して多くの著述を著したが、中でも『大乗起信論』を基礎に独自の教学を打ち立てた。仏教教理のさまざまな対立を調定する「和諍」の論理（『十門和諍論』）は、玄奘の新訳仏教以降の一乗、三乗、新旧の対立といった当時の思想状況を敏感に反映していた。現存する元暁の著述は『大乗起信論海東疏』『金剛三昧経論』『二障義』『梵網経菩薩戒本持犯要記』など22部のみであるが、その影響は広範囲に及んだ。彼の『大乗起信論疏』や『菩薩戒持犯要記』は、中国華厳第3祖の法蔵の『起信論義記』や『梵網経疏』に影響を及ぼした→2部2章2節。日本では奈良時代に元暁の著述が審祥らによって将来されたが、後に最澄→3部1章3節1は元暁の一乗思想、菩薩戒思想に強い関心を示し、『守護国界章』では元暁を一乗師の代表とし、『顕戒論』巻下には元暁の『菩薩戒持犯要記』を引用している。

海東華厳の祖である義相（湘）（625-702）は、入唐して華厳宗の智儼（601-668）に師事した。智儼下で義相と同学の法蔵は、自身の『華厳五教章』の評を彼に請うほどであった。義相は671（文武王11）年に帰国し、浮石寺を華厳学の根本道場として統一新羅を支える国家仏教を確立した。義相の著作には、『一乗法界図』『白花道場発願文』『入法界品鈔記』『阿弥陀経義記』などがあるが、現存するのは前の2篇のみである。『一乗法界図』では、智儼の華厳教学を継承しつつ四法界の論理に、一味平等無分斉の理を、別教一乗において理理相即という概念に展開する。義相の教学は、法蔵に比べて実践性を備えた独自性を見せている。

8世紀には、太賢が景徳王代（742-765）に唯識学を伝えた。彼の著述である『梵網経古迹記』『成唯識論学記』とともに表員の『華厳経文義要決問答』は元暁の思想を継承した。また、三国統一に至る長い戦乱の中で、弥勒下生信仰から弥陀浄土信仰へ変化して行くに際して、元暁の起信論研究が大きな役割を持った。『三国遺事』も聖徳王代（702-737）、景徳王代（742-765）の浄土信仰の一端を記録している。

禅宗は7世紀中頃、中国禅宗第4祖道信の禅を伝えた法朗（伝記未詳）や、北宗系の信行（神行、704-779）を先駆とするが、統一新羅末期に唐の南宗禅が本格的に伝播する。道義、洪陟、慧徹、慧照、無染など、多くの入唐留学僧が主に馬祖道一系の禅を伝え、各地で法門を開いた。これらの法灯は、後に「九山禅門」と総称された。

● 課題と展望

統一新羅の仏教は、高度な教学的到達点と国家を越えた普遍性を持ち、教理上も独自の意義を持つが、従来、中国、日本仏教の研究に資する補完的性格に甘んじてきた。あらためて朝鮮半島における仏教の独自の展開を読み解く必要があるが、韓国の研究の蓄積に対し、その日本への紹介はまだ極めて限られているのが現状である。

（中島志郎）

● 参考文献

三品彰英　1974　『新羅花郎の研究』　平凡社

韓普光　1991　『新羅浄土思想の研究』　東方出版

吉津宜英　1991　『華厳一乗思想の研究』　大東出版社

128　第2部　中国、朝鮮半島＊第2章　朝鮮半島

2　高麗時代以後

● 定義

高麗の建国に仏教が寄与したという認識から、国初より仏教は一貫して庇護された。王建の「訓要十条」を指針に仏教の国教化が進み、攘災と祈福の仏教儀礼が仏教の中心を占めた。北方の契丹、元等の南下が決定的な条件となって、仏教は一貫して護国仏教の性格を担った。また、禅宗（九山禅門と総称される）は教外別伝（教学に依らない仏心の伝持）を唱え、華厳学を中心とする教宗と禅宗の二宗体制が基本構図となった。

朝鮮時代は朱子学一尊であり、仏教は排斥されたが、男尊女卑の封建社会で特に女性の信仰を集めたのは大きな特徴といえる。

● 内容

◆**高麗**（918-1392）　高麗第4代光宗（在位949-975）は958（光宗9）年、高麗の政治体制を整備する目的で官吏登用の制度として科挙を導入した。このとき仏教についても、教宗と禅宗の二宗の体制として僧侶の位階制度を整備し、高位の僧侶を選抜する**僧科**を実施した。

教宗では、海印寺の華厳宗が観恵（智異山系）と希朗（浮石寺系）の南北二岳派に分裂していたが、この時、古代歌謡「郷歌」の作者でも知られる北岳派の均如（923-973）が統合を果たした。また、呉越に渡った義通（927-988）や諦観（？-970）は中国天台学復興の礎となったが、帰国せずに生涯を終えた。一方、智宗らは新たに永明延寿の法眼宗（禅宗）を伝えたが、ともに高麗初期の天台教学の新たな潮流となった。

大覚国師義天（1055-1101）は中国の華厳学僧浄源（1011-88）との交流を持ち、自ら入宋して澄観の華厳教学を学んだ。教外別伝の禅宗を批判するとともに均如の華厳学や法相宗にも批判的で、むしろ新羅の元暁・義相→2部2章1節1の教学を顕彰した。自らは教学と止観（禅）を兼修する天台宗を立て、国清寺を開創（1097年）し、法眼宗や従来の九山禅門の諸派を天台宗に吸収した。

モンゴル（元）の脅威が迫る中、禅教の調停を唱えて定慧社（後に修禅社）という結社運動を組織したのが、普照国師知訥（1158-1210）である。李通玄の『新華厳経論』や圭峰宗密（780-841）、南宋臨済宗の大慧（1089-1163）の思想を学んで禅と華厳学の統合的理解を提起した。知訥は、『法集別行録並入私記』の冒頭で宗密に倣って禅教の両宗を対比し、次いで修証頓漸をめぐる清涼澄観、圭峰宗密、永明延寿等の論書を渉猟し、同書の末部に至って「無字」の公案による無分別智の実践的開発を説いた。

大慧が大成した看話禅は、公案→3部2章2節3と呼ばれる問答の商量を通して大悟を経験させる臨済宗独自の修行方法である。知訥は、看話径截門（悟りへの最も直截な道）を唱え、公案工夫による証悟の実現が、李通玄『新華厳経論』の十信初位の円頓悟入に一致するという華厳教学との統合論理を見出した。

修禅社2世の慧諶撰『禅門拈頌集』30巻（1226年）や『祖堂集』（1245年）などの

禅籍も盛んに刊行され、宋朝禅の独自の受容が見られる。

元宗が即位（1260年）して元の冊封体制下に入ると、高麗は政治的には平穏を取り戻した。修禅社の禅僧に替って禅宗再建にあたった普覚国尊一然（1206-89）は『曹洞五位』を刊行（1260年）し、『三国遺事』（1270-80年頃）を完成させた。次世代の太古普愚（1301-82→2部2章2節）や懶翁慧勤（1320-76）らは元に留学し、新たに元の禅宗→2部1章4節3を伝え、朝鮮時代初期の仏教に継承された。

◆**朝鮮**（1392-1910）　朝鮮時代は儒教（朱子学）を統治の根本理念に置き、高麗時代の反動から仏教の排斥を徹底した。仏教に対する極端なまでの非寛容は、**朝鮮朱子学**の大きな特徴である。建国の当初こそ、太祖の帰依を得た無学自超は王師に任ぜられたが、その後の仏教は王の恣意的な政策に翻弄され、4代世宗の時に禅教二宗に統合された。成宗、燕山君、中宗代も厳しい排仏策がとられ、中宗の時には両宗僧科も撤廃され、僧侶は常民より下位の賤民とされた。しかし、王室の女性を中心に仏教が庇護され、文定王后（中宗妃）は明宗の時に僧科を復活させた。朝鮮仏教中興祖とされる**西山大師清虚休静**（1520-1604）はこの僧科の出身であり、彼は豊臣秀吉の朝鮮侵略（壬辰倭乱 1592年、丁酉再乱 1597年）に際して、義僧軍を率いた。休静は「参禅第一」「捨教入禅」の立場から「教外別伝」の禅宗を優位に置いたが、『**禅家亀鑑**』で仏心（禅）と仏語（教）を掲げて、高麗の知訥以来の教禅一致説を唱えた。この通仏教的性格は、朝鮮禅宗の基本的立場といえる。

その後、清の侵入（丙子胡乱）に際しても義僧軍が活躍したが、社会的身分は恢復されず、巫覡信仰や土着的な民衆信仰との習合が進んだ。

◎ **課題と展望**
　『高麗史』や『高麗史節要』に見える各種法会、道場は一般に密教的と総括されるが、そこには土着信仰、風水地理説、図識思想など様々な要素が含まれており、仏教以外の世俗的宗教とも融合した独自の文化としての理解が必要である。特に禅宗（九山禅門）は義天の天台宗開創以降、資料的限界からその実態は不明な部分が多い。李奎報（1168-1241）の『東国李相国集』をはじめとする文臣の文集や碑文など、今後広く歴史資料の渉猟が必要である。

朝鮮時代では、『朝鮮王朝実録』に仏教関連の記事も豊富に見出せ、信仰の具体的な様子が垣間見える。また朝鮮近世という儒教社会の成熟の中から生まれた遁世の思想家金時習（雪岑、1435-93）を始め、一群の僧侶たちに見える諸教融合的思想も新たな考察が待たれる。
　　　　　　　　　　　　　　　　　　　　　　　　　　　　　　　（中島志郎）

◎ **参考文献**

高橋亨　1929　『李朝仏教』　寶文館

李鍾益　1980　『韓国仏教の研究—高麗・普照国師を中心として—』　国書刊行会

申正午　1991　『西山大師の禅家亀鑑研究』　山喜房佛書林　1991

石井公成編　2010　『新アジア仏教史10　朝鮮半島・ベトナム　漢字文化圏への広がり』　佼成出版社

② 朝鮮仏教の独自性―正統と異端／独自性―

● 定義と内容

インドに端を発し、アジアの広い地域に広まった仏教は、それぞれの地域の人々によって多様な受容をされ、各時代・各地域で固有の発展をしてきた。朝鮮半島で展開した仏教、もしくは朝鮮半島出身の人々が発展させた仏教も、それぞれ独自性を有している。朝鮮仏教の独自性についてはこれまで多くの議論がなされてきているが、たとえば鎌田茂雄は、朝鮮半島の仏教について、思想的には様々な教学を融合させて一つにする綜合仏教であり、信仰としては仏教以外の道教や風水信仰、巫覡（シャーマン）信仰などが結合した複合的な信仰である、と述べている（鎌田 1987）。また中村元は『韓国人の思惟方法』のなかで、新羅の順憬や元暁→2部2章1節1による因明（仏教論理学）の研究には、ハングルの発明にも通底する韓国人の合理主義が見出せる、と主張している（中村 1989）。

朝鮮半島の仏教に限らず、このような見解はしばしば見られるが、ある時代・地域の文化が国家や民族の独自性という文脈で語られる際には、注意が必要である。そもそも、現在の国境や国民国家観を前提としての議論は、それ以前の仏教の実態を見失う危険性がある（石井 2014）。

朝鮮仏教に限らず、国家や民族が持つ文化の「独自性」を問う言説は、それを語ろうとする人々が、自身の問題意識や価値観を下敷きにしながら、過去の人々の多様な営みのなかから恣意的に取捨選択し、ある一つの物語りへと収斂させようとする実践である。特に近代においては、文化の「独自性」や「正統性」を問う言説が、国民国家の「起源」やナショナル・アイデンティティーをめぐる言説と重なる。たとえば、韓国近代仏教史をふりかえってみると、諸宗の大同団結が必要とされる時代には諸宗融和的な思想の元暁や知訥→2部2章1節2らが祖師として扱われる一方、仏教としての純粋性やアイデンティティーを取り戻そうという運動が起きると、太古普愚の看話禅→2部2章1節2こそが正統であり知訥は傍系である、というような主張がなされた（崔 2010）。前近代についても、高麗時代の覚訓『海東高僧伝』や一然『三国遺事』、朝鮮時代の覚岸『東師列伝』などは、朝鮮半島の仏教を一つの連続体としてとらえようとする実践としてとらえ直す必要があるだろう。

また、仏教がインド・中国・日本という三国で伝えられてきたという、いわゆる「三国史観」が、朝鮮半島の仏教を歴史叙述から意図的に排除してきた点も見

図1 経論の疏（注釈書）を書き、講説する元暁
（『日本の絵巻 続8 華厳宗祖師絵伝（華厳縁起）』より転載）

逃せない。三国史観は、平安時代から中世にかけての日本で形成されたものであり、凝然『三国仏法伝通縁起』がその代表的な著作とされるが、近代日本における東アジア仏教史の研究は凝然の著作に大きな影響を受けている。たとえば、慈恩大師基（632-682）やその弟子たち（いわゆる法相宗）を「正統」とし、円測や道倫（遁倫）ら新羅人による唯識研究を「傍系」や「異端」などとするのは（末木 1993）、その代表的な例である。韓国の仏教（学）界は日本の影響が大きく、朝鮮半島の仏教を傍流と見る「三国史観」もまた韓国に輸出された。そして韓国ではそれに対する反発が起き、朝鮮仏教の独自性・優秀性を明らかにするための研究が行われるようになったのである（石井 2014）。

図2　一然著『三国遺事』巻第4（朝鮮初期、韓国国宝419号、個人蔵、『国宝：韓国7000年美術大系』巻12より転載）

● 研究動向・課題と展望

　近年の研究動向として注目されるのは、仏典や史料に残された**変体漢文**についての研究である。変体漢文とは、中国語を母語としない人々が、それぞれの母語の影響を受けた表現を混在させつつ書いた漢文のことである。たとえば、新羅時代の碑石である「壬申誓記石」（国立慶州博物館所蔵。→2部2章2節）には、「天前誓」という表現がある。これは「天の前で誓う」という意味であるが、中国人であれば「誓於天前」などと書くべきところを新羅語の語順で書かれているのである（金 2010）。現在、朝鮮半島の人々による変体漢文についての研究が進んでおり、このような例が多数検証されている。

　言語的な特徴だけをもって朝鮮仏教の独自性と評価することはできないし、言語と国家とを同一視することにも注意が必要であるが、これまで漢文としてひとくくりにされてきた文献をより多様な文脈に開くという意味で、これらの研究は注目される。

（師　茂樹）

● 参考文献

鎌田茂雄　1987　『朝鮮仏教史』　東京大学出版会
中村元　1989　『中村元選集［決定版］4　チベット人・韓国人の思惟方法』　春秋社
末木文美士　1993　『日本仏教思想史論考』　大蔵出版
崔鈆植　2010　「「韓国近代仏教」近代化と独立の道」（『新アジア仏教史10　朝鮮半島・ベトナム　漢字文化圏への広がり』　佼成出版社）
金文京　2010　『漢文と東アジア―訓読の文化圏―』　岩波書店
石井公成　2014　「三国仏法伝通史観の功罪―相互交流するアジア仏教の視点から―」（『知のユーラシア5　交響する東方の知　漢文文化圏の輪郭』　明治書院）

132 第2部 中国、朝鮮半島＊第2章 朝鮮半島

③ 国外との関係

1 新羅以前のインド・中国・日本との交流

● 定義と内容

　朝鮮半島の仏教は、中国→朝鮮半島→日本というような一方通行ではなく、周辺諸地域やインドとの相互交流のなかで発展してきた。史書に書かれた仏教伝来や学僧の留学の記録をはじめ、仏像や寺院の建築様式などを用いた交流についての研究がされている。近年は、新史料の発見や、仏教文献中に見られる角筆（尖った先端で紙面を押し、凹ませて文字や記号を記入する筆記具）・変体漢文で書かれた文献の言語学的な研究が進んでおり、中国・日本の文献との比較研究が行われている。変体漢文とは、主に漢文以外の言語の要素が混在した漢文のことで、主に朝鮮半島や日本で書かれた。たとえば、新羅時代に書かれた「壬申誓記石」→2部2章2節は、新羅語の語順で書かれているのである（金 2010）。

◆三国時代（4-7世紀）

　高句麗には372（小獣林王2）年、前秦王苻堅の命により仏僧・仏像・経文が贈られたのが仏教の公伝とされる（『三国史記』）。しかし、それ以前からの伝来も含めて諸説ある。高句麗は前燕・前秦などの中国北部だけでなく、東晋・江南など中国南部とも関係を持っていた。また、聖徳太子の師とされる慧慈や、隋で吉蔵に学び日本三論宗の第一伝とされる慧灌など、日本にも多くの僧が来朝した。高句麗滅亡後に建国された渤海国も、周辺諸国と僧侶や文献、文物の交流をしていたことが伝えられている。

　百済（346？-660）への仏教伝来については、384（枕流王1）年、東晋から摩羅難陀がやってきて仏教を伝えたというのが初伝とされる（『三国史記』）。その後しばらくは史料がないため動向をたどることができないが、526（聖王4）年、沙門謙益がインド僧倍達多とともにインドより帰国し、律を伝えたという記録がある（「弥勒仏光寺事蹟」）。また聖王は梁に使者を派遣し、「涅槃等の経義」や工匠・画師を求めたという（『三国史記』）。百済時代の出土品には中国の南朝仏教の影響が見られるものもある。よく知られているように、日本の仏教公伝→3部1章1節1も聖王の時代の百済からであり、多くの百済僧が渡来して、日本仏教の最初期において大きな役割を果たした。587（崇峻1）年には善信・禅蔵・慧禅の日本の三人の尼僧が百済に留学し、律を伝えたという。近年は、百済撰述と推定された『大乗四論玄義記』や、新発見の「弥勒寺金製舎利奉安記」などの文献史料によって、梁・隋・唐などとの交流や日本の仏教文献への影響などが具体的に明らかになっている。

　新羅（356-935）への仏教伝来は史料により様々であるが、梁や高句麗などから段階的に仏教が輸入され、6世紀前半に国家的に公認されたようである。梁・陳・隋などに積極的に留学僧を派遣し、慈蔵（7世紀、→2部2章1節1）のように入唐して中国で高く評価され、帰国後大きな役割を果たした者もいる（『続高僧伝』『三国遺事』）。義

浄『大唐西域求法高僧伝』→2部1章4節2等には、新羅・高句麗からインドに求法した僧の記録が残されている。

◆統一新羅時代（668-935）　668（文武王8）年、新羅が朝鮮半島を統一すると、唐との交流はますます盛んに行われるようになった。留学僧が唐の仏教をもたらしただけでなく、特に統一新羅初期は、元暁・義湘・円測ら→2部2章1節1の著作が唐代仏教に大きな影響を与えた。チベット語訳された円測『解深密経疏』などのように、チベット仏教→1部2章2節1-3への影響が指摘されるものもある。

なお、現在の中国の民間信仰では、地蔵菩薩は新羅の王子であるという説が流布している（二階堂 2001）。これは、入唐した新羅僧・釈地蔵の伝記が下敷きとなって後世に作られたものであるが、朝鮮半島と中国との交流を考えるうえでも興味深い。

日本との交流も盛んに行われ、遣唐使・遣新羅使が唐の仏教とともに新羅の仏教をももたらした→3部1章5節5。日本に来朝した新羅僧のなかには、見登『大乗起信論同異略集』のように日本国内で著作をする者もいた（崔 2001）。

慧超は海路でインドに行き、インド各地を巡拝して中央アジア経由で中国に戻った。その旅行記が『往五天竺国伝』である。慧超はその後、長安で訳経事業などに携わった。慧超以外にもインドに求法した僧たちの記録が残されている。　　　　（師　茂樹）

図1　『弥勒寺金製舎利奉安記』（新川登亀男編『「仏教」文明の東方移動』より転載）。2009年1月に、弥勒寺西塔の基壇部の心柱石の下部から金製舎利壺、金製舎利奉安記、銀製舎利器6点、装飾用の刀らしい短刀2点などが発見された。舎利奉安記の内容から遺物の年代は639年であると特定された。舎利奉安記の内容によると、これまで知られていなかった沙宅家門の王妃が中心となって舎利を奉安したと記されている。

参考文献

崔鈆植　2001　「『大乗起信論同異略集』の著者について」（『駒澤短期大学仏教論集』7）

二階堂善弘　2001　「地蔵菩薩新羅王子説について」（『東北大学東北アジア研究センター叢書』3）

石井公成編　2010　『新アジア仏教史10　朝鮮半島・ベトナム　漢字文化圏への広がり』　佼成出版社

金文京　2010　『漢文と東アジア―訓読の文化圏―』　岩波書店

新川登亀男編　2013　『「仏教」文明の東方移動―百済弥勒寺西塔の舎利荘厳―』　汲古書院

2　高麗と宋・契丹・元・日本

● 内容

　高麗（918-1392）が建国された10世紀の東アジアは、中国では唐末五代の混乱を収めた宋、北方では契丹族が渤海を滅ぼして契丹が、それぞれ建国された。日本からは遣唐使が派遣されなくなり、宋や高麗との国交は結ばず、朝廷も僧以外の日本人の海外渡航を禁じた。また、高麗時代後期になると中国大陸では元が支配し、その影響力は高麗にまで及ぶようになった。

◆**高麗と宋**　新たな思想や文化は大陸から伝わるという従来の流れがある。しかし、会昌の廃仏→2部1章2節3や唐末五代の戦乱によって中国では多くの仏教典籍が散逸した。そこで、呉越は高麗に使者を派遣して親書を送り天台の典籍を求めた。高麗ではそれに応えて961（光宗12）年に諦観（？-970）を派遣するとともに天台の書物を奉呈した。諦観は、中国で10年間天台教学を研究して『天台四教儀』を著述した。また、宋後期には義天（1055-1101）が大量の華厳章疏類を中国に送った。義天自身も宋に渡り華厳宗の浄厳（1011-88）、天台宗の従諫（1042-91）、律宗の元照などに会っている→2部1章1節2。諦観や義天によって天台・華厳関係の典籍が中国に送られたことで、中国仏教復興のきっかけを作った高麗の貢献は注目される。義天の渡宋の目的は華厳・天台・律などを学ぶとともに、まだ高麗に伝わっていない経・律・論に対する章疏類（註釈書）を収集することにもあった。義天は章疏類を契丹や日本からも求めて『新編諸宗教蔵総録（義天録）』という目録を新たに編纂した。その目録をもとにして章疏類の一部が刊行された。これを教蔵（続蔵経）という。

　12世紀頃の高麗の禅宗は、宋代の禅宗、特に臨済宗と交流することで様々な禅思想を取り入れた。

◆**高麗と契丹・日本**　契丹→2部1章3節3や日本との関係は、刊本大蔵経や義天の教蔵との関連から見ることができる。1063（文宗17）年から1099（粛宗4）年の間に、契丹から高麗に大蔵経が送られている。高麗と契丹では大蔵経だけではなく章疏類の往来もあり、その中心的な役割を果たしたのが義天である。義天は契丹の道宗と交流があり、元暁（617-686）の著作を上呈した。また、道宗は義天に鮮演『華厳経談玄決択』6巻を送っている。義天は章疏を契丹に求めており、『義天録』には契丹僧撰述の章疏が18人72部採録されている→3部1章5節4。

　義天の教蔵の中で、澄観撰述の八十華厳の随文註釈書である『大方広仏花厳経随疏演義鈔』40巻や、四十華厳の註釈書である『貞元新訳花厳経疏』などの華厳関係章疏類や、覚苑『大日経義釈演密鈔』、志福『釈摩訶衍論通玄鈔』、法悟『釈摩訶衍論賛玄疏』など密教関係の章疏類は、日本に伝来している。これら章疏類は宋の商人によって日本にもたらされ、南都や仁和寺系の真言密教寺院で研究されていた。教蔵の日本伝来による鎌倉仏教への直接的な影響は見えないが、華厳や真言教学の形成において少なからず影響があったことが考えられる。

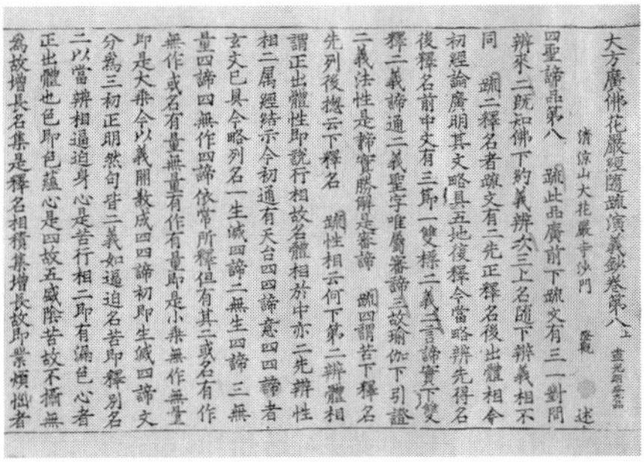
大方廣佛花嚴經隨疏演義鈔卷第八上
清涼山大花嚴寺沙門　澄觀　述
四聖諦品第八　疏此品廣前下疏文有三一對問
辨來二既知佛下約義辨六三上名隨下辨義相不
同　疏二釋名者疏文有二先正釋名後出體相令
初經論廣明其文略具五地後釋令當略辨先得名
後釋名前中文有三即一雙標二義三諦實下雙
釋二義諦通二義聖字唯屬審諦三故瑜伽下引證
二義法性是辨實勝解是審諦　疏四謂苦下釋名
先列後攝云下釋名　疏性相云何下第二辨體相
謂正出體性即說行相故名體相於中亦二先辨性
相二属經結示令初通有天台四四諦意四四諦者
玄文已具今略列名一生滅四諦二無生四諦三無
量四諦四無作四諦依常所釋但有其二或名有作
無作或名有量無量有作有量即是小乘無作無量
即是大乘今以義開教成四四諦初即生滅四諦文
分為三初正明然句皆二義如逼迫名苦即釋別名
二以當辨相逼迫身心是苦行相二即有漏色心者
正出體也色即色蘊心是四故五蘊陰苦故不攝無
為故增長名集是釋名相積集增長故即業煩惱者

図1　『高麗版花厳経随疏演義鈔』巻第8上（奈良国立博物館・東大寺・朝日新聞社『大仏開眼1250年東大寺のすべて』より転載）

◆高麗と元　元の干渉期には、忠烈王（在位1275-1308）・忠宣王（在位1309-13）・忠粛王（在位1314-30、復位1332-39）・忠恵王（在位1340-44）・忠穆王（在位1345-48）・忠定王（在位1349-51）などの諸王が在位した。これら「忠」字が付いた王名は、すべて元に忠誠を誓うという意味である。この頃、元に留学する僧侶が少なくなかった。元に留学した僧侶によって、南宋や元代を代表する蒙山徳異（1231-1308）や高峰原妙（1231-95）の禅風を受容し、また彼らの法語集である『蒙山法語』や『禅要』なども高麗に入ってきた。新たな禅籍の受容によって、より大衆化された**看話禅**→2部2章1節2が広まる基盤を整えた。また、元からはチベット仏教→1部2章2節が高麗に入ってくる。その影響は、仏教美術・チベット仏教儀式の受容・写経仏事の盛行・諸宗派の密教化などに及び、チベット仏教と接触した当時の仏教は神異的で呪術的な性格が強まった。

◎ 課題と展望

高麗と宋・契丹・元・日本との関係に関しては、金天鶴・佐藤厚（2000）においてある程度整理されている。華厳宗や天台宗の仏典を通じた交流が高麗と宋、契丹で盛んであり、特に『義天録』の編纂と教蔵（続蔵経）の刊行によって、華厳、密教、浄土関係の章疏類が日本に伝来したことで鎌倉時代に影響を及ぼす（横内 2008）など、義天がこの頃の東アジア仏教で大きな存在であった。

高麗時代の仏教は、華厳学を中心とする教宗が盛んであった前期と禅宗が盛んであった後期に大きく分けられる。高麗と周辺諸国との仏教交流に関しては、華厳を中心とした研究に注目が集まる一方で、高麗時代後期の禅宗の交流に関しては注目されていない。宋代や元代の禅宗との交流やその頃の高麗の禅思想の動向について、またチベット仏教との関係についての研究は今後必要であろう。　（馬場久幸）

◎ 参考文献

高崎直道、木村清孝編　1996　『東アジア社会と仏教』（シリーズ東アジア仏教5）　春秋社

金天鶴、佐藤厚　2000　「高麗時代の仏教に対する研究」（『韓国仏教学SEMINAR』8）

竺沙雅章　2000　『宋元仏教文化史研究』　汲古書院

横内裕人　2008　「契丹・高麗と日本仏教—研究史をめぐって—」（『東アジアの古代文化』136号）

横内裕人　2008　『日本中世の仏教と東アジア』　塙書房

④ 国家と仏教（護国仏教）

1 古 代

● 定義

　朝鮮半島に仏教が伝来したのは、高句麗・百済・新羅の三国が鼎立していた、いわゆる三国時代（4-7世紀）である。この頃の三国は、部族連盟体制から古代国家体制に転換された時期でもあり、仏教を受容して国家体制を整備するようになった。当時、領土争いから軍事的な衝突を繰り返し、そうした状況下で各国は仏教を保護し、信仰することによって国を鎮護しようとした。

　朝鮮半島古代の護国仏教について語るとき、高句麗と百済については史料が乏しいため詳細を探るには限界がある。そこで、史料が比較的多く残っている新羅の護国仏教について見ることにする。

● 内容

　新羅（356-935）の仏教は、真興王（在位540-578）代から大きく発展する。まず、高句麗僧の恵亮が最初の国統となり教団の組織を統率した。真平王（在位579-631）代以降には中国に留学した僧侶らによって新羅仏教界が主導されたが、その中心的な役割を果たしたのが円光（566?-649?）や慈蔵（607-678?、→2部2章1節1）であった。

　円光は、中国に留学して、新羅仏教の発展に貢献した。当初儒教を学ぶために中国に渡ったが、仏教に接してから出家をして成実・涅槃・般若などを勉強して中国で名声を博した。高句麗との攻防が続いていた新羅では、隋に要請して円光を帰国させ、政治諮問として登用した。真平王は、608（真平王30）年に高句麗の来侵を防ぐため、隋に軍事援助を求める乞師表を作成するよう円光に命じた。これに円光は、他人を傷つけることは僧侶としての行いではないが、王の命令には背けないとして、その要請に応じた。

　また、601（真平王23）年頃には、2人の軍人が円光の下を訪れ、修身の戒について聞いたので、円光は世俗五戒を説き聞かせた。世俗五戒とは、①君主には忠義をもって仕えよ（事君以忠）、②親には孝行をもって仕えよ（事親以孝）、③友人関係では信義を大切にせよ（朋友有信）、④戦場では退くことなく戦え（臨戦無退）、⑤むやみに殺生をするな（殺生有択）、という教えであり、忠誠、孝道、信義、勇気、善良を意味する。円光は儒教を学ぼうと中国に留学したことからその影響が窺えるが、新羅の国民としての心得を諭したものである（『三国史記』巻45「列伝第5」）。その中でも④「臨戦無退」は、当時の三国間の対立状況からして、新羅社会の発展に大きな影響を及ぼしたと考えられる。特に花郎と呼ばれる集団は、戦争においてこの教えの下に勇敢に戦い、三国統一の原動力となった→2部2章1節1。

　王族出身の僧である慈蔵は、636（善徳女王5）年に中国に行き、五臺山や終南山などを歴訪して643年に帰国したとされる。その後、慈蔵は全国の僧侶を統率する大国

統に任命され、僧官制の整備や戒律の制を完成させた。

　慈蔵は中国に留学中、太和池のほとりで神人と出会い、新羅が隣国の脅威にさらされていることを話した。すると神人は、皇龍寺（ファンリョンサ）を守っている護法龍は自身の息子であると言い、皇龍寺に九層塔を建立すれば、隣国は降伏し九韓（夷）が朝貢して安泰になると言った。さらに八関会（はっかんえ）を開催して罪人を赦免すれば外賊からも守られると進言した。帰国後、慈蔵は神人の言ったとおり九層塔を建立して、八関会を開催した。皇龍寺の九層塔とは、第一層を日本、第二層を中華、第三層を呉越、第四層を托羅（たくら）（済州島）、第五層を鷹遊（ようゆう）、第六層を靺鞨（まっかつ）、第七層を契国、第八層を女狄（じょてき）（女真）、第九層を濊貊（わいはく）にそれぞれ見立て、この九層塔に祈願すれば、戦争が起きたとしてもこれら諸国の攻撃をかわし、打ち勝つことができるとされた（『三国遺事』巻3「造像第4」）。皇龍寺九層塔は、国家的な宝物である皇龍寺金銅丈六像、天賜玉帯（てんしぎょくたい）とともに新羅三宝と呼ばれた。その後、モンゴル軍の兵火によって焼失する高麗時代中期まで、護国のシンボルとして信仰された。

　統一新羅時代（トンイルシルラ）（668-935）には、文武王（ムンム）（在位661-681）が倭兵鎮圧のために感恩寺を創建したが、竣工の前に亡くなり海龍となって新羅を鎮護したという説話がある（『三国遺事』巻2「紀異第2」）。また、護国思想の所依経典である『仁王護国般若経』や『金光明最勝王経』などの伝来に伴い、護国法会が開催されるようになった。

◉ 研究動向・課題と展望

　古代の護国仏教についてまとめたものに江田俊雄（1935）の論考があり、円光、慈蔵、元暁（ウォニョ）、義相（ウィサン）、道詵（ドソン）らの護国思想を紹介している。その他、新羅仏教における護国的な性格の起源に関する研究、護国法会の国家的発展に関する研究、皇龍寺のような護国寺院の役割や王室との関係に関する研究などがあるが、古代の護国仏教に関する研究は少ない。特に、高句麗や百済の護国仏教に関する研究が皆無である。この時代に関する史料に限界はあるが、今後に期待したい。　　　　　　　　　　（馬場久幸）

◉ 参考文献

江田俊雄　1935　「朝鮮仏教と護国思想─特に新羅時代のそれに就いて─」（『朝鮮』239）

鎌田茂雄　1982　「朝鮮仏教の特質」（『朝鮮史研究会論文集』19）

濱田耕策　1982　「新羅の神宮と百座講会と宗廟」（『東アジアにおける日本古代講座9　東アジアにおける儀礼と国家』　学生社）

武田幸男　1986　「創寺縁起からみた新羅人の国際観」（中村治兵衛古稀記念『東洋史論叢』刀水書房）

李成市　1998　『古代東アジアの民族と国家』　岩波書店

2　高麗時代の国家が行う仏教儀礼

● 定義と内容

　高麗時代（918-1392）には、中国の唐、宋や新羅、泰封の影響を受け、儒教的祭祀との相克のもと、国王が主宰する独自の法会（仏教儀礼）体系が整備された。

　高麗の法会の代表として、11月に開催された八関会と1月（一時期2月）に開催された燃灯会を取り上げることが多い。八関会、燃灯会については、『高麗史』礼志にその儀注が載っており、比較的多くの研究が蓄積されている（奥村 1979）。八関会は在家の仏教信者が特定の日に戒を守る八関斎に由来する伝統行事であり、燃灯会は中国の上元放灯の伝統を引く行事であり、ともに仏教と関わりの深い行事である。ただし、『高麗史』礼志の儀注には仏教的な内容は見られず、仏教法会としての性格は希薄になっている点に留意する必要がある。

　高麗僧義天は、当時（1100年頃）の法会について、「毎年春と秋には王の居所の会慶殿に100人の法師を招き、看大蔵経会などの道場、仏事を開催している。また3年に1度、仁王般若百座大会を開催し、3万人の僧に食事を施すことで、恒例としている」（「新集円宗文類序」『大覚国師文集』巻1）と語っており、王府の正殿会慶殿で春と秋に蔵経会（看大蔵経会）、3年に1度仁王会（仁王般若百座大会）を開催し、3万人の僧に対する食事供養も行われたとして、盛時の恒例法会の様子を伝える。他にも、経行や七所親幸道場などの恒例法会が行われた。

　蔵経会とは、大蔵経を転読する法会であり、春、秋の年に2度、会慶殿で開催された法会である。蔵経会は、名称から考えて大蔵経の転読を主内容とするが、各宗の僧による講説や、三宝に対する供養も含めた総合的な性格を持っている。

　仁王会とは、『仁王経』を講説する法会であり、中国南朝の陳に起源を持ち、朝鮮半島、日本においても広く開催された護国法会として知られる。百の高座を用意して行う形式を持ち、食事供養（飯僧、斎僧）を伴う事例も多い。この特異な形式を持つ仁王会の朝鮮における起源は、7世紀初頭の新羅においてである。高麗の仁王会は、初期には公式の政事の場である正殿では行われなかったものの、1043年に初めて会慶殿で行われた事例が見え、この時に1万人の僧に対する飯僧も行われた。さらに1048年には飯僧の対象が中央、地方の3万人に増員され、国王みずから参席して3年に1度行われる法会として整備された→3部1章3節4、3部2章5節6。

　高麗の法会は、11世紀中葉の靖宗代から文宗代にかけて王府の正殿を頂点として、王府（正殿）→王都→地方へと整備が進められた（安田 2008）。

● 基礎史料

　法会に関する記事は、主に『高麗史』世家に含まれる。それを見ると、仏教行事の開催記録は1,200回に及ぶ（燃灯会、八関会を除くと924回）（金 1992）。それらのほとんどは、たとえば「〔王（文宗）が〕みずから会慶殿で百座仁王道場（仁王会）を開催して、毬庭で1万人の僧侶に食事を施した」（文宗世家）とあるように、法会が行われ

た時期、名称、場所などのごく簡単な情報を伝えるに過ぎず、それすらも省略されることが一般的である。

歴代国王の事跡を記録した『高麗史』世家の凡例では、「円丘、籍田、燃灯〔会〕、八関〔会〕などの恒例行事（常事）は、初見のみを掲載することとして、その事例を示し、国王がみずから〔参席して〕開催すれば必ず掲載する」とする。この凡例では直接言及していないものの、仏教法会も原則として初見と国王の参席などの特記事項のある場合のみ世家に採録されたと考えられ、世家に現れる事例の頻度のみをもって法会の重要性を議論すべきではない。

『東文選』『東国李相国全集』等の文集類、金石文に見える記事も主要な史料となる。特に文人官僚の李奎報（イ ギュボ）の文集である『東国李相国全集』の疏文等は難解なため先行研究で十分に利用しきれておらず、史料批判を含めた今後の追究が待たれる。

● 研究史と課題・展望

『高麗史』世家等の史料に基づいて教理的背景、時期、回数、目的等を追究することで、護国行事などとしての法会の存在が指摘されている。

金炯佑（キムヒョン ウ）は、法会が行われた時期別に整理したうえで、国家的仏教行事の目的や発願内容は国泰民安のためであったと指摘する（金 2000）。金炯佑の指摘には賛成できるものの、個々の法会に即した研究をより深める必要があろう。

安智源（アン チ ウォン）は、高麗の国家儀礼は仏教儀礼（法会）と儒教儀礼（祭祀）に二元化して運営され、文宗代における仏教儀礼の開催は国王の権威を神聖化する政策と密接に連関しており、同王代に密教経典に依拠した道場が本格的に行われ始めたと指摘する（安 2005）。安智源が主に取り上げたのは、八関会および燃灯会の恒例行事と、帝釈道場などの臨時に行われた法会である。しかし八関会、燃灯会や臨時法会を法会の代表としてとらえ、それを根拠に全体的な状況を理解する手法には疑問を感じる。

高麗の恒例法会体系は、靖宗代から文宗代にかけ仁王会を基軸として蔵経会等と相関を持つ形で整備された。文宗代は中国から儒教的祭祀を導入してその整備が進んだ後の時期であり、相互の影響関係が想定される。仏教法会と儒教的祭祀との相互関係を具体的に探ることで、国制に占める仏教の位置づけが鮮明となるであろう。

（安田純也）

● 参考文献

奥村周司 1979 「高麗における八関会的秩序と国際環境」（『朝鮮史研究会論文集』16）

金炯佑 1992 「高麗前期国家的仏教行事の展開様相」（『伽山李智冠スニム華甲紀念論叢 韓国仏教文化思想史』上 伽山仏教文化振興院）（韓国語）

金炯佑 2000 「高麗後期国家設行仏教行事の展開様相」（『蓮史洪潤植教授停年退任紀念論叢 韓国文化の伝統と仏教』論叢刊行委員会）（韓国語）

安智源 2005 『高麗の国家仏教儀礼と文化』ソウル大学出版部（韓国語）

安田純也 2008 「高麗時代における恒式仁王会の成立」（『アジア文化交流研究』3）

5 他宗教との関係

1 古代における儒教・道教等との関係

● 定義と内容

古代の朝鮮半島における儒教・道教などの受容・普及においては、仏教との関係を無視することができない。また、儒仏道の三教の鼎立を政治理念としていた唐の影響があると考えられる。

朝鮮半島における儒学の始まりについては明らかになっていないが、5世紀初め頃に百済から日本に渡来し『論語』などを伝えたとされる王仁（『日本書紀』では王仁、『古事記』では和邇吉師）の伝承がある。日本に渡来してきた朝鮮半島の人々のなかには、『易経』『書経』『詩経』『春秋』『礼記』を講ずる五経博士をはじめ、仏教以外の中国の学問・技術をたずさえた学者が含まれていた。これらの多くが百済からもたらされており、『周書』百済伝には陰陽五行・暦法・医薬・卜筮占相術などが行われていたことを伝える。しかし、同書には「僧尼・寺塔はたいへん多いが道士はいない」とあり、これらの学問・技術が仏僧によって担われていたのではないかと推測されている。たとえば、602（推古10）年に百済から来日し、暦本・天文地理書・遁甲方術書（占い）などをもたらした観勒→3部1章2節5は、三論宗の学匠とされる。

『三国史記』によれば、新羅においては真興王（在位540-576）の頃から儒学を受容していたことが確認でき、初期の担い手は仏僧であったと考えられている（濱田 2003）。641（善徳王9）年、新羅の王が唐に子弟の国学の入学を要請するなど（『三国史記』）、7世紀頃から儒学を専門的に学ぶ者が増えていった。『三国史記』には、強首・崔致遠・薛聡ら新羅の儒学者の列伝が見られるが、なかでも崔致遠は、『唐大薦福寺故寺主翻経大徳法蔵和尚伝』をはじめ、仏僧の伝記・碑文を著したことが知られる。また、薛聡の父は新羅仏教を代表する元暁→2部2章1節1である。

図1 高句麗古墳壁画 徳興里古墳 前室の北側天井の北斗七星と神獣 北斗七星は死者の魂の帰る場所であり、死を司る星座である。こうした観念は道教に由来する（共同通信社、ナタリ・エディトリアス・オフィス編、平山郁夫監修『高句麗古墳壁画』より転載）

朝鮮半島の道教については、中国から伝来したという説（伝来説）と、朝鮮半島のなかで発生したという説（自生説）がある（鄭 2001）。伝来説によれば、道教を国教とする唐から、624年の冊封の際に、高句麗に道士と天尊像と『老子道徳経』を遣わされたのが朝鮮半島への道教初伝とされる（『三国史記』『旧唐書』など）。その背景には、儒仏道の三教が鼎立すべきなのに儒仏のみが盛んなので

第5節　他宗教との関係　141

唐に道教を求めるべきである、という泉蓋蘇文（『日本書紀』には「伊梨柯須彌」として名前が見える）の献策があったとされる。高句麗は仏教寺院を廃して道観（道教寺院）を建てるなど、唐に配慮した道教の保護政策を行った。また、この道士・天尊像・『老子道徳経』の伝来については、仏教の住持三宝や護国仏教との類似性を指摘する研究者もいる（土屋 2010）。

　新羅における道教の受容については、738（孝成王2）年に唐の玄宗が新羅へ使者を派遣し『老子道徳経』を贈ったという記事が『三国史記』に見られる。しかし、それ以前の719（聖徳王18）年に作られた甘山寺阿弥陀像・弥勒像の銘文に神仙思想・道教に関する文言が見え、当時の仏教信者に普及していたことがうかがえる。

　自生説は、朝鮮の建国神話に登場する檀君を仙人とする説話資料や、新羅の花郎→2部2章1節1の起源について書かれた崔致遠の「鸞郎碑序」（『三国史記』）に基づいている。「鸞郎碑序」には、「わが国には玄妙の道があり、これを風流という。この教えの源は『仙史』に詳しい」などと述べられており、この「風流」を朝鮮半島固有の道教的信仰と見る研究者がいる。「鸞郎碑序」には続けて「ここには（儒教・道教・仏教の）三教が含まれており、人々を教化している」とあり、三教が並列されていたことがわかる。

　なお崔致遠は、在唐中に道教の儀礼で用いられる青詞（道教における祭文）を作っており、唐において道教に関する内丹（道教の修練の一つの方法）思想に触れていたのではないか、という研究もある（金 2001）。

● 研究動向・課題と展望

　新羅から唐に留学した留学生・仏僧については、朝鮮王朝時代の『海東繹史』に賓貢進士（外国人のための科挙制度）になった人々のリストがあげられ、近代においても厳耕望「新羅留唐学生与僧徒」（『唐史研究叢稿』九龍新亜研究所 1969）などの研究が積み重ねられるなど、古くから関心が高かった。遣唐留学生のなかには、儒仏道のすべてに関わる著作を残している崔致遠や、道士となり『続仙伝』にも登場する金可記などがいて、古代の朝鮮半島における儒仏道の受容を考えるうえでも重要である。

　1989年に発見された金可記伝の碑文の近くには新羅寺があり、そこには南岳懐譲の庵もあったというが、背後にどのような交流があったのかはまだ明らかではない（土屋 2010）。今後は、冊封との関係のような大きな流れだけでなく、碑文や金石文などに基づいた信仰の実態の解明が求められるであろう。　　　　（師　茂樹）

● 参考文献

鄭在書　2001　「韓国道教の起源」（『講座道教6　アジア諸地域と道教』　雄山閣）

金洛必　2001　「韓国の内丹思想」（『講座道教6　アジア諸地域と道教』　雄山閣）

濱田耕策　2003　「新羅の儒教受容」（『アジア遊学50　朝鮮社会と儒教』　勉誠出版）

土屋昌明　2010　「唐の道教をめぐる高句麗・新羅と入唐留学生の諸問題」（『専修大学社会知性開発研究センター東アジア世界史研究センター年報』4）

142　第2部　中国、朝鮮半島＊第2章　朝鮮半島

2　朝鮮時代の仏教弾圧

● 定義・内容

　朝鮮時代（1392-1910）の仏教は、新羅・高麗時代と対比される。それは、前代まで
とは大きく異なる時代的な条件と状況の中で、活路を見出さなければならなかったか
らである。朝鮮時代は、その統治理念として儒教が用いられ、文班と武班による両班
政治を執り行い、人材を養成する教育制度とそれを選抜する科挙制度を重視した儒教
国家が建国された。儒教を統治理念とした朝鮮時代の政策の1つが「排仏崇儒」であ
り、朝鮮王朝が滅びるまでの約500年間続いた。この期間は、仏教界にとって厳しい
弾圧を受けた受難の時期であった。

　仏教に対する批判は、高麗時代（918-1392。→2部2章1節2）の末期から起こってい
た。この頃の仏教界は、禅・教の思想や理念的対立よりは物質的利害関係に縛られ、
その活力を失った。寺院は世俗の逃避場所となり、僧侶の紀綱は緩み、過度な仏事と
飯僧法会（食事供養）によって国庫を使い果たし、民心は背を向けるようになった。
こうした仏教界の弊害に対して、朱子学に基づく性理学を理論的背景とした新興士大
夫勢力によって批判と牽制が提起された。李穡（1328-1396）は王に対して、出家によ
る良民の減少防止と寺刹の氾濫の抑制を訴えた。鄭道伝（1342？-1398）は『仏氏雑
弁』で宗教哲学的な立場で仏教を厳しく批判した。

　朝鮮建国初期から仏教が排斥されていたわけではない。太祖は建国直後、性理学者
らの仏教排斥に関する上訴をすべて拒み、排仏政策を施行しなかった。仏教弾圧政策
は、太宗時代（在位1401-18）から本格的に始まるが、特に太宗・世宗（在位
1419-50）と燕山君（在位1495-1505）・中宗（在位1506-44）の2つの時期に行われた。

　太宗と世宗の仏教弾圧であるが、太宗は5つに要約できる。第1に、宗派の減縮と
寺院の土地と奴婢の没収である。太宗は、11宗派を7宗派に縮小し、寺院を242箇寺
に整理して、寺院の保有していた土地と奴婢を没収した。宗団の統廃合は制度的に仏
教を規制するための弾圧策であり、土地の没収は、経済的に寺刹を窮乏させることで
あった。第2に、王師・国師制度の廃止である。これは、高僧に国民生活に関する政
治諮問を受けないことを意味し、仏教を国家的に認めないという処置である。第3に、
陵寺制の廃止である。陵寺制とは、国家で王室の陵を管理する寺刹を設ける制度で
あり、これを廃止した。第4に、度牒制を厳格に施行することである。度牒制は高
麗後期以来僧侶の過度な増加を防ぎ、質的向上を目的とする名目で施行された。太宗
はそれを強化して僧侶を管理・統制しようとした。第5は、寺刹の創建、仏像の造成、
各種斎会を禁止した。世宗は、既存の7宗を禅教両宗に統廃合し、寺院数を縮小し、
内仏堂を廃止して、興天寺と興徳寺を除いた漢城（現在のソウル）内の寺院を撤廃し
た。そして、僧の漢城内への出入りを禁じた。

　燕山君と中宗の仏教弾圧政策は、朝鮮時代の仏教界の最大の危機であった。燕山君
は、王権に障害となる理念や制度、政治勢力などをすべて排除し、名実共に専制王権

を樹立しようとした人物である。燕山君の仏教弾圧は３つに要約できる。第１に、寺刹の土地を完全に没収した。燕山君は、王の賜牌がある陵、境内の願堂などをすべて没収した。第２に、出家禁止および僧侶の追い出しと関連した弾圧策である。燕山君は、出家の禁止と20歳以下の比丘尼の還俗を強制的に執行した。これにより公式に出家して僧侶になれる道が閉ざされた。第３に、禅教両宗の都会所（各宗の宗務を執行する機関）の廃止および僧科（僧侶選抜試験）の廃止と関連した弾圧政策である。禅宗都会所である興徳寺と教宗都会所である興天寺で火災が起こり、都会所の機能が停止した。また、僧科を施行しなかったため、優秀な僧徒が輩出されなくなった。

　中宗は、燕山君時に破壊された世論制度など儒教政治の復旧と教学の強化を最大の課題とし、改革政治を試みた人物である。しかし、道学政治を重視して朝鮮の風習と思想を儒教式に変えたため、仏教界は燕山君時代よりも排斥が強化された。まず、燕山君に続いて僧科考試を施行しなかったことである。朝鮮王朝運営の基盤である『経国大典』には、「禅教両宗が３年毎に試験を実施する。禅宗では『伝灯録』と『拈頌』を、教宗では『華厳経』と『十地経論』を試験して、それぞれ30人を採用する」と僧科考試の規定が載せられているが、それを施行しなかったので、僧侶の社会的地位は地に落ち、法を求めようとする出家者が少なくなった。次に、「禅教両宗の奴婢と土地を内需司（王室の財政を管理していた部署）に属させるよう」に命令を出し、両宗の復旧の可能性をもなくした。

　こうした政策によって、鐘や仏像を溶かして武器を作り、寺の木材を民家に分け与えた。1516（中宗11）年には、『経国大典』で僧侶の出家を規定した度牒条を削除した。これは、公式的・全面的な排仏を意味し、僧侶の法的規定は完全になくした。しかし、朝鮮時代の排仏政策にもかかわらず、仏教勢力は辛うじて維持されていた。比丘尼の寺は撤廃されたが、1518（中宗13）年に都の中には浄業院をはじめとして、安岩洞、南大門外の種薬山の南側などに比丘尼寺刹が10余箇所あった。

● 課題と展望

　朝鮮時代に仏教弾圧政策が執り行われたことは、『朝鮮王朝実録』などの史料に基づいている。こうした仏教弾圧政策が執り行われていた一方で、燕山君の時代には大妃や王妃によって法会が執り行われていた。また、仏教が弾圧されても辛うじてその命脈を維持してきたのは、こうした王室の信仰、特に女性の仏教信仰があったからである。しかし、弾圧政策を行った時代の王の仏教に対する信仰や、女性を中心とした王室の浄土教信仰についての研究は、今後必要であろう。　　　　　　　（馬場久幸）

● 参考文献

鎌田茂雄編　1991　『講座仏教の受容と変容５　韓国編』　佼成出版社

石井公成編　2010　『新アジア仏教史10　朝鮮半島・ベトナム　漢字文化圏への広がり』　佼成出版社

3 近代における他宗教（キリスト教）との関係

● 定義

　朝鮮仏教史の流れでは、中世と近代を区分する明確な契機が存在しない。そのため、近代仏教の始まりについては明確ではない。西欧列強が朝鮮半島に進出し、アメリカ・フランス・日本などと不平等条約を締結した1876年以降とするものもあれば、国号を大韓帝国とした1897年以降とするものもある。朝鮮時代の排仏崇儒政策によって、仏教界は教団さえも喪失したまま民衆の庶民思想としての仏教と、国王と王妃を中心とした王室の支援によって命脈が保たれていた。19世紀後半以降、列強の先進思想と文物を積極的に受け入れることによって仏教界の近代化が進む。

● 内容

　朝鮮仏教の近代化において大きな影響を及ぼしたのが、キリスト教をはじめとする他宗教の存在である。キリスト教とは、カトリックとプロテスタントを含めたものとして考えられているが、韓国では厳密に区別されている。前者を「天主教」や「カトリック」、後者を「基督教」や「改進教」とそれぞれ呼ぶ。また、それぞれの宗教施設もカトリックでは「聖堂」、プロテスタントは「教会」という表現が用いられている。

　朝鮮半島へのカトリックの伝来は、1784年に李承薫（1756-1801）が北京でフランス人イエズス会士のジャン・ジョセフ・ド・グラモンより洗礼を受けたことにより始まる。それより以前、カトリックはキリスト教としてではなく、それを含めた「西学」というヨーロッパの学問として中国から伝播し、西洋の学問やキリスト教の教義を漢訳した「漢訳西学書」が儒学者らの間で読まれていた。李承薫は朝鮮に戻り、自らが代洗（司祭に代わって洗礼を授けること）して信者が増え、彼らによってカトリック信仰共同体が組織されていった。

　プロテスタントの伝来は、カトリックから約100年遅れた19世紀後半である。プロテスタントの宣教師は通訳や船医として朝鮮を訪れていたが、布教の許可は下りなかった。本格的な布教はスコットランド出身の宣教師ジョン・ロス（1842-1915）らが主導して始めた聖書の朝鮮語訳からである。聖書を翻訳・配布して布教を開始したプロテスタント教会は、布教だけではなく医療や教育の面でも多大な貢献をしている。医療面では、宣教師ホイル・アレン（1858-1933）によって1885年に朝鮮初の西洋式の病院である広恵院（後の済衆院）が設立された。その後、アメリカ人実業家ルイス・セブランス（1838-1913）に

図1　江華聖堂（『韓国民族百科事典』より転載）

よってセブランス医学校となる。ここでは医学教育も行っていた。その他にも宣教師によって民間医療機関が創設されている。教育面では、1885年にヘンリー・アペンゼラー（1858-1902）が培材学堂という学校を設立、巡回伝道の実施、聖書の翻訳などでキリスト教の普及に貢献した。ホレイス・グラント・アンダーウッドは1886年に朝鮮初の孤児院を設立し、1905年に儆新学校、1917年に高等教育機関として延禧専門学校へと発展した（後にセブランス医学校と合併して延世大学校となる）。一般の女子教育では、マリ・スクラントン（1832-1909）が1886年に女子教育のために貞洞に女学堂を創設した（後の梨花女子大学校）。

　近代仏教の展開において、キリスト教の活発な布教活動は衝撃的であり、その現代的布教に大きな影響を受けた。仏教界では、韓龍雲（1879-1944）、権相老（1879-1965）、李英宰（1900-27）、白龍城（1864-1940）などが仏教改革論を提唱した。仏教界は、キリスト教の急速な教勢拡張に対して危機意識と警戒心を持ちながらも、その長所を認めて仏教改革を推し進めようとした。特に、白龍城は1910年に『帰源正宗』を著してキリスト教の活発な布教活動に比べて立ち遅れた仏教の現実を批判し、積極的に布教に出ることを主張した。

　白龍城は、1886年以後全国の奥地に禅院を創設して数多くの弟子を育てたが、近代的な教育制度の樹立が必須であった仏教界では、新たな時代を引っ張る人材を育てるために、1906年に明進学校（現在の東国大学校）を設立した。

　布教面では、白龍城が三蔵訳会という訳経団体を組織し、『華厳経』など30余種の経典を翻訳・刊行した。また、禅の大衆化のために、各地に禅宗布教堂を建立する一方で、布教の現代化のために仏教儀式をハングル化した。韓龍雲は、キリスト教の積極的な布教に対して、仏教界は消極的だと指摘した。そして、説法式の布教だけではなく、演説・新聞・雑誌を通じた布教、経典の翻訳および広布、また慈善事業などの多様な方法を提示した。

　仏教界は、布教堂の拡大、都心布教、文書布教など新たな布教戦略を樹立する。布教の拠点である寺院を山間から都市部に移動させた。1910年代には都心の覚皇寺にしかなかった布教堂の数が、1924年に71箇所、1933年に147箇所に増えた。本寺級の寺刹が都市を中心に競争的に布教堂を設置した。

◉ 課題と展望

　キリスト教（カトリック・プロテスタント）に関する研究は膨大なため、それらと仏教との関係について把握するのは現時点で困難である。まずは、仏教とキリスト教に関する研究の整理から行う必要があるだろう→3部3章5節3、3部4章3節1。（馬場久幸）

◉ 参考文献

石井公成編　2010　『新アジア仏教史10　朝鮮半島・ベトナム　漢字文化圏への広がり』　佼成出版社

浅見雅一、安廷苑　2012　『韓国とキリスト教—いかにして国家的宗教になりえたか—』中央公論新社

6 仏教文化（仏教美術）

◯ 定義

　朝鮮半島への仏教の伝来は三国時代であるが、その思想、信仰、文化はほぼ同時に入ってきたと考えられる。特に、布教の拠点となる寺院（伽藍）などの建築、信仰の対象としての仏像や仏画などの彫刻・絵画、教義を理解するうえでの経典などの典籍類は中国から次々と流入し、朝鮮半島独自の文化としても開花した。ここでは、仏教文化の特徴的なものとして、寺院建築と仏塔、仏教彫刻、仏画について述べる。

◯ 内容

　三国時代の伽藍配置の形式は、主として高句麗（コグリョ）は一塔三金堂式、百済（ペクチェ）は一塔一金堂式、新羅（シルラ）は高句麗を変容させた一塔三金堂式である。高句麗は伽藍の中心に八角形木塔があり、それを囲んで西北東に金堂がある。百済の伽藍は南北中軸線上に中門、塔、金堂、講堂を一直線に配置した一塔一金堂式を基本としているが、講堂を省略した扶蘇山廃寺跡、三塔三金堂を持つ弥勒寺のような、その変形ととらえられる伽藍もある。百済建築の特徴は、弥勒寺（ミルクサ）→3部1章1節1や定林寺（チョンリムサ）の石塔のように木塔の形式をそのまま模した石塔が建立されたことである（図1）。新羅の伽藍は、高句麗や百済の影響があったと考えられるため一定化されていないが、主に一塔三金堂式である。ただ、高句麗のように塔を囲んで金堂が配置された形式ではなく、塔の北側に東西に金堂が3つ並んでいる。また、新羅でも芬皇寺（ブンファンサ）模塼石塔のように塼塔（煉瓦で築いた塔）を模した模塼石塔（煉瓦の形に模した石で築いた塔）が建立された（図2）。統一新羅時代には、伽藍の形式が一塔から二塔へ、木塔から石塔へとそれぞれ変化する。中期以降は高さ5m以内の小型の塔が多く見られ、多層塔も造られるようになる。

　次に彫刻では、高句麗では中国の北朝の影響を受け金銅仏や塑像が主流をなしている。景四年辛卯銘金銅阿弥陀三尊立像（けいしねんしんぼうめい）や平川里寺址金銅弥勒半跏思惟像（ピョンチョンリサ）（まいろく）などが高句麗時代とされていることから、阿弥陀や弥勒に対する信仰があったと考えられる。百済彫刻は6世紀後半を中心として、北魏（ほくぎ）様式と南朝様式が取り入れられ、しかもこれらが融合して百済的な彫刻を生み出したと考えられる。7世紀前半には、それまでの主流であった金銅像の他に石像が造られる。この時期は様式的に北斉（ほくせい）や隋（ずい）の系統に属し、6世紀とは異なった作風が現れ、また磨崖仏が出現するのもこの時期である。新羅彫刻は6世紀後半までは基本的に高句麗（北魏系）あるいは百済（南朝系）の彫刻の影響があったが、6世紀末から7世紀初にかけては、金銅像に新羅独特の作風が現れる。7世紀前半は石造の本格的な発達期であり、様式・

図1　定林寺石塔

形式の面からも童顔短軀の像が好まれた。特に百済と新羅では金銅造、石造、磨崖の半跏思惟像が制作された。百済の半跏思惟像は30cm未満の小型像が主であるが、新羅ではソウルの国立中央博物館蔵の金銅像二軀（韓国国宝78号、83号）のような大型の作例も見られる。これらすべてが弥勒像と断定はできないが、百済と新羅では弥勒信仰が流行っていたためこうした像が多く造られた。統一新羅時代は、毘盧遮那仏や阿弥陀仏が多く造成された。この時代を

図2　芬皇寺模塼石塔

代表する石窟庵の釈迦如来像のように優秀な作品が造られる。これは、仏教思想の変化を反映する造成の例である。8世紀には鉄仏が造成されるが、末期には仏像造成技法が退化していく。高麗(コリョ)時代前期は新羅様式を継承する金銅仏や鉄仏の他に、灌燭寺石造弥勒菩薩立像のような石仏巨像も造られる。しかし、前代までに見られた表現はなく、鈍化・萎縮する。新羅末期からの仏像造成技法の退化の原因は、仏像に対する礼拝よりも祖師の言行に従い、禅を通じた頓悟の境地に至ろうとした禅宗の影響がある。後期は、チベット仏教の影響により、仏教彫刻に新たな様式が導入された。

　朝鮮半島最古の仏画は、5世紀前半の長川一号墓前室（中国吉林省集安市）に描かれた、定印を結び左右に獅子を配する台座に坐す仏坐像まで遡れるが、多く現存するのは高麗、朝鮮の仏画である。高麗仏画は、一部の例外を除いてほとんどが13世紀後半以降の120年間に制作されている。高麗仏画には、金泥による胸元の卍字と両掌における千輻輪文の描写など、如来の形姿に見られる身体的特徴がある。これらは中国や日本、朝鮮時代の仏画には見られない。阿弥陀如来像、同三像、同八大菩薩などの作例、右または左斜めに坐し善財童子を配する観音像の作例が多い。朝鮮仏画は、高麗仏画に比べて描写法が粗く、構成も雑であるが民族色が豊かで、当時の信仰や文化を伝える重要な遺品である。願文を持った作品が多く、制作の年代や動機、施主や画員の姓名などを伝える。

● **今後の展望**

　統一新羅時代の最高傑作と言われる石窟庵の本尊は、当時流行っていた教義や信仰面ともあわせて検討した結果、阿弥陀如来像であるという見解がある（朴 2010）。今後の仏教文化（美術）に対する研究は、朝鮮半島の仏教の特徴である通仏教的に多方面からのアプローチが必要になる。また、弥勒寺西塔心柱から発見された舎利荘厳具のように、新たな発見の可能性もあり、期待される分野でもある。　　　　（馬場久幸）

● **参考文献**

菊竹淳一、吉田宏志編　1981　『高麗仏画』　朝日新聞社
斎藤　忠　2002　『仏塔の研究：アジア仏教文化の系譜をたどる』　第一書房
朴亨国　2010　「朝鮮半島の美術」（『新アジア仏教史10　朝鮮半島・ベトナム　漢字文化圏への広がり』　佼成出版社）

基礎資料（朝鮮半島）

　朝鮮半島の仏教に直・間接的に関わる基礎資料として、三国時代から朝鮮時代までの以下の15点を挙げておく。これらは活字となって出版されており、比較的容易に閲覧できる。

金富軾（1075-1151）撰『三国史記』50巻（『完訳　三国史記』上・下　明石書店　1997）…　三国から統一新羅時代までを対象とした正史。1145年完成。朝鮮半島で現存最古の歴史書。

一然（1206-89）撰『三国遺事』5巻（『大正蔵』第49巻）…　『三国史記』に次ぐ古文献。『三国史記』の欠点を補い、仏教関係の記事を多数採録。

鄭麟趾ほか撰『高麗史』137巻（『高麗史』1-3　国書刊行会編　1908）…　高麗時代の正史。紀伝体。朝鮮太祖の時代に編纂が開始され、1451年に完成。

金宗瑞ほか編『高麗史節要』35巻（学習院東洋文化研究所　1960）…　高麗時代の歴史書。編年体。1452年完成。『高麗史』にはない多くの記事が含まれている。

覚訓撰『海東高僧伝』（『大正蔵』第50巻）…　三国時代の高僧の伝記を集めた現存最古の僧伝。1215年撰述。5巻以上で構成されていたが、現存するのは1、2巻のみ。

徐居正ほか撰『東文選』154巻（『古典国訳叢書』25-36　民族文化推進会編）…　新羅から朝鮮時代（粛宗）までの詩文（仏教関係の詩文も含む）を年代順に収録。

李奎報撰『東国李相国集』53巻（『古典国訳叢書』166-172　民族文化推進会編）…　高麗時代の文人李奎報の詩文集で仏教関係のものも収録されている。李奎報の子である李涵が1241年に刊行。

洪鳳漢撰『増補文献備考』250巻（弘文館纂　朝鮮研究会）…　朝鮮半島の歴史書。文物・制度などを16項目に分類・集録。もとは1770年に発刊した『東国文献備考』を増補して1908年に発刊した。

『新増東国與地勝覧』55巻（『古典国訳叢書』40-46　民族文化推進会編）…　朝鮮時代の地理書。各地の沿革、姓氏、廟社、官府、土産、人物、駅院、事蹟、詩人の題詠などが載せられている。1481年に50巻が完成したが、その後増修して1530年に完成。

徐居正ほか撰『東国通鑑』56巻（青柳綱太郎編輯　朝鮮研究会）…　三国時代から高麗時代までを記した歴史書。編年体。1484年完成。『三国史記』『三国遺事』『高麗史』などの記事をそのまま利用している。

『東国僧尼録』（『大日本続蔵経』第150巻）…　新羅・高麗・朝鮮時代初期までの高僧60余名の行状と思想を略述。撰者、年代不明。

『朝鮮王朝実録』（影印縮刷『朝鮮王朝実録』1-48巻　国史編纂委員会編）…　朝鮮時代の太祖から純宗までの27代519年間の歴史を編年体で編纂。朝鮮時代の政治・外交など各方面の史料が記載されている。http://sillok.history.go.kr/main/main.do 参照。

朝鮮総督府編『朝鮮寺刹史料』2巻…　各寺院に現存する碑文、扁額、その他の古文書を採録。1911年刊行。

朝鮮総督府編『朝鮮金石総覧』2巻…　朝鮮総督府が収集した拓本により金石文を編纂。墓誌、石刻、石経、仏像、塔などに及ぶ。

『韓国仏教全書』全14巻　東国大学校出版部…　新羅時代から朝鮮時代までの高僧171人の著述を収録。朝鮮半島の仏教思想の流れを時代別に編纂。

参考文献（朝鮮半島）

　朝鮮半島の仏教研究は1900年代前半から始まっているが、通史としての文献は少ないため、鎌田茂雄の著書は見逃せない。また、日本留学の経験のある韓国人研究者により、思想史、仏教文化・美術などの分野の文献も増えている。この分野の研究を進める人のために、韓国出版の文献も少し挙げておく。

日本の文献

忽滑谷快天　1930　『朝鮮禅教史』　春秋社

望月信亨　1942　『中国浄土教理史』　法藏館

坂本幸男　1956　『華厳教学の研究』　平楽寺書店

金知見・蔡印幻編　1973　『新羅仏教研究』　山喜房佛書林

高橋亨　1973（初版1929）『李朝仏教』　図書刊行会

三品彰英　1974　『新羅花郎の研究』　平凡社

洪潤植　1976　『韓国仏教儀礼の研究』　隆文館

蔡印幻　1977　『新羅仏教戒律思想研究』　国書刊行会

江田俊雄　1977　『朝鮮仏教史の研究』　国書刊行会

田村圓澄・黄寿永編　1978　『百済文化と飛鳥文化』　吉川弘文館

李鍾益　1980　『韓国仏教の研究—高麗・普照国師を中心として—』　国書刊行会

申正午　1983　『西山大師の禅家亀鑑研究』　新紀元社

鎌田茂雄　1987　『朝鮮仏教史』　東京大学出版会

中村元　1989　『中村元選集［決定版］第4巻　チベット人・韓国人の思惟方法』　春秋社

韓普光　1991　『新羅浄土思想の研究』　東方出版

吉津宜英　1991　『華厳一乗思想の研究』　大東出版

章輝玉　1992　「新羅の浄土教」（『浄土仏教の思想』6）　講談社

梯信暁　1992　「元暁の浄土教思想について」（三崎良周編『日本・中国　仏教思想とその展開』山喜房佛書林）

石井公成　1996　『華厳思想の研究』　春秋社

高崎直道・木村清孝編　1996　『シリーズ東アジア仏教5　東アジア社会と仏教文化』　春秋社

福士慈稔　2000　「三国時代・統一新羅時代の仏教に対する研究」（『韓国仏教学 SEMINAR』8）

佐藤厚・金天鶴　2000　「高麗時代の仏教に対する研究」（『韓国仏教学 SEMINAR』8）

金天鶴　2000　「朝鮮時代の仏教に対する研究」（『韓国仏教学 SEMINAR』8）

崔鈆植　2001　「『大乗起信論同異略集』の著者について」（『駒澤短期大学仏教論集』7）

二階堂善弘　2001　「地蔵菩薩新羅王子説について」（『東北大学東北アジア研究センター叢書』3）

新川登亀男編　2013　『『仏教』文明の東方移動—百済弥勒寺西塔の舎利荘厳—』　汲古書院

斎藤忠　2002　『仏塔の研究：アジア仏教文化の系譜をたどる』　第一書房

鄭于澤・並木誠士編　2002　『韓国の美術・日本の美術』　昭和堂

大竹晋　2007　『唯識説を中心とした初期華厳教学の研究』　大蔵出版

横内裕人　2008　『日本中世の仏教と東アジア』　塙書房

金文京　2010　『漢文と東アジア—訓読の文化圏—』　岩波書店

石井公成編　2010　『新アジア仏教史10　朝鮮半島・ベトナム　漢字文化圏への広がり』　佼成出版社

中西直樹　2013　『植民地朝鮮と日本仏教』　三人社

洪南基　2013　『朝鮮の仏教と名僧』　同時代社

水野さや　2016　『韓国仏像史』　名古屋大学出版会

韓国の文献

李能和　1918　『朝鮮仏教通史』　新文館

黄寿永編　1976　『韓国金石遺文』　一志社

東国大学校仏教文化研究所　1976　『韓国仏教撰述文献総録』　東国大学校出版部

許興植　1986　『高麗仏教史研究』　一潮閣

高翊晋　1989　『韓国古代仏教思想史』　東国大学校出版部

李政編　1993　『韓国仏教人名辞典』　仏教時代社

鄭性本　1995　『新羅禅宗の研究』　民族社

金相鉉　2000　『元暁研究』　民族社

大韓仏教曹渓宗教育院編　2004　『曹渓宗史』　曹渓宗出版社

大韓仏教曹渓宗教育院編　2006　『仏教近代化の展開と性格』　曹渓宗出版社

コラム 中国・朝鮮半島の近代仏教史研究

　中国や朝鮮半島の近代仏教史に関する研究は少なく、総体的な展望をまとめて提示することは困難である。いくつかのトピックを紹介するにとどめ、今後の研究進展を待ちたい。

　中国ではたとえば子元（？-1166）が始めたという白蓮教が注目される。呪術的な念仏信仰と禁忌を特徴として民衆に広まり、元代、明代を通じてたびたび禁圧されたが、明末には弥勒信仰と結びついて民衆動乱の基盤になったという。清代に壊滅したとされるが、中国民衆仏教の一様相として興味深い。また、キリスト教信仰が関わる太平天国の乱についても広く清代の宗教状況の問題として注目する必要がある。

　清朝も元・明と同じくチベット仏教を国教的位置に置いたが、中国仏教そのものは国家体制の中で抑圧策を受け続け、衰退していったとされる。興味深い点としては、たとえばチベットをめぐる政治的動向をふまえた仏教と清朝皇帝の関係、皇帝自身の仏教的活動と抑圧策との関係、またいわゆる活仏信仰の展開などが挙げられよう。

　清末から中華民国初期における廟産興学運動については、その極端な廃仏策がとくに注目される。廟すなわち寺院・廟所や僧侶・教団の財産の大部分を没収し、それを学校教育の費用にふりむけてその興隆をはかろうとするものであった。これに対して護教のために結集する動きなどもみられるが、巻き返すことはできず、大勢は中国仏教の衰退を決定づけるような方向となった。この中国の廟産興学運動については、日本の明治新政府の宗教政策と比較して考えてみるのも一つの試みであろう。

　一方で、清末には僧侶・教団が社会との関係を希薄にしていく中で、出家者ではなく、在家者による仏教が盛んとなった。居士仏教といわれるもので、たとえば楊文会（仁山。1837-1911）が南京に設立した金陵刻経処において仏典刊行を行い、仏教復興活動に取り組んだ。ヨーロッパ留学時代に知り合った日本の南條文雄（1849-1927）との交流は日中の仏教の特徴的比較の視点からも注目すべき事象である。

　その後の第二次世界大戦中の大陸における日本人の諸動向や中華人民共和国の宗教政策を経た現状については、今後、さまざまな角度から慎重に検討していく必要があるだろう。

　朝鮮半島の近代仏教史研究は、1970年代から始まる。その動向は、仏教各宗派の朝鮮半島への布教活動に関する研究が主である。こうした研究は日本の史料のみに依拠しているため、朝鮮半島側の動向が見えないという問題もある。一方の韓国でも日本仏教界の布教活動に関する研究の他に、曹渓宗などの宗派創立運動、韓国近代仏教学者の活動など、日本よりも多岐にわたった研究がなされている。今後は、日韓両国の資史料をふまえた研究が日本側でも求められる。　　　　　　　（編集委員会）

● 参考文献

沖本克己編、菅野博史協力　2010　『新アジア仏教史 8　中国 3 宋元明清　中国文化としての仏教』　佼成出版社

第3部
日本（古代・中世・近世・近代）

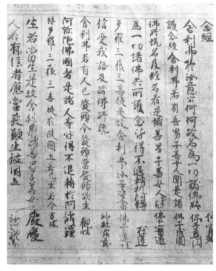

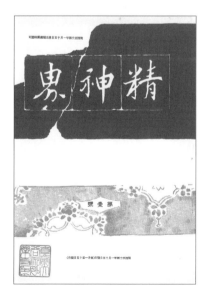

総 説

● これまでの古代仏教史

　日本古代仏教史は、これまで100年以上にわたって、政治史（国史学における国家史）の主旨を補完するという役割を担って歩んできた。現在使用されている教科書をひもといてみると、仏教史はたいていの場合において、政治・経済の説明のあとに、国宝や重要文化財を産み出した文化として記述されている。

　国家史の流れを追う叙述展開においては、たとえば国分寺・国分尼寺→3部1章2節2の建立はまず政治的事績の核として取り上げられ、さらに文化的事績として取り上げられる。これは、日本各地に広がる史跡が、近代人にとっての日本のイメージを支える役目を担ってきたことのなごりである。

　すでに20世紀初頭には、奈良に遺る世界最古級の木造建造物群や、正倉院の宝物類の価値は、世界に向けて発信されていたが、それらはいずれも、仏教文化遺産であった。古代仏教についての叙述は、日本古代には優れた治政が行われ、国勢が盛んであったことを仏教文物をもって世界に説明するためという意図を、もとより含有して出発した。これから研究に臨む私たちは、歴史叙述が時代の意図を含んで成立していること、とりわけ自国史における「古代」は、近代国家建設過程の政治情勢と密接な関係をもって叙述されるものであることをまず冷静に受け止めなければならない。

● 中世前史としての「古代」

　それからもうひとつ。かつて古代仏教史には、中世民衆仏教成立の前史という役割が求められていた。ここで、日本中世が武家と鎌倉仏教者とを中心とした自由闊達なる社会であったと説明されたことと連動した位置づけが発生している。鎌倉仏教者の登場を説明するために、比叡山は頽廃的な貴族文化とともに腐敗堕落していたのだという、かなり無理な説明が出現した。平安仏教についての説明が、長らく最澄と空海というふたりの祖師の説明に終始し、具体的研究が立ち後れたのはそのためである。

　これから研究に臨む私たちは、古代の秩序が腐敗堕落したり、崩壊したりして中世的世界が形成されるという筋書きは、いったん横に置くことが必要である。そのうえで、あらためてこの時期の仏事法会や宗教者の具体相についての研究に取り組むことが、過去の歴史観を脱して新たな時代像を構築していく可能性を含んでいる。

　また国風文化論の立場から、遣唐使が廃止されて国際交流が断絶したかのような説明がなされてきたが、実際には日宋間の交流は盛んであり→3部1章5節5、今後とくに研究の展開が期待される分野である。

研究のスタートに立つ

　学問として仏教史研究に取り組むということは、すでに掲出されている過去の学説を踏み越えて、自分自身の力で新しい見解を構築し、だれもが納得できる証拠を呈示して発信していくということである。古代史においては、研究テーマの個別細分化が進み、研究はされつくされたという意見を聞くことがあるが、これは誤解である。

　日本の歴史学は、文献史料を信頼できる史料（真）と信頼できない史料（偽）に二分する作業を重視してきたが、実際には史料は真と偽の二種ではない。文献史料には仏教者が書いたものであれ、官僚が書いたものであれ、叙述者側の意図や思想がかならず包含される。その意図や思想を読み解くことが実態を立体的に把握するのに必要な下作業であり、であるがゆえにその文献の成立年代や著者が判明することは重要なヒントとなる。とりわけ古代仏教を分析するためには、漢文仏典→2部1章1節1やアジアの説話・史書はもちろん、あらゆるジャンルからの原典調査が必要である。

日本というフレームの問題

　テーマによっては、日本というフレームをはめて説明すること自体が適さないということがしばしばある。日本地域の文化現象が、アジア文化のグラデーションの一部として展開していたことを見逃してしまうからだ。たとえば国分寺の祖形が中国にあることを中国史家は論じてきたが、20世紀の日本史家はその論点を避けた。このこと一つを取っても、そもそも自国の歴史を世界史として語ることはむずかしいということが判る。私たちはそのことに無意識であってはならない。

　仏教初伝の説話→1部1章3節は、日本にかぎらず仏教を輸入したほとんどの地域に存在している。仏教者集団にとっては、自分たちの由緒を語るための大切な物語だからである。これらは多くの場合、その社会のなかでもっとも政治力をもっていた人物が最初の崇仏者として語られる。アジアを視野にいれた比較によって、ここに新たに「なぜ」という論点が出現する。日本の初伝説話では、最初の崇仏者は欽明天皇ではなく、蘇我稲目ということになっている。なぜ蘇我氏なのか。さらに仏教者たちは聖徳太子を開祖として自分たちの由緒を語り出す。それはなぜ聖徳太子だったのか。

　古代仏教史は、日本史における古代史のなかの「部分史」として認識されてきた。ところがひとたび仏教を中心にすえると、私たちは、仏教から考えるアジアの中の日本という視座からさまざまなテーマをとらえ直すことになる。一国史観を超えて国際的視野で歴史を構想しようとするひとの多くが、仏教に重要な糸口があることに気付き始めている。アジアという広い空の下に出て、いままでよりたくさんのひとたちと、仏教と日本と古代とはなにかを語り始めよう。

　　　　　　　　　　　　　　　　　　　　　　　　　　　　　　（佐藤文子）

参考文献

中村　元、笠原一男、金岡秀友監修・編　1972・74　『アジア仏教史　日本編1・2』　佼成出版社

末木文美士編　2010　『新アジア仏教史11　日本Ⅰ　日本仏教の礎』　佼成出版社

佐藤文子、原田正俊、堀　裕編　2014　『仏教がつなぐアジア—王権・信仰・美術—』　勉誠出版

154　第3部　日本＊第1章　日本古代

① 仏教の伝来と受容

1　飛鳥仏教の展開

◉「聖徳太子」仏教の克服

　日本仏教の始まりを記した史料は少ない。国内史料では『日本書紀』『元興寺縁起』『上宮聖徳法王帝説』『三経義疏』『扶桑略記』『三国仏法伝通縁起』、それに国外史料で『隋書倭国伝』と、数えるほどしかない。だが現在、その国内史料の多くについて、信頼性に疑義が呈されている。

　まずは『日本書紀』である。『日本書紀』記事の信憑性に問題があることは、古代史研究では常識である。だが仏教史研究においては、旧来ほとんどの記事がそのまま史実として用いられ、日本仏教の第1章が叙述されてきた。仏教が公伝したとされる欽明朝から天武・持統朝までの、基本史料とされてきたのである。その結果、この時代のいわゆる飛鳥仏教は、ほとんどが「聖徳太子」（歴史上の厩戸皇子とは別に造型された観念的人物）の事績をもって語られてきた。飛鳥仏教イコール「聖徳太子」仏教という図式が、一般的だったのである。それが近年の研究で、「聖徳太子」記事をはじめ天智朝までの『日本書紀』仏教記事の多くが、仏教文献・中国文献の用語からプロットまで借用していることが明らかになってきた。

　また『日本書紀』を補う信頼性の高い史料とされてきた『元興寺縁起』『上宮聖徳法王帝説』についても再検討が始まり、『三経義疏』については、日本人撰述自体を否定する研究も現れている。さらに後世の成立ながら、重宝な史料として多用されてきた『扶桑略記』『三国仏法伝通縁起』に関しても、成立事情に留意した慎重な利用が求められているのである。

　こうした状況は、国内史料を無批判に用いた叙述が、困難となったことを意味している。そして同時にそれは、飛鳥仏教イコール「聖徳太子」仏教ではなく、厩戸皇子の仏教も飛鳥仏教の一部になったことも意味している。「聖徳太子」の事績に依拠してきた飛鳥仏教の位置付けは、根本から見直しを迫られることとなったのである。ただこれは、飛鳥仏教の地平が広がったということでもある。それは「聖徳太子」仏教に止まらない、はるかに多様で広範な領域を含むこととなったのである。

　この結果、国内史料記事の史料批判も、単なる「聖徳太子」仏教批判から、さらに飛鳥仏教像再構築の段階に進むことが求められている。ただしその方法論は、なお未構築の状況にある。理念的には、旧来史料を徹底的に再検証して信頼性の高い記事を確保し、それを用いて飛鳥仏教史像を再構築する。さらに後述の国外史料の研究成果を取り入れて、像を立体的なものとしていく、という形が理想であろう。だが旧来史料の再検証は、簡単に完結する作業ではない。また検証結果が、一定の範囲に収斂するとは限らない。この間、少しでも問題がある史料や記事は使わないとするならば、ほとんどの国内史料は使えなくなる。飛鳥仏教の叙述は、具体性に乏しいものになら

ざるを得ないであろう。だとすれば、信頼性に問題がある国内史料や記事でも、操作を加えたうえで使うことは必要と考える。記事1つひとつに典拠や記述背景の考察を加え、可能な限り他史料との摺り合わせを行って、利用できる部分や要素を抽出することは可能であると思うし、また必要であると思う。国内史料分析に現在求められているのは、使える要素を抽出し直して積み上げる、根気のいる作業なのである。

こうした国内史料状況もあって注目を集めているのが、**国外史料**である。代表的な『隋書倭国伝』記事については、各方面で再検討が進みつつある。他の中国文献や仏教文献についても、『日本書紀』記事の成立状況や、飛鳥仏教を取り巻く東アジア仏教の状況を解明する史料として、研究が始まっている。そして特に注目されているのが、三国時代の朝鮮仏教史料である。7世紀まで日本仏教の源泉は百済・高句麗仏教であり、また7-8世紀に新羅仏教→2部2章1節1が大きな影響を及ぼしていたことは、周知の通りである→2部2章3節1・2。しかしてその割に、朝鮮仏教の側から飛鳥仏教を照射する試みは少なかった。それが近年の韓国における王興寺・弥勒寺→2部2章6節など古代寺院趾発掘の進捗により、日本に提供された仏教の実態解明が視野に入ってきた。国内史料利用が転換期を迎えている現況からするに、これら国外史料の比重は、今後一段と高くなっていくものと考えられる。

さらにこうした国外史料の利用は、そもそも正確な飛鳥仏教像を復元するうえで不可欠と考える。日本仏教は、あくまで**東アジア仏教**の一要素だからである。他の時代の仏教と同じく飛鳥仏教史研究も、朝鮮仏教・中国仏教→2部2章3節1、3部1章5節4を含めた東アジア仏教史の一部として行われる段階にきているのである。

● 東アジア世界の日本仏教

仏教伝来記事で最古の年紀を持つのは、6世紀の年紀を持つ2記事（渡来人の仏教信仰を記した『扶桑略記』記事と、百済王からの公伝を伝える『日本書紀』『元興寺縁起』『上宮聖徳法王帝説』の記事）である。これらを鵜呑みにできないことは先述の通りだが、『隋書倭国伝』600年（開皇20）条にも、「仏法を敬し、百済より仏経を求む」とある。6世紀までには、仏教は日本人社会に伝来していたと考えられる。

ただしそれは、当時の中国・朝鮮仏教と同水準の理解を伴って仏教が伝来していたということではない。この時期までに中国では中国人学僧が成長し、多様な教学宗派が形成されている→2部1章4節1。施設・制度面でも、多くの寺院が創建され、各種法会や僧尼確保システムも創設されて、国家で仏教を支える体制が確立しつつあった。日本に仏教をもたらした百済・高句麗の仏教も、既にこうした中国仏教の裾野を形成していた。一方、日本だが、『日本書紀』等には最初期の仏を指す呼称として、「蕃神」「仏神」といった文言が見えている。これらの呼称自体は、そのまま当時のものとするわけにはいかない。ただ呼称の背景にある、仏を在来神祇と同列の「神異」ある存在とみる認識は、最初期の中国仏教にも見られる。他の東アジア諸国においても、仏教伝来時に在来神祇以外の既存尊格概念は存在しないから、これは東アジア諸国への仏教伝来時に共通する認識であろう→2部1章4節1。日本における最初の仏教認識も、

156　第3部　日本＊第1章　日本古代

同様だったのである。

　こうした最初期の仏教（比喩的な意味での「蕃神」「仏神」信仰）において日本人が関与したのは、外国僧が主導する仏事や、折々の仏像礼拝といった程度と考えられる。それでも、在来祭祀にはないエキゾチックな音声や香に包まれた神秘的儀礼、壮麗な伽藍や仏像といった装置からは、強い感覚的インパクトを受けたであろう。そしてこのインパクトは、中国や朝鮮における仏教の呪力実績情報と相まって、強力な呪術という印象を強化したはずである。また自らの生活世界の安穏という総体的祈願しかできない在来祭祀と異なり、仏教は、地域・主体を問わず具体的・個別的祈願にこたえることができた。これも、大きな魅力だったであろう。さらに理解が進めば、「六道」などの世界観や「因果応報」などの教義も、呪縛力を発揮したはずである。仏教はこれらを武器に、在来祭祀をしのぐ呪術として、急速に流布したのである。

　つまり6世紀日本への仏教伝来は、同時代の中国・朝鮮仏教の教学・宗派・制度等の伝来を意味するわけではない。当時の日本には、そうした先進的思想・制度を受容できる下地はなかった。朝鮮半島からもたらされた仏教の詳細は不明だが、日本社会が受容したのは、在来信仰と重なる「蕃神」「仏神」信仰と、それに付属する呪力発動装置（仏事儀礼とそれを行うための寺院・仏像・経典・僧侶）だったのである。

　そこで一つ提起しておくべき問題がある。仏教伝来当初、仏と在来神祇が同列視された点は中国でも日本でも同じだが、双方の在来神祇は、同種の神祇だったわけではない。中国の場合は、「黄老」など道教神が主である。これらは既に人格神として中国社会に流布しており、同じ人格的尊格である仏と同列視されやすい条件を備えていた。一方日本においては、仏教伝来時の在来神祇が人格神だったとは考え難い。当時の在来神祇に明確な姿はなく、自然物・自然現象そのものの神格化だったとされている。だとすると、そうした神祇と同列視された仏は、具体的にどのような存在と認識されたのか、という問題である。これを直接うかがえる史料はほとんどないが、そこには日本仏教最初の特性が表出しているはずである。今後、朝鮮・ベトナム→2部2章・1部2章8節1等の仏教伝来期史料も駆使して、追究されねばなるまい。

● 仏教受容と思想受容

　次に問題となるのは、仏教の伝来・受容過程である。旧来史料の信頼性が疑われている現在、細かな分析は難しい。ただ日本社会定着に結び付いた仏教伝来は、朝廷や有力中央豪族レベルでなされた可能性が高い。先に挙げた仏教のインパクトや魅力が効果を発揮するのは、そうした大がかりな舞台だからである。『隋書倭国伝』の記述からしても、百済からこうしたレベルでの仏教伝来があったこと、またそれが日本社会全体に仏教が広まる発端になったこと、以上の点は認めて良いと考える。

　そしてこの伝来誘致を含め、最初期の日本仏教を主導したのは蘇我氏であった。『日本書紀』等で仏教導入に反対したとされる物部氏についても、一族の寺とみられる遺跡が出土しており、旧来史料を安易に信用することはできない。ただ大化改新以前の日本仏教の拠点が、蘇我氏の飛鳥寺であったことは動かない。中心は蘇我氏で

あった。大化改新以後は、中大兄皇子を中心とした大王家が主導権を引き継ぐことになる。だがそれ以前の主導者は蘇我氏であり、厩戸皇子など大王家の役割は、副次的なものだったのである。

　ただしその具体相は、ほとんど分かっていない。概括的に言えば、氏族を単位とした「蕃神」「仏神」祭祀を行う信仰で、伝来当初は、百済や高句麗にならった形式で行われていたのであろう。だが個々の儀礼や日本人僧尼の様態、百済・高句麗・新羅僧の役割といった具体相の解明となると、実情は白紙に近い。下って推古朝後半から天智朝になると、中国留学生が帰国し始める。彼等の知見をもとに、モデルを朝鮮仏教から中国仏教に代え、枠組みも氏族から国家に代えて、新たな仏教建設が始まったはずである。だがその具体相や方向性についても、やはり解明は白紙状態にある。「聖徳太子」仏教に覆われて、問題自体が見えにくくなっていたからである。なかでも日本宗教の本質に関わる問題でありながら見過ごされてきたのが、仏教教義に代表される論理的宗教思想受容過程の解明である。

　日本には仏教以前に**論理的宗教思想**がなく、中国仏教の「格義仏教（道教タームを援用した疑似理解仏教）」に相当する過程が存在しない。仏教教理は、日本人が初めて相対した宗教論理であった。したがってこれを消化吸収する過程は、初めての宗教論理パラダイムを形成する過程だったはずであり、以後の日本宗教の論理は、このパラダイムを基盤ないし祖型として展開したと考えられる。したがってその形成過程の解明は、仏教受容過程の思想的解明の中心課題であるばかりでなく、日本宗教全体の性格解明につながるのである。だが研究は、ほとんど見えていない。今後、9世紀頃までの仏書・寺院関係史料・説話の読解分析、中国の仏教受容過程や朝鮮半島・ベトナムの受容過程との比較といった様々な方向から、究明していくべき課題と考える。

　最後に地方仏教である。最古層の地方仏教については、『日本霊異記』を史料に、奈良時代を主対象とした研究がなされてきた。ただ多くは断片的な特色の指摘か説話世界の照射に止まり、さかのぼった時代の地方仏教照射に展開する契機も見えなかった。それが近年、『日本霊異記』記事に他史料や発掘成果を重ねて、説話に垣間見える仏事や地方民衆仏教の運営様態を復元した研究が現れてきた。これらが、最初期地方仏教解明へのトレンチとなることを期待したい。

　以上で明らかなように飛鳥仏教史研究は、史料批判から東アジア全体を視野に入れた実態復元に至るまで、すべての領域で新展開の時期を迎えている。日本仏教史の第1章は、いま全面改訂を待っているのである。　　　　　　　　　　（曾根正人）

● 参考文献

大山誠一編　2011　『日本書紀の謎と聖徳太子』　平凡社
吉田一彦　2012　『仏教伝来の研究』　吉川弘文館
新川登亀男編　2013　『「仏教」文明の東方移動』　汲古書院

2 古代寺院の造営と東アジア

● 寺院造営技術の伝来

　古代日本が受容した仏教に関わる文物は、様々な分野で日本の文化に影響を与えた。たとえば仏像は造形芸術に、漢訳経典は書記言語にそれぞれ飛躍的な変化をもたらし、日本社会の文明化に大きく貢献した。日本人にとって伝来初期の仏教とは、高度な精神的文明というよりも、中華文明が育み朝鮮半島三国に伝わった美麗な仏教文物→2部1章8節3、2部2章5節による物質的文明の側面が、かなり大きかったと考えられる。中でも、格段に大きな規模を有し、複雑で高度な技術を伴ったのが寺院である。

　寺院は、巨大仏殿や高層仏塔といったそれまで日本列島内では目にすることのなかった建物群によって構成された一大宗教施設であり、精巧な軸組み工法によって建てられた大型木造建築、堅固に構築された基壇、屋根に葺かれた瓦、華麗な壁画や建物彩色などが組み合わさった高度な複合技術体系の結晶であった。

　こうした技術の一切は従来の日本には存在しなかったものである。『日本書紀』敏達天皇6年（577）11月朔条によると、百済国威徳王は倭国からの遣使帰国に際し、経論若干巻に加えて律師・禅師・比丘尼・呪禁師・造仏工・造寺工を使者に付して倭国へ送ったという。経典や僧尼の招来による仏教の思想的移入と並行して、早くもこの段階で造仏工・造寺工という技術者が渡来したことは注目される。

　造寺工とは、大陸風の仏殿建築を造営する能力を有する技術者であり、日本の工人たちへの技術指導者でもあった。柱の下に礎石を据えて屋根のうえに瓦を葺くという大陸の造営技法による建築は、日本では寺院がさきがけとなったのである。日本における寺院成立の意義は、大陸の先進的な建築造営技術が日本に伝来・定着し、それが日本で独自に展開する契機となった点にある。

● 寺院造営技術の諸相

　寺院造営の歴史を技術史的視点から捉えるためには、地上に現存する寺院建築や地下に遺存する寺院遺跡などを現物に即して分析しなくてはならず、建築史学や考古学といった物質資料を扱う研究に学ぶ必要がある。幸い、日本は中国・韓国など他のアジア諸国と比べて古代寺院建築が多く残っており、古代寺院遺跡の発掘調査も進んでいることから、これらを扱う研究史には長い蓄積があり研究素材も多い。**建築史学**では、法隆寺や東大寺といった南都諸大寺に現存する7－8世紀の建物の分析に加え、正倉院文書→3部1章4節1などの文献史料も活用した複合的な研究が早くから行われてきた（太田 1979）。その結果、国家による大規模な寺院造営が宮殿・都城の造営と並んで盛んに行われ、大陸からの技術・文物移入も進み、造営技術が質・量ともに飛躍的に向上したことが具体的に明らかにされている。

　考古学では、遺跡および出土遺物が研究対象となる。寺院建築は石窟寺院などの例外を除き、基本的に木造であり、焼失や倒壊の被害を免れ得ないが、地面に堅固な地業を行って構築された基壇やそのうえに据えられた礎石、屋根上に葺かれた瓦など

は地下に埋没し現在まで遺存していることがよくある。特に瓦は、古代日本では寺院・宮殿・官衙建築にほぼ限定して使用された建築部材であり、早くから寺院遺跡の指標とされてきた（上原 1997）。軒端部に葺かれる軒丸瓦・軒平瓦には、范型を用いた瓦当文様が装飾されており、文様の分析から瓦の製作年代・技術系譜といった寺院造営の具体相をうかがうことが可能である。日本最古の寺院である飛鳥寺から出土する軒瓦の文様が百済のものと極めて似ていることなどは、技術が百済から伝来していることを具体的に示す有力な物証である。また、複数の寺院間で同一の范型や同系文様の范型で作られた瓦（同范瓦・同系瓦）が確認されることがあり、技術の伝播過程を探る手がかりとして活用されている。たとえば百済大寺式（山田寺式）軒瓦や川原寺式軒瓦などは全国的な分布が確認されており、中央の大寺で考案された瓦当文様が地方の中小寺院へ伝播した過程が知られる。

なお、中央の大寺が天皇・中央貴族によって建てられたのに対し、地方寺院の多くは評督（郡司）などの地方有力者が檀越として建立したと考えられる（竹内 2016）。檀越と寺院との関係については、中国での研究の蓄積があるので、それとの比較検討はこれからの課題である。中央・地方の寺院檀越間の関係や、僧侶・造寺工人・地域集団も含めた寺院内外の人的繋がりを読み解くには、瓦当文様なども含めた寺院造営技術の伝播経路が大きな手がかりになることが多い。既存の文献史料を用いて寺院造営を政治・社会史的観点から扱う場合でも、考古資料への目配りは欠かせない。

● 近年の動向

考古学・建築史学の双方にわたる研究としては、基壇跡や柱跡の平面配置に基づく伽藍復元、伽藍配置の類型抽出などがある（『考古学ジャーナル』2006）。近年では韓国で古代寺院遺跡が多数発掘調査され→2部2章6節、日本の古代寺院との比較研究も本格的に行われ始めており、大陸から日本列島への伽藍配置パターンの伝来経路が具体的に解明されつつある。たとえば双塔式（薬師寺式）伽藍配置は以前から新羅・感恩寺（682年完成）が起源とされてきたが、近年発掘された新羅・四天王寺（679年創建）の影響がより強いとする見方も有力になってきている。一方、塔・金堂並立式（法隆寺式・法起寺式）伽藍配置は大陸には祖型が見られず、日本の百済大寺（吉備池廃寺）を起源として国内に広まったことなども明らかになりつつあり、大陸からの技術伝来と国内での独自展開が同時代に並行していることは興味深い。　　　　　（竹内　亮）

● 参考文献

太田博太郎　1979　『南都七大寺の歴史と年表』　岩波書店

上原真人　1997　『歴史発掘　11　瓦を読む』　講談社

考古学ジャーナル編集委員会編　2006　『月刊考古学ジャーナル　545　特集・古代寺院の伽藍配置』　ニューサイエンス社

竹内　亮　2016　『日本古代の寺院と社会』　塙書房

② 奈良仏教

1 僧尼令とその実態

● 概要

僧尼令は日本の律令国家が制定した仏教に関する宗教法で、大宝律令の篇目として施行された。大宝元年（701）6月、施行にあたり道君首名が大安寺に派遣されて僧尼令を講説し、僧尼は律令体制のもとに秩序づけられた。

大宝律令は散逸したが、養老律令の僧尼令は、注釈書である『令義解』『令集解』（以下、義解・集解）の本文に引用されて現存し、全27条で構成されている（通例、各条文は○○条と標目で呼ぶ）。諸注釈を集成した集解では、各条本文の後に細字双行で、最初に官撰注釈である義解を載せ、続いて律令学（明法道）専門家の注釈（令私記）である古記・令釈・跡記・穴記などの諸説を引く。義解・集解は、唐の道教・仏教に関する法律である道僧格も引いており、僧尼令が中国の僧制を母法とする継受法であることがわかる。

僧尼令の内容は、俗人が従う律令を前提に、僧尼を統制する多くの規定と保護する少数の規定から成っている。僧尼は内・外面を世俗権力である国家と僧官である僧綱から統制され、冒頭の観玄象条では内面が統制を受けている。観玄象条は殺人・窃盗・姦淫のみならず詐って「聖道」を得たと称したならば重罪に処す規定で、戒律の妄語戒に拠るが、仏教理解判定権が俗権にあることの表明でもある。僧尼の外面統制は、身分（私度条、出家条、方便条、自還俗条、身死条）、生活（聴着木蘭条、飲酒条、作音楽条）、伝道（卜相吉区条、非寺院条、教化条、布施条）、修行（禅行条、焚身捨身条）、所有物（三宝物条、不得私蓄条）、単身（停婦女条、不得輒入尼寺条）、裁判（有事可論条、有私事条）などの規定で、多岐にわたる。非寺院条における僧尼の寺院寂居主義は、道僧格・戒律ともにみられないが、北魏の僧制に通じるものがあり、律令国家と仏教との関係を考えるうえで興味深い。一方、保護の条文である准格律条は、僧尼が俗刑で徒（懲役刑）1年以上の罪を犯した場合、還俗させて「告牒」（度牒、得度証明書）を没する代わりに徒1年分を減刑し、杖罪を犯した場合、「苦使」と呼ばれる寺院清掃や経典書写などの労働刑に換算する規定で、僧尼は優遇されていた。

僧尼令研究は、三浦周行の『法制史の研究』（1919）以来、律令やその注釈、戒律、そして中国の僧制や道僧格などの研究を基礎に、大宝僧尼令の復原、成立時期、内容と性格、宗教的立場、秩序と運用の実態などが検討され、現在に至っている。

● 論点

僧尼令研究の大きな対立点は僧尼令の性格をめぐる問題であった。その一方は戦後の僧尼令研究をリードした井上薫・二葉憲香らの見解で、戒律との関係から、僧尼令に国家による統制的性格を見るものである。もう一方は、瀧川政次郎の研究に触発された井上光貞が、律令の全体構造から把握した見解で、僧尼令に国家による保護的性

格を見るものである。井上の見解は中井真孝らによってさらなる展開を遂げているが、僧尼令の性格が統制か保護か、今なお決着を見ない。しかし双方とも僧尼が僧尼令により秩序づけられていたと見る点ではほぼ一致し、通説となった。

この通説に真っ向から異議を唱えたのが吉田一彦で、僧尼の犯罪事例などの検討から、僧尼令は現実と乖離し、法規範として無力になることがあったと問題を提起した（「僧尼令の運用と効力」1986〈『日本古代社会と仏教』吉川弘文館 1995〉）。僧尼令は僧尼が従うことで法として機能し、**僧尼令的秩序**が社会的に形づくられる。問題は僧尼令的秩序が守られた時代をどのように確認するかである。問題提起を受け、国家と僧尼の関係を再検討した本郷真紹は、桓武朝以前は僧綱のもとで僧尼が国家の掌握下にあり、僧尼令的秩序はおおむね維持されたとした（「律令国家と僧尼集団」1999、同『律令国家仏教の研究』所収 2005 法藏館）。こうして吉田の問題提起を起点に、僧尼集団の再生産・維持に関わる得度システムや仏教行政の実態研究、さらには「国家仏教」概念の検討などを試みているのが、僧尼令をめぐる研究の現状である（佐藤文子「古代の得度に関する基本概念の再検討」『日本仏教総合研究』8 2010）。

ところで、吉田も、平安期に入り法意識が成熟し、弘仁年間に至って僧尼令は実施の努力が図られるようになったと見ている。僧尼令は幅をもって運用されたものの、僧尼を秩序づけていた実態があったからこそ、「古は出家をも天皇の許されなくては、たやすくすることなかりければ」（『今昔物語集』17-49）との得度に対する見方も生じたのではなかろうか。そうだとすれば、僧尼令的秩序はいつまで維持されたのか。

鎌倉時代の専修念仏弾圧でも、僧尼令は「法源」として引かれるが（「専修念仏者禁制事」元仁元年8月5日、『皇代暦』）、引かれたのは当時の日本が厳密な意味での法治国家でないことに起因し、僧尼令的秩序を支えた基盤が解体しきっていないからだと考えられる。したがって法令が引かれているからその秩序も機能していたとは言いがたく、律令体制の崩壊とともに僧尼令的秩序も機能しなくなると見るべきであろう。本郷はその機能を保証する指標を国家による僧尼の掌握に求め、僧尼集団の相対的な自立性が認められる天台・真言「教団」の成立をもって、僧尼令的秩序が保たれなくなったとした。ことの当否とは別に、この見解は、僧尼令に限らず法令にはそれを変えてはいけないという根幹がある一方で、時代とともに変化する枝葉があることを示唆している。換言すれば、かかる見解は、律令国家と仏教との関係を規定するものとして制定された僧尼令において、根幹が何であるかを明らかにすること、すなわち僧尼令的秩序の機能を保証する指標を何に求めるかが、今後の僧尼令研究の大きな課題であることを提起している。 　　　　　　　　　　　　　　　　　　　　　　　　　　　　　　　　（中川 　修）

◉ 参考文献

律令研究會編　1975-99　『譯註日本律令』全11巻　東京堂出版

井上光貞ほか校注　1976　『日本思想大系3 律令』　岩波書店

仁井田陞著、池田　温ほか編　1997　『唐令拾遺補』　東京大学出版会

2 国分寺・国分尼寺の建立と大仏造立

● 国分寺・国分尼寺と東大寺・法華寺

8世紀の中頃、聖武天皇（701-756）は全国の国ごとに国分寺と国分尼寺を建立することを宣言し、以後長い年月をかけて寺が建立された。また、大仏を造立する政策も実施され、天平勝宝4年（752）には開眼の法会が挙行された。大仏を安置する寺は前身寺院の再編によって新たに東大寺となっていった。

『続日本紀』天平宝字4年（760）6月7日条の光明皇太后（701-760）の崩伝には、東大寺と天下の国分寺を建立したのはもともと光明皇后の意向によるものだとあり、ここからこれらの事業が光明皇后の立案によるものであることが知られる。彼女は、また、父の藤原不比等（659-720）から相続した「家」を尼寺にした。この寺は最初は「宮寺」と呼ばれたが（同天平17年〈745〉5月11日条）、まもなく「法華寺」という法号がつけられた。こうして、光明皇后の政策によって都に東大寺と法華寺が、そして天下の国ごとに国分寺と国分尼寺が建立された。

● 研究の歩み

国分寺・国分尼寺については、江戸時代後期に先駆的な研究が開始され、近代以降は、文献史料読解と現地調査・発掘調査の両面から研究が大いに進展した。辻善之助は、1898年の論文「国分寺考」（『日本仏教史研究』1 岩波書店 1983）において、国分寺建立の趣意について考察し、これが天然痘の流行終焉の祈願を目的とした事業であることを論じた。これは国分寺・国分尼寺の建立目的を的確に指摘した論説と考えられる。その後は、しかし、むしろ国分寺・国分尼寺をめぐる法令の解釈についての研究が熱心に進められた。それは、この制度の法的起源をどの時点に求めるか、関係法令をどう整合的に読解するかという議論であったが、議論の枠組みは狭く、研究の広がりに欠けた。今日では、『日本書紀』天武14年（685）3月の詔は国分寺・国分尼寺とは直接関係するものではなく、また天平期の関係法令はのちに集成されて天平13年（741）2月14日の勅（『類聚三代格』）になったとする理解が一般的になっている（『新日本古典文学大系 続日本紀』2 補注14-1・2 岩波書店 1990）。

研究史で重要なのは、日本の国分寺・国分尼寺を中国の寺院制度と比較しながら考察する研究で、矢吹慶輝、塚本善隆、井上薫、藤善眞澄などによって進められた。国分寺・国分尼寺の制度は中国の制度を模倣して構想されたものである。ただし、唐の制度では州ごとに建立されたのは寺院と道観であり、その寺院は僧寺のみで、尼寺に当たるものはなかった。これについて、塚本善隆は、隋の文帝（541-604）が僧寺と尼寺をペアで建立したことを指摘し、日本の国分寺・国分尼寺の制度は、唐の制度を模倣しつつも、尼寺の建立という部分ではむしろ隋の制度を取り入れていると論じた（「国分寺と隋唐の仏教政策並びに官寺」〈『同著作集6 日中仏教交渉史』大東出版社 1974〉）。国分寺・国分尼寺をアジアの仏教史の中に位置づけることは、今後、より一層重要な論点になっていくものと思われる→2部1章2節1。

第2節　奈良仏教　163

◉ 近年の研究と今後の課題

　近年の研究の中心は、国分寺・国分尼寺の思想の解明と考古学的研究の2つにある。思想面では、「金光明 四天王護国之寺」「法華滅罪之寺」なる呼称がどのような仏教思想に基づくものかがあらためて問われた。国分尼寺の「法華滅罪」について、かつて『法華経』「提婆達多品」の女人成仏思想によるものだとする理解が説かれたことがある。しかし、曾根正人、勝浦令子、吉田一彦の研究によってそうした理解が成り立たないことが明らかになった。筆者は、「法華滅罪」とは罪の結果発症する業病の「癩」（天然痘）を『法華経』の力によって滅ぼすという思想を表す概念だと理解している。

　また、僧寺についてはこれまで「鎮護国家」概念で説明されることが多かったが、「鎮護国家」の語は奈良時代には見られず、平安時代の概念である。ここの「四天王護国」とは四天王が国を護るのであって、寺や僧や宗派が国家を鎮護するという鎮護国家の思想とは異なる。奈良時代の「護国」の思想と平安時代の「鎮護国家」の思想の差異を明確化することは、今後の研究課題の一つである。

　次に考古学的研究であるが、国分寺・国分尼寺の発掘調査は近年大いに進展し、各国における伽藍の規模、伽藍配置、塔の様相、瓦の特質、出土遺物の様相、あるいは前身寺院の存否とその性格、衰退の様相などが知られるようになった。梶原義実は、国分寺の瓦は従来説かれてきたほどは中央との関係が強くなく、むしろ在地的特質を持つものであることを明らかにした。そして、これらの寺は中央からの財政的・技術的支援というより、むしろ在地の関係性の中で建立されたものであると論じた。

　最後に、今後の研究課題として次の3点を指摘したい。第一は国分寺・国分尼寺建立の経済主体の解明である。この寺は国家事業でありながら、国家予算で建立されたものとは考えられない。『続日本紀』によると、天平13年（741）正月、藤原不比等の家の封戸5,000戸のうち3,000戸が返上されて国分寺に施入され、仏像造立の料に充てられた。これは光明皇后が仏像造立費用の一部を負担したものと理解される。そして、各国では郡司など地方豪族層に建設費用負担を含めた建立がゆだねられた可能性が高い。その実相を解明することは今後の研究課題である。第二は平安時代以降の国分寺・国分尼寺衰退の様相の解明で、その時期と理由を明確化することは重要な課題である。第三は近現代における国分寺・国分尼寺評価・顕彰の思想の解明である。こうしたメタヒストリー研究の重要性はすでに佐藤文子などにより提起されているが、今後の課題の一つと考えられる。

（吉田一彦）

◉ 参考文献

角田文衞編　1986-97　『新修　国分寺の研究』全7冊　吉川弘文館

梶原義実　2010　『国分寺瓦の研究』　名古屋大学出版会

須田　勉、佐藤　信編　2011　『国分寺の創建　思想・制度編』　吉川弘文館

同編　2013　『国分寺の創建　組織・技術編』　吉川弘文館

栄原永遠男、佐藤　信、吉川真司編　2016　『東大寺の美術と考古』　法藏館

3 行基と行基信仰

● 関係史料と実態

　行基（668-749）は、古代において最も著名な僧の1人であるが、その言行を直接記録した史料は存在せず、信仰を通じてしか実態を把握できない。彼の人格や生涯を物語る文献には、死後間もなく作成された「墓誌」（現存するのは一断片のみで、全貌は13世紀筆写の「大僧上舎利瓶記」によるしかない）のほか、『続日本紀』掲載の遷化伝および活動を伝える断片的な記事、『日本霊異記』掲載の幾つかの説話、安元元年（1175）成立の『行基年譜』などがあるが、いずれも慎重な史料批判を必要とする。それらより概ね判明するのは、①渡来系の出自であること、②法相教学を学んだこと、③平城京内・近郊の托鉢を中心とする活動が国家により指弾されたこと、④畿内における社会事業（交通・灌漑施設の造営）が豪族・有力農民らの支持を受け国家的に公認されたこと、⑤大仏造立の勧進に協力し大僧正に任命されたことなどであろう。

● 渡来系の出自と前半期の托鉢行

　①については微妙な異同があるが、父方を和泉国大鳥郡の高志氏、母方を蜂田氏とするのが通説である（ただし、後者の姓については見解が分かれる）。前者の本宗ともいうべき西文氏は、百済より『論語』などの漢籍を将来した王仁の後裔を称し、河内国古市郡を本拠に文筆・学問をもって王権へ仕えた。後にその系譜を仮冒する津・船・葛井氏らとともに、西琳寺・野中寺・葛井寺といった重要な氏寺を造営、多くの僧尼も輩出している。高志氏の拠点は現大阪府高石市付近とされるが、『日本霊異記』のみコシを「越」と表記、本貫も越後国頸城郡に当てている。かつては景戒の誤りとされていたが、近年では、フミヒト系氏族として越の屯倉に出仕した可能性も指摘されている。いずれにしろ行基が、仏教をはじめとする半島・大陸の文化に近しい環境で育ったことは確かだろう。

　②については、遷化伝に「瑜伽唯識」を即解したとあるものの、7世紀、列島の法相教学は慈恩大師基以前の未整備な状態で、同宗による誇大喧伝とみてよい。その思想は、やはり社会的実践との関連から捉えられるべきであり、従来、福田的な菩薩行、巷間の仏教を追求した三階教などの影響が指摘されてきた。また、行基を指弾した養老元年（717）4月詔は彼が罪福を妄説したとするが、『日本霊異記』の関連説話にも善悪の業因による罪福の応報を説くものが多く、行基も実践的に援用していたと考えられる。さらに、『日本霊異記』は行基を神異僧として描写しており、漢籍僧伝類のそれのように、予言など神秘的な言動をもって民衆を惹き付けた可能性は高い。

　③について、大規模な托鉢行の目的は、当時行路にあって困窮していた造京の役民や貢調運脚夫、浮浪逃亡者を救済するため、資財や協力者を確保することにあったらしい。『行基年譜』によると、行基が霊亀2年～養老4年（716-720）に創建した恩光寺・隆福院・石凝院、そして以前から山林修行に用いていた生馬仙房は、いずれも摂津・河内から平城京に至る交通路沿いに位置しており、行路者への食糧供給・治療を

行う**布施屋**の役割も果たしていたとみられる。しかし、初期の厳格な律令政治や都市生活に動揺した人々（下級官人や庶民、とくに女性）が多く集団に流入したため、国家により礼的秩序の攪乱を招くものとみなされ、僧尼令の遵守を求めた先の717年詔に、「小僧行基」と指弾され取り締まられる結果となった（ただしその実態については諸説ある）。

● 後半期の社会事業と国家との関係

④はその教訓を活かし、主に京外において国家政策と協調的に展開された。『行基年譜』所載の「天平十三年記」によると、行基集団の道場や交通・灌漑施設は、行基や弟子たちを輩出した氏族の拠点に設営されており、彼らの技術力や労働力、ネットワークを活かして展開したものと考えられる。8世紀前半は、気候の温暖化や国家的な勧農制度の整備（三世一身法・墾田永年私財法の発布）に伴い、郡司級の在地豪族や有力農民の間に耕地開発の機運が高まっていた。行基は血縁・地縁を通じて知識を組織し、地域固有の文脈に即した直道・橋・船息、溜池・水路などの造成を行う一方（知識結による灌漑施設の造営は行基以前に例がない）、それぞれの施設を管理する道場を併設して罪福の因果を講説した。事業の達成による生活の向上は、協力した人々に善因善果を実感させ、彼自身の霊的権威をも高めていったものだろう。

⑤について、行基の国家への接近は、初期の活動を評価するマルクス主義歴史学全盛期にあって、「転向」と非難されることもあった。しかし、大野寺土塔をはじめとする1990年代以降の関連遺跡発掘は、諸階層が平等に結びつく知識集団のありようを明らかにする一方、平城宮使用瓦や「天皇尊霊」文字瓦の出土などから、早期の国家的支援の存在をも確認させた。『続日本紀』によると、天平3年（731）には行基集団に属する在家修行者の一部官度が許され、同13年（741）の恭仁京造営に伴う木津川架橋事業を経て、国家的公認が進んだらしい。行基の民衆動員力、疑似共同体の構築力を、政府が仏教国家建設に利用しようとしたもので、大仏勧進への協力、大僧正補任も、その延長線上にあったと考えられる。

行基信仰の膨張はこの国家的称揚にも起因したとみられ、すでに平安初期、遷化伝が『弥勒上生経』から各地の道場を兜率天の49院に設定、『日本霊異記』は文殊菩薩化身説まで唱えている。行基の足跡は、実際には畿内に止まったが、その開基・造像伝承等を持つ寺院は、現在、北海道から九州におよぶ1,400か寺に拡大している。しかし、行基集団自体は、行基の没後間もなく国家との関係をめぐって分裂し、祖師の神格化と反比例するように活動を衰退させていったと考えられる。　　　（北條勝貴）

● 参考文献

井上　薫監修　1997　『行基事典』　国書刊行会

摂河泉古代寺院研究会編　2002　『行基の考古学』　塙書房

速水　侑編　2004　『民衆の導者 行基』　吉川弘文館

吉田靖雄　2013　『行基』　ミネルヴァ書房

近藤康司　2014　『行基と知識集団の考古学』　清文堂

角田洋子　2016　『行基論─大乗仏教自覚史の試み─』　専修大学出版局

166 第3部 日本＊第1章 日本古代

4 出家と得度と受戒

● 出家得度の基本ルール

　一般俗人が、剃髪し僧尼になることを得度と称する。得度は本来、師僧や仏教集団の承認によって宗教者となる入門儀礼である。俗人が僧になろうとする場合、家を出て師主に師事し三宝に帰依することを誓い（出家）、次いで沙弥戒を受け、沙弥となる（得度）。その際、剃髪をして俗体から法体に成り代わり、出家名を受ける。沙弥として修行生活をしたのち、寺院秩序のなかで承認を受けて、比丘（大僧）となる。その際さらに戒を受け（受戒・授戒）、集団のなかでのメンバーシップを獲得する。比丘になる際に受ける戒は具足戒と呼ばれ、250項目におよぶ禁忌である。女性の場合はさらにきびしく、比丘尼になる際には348項目の禁忌を持つことを誓ったというが、これらについて日本での運用の実態はさだかではない。

　戒を守る生活を続けること（持戒）は、本人が宗教的完成へと向かう前提であるとともに、集団を維持運営するのになくてはならない秩序であった。戒を受けることはその構成員となることを意味した。宗教者集団がこのような自律的秩序を持つことはしばしば為政者に警戒されることでもあった。そのため得度や受戒の様態は、仏教者内部の事情にとどまらず、それぞれの地域や社会の特質に影響を受け、ときには世俗権力の干渉を受けて展開した。仏教集団の分立に際しては、異なった系統の戒律や受戒方式が選び取られ、新しいメンバーシップとして機能した→3部1章3節2。

● システムの輸入と展開

　日本社会では、8世紀には得度を統制する法律が輸入され→2部1章2節2、関連法文がすでに大宝律令（戸婚律や僧尼令など）のなかに存在していた。政府に身分を認定された僧尼（官僧・官尼）には度縁（公験）という身分証明書が発給され、僧尼名籍に編入されるきまりが存在した。研究史上1950年代から70年代には、国家権力が民衆仏教の萌芽を抑圧したという学説が流行したために、非公式の出家が法律で厳しく禁止されていたという面ばかりが強調されてきた。一方でそれら法制の運用や効力、時代をおった変容過程の分析など実態面での検証作業は不足している。詳しい解明はこれからであるが、儒教的規範が深く定着した社会では、家を否定し、頭髪を剃り、遺体を火葬するという仏教者たちに対する批判はしばしば苛烈なものとなったのに対して、日本では実態として比較的ゆるやかであったということはいえる。

● 年分度者と臨時度者

　毎年恒例で人数枠を限って実施されるものを年分度者という。年分度者は持統10年（696）以降、毎年正月に宮中で開催される御斎会において実施された。その後、仏教集団の分立の過程で、宗ごとにあるいは寺ごとにそれぞれ天皇の勅許によって人数枠を割譲され、自律的に実施されるようになっていった。天台宗においては、弘仁13年（822）、候補者（度者）の合否決定権を掌していた僧綱・治部省・玄蕃寮（三司）の介入をさけて、亡き桓武天皇の忌日に比叡山で得度させることが許されている。

臨時度者については、さまざまな角度からの研究があり得る。たとえば富貴なる篤信者が、縁故者を得度させようとすることは8・9世紀を通じてたびたびあった。聖武天皇（701-756）の時代には疫病流行を仏罰と考える思想から、造寺造仏と並んで、人を得度させる行為が、疫病に対する有効な功徳と考えられ、権力者を含む社会全体のムーブメントとなった。それが優婆塞貢進や臨時に実施された大量得度である。

賜度者・別勅度者もまた鍵となる概念である。賜度とは、天皇勅によって得度させる権利を与えられることであり、別勅度とはあらかじめ天皇勅で許可されている年分度者のほかに、臨時に勅（勅をうけた太政官符）が下されて実施される得度である。

● 登壇授戒の受容

授戒儀礼（およびそのもととなる戒律）輸入の重要な契機は、長安西明寺に留学した道慈の帰国と唐僧鑑真の来日である。道慈によって中国南山律系の戒律解釈が伝えられ、鑑真によって戒壇という施設を用いて10人の僧侶（三師七証）の指揮と立ち合いによって行われる中国風の登壇授戒が日本でも実現した→2部1章2節4。それ以前の日本でも、在家戒や沙弥戒を師僧から受けていた形跡があるが、どのような方式で比丘や比丘尼になったか明らかではない。しかしだからといって鑑真来日以前に正式の僧尼は日本には存在しなかったというのは一面的理解である。南山律系の戒律解釈がどのように受容され展開したのかということが、研究のしどころでもある。

登壇授戒の導入にともなって東大寺・筑紫観世音寺・下野薬師寺に戒壇が設置された。なかでも東大寺戒壇は、僧綱の管轄下にあって南都の仏教集団を保つための重要な装置として機能した。天台法華宗（のちの天台宗）という新しい集団を発足させようとした最澄は、9世紀の初頭、官僚養成に似た官僧養成システムを構築するとともに、南都勢力との対立の末、『梵網経』が説く大乗菩薩戒（十重四十八軽戒）を比丘相当の大僧戒として採用することを提唱し、勅許により新規に戒壇（のちの延暦寺戒壇院）を開いた。

● 連続する研究課題

出家と得度と受戒は、日本社会においては、各宗が僧侶を輩出し、法会の立義や講師などをつとめてキャリアを積み、昇進していく仏教官僚の入り口であった→3部1章3節4。他方官僚的秩序に回収されない面として、僧俗が帰依の確認として受戒する菩薩戒の問題、病気がちになった時や大切な行事に先立って実施される祓に似た受戒、世俗の連続のなかで隠居の体裁をとるために行われる入道、さらには臨終に際して来世の幸福を願う臨終出家の問題があり、通時代的・広領域的に社会や文化、あるいは政治の様態を掘り下げていくための基礎的課題であるといえる。　　　　（佐藤文子）

● 参考文献

塩入良道、木内堯央編　1982　『日本名僧論集　最澄』　吉川弘文館

平岡定海、中井真孝編　1983　『日本名僧論集　行基・鑑真』　吉川弘文館

石田瑞麿　1986　『戒律の研究』上・下　法藏館

佐藤文子　2010　「古代の得度に関する基本概念の再検討」（『日本仏教綜合研究』8）

168　第3部　日本＊第1章　日本古代

5　僧尼身分と僧位僧官

◉ 概要

　日本の古代国家では、僧尼は一般公民とはちがった身分とされ、公民が僧尼となると戸籍から除かれて僧尼籍に登録される決まりであった。法律上の扱いにも違いがあって、大宝律令には僧尼のみを対象とした僧尼令が規定され、そこでは僧尼は笞罪・杖罪を執行されず、寺院内での苦使という労働ですまされることとされ、徒罪以上を課す場合は還俗させて俗人身分に戻すという規定であった。このような刑法上の優遇からみて、僧尼は官人と同等の身分に位置づけられたわけである。

◉ 僧尼統制の機関の成立

　僧尼を統制するのは僧綱と呼ぶ僧官の仕事であった→2部1章2節2。僧尼は俗官ではなく僧官が統制したのである。推古32年（624）に、百済からの渡来僧の観勒→2部2章5節1を僧正、鞍部徳積を僧都、阿曇連某を法頭に任命したのが起源で、僧正と僧都は中国・南朝の系統という。法頭はのちの僧綱には引き継がれていないが、寺院資財調査のための俗官であろう。この時行われた最初の寺院と僧尼の調査では、寺院46か所、僧816人、尼569人であった。

　僧正と僧都はその後、大化改新の際に設けられた十師にかわったとする見解が有力だが、併存していたとする見解もある。天武2年（673）に少僧都の任命と佐官の定員を4人に増やしたことが見え、おそくとも天智朝には佐官が設置されていた。佐官は律令官司制での四等官の4番目なので、すでに僧正・僧都・律師・佐官の組織が成立していた可能性もあるが、天武13年に僧正・僧都・律師を任じ、僧尼を法の如く統領させたとあるので、律師の設置をそのころとする見解がつよい。なお天平17年（745）には行基が大僧正に任命されたが、これは臨時のもので、以後天元4年（981）に良源が任命されるまで大僧正は置かれなかった。また、奈良時代末には佐官にかわって威儀師と従儀師が置かれた。

◉ 僧尼身分の整備

　当初、僧尼の把握は寺院ごとの僧尼籍のみでおこなわれたらしいが、それでは僧形となって民間で活動する偽の僧尼いわゆる私度僧を取り締まるのに困難があり、養老4年（720）に僧尼に証明書（公験）を発給することとなった。『令集解』に引用された養老4年2月4日格によれば、得度の時点で支給される度縁、具足戒の受戒時に支給される戒牒、そして師位に授けられるものの3種があった。僧尼には沙弥十戒を授けられただけの沙弥・沙弥尼と具足戒を受けた比丘・比丘尼があったから、それぞれの段階で証明書が発給されたのである。師位の性格については判然としないが、弟子をとって後継者を育てる資格を有する僧尼のことではないかと思われる。

　天平19年に法隆寺と大安寺が提出した『伽藍縁起幷流記資財帳』の奥（末尾）にある天平20年6月17日の僧綱の署名を見ると、そこには大僧都法師、佐官兼薬師寺主師位僧、佐官兼興福寺主師位僧、佐官師位僧、佐官業了僧の肩書きが見える。大僧都

と佐官は僧綱の役名だから法師・師位僧・業了僧が僧位である。業了とは一定の修業を終えたという意味で、そこからさらに師匠となって後継者を育てることのできる師位僧に進んだのであろう。また法隆寺の資財帳には寺家の署名として、都維那・上座・寺主の三綱とともに可信という者が3名署名しており、うち1人が半位僧、2人が複位僧という肩書きを持っている。

このように僧位には半位・複位・業了・師位・法師があったが、公験のあり方から見てとくに師位以上とそれ以下で大きな段差があったらしい。その師位以上の僧が大寺の上座や寺主、僧綱の構成員となる官僚的な僧といえるであろう。

これをさらに教団主導で整備しようとしたのが天平宝字4年（760）7月23日の僧綱の上申である。この時、大僧都良弁・少僧都慈訓・律師法進らが「四位十三階」の僧位を制定することを求めた。仏教者側からさらなる官僚化が求められたのである。これにたいして朝廷は、四級を分置するのは煩わしいので修行位と誦持位は一階級とし、師位の等級は奏状のようにすることとした。

この内容については諸説があるが、上申に見える十三階を僧位の総数とみなすことは適切ではない。正倉院文書などから、いわゆる道鏡政権下では、僧には伝燈・修行・修学・持経の4タイプが確認され、その各々に進守大法師・大法師・師位法師・進守法師・法師・進守住位僧・住位僧・進守満位僧・満位僧・進守入位僧・入位僧の11ランクと、各タイプ共通の最高位として進守賢大法師位と賢大法師位を戴く13のランクがあったらしい。この4つのタイプが四位に、13のランクが十三階に相当するのであろう。道鏡政権下で僧位は僧綱の申請どおりに実施されていたのである。

この四位のうち、持経位は天平宝字4年の奏状にみえる誦持位に相当し、もともと修行位に統一されるものだったから称徳天皇（718-770）死後の政権交代によってもとに戻され、宝亀年間（770-780）は天平宝字4年段階の朝廷の方針に沿った僧位が実施されていたようだが、やがて桓武朝には修行と伝燈の2つにまとめられた。また十三階も簡略化され、延暦以降は大法師・法師・満位僧・住位僧・入位僧の5つにやや特殊な賢大法師位のみとなる。四位十三階の僧位制は事実上、二位五階制となった。その後、住位と入位は授けられなくなり、僧位は満位・法師位・大法師位の三階になった。さらに貞観6年（864）2月16日に、僧綱と凡僧が同じ僧位を授かっていることを問題視して、法橋上人・法眼和上・法印大和尚という特別の僧位を制定し、各々律師、僧都、僧正の位階とした。やがて僧綱以外の僧にも法橋・法眼・法印の三階が授けられるようになり、中世には僧位を有しながら僧綱に列しない者を「散位の僧綱」と呼んだ。

（若井敏明）

● 参考文献

神宮司庁編　1911　『古事類苑』宗教部巻29　「僧官」「僧位」解説　吉川弘文館

山田英雄　1987　「古代における僧位」（『日本古代史攷』岩波書店）

海老名　尚　1993　「中世僧綱の基礎的研究」（『学習院大学文学部研究年報』39）

若井敏明　2001　「奈良時代の僧侶類型」（『続日本紀研究』335）

③ 平安仏教

1　最澄・空海と「平安仏教」

● 入唐前の最澄・空海

　桓武天皇（737-806）の治世末期に派遣された遣唐使とともに中国に渡り→2部1章4節2、3部1章5節4、日本の仏教界に新たな潮流をもたらした**最澄**（767-822）・**空海**（774-835）は、日本古代仏教史を代表する人物である。しかし、入唐前の彼らについては対照的である。最澄は、比叡山に籠って天台教学を研鑽し、内供奉となり、桓武天皇の命令によって高雄山寺（現在の神護寺）で南都の高僧たちに天台教学を講義して注目を集めていたのに対して、空海には不明な点が多い。例えば、空海がいつ得度・受戒→3部1章2節4したのかについては、いまだ定説を得ていない。

　最澄は、得度・受戒に際して発給された国府牒・度縁（案）・戒牒が伝わっているため（『来迎寺文書』）、宝亀11年（780）に得度し、延暦4年（785）に受戒したことがわかる。一方、空海については、①31歳で入唐する際に慌ただしく得度・受戒をし、それ以前は私度僧であったとする説と、②延暦12年に得度し、同14年に受戒したとする説とがある。①は『続日本後紀』承和2年（835）3月庚午（25日）条の「空海伝」に「年卅一得度」とあることを根拠にしており、②は空海の遺言とされる『御遺告』や空海の伝記類の記述、それらに収められている「大師御戒牒文」に依拠する。空海の母方の叔父阿刀大足が、桓武天皇の皇子伊予親王の学問の師であったことなどからみて、空海は入唐以前の早い段階で正式な僧となっていた可能性が高い。

　唐から帰国してからの最澄・空海については、ともに多くの史料が残されており、その足跡をくわしく辿ることができる。天台山で正統天台の付法を得た最澄は、比叡山を拠点として**日本天台宗**を開創し、三一権実論争や大乗戒壇設立運動など、南都六宗との対立を通じて、日本天台宗の独立を目指した。一方、長安で恵果から金胎両部の付法を得て、不空の新訳経典を中心とする密教を伝えた空海は、高雄山寺を拠点として**真言密教**の流布に努め、高野山を賜って修行の場とし、のちに平安京の東寺（教王護国寺）を給預され、それらを拠点に真言宗を開創する。また、東大寺や宮中に真言院を置くなど、国家護持などのために密教修法が用いられる端緒を開いた。

● 最澄・空海と「平安仏教」

　最澄と空海は、これまでの研究において、南都六宗を中心とする奈良仏教とは異なる新たな潮流を仏教界にもたらした「平安仏教」の創始者として位置づけられ、多くの研究の蓄積がある。最澄については、大正10年（1921）の三浦周行『伝教大師伝』以降、近代歴史学による研究が始まる。なかでも薗田香融による一連の研究は、最澄研究の出発点とすべき成果である。空海については、昭和6年（1931）の『弘法大師伝』を皮切りに入定1,100年を契機として伝記類が編纂されるが、昭和42年（1967）の渡辺照宏・宮坂宥勝『沙門空海』を画期に研究がさらに活発化する。高木訷元・武内

孝善による歴史学的研究や、松長有慶による密教教学的研究が出発点となろう。

　一方で、近年においては、「平安仏教」の創始者として最澄・空海の活動に画期性を見出すこれまでの視点を再検討し、奈良仏教との連続性から彼らを評価する研究もみられるようになってきた。最澄は、鑑真が請来した経典によって天台教学に出会い、空海以前の密教は、「雑密」とされて空海請来の密教と区別されるが、すでに奈良時代の仏教にも高度な密教的要素が含まれていたことが指摘されている。最澄・空海は、奈良仏教の伝統を引き継いでいるともいえるのである。こうした視点は、奈良時代と平安時代初期を歴史学的にどのように評価するかという問題にも関わり、仏教史のみならず、政治史などと関連して、日本古代史という大局的な視点で最澄・空海をどのように位置づけるかという課題であるといえる。

◉ 課題と展望

　最澄・空海については、これまで「平安仏教」という枠組みのもとで研究が進められてきたこともあり、彼らの個々の活動についてはいまだ解明すべき課題が残されている。例えば、最澄については、高雄山寺での天台講会、三一権実論争に関連する東国伝道の意義などが挙げられる。『叡山大師伝』『伝述一心戒文』といった伝記類や『伝教大師全集』に収められる著作類をもとに、その歴史的意義の解明が待たれる。空海については、歴史学的に解明すべき課題が多い。『遍照発揮性霊集』や空海の書簡集である『高野雑筆集』などの著作類や、偽撰とされる『御遺告』や多くの伝記類の客観的な分析が鍵となろう。

　また、最澄・空海以後の「日本仏教」において、密教は重要な要素となる。最澄が創始した日本天台宗にあっては、天台教学にどのように真言密教を取り入れるのかが最大の課題であり、空海にとっては、実践中心の密教をどのように理論化するのかが課題であった。今後は、これまでの研究の蓄積をふまえ、歴史学と教学という複眼的な視点から彼らの生涯や思想などについての新たな研究の進展が待たれる。

　さらに、いまだ解明すべき点が多く残されている最澄・空海以後の日本天台宗・真言宗の動向についても、歴史学・教学の双方から研究を進め、日本仏教の特色とされる宗派仏教の起源をとらえるという日本仏教史全体の広い視野に立った研究が期待される。

（櫻木　潤）

◉ 参考文献

安藤俊雄・薗田香融校注　1974　『日本思想大系4　最澄』　岩波書店

松長有慶　1998　『松長有慶著作集3　空海思想の特質』　法藏館

高木訷元　2016　『空海の座標　存在とコトバの深秘学』　慶應義塾大学出版会

1975年復刻　『伝教大師全集』全6巻　世界聖典刊行協会

1997　『定本弘法大師全集』全11巻　高野山大学密教文化研究所

172　第3部　日本＊第1章　日本古代

2　宗の成立と展開

● 宗の成立と組織

　仏教における宗とは、特定の仏教教義を学ぶために集まった出家者集団を指す。僧尼が主体的に学派を形成し、展開していった側面があることはいうまでもないのだが、7–9世紀の倭・日本の宗の場合はとくに、唐や新羅などとの交流のなか、国家の必要性のもと、学業を受け入れる器として形成された側面が強い。

　倭・日本で確認できる宗の早い例としては、7世紀半ばの唯識学派「摂大乗論門徒」（飛鳥寺）がある。その後、道昭等による唐の玄奘→2部1章4節2とその学派からの伝法記録ののち→2部1章4節1、8世紀前半には、まとめて「五宗」と記された（『続日本紀』養老2年10月庚午条）ほか、大安寺・元興寺・法隆寺の各寺院の資財帳にも個別の衆の名称がみられた。なお、六宗成立以前の宗は、一般に「衆」と表記されていたことが知られている。

　先の「摂大乗論門徒」の場合、（1）中臣鎌足の「家財」を割いて「講説」の資を置いたことに始まることと、（2）それにもかかわらず飛鳥寺に置かれたこと（『類聚三代格』天平9年3月10日太政官奏）の2点は、すでにのちの宗の特色を示している。

　1点目は、宗を継続するためには、その組織とともに、独自の経済基盤が必要であったことを示している。8世紀半ばの宗には、大学頭・少学頭・維那などが置かれていた（正倉院文書）が、こうした組織や宗の活動を支えるため、銭や田地など独自の資財を保持していた。「摂大乗論門徒」の鎌足「家財」のほかにも、大安寺・法隆寺の資財帳や『日本霊異記』にある宗の銭、元興寺三論宗の近江国愛智庄（東大寺東南院文書）、天平感宝元年（749）閏5月に聖武天皇が大修多羅宗のために勅施入（『大日本古文書』3巻240-241頁など）したとされる近江国鯰江庄（興福寺）・同豊浦庄（薬師寺）なども、宗の経営基盤を示す格好の資料である。平安中期になると、三論宗と真言宗の本所となった東大寺東南院のように、院家と宗の経営の密着が指摘される。

　なお、「三論供」や「三論供家」などと記す場合があるが、「供」は宗に対する供養を意味すると考えられ、具体的には宗の活動を支える経営体を指す。

　2点目は、宗の中心的な組織が、原則大寺にあったことを示している。天平19年（747）の『大安寺伽藍縁起幷流記資財帳』には、寺内にある修多羅衆・三論衆・律衆・摂論衆・別三論衆が記載されているが、こうした宗の中心的組織が置かれた寺院は、原則、大安寺・東大寺・元興寺・法隆寺・東寺などの大寺や延暦寺であった。

　このほかにも、養老2年（718）に太政官が「宗毎」に「宗師」とよぶべき人を推挙するように命じたのは、大寺を管轄する僧綱に対してであった（『続日本紀』養老2年10月庚午条）し、承和5年（838）に「智徳・修行・学生」の三種類の僧の帳簿を進めさせた時、後二者については、「大寺」ごとに、天台宗を除く七宗から1人ずつ選ばせたこと（『類聚三代格』承和5年10月13日官符）からも同様に推測できる。

大修多羅宗と六宗の成立

　7世紀後半から日本でも一切経整備事業が進められた。とくに天平感宝元年（749）閏5月には、聖武天皇が、玄昉請来経典や唐の経典目録などを基礎に、12か寺に一切経（中国では一切経に含まれない経典に註釈をほどこした疏などを含む）を置くとともに、各寺に諸宗を統括する大修多羅宗を設けた（前掲）。この大修多羅宗の下には、東大寺の場合、華厳宗・律宗・法性宗・三論宗・成実宗・倶舎宗の六宗が整備されている。六宗によって一切経が分担されたが、それは宗と関わりのある経典を原則としつつも、半ば機械的に決められた。各宗は、それに従いその転読・講説を行っている。これら教学研究の基盤整備を契機として、唐や新羅の教学を踏まえた研究が深化した。その成果は、法相宗や三論宗、天台宗等による活発な論争や、宝亀遣唐使に託して唐の僧侶に教学上の疑義を問うた「東大寺六宗未決義」（『大日本仏教全書』）の作成、日本僧による経疏作成の増加など、日本の宗の教学的発展へと繋がっていったのである。

　東大寺六宗による一切経分担の具体的な様子は、諸宗の「布施法定文案」（正倉院文書）などを根拠に復元作業が行われている。こうした宗と経・疏の関係を端的に示すのは、この一切経を大仏殿に安置するため、宗ごとに造られた六宗厨子である。厨子そのものは現存しないが、厨子扉絵の画題案が残された（正倉院文書）。それによれば、画題は各厨子16種あり、如来や中国・日本の人物の画題はないようであり、菩薩を中心にインドの僧俗を加えて描く。厨子正面には宗の中心となる画題を描き、背面の中心2点には宗と深い関連のある僧を描くのが原則である。たとえば、法性宗厨子背面に正統法相教学（慈恩大師基が継承）の「護法」が描かれていることから、古くから議論のある法性宗と法相宗の関係についても、両宗の連続面を指摘する研究がある。

　正面をみると、華厳宗は『華厳経』から普賢菩薩と文殊菩薩などを、三論宗は『維摩経』から文殊菩薩と維摩居士をとりあげる。難解とされる法性宗は、図案が変更されており、当初案では『解深密経』や『瑜伽師地論』を典拠に、弥勒菩薩・観自在菩薩・勝義生菩薩・無着菩薩を画題としていたようだ。変更後は勝義生菩薩・観自在菩薩・無盡意菩薩・無着菩薩が描かれたが、中心の2菩薩は、法性宗の分担する『観音経』（『法華経』観世音菩薩普門品）を主題としたと推測される。この変更は、中林隆之が指摘するように、法性宗が多くの観音経典を担当したことと関わる可能性がある。

　ところで、天平感宝元年勅と同年の安居で国分寺での『金光明最勝王経』の講説が始まった。その年の7月の孝謙天皇即位直後か、天平神護元年（765）に、地方僧官である国師（定員1名）を大国師と小国師に分けるとともに、京畿の十余寺と国分二寺における安居（4-7月の間の寺内修行）での『法華経』・『金光明最勝王経』の講説を命じた（『東大寺要録』巻第8　安居縁起）。講説には学業の能力が必要であり、おそらくは宗の僧侶が選抜されたことを考えれば、一切経を基礎とした大修多羅宗・六宗の設置と地方僧官改革は一体であったと考えられる。

174 第3部 日本＊第1章 日本古代

● 八宗の成立

　仏教統制策が採られた長岡京期に比べ、平安京遷都前後は、同じく統制を基調としつつも仏教の積極的な活用策もみられた。とくに延暦17年（798）以降は、年分度者の得度方法の改革とともに、法相宗・三論宗を中心とした六宗の育成策が採られている。延暦25年（806）には、唐から帰国した最澄の提案をもとに、年分度者12名を、華厳・天台・律・法相・三論とこれに付属的に成実・倶舎を加えた七宗で分割した（『類聚三代格』延暦25年正月26日官符）。ここに広く各宗を育成するなかで、天台宗が成立したのである。この改革は、宝亀10年（779）から始まる地方僧官改革とも連動していた。一時、世俗的権限を奪っていた地方僧官（国師から講師に改称）に権限を戻したが、それはより質の高い宗所属の僧の登用を条件としたためと考えられる。

　成立した当初の天台宗は、平城天皇（774-824）期に抑圧されたのちも、法相宗などに僧を奪われるなど、宗として十分に成長できなかった。そこで最澄は、天台宗独自の大乗戒壇建立を希望していたが、嵯峨天皇（786-842）期の末の弘仁13年（822）、最澄死没の時にあたって許可され、翌年には私寺である比叡山寺が、国家公認の寺院（定額寺）である延暦寺となることで、天台宗は南都六宗から自立したのである（『叡山大師伝』など）。

　日本の天台宗は、聖徳太子を宗祖の1人としていたが、それは彼が宗祖智顗の師である慧思の後身であるとの説に依拠していたためである。中林は、8世紀の六宗による一切経分担では、聖徳太子撰の三経義疏を法性宗と三論宗で分担していたが、のちには天台宗の分担になると述べたこととも関わる。また延暦寺では、中国天台宗の影響のもと、宗祖である智顗と最澄の忌日に開催した法華経講会（霜月会と六月会）をとくに重視していた。これらは、宗祖を重視した中国天台宗の日本での展開を示すとともに、日本国の自意識も示す例ともいえよう。

　最澄とともに入唐した空海は、長安で皇帝に密着した密教僧不空の弟子から、密教を受法すると、予定を繰り上げ帰国した→2部1章4節2。しかし、密教者としての本格的活躍は、天台宗の自立と同じ嵯峨天皇期の末からであった。弘仁14年（823）、東大寺に灌頂道場を設けるとともに、平城太上天皇等に密教的に仏に結縁するための灌頂を授けた。また淳和天皇が即位すると、東寺と神護寺を真言宗寺院とすることに成功し、真言宗僧が学ぶべき経典を定め（後述）、一切経分担の一翼を担うとともに、神護寺には真言宗年分度者が与えられた。

　このように、嵯峨天皇期の末から淳和天皇（786-840）期にかけては、天台宗・真言宗の確立期といえるが、この時期には、法会の整備・再編などを通じて、他の諸宗も含めた興隆策が採られており、宗全般に対する政策にとっても大きな画期であった。こうした側面を象徴するのが、淳和天皇の命によって提出を命じられた「天長六本宗書」である。真言宗僧空海による『秘密曼荼羅十住心論』のほか、華厳宗・天台宗・律宗・法相宗・三論宗によって宗の教学などがまとめられたのである。

● 密教と諸宗の展開

　延喜14年（914）に勅により、六宗による諸宗章疏の書写と目録の撰進がなされ、現在も華厳・天台・三論・法相・律の五宗の章疏目録（『大正新脩大蔵経』）を確認することができる。中林は、安然の『諸阿闍梨真言密教部類総録』（同上）もこれと関連すると指摘するとともに、8世紀の一切経分担との比較から、平安前期の諸宗の教学的な変化をたどったのである。たとえば8世紀には、密教的経典を分担していた法性宗も、10世紀の法相宗では瑜伽関連を除けば、基本的に密教章疏は除かれたとも指摘している。

　密教の変遷は平安期の宗を理解するうえでも重要である。延暦25年（806）に年分度者を分割した七宗が成立すると、天台宗には止観業とともに密教の遮那業が置かれた。しかし、空海が請来した本格的な密教を前に、最澄等はその不十分さを自覚することになる。淳和天皇が即位し、空海の真言宗が成立すると、弘仁14年（823）に、真言宗僧が学ぶべき経（金剛頂経関係・胎蔵経関係・雑部真言経）と梵字の真言と讃、律（蘇悉地経・蘇婆呼経・有部律など）、論（金剛頂発菩提心論・釈摩訶衍論）の合計424巻が示された（「真言宗所学経律論目録」）。これらは空海の新請来の経典だけでなく、8世紀に法性宗の分担していた陀羅尼集経ほか密教的経典や、律宗の分担していた有部律などが含まれており、宗の再編ともいえよう。

　天台宗は、密教受容の不十分さから、天長期（824-834）には顕教を中心に活動していたようだが、円仁と続く円珍等によって天台宗にも本格的な密教が請来された。円珍が承和13年（846）に天台宗の「真言学頭」に任命されたり、安然が『真言宗教時義』を著したことは、天台宗の真言業（宗）確立と関わるのではないかと考えられる。

　密教の師である阿闍梨は、承和10年（843）に東寺（空海の法脈）が官許制をとったほか、法琳寺（常暁）・清凉寺（円行）や、天台宗の延暦寺惣持院（円仁）・元慶寺（遍照）など、新規の求法による阿闍梨設置や密教の年分度者の師として阿闍梨が必要であったことから、新たな設置を認められた。しかし、10世紀後半以降には褒賞としての設置の側面が強くなる。これは、阿闍梨が、顕教の三会已講（国家が指定する三つの法会で講師を務めた僧侶）と内供奉十禅師（天皇の看病僧）とともに「有職」と呼ばれ、僧綱への昇進階梯となったことと関係する。なお、惣持院阿闍梨の申請者をたどると、9世紀後半から10世紀初頭の間に円仁派（山門）と円珍派（寺門）に分かれたことが確認できる。この点は10世紀後半に起きる天台宗内の決定的な分裂の前提となった。これら阿闍梨の変質は、宗と院家の結合とともに、宗の「中世的展開」の一傾向といえるのである。

（堀　裕）

● 参考文献

速水　侑編　1994　『論集奈良仏教1　奈良仏教の展開』　雄山閣出版

中林隆之　2007　『日本古代国家の仏教編成』　塙書房

苅部　直ほか編　2012　『日本思想史講座1―古代―』　ぺりかん社

堀　裕　2015　「国分寺と国分尼寺の完成―聖武・孝謙・称徳と安居」（『国史談話会雑誌』56号）

3　大寺・定額寺から御願寺へ

● 大寺・定額寺と御願寺

　8－10世紀の寺院制度は、東大寺など勅願寺院を中心とする国家の中核寺院たる大寺、諸国の国分寺・国分尼寺、国家に公認された私寺である定額寺、国家非公認の私寺・私堂に分かれる。これに対し、9世紀以降に現れる御願寺とは、本来こうした寺院制度の体系とは次元が異なり、原則天皇等の本願の寺院であることを示すに過ぎなかった。

　けれども御願寺は、次の点で大寺と定額寺に関わる。天皇の本願寺院は、8世紀には大寺となったが、9世紀には東寺・西寺を最後に大寺とはならなくなった。それゆえ、9世紀になると、寺院制度上、天皇本願の寺院（つまり御願寺）であっても、国家公認寺院となるためには定額寺となる必要があった。10世紀後半になると、御願寺が寺格を示すように変化し、定額寺の代わりに御願寺となることを申請する。これらの点を踏まえ、平安期を中心とした寺院制度の展開を見通すこととしよう。

● 東寺・西寺

　長岡京・平安京遷都では、平城京の諸寺院が新京に遷されることはなかった。長岡京は乙訓寺や宝菩提院廃寺など、おもに京内に入った既存寺院を改修・利用していたが、平安京では計画的に配置された東寺・西寺のみが建立を認められた。東寺・西寺の住僧には、南都諸寺の僧侶が選抜されたと考えられる。長岡京内寺院の住僧も、同様であるならば、両京が共通して、南都諸寺の統制を目的としていたと考えられる。

　大寺である東寺・西寺の3つの特色をあげよう。（1）かつて東大寺で行われたような仏教を国家の中心とする儀礼が行われる場ではなかった。平安京内にそのような場を探すとすれば、宮中正月金光明最勝会（御斎会）が行われるときの大極殿であった。（2）東寺は淳和天皇（786-840）の時に真言宗（空海）に与えられ、西寺は仁明天皇（810-850）の時に優秀な顕教の僧侶を住僧とすることが命じられたこと（『続日本後紀』承和7年6月庚午条）から、それぞれ顕密を代表する寺院と位置づけられた。（3）両寺では、天皇や皇后等のための国忌（国家主催の忌日仏事）が開催された。天長年間（824-834）ころに、大安寺で行われていた桓武新王朝の「始祖」ともいえる光仁天皇以下の国忌を移し、同時に新たに藤原氏出身の后が国忌の対象となっても、氏寺の興福寺ではなく、両寺で行った。このように、両寺は本願や氏を離れ、まさに国家で忌日を弔う場であった。この点こそ8世紀の国忌が、個別の天皇・皇后の本願寺院で開催されていたのに対する特色であり、9世紀に大寺とならない個別的な御願寺が出現する要因でもあった。

● 定額寺の定義

　定額寺は、諸国の様々な檀越によって建立された寺院であり、僧官・国司によって維持・管理されることを原則とした国家公認寺院であった。定額寺の語の初見は、天平勝宝元年（749）に諸寺の墾田地面積の制限を定めた記事である（『続日本紀』同年7

月乙巳条）。議論のある「定額」の意味は、中井真孝のまとめがおおむね妥当であり、唐の「賜額」と同様、寺院の名を掲げる額を公式に定めたことに由来する。それゆえ、天武8年（679）に「諸寺の名を定む」とあり（『日本書紀』同年4月乙卯条）、また霊亀2年（716）の寺院併合令で「草堂始めて闢き、争いて題額を求む」とある（『続日本紀』同年5月庚寅条）のも、定額寺認定を指す可能性がある。

定額寺の認定には、唐の賜額と同様、中央の承認が必要と考えられる。大暦6年（771）に皇帝の夢と、刺史によって奏上された寺院の絵図が一致したとする話がある（『仏祖統紀』巻41）が、賜額の申請には、絵図が必要であったと推測される。「額田寺伽藍幷条里図」との関連も想起されよう。

◉ 定額寺から御願寺へ

速水侑が論じたように、定額寺には、郡司・富豪層クラスが檀越（だんおつ）となる諸国の寺院（畿外的定額寺）と、天皇や皇后が檀越となる平安京周辺寺院（畿内的定額寺）の両者があり、後者がのちの御願寺につながるのである。

畿内的定額寺をみると、9世紀以降には徐々に「御願」であることを強調したり、申請により「御願寺」となる寺院も現れたりする。その結果、経済的特権や僧侶の昇進ルートを獲得したほか、僧官の管理から外れることもあった。畿外的定額寺だけでなく、畿内的定額寺に分類されるようなさまざまな特権を確保した御願寺であっても、9世紀には、国家公認の定額寺となることが原則であったと考えられる。

10世紀後半になると、国家認定の寺院として定額寺となるのではなく、御願寺となることを申請するようになる。定額寺と御願寺の混交と呼ばれる現象である。具体的な様子は、10世紀後半成立の『新儀式』「御願寺事」からうかがえる。そこでは、（1）天皇が新たに修造する場合と、（2）太上天皇・皇后・僧綱（そうごう）・公卿が「私寺」を「公家」に付属して「定額寺と為す」場合が挙げられる。前者はいうまでもなく御願寺であり、定額寺となるよう申請することはなかった。後者も「定額寺」として例示されるもののうち最新の「補多楽寺」の場合、実際には「御願寺と為す」ことを求め、認可されていた（『門葉記』巻134 応和3年4月17日官符）。つまり、『新儀式』編纂の10世紀後半の時点では、定額寺となることの制度的意味が失われ、天皇の発願による御願寺か、天皇に近い僧俗が、御願寺となり特権を得ることが重視されたのである。

（堀　裕）

◉ 参考文献

竹内理三　1958　「御願寺の成立」（『竹内理三著作集』第5巻　角川書店）

速水　侑　1959　「定額寺の研究」（『北大史学』6）

中井真孝　1991　『日本古代仏教制度史の研究』　法藏館

堀　裕　2008　「平安期の御願寺と天皇―九・十世紀を中心に―」（『史林』91-1）

堀　裕　2015　「平安仏教と東アジア」（『岩波講座　日本歴史』第4巻　岩波書店）

178　第3部　日本＊第1章　日本古代

4　法会とその歴史的展開

● 法会とは

　法会とは、「経典を講説・読誦すること。また、その集まり」（『日本国語大辞典』）とするのが一般的である。しかし、このような狭隘な定義では、経典を扱う講経法会に限定されることになり、悔過会や密教修法は抜け落ち、豊かな法会の世界を論じきることはできない。法宝に限定するのではなく、仏法・僧法を含めた仏教に関わる儀礼全般を法会と呼びたい。ここでは、法会の基本類型を確認した上で、その歴史的展開を明らかにする。

● 顕教法会について

　ひとりで行う念仏や観想から、千僧が列する大規模なものまで、多種多様な法会が存在した。様々な要素が融合し融通無碍ともいえる法会について考察するには、基本となる類型をおさえる必要がある。法会には顕教法会と密教法会（修法）とがあり、顕教法会は悔過会と講経法会とに分けることができる。

　悔過会とは、僧侶が自らの罪過を仏前において懺悔することを核とする法会で、懺悔を経て、清浄となった僧侶が五穀豊穣や国家鎮護など様々な祈願を行うもので、修正会・修二会や仏名会などがこれに該当する。一方、経典を扱うのが講経法会で、単に仏典を読む読経、講師が内容を解説する講説（講読）、講師と問者が内容理解をめぐり問答を行う論義などに分かれ、論義において答弁内容の当否を探題が判定するものを竪義と呼ぶ。

● 顕教法会の歴史的展開

　これら顕教法会の諸類型は中国からもたらされたが、平安初期以降、国内で独自の展開を遂げる。官寺や国分寺で行われていた悔過会は、10世紀末に大きく変貌する。特に、修正会・修二会は、それまでは昼夜を問わず六時（初夜・半夜・後夜・晨朝・日中・日没）に勤修されていたが、初夜・後夜の二時に行われる夜の法会となり、初夜・後夜の合間には諸芸能が演じられ、結願には鬼が登場するという芸能性・娯楽性の豊かな法会となる。都で始まった新たな形態は、都鄙間を往反した受領や、荘園制の全国的な展開により、11世紀末より全国へと伝播していき、農事暦とも結びつき、広く社会に浸透していく。

　一方、講経法会は主に僧侶の教学研鑽と関わり発展する。平安初期より朝廷は経典の内容理解を重視した僧侶養成を図り、昇進の階梯に経論理解を問う法会を設けていく。斉衡2年（855）には、試業・複業・維摩会竪義・夏講・供講の五階を終えた者を諸国講師に、試業・複業・維摩会竪義の三階を果たした僧を諸国読師に任ずるとした。また、9世紀後半には、五階を終え、興福寺維摩会・宮中御斎会・薬師寺最勝会の三会を勤めた者を僧綱とすることになった。10世紀後半以降、朝廷は僧侶養成への直接的関与をやめるが、宮中や御願寺で行う論義会を興隆することで、間接的に学僧の教学振興を図った。そして12世紀になると、最勝講・法勝寺御八講を頂点に、

諸々の国家的法会と寺内法会とが密接に結びついた法会体系が確立し、そこでは経論の解義が重視されていた。

◉ **密教修法について**

顕教法会は俗人の聴聞が可能で、特に修正会・修二会が社会・民衆との結びつきを深めていくのに対して、通常、密教修法は閉ざされた空間で秘密裏に行われ、王権や貴族社会と結びつき発展していく。密教修法とは、「壇に本尊を安置し、護摩をたき、手には印を

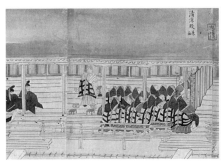

図1　清涼殿における御斎会論義（田中家所蔵。『日本絵巻大成8　年中行事絵巻』より転載）

結び、口には真言を唱え、心には仏菩薩を観じて、行者と本尊との三密の一致を得ることによって、その目的の願いとするものを達成しようとするもの」（『日本国語大辞典』）と定義される。修法を勤仕する行者（大阿闍梨）の三密行に力点を置く上記の説明は、修法の本質を言い当ててはいるが、修法の勤修内容を依頼主に報告する巻数を分析すると、若干の補足が必要となる。

巻数には、大阿闍梨が行った供養法と真言・陀羅尼の念誦の回数が明記されるが、同時に経典の読経が併記される場合がある。請雨経法・法華経法・仁王経法・孔雀経法などがそれに該当し、大壇の中央には経箱に入れた経典が安置され、本尊に准ずるものとみなされる。経典を扱う修法も存在したことは重要で、空海が始めた後七日御修法も最勝王経を用いており、顕教を取り込んだ密教を創始しようとする空海の意図がうかがえる。また、修法は大阿闍梨のみならず、数名から数十名の伴僧が加わることで成り立っていた事実にも留意したい。伴僧は供養法を行わないが、真言・陀羅尼の念誦や読経により、大阿闍梨の効験を支えており、大阿闍梨の個人的な験力に依存する側面が強い修法も、僧侶集団が支えるという顕教的な要素をも有していたのである。このように、密教修法は顕教法会をも取り込んだうえで、その独自性を強調するものであり、顕教法会に供養法が取り入れられるのと同様、密教修法も顕教法会の影響を受けつつ変貌を遂げていくのである。　　　　　　　　　　　　　　　（上島　享）

◉ **参考文献**

佐藤道子　2002　『悔過会と芸能』　法藏館
上島　享　2004　「密教諸修法の構成と歴史的変遷に関する基礎的考察」（覚禅鈔研究会編『覚禅鈔の研究』　親王院堯榮文庫）
上島　享　2010　『日本中世社会の形成と王権』　名古屋大学出版会

180　第3部　日本＊第1章　日本古代

④ 日本古代史と仏教史料

1　正倉院文書と奈良仏教

● 文書の成り立ちと研究動向

　正倉院文書は東大寺の正倉院中倉に伝来した文書・記録である。おおむね造東大寺司の写経所に関わる史料群で、「写経所文書」と称すべきもので、その多くは事務帳簿である。これらは反故紙を二次利用したものが多く、その紙背の一次文書には戸籍や計帳など多くの公文がみられ、表裏を含め正倉院文書全体として多様な内容となっている。また木簡など出土文字史料を除く奈良時代の同時代史料のほとんどを占めるのが正倉院文書といってよく、奈良時代を考えるうえで極めて貴重な存在である。さらに写経所が国家的写経事業を担う官司であったことから、奈良仏教に関わる具体的な様相を提示している重要かつ唯一の史料群といえる。

　元禄6年（1693）の開封時に正倉院文書の存在が知られ、天保4－7年（1833-36）の開封時に国学者の穂井田忠友により整理された。それは古代の古文書見本集・印譜の作製を意図したもので、現在の「正集」にあたる。明治時代にも穂井田の整理方針が引き継がれ、「続修」「続修別集」「続修後集」「塵芥」「続々修」として整理された。一方、穂井田以来の文書整理は、多く紙背の一次文書に注目したもので、結果、二次文書として伝来した奈良時代の状況を壊してしまった。「塵芥」は少し異なるが、「正集」「続修」「続修別集」「続修後集」は、元禄時に確認された写経所帳簿群から紙背の一次文書を抜き出し成巻したもので、残りをまとめたのが「続々修」にあたり、両者は補完関係にある。

　正倉院文書研究でも一次文書に注目されることが多かった。戸籍や計帳、正税帳など公文を対象に家族・村落研究および律令財政研究、また造石山寺所関係を対象とした建築史・手工業史研究があげられ、それぞれ大きな成果をあげているが、これらはいわば研究前史とすべきものである。二次文書に着目し、その本質に関わる写経所や写経事業を対象とする研究は、古く石田茂作『写経より見たる奈良朝仏教の研究』（東洋文庫　1930）などがあるものの、研究が本格化したのは1980年代中頃からといえる。

　研究本格化により写経所文書の構造、写経所の組織や変遷、写経事業の概略など、おおよその見通しが示されてきた。写経所組織研究では文書行政の姿も明らかにされ、単に写経所のみの問題ではなく、律令文書行政の具体相を示すものでもあった。写経事業研究では、当初、その目的を政治史と関連させて論じられることが多かったが、その儀礼のあり様や教学の問題にも言及するものがあらわれてきている。

　写経所の写経事業は大きく一切経（大蔵経）写経と個別写経に分けられる。一切経は漢訳仏典の集成的性格ももつため、どのような構成かで、その仏教理解を知る材料といえる。例えば、天平12年5月1日付願文をもつ光明子発願一切経（五月一日経）は「常写」と呼ばれる写経所メインの仕事で、多くの史料が残され、膨大な研究成果

が蓄積されている。五月一日経の構成は、唐の『開元釈教録』→2部1章1節2によりながら、その範疇を超えるきわめて多様なもので、そこに奈良仏教の特質を見出そうとする試みもなされている。一方、個別写経は写経所では「間写」と呼ばれ、特定の仏典を選択したもので、奈良時代の具体的信仰の動向を知る材料といえ、多くの個別写経事業が明らかにされている。例えば、「年料多心経」と呼ばれる『般若心経』写経は、天平18年（746）頃より天皇・皇后の平安を祈り、日ごとに各1巻都合2巻ずつ、その年の日数分の部数を書写したもので、現存する「隅寺心経」がその遺巻にあたるとされる。

　さらに正倉院文書によって護国法会体制や南都六宗の成立、出家得度制度など奈良仏教と王権・国家の問題も多岐にわたって論じられている。

● 研究の課題と展望

　正倉院文書研究でもっとも大きな課題は文書の整理により断簡化された史料群を復原することである。そこではまず二次文書＝写経所文書の復原をおこない、次いで一次文書の復原をおこなう必要がある。これにより一次文書の再利用の様子が知られ、一次文書を分析する際の有効な材料ともなる。ただし、正倉院文書は一般公開されていないため直接に調査できないのが最大の難点である。実際にはマイクロフィルムと『大日本古文書』によるが、それでは不十分な点も多々ある。しかし、近年は、索引類が充実し、調査による書誌情報を記した『正倉院文書目録』（「続々修」は刊行中）や、新たに撮影された『正倉院文書影印集成』（「続々修」未刊）の刊行により研究環境が大幅に改善されている。とはいえ、文書の復原作業はきわめて煩雑でその方法の習得も容易とは言いがたい。さらに膨大な史料群であるため研究者個人での復原には限界があり、多くの研究者間で復原情報が共有されることが望まれる。その試みに「正倉院文書データベース（SOMODA）」「正倉院文書マルチ支援データベース」などがあげられる。

　上述のごとく、写経所や写経事業の概要が明らかにされてきたが、それにもとづく奈良仏教研究はいまだ十分とはいえない。例えば、写経所の写経生について、請暇解や月借銭解などで生活ぶりは種々論じられるが、その信仰について本格的に論じられているとはいえない。しかし、写経生の上日帳などに勤務評定の対象として「供奉礼仏」「奉鋳大仏」が見え、仏事への参加が知られるほか、天平宝字2年（758）淳仁天皇が自ら知識となった「知識大般若経」では、造東大寺司の官人らも知識として参加している。また請暇解から「私氏神」などの神祭参加、追善供養の中陰・忌日の仏事実施、「奉御油」「奉御灯」の仏事参加が知られ、写経生の仏教信仰の諸相を知る興味深い材料が多く見出せる。したがって、奈良仏教史料の宝庫といえる正倉院文書の研究成果を踏まえた仏教史研究の進展が強く望まれる。　　　　　　　　　　　（宮﨑健司）

● 参考文献

　正倉院文書研究会編　1993-　『正倉院文書研究』1-　吉川弘文館

　丸山裕美子　2010　『正倉院文書の世界』　中央公論新社

　栄原永遠男　2011　『正倉院文書入門』　角川学芸出版

2　仏教説話集の世界

●〈説話〉の出自と広がり

　〈説話〉という言葉を定義するのは難しいが、現時点においては、一定のストーリー性を帯びた物語り全般と考えておくのが妥当であろう。また、同語が口承／書承の相互交渉のうちに息づく概念であることは、起源たる中国の唱導および芸能の場で歴史的に使用されてきたこと、柳田国男や南方熊楠以来の術語としての彫塚過程によっても明らかである。経典の高邁な論理を分かりやすく伝えるための譬喩、あるいは例証話という出自のうえからは、同語が仏教と密接な関係にあることは疑いない。しかし、とくに柳田が folktale の訳語に「民間説話」を当てて以降、ほぼ同義の昔話はもちろん、場合によっては神話／伝説／世間話全般を包括しうる広がりが生じた。〈説話〉研究の対象も、史書から言談、縁起、注釈、法会、芸能、儀礼、絵画、偽書、雑書等々、新資料の発見とともに拡大を続けており、それは自ずから複数の学問の交流、研究の枠組み・方法の絶えざる更新を促す結果となっている。

●〈説話〉を生み出す場と実践

　仏教説話は、増殖し続ける説話概念の根幹をなすが、「仏教」を冠することでその領域が限定されるのではなく、むしろより可能性を持った方向へ開かれている。文学史的には、現存最古の『日本霊異記』をはじめ、『三宝絵』『法華験記』『今昔物語集』といった説話集が存在し、それらに収録された説話の素体と、書物としての説話集との緊張関係が注目を集めてきた。説話集自体は高位の識字層に向けて編纂されたものだが、個々の説話素体は、それらが流通していたより低位の階層の心性や生活文化、仏教に対する認識の現実を伝えている可能性がある。とくに、記録の乏しい民衆や女性の実態を復原するうえでは貴重な〈史料〉として、主に歴史学の分野で詳細な読解が進んだ。しかし、説話はあくまで言葉で構築された喧伝のツールであり、史実そのものではない。説話に現実の反映をみるばかりでなく、説話が現実を組み替えるべくいかに編成されているのかを追究する立場が、法会や辻説法などオーラルな唱導の現場、声の世界／文字の世界を転換する筆録の実践を問う研究としてみられるようになった。近年では、唱導の実態を伝える『東大寺諷誦文稿』『法華百座聞書抄』から、安居院流の澄憲・聖覚、南都の弁暁らによる説草の翻刻・読解も進み、説話／説話集の間を繋ぐ試みも盛んになりつつある。

●モチーフ研究の越境、新たな比較へ

　また、それらと連動して、説話のモチーフを探索する作業も活発化している。1980年代頃までは、仏教の列島的変容を捉える立場から、『日本書紀』『古事記』『風土記』といった神話・伝承との接点を探る議論が大勢であったが、90年代以降はより根本的な経論・注疏・僧伝類などの仏典、それらと相関関係にある志怪・伝奇、緯書、類書、儒教・道教の経典など、多種多様な漢籍の渉猟・読解が盛んになった。例えば小峯和明・金文京らは〈東アジア漢文文化圏〉を提唱し、これまで探索の進んでいなかった

朝鮮やベトナム→1部2章8節1の漢文資料を多く見出している。一方、非濁『三宝感応要略録』に代表される遼代仏教→2部1章3節2の、『今昔物語集』から『三国伝記』に至る列島の説話文化に与えた影響が実証的に指摘されるなど、既知の文献を読み込む精度も確実に上昇している。さらに、口承資料の調査はアイヌから沖縄、朝鮮、西南中国の少数民族へも展開し、同地の詩歌や祭文、神話・伝承・昔話など多くの比較材料を獲得している。現中国雲南省に位置した南詔・大理国などには、9世紀に遡りうる仏教説話関連資料、生業に密接した各種民俗経典も存在しており、小盆地宇宙的な自然・社会環境や、中原との政治的・文化的位置関係を考えても、列島にとって重要な比較対象となりうる。〈漢文文化圏〉は、内部の別位相もしくは周縁部において濃密な非漢文的言語世界と接続しており、その境界が双方にもたらす影響、変化については、今後一層の関心が払われねばなるまい。

　説話研究における〈比較〉は、かつては普遍的な**話型**の抽出とその歴史的展開の究明、あるいは狭隘な日本特殊観に根ざした出典論に終始していたが、現在では多様な言説どうしが響きあう具体的過程をいかに捉えるかが命題とされ、例えば、列島文化と同レベルで他地域を分析する態度・方法も求められている。「なぜ類似した物語が異なる言語で語られているのか」という柳田以来の問いについては、類似の環境下では類似の言説が生じうるという環境還元論、話型の流通と定着から説明する伝播論、もしくはその折衷によって回答するしかないが、近年は、シンデレラ伝説の広汎な分布をシャーマニズムの普遍性から説明するギンズブルグの考え方（『闇の歴史』）や、リトルトン・マルカーによるスキタイ荷担説（『アーサー王伝説の起源』）以外にも、難解な経典の読解や数か国語に及ぶ調査・博捜の成果として、ユーラシアレベルでの比較説話を実現しうる研究が生まれ始めている。また、ミクロ／マクロの視点の往還のなかで、物語誕生の始原をなす宗教経験・神秘体験を問うような、**成巫譚**や通過儀礼、**禅観**修行の追究も重要であろう。　　　　　　　　　　　　　　　　（北條勝貴）

● 参考文献

小峯和明編　2010　『漢文文化圏の説話世界』　竹林舎

藤巻和宏編　2011　『聖地と聖人の東西―起源はいかに語られるか―』　勉誠出版

小峯和明編　2012　『東アジアの今昔物語集―翻訳・変成・予言―』　勉誠出版

説話文学会編　2013　『説話から世界をどう解き明かすのか』　笠間書院

3　出土文字資料と古代寺院

● 出土文字資料の性格

　出土文字資料とは、木簡・墨書土器・文字瓦など、主に発掘調査によって出土する遺物に文字が記されているものを指す。これらは宮殿・官衙・貴族邸宅などのように業務や生活で日常的に文字を使用していた人々の活動拠点跡から見つかることが多く、寺院もその例外ではない。これらの出土文字資料には、伝世文献史料には残っていない貴重な情報が含まれていることがある→2部1章8節3、2部2章6節。

　古代寺院研究における出土文字資料の価値は、まず寺名比定に役立つことである。古代遺跡の多くはその施設の現役当時の名称や使用主体の組織名などが不明であり、寺院遺跡でも元の寺名が分からない場合は現代の地名を冠した便宜的な遺跡名称が与えられる（これを逸名寺院という）。こうした寺院遺跡のうち、群馬県前橋市の山王廃寺では「放光寺」とヘラ書きした文字瓦が出土し、「山ノ上碑」「上野国交替実録帳」等に見える同名の寺院であることが判明、大阪府柏原市の高井田廃寺では「鳥坂寺」と墨書した土器が出土し、『続日本紀』に河内六寺の一つとして見える同名の寺院であることが確定した。このように出土文字資料から寺名が比定できれば、遺跡と既存文献史料との照合や、檀越氏族名の推定なども可能になり、研究の幅が広がる。

● 古代寺院の活動実態

　出土文字資料には経筒銘・墓誌銘のように特別な情報を後世へ伝えるため意図的に埋納されたものもあるが、木簡・墨書土器・文字瓦などは偶然地中に残存したものであるから、その内容には当該組織の活動のうち日常的・一般的様相が反映されていることが多い。例えば奈良県明日香村の飛鳥池遺跡では7世紀後半−8世紀初頭の飛鳥寺三綱が残した多数の木簡が見つかり、飛鳥寺三綱が管理していた仏具・経典・食料品など多様かつ大量の物品の内容が明らかとなった（竹内 2016）。また行基建立寺院として知られる大阪府堺市の大野寺土塔では人名をヘラ書きした8世紀の瓦が大量に出土し、土塔の造営を担った知識（僧侶の教化に応じて造寺などの仏教事業に労力や金品を提供する人々）の個別人名が判明した（堺市 2004）。寺院を含め古代の組織には内部資料と呼べる伝世文書・帳簿類がほとんど残っていないため、こうした物品名や人名などを具体的に記した出土文字資料の史料的価値は高い。近年はオンラインデータベースも急速に整備されており、積極的活用が望まれる。　　　　　　　　（竹内　亮）

● 参考文献

　堺市立埋蔵文化財センター編　2004　『史跡土塔　文字瓦聚成』　堺市教育委員会

　竹内　亮　2016　『日本古代の寺院と社会』　塙書房

　「木簡データベース」http://www.nabunken.go.jp/Open/mokkan/mokkan.html

　「墨書・刻書土器／文字瓦データベース」http://www.kisc.meiji.ac.jp/〜meikodai/

4 仏教文物と古代仏教史

● 歴史教科書の記述構成から

歴史教科書をあらためてみてみると、全体の章立てが政治史（国家史）の流れによってつくられ、時代ごとに重要な文化財の説明が付けられ、仏教史はそれら文化財を産み出した文化的背景としてあつかわれている。

日本が近代国家として出発しようとしたとき、日本の由緒とでもいうべき古代を語る物質が重要視されるようになった。その多くが仏教文物であったことから、仏教を下位に置くそれまでの文物配列とはちがう配列が採用され、国家の財として重点的に調査研究されるようになった。

● 物質的資料の方法

仏教文物のような物質的資料を解析する方法の代表的なものに、様式論と図像解釈がある。様式論は物質的資料のスタイルを分析し、その共通性や差異をもとにそれぞれの資料を時間進行のなかに位置づけて系譜的にとらえる方法で、これによって相対的年代観が認識される。図像解釈は、そこに表現されているモチーフを仏典の寓話などを参照して解き明かしていく方法で、それによって制作の契機などが解明されることもある。さらに年紀や人名の情報がともなっている場合などは、特定の個人や絶対年代に急激に接近してしまうため、現物に立ち返ったより慎重な研究態度が求められる。文字は簡単に嘘をつくからである。

● 様式論と年代観

様式論によって資料を解析しようとする場合、サンプルとなるものがまとまって現存していることが必要である。そこから典型的なスタイルが検出され、編年がなされる。

現在の教科書の説明にある飛鳥・白鳳・天平・弘仁貞観などの文化史のトピックは、このような作業の成果である。ではあるが、研究史上の事情を言えば、文化の隆盛を国勢と連動するものととらえて時系列に置いたものであったので、時代区分としてはあいまいなものである。たとえば、美術史でいう飛鳥様式の時代と日本史学でいう飛鳥時代（飛鳥地域に政治の本拠地が置かれた時代）とは理念も異なり時期もずれている。

近年、多分野複合的な研究の必要が認知されたため、不分明な名称をできるだけわかりやすくしようとする動きがある。新しい参考書には、日本史学で用いられる時代名称に合わせて記述されていることもある。物質的資料は基本的に相対年代で認識されるものであり、おおよその絶対年代は先人の研究の成果によって示されているということ、それらはたえず新しい学究意識によって乗り越えられていくべきものであることを忘れないでいたい。

(佐藤文子)

● 参考文献

井上章一　1994　『法隆寺への精神史』　弘文堂

東京国立文化財研究所編　1999　『語る現在、語られる過去』　平凡社

⑤ 古代仏教とその周辺

1 神仏習合

● 概要

　習合とは、それまで別々のものであった宗教が融合することによって生み出される諸現象のことである。日本の場合は、6世紀に仏教が伝来したのち、神祇信仰と合わさり、神宮寺の創建や神前での読経などが行われた。ただ、「神仏習合」という言葉を用いると、仏と神に対する信仰が半分ずつ混ざり合ったもののように受け取れるが、すでに教義が確立していた仏教とは違い、仏教伝来当時の日本においては、それに対峙するだけの神への信仰が確立していたわけではないことに注意が必要である。

● 内容

　神のための寺である神宮寺の創建や神へ捧げるための神前読経を行うにあたって、その理論的なよりどころとなったのは、「神身離脱」や「護法善神」といった思想である。

　神身離脱とは、神が神であるがゆえに苦悩を感じ、その身を離れて仏教に帰依することを願うことであり、日本の史料での初見は、『藤氏家伝』の「武智麻呂伝」にみえる気比神宮寺についての説話である。同じような主旨をもつ史料は、若狭比古神願寺・多度神宮寺・奥嶋神宮寺の建立にまつわる話や『日本霊異記』下巻24話にも出てきており、この内容は、最初期の神仏習合に関する現象として注目されてきた。

　護法善神とは、仏教を保護する存在として神を捉える思想である。バラモン教やヒンドゥー教の神々が仏教の天部として取り込まれたように、日本の神も仏の位相の一つとしてとらえる考え方であり、その代表的な例としては、東大寺の大仏建立の際に助力に名乗りをあげた宇佐八幡神が挙げられるであろう。

　こうした思想のもと、平安時代初期頃までに創建されたと考えられる神宮寺は、史料上で20寺ほど確認できる（表1）。

　その後、神仏習合の理論上の到着点とされる本地垂迹説が平安初期以降登場し、中世期の神仏習合へとつながっていく。本地垂迹説とは、神を仏や菩薩（本地）が衆生を救済するために姿を現した仮の姿（垂迹）とする考え方である。

● 研究史

　神仏習合に関する研究史は膨大であるが、その最初のものとして注目されてきたのは、辻善之助の研究である。辻は、仏教伝来以後の神仏習合が護法善神思想から神身離脱思想へ、そして本地垂迹説へと段階的に展開する構図を提示した。明治期に辻が提示したこの習合の構図が、以後定説的に取り扱われ、神仏習合が生まれた背景について、思想史的側面や社会経済史的側面から考察が進められてきた。そこに大きな転換が生まれたのは、1990年代半ば以降である。神が仏教に帰依したいと願う神身離脱と類似の表現が、中国の史料（『梁高僧伝』巻1「安世高伝」など）に見出されることが注目され、神身離脱や護法善神の思想は日本で生まれたものでなく、仏教と同様に

第5節 古代仏教とその周辺　187

表1　神宮寺一覧　　　　　　　　　　　　　　　（創建年代は典拠史料による）

神宮寺名	創建年代	国名	典拠史料
気比神宮寺	霊亀元年（715）	越前	『藤氏家伝』
若狭比古神願寺	養老年中（717-724）	若狭	『類聚国史』
宇佐神宮寺	神亀2年（725）	豊前	『八幡宇佐宮御託宣集』
松浦郡弥勒知識寺	天平17年（745）	肥前	『類聚三代格』
鹿嶋神宮寺	天平勝宝年中（749-757）	常陸	『類聚三代格』
多度神宮寺	天平宝字7年（763）	伊勢	『多度神宮寺伽藍縁起幷資財帳』
伊勢大神宮寺	天平神護2年（766）	伊勢	『続日本紀』
八幡比賣神宮寺	神護景雲元年（767）	豊前	『続日本紀』
御上神宮寺	宝亀年中（770-780）	近江	『日本霊異記』
補陀洛山神宮寺	延暦3年（784）	下野	『性霊集』
八幡神願寺	延暦年中（782-806）	山城	『類聚三代格』
香春神宮寺	延暦年中（782-806）	豊前	『続日本後紀』
賀茂神宮寺	天長年中（824-833）	山城	『続日本後紀』
熱田神宮寺	承和14年（847）	尾張	『熱田神宮古文書』
気多神宮寺	斉衡2年（855）	能登	『日本文徳天皇実録』
石清水八幡宮護国寺	貞観元年（859）	山城	『朝野群載』
奥嶋神宮寺	貞観7年（865）	近江	『日本三代実録』
石上神宮寺	貞観8年（866）	大和	『日本三代実録』
飽海郡神宮寺	仁和元年（885）	出羽	『日本三代実録』

大陸からもたらされたものであることが明らかにされた。これまで、日本国内で発生し、完結すると考えられてきた神仏習合というテーマが、広くアジア地域の問題として拡大されることとなった。

● 課題と展望

　習合現象は、日本に限ったものではなく、宗教全体にみられる現象である。日本史においては、1つの項目を形成するこの事象も、他国の宗教のなかでは珍しいことではない。今後は、日本古代の基本的な史料の他に、他国における宗教の融合・対立の状況やその史料にも目配りし、比較していくことが必要となろう。

　また、神仏習合の理論自体は、中国仏教からの影響であることは確定したが、それがどのように定着、発展していったかについては、日本国内の問題として考察することが大切で、これまでの研究蓄積を丁寧にたどり、現在の研究状況とのすりあわせをすることで、議論の深化があるものと考える。　　　　　　　　　　（関山麻衣子）

● 参考文献

辻善之助　1944（初出 1907）「本地垂迹説の起源について」（『日本仏教史　上世編』　岩波書店

吉田一彦　1996「多度神宮寺と神仏習合—中国の神仏習合思想の受容をめぐって—」（梅村喬編『古代王権と交流4　伊勢湾と古代の東海』　名著出版）

門屋　温　2010「神仏習合の形成」（末木文美士編『新アジア仏教史11　日本I　日本仏教の礎』　佼成出版社）

188 第3部 日本＊第1章 日本古代

2 仏教と諸宗教

◉ 仏典と中国思想

　中国では2世紀中期から仏典の漢訳が進められたが、その過程で道教や陰陽五行説、
讖緯思想、あるいは儒教や民俗信仰などの諸要素を包含した疑偽経典も多数撰述され
た。これらは東晋の道安『綜理衆経目録』（364年）や、梁の僧祐『出三蔵記集』
（6世紀初）をはじめとする訳経目録（『大正蔵』55巻所収）において厳しく真偽が問わ
れ、歴代の大蔵経（一切経）には入蔵されなかった→2部1章1節1。しかし、こうした
疑偽経は、民衆層の生活や信仰の実情を色濃く反映し、比較的短いものが多いことも
あって広く流布し、次第にその数を増やし、唐の智昇『開元釈教録』（730年）の
「偽妄乱真録」では392部1,055巻を数えるに至った。

　中国周辺のウイグル、契丹、朝鮮、日本、ベトナムなど漢字漢文文化圏に属するア
ジア諸地域にも伝播したが、個々の経典の具体的な内容が判明したのは、1930年代初
頭に矢吹慶輝が大英博物館所蔵の敦煌写本スタインコレクションの中から主要なもの
を翻刻・紹介した『大正蔵』85巻〈疑似部・古逸部〉と『鳴沙餘韻』を相次いで刊行
したのによるところが大きい。

◉ 古代日本の法会と疑偽経典

　日本古代における仏典の受容に関して、まず注目されるのは『日本書紀』白雉2年
（651）12月晦日条に、難波長柄豊碕宮への遷都に先立って、味経宮で2,100人の僧尼
に一切経を、夕刻には朝庭内に燃灯をして安宅・土側等の経を読ませたという記事で
ある。一切経は経律論の三蔵に注疏を加えた一切の仏典の意味で、大蔵経と同義に用
いるのが通例だが、ここでは諸種の仏典を読誦したことを指すものと思われる。また
安宅・土側等の経については、正倉院文書に、「安宅墓土側経」と記す例もあること
から、同一の経典とする説もあるが、別箇の経典とみてよいだろう。『安宅経』は隋
の法経『衆経目録』では、後漢代失訳とされながらも入蔵しているが（『大正蔵』21、
密教部4『仏説安宅神呪経』）、住居の安寧と災禍の除滅のために仏がその家の諸神を呼
び、妄作恐動を禁じて安宅斎を設けるもので、五方五帝や六甲禁諱、十二時神、土公
神などが登場する。また『土側経』は経録等の記載から『安宅経』と類似の、墳墓の
安鎮を祈願するもので、近年、名古屋市の七寺所蔵の一切経（平安末）の中から新出
した『仏説安墓経』が、その系譜に連なると考えられる。ともに一見して中国撰述の
疑偽経と識別できるのだが、国家的法会にまで用いられたのは、実践的で平易な内容
によるのだろう。

　同様のことは『盂蘭盆経』についても指摘できる。『日本書紀』斉明3年（657）7
月条に「盂蘭盆会を設く」とあり、同5年7月条には京内の諸寺に『盂蘭盆経』を講
読させ、七世父母の供養を行ったという。同書の推古14年（606）7月15日条の「設
斎」がその先蹤とみられ、『続日本紀』聖武天皇の天平5年（733）7月からは定例化
した。『仏説盂蘭盆経』（『大正蔵』16、経集部3）は西晋の竺法護の訳とされるが、サ

ンスクリット原典を欠く。目連が夏安居を終えた日の自恣で布施をした功徳により、餓鬼道に堕ちた母親が救済されたことを説くもので、三元（上元は陰暦1月15日、中元は7月15日、下元は10月15日）に天官、地官、水官に罪過を懺悔する道教の斎醮や、儒教の孝思想、祖先祭祀などと結びついた仏道儒三教の交渉の産物ともいうべき性格をもつ。このほかにも諸種の符呪を含む道経『太上老君説長生益算妙経』（涵芬楼版『道蔵』洞神部343冊）を抜粋・再構成した『仏説七千仏神符経』（『仏説益算経』）や、人生の万般にわたる除災招福の功験を説く『天地八陽神呪経』など、正倉院文書には奈良時代に流通した疑偽経を、のべ100部近くも見出すことができるが、それはどのような理由によるのだろうか。

● 一切経の書写と陰陽道・修験道の形成

　難波宮への遷都に伴う一切経読誦以来、その書写は約30例を数えるが、中国の大蔵経は皇帝による欽定形式で集大成されたため、唐が典籍の輸出制禁策を実施した時期には、一括入手は困難を極めた。完本の入手は10世紀末に入宋した東大寺の奝然が将来した、完成直後の北宋勅版5,048巻が最初であり、それ以前は不揃いの写本に留まった。

　8世紀中期になると東アジアの外交関係が好転したことにより、日本は唐と新羅の仏教導入を積極化した。天平5年（733）開始の光明子発願一切経（五月一日経）や翌年着手の聖武天皇一切経以後、官営写経所による大規模な事業が展開するが、その典拠となったのは天平7年（735）に唐から帰国した玄昉が将来した経論五千余巻であった。これは最新の『開元釈教録』に基づく完本とみられたが、欠本の存在が判明したため、方針を変更して入蔵録以外の、本経から派生した別生経や疑偽経、異訳経、章疏類も選別を加えずに書写したため、最終的には7,000巻に上る規模となり、疑偽経類も多数含まれることになったのである。

　平安初期の入唐八家が将来した密教経典（安然『八家秘録』所収）にも、道教の諸要素を包摂するものが少なくないが、平安中期にかけて呪術宗教化し、独自の祭祀を多数行うようになった陰陽道や、山岳信仰や神仙説を基礎に道教的方術と密教の修法を取り入れた修験道の形成においては、こうした疑偽経類とともに、藤原佐世『日本国見在書目録』に著録する暦類、天文、五行、医方などの諸部門の漢籍の果たした役割も重要である。この分野の究明には、今後さらに呪符木簡や墨書土器などの出土文字史料や、中世から近世にかけて流通した呪法書や重宝記類を交えた総合的な検証が不可欠の課題となるだろう。

（増尾伸一郎）

● 参考文献

牧田諦亮　1976　『疑経研究』京都大学人文科学研究所（1989　臨川書店復刊）

山下克明　1996　『平安時代の宗教文化と陰陽道』岩田書院

牧田諦亮監修・落合俊典編　1994-2000　『七寺古逸経典研究叢書』全6巻　大東出版社

増尾伸一郎　2015　『日本古代の典籍と宗教文化』吉川弘文館

3　御霊信仰

● 定義

　奈良時代から平安時代前半期にかけて、反逆を企てたなどの嫌疑により政界から追放され、流罪・処刑・自死によって世を去った者の霊魂は強い怨恨を懐いており、疫病の流行など現世に激しい祟りをなすとして恐れられた。そのためこうした特殊な死者の霊魂を祭祀することで鎮魂し、その祟りを回避しようとする信仰形態を御霊信仰という。

　『日本三代実録』貞観5年（863）5月20日条は、この御霊を鎮魂し疫病の流行を防ぐための祭祀として「御霊会」が、神泉苑において朝廷の主催によって僧侶を講師として行われたことを伝えている。この記事によれば、御霊会は京畿内の民衆が既に盛んに行っていたと言い、当時恐れられた代表的な御霊として、崇道天皇（早良親王、785年没）・伊予親王（807年没）・藤原夫人（藤原吉子、807年没）・観察使（藤原仲成、810年没）・橘逸勢（842年没）・文屋宮田麻呂（没年不詳）の6名が挙がっている。これらは現在も京都市内に所在する上御霊神社・下御霊神社に祀られている。

　また讒言により左遷されて憤死した菅原道真（903年没）の怨霊＝天神もよく知られるが、鎮魂・供養によって祟りをもたらす存在から守護神へ転換したと認識されたことで、広汎な信仰を集め、全国各地に天満宮が存在する。

● 内容

　このように御霊とは、いわゆる「怨霊」というより一般的な用語に換言可能である。怨みを懐いて死んだ者の霊魂が祟るという怨霊の観念そのものは、さらに古くにさかのぼるが、「怨霊」という語については、『日本後紀』延暦24年（805）2月6日条や、同年4月5日条が初見とされ、神霊の怨恨の短縮語であったようだ（山田 2007）。また「御霊」については、『三代実録』に先駆ける弘仁3・4年（812・813）の成立とされる最澄（767-822）の「三部長講会式」に見えていることが指摘される（櫻木 2002）。二つの語が同時期に文献史料に現れてくることは注目される。

　御霊という表現は、貞観の神泉苑御霊会までに政治的敗者の怨霊という意味を明確にするが、これ以降、「祇園御霊会」「船岡御霊会」「紫野御霊会」などの疫神祭祀が史料に頻出してくる。怨霊も疫神も、祟りとしての疫病・災害などをもたらすという意味で、本質的に同様の機能を有している。むしろ疫神祭祀の伝統を基盤とし、これに平安京都市民や貴族の怨霊への恐れが融合して、御霊信仰の全体を形成していくものと見るべきである。

● 研究の状況

　疫神系の御霊会である船岡山御霊会では、「神輿二基を造り、北野船岡のうえに安置し、僧を屈して仁王経の講説を行はしむ……礼し了りて難波の海に送る」（『日本紀略』正暦5年〈994〉6月27日条）とある。「空」思想を説く般若系経典である仁王経の講説という仏教儀礼の要素と、神輿や祓（海に送る）といった神祇祭祀との複合形態

であり、祇園御霊会が行われた祇園社は、僧侶によって建立された祇園感神院とか祇園天神堂とも呼ばれる神仏習合→3部1章5節1の祭祀空間であった。また怨霊系の北野社も、道真の霊がまず巫女に託宣し、そこに仏教勢力が加わることで創始されており、やはり神仏習合の形式である。貞観の御霊会も、歌舞・音曲の他に相撲・騎射・走馬といった多様な芸能が演じられ、神社の祭礼に共通するものの、「律師慧達を延べて講師となし、金光明経一部・般若心経六部を演説す」という部分こそが、盛大な御霊会という儀礼の中核にあることは明らかだ。疫神であれ怨霊であれ御霊信仰は仏教抜きには語れないが、とりわけ怨霊としての御霊の場合、仏教思想の影響は極めて顕著である。

　怨霊を生み出してしまった為政者に対する、民衆による批判行動として御霊信仰を理解し、これを民衆的宗教運動と位置づける研究が、従来成果を挙げてきた。だが早良親王の怨霊の場合、その祟りの言説を受けて鎮魂の技術を発揮したのは、興福寺僧の善珠であろうことが指摘されている。さらに最澄には、怨霊に般若系経典の「空」思想を悟らしめることで除災するという論理や、怨恨を断ち切り慈悲を施すよう呼びかけるなど、総じて怨霊・御霊の救済志向が強く看取されることも明らかにされている。このように御霊信仰は民衆的宗教運動であることを否定されないにしても、これを体系化したのは仏教界の中枢に位置する学僧であり、御霊信仰形成過程において仏教が果たした不可欠の役割が認識されることとなった。

● 展望と課題

　御霊観念の形成や御霊信仰の変遷については、多くの研究蓄積があるが、御霊信仰は、怨霊の問題であるとともに、仏教・神祇信仰の交錯する疫神信仰とも不可分であり、多様なアプローチが要請される。民衆史や政治史的視点からの研究のみならず、仏教思想が日本人の霊魂や祟りの観念の構築にいかに作用したかという、心性史研究としての可能性も大いに孕んでいるのである→2部1章5節2。

　また御霊という語よりも、怨霊という語が一般化する動向は、慈円の『愚管抄』（1220年成立）からも窺えるように古代から中世への転換に重なると思われるが、ここに霊魂観の変化を読み取る試みもなされてよいだろう。御霊信仰＝古代という認識を超えて、中世への展開を視野に入れた考察を、今後も継続する必要があろう。

（舩田淳一）

● 参考文献

柴田　実編　1984　『御霊信仰』　雄山閣出版
西山良平　1995　「御霊信仰論」（『岩波講座　日本通史　5』　岩波書店）
櫻木　潤　2002　「最澄撰「三部長講会式」にみえる御霊」（『史泉』96号）
山田雄司　2007　『跋扈する怨霊』　吉川弘文館

192　第3部　日本＊第1章　日本古代

4　対外交流と仏教

◉ 概観

　古代における国際交流とは、東アジア諸国との交流をいい、その中でも中国の諸王朝→2部1章4節1・2をはじめ朝鮮半島諸国→2部2章1節1・2との交流が知られている。中でも、仏教は朝鮮三国の一つである百済から伝えられていることもあり、初期の仏教については朝鮮半島諸国の影響が強かったと考えられる。そして、推古朝には隋に使節が派遣され（遣隋使）、それに続く唐へも遣唐使が派遣されることで、その使節とともに中国へ渡った留学僧たちによって中国から仏教を直接摂取することが行われた。仏教は当時の世界宗教の一つであり、東アジアのみらず広くアジア社会に共通した宗教であったという要因もあり、より積極的な交流が図られたものと考えられる。

　仏教が日本（倭）に伝えられた、いわゆる公伝があったのは欽明朝（在位539-571）であり、百済の聖明王により仏像等がもたらされている。その後も百済からは定期的に僧侶が渡来し、日本で最初に出家したと伝えられる善信尼たちは戒律を学ぶため百済へと渡っていることなどから、その関係は密接であったと考えられる。さらに、高句麗とも仏教については関係が深く、善信尼たちの師である高句麗の還俗僧である恵便や聖徳太子の師としての慧聡の存在などもあり、高句麗との関係も注目されるところである。また時代は少し降るが、統一新羅とは奈良時代以降に関係が悪化するものの、遣新羅使の派遣や新羅使の来日などの交流が行われており、特に南都六宗の一つである華厳宗の起源は新羅仏教にあると考えられている。

　中国仏教との交流は7世紀以降の仏教界の主流となるが、その始まりである遣隋使の派遣は5回を数えるものの、『隋書』にみえる開皇20年（600）と大業6年（610）の遣使は日本側の記録である『日本書紀』には記載がない。『日本書紀』では3回の派遣が記されるのみで、推古15年（607）・16年（608）・22年（614）に使節がそれぞれ派遣されている。特に推古16年の遣使では学問僧として、新漢人日文・南淵漢人請安・志賀漢人慧隠・新漢人広済らの名が見える。留学僧の派遣により直接的に中国の仏教を輸入することになり、派遣はその後も継続して行われることになったと推測できる。

　隋が滅亡して唐が成立すると、遣唐使が派遣されることになる。使節の派遣回数については諸説が存在するが、舒明天皇2年（630）に最初の遣唐使が派遣されて以降、寛平6年（894）に菅原道真の建議によって派遣が中止されるまでの間、264年間にわたって使者が派遣された。その間、有名無名を問わず数多くの留学僧が唐へと渡っているが、総数は不明であり、名前が伝わる僧侶の数はごく僅かである。一方、唐からも有名な鑑真をはじめとする中国僧、南天竺出身の菩提僊那や林邑僧仏哲といった僧が来日を果たしており、これら留学僧や渡来僧は仏教界に大きな影響を与えている。

◉ 課題

　対外交流を考察するには日本国内の史料だけではなく、外国史料も使用する必要がある。しかし、中国の場合には『隋書』『旧唐書』『新唐書』などの文献が存在するが、

朝鮮三国に関しては『三国史記』『三国遺事』といったかなり時間が経って編纂されたものを使用することとなり注意が必要である。したがって、日本（倭）と朝鮮三国との関係を考察するためには『日本書紀』を主として使用せざるを得ないが、その史料批判は厳密に行う必要がある。

　当時日本からは多くの留学僧が唐へと渡ったと考えられるが、その名が知られている者は限られており、またその資格等については直接的に記された史料は伝わっておらず、総合的に考えてみる必要がある。

　奈良時代あるいはそれ以前の留学僧としては道照・道慈・玄昉といった僧侶が中国から最新の教学を伝え、草創期の奈良仏教を牽引する業績を残しているが、それとともに政治にも何らかの関与をしていた可能性がある者もいる。仏教史だけではなく政治史の観点からも詳細な研究が必要であるが、現存する史料の限界もあり、新たな視点が必要になるものと思われる。

　平安時代に入ると入唐八家と呼ばれる最澄・空海・常暁・円行・円仁・恵運・円珍・宗叡の８人の僧侶が有名であるが、それぞれ帰国後に報告等を残しているため在唐中の活動をうかがい知ることができる。特に円仁には『入唐求法巡礼行記』、円珍には『行歴抄』といった滞在中の記録も残されており、当時の唐の情勢だけではなく、留学僧たちの行動について考察するうえで重要な史料である。ただし、これら入唐八家がすべて遣唐使とともに入唐しているわけではなく、恵運以降の円珍・宗叡は新羅の商船によって入唐しており、承和の遣唐使が派遣されて以降は、入唐の形態は一様ではない。また、それ以外にも帰朝がかなわず唐で生涯を終えることを余儀なくされ記録が残らない僧侶も多くいたと思われる。その中でも、延暦の遣唐使で渡唐した霊仙や承和の円載などは、再評価するべきものがある。

　日本から唐へと留学した僧侶だけではなく、唐からも何人かの僧が日本へと渡来している。これは当時の日本の仏教界からの要請に応えるための来日である。いわゆる戒師招請問題に関連して、唐僧の道璿や南天竺出身の菩提僊那とその弟子の林邑僧仏哲が来日し、それに続いて鑑真がその弟子たちとともに来日を果たして日本で生涯を終えた。また、平安時代に入ると唐僧の義空が日本からの招きに応じて来日するが、義空の場合は後に唐へと戻っている。義空を日本へ招請した恵蕚という僧は、日本と唐を数回往復しており、遣唐使に頼ることなく入唐しているなど、新たな形態の留学についても近年関心が高まっている。また、中瓘という僧は唐に滞在し唐の種々の情報を日本へ伝えるなど、外交官的な行動を取っていた者の存在も注目されている。

（牧　伸行）

● 参考文献

佐伯有清　2007　『最後の遣唐使』（講談社学術文庫）　講談社

河上麻由子　2011　『古代アジア世界の対外交渉と仏教〈山川歴史モノグラフ23〉』　山川出版社

田中史生　2012　『国際交易と古代日本』　吉川弘文館

194　第3部　日本＊第1章　日本古代

<h2 style="text-align:center">5　日宋外交と僧侶</h2>

● 遣唐使停止後の渡海僧

　遣唐使につき従った入唐僧は、護国仏教の充実をはかるべく、最新の唐仏教→2部1章4節2を輸入した求法僧と捉えられてきた。他方、最後の遣唐使（838年）ののちに中国商船に便乗して渡海した僧侶は、次第に聖地巡礼を主目的とした巡礼僧へと変化したとみなされている。だがこれを国家的使命を帯びた求法（公）から、個々の宗教心に根差す巡礼（私）へ、という構図のみで捉えるのは妥当ではない。

　五臺山（中国山西省）信仰が中国内外で隆盛するにともない、日本国内でも、聖地五臺山への関心が高まった。840年頃に五臺山入りを果たした恵蕚以来、日本僧の五臺山巡礼には王権構成者の後援が確認できる。彼らの僧侶派遣の目的に注目し、聖地への結縁が持つ公的側面について考察を深める必要があろう。

● 日宋外交と僧侶

　北宋→2部1章4節3への渡海僧（表1）は、共通して都開封に招かれ、皇帝と謁見、朝貢使節に準じる厚遇を受け、聖地巡礼を勅許された。これらは、入北宋僧に顕著な特徴である。奝然（936-1016）は、完成直後の版本大蔵経を周辺諸国に先がけて下賜されるなど、最新の仏教文物を携え帰国している。皇帝に縁ある文物には、宋側の政治的メッセージが込められた可能性がある。各日本僧への厚遇も、巡礼を含めた活動全般が、宋側から管理・統制されたとみることもできる。いわば世俗外の存在として送り出され、様々に日中交流を担っていた日本の渡海僧を、宋側は外交交渉の舞台に載せようとした。他方、日本は遣唐使停止以来、国交の再構築を望まない外交方針を貫いていた。寂照（962?-1034）以下、渡海僧団の長は帰国しなくなる。母国の対外姿勢への影響を避けたものと思われる。

　中国仏教においては、唐から宋にかけて皇帝権威が仏教の上に立つようになる。北宋期には、僧侶は、皇帝に仕える臣僧（第二の世俗的存在）としての性格を強める。このため、北宋が仏教重視の対外政策を展開する場合には、来宋の僧も世俗内の存在に準じて扱われ、外交使節の役割を課せられたものと考えられる。

表1　北宋への渡海僧　　　　　　　　　　　　（北宋：960-1127。979年に中国統一）

僧名	渡海年	備　考
奝然	983	天台山・五臺山を巡礼。太宗より勅版の大蔵経を下賜され帰国。「三国伝来」・「生身」として知られる釈迦如来像（京都嵯峨清凉寺所蔵）も請来。988年に弟子嘉因が再度入宋、太宗に謝辞を述べる。
寂照	1003	浄土教家源信の意向も受けて入宋、真宗に謁見。弟子を1013年に帰国させ、藤原道長らに天台山への寄進を募る。1034年、杭州に没したという。
成尋	1072	60歳を超えて入宋（密航）。経典類や神宗の天皇宛て贈物、日記『参天台五臺山記』を従僧に託し帰国させる。自身は修行のため留宋。
戒覚	1082	播磨国に遁世していた無名の僧。老齢で密航、神宗と謁見ののち、五臺山に居住。なお、このころ快宗（以前、成尋の従僧として入宋）の一団も入宋。

仏教的世界観

　奝然が宋に紹介した「王年代紀」（『宋史』日本伝に引く）には、日本と中国とは、過去－現在、仏教を通じた交流の歴史を築いてきた、という歴史意識がうかがえる。遣唐使停止後の日本では、仏教を土台とする時空間認識が醸成されていた。仏教で結ばれた日本と中国に、仏教の始源インドを加えた三国で世界を捉える、**三国世界観**とでも呼ぶべきものである。これは、中国との朝貢関係を脱した日本が、二国間の上下関係を相対視する役割も担った。しかし僧侶を介した現実の北宋との交流は、むしろ、従来どおりの国交再開に繋がる危険性を帯びた。成尋や戒覚が渡海（ともに密航）したのち、僧侶の入宋は、史料上は途絶える。人を介した日中交流が低調となるなか、院政期には自国優越意識が強まり、仏教的な三国世界観も独善的なものとなっていく。

日本仏教の展開と東アジア世界

　12世紀前半の東アジア再編（金の建国、遼の滅亡と宋の南遷）を経て、12世紀後半、重源や栄西ら僧侶の渡海が再開、多数の僧が南宋仏教界に参入し、禅宗などを学んで帰国する。ただし、戒覚らののちの渡海僧空白期が持つ意味や、渡海僧の数が増大した理由などは、必ずしも明らかにはされていない。近年、入宋僧の復活について、後白河院や平氏政権の関与の有無が議論されている。今後は、南宋側の宗教環境や、北宋期からの対外政策の変化などにも目を配り、さらに考究していく必要があるだろう。

　また、入北宋僧寂照は、渡海直後に上京し、開封を拠点としたのちは、江南・両浙地方の仏教界に参入・修学し生涯を終えたようだ。帰国の有無を除けば、滞在した地域や活動内容など、入南宋僧と通じる面がある。このような共通点も視野に入れつつ、対外交流を担う僧侶の出自や、日本仏教界における立場・身分の変化について、長期的に見通すことも必要である。これは、古代－中世にかけて変貌を遂げる日本仏教や日本社会が、どのような形で東アジアのなかに自らを位置づけ、いかなる独自性を獲得したのかを考える一助となろう。

　なお、高麗からは、11世紀後半に**義天**（高麗王文宗の子→2部2章1節2）が入宋、帰国後は、宋と遼に挟まれた国際環境を逆手に取り、双方から仏書を収集して開板印刷した。この義天版（続蔵経）などは日本にも輸入され、宗派・寺院の垣根を超えて流通した。これを通じて、遼や朝鮮半島の仏教にも目が向けられたのである。**遼仏教**→2部2章1節2については、唐代密教を継承する点など、日本との類似性が近年改めて注目されており、日本仏教への直接的な影響の有無も議論される。今後は、唐－宋のみならず、遼や高麗、そして西域、インド方面などにも視野を広げた研究が求められよう→3部2章3節2・3。

（手島崇裕）

参考文献

榎本　渉　2010　『僧侶と海商たちの東シナ海』　講談社
上川通夫　2012　『日本中世仏教と東アジア世界』　塙書房
横内裕人　2008　「遼・高麗と日本仏教」（『東アジアの古代文化』136）

196　第3部　日本＊第1章　日本古代

6　聖の原像と展開

● 概要

　聖とは、日本の仏教史上において、官寺や大寺院に拠点を置く仏教と一定度の距離
をたもちながら、それらの仏教の多くが直接的には関与しなかった、除災・治病・予
言、さらには葬送（鎮魂）や種々の救済活動などに関する民間の宗教的要求にもこた
えていった宗教者をいう。

　「ひじり」の語は、早く記紀や『万葉集』等では「聖」「仙」「真人」などと記され
ており、もともとは、仏教伝来以前からの、神・霊などの意思を知り霊能を持つ者、
あるいは、最高の智徳を体現する者を意味していたとする説が有力である。こうした
霊能ある者、智徳ある者を指す語が、仏教の伝来以後、官寺や大寺院を活動の中心と
しない修行や修行者のあり方と結びついてとらえられ、予言・治病・除災・葬送（鎮
魂）など民間で重んじられた信仰と仏教との間をつなぐ役割を果たす僧侶に対し用い
られるようになったのである。

　10世紀以降、社会と仏教のあり方がそれぞれ大きく変化を遂げるようになると、両
者の関係は非常に緊密なものとなる。そうした中で聖は、社会と仏教を種々の場面で
結び、新たな関係を開いてゆく存在として、世俗社会と仏教界双方から急速に注目さ
れるようになるのである。

　その典型的な存在が、阿弥陀聖、市聖とよばれた空也（903-972。図1）である。彼
は、諸国を遊行しつつ修行して宗教的能力を身につけ、天慶元年（938）に平安京に
入京した。以後、葬送、貧窮者への施与、病者や入獄者への教化、井戸の掘削といっ
た民衆の宗教的要求にもこたえ得る救済的な活動を、阿弥陀念仏を称えながら行った
り、仏・菩薩像の制作や経典の書写などの大規模な仏事を貴族層の支持を得て行った
りした。天暦2年（948）には天台宗の大乗菩薩戒を受戒し光勝の名を受けたが、以
後も空也という名を用い市中での活動を続けた。

　これ以後、皮聖行円などに代表される、市中にあって種々の布教活動、救済活動、
社会活動を活発に行う聖や、大寺院を離れて隠棲し、法華持経や阿弥陀念仏、密教呪
法等の修学・修行を行う、性空・増賀などのいわゆる隠遁の聖が次々に登場するよ
うになる。その様態や活動の内容は多彩だが、いずれの場合も、それまでの官寺・大
寺院に止住する僧侶のあり方とは異なる、時にはそうした大寺院から離脱しようとす
る姿勢を取り、かつ、当時の社会における種々の宗教的要求に応答する活動を行う点
が共通している。当時の聖の姿は、一連の往生伝や『法華験記』などに詳述されて
いる。

　こうした聖の活動は以後も一層盛んになり、やがて、本寺とは異なる別所とよばれ
る地で修学・修行などを行う別所聖、諸国を遊行し念仏を人々に広める念仏聖や遊行
聖、寺院の造立、写経、架橋などの活動を行う勧進聖、説法や種々の芸能に秀でた
唱導聖など、中世的な聖の多様な形態が見られるようになる。

● 研究の現状と課題

　上述のような、古代から中世への移行の時期以降に活発化する聖の活動をどのようにとらえるかをめぐっては、それが各時代の社会と仏教との関係をいかにとらえるかという問題に直結するため、これまでも活発な議論が重ねられてきた。聖を、既成の大寺院などには直接属さずに、種々の救済活動や、葬送（鎮魂）、治病・除災などの現世利益のための呪術など、社会、特に民衆の宗教的要求に密接に結びつく活動を行った存在とする点はほぼ一貫しているが、そうした活動に対する評価については、黒田俊雄による顕密体制論→3部2章1節3の提示以前と以後とで大きく二分される。

図1　空也上人立像（六波羅蜜寺所蔵。三宅久雄『日本の美術　鎌倉時代の彫刻』より転載）

　顕密体制論以前の研究は、聖の活動に見られる阿弥陀念仏や法華経への信仰を重視する姿勢、既成仏教の貴族寄りの姿勢に距離を置く態度などから、官寺・大寺院に属する僧侶とのあり方の違いを強調し、のちの鎌倉期成立の仏教の先駆的な存在であると見るものが多い。

　これに対して、顕密体制論提示以後の研究では、むしろ既成の仏教の周縁部に位置し、その発展の原動力になった存在として聖を位置づけようとする傾向が強い。したがって、聖と鎌倉期成立の仏教との関係についてのそれまでの見解にも再考を迫るものとなっている。

　これは顕密体制論が、それ以前の研究では古代から中世への移行期に衰退するとされてきた既存の大寺院などの宗教勢力を、社会の各層と封建的な関係を結んで生まれかわり、中世社会における正統的宗教＝顕密仏教としての地位を獲得した存在と見ることによる。

　現在の聖に関する研究は、主として中世史研究の側からの視点に基づき行われているため、院政期以後、中世における動向に関する研究が活発であるが、それ以前の、古代から中世への移行の時期、まさに中世的な聖の原像ともいうべき、萌芽期の聖の位置づけについては今後一層研究が深められるべき余地を有する。これまでの研究史を踏まえた、聖の原像についての再検討が望まれる。　　　　　　　　　（東舘紹見）

● 参考文献

井上光貞　1956　『日本浄土教成立史の研究』　山川出版社（新訂版 1975）
黒田俊雄　1975　「中世における顕密体制の展開」（『日本中世の国家と宗教』　岩波書店）
平林盛得　1981　『聖と説話の史的研究』　吉川弘文館
平　雅行　1992　『日本中世の社会と仏教』　塙書房
伊藤唯真　1995　『聖仏教史の研究』上　法藏館

7　女性と仏教

● 研究の状況

　日本の女性と仏教の研究は、1945年以前の先駆的研究、1970年代の女人往生思想や尼僧の研究などがあったが、1980年前後から急速に発展した分野である。従来の仏教史では、教団史に重点が置かれたため、寺院や宗派単位に教団の政治と経済の変化、男性僧侶の活動が中心的論点であった。また教理・教学研究の女性論も、歴史学が重視する受容実態やその変遷は十分に検討されてこなかった。これに対し「女性と仏教」というテーマは、先行研究の再検討だけでなく、日本人の信心・信仰の歴史を考えるための新しい視点を提供するテーマとして注目された。この研究の牽引役を担ったのが、1984年から10年間活動した「研究会・日本の女性と仏教」であり、研究成果の一部である『シリーズ・女性と仏教』全4巻の構成、「尼と尼寺」「救いと教え」「信心と供養」「巫と女神」が象徴するように、仏教に留まらない、女性と諸信仰の関係が対象となった。仏教や教団が女性をどう扱ってきたかのみでなく、むしろ女性が仏教をどうとらえ、受容したか、そして女性たちの宗教活動が、日本人の信心・信仰の歴史にいかなる影響を与えていたのかが問題とされた。

　方法論としては、日本史・仏教史・宗教史・女性史・美術史など歴史学的研究、さらに日本文学・文化人類学などを含めた学際的な研究が盛んになっていった。そして教理・教学研究の立場から改めて再検討がなされるようにもなった。その後、歴史学的研究による専門研究書や入門書が作成され、仏教史や女性史の研究史整理の中でも特筆して論じられ、重要なテーマとして認知されるまでになっている。また国際的な研究交流も盛んになっている。

● 内容

　古代の女性と仏教の論点は多岐にわたるが、中心的なテーマは尼や尼寺の存在形態、仏教女性観の受容実態や女性たちの信心の特質である。

　倭国では6世紀後半に僧に先んじて尼が誕生し、正式受戒のために百済に留学し、帰国後、尼の指導者となったとする伝承がある。これを倭国の仏教受容の後進性や神観念の特殊性としてとらえるだけでなく、東アジアの尼が経典読誦や教学研究を行う専門的な宗教者の地位を確立していた時期に、これを先取り的に受容して誕生したことを重視すべきである。8世紀までは国分寺・国分尼寺に代表されるように、僧寺と尼寺がセットで建立される場合が多かった。また8世紀の僧尼令では尼は僧と区別なく規定された。しかし実際には尼は僧綱メンバーにはなれず僧と平等な関係ではなく、さらに9世紀以降に男性僧中心の官僧体制が再編され、官尼の地位が低下し尼寺も衰退した。ただし庵や院、また邸宅内の仏教施設で修行する尼たちの増加を含めて、官尼以外の尼の果たした役割を評価する必要がある。

　仏教女性観について、大乗仏教では本来男女の固定した相がない「空」の思想から、男女の別なく救済されることを強調する。そして「五障」「女身垢穢」は大乗仏教か

らは否定すべき「小乗」的女性観であり、「変成男子」はその過渡的形態であった。ただしこれらが正しい文脈で理解されて布教されていたのか、また実際にはどのように誤解され、ゆがめられて、または一人歩きして受容されたのかなど、複雑な受容実態としてとらえる必要がある。現実社会では女身を穢れたものする否定的女性観が必ずしも克服されていたわけではない。「女人結界」については、戒律や神祇信仰の触穢とも異質な、女性の穢れに由来するとみる説、戒律に由来するとみる説などがある。しかし神仏を主体とした穢れ説と男性修行者を主体とした戒律説とを二項対立的にとらえず、神仏の降臨する清浄空間と男性修行者の浄行を両立して確保する論理として、穢れ排除と戒律遵守が共存したと考える必要がある。

　8世紀では女帝や宮廷尼などは、女性を「方便の女身、菩薩の化身」とみる肯定的女性観とともに、「変成男子」説を必ずしも否定的にとらえていなかった可能性があった。9世紀以降、天台系教義では『法華経』の龍女成仏を、女人成仏論にとどまらず、男性を含めて生き物すべての「即身成仏」を表すものとして解釈するようになった。ただし一方で「女身垢穢」観の流布のもと、次第に現実の女身そのものは否定的にとらえる観念が進行していたことも確かである。この時期も「方便の女身、菩薩の化身」説が受容される一方で、女性の供養のために「転女成仏経」が書写され、また女性は成仏しがたいとする「五障」説も流布していった。臨終時に有髪の尼が僧や法師と同じ姿になる完全剃髪をする例もみえ、実際に「変成男子」説を受け入れて往生を理解した貴族女性や尼もいた。しかし女性の本音や生活感覚として、どれだけ深刻に受け止められていたか疑問であり、女性たちが女身を必ずしも否定的にとらえていたわけではなく、女身のまま往生することを想像していた可能性も指摘されている。

● 課題と展望

　研究で留意すべきは、たとえば女犯・妻帯・僧の家などいわば「男性と仏教」のテーマも含んでいることである。このため僧と尼、僧寺と尼寺の関係、男性と女性それぞれの信心など、男性と女性の社会的・文化的な性差のあり方を問うジェンダーの視点が必要である。さらに教化する側と教化される側の信心の比較も重要である。また中国や朝鮮半島の尼たちとも比較し、この問題を東アジアの仏教の中で位置づけていくことである。そして儒教・道教・神祇信仰との関係も視野に入れつつ検討することも重要である。そしてさらに「女性と仏教」として別立てにした視点で扱うだけでなく、仏教史全体の各テーマの中でも積極的に叙述されるべき問題であろう→3部2章4節5、3部3章3節5。

（勝浦令子）

● 参考文献

大隅和雄、西口順子編　1989　『シリーズ・女性と仏教』全4巻　平凡社

勝浦令子　2010　「特論　女性と仏教」（末木文美士編『新アジア仏教史11　日本Ⅰ　日本仏教の礎』　佼成出版社）

基礎資料（日本古代）

　資史料の利用にあたっては、加工されたものではなく、影印本で写真を確認するなど、原物に近いものを見るのが基本である。自治体史・展覧会図録などに採録されている場合もあるので、目配りが必要である。まとまった寺院文書については自治体図書館などが写真版や調査報告書を架蔵していることもあるので問い合わせてみるとよい。その下調べとして東京大学史料編纂所、国文学研究資料館、奈良文化財研究所、国会図書館などの HP で公開されている各種データベースを検索しておくことが有益である。

黒板勝美編『新訂増補国史大系』（吉川弘文館）　…　法制史料ほか基本的な史料が収録されている。新たに別のシリーズに収録された史料については相互に参照すること。

東京大学史料編纂所編『大日本古文書』（編年文書）全25冊　…　大宝2年（702）〜宝亀10年（779）までの古文書を編年順に集めている。

東京大学史料編纂所編『大日本古記録』　…　9世紀以降の代表的な日記をとりあげ翻刻刊行している。

竹内理三編『寧楽遺文』全3巻・『平安遺文』全15巻　…　『寧楽遺文』は、正倉院文書を中心とする古文書や記録・金石文などを分類・編年順に収録する。『平安遺文』は、平安時代の古文書・金石文などを編年順に収録する。

『日本思想大系』（岩波書店）　…　『聖徳太子』『最澄』『空海』など人物の著作や複数の寺院縁起をまとめて収録した『諸寺縁起』などが簡便にみられる。

『延喜式』（虎尾俊哉編『訳注日本史料延喜式』上・中　集英社　2000-07）　…　平安中期の基本法典の注釈本。

『日本霊異記』（本郷真紹監修・山本崇編集『考証日本霊異記』上　法蔵館、2015）　…　『日本霊異記』は、小学館・岩波書店などから複数の刊本がでているが、ここにあげる本郷監修本は、写真版などもあり、近年複数の古写本を照合したものである。

『東大寺要録』（筒井英俊編　全国書房　1944）　…　院政期に成立した寺誌で、創建期からの東大寺の歴史とその時代背景がうかがえる史料を含む。続きとして『東大寺続要録』もある。

『東大寺諷誦文稿』（築島裕編『東大寺諷誦文稿総索引』　汲古書院　2001）　…　『東大寺諷誦文稿』は、原本はすでに失われているが古代の在地法会の開催の実態を伝える史料として価値が高い。中田祝夫『東大寺諷誦文稿の国語学的研究』（風間書房　1979年改定新版）が使用されることも多い。

藤田経世編『校刊美術史料』寺院篇上中下（中央公論美術出版　1972-76）　…　南都七大寺などの寺院伝本史料を翻刻したもの。

国書逸文研究会編『新訂増補国書逸文』（国書刊行会　1995）　…　初学者にわかりにくい逸文（別の文献に引用されていてすでになくなっている文献）を集成したもの。

『大日本仏教全書』全161巻（仏書刊行会　1911-22）　…　日本で成立した仏教書籍を翻刻刊行した集成。「興福寺本僧綱補任」などの基本史料がふくまれる。

『新編日本古典文学全集』（小学館）・『日本古典文学大系』（岩波書店）・『新日本古典文学大系』（岩波書店）　…　注や解釈に過去の研究が反映されているので、複数のテキストを比較参照すること。

参考文献（日本古代）

　日本古代仏教史研究は、多くの研究の蓄積があり、テーマを定めたら、見落としのないように先行研究に目を通す必要がある。

　近年刊行の『新アジア仏教史』（佼成出版社　2010-11）や『岩波講座日本歴史』（岩波書店　2013-15）などにも関連論文が収録されているが、歴史観の推移を把握するために、以前に刊行されたものと読み比べる工夫があるとなおよい。

石田茂作　1930　『写経より見たる奈良朝仏教の研究』　東洋文庫

堀一郎　1953-55　『我が国民間信仰史の研究』1・2　創元社

田村圓澄　1959　『日本仏教思想史研究　浄土教篇』　平楽寺書店

薗田香融・田村圓澄　1962　「平安仏教」『岩波講座日本歴史4　古代4』　岩波書店

二葉憲香　1962　『古代仏教思想史研究』　永田文昌堂

井上薫　1966　『奈良朝仏教史の研究』　吉川弘文館

家永三郎監修　1967　『日本仏教史Ⅰ　古代篇』法藏館

井上光貞　1971　『日本古代の国家と仏教』　岩波書店

井上光貞　1975　『新訂　日本浄土教成立史の研究』　山川出版社

笠原一男　1975　『女人往生思想の系譜』　吉川弘文館

田村圓澄　1975　『飛鳥・白鳳仏教論』　雄山閣出版

堀池春峰　1980-2004　『南都仏教史の研究』全3巻　法藏館

薗田香融　1981　『平安仏教の研究』　法藏館

平岡定海　1981　『日本寺院史の研究』吉川弘文館

『日本名僧論集』第1～4巻　1982-83　吉川弘文館

佐久間竜　1983　『日本古代僧伝の研究』　吉川弘文館

石田瑞麿　1986-87　『日本仏教思想研究』全5巻法藏館

西口順子　1987　『女の力』　平凡社

吉田靖雄　1988　『日本古代の菩薩と民衆』　吉川弘文館

高木豊　1988　『仏教史のなかの女人』　平凡社

小野勝年　1989（初版　1964-69）『入唐求法巡礼行記の研究』　法藏館

牛山佳幸　1990　『古代中世寺院組織の研究』　吉川弘文館

中井真孝　1991　『日本古代仏教制度史の研究』法藏館

国立歴史民俗博物館編　1992　『正倉院文書拾遺』

『論集奈良仏教』全5巻　1994-95　雄山閣出版

吉田一彦　1995　『日本古代社会と仏教』　吉川弘文館

勝浦令子　1995　『女の信心』　平凡社

伊藤唯真　1995　『聖仏教史の研究』上・下　法藏館

曾根正人　2000　『古代仏教界と王朝社会』　吉川弘文館

勝浦令子　2000　『日本古代の僧尼と社会』　吉川弘文館

三舟隆之　2003　『日本古代地方寺院の成立』　吉川弘文館

西口順子　2004　『平安時代の寺院と民衆』法藏館

宮﨑健司　2006　『日本古代の写経と社会』　塙書房

中林隆之　2007　『日本古代国家の仏教編成』　塙書房

古市晃　2009　『日本古代王権の支配論理』　塙書房

岡野浩二　2009　『平安時代の国家と寺院』　塙書房

河上麻由子　2011　『古代アジア世界の対外交渉と仏教』　山川出版社

須田勉・佐藤信編　2011　『国分寺の創建　思想・制度編』　吉川弘文館

須田勉・佐藤信編　2013　『国分寺の創建　組織・技術編』　吉川弘文館

手島崇裕　2014　『平安時代の対外関係と仏教』校倉書房

増尾伸一郎　2015　『日本古代の典籍と宗教文化』吉川弘文館

山本幸男　2015　『奈良朝仏教史攷』　法藏館

薗田香融　2016　『日本古代仏教の伝来と受容』塙書房

竹内亮　2016　『日本古代の寺院と社会』　塙書房

日本中世

● 総説

● はじめに

　本章では、主に院政期から戦国期（11世紀末から16世紀）を扱う。末法の到来を経た平安末期から院政期にかけて、現世の救済と来世の往生に悩む人々を仏教は新たな姿で惹きつけた。聖や上人と呼ばれた宗教者たちは、民衆に対して滅罪のための勧進喜捨や結縁を勧め、念仏や法華経読誦などによる来世往生を説いた。また、浄土教とともに平安仏教を象徴する密教は、院政期には浄土教との融合が図られ造寺・造仏において独特の表現が生み出された。鎌倉期に入ると、易行の1つである称名念仏を末世における唯一の往生行と説く法然が現れ、その門下から親鸞をはじめ多様な門流が展開した。法然や親鸞による諸行否定の主張は、鎌倉後期に登場する「捨聖」一遍や、現世主義の立場から法華経至上を説いた日蓮にもみられる。近代以降、彼らの思想や行動は禅宗の祖師たち（栄西・道元）とともに仏教改革運動（鎌倉新仏教）として高い評価を得た。一方、同じく院政期頃から南都を中心に戒律復興運動が起こり、鎌倉期では叡尊ら律宗による救済事業の実践が注目されるが、こちらは鎌倉新仏教のカテゴリーの外に置かれた。

　また、院政期は王権と仏教が最も密着した時代であった。その内実は、当時「顕密八宗」とも総称された南都六宗と天台・真言の八宗による王権護持の体制であった。院の「分身」たる法親王が各宗のトップとして送り込まれたように、それは院権力の強い意志のもとで確立した。顕密を教学の基盤に置いた仏教（顕密仏教）が、密教修法や顕教法会を通じて中世国家の護持や安穏の機能を担ったのである。この体制は、禅宗を積極的に保護した鎌倉幕府も後に律宗を取り込みつつ終始支持したし、蒙古襲来以降の朝廷（大覚寺統）の極端とも言える密教化路線にもそれは顕著である。

　室町期に入ると、将軍家をはじめ武家諸階層と密着した禅宗（臨済禅）が隆盛を誇った。禅僧たちは漢詩文の素養を活かして外交の分野でも活躍し、また五山文学をはじめ禅林文化を生み出した。その後、室町幕府が退勢となるなかで伸長したのが親鸞門流の1つ本願寺と日蓮門下の諸門流である。前者は蓮如の代に各地の門徒集団を編成し、やがて「一向一揆」で知られる強大な勢力を形成する。後者は関東から京都に進出し、町衆らの信仰を得てこれも「法華一揆」として時代の表舞台に登場する。ともに在家の門徒を基盤とした戦国期の二大教団は、戦国大名や朝廷・幕府と連携や対立を繰り返しながら勢力を拡大し、やがて統一政権と対峙することになる。

● 研究動向

　かつて、鎌倉新仏教の祖師たちの研究が中世仏教史そのものであった。古くは明治

期における西洋の宗教改革との比較対象として、戦後は民衆仏教を代表する存在とし
て、鎌倉新仏教論は中世に止まらず日本仏教史全体に影響を与えてきた。

　こうした研究状況は、1970年代半ば以降に大きく転換する。先行して1960年代に中
世を武士の時代とする見方が再検討され、それまで古代の遺制とされてきた公家や寺
社の動向に関心が向けられるようになった。こうして中世寺社の存在意義があらため
て注目されると、鎌倉新仏教に対して「旧仏教」と評価されてきた古代以来の顕密仏
教こそ、中世において主流の位置を占めた仏教であり、逆に鎌倉新仏教の社会的影響
力は限定的であったとする顕密体制論が提起された。ここに、鎌倉新仏教で代表され
てきた中世仏教史像は相対化され、新たな研究段階を迎えた。1980年代以降、国家・
社会・経済・文化など、中世社会を構成する諸分野と顕密仏教の関係を対象とする研
究が盛んとなった。時代の主役は鎌倉新仏教から顕密仏教へシフトしたのである。

● 本章の内容から

　この新たな研究動向が開拓したと言えるのが、中世国家と仏教の関係をめぐる研究
である。独自の武力や経済基盤を擁し、世俗社会にも大きな力を持った延暦寺ら「南
都北嶺」の寺社勢力とどのように対峙するかは、公家・武家を問わず時々の中世王権
にとって深刻な課題であった。それゆえ、中世の政治史や国家史と仏教史は密接不可
分な関係を有したのである（以上、第1節「中世国家と仏教」の各項目を参照。以下同
じ）。また、古代と同じく、神仏習合の問題は中世仏教史研究においても重要な論点
の1つである。近年は国家史との関係から二十二社や一宮制が注目されている。

　一方、仏教思想の中世的展開は依然として重要な研究分野である。かつての浄土教
発展史観が克服された現段階においては、戒律復興や本覚思想など、顕密仏教側の動
向も含めた総体的な解明が求められる（第2節「中世の仏教思想」）。また、神道説や神
国思想に関しては文学研究で近年盛んに論じられている。

　近年の対外交流史研究とも相まって進展が著しいのが、東アジア世界の中で中世仏
教史を考える視点である。渡来僧・留学僧などの人的交流はもとより、経巻・詩文な
どモノの往来が具体的に解明されつつある。国家・国境を超える性質を持つ仏教を扱
いながら一国史的な仏教史像が描かれてきた段階から、東アジア世界の動向を視野に
入れることが前提となりつつある（第3節「中世仏教と東アジア」）。

　これまで民俗学からのアプローチが目立った修験や巡礼・参詣などの民衆信仰や、
葬送・追善など死者儀礼をめぐる問題についても、仏教史研究の立場から検討が進ん
でいる。また、女性と仏教をめぐる研究はとくに大きく変化した分野である。たとえ
ば、鎌倉新仏教論における女人往生の肯定的評価は、顕密仏教側の分析を経て今日で
はむしろ差別的救済思想と理解されている（第4節「中世の信仰世界」）。

　本章の最後に、建築史・美術史などの隣接諸分野と、経典・石仏などモノに即した
分野の研究動向を取り上げた。すべての分野を網羅できたわけではないが、ここに挙
げた多様な項目自体が、中世社会全体に及ぶ仏教の影響力と中世仏教史研究の重要性
を物語っていると言えよう（第5節「中世の仏教文化」）。　　　　　　　（大田壮一郎）

204　第3部　日本＊第2章　日本中世

① 中世国家と仏教

1　院政と仏教

● 研究史

　かつて、院政は古代末期の専制政治形態（ディスポティスム）とされていた（石母田正『古代末期政治史序説　下』未来社 1956）。かかる時代認識は、貴族政権や旧仏教、そしてそれらを経済的に支える荘園制を古代的と捉え、中世には克服されるべきものとする理解を前提としている。このような認識を時期区分論として確立させたのが原勝郎であり（『日本中世史』冨山房 1906、「東西の宗教改革」〈『日本中世史之研究』同文舘1929、初出1911〉）、近代史学成立期に生まれた枠組みは戦前・戦後を通じ、繰り返し補強されてきた。しかしながら、黒田俊雄による権門体制論・顕密体制論→3部2章1節3・荮園制社会論の提起により、古代・中世理解は大きく転換した。今日では、貴族政権や顕密仏教（旧仏教）・荘園制は中世的な秩序へと変貌を遂げ、院政期は中世成立期であるとする見方が定着し、院政も中世的な権力形態とされている。

　それにともない、古代の国家仏教から平安中後期の浄土信仰を経て、中世の鎌倉新仏教に至るとする仏教史理解も改められた。院政期を含めた平安中後期の仏教史が浄土信仰のみで描き切れる時代はもはや終わった。浄土信仰の象徴たる阿弥陀堂が、現世の病苦の除去を願う薬師堂と向き合って建っているように、現世での救済と来世における往生とは何ら矛盾なく共存しており、同時に天皇から名もない民衆までを等しく救済することが大乗仏教の根本理念であり、日本仏教の特徴といってよい。

● 王法仏法相依

　院政期の王権と仏教との関係を象徴するのが王法仏法相依論である。王法と仏法との関係を「車の両輪、鳥の二翼の如し」と説くこの論理が現れるのは、10世紀末に成立した「四天王寺御手印縁起」が最初である。経済的に困窮しつつあった四天王寺は、聖徳太子が実践したという王法仏法相依の固持と自らの保護を朝廷に求めている。同様の主張は、東大寺・金剛峯寺などでもみられ、10世紀中葉より国家の保護・統制から解き放たれた諸寺院は、自らの生き残りをかけ、王権に保護を求めて擦り寄り、そのために構築した論理が王法仏法相依であった。朝廷に王法仏法相依を要求するからには、自らも積極的に王法を護持せねばならず、権門諸寺院は国家的法会（公請）に出仕可能な僧侶の養成を進めた。そして、このように寺院側が生み出した王法仏法相依論を、院権力は自らを正当化する論理として利用した。六勝寺の創建はその代表例といってよい。

● 六勝寺

　宗教と政治・社会経済が密接に結び付いた院政

表1　六勝寺

寺名	願主	創建年
法勝寺	白河天皇	承暦元年（1077）
尊勝寺	堀河天皇	康和4年（1102）
最勝寺	鳥羽天皇	元永元年（1118）
円勝寺	待賢門院	大治3年（1128）
成勝寺	崇徳天皇	保延5年（1139）
延勝寺	近衛天皇	久安5年（1149）

期を象徴するのが、白河の地に建立された六勝寺である（表1）。巨大な法勝寺八角九重塔が新たに出現した院権力の象徴とされてきたが、同時に、摂関家の別業があったに過ぎない京外の地が、半世紀ほどの間に御願寺や院御所が林立する都市的空間へと変貌したこと自体、院権力の政治力を示す出来事である。これらの大規模造営は受

表2　六勝寺創建時の堂舎

寺名	創建時の堂舎
法勝寺	金堂・講堂・阿弥陀堂・五大堂・法華堂
尊勝寺	金堂・講堂・薬師堂・観音堂・五大堂・灌頂堂・曼陀羅堂・塔2基
最勝寺	金堂・塔2基・薬師堂・五大堂
円勝寺	金堂・塔3基
成勝寺	金堂・五大堂・観音堂
延勝寺	金堂・塔

領によりなされ、都鄙間をひとどものとが往反し、文化交流も展開した。

　六勝寺各寺の創建時の堂舎は時代とともに減少するが、六勝寺の各伽藍の中央には金堂が建立され（表2）、その本尊として毘盧舎那仏（大日如来）が安置された。院政期には天皇と大日如来とを同体とする言説が現れ、願主たる天皇を象徴する大日如来が国家を鎮護し、仏法を興隆するという理念のもと建立されたのが六勝寺だといえる。

　六勝寺で行われる恒例仏事は、常住供僧が勤仕する法会と、国家的法会（公請）として諸寺の高僧が集う法会に二分できる。法勝寺の場合、金堂・阿弥陀堂の修正月、常行堂修二月、不断念仏、自恣が前者に、法華三十講・法勝寺御八講・御念仏・大乗会が後者にあたる。六勝寺の常住供僧は、天台（延暦寺・園城寺）、南都（興福寺・東大寺）、真言（各法流の拠点寺院）の僧侶が選任され、これら諸宗僧を束ねるのが六勝寺検校たる仁和寺御室であった。仁和寺御室は性信以降、天皇の子息たる法親王が勤めることとなり、六勝寺の僧侶構成は天皇の分身たる法親王が諸権門寺院の僧侶を統轄するという理念を示していた。

　現実には、権門寺院は強訴などで院権力と対峙する場面もあったが、王法仏法相依の理念を象徴する六勝寺の存在は、王権が目指した政治と仏教との関係を明示するものといってよい。そして、中世王権が衰退し変貌を遂げる鎌倉末・南北朝期には、王権の統制力により維持されてきた六勝寺をはじめとする院政期にできた御願寺群は解体する。それは、院政期に確立した政治と仏教との関係の崩壊を象徴するものといってよい。　　　　　　　　　　　　　　　　　　　　　　　　　　　　　　（上島　享）

● 参考文献

黒田俊雄　1994　『黒田俊雄著作集　第2巻　顕密体制論』　法藏館

上島　享　2010　『日本中世社会の形成と王権』　名古屋大学出版会

206　第3部　日本＊第2章　日本中世

2　寺社勢力の展開

◉ 定義

　中世の寺社は、宗教界の内側だけでなく外側の社会に対しても大きな影響力をもっていた。その影響力は、もちろん宗教の外皮をまとってはいるが、様々なかたちで世俗社会にも関わっており、単に宗教上の問題として切り離せない要素を含んでいる。黒田俊雄は、中世の寺社がもつこうした側面を「寺社勢力」と定義した（黒田 1975）。それ以降、中世社会の特質の一つとして寺社の比重が高く評価されるようになり、寺院・神社史研究に明確な方向性を与えた。

◉ 内容

　寺社の「勢力」は多様であり、その展開過程もまた多様である。そのため、寺社勢力研究も幅広く展開している。ここではその流れを3つにまとめてみたい。

　◆**主体**　寺社勢力の主体は、大衆と呼ばれた僧侶および非僧侶からなる集団である。彼らは寺社の自治を実現し、そのための支配機構や身分組織を形成した。学生・堂衆の二大身分が大衆の主たる構成員で、加えて寺内の奉仕者集団や、寺外に拠点をもつ神人・公人などから構成された。彼らが構築した支配機構とならび、自律的な秩序のもとでいかに「勢力」を形成したかという点にも関心が集まり、研究が深められた。集団的な秩序を維持するための寺社法や、自律的な統制力を支配領域にまで拡大させた寺辺新制、集団としての意志決定の場である集会などが主要な論点である。

　◆**基盤**　寺社勢力の経済基盤である寺社領荘園の研究については古くからの蓄積があるが、寺社勢力論として新たに注目されたのは、末寺・末社である。地方への展開をもくろむ寺社勢力は、末寺・末社を単なる布教拠点とするのではなく、本寺役などの人的・経済的負担を介した一種の所領として支配した。地域の中心でもあった末寺・末社は、地域社会との密な関係を構築していた。そのため寺社勢力は、それを足がかりとして民衆世界への展開を実現することができたのである。

　◆**発現形態**　寺社の「勢力」が、暴力など非宗教的なかたちで現れたことは、中世的な特質である。その代表ともいうべき僧兵はもとより、集団意志を朝廷に突きつける強訴においても暴力的な要素が確認できる。寺社勢力の暴力は、内部あるいは外部との軋轢を解決する手段として選択されたが、その一方で検断など支配領域内部の秩序を保つ手段として機能する場合もあった。

　非宗教的な「勢力」とともに、呪術的な力への注目も集まっている。院政期にかけて発展した密教修法は、玉体安穏や災害消除などで期待された祈禱であり、国家との関連で重視された。中世では、物理的手段ではない呪術的な力も、実効性をもつ暴力の一つであった。それは民衆に向けて働くことで国家の支配を支えていたと評価されている（衣川 2007）。

◉ 研究史

　寺社の「勢力」については戦前からの指摘もあるが、研究史上の画期は、やはり黒

田俊雄が寺社勢力論を提唱した1975年であろう。その後、活況を呈していた寺社領荘園の構造解明とあわせて、運営を支えた内部機構への分析も飛躍的に進んでいった。

こうした研究での対象は中世前期が主であった。それは、寺社勢力の基盤となっていた荘園制の動揺に伴い、その「勢力」自体も後退するとの理解から、寺社勢力は中世後期に衰退するという図式ができあがっていたからである。しかし、こうした図式への批判や反省に立つ研究も生まれ、禅・律・念仏諸宗への再評価も積極的に進められている（大塚 2009）。また戦国期・近世への展望から、寺社勢力と民衆との関係が後期にこそ深まるとする議論も登場している（大石 2004）。

● 課題と展望

中世後期衰退論の克服や、「寺」と「社」を別けたうえで「寺」のみに重心をおいてきた議論の見直しなど、これまでも多くの課題が指摘されてきたが、近年の意欲的な取り組みにより、研究は着実に進展している。それにより、今後もさらなる解明が進むだろう。しかし、一方で黒田が意図した寺社勢力の全体像を見通す寺社勢力「論」への言及は、顕密体制論→3部2章1節3に比して明らかに少ない。

繰り返すが、中世の寺社勢力は多様である。その多様さに一つの視角を与えた寺社勢力論の意義は大きい。しかしそれは、旧仏教系の寺社のみを対象にしたことで活路を得たものであった。たとえば黒田は、一向一揆については寺社勢力とは別に論じているが、中世後期までを見通した場合、中世の寺社が社会に及ぼした影響力、すなわち「勢力」について、果たしてトータルな寺社勢力の歴史像は得られるだろうか。また、寺社勢力がそれぞれの寺社を越えて横断的に結びつく要素は薄く、全体像の把握を試みれば、いきおい王権への収斂が強調され、顕密体制の枠組みに吸収されてしまう。全体を見ようとすれば個々の集団が過小評価されるというこのジレンマも、克服すべき課題の一つであろう。引き続き、中世を通じて寺社勢力の展開を明らかにする作業を行うとともに、「論」として成り立つかを含めた寺社勢力論に対する正面切っての検証も必要である。　　　　　　　　　　　　　　　　　　　　　　　（衣川　仁）

● 参考文献

黒田俊雄　1980　『寺社勢力―もう一つの中世社会―』（岩波新書）　岩波書店

黒田俊雄　1995（初出 1975）「中世寺社勢力論」（『黒田俊雄著作集　第3巻』　法藏館）

大石雅章　2004　『日本中世社会と寺院』　清文堂出版

衣川　仁　2007　『中世寺院勢力論―悪僧と大衆の時代―』　吉川弘文館

大塚紀弘　2009　『中世禅律仏教論』　山川出版社

208　第3部　日本＊第2章　日本中世

3　顕密体制論

● 定義

　黒田俊雄（1926-93）が1975年の論文「中世における顕密体制の展開」で提唱した中世仏教についての分析概念。黒田は、中世において日本仏教の「正統」的地位にあったのは、奈良時代以来の南都六宗と平安時代に登場した天台・真言両宗の八宗であり、八宗は顕教と密教で構成される教学を共有したことから、総体として顕密仏教と呼ぶべきであるとした。そして、顕密仏教を核とする中世の宗教秩序を顕密体制と規定した。なお、鎌倉時代に登場する禅・浄土・法華の諸宗は、当時においては「正統」である顕密仏教に対して「異端」的存在であったとする。

● 内容

　従来の中世仏教史研究では、鎌倉時代の法然・親鸞・日蓮らの思想に革新性や近代性を見出し、彼らを祖師と仰ぐ諸宗を鎌倉新仏教と名付け高く評価するいっぽう、古代から続く諸宗は中世における「旧仏教」とした。これに対し黒田は、従来の通説が近世以降の宗派状況や信仰中心の歴史観を前提としてきたと批判し、旧仏教／新仏教という区分自体が中世社会の実態から導かれたものではなく、後世の状況を遡及的に設定したものに過ぎないとした。黒田によると、古代律令国家において鎮護国家の機能を担った顕密仏教は、律令体制が崩壊してゆくなかで**密教**を共通基盤とする国家公認の八宗として緩やかな統合秩序を形成する。また世俗権力と仏教の相互補完を説く「**王法仏法相依**」→3部2章1節1の論理を主張しつつ独自の経済基盤（荘園）を確保し、その維持を名目とする私的武力や家産組織を有する権門となった。こうして、顕密仏教は世俗権力から相対的に自立し、その拠点である延暦寺や興福寺は中世に権門寺院として再生した。

　このように、黒田は旧仏教と評価されてきた顕密仏教こそ、権門として国政上にも影響力を持つ中世の正統派仏教であったとする。これに対し、いわゆる鎌倉新仏教の祖師たちの活動は、中世社会の危機・動揺のなかで正統派仏教に対し惹起された異端・改革運動と捉えられ、その影響力は当時において限定的であったとする。そして顕密体制は変容しつつも中世後期まで存続し、中世末の宗教一揆によって崩壊を迎えるという。ここまでみたように、中世仏教の指標として同時代における国家との関係や社会的影響力を重視するところに顕密体制論の特徴がある。これは、仏教史研究では単体で扱われる場合が多いが、顕密体制論は先行して提起された権門体制論や荘園制社会論とともに、日本史学界の主流であった中世領主制論に対する非領主制論の一環として黒田が構想したものであった点に由来すると考えられる。

● 研究史

　仏教学の分野では以前から鎌倉新仏教論に批判的な動向も見られたが、その本格的な展開は顕密体制論の登場を待たねばならなかった。黒田が**権門体制論**（1963年）において寺社権門を重視する見解を示すと、中世寺院の成立をめぐる関心が高まり、や

がて「中世寺院史」分野の確立に至る。さらに顕密体制論の登場によりその動向は加速し、1980年代以降には仏教史に限らず中世史全体のテーマとして国家史・国制史と顕密仏教の関係が具体的に検討された。

　もっとも、顕密体制論に対する批判も皆無ではなく、「個人救済」を基軸とする鎌倉新仏教論を提唱する松尾剛次や、思想史や仏教学の立場から黒田の天台本覚思想
→3部2章2節6 理解や正統・異端の概念を批判する末木文美士らの見解もある。しかしながら、これまで新仏教一辺倒であった仏教思想史研究においても、明恵（1173-1232）や貞慶（1155-1213）ら顕密仏教側の教学論に目が向けられるようになり、美術史や文学をはじめ多くの隣接分野にも影響が及んでいる昨今の状況をみる限り、顕密体制論が研究史に新たなパラダイムをもたらしたことは疑いない。

● 課題と展望

　顕密体制論は必ずしも十全な実証的成果を基盤とした理論ではなく、引き続き事例研究の蓄積による検証が必要である。近年は、たとえば黒田が密教の一部分と評価した天台本覚思想の再評価や、南都仏教を密教で包摂する理解への批判、神仏習合下における顕密主義の一類型であり、鎌倉後期以降は密教に替わり八宗統合の核となったとされた中世神国思想の問題など、顕密体制論の批判的検討を契機に新たな研究潮流が生み出されている。とくに2000年代以降、顕密体制論に欠けていた東アジア的視点をめぐる研究の進展は目覚ましい。さらに、権門体制の評価とも関わって、中世後期や近世仏教への展開をどのように考えるかという問題も黒田の残した課題である。

　ところで、顕密体制論は論理構成が複雑かつ難解であるのに加え、たとえば「顕密体制」という語彙自体、黒田は国家と仏教の関係を示す場合だけでなく顕密八宗間の秩序を示す場合にも用いており、整合的な解釈が困難な部分もある。顕密体制論は、黒田の理解に立ち戻りつつ、分析概念としてさらなる検証が必要とされよう。

　今後は顕密体制論の相対化やオルタナティブとしての新理論が提起されることも予想される。その際に留意すべき点として、当時の学問的バックボーンとしてのマルクス主義歴史学や近代主義への批判を以て黒田や顕密体制論の理解を退けるような粗雑な議論に陥らないことが重要であろう。現在の高みからの批判ではなく、黒田が対峙したものや見通したものを総括したうえで中世仏教史像の更新が目指されなくてはならない。

（大田壮一郎）

● 参考文献

平　雅行　1992　『日本中世の社会と仏教』　塙書房

黒田俊雄　1994（初出 1963）「中世の国家と天皇」（『黒田俊雄著作集　第1巻』　法藏館）

黒田俊雄　1994（初出 1975）「中世における顕密体制の展開」（『黒田俊雄著作集　第2巻』法藏館）

上川通夫　2007　『日本中世仏教形成史論』　校倉書房

横内裕人　2008　『日本中世の仏教と東アジア』　塙書房

上島　享　2010　『日本中世社会の形成と王権』　名古屋大学出版会

末木文美士編　2010　『新アジア仏教史12　日本Ⅱ　躍動する中世仏教』　佼成出版社

210 第3部 日本＊第2章 日本中世

4 諸国一宮制

● 定義

　中世日本には、諸国に国鎮守として国内第一の社とされる神社が存在し、これを一宮と称した。国によっては二宮以下の社も存在した。一国を超えるほどの規模や信仰圏、知名度を有する社は一宮と称されないことが多い。

　従来、諸国一宮は、もっぱら古代の律令的神祇制度の系譜上に位置づけられていた。しかし、一宮には神宮寺→3部1章5節1や堂舎などの仏教施設が存在し社官組織にも一般的に僧侶がみえることから、一宮が中世的な神仏習合の宗教構造のなかで成立したことが確認される。井上寛司は、王法仏法相依論→3部2章1節1に基づいた中世宗教体制としての顕密体制のなかに諸国一宮を位置づけた、中世諸国一宮制論を提起した。

● 内容

　文献上確実な一宮の初見は康和5年（1103）の伯耆国倭文神社経筒銘とされ、11世紀末から12世紀初頭には一宮呼称の成立が確実であり、12世紀には諸国に一宮の存在を確認できる。なお井上の一宮制論では、一国を超える信仰圏を有し一宮呼称がみられない大社も含め、諸国に一宮制度の存在を措定している。

　諸国一宮制と天皇即位に際して諸国の有力社に神宝を奉献した大神宝使制との間には関連性が指摘されており、律令体制から中世的神社制度への再編のなかで一宮制が成立したと考えられる。井上は、王城鎮守たる二十二社と諸国一宮制とが対応関係にあり、両者が一体となって国家の秩序と安寧を支えたとする。

　また一宮の社務を掌握する惣官とその社領のあり方は諸社によって多様ではあるが、特に社領は荘園制的な知行対象であり、惣官もまた中世荘園制的構造の所職として位置づけうるものであることから、一宮の社官組織・社領構造が中世的な国家や社会体制の枠組みのなかで成立したことを示している。

　このように一宮制は明確な統一的制度をもたぬまま国ごとに成立したが、蒙古襲来を受けた鎌倉幕府は、安達泰盛による弘安徳政において一宮国分寺興行令を発して田数・管領者を調査させ、断続的に一宮に対し異国降伏祈禱を命じた。このように、幕府は諸国一宮を制度として機能させようと試みたようである。しかし、建武政権による一宮国分寺本所停廃令ののち、統一的な一宮政策をみることはできなくなる。室町期には守護のもとで多くの一宮が一国の地域秩序や宗教秩序を担う存在であったが、戦国期にはその秩序も変容した。一宮以下の序列が戦国大名により再編・整備される国がある一方、戦乱のなかで一宮が退転した国もあった。全国的な神社制度としては実質的に崩壊し、その後は国ごとの社格としてのみその名称を残した。

● 研究史

　江戸時代以来の研究があるが、社会構造や宗教構造のなかで一宮を位置づけようとしたのは戦後になってからである。特に1970年代には在地領主制論の立場から、一宮を在地領主の結集拠点として位置づける研究が進められ、伊藤邦彦は地域との関係を

第一義的にとらえる諸国一宮論を唱えた。

　一方、井上寛司は、一宮を中世国家体制の一部としてとらえる伊藤とは逆の視点からの一宮制論を唱えた。井上の諸国一宮制論は黒田俊雄の権門体制論・顕密体制論→3部2章1節3を批判的・補完的に継承したものであり、国家論的視点からの中世神社制度論として、神道論とともに理論化された。また井上は一宮についての研究会を立ち上げ、諸国の一・二宮や国府・国分寺などの基礎的データを収集・刊行するとともに、研究論集も刊行した。こうして、一宮をめぐる研究環境は格段に向上した。

● 論点

　井上による一宮制論は、単なる中世神社制度史の枠を大きく超え、神仏習合の中世的宗教構造を踏まえてその構造と変容とを見通した包括的な議論である。しかしそもそも一宮を制度としてとらえるか否かという概念規定をめぐる批判があり、また一宮と二十二社とを必ずしも対応する制度としてとらえない見解もある。前者は制度論としての内容をさらに深めていく必要があり、後者は一宮と二十二社の成立や各時期における両者の関係を具体的に検討していくことが求められよう。

　一方、蒙古襲来、弘安徳政と一宮国分寺興行令や異国降伏祈禱をめぐっては、まだまだ検討すべき課題が残されている。そもそもなぜ幕府が主体となって一宮や国分寺を対象に異国降伏祈禱を命じたのか、またなぜ対象が一宮と国分寺であったのか、といった議論は十分に深められていない。さらにこの時期の幕府による全国的な寺社修造や祈禱命令は、蒙古襲来という外部的要因を背景にしつつも、寺社権門と朝廷とが担ってきた宗教体制を大きく変えるものであったといえる。その意義を、幕府論や地域社会論の観点から考察していく議論も求められる。そしてこの課題の延長上に、中世後期一宮の評価をめぐる問題も位置づけられる。榎原雅治は、一宮を中世後期の一国寺社ネットワークにおける地域公権を象徴する存在としてとらえるが（榎原2000）、井上の一宮制論ではあくまで中央への求心性のなかで一宮を位置づける。こうした評価のズレは、近年研究の進んだ中世後期の室町幕府論や地域権力論のなかで、必ずしも整合的に整理、理解されていない。中世後期の実態を踏まえ、改めて近年の議論のなかに一宮制論を位置づけ直す必要がある。　　　　　　　　　　　（徳永健太郎）

● 参考文献

　伊藤邦彦　1977　「諸国一宮・惣社の成立」（『日本歴史』355）

　中世諸国一宮制研究会編　2000　『中世諸国一宮制の基礎的研究』　岩田書院

　榎原雅治　2000　『日本中世地域社会の構造』　校倉書房

　一宮研究会編　2004　『中世一宮制の歴史的展開』上、下　岩田書院

　井上寛司　2009　『日本中世国家と諸国一宮制』　岩田書院

212　第3部　日本＊第2章　日本中世

5　室町仏教

● 定義

　室町時代の仏教のことを指すが、「鎌倉仏教論」のように明確な定義や議論が十分にされているわけではない。ここでは、南北朝（1331-92）・室町時代（1392-1493）の仏教を指すものとする。政治史との関係でみれば、**室町幕府**主導のもと朝廷も協調して形成された公武政治体制期における仏教である。これ故に、室町幕府の宗教政策、現実には歴代の足利将軍と仏教との関係、幕府・守護体制のもとでの地方も含めた仏教諸宗派・寺院の在り方の総体を指す。また、思想的には禅宗の台頭に伴う、顕密・禅の思想的対立、その後の協調への方向をみることができる。

　幕府政治の確立期といえる義満・義持期の諸宗体制を基本として、その後の室町幕府と権門寺院・諸宗派の関係性をみていく必要がある。室町幕府のもとで顕密諸宗への保護は継続されるが、臨済禅を中心とした禅宗は**五山官寺**→3部2章3節1として整備された。特に義満期には、五山禅宗の地位が顕密諸宗と並び立つものとして確立され、義持のもとで安定した体制となった。あわせて律宗系・浄土系・日蓮系寺院→3部2章2節1・2・4・5も台頭してきて幕府との関係を持った。幕府のもとでこれら諸宗派寺院が御願寺として認定されるなど、仏教界が鎌倉時代とは異なった形で再編されていった。

● 内容

　南北朝・室町時代になっても南都六宗・天台真言二宗の顕密八宗の勢力は大きかった。足利尊氏（1305-58）・直義（1306-52）の代には、諸国の顕密寺院に対して祈禱命令を出しており、内乱期においては顕密寺院の祈禱や軍事力が期待された。鎌倉時代以来の京都・地方の諸大寺は、北朝・室町幕府に忠誠を尽くすことで、所領を安堵された。

　室町時代を通じて顕密諸宗による祈禱の力に頼ることは大きく、将軍の身体護持から天変地異、戦勝祈願に至るまで特に密教修法が重視された。義満の代になると各門跡寺院の院主として足利家出身者が入るようになり、より一層幕府との関係は深まった。なかでも真言宗醍醐寺三宝院主は、尊氏の時代における賢俊の活躍により幕府に重用され、室町時代を通じて将軍護持僧の指揮や武家祈禱の編成などを担当した。

　顕教法会では、法華八講や懺法が盛んに行われた。法華八講は平安時代以来、天皇家・公家社会でも重視されたが、足利家の祖先、歴代将軍の追善でも法華八講が行われている。義満の代には、祖父であり幕府創設者である尊氏の追善のために盛大な法華八講が相国寺八講堂で営まれ、延暦寺・園城寺・興福寺・東大寺の僧侶が動員されている。室町幕府主催の法華八講は武家八講とも呼ばれ、顕教僧を結集する重要な法会として継続して営まれた。こうした法会の経費は守護大名などから集められた。

　また、延暦寺の影響下にある神社が中心となる日吉山王祭・祇園祭・北野祭も幕府の保護のもと、年中行事として重視され、これらの祭礼が毎年開催されることは、社会の安穏を維持するのに不可欠のものとして幕府・民衆にも意識されていた。

　禅宗は、鎌倉時代後期に北条得宗によって顕密諸宗とならび手厚い保護を受けてい

たが、亀山上皇・花園上皇・後醍醐天皇の帰依にみるように、王家・公家からの支持
も受けるようになった。禅宗の台頭に対しては、貞和元年（1345）・応安元年（1368）
には、延暦寺を中心とした強訴が起こり、禅宗批判が巻き起こった。顕密諸宗と禅宗
の対立は深刻なものとなり、顕密諸宗の禅宗興隆に対する危機感をみることができる。
また、幕府にとってはこうした諸宗間の対立をどう調整するかが政策的な課題となり、
これらは義満期に解消がはかられた。

　室町幕府は、有力な臨済宗寺院を五山として位置付け、朝廷の認可も受け公武政権
によってその寺格が認定された。さらに京都・鎌倉・地方の有力な禅寺が十刹・諸山
といった寺格を与えられ、全国的なネットワークを形成した。こうした京都と地方を
結ぶ寺院の系列化は顕密諸宗よりも制度化されていた。禅宗官寺の住持は、幕府が出す
公帖（任命状）によって補任され、朝廷のもとで古代以来形成されてきた僧綱制とは
別個の枠組みであった。禅宗は仏事法会についても大陸様の清規をもとに顕密諸宗と
は異なった儀礼体系を持ち、歴代将軍の葬儀を執行し、祈禱も行った。衣・袈裟につ
いては、大陸風の衣体をまとい、一見して顕密僧と異なるものであった。これによっ
て日本では、顕密諸宗と禅宗の二系列の儀礼体系・僧階を有した仏教勢力が定着した。

● 研究状況と課題

　室町時代の仏教史研究は、幕府と顕密諸宗・禅宗の関係を明らかにするものが多数
出されているが、顕密・禅以外の諸宗の動向をさらに明らかにする必要がある。室町
幕府のもとでの諸宗の秩序は参賀・年末の儀礼にみられ、そこには顕密諸宗・禅宗・
時宗・律宗・浄土宗僧が列参している。浄土宗は、禅宗様の法会や儀式の影響を受け
た側面もみることができ、現代の宗派の枠組みにとらわれない視点が必要である。

　思想では、南北朝期の禅僧夢窓疎石にみられるように、顕密諸宗の祈禱や修行を相
対視して禅宗の優位を説き、顕密・浄土宗側からの反論もある。禅僧は、大陸の禅語
録・儒教の講義とあわせて法華経談義なども行った。一遍参禅説話の流布にみるよう
に時衆（時宗）をはじめとした浄土教も包含し、禅語は神道思想の形成にも影響した。
禅宗は大陸仏教にならい、諸宗を包含する傾向をみせている。このように、東アジアの
なかの室町仏教という視点も必要である。室町仏教の思想史的研究の深化が期待される。

　顕密系は、密教諸流・聖教の地方伝播などが持つ意味の検討が、地域社会の仏教の
在り方をみるうえで有効である。また、浄土真宗・法華宗の勢力拡大は、宗派史的枠組み
で語られることが多いが、室町仏教全体のなかでの位置付けも必要である。　（原田正俊）

● 参考文献

今枝愛真　1970　『中世禅宗史の研究』　東京大学出版会

玉村竹二　1976・79・81　『日本禅宗史論集』　上、下之一、下之二　思文閣出版

原田正俊　1998　『日本中世の禅宗と社会』　吉川弘文館

細川武稔　2010　『京都の寺社と室町幕府』　吉川弘文館

下坂　守　2011　『京を支配する山法師たち―中世延暦寺の富と力―』　吉川弘文館

大田壮一郎　2014　『室町幕府の政治と宗教』　塙書房

214　第3部　日本＊第2章　日本中世

6　戦国仏教

● 課題

　ここでいう「戦国」とは日本の中世後期、とくに15世紀後半－16世紀を指す時代名称である。この時代は日本社会が中世から近世へと大きく変動していく時期であり、そこでは、さまざまな宗教勢力が躍動した。

　そのなかでも代表的な存在が浄土真宗とりわけ**本願寺**教団であり、また**法華宗**（日蓮宗）であった。それぞれ**一向一揆**、**法華一揆**の歴史的展開が顕著にみえたため、日本戦国期の仏教史研究は、これまで本願寺・一向一揆、法華一揆研究を中心に蓄積されてきたと言ってよい。何度も刊行されてきた岩波講座日本歴史シリーズを開いてみると、戦国期宗教史に相当する章が必ず「宗教一揆」と題され、その内容は必ず本願寺・一向一揆に主眼を置くものであった。さらに、そうした宗教一揆の打倒を織田信長・豊臣秀吉・徳川家康ら統一権力の歴史的前提と捉える仮説が、1970年代にかなり議論されたことも注目すべき研究史である。

　とはいえ、近年はこうした見方は低調となり、個別研究の蓄積はあるものの、全体的見通しが立てにくくなっている研究状況にある。日本戦国期の仏教史全体を捉えようとしたとき、本願寺と法華宗を見ることは必須の課題ながら、それだけですべてが解決するわけではない。現状は、戦国期に躍動した宗教勢力を各個に見ていくと同時に、あらためて包括的に捉える視点と枠組みを探ることが求められている。

● 視点

　そこで、これまでに示された戦国期の仏教史をめぐる主な視点と枠組みについて確認することにしたい。

①**「戦国仏教」論**　かつて藤井学は、親鸞や日蓮の教説が広く民衆に浸透し、受容されたのは戦国期以降のことであり、その意味で真宗や法華宗は鎌倉仏教ではなく、「戦国仏教」であると提唱した（藤井 1975）。民衆への受容度を指標にしたこの提言は、鎌倉新仏教論から顕密仏教論→3部2章1節3にシフトしつつあった中世前期を中心とする研究動向にも肯定的に受け入れられたが、〈真宗・法華宗＝戦国仏教〉とはするものの、戦国期の仏教史全体を捉えうる視座なのかどうかについては注意して考える必要がある。なお、黒田俊雄の顕密体制論が中世後期・戦国期については見通しにとどまることはしばしば指摘されることであるが、そこでも本願寺・一向一揆をどう評価するかが重要な指標になっている（黒田 1975）。

②**「戦国期宗教化状況」論**　大桑斉は藤井の提言を思想史的に継承しつつ、中世から近世への社会的変革が顕在化する戦国期に、親鸞・日蓮らの思想が、民衆救済の宗教として再編成されると述べた（大桑 1989）。本願寺蓮如（1415-99）の真宗思想のみならず、横川景三（1429-93）らの禅宗思想や、吉田兼倶（1435-1511）の神道思想などの検討も行い、それらを東アジア世界史における日本戦国期の宗教思想として捉え、その特徴としては、多神教・汎神論を前提とした一神教・最高神観念・心神観念への志向、諸

教一致的な編成志向などがみられるとした。思想史的に全体を包括していく捉え方として注目されるが、これをふまえつつ、社会的動態を明らかにしていくことが課題となる。

③「宗教勢力の運動方向」論　藤井の提言を実証的な部分において継承した河内将芳は、戦国期の宗教勢力を捉える視座として仮に寺院内社会・寺院間社会という概念を設定し、前者については清水寺を主な素材にしながら門跡－大衆体制を中心に議論し、後者では比叡山と本願寺・法華宗の関係を中心に本末関係の実際について論点提示をした（河内 2004）。京都を中心とした議論であり、今後は日本列島の各地域を見渡した検討が必要となる。また河内は織豊期の検討も行い、そのなかで豊臣政権による京都東山大仏千僧会に注目して、千僧会に出仕した中世の顕密八宗とは異なる「新儀」の「八宗」に近世的宗派性の先駆的状況を見出している。

④「戦国期宗教勢力」論　上記の研究動向を受け止めながら、安藤弥は戦国期における宗教秩序の変容を論じ、とくに中世的な顕密八宗の枠組みが、戦国期における宗教勢力の展開を経て変動していく様相を捉える視点を提起した（安藤 2007）。まず14世紀には、弱体化していく顕密寺社が修験者・聖などを寺社組織下に取り込み補完していく状況がある。次に15世紀には、顕密寺社勢力が新仏教勢力（とくに本願寺・法華宗）の台頭を弾圧的に抑制し、本末契約を行うが、これは末寺銭納入のみの形式的関係であった。そして16世紀には、本願寺や法華宗は朝廷・公家社会との結びつきを強めて社会的位置を上昇させる。一方でキリシタン勢力の流入もまた戦国期の宗教的秩序に大きな影響を与えた。これをうけ、日本の仏教の全体的再編が、本願寺・法華宗なども含む「新儀」「八宗」の形成というかたちで進んだという見通しを示す。

● 展望

　戦国期の仏教史を研究する場合、蓄積のある本願寺・一向一揆研究などから始めるほうが手がかりは多い。しかし、逆に先行研究の影響を受けてしまい、独自の論点を出しにくいという難点がある。一方で、戦国期の地域社会における禅宗・浄土宗・時宗勢力、さらに修験道勢力などの展開についても個々に研究があり、顕密仏教勢力の戦国期における実態についても検討課題である。

　研究を進める際、戦国大名や統一権力との関係は大きな論点となるが、それ以上に重要なのは、民衆がどのような信仰に基づいて行動したかという問題である。また、そうした動きに連動して、とくに新仏教勢力のいくつかが宗派・教団化を進めていくことも仏教史における戦国期の大きな特徴である。　　　　　　　　　　（安藤　弥）

● 参考文献

黒田俊雄　1975　『日本中世の国家と宗教』　岩波書店

大桑　斉　1989　『日本近世の思想と仏教』　法藏館

藤井　学　2002（初出 1975）「近世初期の政治思想と国家意識」（『法華文化の展開』　法藏館）

河内将芳　2006（初出 2004）「宗教勢力の運動方向」（『中世京都の都市と宗教』　思文閣出版）

安藤　弥　2007　「戦国期宗教勢力論」（中世後期研究会編『室町・戦国期研究を読みなおす』　思文閣出版）

② 中世の仏教思想

1 浄土教

● 定義・内容

浄土教とは仏・菩薩の住する国土（浄土）へ往生することを目的とする信仰をいう。浄土には阿弥陀仏の西方極楽浄土、薬師仏の東方浄瑠璃世界、釈迦の霊山浄土、弥勒菩薩の兜率天、観音菩薩の補陀落山などがあり、なかでも阿弥陀の極楽が広く信仰された。よって、日本で「浄土」といった場合は西方極楽を指すのが後世には通例となっていく。

阿弥陀仏への信仰は9世紀後半から天台浄土教の発展とともに貴族社会に浸透する。人々は極楽往生や臨終時の来迎（阿弥陀如来が極楽浄土から迎えに来ること）を願い、造寺造像、法会などが盛んに行われることとなる。法然（1133-1212）や親鸞（1173-1262）も極楽浄土への往生を説くので、浄土教には違いないのだが、仏教史研究の場では源信（942-1017）、空也（903-972）に始まる平安中期以降の展開を広く示していう場合が多い。

そして、この阿弥陀信仰の隆盛に密接に関わったとされてきたのが末法思想である。末法思想とは釈迦入滅後、「正法・像法・末法（正・像・末）」へと時代が進み、次第に仏教が衰微するという未来観を表した概念である（表1）。諸々の仏典にそれが見られ、「末法」といった場合、仏教が危機的・終末的な様相を迎える第3期を指し、日本では永承7年（1052）から末法に入ったと考える説が広く受け入れられた。これは、この頃から戦乱、災害が続発したこと、霊験を信じられてきた長谷寺が焼亡したことなどを起因として、人々が入末法を実感し、危機意識を抱くなかで社会に浸透したと考えられている。

● 研究史

先述のように、浄土教研究は末法思想と密接な関わりをもって進められてきた。すなわち、末法思想の浸透が人々の厭世感を醸成して現世に対する絶望感をもたらし、その結果、極楽への往生を期待する風潮〈厭離穢土・欣求浄土〉が蔓延し、それが浄土教の発展をもたらす。とくに、摂関家の人々は、武士の台頭や院政の開始といった現状への悲嘆から浄土往生を願い、また、栄達とは程遠い中下層の貴族たちからも現世を憂い来世の往生を望む動きが生まれ、こうした社会的動向が総じて阿弥陀信仰へと結びついたととらえられたのである。そして、そこでの阿弥陀信仰はのちの専修念仏→3部2章2節2の胎動と考えられたため、浄土教は「鎌倉新仏教」を知るうえの重要課題と認識され盛んに研究がなされた。しかも、この発展史観は貴族の世から武士の時代へと移る政治史、荘園制から領主制へと移行する社会経済史、鎌倉新仏教の登場を説く宗教史、これら

表1 正像末（正法・像法・末法）の未来観

	教（おしえ）	行（修行・実践）	証（さとり）
正法	○	○	○
像法	○	○	×
末法	○	×	×
法滅	×	×	×

を有機的に関連づける歴史観として長らく学界に絶大な影響を与え続けてきたのである。

　ところがこういった研究動向に対して、平安期の密教の発達を指摘した速水侑のように、阿弥陀信仰の発展にのみ帰結させる従来の方向に異論をとなえる立場も登場する。そうしたなか、平雅行は末法思想の影響を浄土教の発展にみる従来の研究を「**浄土教中心史観**」と批判し、それとは逆に、末法思想が顕密仏教→3部2章1節3に与えた影響をとらえ、これを武器に彼らは活性化し、寺領を拡大して中世的な権門領主へと転生をとげたと述べ、学界に大きな衝撃を与えた。この提言以降、研究者は末法思想の影響を広く当時の社会や信仰にみていくこととなり、寺領荘園の拡大・闘争、造寺・造像、戒律復興など顕密仏教の動向と末法思想の関わりが次々と指摘されつつある。

● 課題・展望

　源信の『往生要集』を紐解き、浄土教の流れをつかむこと、天台浄土教の教理的変遷をたどることは、かつての専修念仏研究にとっても不可欠な作業であった。しかし、近年こうした天台浄土教研究は低調といえる。

　対象が浄土教に特化されてきたことは大いに省みられねばならないが、阿弥陀信仰の隆盛はこの時代の一つの潮流である。これが特別に扱われるのではなく、密教の発展、観音信仰、弥勒信仰、修験、造像造塔など様々な関係に注意しつつ、その展開を考えていくことは今後も重要な方法といえるだろう。安直な発展史観は戒めねばならないが、後掲の「専修念仏」「本覚思想」の前段階として、これがどのように関わるのかも重要である。貴族や聖→3部1章5節6、庶民にまで受け入れられた阿弥陀信仰は、そうした精神世界を照らす貴重なテーマであることには変わりない。

　また、従来の研究は平安浄土教から鎌倉新仏教への流れをたどるため、どうしてもその思想的影響が議論の中心に据えられ、それが難解な教義解釈や哲学的思索の範疇で分析されてきた面がある。けれども、宗教には必ず対象となる信仰者が存在する。こうした視点から、民衆の求めに応じて形作られた信仰として浄土教をとらえ直した上田さち子の手法も注目される方法の一つといえるだろう。これに限らず、布教される側の宗教意識に着目することは、今後も宗教史研究の重要な論点になると思われる。

　最後に、近年の学界では東アジアの視点から日本仏教の見直しがなされており、その結果、東アジアに広がる浄土教との関わりのなかで日本の浄土信仰をとらえ直す動きも出てきている。これらも浄土教研究の新たな可能性として、ここに示しておこう。

（下間一頼）

● 参考文献

家永三郎　1940　『日本思想史に於ける否定の論理の発達』　弘文堂

速水　侑　1975　『平安貴族社会と仏教』　吉川弘文館

井上光貞　1985（初版 1956）『日本浄土教成立史の研究』（『井上光貞著作集　第7巻』　岩波書店）

平　雅行　1992　『日本中世の社会と仏教』　塙書房

上田さち子　2005　『修験と念仏―中世信仰世界の実像―』　平凡社

218 第3部 日本＊第2章 日本中世

2 専修念仏

● 定義・内容

「専修念仏」とは他の行を行わず、もっぱら阿弥陀仏の名号〈南無阿弥陀仏〉を唱えることをいう。今日、念仏といえば「南無阿弥陀仏」ととなえる称名念仏を指すが、念仏とは仏を思念するのが元来であり、「観想念仏」「観念念仏」等が優れた行であると考えられ、称名はそれらに較べ低く見られる傾向にあった。

そうした中、法然（1133-1212）は唐の善導→2部1章4節2の『観無量寿経疏（観経疏）』に導かれ専修念仏の道に入る。称名が阿弥陀仏によって選択された本願の行であり、唯一の往生行である〈選択本願念仏説〉と主張し、諸行往生を否定した。浄土宗では専修念仏と一向専修の念仏をより厳密に区別する立場もあるが、おおむね阿弥陀仏の名号をただひたすらにとなえる称名念仏を専修念仏と呼ぶのが一般的である。

よって、専修といった場合は、もっぱら念仏を口称する行動やそれを行う人々を意味し、大抵は法然およびその門下を指す語として理解される。

● 研究史

専修念仏は戦後いわゆる鎌倉新仏教の代表として、中世仏教史研究の中心的題材と認識され、数多く研究がなされてきた。そこでは専修念仏のもつ専修性、易行性、民衆性がその特徴として抽出され、まさに従来の国家仏教・貴族仏教〈古代仏教〉に対抗し、凌駕していく図式が盛んに論じられた。また、法然自身は専修念仏を提唱したとされる一方で、その言説の複雑さや実践（生涯精進僧であり、授戒例も存在する）をめぐって様々な解釈がなされ、そこから多くの成果が生まれることとなる。また、法然よりもさらに強い関心がもたれたのが弟子の親鸞（1173-1262）で、護国思想、社会基盤、悪人正機説をめぐって華々しい論争が繰り広げられ、学界を大いににぎわせた。

1975年に顕密体制論→3部2章1節3を唱えた黒田俊雄は、中世仏教の主流は顕密仏教であることを提唱し、反対に従来中世仏教の典型とみなされていた法然らを異端派とする。当初は異端という定義が物議を醸すこともあったが、次第に顕密仏教の分析が専修念仏解明の重要課題とみなされるようになる。と同時に、以降、学界の動向は顕密仏教研究にその比重が移ることとなる。

また、悪人正機説（「悪人正因説」とその違いを規定する立場がある）も親鸞思想、専修念仏を考える際の主要テーマととらえられ、多くの議論が生まれた。ただし親鸞思想と『歎異抄』（弟子の著作）思想（悪人正機説はここに著されているため）をひとまず区別すべきとの指摘もあり、親鸞を考える際の中心的議題からやや遠ざかりを見せている。

その他、専修念仏教団の歴史は、一方で法難の歴史と言い換えてもよいほど弾圧にさらされる。国家や幕府、権門寺院がなにゆえ弾圧に向かうのかといった問いは、それらの本質と専修念仏の思想を考える上での重要な論点として研究が進められてきた。しかし、「建永の法難」が後鳥羽法皇の激情による私的な制裁であったとする新知見が示されたことを皮切りに、専修思想と弾圧との関係があらためて見直されつつある。

● 論点（課題と展望）

かつて専修念仏研究といえば法然・親鸞の研究が主流であったが、法然には他にも多くの弟子がいたことが知られている。法然没後には一念義幸西、多念義隆寛らの論争も起こり門下に対立が生じたり、長西のように雑修、称名念仏以外の諸行を認める立場の者が現れたりと、様々な門流がそこから生まれている。したがって、一概に専修念仏といってもそれらは一様ではなく、門弟たちが法然の教えから何を受け取り受け継いだのか、多様化する要因は何であったのかを探ることが１つの課題となる。そしてその際、門派の分裂に一定の影響を与えていると思われるものが先程も触れた弾圧である。法然教団にとって弾圧とは何であったのか。同じ門弟でありながらも弾圧を被る立場と逃れる立場の相違は何なのか、それがその後の教団に何をもたらしたのか。弾圧をどのように考えるかは、専修念仏を考える際の重要な基点といえるだろう。

ところで、親鸞は七高僧（龍樹、天親〈世親〉、曇鸞、道綽、善導、源信、源空〈法然〉）の徳を讃え、称名念仏をインド→１部１章４節１、中国→２部１章４節１・２・同章コラム、日本と伝来する浄土教の系譜の中に、言い換えれば、東アジアに拡がる大乗仏教の法流にあることをあらためて表明する。法然の教えを受けつつも、弟子たちがそこに見出した課題の一端をここから窺い知ることができよう。

また、先述の黒田の提言を積極的に継承した平雅行は、専修念仏が仏法を一元化し、此岸の宗教的平等を説き、仏法の王法に対する優位を主張した異端思想であったことを示し、専修念仏研究に大きな刺激を与えた。法然がなにゆえ、どのように専修念仏に帰入したのか。法然の信仰とは、救いとはなにか、彼の得た体験は何であったのか。名号をとなえるという行がなにゆえ差別を取り払い、宗教的平等性を実現する働きをも有したのか。あらためて注意深く考えていく必要がある。

最後に、専修念仏研究は他のなによりもその蓄積が膨大で、新出史料も期待できず総じて「手詰まり」「言い尽くされた」といった印象があるのも事実である。けれども、法然・親鸞が台密（天台密教）の聖地である延暦寺で学びながら、なにゆえ密教の影響がないのか。また、親鸞はなぜ流罪人に加えられたのか。比叡山で重視された法華経の引用がほとんど見られないのはなぜか。こういった問題は現在も未解決といえ、専修念仏を考える際のテーマとなる可能性もあることを指摘しておこう。

（下間一頼）

● 参考文献

家永三郎　1955（初版 1947）『中世仏教思想史研究』（改訂増補）　法藏館

田村圓澄　1959　『人物叢書　法然』　吉川弘文館

平　雅行　1992　『日本中世の社会と仏教』　塙書房

平松令三　1998　『歴史文化ライブラリー　親鸞』　吉川弘文館

平　雅行　2013　「専修念仏の弾圧をめぐって―思想弾圧否定論の破綻―」（『仏教史学研究』56-1）

220　第3部　日本＊第2章　日本中世

3　禅

● 定義

　菩提達磨がインドから中国に伝えた禅宗は、7世紀以降、中国に渡航した天台僧によって断片的に日本に持ち帰られたとされるが、体系的に定着するのは鎌倉時代以降である。ここでは、鎌倉時代以降に日中の渡航僧たちが将来した禅宗を中心に、その歴史的変遷と研究状況について述べる。なお、渡来僧や五山制度の詳細は他項を参照→3部2章3節1・2。

● 内容

　鎌倉初期には、禅の固有性を打ち出す動きが活発化した。自らの法脈を「達磨宗」と称した大日房能忍（生没年不詳）は、戒を問題としない禅の教えを強調した。博多聖福寺や京都建仁寺を開いた栄西（1141-1215）は、一般的に日本臨済宗の祖とされている。ただ、彼らはもともと天台僧であり、栄西が鎌倉幕府の祈禱僧としても活躍した事実は見逃せない。

　その後、禅と密教を兼修する栄西の系譜を引きつつ、南宋の禅を請来した円爾（1202-80）は、九条道家らの支援をうけて東福寺を開いた。東福寺の成立は、蘭渓道隆（1213-78）による鎌倉建長寺の創建と双璧をなす出来事といえる。この時期に建立された禅院は、南宋や元からの渡来僧の受け皿となり、大陸風の仏事法会や説法、勤行生活が行われた。日本も元も内乱期に突入した14世紀半ばには、足利政権と結びついた夢窓疎石（1275-1351）の門流が躍進した。夢窓派は真言密教を兼修しつつも、内乱の犠牲者を弔う天龍寺や、相国寺の創建を実現させ、京都五山の完成に寄与した。

　一方、宋から曹洞宗を伝えた道元（1200-53）は、比叡山の圧迫を避けて越前永平寺を開創し、能登永光寺などとともに、北陸屈指の禅宗道場となった。道元の門流は教線を拡大し、西国から奥羽地方に及んだ。この勢力は、無本覚心（1207-98）の一派とも連携し、禅宗の地方展開を強く推進した。地方展開の運動は、大徳寺・妙心寺とともに「林下」という勢力を形成し、戦国期には各地で授戒会や葬祭活動を担った。

　禅宗の思想的立場は、仏教諸派を組み込みつつも禅を中核に据える点にある。「仏心宗」と称する禅宗は、仏教の根源である「一心」の究明を第一と考え、戒律の護持や加持祈禱よりも、座禅ないし公案（悟りを開くための課題として与えられる祖師の言行。→2部2章1節2）と向き合うことを優先した。顕密諸宗からすれば、こうした禅宗の態度は、経論を否定し破戒を煽りかねない先鋭的なものと映った。これに反発した興福寺や延暦寺の衆徒は、事あるごとに強訴を繰り返し、禅寺の破却に及んだ。日蓮も、念仏宗とともに禅宗を批判し、「禅天魔」と呼んで憚らなかった。

　他方、高山寺の華厳学者である証定や、法相宗の貞慶・良遍たちは、それぞれの観点から禅を取り入れる道を模索した。同時に、唐の圭峯宗密の『禅源諸詮集都序』、永明延寿の『宗鏡録』など、禅を中心に仏教諸派の編成を論じた仏教書が講義され、天皇や他宗の僧侶もこれを学んだ。さらに、鎌倉期の歌壇や中世神道の世界に

も、禅の言葉や思想が浸透した。当時の和歌や神道には顕密仏教の影響が色濃かったが、禅も同様に、神道や芸能に仏教的な理論を与えた。

● **研究状況と課題・展望**

中世寺院史研究の趨勢とほぼ共通して、中世禅宗史研究も、代表的な高僧の伝記研究、禅宗寺院の組織や門流の系譜などに関する基礎的研究から出発し、五山十刹(ござんじっせつ)制度や本末関係、地域展開論に到達した（玉村 1976・79・81、広瀬 1988ほか）。いわば、精神史・人物史研究から制度史研究、地域史・対外関係史研究へ進展したといえる。

近年の中世禅宗をめぐる研究成果の特徴は、座禅ばかりが禅宗の本領ではないことが明確化しつつある点に認められる。座禅重視を主張した渡来僧らの「純粋禅」と、円爾らのように密教と融合した「兼修禅」を対置する従来の捉え方は後退し、中世禅宗の基本線は禅・教・律併置にあると論じられた（原田 1997ほか）。禅僧の修学過程を含め、より具体的な検証が今後重要となる。また、顕教・密教だ

図1　夢窓疎石像（無等周位賛。京都・妙智院所蔵。大阪市立美術館『肖像画賛―人のすがた　人のことば―』より転載）

けでなく、伊勢神宮や出雲の杵築大社、京都の北野天神など、各地の神祇との融合が地域展開を支えた具体相も解明されている。女性と仏教の関係をめぐっては、比丘尼(びくに)御所(ごしょ)・尼五山(あまござん)の実態も詳細になってきた。

このように、仏教界や社会全体における禅宗の位置づけが進んだが、今後もさらに、多様な関係性のなかで禅宗を捉える必要性がある。たとえば、政治権力と仏教の関係をどう捉えるか。禅宗は宗教的自覚を有した武家や公家らを居士(こじ)と称して承認したが、俗人の宗教的地位の上昇は浄土真宗などにも確認できる（芳澤 2016）。僧侶だけでなく、俗人側の視点から問題の分析を深めれば、中世仏教を捉える新たな視角となるポテンシャルを秘めている。

なお、古くから禅を日本文化の母胎とする評価がある（芳賀 1956ほか）。禅宗の展開を東アジア世界の文化交流の産物とする昨今の議論をふまえるだけでなく、他の仏教諸派と比較し関連づける作業も忘れてはならない。　　　　　　　　　　（芳澤　元）

● **参考文献**

玉村竹二　1976・79・81　『日本禅宗史論集』上、下之一、下之二　思文閣出版
芳賀幸四郎　1981（初版 1956）『中世禅林の学問および文学に関する研究』（『芳賀幸四郎歴史論集3』　思文閣出版）
広瀬良弘　1988　『禅宗地方展開史の研究』　吉川弘文館
原田正俊　1998（初出 1997）「中世後期の国家と仏教」（『日本中世の禅宗と社会』　吉川弘文館）
芳澤　元　2016　「宗教勢力としての中世禅林―在俗宗教への道―」（『歴史評論』797）

4 法華

● 定義と内容

『法華経』→1部1章4節2には諸訳があるが、一般に鳩摩羅什訳『妙法蓮華経』8巻28品（翻訳当初は27品）をいう。これに開経『無量義経』1巻と結経『観普賢菩薩行法経』1巻を加え、法華三部経という。『法華経』前半の14品を迹門、後半の14品を本門という。迹門の教の中心は方便品第2に説かれる諸法実相、本門の教の中心は如来寿量品第16に説かれる久遠実成であるとされる。諸法実相とは、すべての事物（諸法）のありのままの姿は、釈尊の方便によってのみ知ることができることをいう。久遠実成とは、釈尊が現世に成道したのではなく、久遠の過去に成道し衆生を導いてきたことを明らかにすることである。

中国天台宗では、特に隋代の天台智顗が『法華玄義』『法華文句』『摩訶止観』を著して教学の基礎を築いた。さらに、最澄にはじまる日本天台宗において思想が展開した。鎌倉時代には、日蓮が宗教体験と信仰を重視した新たな解釈を加え、天台宗とは異なる日蓮宗（法華宗）を打ち立てた。日蓮は『法華経』の教を「南無妙法蓮華経」の題目に集約し、題目を唱えることを勧め、また題目を中心に据えた文字による曼荼羅本尊を生み出した（図1）。『法華経』は諸経の王といわれるように、天台宗や日蓮宗以外に禅宗など他の宗派でも尊重され、また神道や文学、美術、芸能など多方面に広く影響を与えている。

日蓮は『法華経』の本門を重視したが、日蓮の滅後になると迹門と本門の優劣と位置づけをめぐって教義論争が行われ、門流の分立が起こる。迹門と本門を最終的に一致あるいは一体とみる立場を一致派、あるいはあくまでも本門が迹門に優れるとみる立場を勝劣派という。勝劣派では、本門14品中の理解をめぐりさらに分立がある。日蓮宗では、天台宗との『法華経』理解の相違を鮮明にするための教義（台当違目）も発達した。

● 研究の状況と課題

中世の天台宗では、『法華経鷲林拾葉鈔』『法華経直談鈔』『一乗拾玉抄』『轍塵抄』などの注釈書が作成され、法華経享受を示す重要な資料となっている。これらの注釈書には数多くの説話や和歌が引用されることから、文学研究からも注目されている（廣田 1993）。注釈書は談義所で生み出されたが、そこには日蓮宗僧も数多く学び、これらの注釈書は日蓮宗へも広まっていることが明らかにされている。

また、「法華経の行者」を標榜する日蓮の思想について、「法華経色読」や「未来記」「謗法」「釈迦

図1　日蓮筆　曼荼羅本尊（京都・本法寺所蔵）

仏」「一念三千」などの概念をめぐって教理研究が行われている。各門流の祖や主な学僧については、網羅的に取り上げた通史がある（執行 1952）。そこでは、権実論・本迹論・顕本論・本尊論・題目論・成仏論などの題目のもとに、教理解釈の変遷が概観されている。初期の日蓮宗においては、『法華経』が諸経に勝れることをテーマとする権実論が主な課題であったが、南北朝時代から室町時代にかけては、『法華経』の迹門と本門の一致・勝劣をテーマとする本迹論が主な課題となったことが指摘されている。日蓮宗系の『法華経』注釈には、『法華問答正義鈔』『法華啓運鈔』『法華草案鈔』『朝学抄』（図2）などがある。

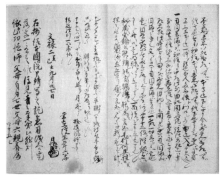

図2　『朝学抄』（山梨・久遠寺所蔵）

　従来の教理を中心においた研究では、布教対象となった信者の教理受容という視点が弱い。法華思想を総体的に位置づけるためには、その受容のあり方について跡づける研究も必要であろう。主な教理書は『天台宗全書』『日蓮宗宗学全書』などに収録されており、その他、個別に刊行された『法華経』注釈書もある。　　　　（寺尾英智）

● **参考文献**

執行海秀　1952　『日蓮宗教学史』　平楽寺書店
廣田哲通　1993　『中世法華経注釈書の研究』　笠間書院
1997　『国文学　解釈と鑑賞』790（特集「『法華経』と中世文芸―仏教芸能と『法華経』―」）
渡辺宝陽　2003　『日蓮仏教論―その基調をなすもの―』　春秋社

● **史料集**

天台宗典刊行会編　1974　『天台宗全書』（25巻）　第一書房
立正大学日蓮教学研究所編　1962　『日蓮宗宗学全書』（23巻）　山喜房佛書林
1989　『法華経直談鈔古写本集成』（14冊）　臨川書店
2006-10　『法華問答正義抄』1-5（『興風叢書』10-14）　興風談所

224　第3部　日本＊第2章　日本中世

5　南都仏教の展開と律宗

● 定義

　奈良時代の日本仏教には、三論宗・法相宗・華厳宗・律宗・倶舎宗・成実宗が存在した。平安京を北京と称するのに対し奈良を南都と称するので、これを「南都六宗」と呼んでいる。ただしここで言う六宗は、江戸時代の檀家制度に基づき現在まで存続している「宗派」のイメージとは異なるもので、「学派」といった程度の意味である。

　興福寺・東大寺などの南都諸大寺は、平安時代半ば以降、荘園を集積し権門寺院への転換を図り、武装した悪僧（僧兵）を擁した。興福寺の度重なる朝廷への強訴は有名である。平安末期に南都の寺社勢力を危険視した平家の焼き討ちによって大打撃を受けるものの、そこからの復興運動が「中世の南都仏教」を形成する大きなモメントとなった。焼亡からの再起は、教学・思想を発展させたのみならず、戒律などの実践を促し、また絵画・彫刻・建築といった文化も育んだのである。そしてその復興には、朝廷や鎌倉幕府による経済的支援をはじめとした、種々の国家的バックアップがあったことも忘れてはならない。

● 内容

　中世の南都仏教というものは、焼き討ちからの復興を待ってスタートするわけではない。すでに院政期には、興福寺から実範（？-1144）が出て先駆的な戒律復興に着手し、また蔵俊（1104-80）は伝統的な法相教学を大成するとともに、新たな教学の方向性も示している。そして東大寺からは、永観（1033-1111）・覚樹（1081-1139）・珍海（1091-1152）らが出て教学を振興した。またこの時期に形成された南都系の浄土教は、法然→3部2章2節2にも影響を与えている。

　南都復興は、入宋三度を自称する重源（1121-1206）による東大寺再建事業が象徴するように、まず宋風を摂取した建築・彫刻など物質的・文化的側面において達成された。それに呼応する形で教学・思想面での復興もなされる。法相宗の貞慶（1155-1213。図1）やその弟子によって『唯識論尋思抄』『成唯識論同学抄』といった大部の教学書が編纂された。また貞慶は唯識観の易行化に努め、彼の孫弟子の良遍（1194-1252）は、五性各別説と悉有仏性説の融和を推し進めた。このようにして中世的な南都教学が組織されたのである。さらに京都の高山寺で明恵（1173-1232）が独自の華厳教学を宣揚したことも、南都復興運動のひとこまとして見逃せない。

　貞慶はまた晩年に戒律復興を志すが、それは充分な成果をあげることができなかった。それを成し遂げたのが覚盛（1194-1249）・叡尊（1201-90）らであった（明恵も戒律を復興している）。彼らは破戒が日常化した状況では、正しき授戒の師を得難いという認識から、直接、仏より戒を受ける自誓受戒という神秘的とも言える方法を取った点が注目される。そして西大寺を拠点として律宗教団を率いた叡尊は、広範な授戒活動の他に、ハンセン病患者といった非人の救済活動にも邁進し、道俗貴賤の帰依を集め、教線は全国規模へと拡大した。南都仏教の興隆は、鎌倉初期の復興に留まらない

息の長い運動であった。

● 研究の状況

近年、中世南都仏教については、貞慶を中心に歴史学・仏教学・文学など諸方面からの学際的研究がなされつつあるが、なかでも律宗をめぐる議論は活発で、2001年には戒律文化研究会が設立されている。戒律の教学研究としては、覚盛によって構築された「三聚浄戒通受(さんじゅじょうかいつうじゅ)」という南都律宗を支えた論理の意義が明らかにされた(蓑輪1999)。歴史学では律僧は顕密仏教改革派の遁世僧であり、体制側の民衆支配を補完する存在とされ、その実態解明が進められた(細川1987、大石2004)。一方で授戒制度の問題に注目し、律宗を興福寺などの権門寺院の統制から自由な集団と位置づけ、**遁世僧(とんせいそう)教団**の革新性や非人救済の意義を高く評価する見解もある(松尾1998)。また叡尊や西大寺に偏りがちな中世南都律宗研究だが、覚盛の弟子で戒壇院を復興した円照や、さらにその弟子である凝然(ぎょうねん)(1240-1321)についても、最近、実証的な分析が進められている(追塩2011)。

● 展望と課題

中世の南都仏教という研究対象は、焼き討ちからの「復興」という現象に注目した場合、歴史学に限ってみても、美術史・思想史・文化史・政治史・

図1 解脱上人(貞慶)像(奈良・唐招提寺所蔵。奈良国立博物館編『鎌倉仏教─高僧とその美術─』より転載)

経済史など多様なアプローチが可能である。それらの成果を統合すれば、全体史を描くことが可能となるし、律宗の活動も政治・経済・文化の諸方面に波及するのであり、間口の広い仏教史研究が要請される。

こうした豊かな可能性を持った鎌倉時代の南都仏教・律宗に対しては、多くの研究が蓄積されている。しかし南北朝−室町期の研究は、いまだに低調である。今後は律宗をはじめとして、中世後期における南都仏教の活動・実態を解明していく必要がある。

(舩田淳一)

● 参考文献

細川涼一　1987　『中世の律宗寺院と民衆』　吉川弘文館
松尾剛次　1998　『新版 鎌倉新仏教の成立─入門儀礼と祖師神話─』　吉川弘文館
蓑輪顕量　1999　『中世初期南都戒律復興の研究』　法藏館
大石雅章　2004　『日本中世社会と寺院』　清文堂出版
追塩千尋　2011　『中世南都仏教の展開』　吉川弘文館

226　第3部　日本＊第2章　日本中世

6　本覚思想

● 定義・内容

「本覚」とは『大乗起信論』初出の言葉で、もともとは凡夫に内在する悟り（本来の覚性）を指す。そして、そこから導かれる思想を広く「本覚思想」といい、なかでも日本の中世天台において展開したものを「天台本覚思想」と呼ぶ場合が多い。

戦後、本覚思想研究をリードした田村芳朗は、「1.二元相対の現実をこえた不二絶対の世界の究明、2.そこから現実にもどり、二元相対の諸相を肯定」と定義したが、ここにみるように本覚思想とは何か決まり切った実体を指すわけではない。よって、研究者による規定も各々であり、共通の定義もないのが実状である。

また、この思想の興味深い点は、それが極端な**現実肯定**をもたらすことにある。本覚思想の到達は、現実の事象をすべて絶対であるとし、本覚の顕現した仏の悟りの世界と認識するところにある。それらが極端に解釈されると、ありのままの姿が仏世界の現れととらえられ、やがては修行精進も必要ないという立場に行きつく。「仏教哲理としてのクライマックス」「大乗仏教の集大成」とその理論的達成が評価される一方で、こういった退廃的な現実肯定への結びつきを指摘できることに特徴がある。

● 研究史

本覚思想の重要性を最初に世に知らしめたのは島地大等であった。島地は教学史研究の立場から日本仏教を分析し、中世天台に本覚思想という動きがあったことを示し、親鸞、道元、日蓮研究にもそれが重要であることを指摘した。その後の研究は島地の指摘を発展・精査していく方向で進むのだが、こうしたなか、先述の田村芳朗は鎌倉新仏教共通の思想基盤として本覚思想があることを詳しく論証した。同時に、田村らによって『日本思想大系9　天台本覚論』（岩波書店 1973）が出版され、本覚思想の主要なテキストが読めるようになったことで研究の大きな進展をみた。

このように、本覚思想研究は島地以降も仏教学者によって引き継がれるのだが、歴史学の方面からこれに注目したのが黒田俊雄である。黒田は中世仏教の主流は顕密仏教であったといういわゆる顕密体制論を提唱し、そのうえで顕密仏教の思想の中核に本覚思想があったと指摘する→3部2章1節3。田村の論は鎌倉新仏教、ひいては日本思想に対する影響を論じるものであったが、黒田の提言以後、歴史学ではそれとは逆に、親鸞や道元といった新仏教の祖師たちが、どうやって顕密仏教の本覚思想と対峙しそれらを克服していったのかという関心も導くこととなった。同時に、本覚思想がもたらす極端な現実肯定が破戒無戒の僧侶や悪僧を生み出す背景にあったという指摘もなされ、僧行の乱れと寺院の世俗化を説明する際の有効な鍵と認識されるようになる。よって、教学・思想といった部分に限定されていた研究も、ここにきて多方面へ拡がりをもつこととなるのである。

その後の研究でとくに注目されるのは袴谷憲昭、松本史朗らによる「批判仏教」が挙げられよう。彼らは「無我」「空」に基づく仏教こそが正しく、本覚思想を本来の

仏教から外れてしまったものとして痛烈に批判し、仏教学だけでなく各方面に衝撃を与えた。

こうした流れを踏まえ、近年では末木文美士、花野充道ら仏教学者によってその規定・類型化、分析がさらに精細に進められているのが現状である。

● 論点（課題と展望）

先述のように、本覚思想とは明確な定義があるわけではなく、研究者による規定は必須であり、したがってその意味するものに違いが生じているのが現状である。ゆえに、本覚思想研究は他の研究者の規定と自身の相異を指摘するところから始まる傾向にある。当然その規定は研究者によって異なるため、同じ本覚思想研究といっても研究者同士でそれが共有されにくい。また、規定の差異は、それがどの僧侶のどういった思想に影響したかということを考える際の相違にも結びつき、その結果、ある学者はその反映を浄土真宗の親鸞に、一方で明恵（華厳宗中興。戒律を重視し、法然の専修念仏→3部2章2節2を批判した）に、また別の者は曹洞宗の道元→3部2章2節3に見出すといった混乱も見受けられる。

それに加えて、本覚思想は規定の難しさだけではなく、その成り立ちにも問題がある。それらは諸々の法門（流派）の中で口伝によって伝承されたものが原型であり、そこでは切り紙相承が用いられもした。本覚思想の基本文献はこのようにして伝えられたものが後に先人に仮託して文字化されたものが大部分で、成立に関しても不明な点が多く、内容それ自体（信憑性）の検証も必然の課題である。

したがって、本覚思想は専門家といえどもなかなか手を出しにくい分野の一つといえるが、中世仏教思想を考える際には避けて通ることのできない概念でもあるので、研究者たちの定義だけでも最低限押さえて理解しておく必要がある。

また、このように難解で課題も多い本覚思想ではあるが、一方でこうした教義とは別に、この時代の現実肯定的な風潮とそれを導く強引な経典解釈を見出すことはそれほど難しいことではない。これらが本覚思想と直接関わるものであると見なすには慎重な判断が必要だが、その社会的反映を探ることは今なお一定の意義があるといえる。

従来の研究では、破戒や修行不要の論理に本覚思想がどう影響したのか、本覚思想がいかなる行動を生じさせるのかといった部分が問われたのだが、それらが戒学・定学の軽視、破戒無戒といった既存の実態を正当化する根拠となり得た側面もあるだろう。同じく仏教界の現状が天台教学に及ぼした影響にも注意しながら考察していくことが重要といえる。

（下間一頼）

● 参考文献

田村芳朗　1965　『鎌倉新仏教思想の研究』　平楽寺書店

袴谷憲昭　1989　『本覚思想批判』　大蔵出版

黒田俊雄　1994（初出 1975）「中世における顕密体制の展開」（『黒田俊雄著作集　第2巻』法藏館）

末木文美士　1998　『鎌倉仏教形成論—思想史の立場から—』　法藏館

228 第3部 日本＊第2章 日本中世

7 中世神道説と神国思想

● 定義

　中世仏教との深い関わりのなかで形成された神祇信仰や神話解釈をめぐる教説を広く**中世神道説**とする。また**神国思想**は、そうした教説を背景とする国土観や王権観念である。中世神道説や神国思想は、「神道」的要素のみでとらえうるものではなく、仏教を基盤とした中世の宗教構造のなかで成立・展開したと考えるべきである。

● 内容

　奈良時代以来の神仏習合→3部1章5節1の進展は、平安時代に至り**本地垂迹説**を生み出した。さらに院政期になると、仏教教説により神祇信仰を説明しようとする神道説が形成されていく。一方、平安期の朝廷儀礼における「神仏隔離」や「以神為先」など神事と仏事とを分ける理念は**伊勢神宮**の神事にも及んだ。だがそうした理念は必ずしも排仏を志向しておらず、このため伊勢では、神仏隔離の仏教的な意味づけが課題となっていく。

　そうした課題と早くから向き合ったのは、伊勢周辺での真言密教系僧侶らによる教説形成の動きであった。**重源**の伊勢参宮（文治2年〈1186〉）により僧侶の参宮が活発化し、特に真言密教系僧侶によって**両部神道**と称される神道の教説が形成された。伊勢神宮の仏教的な説明、特にその神仏隔離の伝統の仏教的な説明に特徴があり、天照大神が第六天魔王と偽りの約諾を行ったという**第六天魔王説話**などが知られる。こうした教説形成の動きは伊勢神宮祠官にも広がり、鎌倉後期には**外宮**祠官の**度会**行忠や家行らによる**伊勢神道**が形成・集成された。また比叡山では地主神である山王神への信仰が鎌倉後期になって**山王神道**として教説化されるようになってきた。その中心は、山門の記録類を司る記家と呼ばれる僧侶たちであった。なお鎌倉期に活動を始める仏教諸派のうち、**親鸞**→3部2章2節2は**神祇不拝**の立場を取る一方、一遍や日蓮→3部2章2節4は神祇との接触に積極的であり、室町期には日像らによる**三十番神信仰**が形成された。また臨済宗にも積極的に神祇信仰や神道説と関わる者が出た。このように、顕密以外の仏教においても、神祇との関わり方は多様であった。

　公家社会においても、院政期には神道教説への注目が、まず歌学における記紀への関心となって現れた。この時期の記紀の引用として示される「日本紀云」とは、必ずしも『日本書紀』だけを指すのではなく、その注釈書、異伝・異説や新たな伝説なども含めた中世の神話記述全体を指すものであった。中世社会におけるこうした多様な神話や神をめぐる言説形成の営みを「**中世日本紀**」と称する。体系性を持たず荒唐無稽とみなされていた神話や言説が、むしろ中世社会における神話や言説形成の豊かな営みとして注目され、その多様性や広がりが評価されるようになった。

　「中世日本紀」にみられる「日本」や神々をめぐる語りの変容とほぼ同じ時期に、日本の国土観や国家観も大きく転換していく。仏教的世界観の展開、特にインド・中国・日本という**三国意識**が形成され、日本は辺境の小国たる**粟散辺土**とみなされるよ

うになる。こうした辺土観は、しかし本地垂迹説により、むしろ日本が神国であるという積極的な国土観へと転換可能となる。特に、国土の危機が現実に迫った蒙古襲来においてモンゴル軍を撃退したという事実は、**神功皇后三韓征伐**という記紀神話と結びつけられ、宗廟たる八幡の加護により神国が守られたという新たな教説として広く流布していく。その影響は300年後の豊臣秀吉による朝鮮侵略にまで及ぶのである。

◉ 研究史

近代天皇制を基盤とした「神国」思想が敗戦によって崩壊し、「神国」の否定のうえに戦後は始まった。戦後しばらくの間、神国思想をめぐる研究は神道史を除き停滞し、蒙古襲来をめぐる研究のなかで多少言及される程度であった。また中世神道説は、神道を独立した固有の民族宗教として位置づける神道学により、伊勢神道や吉田神道→3部2章特論などが神道の発展過程として超歴史的視点から研究されるにとどまっていた。

神道の固有性、自立した宗教としての独立性を否定し、中世神道を仏教の一部として位置づけ直すことを提唱したのが、黒田俊雄による顕密体制論→3部2章1節3と中世神道論である。黒田の提言のインパクトは大きく、神国思想に関しても仏教的世界観との関係性を重視する研究が進んでいく。

しかし歴史学的なアプローチによる中世神祇研究はその後も芳しい進展をみせることはなく、むしろ中世文学・思想の分野で研究が進展し始めた。黒田に先んじて提唱された「中世日本紀」概念（伊藤 1972）や、ほぼ同時期に着手された中世神話の研究を通じて、「神道」史の固有性・連続性を乗り越えた、中世神道や中世思想の多様な広がりが明らかにされつつある。

◉ 論点

最大の課題は、文学や宗教史・思想史からの研究の進展に対して、歴史学的研究、特に中世後期に関する研究が極めて乏しいことである。この時期に本格的に展開する中世神道説や神国思想の動きを、政治や社会、仏教などの関係から改めて読み解く必要があろう。近年の研究で明らかにされつつある教説や言説展開の多様性は、もはや単純な政治・社会動向の反映で説明するわけにはいかない。教説や思想が展開した空間や組織、人々のネットワークを丁寧に掘り起こす作業とともに、それらを当時の政治や社会・宗教にどう位置づけるかが問われよう。　　　　　　　　（徳永健太郎）

◉ 参考文献

伊藤正義　1972　「中世日本紀の輪郭―太平記における卜部兼員説をめぐって―」（『文学』40〈10〉）

大隅和雄　1977　『日本思想大系19　中世神道論』　岩波書店

阿部泰郎　1985　「中世王権と中世日本紀―即位法と三種神器説をめぐりて―」（『日本文学』34〈5〉）

黒田俊雄　1995　『黒田俊雄著作集　第4巻　神国思想と専修念仏』　法藏館

伊藤　聡　2012　『神道とは何か―神と仏の日本史―』（中公新書）　中央公論新社

230 第3部 日本＊第2章 日本中世

③ 中世仏教と東アジア

1 五山僧

● 定義
　五山僧とは、鎌倉、建武、室町の歴代政権により五山、十刹、諸山の格式を与えられた全国の諸禅院を主な活動拠点とした禅僧たちのことである。彼ら中世の五山僧が担った禅とは、インド起源の仏教から、中国独自の思想である新儒教（宋学）が分立するうえでヒントとなった自己確立の方法であり（荒木 1993）、古代の「禅僧」が担った仏教の実践的部分や、近世以後の「禅僧」が担った葬儀を主要任務とする臨済宗、曹洞宗、黄檗宗などの仏教内宗派とは区別すべき特徴を備えている。

● 内容
　中国では宋（960-1276）王朝の頃、皇帝の私的な財産というべき古代王朝、あるいは、一部の特権的な貴族たちの共有物というべき中世王朝の段階から、より多くの優秀な人々に支えられた近世王朝への転換がみられたという学説がある。宋王朝が五山の設置→2部1章4節2という事業を始めたのは、科挙の試験によって優秀な士大夫を官吏に選抜しようとしたのと同じく、社会のなかから有能な仏教者を見出し、直営の五山の住持に招くことで、王朝に対する社会の信望を得ようとしたためだと考えられる。科挙と一対の事業として創始された五山では、インド起源の仏教から漢語文化圏の中核的な思想として新儒教つまり宋学が生み出されてゆく過程で、儒学者たちに重要なヒントを与えた禅僧が、とりわけ重用されたのである。

　しかしながら、中国における五山は、さほど明確な制度として整備されることなく終わったようである。中国では、仏教に対する宋学の自立という壮大な思想的挑戦が一段落したため、禅僧は仏教者でも宋学者でもない中途半端な存在だとみなされ、批判されるようになったという事情が影響しているかもしれない。むしろ五山の制度は、引き続きインド由来の仏教と、中国由来の宋学との双方を兼ね備えた禅僧を重宝した列島社会において発達する。五山だけでなく十刹・諸山など、国家の最高権力者が直接住持を任命することとなる禅宗寺院が、鎌倉末期の頃から全国規模で経営され始めるのは、禅宗に対する社会的な関心の広がりを示す。そのため、摂関家、将軍家、天皇家など、鎌倉時代に国家権力を分有した諸権門は、自身が禅宗を信仰するかどうかはともかく、室町期の国人や荘主沙汰人につながるような在地勢力の信望獲得という問題を強く意識しながら、東福寺、建長寺、南禅寺など、のちに五山の格式を与えられる禅宗寺院を創建し、高名な中国禅僧を住持に招こうとしのぎを削る。また、宋学に重心を移した中国から有能な禅僧の渡来が途絶えがちになると、室町幕府は、渡来禅僧に匹敵する有能な禅僧を列島社会のなかから見出し、諸山、十刹、五山などの住持に任命する。そして最終的に幕府は、足利義満期に五山を超越する格式として設定された「五山之上」の京都南禅寺の住持に、地方出身者を含む禅僧たちを「出世」

させる五山制度を整備することで、禅宗に関心を持つ諸勢力の信望を集め、全国統治の一助としたのである。

● 研究状況・課題と展望

五山僧については、今後の研究で吟味しなおすべき三つの理解がある。

第一に、五山僧が担った禅は仏教の部分的存在とみる理解である。禅宗は日本中世仏教全体に「改革」を促したという黒田俊雄の理解は影響力が強く、延暦寺や園城寺出身の栄西や円爾で五山僧を代表させる傾向を生み出している。しかし黒田の研究活動でむしろ注目したいのは、禅宗史理解で玉村竹二に依拠しつつ、和島芳男の宋学史研究を高く評価し、遺著の再版（和島 1988）を後押ししたという事実である。玉村は、「中世の五山禅林は、既にこの世には無い」と断言している（玉村 1976）。仏教の一宗派として現代に続く禅宗とは異なる五山僧の禅をつかむには、仏教の一宗派だという前提を外して、和島らが検討に力を注いだ宋学との融合をおさえる必要がある。

第二に、五山僧は幕府の漢文外交文書を作成するなど、通訳的な役割を担った、という理解である。日本中世という時代に終止符を打った豊臣秀吉の朝鮮出兵でも、五山僧は通訳の役割を果たした、と指摘されている。しかし五山僧は単なる漢文技術者だったのか。秀吉の臣下たちが五山僧に求めた秀吉画像賛の主題は、出兵の意義づけであった（斎藤 2008）。五山僧が説いた東アジア世界の一体性が、多大な惨禍を招く負の側面を持っていたとすれば、時代が近世国家の分立から近代的な国境分断へと進む必然性を問う手がかりともすべきだろう。

第三に、禅宗といえば武士の宗教だという理解である。地頭御家人制が消滅し、兵農分離が試みられる以前の室町時代には、「武士」が社会的に広く存在したとは考えにくいが、そのような時代に禅宗の全盛期を出現させた「武士」とはどのような存在なのか。このような事柄に関心を向けようとするならば、五山僧はもっぱら京都周辺で活動した貴族的な存在であった、という通念を離れて、「夷中」とよばれた地方社会における五山僧の活動に目を凝らしてゆく必要がある（斎藤 2015）。

以上、3点にわたり述べた課題および展望のすべてに有望な史料的根拠を提供し得るのが、「夷中」にも広く受容されていた、仏教的、宋学的な文言の入り交じった禅林文学である。列島社会における漢文受容のあり方を問う訓読論などを含め、今後の学際的な検討の進展が強く期待される。　　　　　　　　　　　　　　　　　　（斎藤夏来）

● 参考文献

玉村竹二　1976（初出 1972）「上村観光居士の五山文学研究史上の地位及びその略歴」
　　（『日本禅宗史論集』上　思文閣出版）

和島芳男　1988（初版 1962）『日本宋学史の研究』（増補版）吉川弘文館

荒木見悟　1993　『新版　仏教と儒教』　研文出版

斎藤夏来　2008　「秀吉の画像賛」（『禅学研究』86）

斎藤夏来　2015　「室町期荘園制下の在地勢力と五山制度」（『日本歴史』801）

232 第3部 日本＊第2章 日本中世

2 渡来僧と外交

● 定義

　研究概念としての渡来僧とは、主に南宋（1127-1276）や元（1271-1368）→2部1章4節3などから日本に渡航した大陸出身の僧侶を指す。とくにその数が急増した13世紀中葉からの約100年の間は、「渡来僧の世紀」とも称される（村井 1995）。

● 内容

　渡来僧が登場する前提には、日本から宋・元に渡航した僧侶や海上貿易家（海商）の活躍がある。宋が南遷した12世紀前半、海外渡航に対する国家的な管理統制がなくなり、大陸の新しい宗教や交易を求めて日本から渡海僧が多く現れた→3部1章5節5。彼らは商船に便乗して、南宋の本拠杭州や一大貿易港の明州（慶元・寧波とも）がある江南地域に渡り、大寺院や名跡を巡礼した。なかには海商謝国明の力を借りて径山万寿禅寺に日本の木材資源を寄進した円爾（1202-80）のような僧侶もおり、中国側にとって彼らは、高い求法意識に経済的な主導性をもちあわせた心強い同朋でもあった。こうした中国側の日本側に対する信頼の高まりは、渡来僧の増加現象と無縁ではない。渡海僧・渡来僧の相互交流は、海商の広域活動に支えられ、西国地域だけでなく京都や鎌倉を巻き込み全国的に展開した。

　日本では、南宋・元から帰国した渡海僧が建立した各地の禅寺の、寺院運営や生活規範を整備する必要から、その指導者として渡来僧の来日が望まれた。近年、後白河法皇（1127-92）による瞎堂慧遠の比叡山招聘計画の存在が指摘されているが、来日が実現した渡来僧は、北条時頼（1227-63）による蘭渓道隆（1213-78）の招聘が初見である。以後、歴代の北条得宗は、大休正念・無学祖元・一山一寧・清拙正澄・明極楚俊らを陸続と鎌倉に呼び寄せた。京都でも、後醍醐天皇が、鎌倉に下向する前の明極楚俊（1262-1336）を内裏に招き、幕府滅亡後にも鎌倉にいた清拙正澄（1274-1339）を南禅寺に止住させるなど、競って渡来僧と関わっていった。渡来僧や唐物というヒト・モノの掌握が政治権力の課題になることで、日元間の僧侶の往来はいくつかの断絶期をはさんで継続した。

　とはいえ、建武政権が崩壊して南北朝内乱に突入し、中国でも元が衰亡して明建国に至る緊迫した情勢が続くと、混乱を避けて日中間の僧侶の渡航は激減した。渡来僧の確保を企図する足利直義は、1351年（正平6・観応2）、東陵永璵（1285-1365）の招聘に成功したが、彼を最後に渡来僧の来日は完全に途絶えた。その後、足利義満は禅宗の人脈や財源を求めて日明国交樹立に乗り出すが、明（1368-1644）の海禁政策による海洋統制に直面する。以降、渡航の機会は朝貢関係に基づく遣明船に限られ、恒常的な僧侶の往来は減退した。

● 研究状況と課題・展望

　日本と宋元代中国の交流史研究では、1970-80年代にかけて、沈没船の発見（新安沈船）や陶磁器・遺跡などの発掘成果をうけ、貿易史や渡来僧研究が連動するかたち

で大きく進み、対外交流史という分野が発展した。とくに、「渡来僧の世紀」を中心に、渡来僧や渡海ブームを海上交通の面で支えた海商の具体相が明確にされた。蒙古襲来後の緊張や日本人海商の暴動という「倭寇(わこう)」的状況が、日元交通に与えた打撃からも、海商の存在意義は評価されよう（榎本 2007）。渡来僧が消滅した後、遣明船派遣の歴史的背景も段階ごとに解明されている（橋本 2002）。2005年度からは、文部科学省科学研究費の大型プロジェクト「東アジアの海域交流と日本伝統文化の形成」（通称にんぷろ）による、諸分野の学際的研究が実施された。

図1　日元貿易船の模型（国立歴史民俗博物館所蔵。国立歴史民俗博物館編『東アジア中世海道―海商・港・沈没船―』より転載）

　日明時代は、『善隣国宝記(ぜんりんこくほうき)』『策彦入明記(さくげんにゅうみんき)』『笑雲入明記(しょううんにゅうみんき)』など、日本人渡海僧の日記や外交史書など、良質の史料に恵まれている。これに対して、渡来僧の黄金期である日宋・日元時代には、こうした日記の存在は知られていないため、渡来僧・渡海僧が残した語録・詩文集の利用価値が相対的に高められている。語録・詩文集の基礎的研究はいまだ十全ではないが→3部2章5節4、渡来僧たちの伝記研究は着実に進みつつある。

　考えられる課題は、渡来僧たちの活動が日本にもたらしたものの追究であろう。これまでも、対外関係史における禅僧の活動や渡航の具体像が丁寧に論じられてきた（伊藤 2010）。ただし、これらの議論では彼らの貿易や外交活動に主な問題関心があるため、そこから中世宗教全体に与えた影響やその特質にまで論及されることは、それほど多くはない。仏教史における対外関係の意義や問題を深める作業は、まだ終わっていない。

　また、国境を超えた僧侶の外交活動は何も日中関係に止まらない。中国と周辺諸国、周辺諸国相互間でも僧侶が権力者の使者となるケースは多く、東アジア世界の国々のなかで日本の歴史的状況をとらえる視野が求められている。　　　　　　（芳澤　元）

● 参考文献

川添昭二　1975　「鎌倉時代の対外関係と文物の移入」（『岩波講座日本歴史　6　中世2』岩波書店）
村井章介　1995　『東アジア往還―漢詩と外交―』　朝日新聞社
橋本　雄　2002　「遣明船の派遣契機」（『日本史研究』479）
榎本　渉　2007　『東アジア海域と日中交流―九～一四世紀―』　吉川弘文館
伊藤幸司　2010　「東アジアをまたぐ禅宗世界」（荒野泰典、石井正敏、村井章介編『日本の対外関係4　倭寇と「日本国王」』　吉川弘文館）

234　第3部　日本＊第2章　日本中世

3　経典の輸入

● はじめに

中世日本における経典の輸入を考える際、国家史や政治史、国際交流史の観点から最も重要と思われるのが、大蔵経（一切経）のそれである。

● 内容（略史）

中世初期における大蔵経の輸入（上川 2008）は、10世紀末の入宋巡礼僧奝然（938-1016）の事績に始まる。彼のもたらした蜀版大蔵経（開宝蔵。→2部1章6節1・2）は勅版にして皇帝下賜品であり、日本に運び出すには勅許が必要であった。この「摺本一切経」は、仏舎利や白檀五尺釈迦像などとともに京へ運ばれて清凉寺へ納められ、のちに法成寺に献上されて完全に摂関家の所有に帰した。それまでに摂関家と呉越国との間に行われていた仏典のやりとりとは情報量の点で桁違いであったため、仏教界での摂関家の重みは一挙に増した。以後、平等院一切経会など、摂関家を中心に同蔵経の書写や供養が積極的に行われていく。ただ残念ながら、この奝然将来蔵経そのものは、1058年、収蔵先の法成寺焼亡とともに焼失したらしい。

続く入宋僧成尋（1011-81）も、1073年、弟子宋遠らに託して「新訳経」（一切経追加経典413巻）を日本にもたらした。成尋は藤原師実（頼通息）の護持僧であり、俗縁を通じても摂関家と深くつながっていた。ただしこの経典類は、天皇家と摂関家との確執の末、結局は天皇家の側に渡ったらしい。11世紀後期以降になると、摂関家と天皇家・院権力とのせめぎあいは、大蔵経所蔵競争という側面ももつようになる。法勝寺などの御願寺で紺紙金泥一切経の書写事業が始まったのである。のみならず、院権力は高麗・遼との通交ルートを新たに開拓し、最新の高麗続蔵経（いわゆる義天版・続蔵経→2部2章3節2）等を部分的に獲得していった。

摂関期から院政期にかけては、以上のごとき蔵経・新訳経・続蔵経輸入の動きが見られ、中世仏教形成の重要な一因となった。その延長として、12世紀第4四半期に輸入大蔵経のピークが訪れる。多くは南宋系の私版で、興福寺・醍醐寺・仁和寺・中尊寺等に施入された（図1参照）。なかでも、東大寺や醍醐寺に大蔵経を施入した、「入唐三度聖人」の重源の役割が際立っており、鎌倉時代以降も各所で大蔵経は受容された（大塚 2010）。

もっとも、元明交替の時期以降、洪武南蔵等の明版蔵経が将来された事例は確認できず、14世紀後半以後は、もっぱら朝鮮半島が大蔵経の請求先として浮上する（史料上、約50部の蔵経を請来）。朝鮮王朝から実際に大蔵経を

図1　宋版大蔵経（開元寺版大般若経。京都・醍醐寺霊宝館所蔵。奈良国立博物館『大勧進　重源』より転載）

贈与されうる名義は、「日本国王」（室町殿足利氏）・大内氏・九州探題・宗氏・琉球国王（尚氏）にほぼ限られた。それ以外の勢力は、これらの名義を借りたり、偽使を仕立てたりして蔵経を朝鮮に求めた。そのため、15世紀以降の日朝貿易でもたらされた大蔵経は、輸入の後、日本国内で転売されたものも少なくなかった（推定売買額は約300貫文程度から400貫文未満）と思われる（橋本 2012）。

ところで、大蔵経の巻数は、時代や版（板）によって様々である。宋代最初の勅版（蜀版・開宝蔵、983年開版）は『開元釈教録』に準ずる5,048巻であったが、民間の福州版（闢版・東禅寺版／開元寺版、12世紀前半完成）は6,000巻以上にのぼった。史料上、7,000巻とする表記も見られ、近世の万暦版（嘉興蔵）に至っては12,000巻に及ぶ→2部1章6節1・2。

図2　園城寺八角輪蔵（経蔵。筆者撮影）

また、経典の欠落に伴う補欠は随時行われるので、大蔵経に限らず、大般若経や法華経、金剛経等でも、単一の版や筆で構成されるとは限らない。同様に、朝鮮から輸入された蔵経すべてが高麗版により構成されるわけではない点、注意が必要である。

● 展望と課題

上述した通り、ある一つの大蔵経や経典類は、印刷段階で版木を貸借したり分担し合ったり、移転・収蔵段階で刷本や写本によって補欠するなど、複雑な構成をとることが一般的である。それゆえ、巻子装・折本・冊子形態等の現状についても、それが果たして原装なのか改装なのか（改装も複数回の可能性あり）、それがいつ如何なる契機によるものなのかといった論点が浮上してくる。またそれは、輸入・売買・寄進等の移転の契機と密接に関連することが予想されよう。そして、大蔵経が実際にどのように利用され収蔵されていたのか（図2）、教学や儀式、利用形態、帙・函の調査といった面から追究することも不可欠である（馬場 2016）。個々の大蔵経のライフサイクルを地道な現物調査（梶浦 2009、須田 2011）により究明し、もって総合することで、初めて中世日本社会に輸入経典を明確に位置づけることができるだろう。　　　　（橋本　雄）

● 参考文献

上川通夫　2008　『日本中世仏教史料論』　吉川弘文館
梶浦　晋　2009　「日本における漢文大蔵経の収蔵とその特色」（にんぷろ現地調査研究部門編『東アジア海域交流史：現地調査研究―地域・環境・心性―』3）
大塚紀弘　2010　「宋版一切経の輸入と受容」（『鎌倉遺文研究』25）
須田牧子　2011　『中世日朝関係と大内氏』　東京大学出版会
橋本　雄　2012　『偽りの外交使節―室町時代の日朝関係―』　吉川弘文館
馬場久幸　2016　『日韓交流と高麗版大蔵経』　法藏館

④ 中世の信仰世界

1 本尊（信仰対象の多様化）

● **定義**

　本尊とは、通常は寺院の本堂・持仏堂・仏壇などに安置され礼拝の主な対象とされた仏像類や、個人が常に信仰礼拝する仏像類（念持仏、守本尊）などをいう。また、寺院の本尊とは別に、修法や法会に応じて本尊が設定される場合がある。本尊は本来は密教の修行者の内面に生ずる重要な宗教的概念であった。しかし、空海らによる密教将来以後→3部2章3節1、その概念は曼荼羅に表象化された仏菩薩・明王として外在化するという意味に転じ、修行者はそれらの尊像の効験により成仏に至るという、通常の本尊理解に近づき定着していったとされる（早島 2002）。

● **内容**

　「本尊」の使用例の初見は確定されていないが、承和4年（837）の『観心寺実録帳』に見えるのが早い例といえる。以後、『日本往生極楽記』（第六 増命伝）などに見られ始め、『今昔物語集』では巻11の24、巻12の38など本朝仏法部を中心に9例ほどの事例が確認されるなど定着の様が知られる。また、念持仏は法隆寺蔵橘夫人阿弥陀三尊など奈良時代からの例が知られており、本尊概念は早くから認識されていたことを思わせる。

　本尊は浄土系なら阿弥陀というように宗派により一定しているが、宗派とは別に寺院創立の趣旨や願主の信仰によるものや、寺勢挽回のために途中で変更される場合もある。また、礼拝対象となる本尊の形態は彫像・画像（絵像・曼荼羅・文字・名号）に大別され、それに釈迦の分身としての舎利などが加わる。浄土系の曼荼羅は当麻寺（当麻曼荼羅）、元興寺極楽坊（智光曼荼羅）や日蓮宗における文字曼荼羅（妙法蓮華経の文字と諸仏神の配置）などが著名で（図1）、名号は真宗における六字（南無阿弥陀仏）をはじめとする八字・九字・十字名号や光明本尊などが知られる（図2）。

　本尊は中世において基本的には宗派により定式化されていくが、教団が形成される中で開祖への崇拝である祖師信仰が高まり、本尊

図1　文字曼荼羅（神奈川・妙本寺所蔵。高取正男ほか編『図説　日本仏教史』2巻より転載）

とは別格的な位置を占めることもあった。空海の廟である高野山奥の院をはじめとして、祖師が祀られた御影堂・祖師堂などは、本尊を祀った本堂よりも規模が大きかったり、そこで営まれた祖師の遠忌は重視されていた。

一方、当時広く人々の信仰を得ていた諸仏神との関係で問題が生ずることもあった。聖徳太子は観音の化身、日本仏教の祖として宗派を超えた信仰を得ていたが、真宗においては観音・勢至を差し置いて太子が主とされることが問題視されたりした（『鹿島問答』九）。日蓮が禅宗では経と仏を差し置いて達磨を本尊としていることを批判し（「新池殿御消息」）、道元は舎利に対する過度の尊重と礼拝を誡めた（『正法眼蔵随聞記』第二の一）。こうしたことは、中世において神仏に対する人々の信仰が多様であったことを物語っている。

● 研究の状況と課題

本尊に関する研究史は早島有毅により一定の整理がなされている（早島 2005）。それによると、真宗史において研究が盛んであるが、中世仏教全体に位置づける試みがなされていないことや、本尊の機能問題に関わる視点が戦前に中田薫により提示されたが、議論は十分に深められていない、などのことが課題とされる。本尊は彫像・画像を問わず宗派により定式化されて寺院に安置されているものが研究対象として取り上げられがちであるが、中世には多様な仏神が信仰の対象とされており、それらの多くは特定の宗派の枠内に収まらず、既成の本尊との関係でしばしば問題ともなった。本尊問題を中世仏教総体に位置づけるためには、そうした仏神をめぐる信仰の諸相も踏まえ、宗派の枠を超えた学際的研究が必要であろう。

図2　十字名号（三重・専修寺所蔵。『図説　日本仏教史』2巻より転載）

（追塩千尋）

● 参考文献

中田　薫　1985（初出 1920）「本尊の権利能力」（『法制史論集』第三巻下　岩波書店）

中尾　堯　1988「鎌倉時代の民衆宗教」（村上重良編『大系　仏教と日本人』10　春秋社）

笠松宏至　1993（初版 1980）「仏物・僧物・人物」（『法と言葉の中世史』〈平凡社ライブラリー〉平凡社）

早島有毅　2002「中世仏教における本尊概念の受容形態」（伊藤唯真編『日本仏教の形成と展開』法藏館）

早島有毅　2005「中世浄土教の本尊研究における問題状況とその課題―親鸞とその門流を素材とする場合―」（『竹貫元勝博士還暦記念論文集　禅とその周辺学の研究』永田文昌堂）

2　霊場・寺社参詣

● 定義

　霊場とは、特に霊験ある仏・神を祀る寺院・神社などの宗教施設のことで、中世においては「霊験所」として史料に現れる場合が多い。そうした霊場には、現世・来世にまたがる様々な利益を求めて、多くの人々が礼拝に訪れる。中世人の熱心な寺社参詣を後押ししたのは、特定の寺社の霊験を広く都鄙に喧伝して参詣を誘致し、また霊場たる寺社の修復費用などを賄うため浄財の喜捨を募る、**勧進**という宗教活動であった。

● 内容

　文献上に見える霊場・霊験所といった用語に限定せず、人々の信仰が集まる場所という意味で〈霊場〉をとらえれば、古代では『日本霊異記』に以下のような話が見える。遠江国鵜田里の薬師如来像は、言葉を発し光を放ち願いを満たしてくれるので道俗の信仰を集めた（中巻39話）、畿内諸国の人々から信仰を集めた河内国の山寺の妙見菩薩が盗人を暴くという奇跡を起こした（下巻5話）、紀伊国のとある里の道場で、作りかけのままになっていた弥勒の仏像がうめき声を発したため、信者を集めその喜捨で像を完成させ堂を建て法会を行った（下巻17縁）などである。奈良時代には、こうした奇瑞を現す仏像を祀った地方の寺院が信仰を集め〈霊場〉と化していた消息がうかがえる。

　中世ではこのような、光る・話す・動くといった神秘の仏像は、生きた仏である生身仏と称され熱烈に崇拝された。京都の清凉寺の釈迦如来や信州の善光寺の阿弥陀如来などはその代表である。仏教寺院の場合、そこで祀られる仏像の神秘性こそが、霊場として認識される際に極めて重要な意味を持ったのである。

　院政期には、西国三十三所の観音霊場が制定され、貴賤の参詣者・巡礼者によって活況を呈した。西国観音霊場の本尊は生身仏とされるものが多い。紀州の粉河寺もその1つで、『粉河寺縁起』には、道俗に参詣を勧めるために、本尊の千手観音が生身仏であることを強調した霊現・利益説話が収録されている。

　中世末期にはこれらの観音霊場をはじめ、多くの霊場寺社において**参詣曼荼羅**という案内絵図が作成された。そこには堂塔とその周辺景観、活き活きとした参詣者の姿とともに、長く大きな柄杓を参詣者に差し出している下級僧侶が描かれているものがある。彼らは**勧進聖**といって募金活動をしているのである。霊場寺社内には勧進聖の拠点となる**本願所**といわれる坊が存在し、火災で損壊した堂塔の修造・再建活動などを通じて寺社の維持に大きく貢献していた。諸国を旅し、絵解きによって熊野信仰を宣布した**熊野比丘尼**もよく知られている。

● 研究の状況

　最近、中世の霊場とは浄土世界への通路であり、かかる霊場寺院の本尊は浄土の本仏の垂迹（化身。→3部1章5節1）と観念され、また生身仏として崇拝されたことが明

らかにされた。そして人々の盛んな参詣行動は、浄土への入り口である霊場に来世往生を祈るという心意に支えられていたことが論じられている（佐藤 2010）。同時に本仏の垂迹たる神が祀られているということで、神社にも往生祈願の参詣がなされた。その背後には、大衆を霊場へと向かわせる聖たちによる弛まぬ勧進活動があった。彼らは寺社内部の組織として定着し、後には「本願」と称された。これら本願についても研究が大きく進展している（豊島、木場編 2010）。

● **展望と課題**

観音霊場の参詣曼荼羅には、三十三所の巡礼者を先導する修験者の姿が描かれている場合もある。

図1　清水寺参詣曼荼羅（京都・清水寺所蔵。下坂守『参詣曼荼羅』〈日本の美術〉より転載）

霊場は清浄な山林地帯に多いが、それらをめぐる巡礼が、プロの宗教者による実践であったことは、『法華験記』に明らかである。それが徐々に大衆化していくのだが、それは勧進に後押しされた霊場への参詣・巡礼という運動が、多彩な中世文化を生み出していく過程でもあり、霊場や参詣（巡礼）にまつわる説話・物語・日記・和歌などの文芸や絵画が育まれた。また王権・国家は霊場の力を必要とし、親鸞→3部2章2節2や遊行聖の代表たる一遍ら中世の著名な宗教者は、霊場寺社に参詣し、啓示を受けて自己の思想を構築した。ゆえにこの分野の研究は、仏教史のみならず政治史や美術史、そして文学とも連携して学際的になされる必要がある。そのための研究環境の整備が課題であるが、同時にそこから中世文化研究の新たな可能性も展望されるのである。
　　　　　　　　　　　　　　　　　　　　　　　　　　　　　（舩田淳一）

● **参考文献**

新城常三　1982（初版 1964）『新稿　社寺参詣の社会経済史的研究』　塙書房
真野俊和　1991　『日本遊行宗教論』　吉川弘文館
巡礼記研究会編　2004-11　『巡礼記研究』1-8
豊島　修、木場明志編　2010　『本願職の研究―寺社修造勧進―』　清文堂出版
佐藤弘夫　2010　「霊場と巡礼」（入間田宣夫編『兵たちの時代3　兵たちの極楽浄土』　高志書院）
大高康正　2012　『参詣曼荼羅の研究』　岩田書院
中ノ堂一信　2012　『中世勧進の研究―その形成と展開―』　法藏館

3　葬送・墓制・追善

● 定義
　葬送とは、一般的に遺体処理から葬地への遺骸・遺骨の移送を含めた諸儀礼で、墓制とは葬地における造墓・造塔、遺骸・遺骨の埋葬・葬法、および墓所・墓前における祭祀を含めた全体を指す。また、追善は死者に対する読経・写経・納経など種々の追福・作善・仏事を修する行為を指す。なお、葬送から中陰仏事や月忌・年忌仏事までを含めて葬祭と使用されることもある。

● 内容・研究史
　日本中世に限らず、葬送・墓制は「生きている人の行いであり、その時代の人々の死についての観念を投影したものである」(勝田 2012) 以上、各時代の社会状況・身分階層に応じた葬送・葬法・墓制が展開するのは当然である。かつて、時宗の祖である一遍が「わが門弟におきては、葬礼の儀式をととのふへからす、野にすててけたものにほとこすへし」(『一遍聖絵』) と述べたように、庶民層の場合、平安・鎌倉期には野に棄てるという死体放置が一般化していた。それが記録類に現れることは少ないが、説話類などから「置き葬」や葬送互助組織の未成立が明らかとなり (勝田 2006)、その後、共同墓地の形成や、火葬・土葬の浸透が考古学の分野からも追究されていった。しかし、どういった葬法・墓制が選択されるかは、なお身分や社会集団、地域差による要因が大きかった。

　特に王家 (天皇家)・公家・武家など上層身分の葬送・墓制は、古記録などに多く見られ、多くの凶事記をはじめとした記録類が残る王家 (天皇家) の場合、中世前期には顕密寺院が遺体処理・火葬・拾骨を担当していたが、14世紀初頭以降は北京律の泉涌寺、浄土宗西山派寺院、禅宗、天台律系寺院などが担当しはじめ、顕密僧は中陰仏事のみに関与するようになる。この背景には顕密僧の死穢忌避や禅・律・念仏系寺院の葬送請負体制の確立があった (大石 2004)。この中で律宗寺院による葬送については、特に寺院組織の視点から、その下で編成され実務を担当した「斎戒衆」が広く葬送儀礼・墓所管理に参与しはじめる歴史的経緯も明らかにされている (細川 1987)。

　また、公家の場合、元祖の墓所が一門共同墓地となり、中世後期には都市部において浄土宗・日蓮宗・時宗系寺院などが積極的に葬送儀礼に参与しはじめ、月忌・年忌など追善仏事を通じて寺檀関係が形成されていった (高田 2012)。さらに、応仁・文明の乱後、多くの寺院が再建されていく中で、寺僧・聖による勧進活動や奉加、結縁を通じて広く檀那の逆修や父母への供養が果たされていった。そして、中近世移行期には、多くの浄土宗寺院・真宗寺院 (道場) が創建されて葬送儀礼・追善供養にも関与して菩提寺化し、寺僧・各宗派による葬送儀礼が、臨終行儀や納骨、中陰仏事などに明確にあらわれながら次第に浸透していき、霊魂観・死穢観念などとも関わって現行の民俗に近い葬送・墓制として近世へ展開・定着していった。

　さて、こうした葬送・墓制について、中世のみならず、古代・近世の葬送・墓制を

含め、仏教史学的アプローチを進めたのは、圭室諦成である。圭室は、文献史学を中心に、宗派・地域・民俗にも目配りしつつ、葬法、追善仏事を追究し、「葬式仏教」史を素描した（圭室 1963）。以後、近世仏教史研究において「葬式仏教」が仏教堕落論として批判されたことと対照的に、中世の葬送・墓制研究は、古記録・寺院文書のみならず、絵巻や説話などから死生観・霊魂観を含めた研究が進んだ（勝田 2006）。

図1 『餓鬼草紙』第四段「疾行餓鬼」 12世紀。盛り土や石積みの塚、遺体や棺、卒塔婆など、中世の葬法や墓地景観を表しているとされる場面（東京国立博物館所蔵。『日本絵巻大成7 餓鬼草紙 地獄草紙 病草紙 九相詩絵巻』より転載）

● 課題と展望

　近年の葬送研究は、文献史料の立場から、僧俗の役割の歴史的変遷、また密葬の様態など、精緻な実態分析も進められている。その中で、やはり史料の残存状況から王家葬礼仏事に関しての研究が深化し、公家・武家（室町殿）などの関与が儀礼面から、また中陰仏事に出仕した寺院・寺僧の実態も少しずつ明らかにされてきている。さらに寺院文書から葬送の実態を復元する研究成果もあげられる。近年の成果では、京都七条金光寺の寺院経営と葬送活動を示す文書を含む全体が公にされたことが特筆される（村井、大山編 2012）。もちろん他の寺院文書にも、王家や公家・武家の葬送に関する文書が多数残され、その一部は寺史・史料集などによって紹介されているが、今後さらなる発掘が期待される。また、中世寺院・寺僧・聖が果たした死・葬送・墓制への主導的役割は大きく、近年の仏教社会史の視点からの再考も進んでいることは見過ごせない（井原 2011）。

　そうした状況の中、近世への展望としては、「葬式仏教」への展開・定着過程、宗派間に共通する葬儀観の成立過程（勝田 2006）をあとづけてゆく必要がある。さらに、父母への孝養の背景にある孝経・儒教と仏教の関係、あるいは火葬や石塔分布に関する考古学の分野の成果にも注目しつつ、より一層、仏教史・思想史・考古学・民俗学による総合的研究が求められる。 （高橋大樹）

● 参考文献

圭室諦成　1963　『葬式仏教』　大法輪閣

細川涼一　1987　『中世の律宗寺院と民衆』　吉川弘文館

大石雅章　2004　『日本中世社会と寺院』　清文堂出版

勝田　至　2006　『日本中世の墓と葬送』　吉川弘文館

井原今朝男　2011　『史実中世仏教—今にいたる寺院と葬送の実像—』第1巻　興山舎

勝田　至編　2012　『日本葬制史』　吉川弘文館

高田陽介　2012　「中世の葬送と墓制」（高埜利彦、安田次郎編『新体系日本史15　宗教社会史』　山川出版社）

村井康彦、大山喬平編　2012　『長楽寺蔵七条道場金光寺文書の研究』　法藏館

4 修験道と仏教

● 定義

　修験道の一般的な理解は、日本古来の山岳信仰を基礎としてシャーマニズム、仏教、道教、神道などの影響のもとに平安時代後期にできあがった宗教体系とするものである（宮家 1999）。伝統性や修験道の独自性に重きがあるが、史料による限り、修験道の存在が明確になるのは13世紀末以降である。山伏による山岳修行と呪術的能力の獲得・発揮が不可分とされ、顕密仏教の一分野として成立した。したがって、歴史的観点からは、「仏教としての修験道」という視角が不可欠である（時枝、長谷川、林編 2015、長谷川 2016）。

● 内容

　「修験」とは本来、貴族社会において験者として私的な祈禱を行った密教僧を賞していわれることが多く、優れた呪術的能力（験力）を評価する言葉であった。とくに古い例としては、『日本三代実録』貞観9年（867）7月9日条に、吉野に籠もる道珠を賞賛して修験としたものがある。こうした用法は、12世紀に至っても例がある（『兵範記』仁平2年〈1152〉5月22日条など）。

　一方、11世紀の『新猿楽記』で験者・真言師が「山臥修行者」とされたように、験力の獲得に山岳修行が必要視されるようになるとともに、大峰・葛城山系などの山岳における修行が定型化する中で修験の語意が広がり、験力を獲得するための過酷な修行（『今昔物語集』）、さらには験力の行使（『吾妻鏡』建保5年〈1217〉8月25日条）も指すようになった。

図1　山伏（『七十一番職人歌合』より。徳島県立博物館所蔵）

　なお、10世紀以降、山林等で修行する聖→3部1章5節6の存在が目立つようになり、その中には山伏（山臥）といわれる者もいた（『宇津保物語』など）が、聖・山伏の存在がそのまま修験とされるのではなかった。

　13世紀以降、山伏が顕密寺院に定着した様子が明瞭になるが、山岳修行や世俗社会における祈禱などにより、寺院の枠を超えて活動した。それが社会的認知を得た結果、修験と山伏は相即的な関係になったとみられ、13世紀後半には、山伏による山岳修行などが「修験の習い」「山伏の一道」とされている。ただし、山伏の社会的地位は低く（『沙石集』など）、寺院においても下部構成員とされることが多かった。また、正規の顕密僧の「修学」の対極に「修験」があるとされた。修験は、顕密仏教の周縁的な構成要素であったといえる。

　こうした経緯のうえ、13世紀末から14世紀にかけて、「顕・密・修験三道」や「修験の道」「修験道」という語

が見られるようになり（『天狗草紙 園城寺巻』、『寺徳集』、『後愚昧記』貞治6年〈1367〉5月14日条など）、本来は密教の一部というべき修験が、顕教・密教と並立される「道」として扱われるようになった。また、園城寺、延暦寺や地方の顕密寺院などで、学・行の幅広さを顕示する際、顕・密・修験兼修が謳われることがあった。

　組織の形成には、なお長期の時間を要した。修験道組織としては、天台宗の本山派、真言宗の当山派が代表的である。前者は、園城寺によりほぼ独占された熊野三山検校（14世紀末以降は園城寺末の聖護院門跡が相伝）がポイントになる。中世前期に三山検校による山伏統括の一定の進展があった。さらに中世後期、聖護院のもとで各地の山伏に対する支配が進むが流動的で、戦国期に本山派の組織が整った。後者には、全く異なった経緯があった。鎌倉時代後期から南北朝時代末期にかけて、興福寺をはじめとする南都諸大寺の堂衆を中心として畿内近国の山伏が結集した。16世紀になると、主導していた南都の堂衆が外れ、山伏の代表である先達衆の自治組織となった。この段階までは真言系として括られるものではなく、近世初期、この集団が醍醐寺三宝院門跡を推戴することで、真言宗の修験道組織としての当山派となった→3部3章2節9。

● 研究の状況

　1943年に公刊された和歌森太郎の古典的研究（和歌森 1943）以後、修験道への歴史学的な関心は低調だったが、顕密体制論のインパクトを受けて進展した中世宗教史研究の影響のもと、1980年代末から顕密仏教、寺社勢力の展開形態として関心が向けられるようになった。熊野三山検校と山伏組織化の動向など、本山派の前史や形成過程に関する研究が多く、当初は室町期に関心が向けられたが、院政期・鎌倉期へと広げられ、近年は戦国期関係の成果が目立つ。一方で、鎌倉期から近世初期に至るまでの当山派形成過程の解明も進んだ。さらに、修験道史全体を視野に置いた見直しも試みられている。

● 課題と展望

　山岳信仰と修験道の差異、地方霊山・寺社と修験道の関係など、修験道の成立・展開に関する問題がいまだに曖昧である。また、本山派・当山派形成史の観点から外れるもの、たとえば天台宗山門系の葛川明王院の「修験行者」のように、いわゆる山伏の集団ではないもの、東寺における僧の大峰修行や山伏との結びつきなどは、注目すべき問題である。さらに、天台・真言両宗に帰属する備前国児島山伏の例もあり、修験道の多様な側面の解明に向けて研究の深化が期待される。　　　　（長谷川賢二）

● 参考文献

和歌森太郎　1972（初版 1943）『修験道史研究』（東洋文庫）　平凡社

宮家　準　1999『修験道組織の研究』　春秋社

時枝　務、長谷川賢二、林　淳編　2015『修験道史入門』　岩田書院

長谷川賢二　2016『修験道組織の形成と地域社会』　岩田書院

244　第3部　日本＊第2章　日本中世

5　女性と仏教

● 研究動向

　中世の女性と仏教について、長く通説としての位置を占めてきたのは、鎌倉新仏教が巷の女性を救済した思想として、中世の**女人往生論・女人成仏論**（女性は臨終の際に、男性に変じることによって往生することができるという「変成男子」説）を高く評価する、笠原一男の『女人往生思想の系譜』であった（笠原 1975）。笠原はその書のなかで、エリート中のエリートである鎌倉新仏教の開祖が、「一文不知の巷の男女に最高の論理を極めて平易な表現をもって」布教した点に、鎌倉新仏教の「民衆への仏教の開放の実現」を見出し、法然・親鸞・道元・日蓮らの女人往生論・女人成仏論を、「巷の人々のすべてに、それが男性であろうと女性であろうと区別することなく、成仏・往生の道を説」いたものとして評価したのである。

　笠原の学説は、女人往生・成仏論の中心を鎌倉新仏教に求める見解であるが、同時に、エリートとしての鎌倉新仏教の開祖と、受け身でしかなかった「一文不知」の民衆を対比的に描いた、エリート史観に立つものであった。笠原の学説が出された前後には、日蓮には変成男子説が見出せないとする中尾堯による異論もあったが（中尾 1975）、新仏教中心史観の立場から、女人往生・成仏論を肯定的に評価した笠原説は、一時大きな影響力を持ったのである。

　しかし、顕密仏教（旧仏教）が中世国家と結合した正統的・支配的な地位を保持した宗教だとする黒田俊雄の顕密体制論→3部2章1節3の発表を契機として、1980年代に入ると、女人往生・成仏論はむしろ顕密仏教によって展開されたとする新たな研究が、平雅行らによって行われた。平は史料の博捜によって、女人往生・成仏論が顕密教学の中に蓄積され、平安末の段階では顕密仏教の女人往生・成仏論は世俗社会でも常識的思潮となっていたこと、しかも女人往生・成仏論は五障や変成男子のような女人罪業論とともに語られている事実を明らかにした。こうして平は、女性差別観の展開は女人救済思想の発達とむしろ連動していることを主張して、笠原説を全面的に退けたのである（平 1990・1992）。

　また、細川涼一は、鎌倉旧仏教（顕密仏教の改革派）に分類される西大寺叡尊・唐招提寺覚盛らの律宗が、大和法華寺・中宮寺などの**尼寺**を復興し、変成男子による女人往生・女人成仏を説いて女性を積極的に「救済」し、顕密仏教の周縁部に位置づけていった様相を具体的に解明した（細川 1987）。女性に対する血穢不浄観を定着させた経典である**血盆経**については、惣村の女性による血盆経信仰の受容を中心として論じた加藤美恵子の研究も発表された（加藤 2012）。

　以上の平・細川・加藤らの研究は、総じて顕密仏教による女人「救済」思想を女性差別的なイデオロギーとして論じた、イデオロギー論の視角からの研究であった。これに対し、仏教を受け容れる女性の主体的な認識を重視する視角から、平・細川・加藤説を厳しく批判したのが、『仏教と女の精神史』に纏められた野村育世の研究であ

る（野村 2004）。野村は鎌倉時代の寄進状・願文の祈願内容から、鎌倉時代にはジェンダーによる差異や差別のない祈願が圧倒的多数であったこと、律宗の尼を突出した例外として、女人罪業観の影響も少なかったことを述べた。平・細川の1980年代の研究とそれに対する野村の批判は、国家と癒着した顕密仏教の支配イデオロギーとしての構造を解明する視角から女性と仏教の問題を論じるのか、それに包含されない女性の主体的・自律的な立場を強調する基層信仰論の視角から女性と仏教の問題を論じるのか、という問題でもあった。

図1 『融通念仏縁起』（京都・清凉寺所蔵。小松茂美編『続日本絵巻大成11 融通念仏縁起』より転載）

　この問題はさらに、平の研究を「近代主義者」としての立場からの研究であるとした阿部泰郎の批判と、それに対する平の応答に見られるように、仏教の思想史的研究が、歴史的相対主義の立場から過去の思想を復原することに留まるべきか、研究者自身が歴史的思想史的評価に踏み込むべきか、という問題にも繋がっていたといえよう（平 1992）。　　　　　　　　　　　　　　　　　　　　　　　　（細川涼一）

● 参考文献
笠原一男　1975　『女人往生思想の系譜』　吉川弘文館
中尾　堯　1975　「日蓮と女性」（笠原一男編『日本女性史3　彼岸に生きる中世の女』　評論社）
細川涼一　1987　『中世の律宗寺院と民衆』　吉川弘文館
平　雅行　1990　「中世仏教と女性」（女性史総合研究会編『日本女性生活史　第2巻　中世』　東京大学出版会）
平　雅行　1992　『日本中世の社会と仏教』　塙書房
野村育世　2004　『仏教と女の精神史』　吉川弘文館
加藤美恵子　2012　『日本中世の母性と穢れ観』　塙書房

⑤ 中世の仏教文化

1　経典・聖教

◉ 定義

　仏教関係の書面、つまり仏書である。経典類（経・律・論・疏・伝など）と聖教類とに分けることができる。一括して、聖教また法文と呼ばれることもある。

　経典類は、多くが中国語（漢字・漢文）に翻訳されている→2部1章1節1。8世紀前半には皇帝の事業によって目録化され→2部1章1節2、その経典群を一切経または大蔵経→2部1章6節1・2と呼んだ。その後の追加編入もある。漢訳経典のほとんどはインド思想に由来する中国の書物である。日本では、受容や書写の展開、また一切経会、大般若会、法華経会など、音読や部分的講釈の行事について、歴史がある。古代では主に国家事業として進められ、中世には大寺院の公的行事として展開する一方、地域の住人が参加する行事としても拡がった。

　聖教類は、多くが日本で書面化された仏書である。8世紀から日本人の述作はあるが、主には平安時代以後、独自の仏教史が展開するに際して、著述の質量が増加した。

　聖教類には、教学上の経説・師説・自説を編集した長短の書物と、仏事をめぐる記録・作法・用意などの実用書類がある。両方の性質をもつ本もある。それらは、実際に参照されるほかに、書物自体として尊重され、秘書扱いにされることが多かった。なぜなら、世代間における法流の継承や、附随する世俗権益の授受に際して、秘書の所持が正当性を証明したからである。中世では諸宗諸流が競合し、膨大な聖教類が生み出された。

◉ 内容

　経典類の内、『大般若経』600巻や『法華経』8巻は諸宗に汎用される。分派した諸宗は、一切経の中の特定部分を重視した。たとえば、天台宗では五部大乗経（『華厳経』『大集経』『大品般若経』『法華経』『涅槃経』）、浄土系では浄土三部経（『無量寿経』『観無量寿経』『阿弥陀経』）、といった選択がある。

　聖教類は、実に多様である。「…疏」「…鈔（抄）」「…儀軌」「…次第」「…日記」「…講式」などの名称がある。

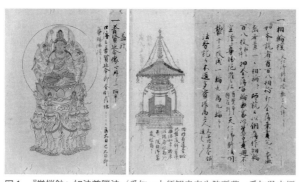

図1　『覚禅鈔』如法尊勝法（愛知・大須観音宝生院所蔵。愛知県史編さん委員会編『愛知県史』別編文化財4典籍より転載）

表白、願文、祭文、諷誦文、讃、声明、梵唄といった儀式での音読文、印信、血脈、印可、切紙といった伝受証明、そのほか過去帳、勧進帳、縁起、図像、目録などもある。真言宗の『覚禅鈔』（12-13世紀）や天台宗の『阿娑縛鈔』（13世紀）など、仏事ごとに様々な聖教類を収集・整理した編纂物もある（図1・2）。

図2　『覚禅鈔』（愛知・萬徳寺所蔵。『愛知県史』別編文化財4典籍より転載）

● 研究史と史料

　文献史学では、主に奥書の歴史情報が重視された。仏教学や宗教学ではもちろん内容が対象とされてきた。宗学研究では、祖師や自派の文献が重視される。ただ、祖師の言説や密教事相は、信仰的立場からは疑うべからざる真理の根源ないしその実現作法として、長く検討されにくかった。その結果、学術による文献研究には、なお未開拓の領野は広い。1980年代からは、言語・文学の研究も含めて、仏書をめぐる各学術分野の接近と協働が目立つ。調査団による総合研究はその典型例である。自治体史編纂事業での史料集刊行には、聖教類に目配りする例が増えている。2000年代に入って、仏書の学術価値に関する中間的な提言（永村 2000、上川 2008）がなされた。個別に調査された『大般若経』や聖教類の報告書が漸増している状況である。

● 基礎資料

　活字化された基礎資料には、『大正新脩大蔵経』100巻、『大日本仏教全書』161巻、各宗による全集本などがある。奥書や書誌データなどについては、竹内理三編『平安遺文題跋編』、一切経や『大般若経』の調査報告書、寺院の聖教目録、自治体史資料編、『大日本史料』各編などがある。

● 課題と展望

　歴史像再構成の史料とする場合、奥書偏重の方法を克服し、書物としての総合的検討が必要である。聖教類の本文から歴史的記事を見出すのはもとより、経典類の本文についても書誌的検討の方法が開拓される必要がある。たとえば、寄合書きの勧進写経の筆跡検討などは、担い手たる僧俗の姿や事業の具体的事情を解明する糸口になる可能性があろう。まずは、信仰的立場からの価値化ではなく、文献学からの自覚的な対象化が課題である。

（上川通夫）

● 参考文献

鎌田茂雄ほか編　1998　『大蔵経全解説大事典』　雄山閣出版
永村　眞　2000　『中世寺院史料論』　吉川弘文館
上川通夫　2008　『日本中世仏教史料論』　吉川弘文館

248　第3部　日本＊第2章　日本中世

2　板碑・石塔

● 研究動向

　日本の石碑文化は、中国に比べて貧弱であると言われる（東野 2004）。しかし、中近世には五輪塔・板碑・宝篋印塔といった塔形の石造物が豊富に造立された（図1参照）。日本の石造物は宗教的契機によって造立されたものが多数を占めることが、一つの特徴である。

　石造物への注目はすでに江戸時代の『集古十種』などにみられる。近代に入ると、このような関心は平子鐸嶺や山中共古ら市井の研究家によって発展し、やがて郷土史研究や自治体史の編纂などに受け継がれていった。京都帝国大学建築史教授であった天沼俊一は学問的な石造物研究に先鞭をつけ、川勝政太郎は雑誌『史迹と美術』を主宰して、金石文研究の範囲や方法を確立させた（川勝 1971ほか）。この過程で、石造物の研究は考古学的方法を取り入れ、種別ごとの研究の深化が進む。

　たとえば、服部清五郎（清道）の『板碑概説』（鳳鳴書院 1933）は、現在にも通じる数々の基本的な論点・視角を提供している。それを文献史学の立場から発展させた代表例の1つが、千々和到『板碑とその時代―てぢかな文化財・みぢかな中世―』（平凡社 1988）である（以上については、〈日本石造物辞典編集委員会編 2012〉参照）。また、石造美術研究の総合的成果としては、川勝政太郎『日本石材工芸史』（1971）が挙げられる。近年、改めて学際的な石造物研究が強く意識されるようになり、石造物を文化財ととらえた、石造文化財調査研究所編『石造文化財への招待』（2011）や、川勝の業績を継承しながら「石造美術」という枠組みを外し、改めて網羅的に石造物資料を編纂した、日本石造物辞典編集委員会編『日本石造物辞典』（2012）などは、現在の研究の達成を示す基本文献である。

　形態研究とともに、石塔類の宗教的機能に関する研究も進んだ。早い時期の石塔は、死者の追善などを目的とした供養塔として造立されたが、その性格は14-15世紀に緩やかに変化し、墓塔（墓標）へと推移していく。その背景に、石塔への中世人の心性の変化を見ることも可能である。

● 内容

　五輪塔は、中世を代表する石塔である。その発生は10世紀にまでさかのぼる可能性がある。12世紀後半から石塔の実例が登場し、漸次、日本列島のいたるところで造立されるようになる。最初期を除き、五輪塔は基礎（地輪）・塔身（水輪）・屋根（火輪）・宝形（風輪＋空輪）の4つの部材を重ねて塔形とし、しばしば梵字をともなう。また地輪や水輪の内側をくり抜き、火葬骨などを埋納することもあった。中世後期になると一石五輪塔が爆発的に増加する。墓石としての五輪塔造立は近世にも続いた。

　五輪塔と並んで塔形を代表する中世石造物は、**宝篋印塔**である。従来、10世紀の中国呉越国王・銭弘俶が造立・流布させた金属製の塔を祖形とする考え方が一般的であったが、近年はこの説には異論も多く、議論が続けられている。宝篋印塔も五輪塔

と同じく、塔身に火葬骨などが埋納される場合が多い。また、中世を通じて造立され、江戸時代には墓標のほかにも、一字一石経（小石に一字ずつ経典の文字を記したもの）、供養塔等としても流布した。

宝篋印塔と同じく、鎌倉時代前期に成立したのが**板碑**である。板碑とは、石材を板状に加工し、それに本尊を薬研彫の種子や浮彫・線刻などで表し、偈頌・紀年銘・願文などを刻みつけたものである。従来、板碑は五輪塔を直接の祖形として関東地方の荒川上流域から流布したと考える説が有力であった。しかし最近では、平安時代後期の板碑型木製品が発掘され、また地域によって形態的な変異も様々であることが再認識されてきた（日本石造物辞典編集委員会編 2012）。

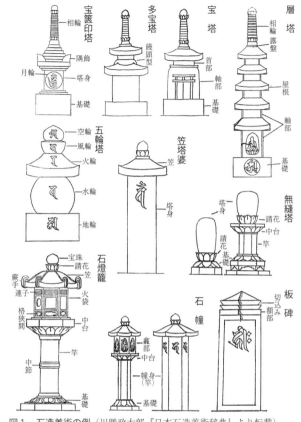

図1　石造美術の例（川勝政太郎『日本石造美術辞典』より転載）

その他の塔形としては、層塔・宝塔・無縫塔（卵塔）などがあり、この他にも宗教的な契機によって造立された石造物に、笠塔婆・石幢・町石・石祠・石仏・磨崖仏などが知られる。特に石仏については、『日本石仏図典』（日本石仏協会編、国書刊行会 1986）が網羅的である。

（菊地大樹）

● **参考文献**

川勝政太郎　1971（初版 1957）『日本石材工芸史』（改訂）綜芸舎
川勝政太郎　1998（初版 1978）『日本石造美術辞典』（新装版）東京堂出版
東野治之　2004　『日本古代金石文の研究』岩波書店
石造文化財調査研究所編（坂詰秀一監修）2011『考古調査ハンドブック5　石造文化財への招待』ニューサイエンス社
日本石造物辞典編集委員会編　2012『日本石造物辞典』吉川弘文館

3 起請文・願文

起請文・願文とは

起請文は誓約の内容が偽りでないことを神仏に誓った宣誓書。願文は神仏に対する祈願の内容を記した文書。通常、文書は人間同士の意思の疎通や情報の交換を目的として取り交わされるが、起請文と願文は、いずれも神仏に対するメッセージを記したものである。したがって、宛所がないものが本来の形であった。

起請文は神仏に対してある宣誓を行う「前書」と、それが誤りであった場合に勧請した神仏の罰を受けてもかまわないという文言を記す「神文」からなる。神文には梵天・帝釈天以下の天部の諸尊を筆頭に、八幡神などの日本の神、東大寺大仏などの仏像、聖徳太子などの聖人・祖師が名を連ねた。極楽浄土の阿弥陀仏のように、その視線を実感できない抽象的存在は勧請されなかった。

なにごとかをなすにあたって、その正否を超越者に委ねる広い意味での神判は世界中にみられる現象である。日本列島でも盟神探湯などの形で古くから行われてきたが、文書として定型化されて広く行われるようになるのは12世紀以降のことであった。起請文はその呪的な効力を強めるべく、料紙としてしばしば牛玉宝印が用いられた。

他方、法会などにあたって神仏に対して願意を述べる願文は、すでに中国で行われていたが、日本では平安時代に普及し、中世を通じて数多く作成された。願文は四六駢儷体の美文で書かれた。内容は造寺造仏の供養にあたって、その作善の事実を神仏に奏上し、加護を祈願するものが多い。なにごとかを祈願し、成就の折には報賽を約束するタイプもみられる。

実際の作者は願主ではなく、慶滋保胤・大江匡房などの文人貴族の手になるものが多く、その例文は、『本朝文粋』『朝野群載』に立項して収められている。完成した願文は能書家によって浄書され、法会の際に導師を務める僧によって読み上げられた。

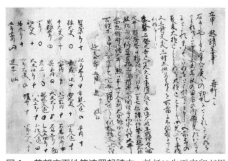

図1 茜部庄百姓等連署起請文 料紙に牛玉宝印が用いられ、署名の下には〇や十などの略押が据されている（『京都大学文学部 博物館の古文書 6輯』より転載）

願文は法会などで披露することを目的として作成されるため、その制作主体は、はじめ上層の公家や武家が中心であったが、中世には庶民が書いたものも現れる。それに対し、起請文、とりわけ連署起請文とよばれる複数の人物が署名するタイプのものは、上は支配層から下は庶民階層まで幅広く受容された。字を書けない者が、花押代わりに筆軸印を押したものもみられる（図1）。

● 流行の背景

平安時代、とくにその後半から願文・起請文が流行する背景には、超越者＝カミの性格の転換があった。日本列島のカミは、本来、突如出現しては意味不明の祟りを下す非合理な性格を本質としていた。それに対し、平安後期以降、カミはあらかじめ人に善行を要求し、それを実践する者に相応の利益を下す存在として把握されるようになった。起請文・願文出現の前提として、合理的な意思をもち、人と対話可能なカミの観念が広く社会に共有されることが不可欠だった。

● 研究史

起請文は中世文書を代表するものとして、主として古文書学の分野で扱われ、書式や料紙、その機能などをめぐって研究が進められてきた。中世史の分野では、起請文がしばしば荘園領主と住民とのあいだで取り交わされたことに着目し、荘園制支配の呪縛のイデオロギーとそれに対抗する農民運動という視点から多数の研究が発表された（入間田 1986）。

願文については、その多くが美文調の漢文で書かれているため、これまで研究の中心にいたのは文学研究者だった。近年はその背景をなす仏教などに焦点を合わせ、思想内容に踏み込んだ仕事もみられるようになった（工藤 2008）。

起請文も願文も大量に作成されたのは平安時代の後期から室町・戦国期にかけてのことであり、これはほぼ中世と重なる時期である。そこには私たちのいる現代とは異質な、神仏が圧倒的な存在感を有する世界があり、起請文・願文には超越者に託した人々の思いが綴られている。残存する資料群は膨大であり、その分析を通じて当時の人々の肉声に触れ、世界観を再現することが可能であると考えられる。

落語の「三枚起請」に描かれるように、起請文は江戸時代に入っても相変わらず作成され続けたが、その定式化などを根拠として、近世は起請文がその思想的生命力を喪失する時代とみなされてきた（千々和 1981）。それに対し、近世において起請文が担った独自の歴史的意義に着目した研究も発表されている（大河内 2014）。

超越的存在の実在に対する信頼と、カミに向けたメッセージの作成は日本だけのものではなく、広く世界に共通する現象である。そのため、起請文・願文は比較文化論的研究の素材としても豊かな可能性を有している。　　　　　　　　　　　（佐藤弘夫）

● 参考文献

千々和到　1981　「中世民衆の意識と思想」（青木美智男ほか編『一揆』4、東京大学出版会）

入間田宣夫　1986　『百姓申状と起請文の世界—中世民衆の自立と連帯—』東京大学出版会

佐藤弘夫　2006　『起請文の精神史—中世世界の神と仏—』（講談社選書メチエ）講談社

工藤美和子　2008　『平安期の願文と仏教的世界観』思文閣出版

大河内千恵　2014　『近世起請文の研究』吉川弘文館

4 五山文学

● 定義

　五山文学とは、禅宗の僧侶が残した語録・詩文集に収録されたさまざまな漢詩文文芸の総称である。前近代の東アジア世界における**漢詩文**は、異文化交流の中心的なコミュニケーションツールとして長らく命脈を保ってきた（田中 1989）。なかでも日本の漢詩文文芸は、中国・朝鮮のように官僚や詩人ではなく、禅僧→3部2章3節1-3が主導したところに特徴がある。

● 内容

　中世禅僧の語録・詩文集の内容は実に幅広い。説法で用いる法語や偈頌など宗教儀式に関するものをはじめ、知人との漢詩のやりとりや、絵画や贈り物に記される詩文や序・跋、法名や雅号の由来など、多岐にわたる。こうした多様な場面や目的で発せられた禅僧のことばが、門弟たちにより語録・詩文集として編集され、さらに書写・出版されて世に流通するに至った。日本で最初に語録を残したのは東福寺開山の円爾（1202-80）と思われるが、日元交通を背景にした一山一寧（1247-1317）ら渡来僧の主導で、その基礎が固められた。元朝の名匠古林清茂（1262-1329）の門弟たちは、金剛幢下という詩文の友社を結成し、なかでも竺仙梵僊（1292-1348。渡来僧）や雪村友梅（1290-1346）・龍山徳見（1284-1358。入元僧）らは、日本に偈頌などの禅宗流の漢詩文芸を伝えた。その後、渡航経験のない日本僧のなかにも、義堂周信（1325-88）のように中国の詩人と並び称されるほどの才人も登場した。

　室町時代以降に顕著になる特徴として、武家社会のなかで禅僧とともに詩歌を作る風習が浸透したことも見逃せない。とくに将軍足利義持や守護たちは、禅僧たちと交流するなかで、**詩画軸**という、画題にちなんだ漢詩文を書き加えた水墨画を多く残し、室町文化の成熟に大きな役割を果たした（図1）。

　禅僧の文芸活動は、和歌を尊ぶ公家社会とも密接につながり展開した。義堂周信は二条良基（1320-88）の招きで、和歌の句と漢詩の句を交互に詠みあう**和漢聯句**の会に参加したし、後土御門天皇（1442-1500）が主催した会にも、公家衆とともに五山僧が出席した（朝倉 1990）。戦国期には狂歌を得意とする僧も登場したが、次第に五山の漢詩文や和漢聯句は衰えたようで、のちに関白豊臣秀次（1568-95）は、聯句・謡曲などの復興を主導するなかで、五山に対しても詩会の再興を命じた。五山僧の学芸不振は徳川家康（1542-1616）・秀忠にも問題視されたが、元和9年（1623）には後水尾天皇の下で、室町時代からの秀作を集め、五山で唯一の勅撰漢詩集『翰林五鳳集』が編まれた。

● 研究状況と課題・展望

　戦前から戦後にかけて、上村観光・玉村竹二らにより語録・詩文集の多くが史料集として公刊された。語録には追善・葬送関係の記事が多いことから、生没年測定のうえでも重宝され、『大日本史料』編纂事業を中心に、調査や翻刻が行われている。

禅宗の語録・詩文集には、弟子が師匠を顕彰する潤色が自明視され、中国史に比べて日本史では、それほど高い史料的価値を見出すことはなかった。最近になり、渡来僧・渡海僧の詳細を解明する研究が進展し、語録・詩文集も「生の史料」として活用され始めた→3部2章3節3。とくに書状の多い墨蹟は、一種の古文書として価値を認める声もある（西尾 2011）。語録・詩文集には肖像画や水墨画に関する情報も豊富で、美術史研究でも着目されている。史料批判を加えて適切に五山文学を分析しようとする姿勢が、今後も求められる。

　ところで、禅宗の漢詩文文芸の担い手には、京都五山・鎌倉五山に属さない僧侶も多かった。その点で「五山文学」という用語は実態と齟齬しているが、これに代わる概念や用語は提案されていない。また、公家や武家の一部も聯句や作詩に加わったから、彼らも担い手の一員に数えるべきである。

　しかし、より根本的な課題は、読解・解釈の基礎的研究の遅れにある。五山文学の漢詩文は日本の変体漢文とは全く異なる構造をとる。隠語や独特の語法も多く、とくに宗教儀礼に関する素材は等閑視されている。だが、中世禅宗の思想構造や当時の学問・教育を知るうえでも重要な史料であり、その読解には多大な労力と鍛錬が欠かせない。

　また、中世仏教における五山文学の位置づけも必要な作業である。たとえば、顕密仏教では和歌が尊ばれたが、なぜ禅宗ほどに漢詩文文芸が発達しなかったのか。逆に、禅僧のなかから歌人を輩出しなかったのはなぜなのか。中世仏教のなかで、禅宗の卓越した漢詩文能力は特異にすら映るが、その要因については、彼らを「大陸文化の紹介者」とする以上に説得的な説明はない（玉村 1955）。最近では、外交の場で禅僧が活躍した要因を、漢詩文以外の能力に求める見解もあり（上田 2011）、文学や美術だけでなく、社会的な観点から考える余地が残されている。なお、残された史料の偏在もあって、分析対象とされる時期は室町・戦国期が中心で、鎌倉時代の研究がそれほど盛んでないことも、課題にあげられる。

（芳澤　元）

図1　芭蕉夜雨図
図上に太白真玄など五山派の禅僧12名、武将山名時熙、朝鮮国奉礼使など計14名の賛がある（東京国立博物館所蔵。東京国立博物館ほか編『南禅寺』より転載）

● 参考文献

玉村竹二　1955　『五山文学―大陸文化紹介者としての五山禅僧の活動―』　至文堂
田中健夫　1989　「漢字文化圏のなかの武家政権―外交文書作成者の系譜―」（『前近代の国際交流と外交文書』　吉川弘文館　1996）
朝倉　尚　1990　『就山永崇・宗山等貴―禅林の貴族化の様相―』　清文堂出版
西尾賢隆　2011　『中世禅僧の墨蹟と日中交流』　吉川弘文館
上田純一　2011　『シリーズ権力者と仏教3　足利義満と禅宗』　法藏館

254　第3部　日本＊第2章　日本中世

5　寺社建築

● 定義・内容と研究史

　寺社建築の研究は、主として建築学のなかの日本建築史が担い、建築様式・技法、年代記の研究と、歴史的建造物の文化財としての評価・保存を主たる柱としてきた。建造物の調査・保存修理において得られた知見がその基礎をなし、考古学的成果や文献史料に基づく研究にも多くの蓄積をもつ。これまでの研究は建築そのもの、いわば器としての建築に注目するもので、寺院建築史・神社建築史・住宅建築史という、建物の種別による分野に分化されてきた。いずれの分野も日本史学や考古学・美術史学など関連諸学との連携がとられ、とくに寺院建築については諸学の集大成として『奈良六大寺大観』（岩波書店 1968-73）、『大和古寺大観』（岩波書店 1976-78）などがある。ただし、この段階ではそれぞれの分野の個別の成果の集成という評価も否めない。

　近年、寺社建築の研究は大きな転換期を迎え、山岸常人は仏堂を法会空間・寺院社会との関係からとらえるという、新しい視点を提示した（山岸 1990）。神社建築における神仏習合に注目した黒田龍二の研究は、神社建築史と寺院建築史をつなぐ画期的な成果といえる（黒田 1999）。つづく冨島義幸の研究は、堂塔の安置仏・法会の空間から教義・信仰を読み解く、新たな方法を加えた（冨島 2007）。

● 基礎資料

　最も基本となる史料は現存する歴史的建造物であり、建築形式や技法の詳細を知るための資料として、個別の文化財建造物の修理工事報告書や、建築種別ごとに代表的な現存建物を取り上げた『日本建築史基礎資料集成』（中央公論美術出版 1971-）などがある。発掘調査によって得られる建築遺構や遺物、古記録や資財帳・縁起など文献史料、絵巻物・寺社境内絵図などの絵画史料も重要な史料となる。寺社建築の信仰についての研究では、仏像や神像、壁画などの美術作品も視野に入れるべきである。仏教史の問題に踏み込む際はもちろん、建築造形や空間構成の意味を考えるうえでも、教理を説いた経典・儀軌、神道書も基礎資料となる。寺院に所蔵される聖教、なかでも建築指図は、建築や安置仏、そこでの法会からなる具体的な空間構成が示され、研究史料としてきわめて有用である。近年では金沢称名寺や醍醐寺に所蔵される建築指図が、『金沢文庫資料全書 9　寺院指図篇』（神奈川県立金沢文庫 1988）、『醍醐寺叢書史料編 建築指図集1』（勉誠出版 2012）などとして集成・刊行されている。

● 論点（課題と展望）

　寺社建築の研究に取り組むうえでの問題意識は、大きくは2つある。1つは寺社建築を素材として、建築そのものを論じるというもので、もう1つは仏教・神祇信仰（神道）に関わる多様な現象へと対象を広げていくものである。かつての建築史学の主軸は前者にあった。建築学のための建築史学ともいえよう。近年の山岸・黒田・冨島の研究は、前者に加えて後者も強く意識し、宗教史に関わる様々な現象を掘り起こそうとしている。

後者は、宗教史の諸学と問題意識はもちろん、研究史料をも実質的に共有することになるが、建築史学の独自性は「空間を読み解く」ところにあるといえよう。たとえば冨島の研究では、平安時代の塔の安置仏や柱絵・壁画の諸尊からなる空間の分析から、密教の大日如来と顕教の四方浄土変の四仏(薬師・釈迦・阿弥陀・弥勒)からなる顕密融合の両界曼荼羅五仏の存在と、顕密の仏の同体説に基づく四仏における思想的重層構造を明らかにした(図1)(冨島2007)。こうした顕密融合の両界曼

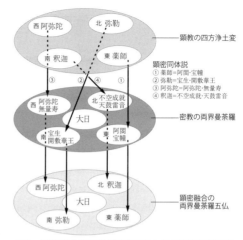

図1 顕密融合の両界曼荼羅五仏とその顕密重層構造

荼羅五仏は、大日寺五智如来像(奈良県、重要文化財)など平安後期の彫刻作品としても現存し、現実の礼拝の対象となっていたことが知られる(冨島 2008)。密教の根本を体現する両界曼荼羅までもが変容していたことは、日本仏教史として重大な問題であるが、この顕密融合の五仏は経典や儀軌には説かれていない。それゆえ今日まで、思想史や仏教史の経典や儀軌に基づく方法では見出せなかったのである。

また、研究対象の設定の仕方も、今後の重要な問題となろう。たとえば仏教の建築空間の問題は、寺院建築にとどまるものではない。平安期の大極殿では御斎会・千僧御読経など多くの仏事が、貴族住宅でも読経や密教修法が盛んに修されていた。仏教空間としてとらえるならば、従来の建築種別による枠組みをとりはらい、宮殿や住宅で修された仏事の空間も含めるべきである。さらに神仏習合についても、神社に建立された仏教建築のほとんどが失われたため、また神社建築史・寺院建築史という学問の縦割りのため、これまで研究対象となりにくかったが、仏教史としても重要な研究課題である。

歴史の現象は、本来、総合的なものである。宗教史についても、政治史はもちろん、思想史・仏教史・神道史・建築史・美術史などを総合して初めてその実態に近づくことができる。学問分野にとらわれない新しい視点と問題意識、包括的な視野をもって取り組むならば、寺社建築はきわめて興味深い研究対象となるはずである。　(冨島義幸)

● 参考文献

山岸常人　1990　『中世寺院社会と仏堂』　塙書房
黒田龍二　1999　『中世寺社信仰の場』　思文閣出版
冨島義幸　2007　『密教空間史論』　法藏館
冨島義幸　2008　「顕密融合の両界曼荼羅五仏像について」(『ミュージアム』615)

6　法会・音楽（声明・唱導）

● 定義

　ある目的（教化・祈禱・供養など）のために、導師と職衆が経典を講説・読誦・讃嘆する仏教行事を法会という。法会は定まった式次第に則って営まれ、その詞章は独特の旋律によって音楽的に唱えられる。これを声明といい、語源は古代インドの５つの学問分類である五明の１つ、音韻学を意味するサンスクリットの漢訳にある。日本における声明は、経典の韻文（梵語・漢語）を節づけして読誦することから始まったもので、当初は梵唄・唄匿と称されていた。声明の語は平安時代末に定着し、平易な和文による声明も盛んに作られるようになった。

　古くは東大寺大仏開眼供養、現行では四天王寺聖霊会を例に、盛儀の法会は四箇法要と呼ばれる形式をとる。〈唄〉〈散花〉〈梵音〉〈錫杖〉という四曲の声明が、雅楽の伴奏（舞楽が組み込まれると舞楽付四箇法要）とともに用いられるもので、法会と音楽は密接に結びついている。声楽と楽器が相和する場は音楽理論の発達を促し、僧侶による声明書・楽律書が著されることとなった。

　また、広く大衆に向けて経典を説くことを唱導（説法・説教・談義とも）という。

● 内容

　日本における声明の流れは、宗派によって３つに大別されよう。

　（１）奈良声明：東大寺・薬師寺など南都の諸大寺に伝わる声明で、古態を伝える。その代表といえる東大寺修二会（お水取り）は、平氏の南都焼き討ちによる堂宇焼失に際しても勤修され、2017年には1,264回を数える不退の行法である。（２）天台声明：円仁に始まり、12世紀初めの良忍が大成させた。京都大原の来迎院が根本道場と定められて以降、大原の地は魚山とも称される声明の代名詞となり、13世紀にかけて優れた声明家が出た。天台宗から派生した鎌倉新仏教の声明も天台声明の系譜に連なる。（３）真言声明：空海が伝えた声明は、10世紀の大成者寛朝を経て、12世紀には四流（進流・醍醐流・本相応院流・新相応院流）となるが、13世紀に進流の本拠地が奈良から高野山に移ると南山進流と称され、以降の中心となった。高野山では鎌倉時代以降、高野版と呼ばれる出版事業が盛んであり、様々な仏教書とともに声明譜も開板されている。その１つ、文明４年（1472）版『声明集』（図１）は年紀の明らかな世界最古の印刷楽譜である。

　流派により旋律や音の高低などが異なる声明は、口伝（師資相承）で師から弟子へ継承されるが、その助けとして用いられるのが声明譜である。博士という記譜法で記され、これに関しても各宗派・各時代により様々に存在する（只博士、五音博士など）。

　唱導では、平安末から12世紀に澄憲が安居院流を興し、定円の三井寺派とともに広く受容された。日本最初の仏教通史とされる鎌倉時代の『元亨釈書』「音芸志」に「経師・声明・唱導・念仏」とあるが、声楽の源流として、これらが後の芸能に与えた影響は大きい。声明は平家琵琶・能へ、唱導は浄瑠璃へ受け継がれた。また、国語

学の視点からも、論議（経論の問答・講義）や講式（和文声明の1つ）が注目されている（金田一 1964）。

● 研究の現状

研究の基礎となる史料の多くが史料批判を必要とする写本類であるため、基礎研究の充実が求められる。入門者に適する『声明辞典』（2012）、『仏教音楽辞典』（1995）掲載の参考文献・仏教音楽の音源一覧などを手がかりとして、個別研究を積み重ねつつ、時代の変化に伴う具体像や、普遍性を明らかにしていく必要があるだろう。

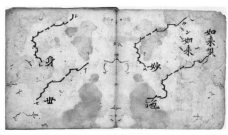
図1　如来唄（文明4年版『声明集』より。上野学園大学日本音楽史研究所所蔵）

● 課題と展望

一例として平安時代以降の法華・浄土信仰をみれば、その隆盛は法会の姿にも如実に顕れており、「法華経」講説の功徳を説く法華八講や、浄土往生

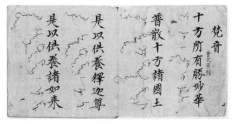
図2　梵音（『法隆寺聖霊会声明集』より。上野学園大学日本音楽史研究所所蔵）

を説く説教の流行が挙げられる。ことに法華八講は貴族社会に広く浸透し、氏寺での追善法会の代表として位置づけられる摂関・院政期を経て、室町時代には武家八講や御懺法講へと展開をみせる。法会の場は、教理教学の具現であるとともに、権力者にとっては示威の場、仏教界統制の手段としても機能しており、各寺院の歴史と隆盛に直接的に関わるものでもある。法会を継続して営むために必要となる経済基盤、師資相承の問題、出仕僧など、様々な要素から研究アプローチが可能である。法会の形式・役割の変化や転換に注目することで、時代を特徴づける法会のあり方と社会基盤が見えてくるだろう。
　　　　　　　　　　　　　　　　　　　　　　　　　　　　　（三島暁子）

● 参考文献

金田一春彦　1964　『四座講式の研究』　三省堂（『金田一春彦著作集　5』　玉川大学出版部 2005）

天納傳中、岩田宗一、播磨照浩、飛鳥寛栗編著　1995　『仏教音楽辞典』　法藏館

岩田宗一編　1999　『声明・儀礼資料年表』　法藏館

横道萬里雄、片岡義道監修　2012（初版 1984）　『（声明大系特別付録）新装版　声明辞典』　法藏館

小野功龍　2013　『仏教と雅楽』　法藏館

7 仏教と芸能

● 定義
中世においては信仰と娯楽とが共存していたため、あらゆる芸能に仏教との関わりが見られるが、ここではひとまず信仰・布教に関わる歌舞・演劇を対象とし、機能面から法楽・荘厳・教化の3つに分けて述べる。

● 内容
まず、僧俗が神仏に捧げる芸能を**法楽芸能**と呼んでいる。法楽は人にとっての娯楽性とも不可分で、流行芸能を含め、あらゆる芸能が捧げられた。

仏教や法会を美しい音楽や舞で飾り立てる**荘厳の芸能**は大陸ですでに行われており、雅楽・舞楽や声明のほか、音楽的な詠唱念仏が日本にもたらされた。鎌倉時代になると、大念仏会で念仏の大合唱が行われたほか、念仏者たちが様々な曲調で念仏を歌い、打楽器を打って跳躍した。15世紀には鉦や太鼓を伴う六斎念仏のほか、念仏拍子物も確認される。平安末期に芸能化する読経道では、経文の四声・清濁を正確に読み分け、句のまとまりごとに節の高低をつけて歌う。法会では梵讃・漢讃・和讃・伽陀・訓伽陀などの仏教歌謡も歌われた。なお訓伽陀からは、今様の大半を占める法文歌が生まれ、社会一般に流行した。荘厳は、身体所作によってもなされる。たとえば一遍（1239-89）が興行化した踊念仏では、大勢の時衆が鉦を打ち鳴らし、体を揺すり、床板を高く踏み鳴らして踊る。その躍動が観客を念仏に誘った（図1）。中世後期には念仏踊り・題目踊りも流行し、盆踊りの源流となった。このように荘厳としての芸能は、演者自身に没我の法悦をもたらす一方、観客に対しては仏教世界の魅力を身体的に感得させる機能を有した。

一方、**教化の芸能**は、言葉によって知性に訴える説教（唱導）を中核としつつ、感覚面でこれを補うものである。平安期には説教師が活躍し、歌謡化した説教としての教化も盛行した。鎌倉期には説教の流派が生まれ、節付けの整備も進んだ。説教の話芸は、身体を揺する所作や、音楽的な節回し、泣き真似などの演技を伴い、多様化する。歌謡や芸能が挿入されることも多く、放下・暮露などの禅僧は、軽業や小歌舞・尺八の奏演を行い、ササラを摺って説教を行った（図2）。鎌倉期の説教に語り物である曲舞との共通性が見られるほか、琵琶法師による平曲が唱導的性格を有する点も注目される。本地譚を

図1　踊念仏（『一遍上人絵伝』神奈川・清浄光寺、東京国立博物館所蔵。『日本の絵巻20　一遍上人絵伝』より転載）

語る説経節も説教から派生した。また寺社では白拍子舞によって縁起などが語られた。視覚化は説法の効果を増す。たとえば絵解きは指し棒で絵図や人形を指し示し、時に伴奏を交えて寺社縁起や地獄譚などを物語る。修正会・修二会では寺社所属の猿楽者が呪師を奉仕した。呪師は龍天・毘沙門天に扮して鬼を追ったが、これは僧による結界作法を視覚化したものとされている。

　説教を補い人々の関心を引く仏教芸能は、14世紀頃から興行型の勧進に取り入れられた。特に勧進猿楽には地獄での呵責の様を見せ、亡者に罪障を懺悔させる内容が多く、説教師の作もある。リアルな劇が勧進に果たした効果は小さくなかったはずである。猿楽の後身である能も勧進に用いられ、風流能では神仏の姿や祈禱の所作が視覚化された。狂言も鬼による呵責の描写を有し、唱導系の仏教説話集から題材を得ている。なお、大念仏狂言は猿楽由来の狂言

図2　放下・暮露(『天狗草紙』三井寺巻A　『続日本の絵巻26　土蜘蛛草紙・天狗草紙・大江山絵詞』より転載)

とは異なり、念仏合唱の中で演じられた無言劇である。人々は、こうした芸能を通して仏教教義を理解した。

● **研究動向と展望**

　芸態に関しては、場や観客に合わせた改変・読み替えへの着目が続く。たとえば仏教歌謡では、臨機応変な歌い替えが指摘される。絵解きでは、場の性格と絵画の形態との関係が論じられている。唱導に関しては史料の発掘と紹介が続いている段階だが、施主・法会目的と内容との関係に目を配った論考も散見される。儀礼研究の高まりも踏まえつつ分析を重ねていく必要がある。

　芸能環境に関しては、寺院組織論・寺院経済史研究の進展を受けて、寺院内での芸能者の位置づけや、勧進と寺社運営との関係、費用の調達方法などが徐々に明らかになりつつある。一方、仏教芸能の相承と習得については未解明な部分が多い。聖教類の整理公開が進むことで、芸能相承と僧の家・法流との関わり、伝授・訓練の具体相などが今少し明らかになることを期待したい。また、地域への仏教儀礼の伝播経路とその機能が論じられているが、仏教芸能の伝播と機能に関しても同様に論ずべき余地があろう。

(辻　浩和)

● **参考文献**

佐藤道子ほか　1989　「法会と芸能」(菅沼晃、田丸徳善編『仏教文化事典』　佼成出版社)
伊藤博之ほか編　1995　『仏教文学講座7　歌謡・芸能・劇文学』　勉誠社
阿部泰郎　2012　「唱導と中世芸能」(小林健二編『中世の芸能と文芸』　竹林舎)

8 仏教美術

● 定義

仏教美術とは、広義では仏教に関する造形作品を全般に指す。また、神仏習合思想
→3部1章5節1との関連から、神道美術もこの範疇に含める場合がある。狭義では、仏
教の教理内容を具象化した物、および仏教儀礼に使用される物を指す。具体的には、
仏教彫刻（仏像）、仏教絵画（仏画）、仏教工芸、仏教典籍、寺院建築を軸とする。中
世の時代区分概念は、様式論から導かれた美術史学固有の立場と日本史学における立
場が必ずしも一致するわけではないが、最大限の幅を取った場合では、平安時代中期
から室町時代（1336-1493）末期までを指し、南北朝時代（1331-92）を過渡期として中
世を前・後期で区分するのが一般的である。

● 内容

仏教彫刻は、仏像、神像、祖師像を主対象とする。様式論（形式論を含む）、仏師論、
仏教思想論など、様々な方面から研究がなされている。中世においては、仏所という
工房を主体に流派が形成されることから、運慶（?-1223）を代表とする慶派を中心
とした院政期および鎌倉時代の研究が盛んであり、この仏師論と関連して京都・奈
良・鎌倉を中心に地域性を射程にした研究が進められている。仏所は近世以降も存続
することから、その機能と展開を追うために室町時代以降にも研究の裾野の広がりが
みられる。

仏教絵画は、仏画、垂迹画、祖師像、社寺縁起絵などを主対象とする。図像論を
基礎にした仏教思想史的な研究が多いが、絵仏論も意義を帯びつつある。また、中
世においては、対外交流史との関連で、東アジア地域との比較文化的視座を基礎とす
る研究が多い。社寺縁起絵は、絵巻・掛幅両方を包摂し、やまと絵（日本的様式とい
う意味の様式概念術語）および国文学等とも関連した研究が展開している。なお、仏
教典籍は、美術史学では経典装飾に関わる絵画および工芸方面からのアプローチが主
体となるため、仏教絵画研究分野と重複する部分が大きい。

仏教工芸は、金工、漆工、染織の各分野からなる。技術史の知識が必要なため、分
析化学が応用される場合が多い。金工は密教法具を中心とした型式年代論、素材の組
成論をベースにした地域論などが行われている。染織は、繡仏や裂裟などが主対象
であり、意匠様式論、裂地の組成技術論などが行われている。

● 研究の状況

美術史学は、作品比較を通じた様式編年を学の基礎としているため、資料写真の整
備と出版により進歩を遂げてきた。近年では、博物館・美術館の展覧会図録が重要に
なりつつあるが、その一方で膨大な量の図録の収集、検索が課題となっている。

一方、仏教美術は仏教史との関連が必須であり、歴史学をはじめとする周辺諸学の
進展に大きく影響を受けている。ことに、古代・中世仏教史においては、黒田俊雄の
顕密体制論→3部2章1節3が日本史学で一定の認知を得るとともに、その影響を受ける

ようになった。顕密体制論は、権門体制という中世王権の脆弱性を前提として政治と宗教との癒合の実態を解明した学説であり、中世仏教美術の持つ社会的・政治的側面を改めて意識させるものであった。たとえば、大治2年（1127）の後七日御修法の十二天像再興に際して、平等院経蔵本を手本にした画像が鳥羽院の「疏荒」との批判で仁和寺円堂本を手本に描き直された件について、美術史学では様式的問題を原因とする見解が主流となっていた。しかし、日本史学側から手本の所蔵場所と選定に摂関家と院との政治的主導権を巡る確執の存在が指摘され、美術史学でも政治史的視点が権力論との絡みで盛んに導入されるようになったのである。

　加えて、日本史学における対外交渉史研究の展開および中国出版事情の好転により、東アジア文化圏を視野に置いた比較文化史的研究も隆盛を迎えている。

　また、仏教美術は、手工業生産体系の一環であり、仏師論に典型的であるように、工房体制を含めた技術史的側面が重視される。かつ、技法史的研究も重視され、近年の保存科学の発達はその傾向をより顕著にしている。

◉ 課題と展望

　仏教美術史研究は、外形的な様式変化の問題だけでなく、その造形の持つ歴史性が意味をもつ。たとえば、仏教典籍は、テキスト底本の選定が制作環境を考察するうえで重要な意味を持つ場合があり、仏教史学における大蔵経刊印史→2部1章6節1・2、3部2章3節3や教理思想史と関与する。また、日本史学における古文書学や聖教史料論→3部2章5節1はもとより、典籍の輸入問題を通じて対外交流史の知識も必要となる。加えて、国語国文学における訓点訓詁学などとも関連しており、これら関連諸学の知識から遊離した立論は美術史学でも困難になりつつある。他分野間との情報共有が今後の課題となるとともに、学の固有性を失わずに新しい枠組みを不断に構築・再検証していくことが求められている。　　　　　　　　　　　　　　　　　　　　（大原嘉豊）

◉ 参考文献

佐和隆研編　1990　『仏像図典』（増補版）　吉川弘文館

山岡泰造監修　1998　『日本美術史』　昭和堂

中村　元、久野　健監修　2002　『仏教美術事典』　東京書籍

上川通夫　2007（初出 1998）「院政と真言密教―守覚法親王の史的位置―」（『日本中世仏教形成論』　校倉書房）

◉ 文献目録

『日本美術年鑑』（東京文化財研究所、年刊）文献目録を含む美術関係論文のデータベース、同年鑑を基礎に編纂された過去の定期刊行物総合目録として、『東洋美術文献目録：定期刊行物所載古美術文献』（伯林社書店 1981 重版）、『日本東洋古美術文献目録 昭和11年～40年定期刊行物所載』（中央公論美術出版 1969）、および『日本東洋古美術文献目録 1966年～2000年定期刊行物所載』（中央公論美術出版 2005）がある。

基礎資料（日本中世）

　　日本中世の高僧伝や個別寺社に関する史料集は、枚挙にいとまがなく、各都道府県の自治体史や科学研究費の成果報告書などにも、各地域の宗教や寺社に関する事項・史料が整理されている。ここでは、人物・寺社・宗派をまたぐ全般的な史料集を中心に、紹介する。

東京大学史料編纂所編『大日本古文書』家わけ文書（1904-）　…　高野山・石清水・金剛寺・東寺・大徳寺・東大寺・醍醐寺・東福寺など、古代中世の古文書を所蔵者別に収録。

『門葉記』全2巻（『大正新脩大蔵経』図像部11・12巻　大正新脩大蔵経刊行會　1934）　…　12-15世紀前半の延暦寺青蓮院門跡の記録集。歴代門主や法会・修法の記録を集成。

立正大学宗学研究所編『昭和定本日蓮聖人遺文』全4巻（身延久遠寺　1952-59）　…　日蓮の著述や書状などを収録した基礎資料。改訂増補版、諸本対照総覧も参照。

佐藤進一ほか編『中世法制史料集』全6巻（岩波書店　1955-2005）　…　中世法を網羅した初の本格史料集。鎌倉・室町時代の公家・武家政権が寺社に発布した法令に富む。

『満済准后日記』全2巻（『続群書類従』補遺　続群書類従完成会　1928）　…　室町前期に活躍した醍醐寺僧の日記。幕府や寺社の祈禱法会や芸能・事件などを詳細に記録。

『日本思想大系』（岩波書店　1970-82）　…　中世仏教の祖師の法語を多数収録。9巻『天台本覚論』や15巻『鎌倉旧仏教』（のち『続・日本仏教の思想』岩波書店）は貴重。

竹内理三編『鎌倉遺文』古文書編42巻・補遺4巻・索引編5巻（東京堂出版、1971-95）　…　鎌倉時代の古文書を編年順に網羅。『平安遺文』『南北朝遺文』と共に必備の書。

『日本建築史基礎資料集成』全25巻・既刊分16巻（中央公論美術出版、1971-）　…　社殿・仏堂・書院・塔婆・茶室・民家・城郭の様式ごとに、全国の重要建造物を詳解。

『蔭凉軒日録』全5巻（『続史料大成』21-25　臨川書店　1978）　…　相国寺で室町幕府の宗教行事を司った禅僧の日記。将軍の宗教行事や寺領荘園に関する情報が満載。

『大乗院寺社雑事記』全12巻（『増補続史料大成』26-37　臨川書店　1978）　…　興福寺大乗院門跡の半世紀におよぶ日記。大和・山城の事件や南都僧侶の動向などに詳しい。

鎌田茂雄訳『八宗綱要』（講談社学術文庫　1981）　…　鎌倉時代の凝然が、倶舎・成実・律・法相・三論・天台・華厳・真言諸宗の教理を簡潔に説いた仏教教理の書。

澁澤敬三・神奈川大学日本常民文化研究所編『新版　絵巻物による日本常民生活絵引』全5巻・総索引1冊（平凡社　1984）　…　平安から室町時代の絵巻物の事項別索引。

橘俊道・梅谷繁樹訳『一遍上人全集』全1巻（春秋社　1989）　…　『一遍聖絵』『播州法語集』など時宗の基本史料に原典対照の現代語訳を施す。

国文学研究資料館編『真福寺善本叢刊』第I期・第II期各全12冊（臨川書店　1998-2011）　…　愛知県真福寺の所蔵史料群の影印・翻刻。論義・唱導や中世神道・寺社縁起など多彩。

真宗史料刊行会編『大系真宗史料』全25巻（法藏館　2006-）　…　親鸞・蓮如をはじめ、浄土真宗の各教団や一向一揆の日記・文書や、伝記・絵伝・縁起を収録。続刊中。

奈良国立博物館編『神仏習合　かみとほとけが織りなす信仰と美』（特別展図録　2007）　…　本地垂迹・中世神道にまつわる文献・美術品を豊富に掲載し、解説した充実の図録。

黒田俊雄編『訳注日本史料　寺院法』全1冊（集英社　2015）　…　中世寺院法を集中的に収録した訓注本。真言・天台・南都・禅の各章に、「中世国家と顕密寺院」を加える。

参考文献（日本中世）

　日本中世に関する研究文献はたいへん豊富である。ここでは、原則として編著、一般書、各種の講座物および祖師伝・個別寺院史の類は除き、中世仏教史の各分野を代表するもの、および中世社会との関わりを重視した内容のものから、とくに古典的著作と近年刊行の専門書を中心に収録した。なお、神祇史も当該分野に密接なものとして取り上げている。

家永三郎　1947　『中世仏教思想史研究』　法藏館
井上光貞　1956　『日本浄土教成立史の研究』　山川出版社
赤松俊秀　1957-1966　『鎌倉仏教の研究　正・続』　平楽寺書店
田村圓澄　1959　『日本仏教思想史研究　浄土教篇』　平楽寺書店
今枝愛眞　1970　『中世禅宗史の研究』　東京大学出版会
黒田俊雄　1975　『日本中世の国家と宗教』　岩波書店
金井清光　1975　『一遍と時衆教団』　角川書店
玉村竹二　1976-81　『日本禅宗史論集』　思文閣出版
堀池春峰　1980・82・2004　『南都仏教史の研究』　上・下・遺芳編　法藏館
高木豊　1982　『鎌倉仏教史研究』　岩波書店
佐藤弘夫　1987　『日本中世の国家と仏教』　吉川弘文館
細川涼一　1987　『中世の律宗寺院と民衆』　吉川弘文館
佐々木馨　1988　『中世国家の宗教構造』　吉川弘文館
松尾剛次　1988　『鎌倉新仏教の成立』　吉川弘文館
今堀太逸　1990　『神祇信仰の展開と仏教』　吉川弘文館
山岸常人　1990　『中世寺院社会と仏堂』　塙書房
平雅行　1992　『日本中世の社会と仏教』　塙書房
稲葉伸道　1997　『中世寺院の権力構造』　岩波書店
佐藤弘夫　1998　『神・仏・王権の中世』　法藏館
末木文美士　1998　『鎌倉仏教形成論』　法藏館
原田正俊　1998　『日本中世の禅宗と社会』　吉川弘文館
久野修義　1999　『日本中世の寺院と社会』　塙書房
追塩千尋　1999　『日本中世の説話と仏教』　和泉書院
西尾賢隆　1999　『中世の日中交流と禅宗』　吉川弘文館
永村眞　2000　『中世寺院史料論』　吉川弘文館
下坂守　2001　『中世寺院社会の研究』　思文閣出版
伊藤幸司　2002　『中世日本の外交と禅宗』　吉川弘文館

大石雅章　2004　『日本中世社会と寺院』　清文堂出版
苅米一志　2004　『荘園社会における宗教構造』　校倉書房
草野顕之　2004　『戦国期本願寺教団史の研究』　法藏館
大隅和雄　2005　『中世仏教の思想と社会』　名著刊行会
大桑斉　2006　『戦国期宗教思想史と蓮如』　法藏館
西口順子　2006　『中世の女性と仏教』　法藏館
上川通夫　2007　『日本中世仏教形成史論』　校倉書房
神田千里　2007　『一向一揆と石山合戦』　吉川弘文館
菊地大樹　2007　『中世仏教の原形と展開』　吉川弘文館
衣川仁　2007　『中世寺院勢力論』　吉川弘文館
横内裕人　2008　『日本中世の仏教と東アジア』　塙書房
井上寛司　2009　『日本中世国家と諸国一宮制』　岩田書院
大塚紀弘　2009　『中世禅律仏教論』　山川出版社
小峰和明　2009　『中世法会文芸論』　笠間書院
上島享　2010　『日本中世社会の形成と王権』　名古屋大学出版会
伊藤聡　2011　『中世天照大神信仰の研究』　法藏館
追塩千尋　2011　『中世南都仏教の展開』　吉川弘文館
舩田淳一　2011　『神仏と儀礼の中世』　法藏館
小野澤眞　2012　『中世時衆史の研究』　八木書店
阿部泰郎　2013　『中世日本の宗教テクスト体系』　名古屋大学出版会
細川涼一　2013　『日本中世の社会と寺社』　思文閣出版
森新之介　2013　『摂関院政期思想史研究』　思文閣出版
大田壮一郎　2014　『室町幕府の政治と宗教』　塙書房
長谷川賢二　2016　『修験道組織の形成と地域社会』　岩田書院

特論　吉田神道

　吉田家は、亀卜を司り宮主として朝廷に仕えた卜部氏の一族で、宮中において大祓に奉仕し、平安後期以降からは神祇官の神祇大副、平野社・吉田社預を務めた。卜部氏は鎌倉期に平野流と吉田流とに分立、平野流は『日本書紀』講釈で知られ日本紀の家と称された。しかし南北朝期に平野流は衰退し、吉田流から兼熈が初めて公卿となり吉田家の基礎を築いた。吉田兼倶（1435-1511）も神祇大副となるが、自邸や蔵書を焼失した応仁・文明の乱後、独自の神道教説を創唱する。これら教説に祭祀・儀礼体系を加えた総称が**吉田神道**であり、唯一神道や元本宗源神道などとも称した。

　兼倶は独自の神祇官再興をめざし、文明16年（1484）には吉田山上に**太元宮斎場所**を設置し、自らを神道長上と称して、令制上の長官である神祇伯白川家に対抗しようとした。こうした動きは、足利義政や日野富子、後土御門天皇らの支持・支援を背景としており、延徳元年（1489）には、伊勢神宮祠官の反発を押さえ込んで神器降臨を朝廷として公認させ、吉田家が神祇官を事実上主宰する基礎を作った。

　その後、吉田家は当主の出奔により多くの文献を失うが、清原宣賢（兼倶子）の子兼右が当主となり、失われた文献の収集に努め教説の整備を図り、諸社の神々へ神位神階を授与する**宗源宣旨**、神職への装束等を許可する**神道裁許状**の発給を通じて諸社支配体制の基礎を構築する。さらに兼右の子兼見・梵舜（1553-1632）は織田信長・明智光秀・豊臣秀吉・徳川家康に接近、斎場所内に神祇官八神殿を再興し秀吉を神に祀る豊国社の設立に尽力するなど、政治権力との深い結びつきにより吉田家の勢力拡大を図った。江戸幕府の**「諸社禰宜神主法度」**により吉田家は全国諸社執奏を通じて支配体制を確立、吉田神道は神道教説の主流とみなされるに至った。

　吉田神道の教説の特徴は、従来の神道を個別神社の縁起である本迹縁起神道や仏教の影響下にある両部習合神道とみなし、自らの伝える天照太神・天児屋根以来の神道たる元本宗源神道（唯一神道）の優越を主張する。その教説は仏教や道教・陰陽道などの要素を横断的に大きく取り入れた点に特徴があり、中世的な言説形成の構造をもっていた。しかしそうした特徴が、近世国学により攻撃される原因ともなった。

　兼倶の創唱した教説が注目される一方で、兼倶以前の吉田家が室町期政治史に占めた位置や役割をめぐる研究蓄積は手薄である。さらに兼倶が提唱した神祇官再興を考えるためには、中世神祇官の位置や役割から吉田神道成立の背景を明らかにすることも必要であろう。むろんそれは神道の発展過程としてではなく、仏教などを含めた当時の宗教体制やその構造から明らかにされなくてはなるまい。　　　　　　（徳永健太郎）

● **参考文献**

　萩原龍夫　1975　『増補版　中世祭祀組織の研究』　吉川弘文館
　井上智勝　2007　『近世の神社と朝廷権威』　吉川弘文館

コラム　一向一揆・寺内町

　戦国時代の仏教について考える際、重要なテーマに一向一揆および寺内町がある。

◆一向一揆　一向一揆とは概して、戦国時代に浄土真宗・本願寺教団（一向宗）の門徒集団が関わった軍事的蜂起（一揆）といわれる。寛正 7 年（1466）近江金森一向一揆から天正 8 年（1580）石山合戦終結までおよそ100年間、畿内・北陸・東海地域を中心に、さまざまな一向一揆が起こった。とくに加賀国（現石川県南部）では、一向一揆が長享 2 年（1488）に守護富樫氏を打倒し、「百姓の持ちたる国のように」といわれたことは有名である。こうした一向一揆の思想的背景には、浄土真宗を開いた親鸞（1173-1262。→ 3 部 2 章 2 節 2 ）が示す専修念仏（阿弥陀如来の本願他力による宗教的平等の人間救済）の教えが、本願寺蓮如（1415-99）の布教により民衆を中心に広く受容され、それが戦乱の続く時代を生きた民衆の力になったことが指摘される。

　一向一揆の歴史的評価については、民衆を中心とした本願寺門徒の信仰に基づく宗教一揆的性格が強調されてきた。しかし、一向一揆の多様な実態を詳しくみていくと、時代区分や地域類型を含んだ検討が必要で、その性格に関しては政治的な要因や権力論から考えていくべき問題が多い。一向一揆の打倒が織田信長をはじめとする統一権力の課題であったという議論もあるが、反権力的なイメージのみで考えてはならず、多角的視点をもって総合的に、歴史上に位置付けていく必要がある。

◆寺内町　寺内町は、戦国時代の地域社会において寺院を中核にその「寺内」領域を設定し、その中に町場を形成した都市・集落をいう。「寺内」の周囲には堀・土塁などの防御施設を構えることが多く、また「寺内」を根拠に不入や徴税免除などの特権を獲得する傾向にあることが特徴である。とくに山科本願寺や大坂本願寺をはじめとして畿内・北陸・東海地域の本願寺系寺院に顕著にみられ、一向一揆の拠点となることも多くあったため、古くから注目されてきた。

　寺内町研究については近年、真宗史・仏教史のみならず、地域史・社会史・経済史、さらには都市史・建築史・交通史・歴史地理学・考古学などからも関心が寄せられ、いわば学際的に研究が進展した。中核となる寺院の宗教領主的性格、門徒のみならず非門徒も含む寺内町の住民の自治的活動、物流・経済の拠点でもあった寺内町の地域社会における位置付けなど論点は多彩である。

　一向一揆・寺内町はさまざまな角度から研究できるテーマである。同時期の法華一揆や法華宗寺院の寺内町との比較、さらには広く戦国時代の民衆運動や民衆の生活の場をめぐる議論の中で捉えていくことも重要な取り組みである。　　　　　（安藤　弥）

● 参考文献

　峰岸純夫、脇田　修監修　1998　『寺内町の研究』全 3 巻　法藏館
　新行紀一編　2010　『戦国期の真宗と一向一揆』　吉川弘文館
　神田千里　2016　『戦国と宗教』（岩波新書）　岩波書店

第3章 日本近世

総説

研究状況

　本章では、織豊政権期の始まりである永禄11年（1568）から、江戸幕府が滅亡した慶応3年（1867）までを対象とする。近世、幕府は宗教政策の一環として、**本末制度**や**寺檀制度**を制定していった。本末制度とは、宗派ごとに本山・本寺を中核として末寺を編成した組織制度である。また寺檀制度とは、特定の寺院が家を単位とした檀家の葬祭を継続的に担った関係で、すべての人がいずれかの寺院の檀那となることが求められた。この関係に基づき、寺院が檀那について、キリシタンなどの禁止されている信仰はしておらず、確かにその寺院に所属することを証明した**寺請制度**が実施された。寺請は**宗判**（宗旨判定）ともいわれ、幕藩権力から認定された寺院が有する権利（宗判権）であった。慶長17年（1612）に幕府が最初のキリシタン禁制令を発布して以来、禁制策が全国的に強化されていき、寛文期（1661-73）に寺請や絵踏みによる**宗門改め**制度が確立した。檀家の存在は寺院の経済的基盤ともなり、このような点は排仏論の標的ともなった。

　研究史上では従来、これらの制度により、幕府・領主が寺院や民衆を掌握し、本末関係や寺檀関係、ひいては仏教信仰が固定化・形式化したとする「宗教統制」史観が根強くあった。一方で、幕藩制国家の形成過程と対応しながら、仏教教団は自律的に形成されていき、それに対して幕藩権力は追認的に制度化、あるいは修正を加えて体制に編成していったとし、仏教側の自律的な動きの側面に着目すべきとする見解も示されてきている。

　宗派・教団や本末関係は、近世初頭より固定化されていたわけではなく、17世紀を通して徐々に整備されていき、その後も変遷を遂げていった。当初は特定の本寺を有しない無本寺であったが、17世紀後半に初めて、宗派・本山や上寺（末寺のうちでさらに末寺・下寺を配して、本山・領主への取り次ぎを担った寺院）を定めた寺院も散見される。寺檀関係についても、幕藩権力により法制化された部分と、通念として浸透していった部分を、精査していく必要性が指摘されている。また人々の移動が盛んに行われていた社会状況からも、流動的な側面もあったといえる。このように制度が段階的に整えられていくことでも、社会への仏教の浸透が促進されていった。

本章の構成・内容

　近世国家史が、実行的権力を有する幕藩領主を主眼として語られた段階から、国家に権威性を補完した朝廷も含めて、朝幕関係史として論じられていくようになると、宗教史・仏教史研究もそれを踏まえて、仏教教団の本山や、**本所**（家職に基づいて特

定の宗教者や職人を支配する公家。陰陽道の土御門家や神道の白川・吉田両家など）によっ
て掌握された、組織制度論や宗教者の身分制論として進められていった。また、藩・
領主による政策の差異からもたらされる地域性もある。公的な支配者として仏教を統
括する一方で、天皇・公家や将軍家・藩主家の各家では、菩提寺との私的な仏事・祭
祀の関係も認められる。第1節「国家と仏教」は、そのような研究動向をうけて構成
している。これまで近世の宗教政策が紹介される場合、初期の状況にのみ言及され、
それが近世を通じて変わらず継承されたかのような印象をもたれているのではなかろ
うか。実際には変遷がみられ、今後、中・後期における宗教政策論も課題である。

　各宗派では、独自の組織・制度や教学（宗学、仏教学）を構築していきながら、諸
地域へ展開していった。個別の宗派史・寺院史として研究成果が蓄積されてきた傾向
が強く、近世は宗派意識が明確化していった時代であることからも、第2節「諸宗派
の動向」では、宗派別に項目を設けた。これらの成果を踏まえ、今後はさらに、個別
宗派史にとどまらない、総合的な視点に立つ議論の深化が求められる。

　幕藩権力や宗派による統一的な組織・制度上の仏教像が明らかにされる一方で、そ
のような枠組みでは把握しきれない社会における仏教信仰の実態についても、様々な
視点から取り上げられている。第3節「社会と仏教」では、都市・村落といった社会
構造を構成した諸集団の1つとして宗教者や信者をとらえ、それらが生み出した文化
に着目している。その際、地域性や階層による差異を意識することも欠かせない。ま
た女性や被差別民といったマイノリティと仏教の関係について言及することも、仏教
が果たした社会的役割を明らかにするうえで重要である。

　仏教は、教学を基盤として、その研鑽と教化を課題としている。そこで第4節では
「仏教の学問・知識」を取り上げる。近世思想史では従来、儒教・国学が時代的特性
とされて論じられてきた傾向にあったが、仏教思想が近世社会にもたらした重要性も
とらえ返されている。また近世史の書物・由緒に着目した研究動向をうけた成果も着
実に蓄積されている。

　仏教は、諸思想・諸宗教と対抗するなかで、言説・思想を深化させてきた。また近
世を、神道・儒教・仏教などの諸思想・諸宗教が一致あるいは交錯する世界としてと
らえる視点も提唱されている。第5節では「諸思想・諸宗教と仏教」の関係をみていく。

● 課題と展望

　近世仏教史に関する史料集や編纂書の刊行も徐々に進み、研究素材とする史料への
アプローチの利便性が向上している。しかし、未調査・未翻刻の史料も数多い。古文
書の解読法を習得して新出史料を掘り起こすことで、新たな研究テーマに出会える可
能性も広がるであろう。　　　　　　　　　　　　　　　　　　　　（松金直美）

● 参考文献

高埜利彦ほか編　2008　『近世の宗教と社会』全3巻　吉川弘文館

島薗　進、高埜利彦、林　淳、若尾政希編　2014-15　『シリーズ日本人と宗教―近世から近
　　代へ―』全6巻　春秋社

① 国家と仏教

1　織豊政権期の仏教

● 定義

　ここでいう織豊政権期とは織田信長が上洛する永禄11年（1568）から、慶長5年（1600）、関ヶ原の合戦によって豊臣氏が実質上政権基盤を失うまでの約30年間を指すものとする。この30年は、政治・社会・経済・宗教など、あらゆる方面で中世から近世への転換が起こった。とくに仏教史の視点からみると、中世を通じて続いてきた王法・仏法相依関係→3部2章1節1から、王法の創出した国家の枠組みに仏法が位置づけられるようになったことが最大の変化・特質である。

● 内容

　永禄11年（1568）、室町幕府復興を名目に上洛した織田信長は、やがて将軍を押しのけ、自らが天下統一事業に乗り出す。その過程で諸大名だけでなく、仏教教団（特に本願寺）とも衝突した。その始まりは元亀元年（1570）の**本願寺・一向一揆**蜂起→3部2章コラムであり、天正8年（1580）まで11年にわたる石山合戦へとつながる。翌元亀2年（1571）には顕密仏教の象徴ともいうべき比叡山延暦寺が焼き討ちされている。信長は石山合戦の11年間に一揆を根絶するという「**根切り・撫で切り**」などの方針を打ち出し、各地で徹底的な一揆掃討作戦を実行した。また、天正7年（1579）には、安土で日蓮宗と浄土宗を対論させ（安土宗論）、日蓮宗を弾圧している。やがて天正8年（1580）、勅命講和によって本願寺は和睦することとなった。これによって戦国期社会に多大な影響を与えてきた一向一揆は終焉を迎えたのである。

　天正10年（1582）、本能寺の変で信長が死去すると、豊臣（羽柴）秀吉が名実ともに天下統一事業を引き継いだ。秀吉は天下統一の過程で仏教教団をより明確なかたちで統制していった。天正13年（1585）の紀州攻めでは、僧兵を擁していた根来寺を焼き討ちし、高野山にも迫って武装解除を実現した。さらに、天正15年（1587）、九州の島津氏攻めの最中には、**バテレン追放令**が出され、仏教のみならずキリスト教→3部3章5節3にも統制の手が及んだのである。島津氏を屈服させた秀吉は、翌天正16年（1588）、京都東山の地に新大仏の造立を企図した（のちの方広寺）。南都東大寺大仏に替わる新たな大仏である。秀吉はこの大仏に民衆救済の役割を担わせようとし、大仏建立を名目に全国に**刀狩令**を発した。後世の救済をうたいながら、現世の武装放棄を実現させようとしたのである。こうして秀吉は、信長がむき出しの武力で対峙した仏教教団を、理念的にも現実的にも統制下に置くことに成功した。ここに中世的な王法・仏法相依の関係は転換したのである。

● 研究史と課題・展望

　まず、一向一揆と織田政権との関係については、膨大な研究成果が積み重ねられているためすべてに言及することはできないが、とくに現在の研究につながるものとし

て、本願寺の領主的性格に着目して一向一揆と本願寺が「別物」であるとした研究があげられる。この別物論が一向一揆研究に与えた衝撃は大きく、以後この議論を前提に研究が進められた。1970－80年代にかけては、戦国大名権力の中での本願寺・一向一揆の位置づけや、一向一揆の構造が実証的に論じられるようになった。政治史の視点からは、石山合戦を織豊武士団と一向一揆（百姓身分）との最終対決であったとする見解も出され、近世国家論・織豊政権論などに今も多大な影響を与えている。1990年代以降は、権力対本願寺・一向一揆という構図が問い直され、本願寺を戦国期の政治秩序の中に位置づけようとする動向も登場した。同じく同時期に発展した都市史研究の立場からは、寺内町への注目も集まるようになった。

図1　豊国祭礼図（豊国神社所蔵。河内将芳『秀吉の大仏造立』より転載）

これら多様な問題関心のうえに、2000年代以降、本願寺教団の新たな位置づけを試みる研究も登場している。このように膨大な蓄積がある一向一揆・本願寺に関わる研究であるが、これまで個別に深められてきた豊かな研究成果を今後どのように統一していくか、そして中世から近世への転換期に一向一揆あるいは本願寺というものをどのように位置づけることができるのかが、今後の課題である（安藤 2010）。

　一向一揆以外の領域で織田政権と仏教との関係を論じるものは少なく、安土宗論などの代表的な事象に着目した研究が進められてきた。

　また、秀吉政権との関係では、大仏殿に先立つ天正寺創建や、高野山の武装解除（川端 2012）、方広寺新大仏建立など史料も豊富で研究も蓄積がある。新大仏については、大仏殿で執行された千僧会に着目し、これを契機に新義八宗という枠組みが形成されたことの指摘や、大仏建立に関わる専論（河内 2008）も出されている。また、豊臣政権の寺社政策という視点からの研究もある（伊藤 2003）。いずれの研究も、これから議論を重ね、発展・展開していくことが期待される。

（川端泰幸）

● 参考文献

伊藤真昭　2003　『京都の寺社と豊臣政権』　法藏館
河内将芳　2008　『秀吉の大仏造立』　法藏館
安藤　弥　2010　「一向一揆研究の現状と課題」（新行紀一編『戦国期の真宗と一向一揆』吉川弘文館）
大桑　斉　2012　「戦国思想史論」（苅部　直ほか編『日本思想史講座２―中世―』　ぺりかん社）
川端泰幸　2012　「秀吉政権と木食応其」（『大谷大学史学論究』17）

2　朝廷・公家社会と仏教

● 定義・内容

　江戸時代の天皇は、誕生からその死後に至るまで仏教と深い縁があった。后妃の出産に際しては、禁中や延暦寺で祈禱が行われた。即位にあたって天皇は、大日如来と一体化する密教儀式である即位灌頂を行っていたが、その作法は朝廷の大事として重視された。天皇の葬礼は京都の泉涌寺で行われており、承応3年（1654）の後光明天皇の時に、埋葬方法が火葬から土葬へと変更され、それ以後、天皇の遺骸は泉涌寺山内に葬られた（藤井 2003）。死後は追善仏事として、宮中や京都の般舟三昧院、泉涌寺などで、天台僧や相国寺僧らによる法華懺法や観音懺法が行われた（天納 2000）。

　平安時代に国家安寧を祈って僧侶を招いて宮中で行われていた御斎会など恒例仏事の多くは中世に廃絶していたが、元和9年（1623）に後七日御修法が再興された。また臨時仏事として、清涼殿などで法華八講や不動法がしばしば修せられた。天皇の即位・譲位、皇太子の立坊といった天皇・皇族の身辺の変化や天変地異の際には、朝廷の祈禱奉行より七寺（東大寺・興福寺・延暦寺・園城寺・仁和寺・東寺・広隆寺）に対して祈禱の実施も命じられた（富田 2005）。さらに延暦寺の六月会や、興福寺の維摩会のように、寺院に朝廷より勅使が派遣され、勅会として行われる仏事もあった。通常、追善仏事は近親者に対して行われたが、19世紀に入ると、由縁ある歴史上の天皇の遠忌法会を行う寺院が散見されるようになる。

　内裏における仏教信仰の場となったのが、天智天皇以降の歴代天皇の位牌と念持仏が安置された御黒戸と呼ばれる小部屋である。御黒戸では尼門跡による読経・勤行が行われたが、光格天皇のように自ら読経を行う天皇もいた。

　宮中で行われる種々の仏事で中心となったのが皇族や公卿の子弟が出家して居住した門跡である（杣田 2003）。親王が入寺する宮門跡、五摂家出身者が入寺する摂家門跡、浄土真宗各派の准門跡といった寺格に分かれる江戸時代の門跡は、突出した石高や権限を有する輪王寺宮を頂点として、門主に対しても宗門改めが実施されるほどの

図1　大日如来坐像（清凉寺所蔵）　120代仁孝天皇御念持仏　御所の御黒戸に安置されていた（朝日新聞社文化企画局大阪企画部『泉涌寺展』より転載）。

幕府の厳格な統制下で存在していた。また皇族や摂関家の女性が入る尼寺は比丘尼御所と呼ばれた。

　天皇が僧侶に官位を与える**僧位僧官**制度も機能していた（高埜 1989）。また僧位僧官制を有しない宗派のうち、浄土宗や禅宗の一部などでは天皇より紫衣が与えられた。

　また歴代天皇との個別の由緒に基づき、穢を除去するための祈禱などに使う撫物の下付を受けるなど朝廷との関係を持つ寺院も多く存在しており、天皇の葬礼に参加し、祈禱を行っていた（上田 2010）。

　このように深い関係をもっていた朝廷と仏教だが、排仏思想の影響を受けて仏教習俗を批判する野宮定基のような公家も現れ、幕末期の孝明天皇の葬儀では、仏式の葬儀とともに神式の祭典が行われ、山陵が造営されるなど、葬礼方法も大きく変化した（武田 1996）。明治4年（1871）には御黒戸や門跡号、宮中での勅会が次々と廃止されるなど、皇室での神仏分離が行われた。

● 研究状況・史料・課題と展望

　戦後しばらくは、江戸時代を対象とした仏教史、天皇・朝廷研究がともに活発でなかったこともあり、充分な研究蓄積はなかった。1970年代より天皇・朝廷研究が進展するなかで、高埜利彦や杣田善雄らにより、幕府の朝廷・宗教政策史の一環として僧位僧官や門跡に対する研究が行われた。現在は、天皇が出していた紫衣着用勅許の綸旨を幕府がとりあげた紫衣事件の読み直し、幕末維新期の朝廷内での神仏分離、個々の寺院と朝廷との関係など、多様な論点の研究が行われているが、朝廷と関係が深い延暦寺や東大寺などの研究が遅れており、国家祈禱や宮中仏事の実態など、基礎的研究が充分進んでいない点も多い。史料については、朝幕関係や朝廷機構の研究が進んだことで、公家日記などの情報共有も進み、歴代天皇および后妃・皇族の事績の編年体史料集『天皇皇族実録』が刊行されるなど、飛躍的に研究環境は整備されている。また各寺院の史料公開・公刊も進んでおり、江戸時代以降の史料が大量に残る延暦寺の叡山文庫や、東大寺図書館などでも、江戸時代の文書群の目録が公開されている。これらの文書を駆使した研究の進展が期待される。　　　　　　　　　　　　（鍛治宏介）

● 参考文献

高埜利彦　1989　『近世日本の国家権力と宗教』　東京大学出版会

武田秀章　1996　『維新期天皇祭祀の研究』　大明堂

天納伝中　2000（初出1994）「禁中御懺法講—妙法院堯恕法親王の記録—」（『天台声明—天納傳中著作集—』　法藏館）

杣田善雄　2003　『幕藩権力と寺院・門跡』　思文閣出版

藤井　学　2003（初出1984）「天皇家菩提の「御寺」」（『法華衆と町衆』　法藏館）

富田正弘　2005　「近世東大寺の国家祈禱と院宣・綸旨」（『東大寺所蔵聖教文書の調査研究』　研究代表者：綾村　宏）

上田長生　2012（初出2010）「近世社会における天皇・朝廷権威とその解体—河内国石川郡叡福寺を中心に—」（『幕末維新期の陵墓と社会』　思文閣出版）

3 幕府の宗教政策

● 定義・内容

　江戸幕府は、自らの支配秩序に寺社などの宗教勢力を編入し、キリスト教や日蓮宗不受不施派を禁圧した。また、特定の行政機構を整えて公認諸宗と交渉した。以下、これらについてさらに詳しくみていきたい。

◆支配秩序への宗教勢力の編入　豊臣政権の方針を継承した江戸幕府は、領知宛行により大寺社を自己の封建的知行体系へ組み込むとともに、寺社の訴訟にも対応しつつ法度を制定した。その中で幕府は、先例の遵守と堂舎の管理、学問・儀礼の興隆などを求めたが、それは学僧などの教団上層部による秩序化・自律的運営を支援するものでもあった。

　家光政権までの達成を踏まえ、家綱政権は家康没後50年に当たる寛文5年（1665）、寺社に対して領知判物（判物とは花押を据えた文書のこと）・朱印状を一斉発給するとともに（寛文印知）、宗派を超えた統一的法度である諸宗寺院法度・諸社禰宜神主法度を公布した（図1）。

　朝廷の機能にも依拠しつつ、幕府は宗教勢力を本山・本所のもとに統制した。幕府は当初、中小寺院を含めて諸宗を編成・把握する方針を必ずしも示さなかったが、宗門改めの展開や、寺社とつながる民衆の宗教活動の盛り上がりをうけて、寺院の宗派別本末編成や地域的掌握を強く志向するようになり、開帳・勧化の制度化も進めた。一方で、神社制度の再編や朝儀の再興、山伏・陰陽師など様々な宗教者の編成を実現していった。かくして、宗門の頂点をなす門跡から各地の末端宗教者までを包括する新たな身分制支配秩序（**本末体制**）が創出されたのである。

◆キリシタン・不受不施派の禁制　幕府は自己の支配秩序に順応しない宗教勢力、すなわちキリシタンと日蓮宗不受不施派の禁圧にも乗り出した。

　初期のキリシタン政策は貿易政策とともに展開し、東アジア世界における新たな国家体制・対外関係樹立の一環をなした。国内へのヨーロッパ勢力の進出や、その中でのキリシタンと異教徒・寺社との衝突をうけ、幕府は慶長17年（1612）以降、段階的にキリシタン禁制を推進した。その要ともいえる、寺請などによる宗門改めは、家綱政権の寛文期にかけて全国的に確立し、**本末・寺檀制度**は国民（非キリシタン）統合機能を担うこととなった。そしてキリシタンが表向き姿を消しても、キリシタン禁制は異端的存在の禁圧策の性格を帯びつつ存続する→3部3章5節3・4。

　一方、幕府への対応などをめぐり受不施派と不受不施派との対立が生じ、訴えがな

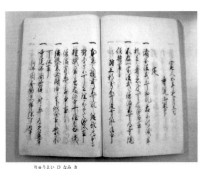

図1　『柳営日次記』より諸宗寺院法度（内閣文庫）

されると、幕府は寛永7年（1630）に当事者を召し出して論争させ（身池対論）、不受不施派を処罰した。続いて寛文印知における寺領宛行を供養とみなすことなどを不受不施派が拒否すると、幕府は僧侶から信徒に至るまで同派の禁制を徹底し（寛文の惣滅）、弾圧を免れた悲田派も、受不施派身延山の訴えにより元禄4年（1691）に禁制とされた→3部3章2節6。

◆寺社行政の展開　幕府の成立当初は、順次登用された僧侶と京都所司代が上方を中心とする寺社問題に対処し、江戸の寺社は町奉行が管轄した。その後、幕閣による掌握が進展し、寛永12年（1635）には寺社奉行が成立した。同職は、身分上は将軍直属となるが、職務上は老中の指揮・監督をうけ、自らの家臣や幕臣を実務役人として従えた。京都所司代が門跡と交渉し、各地の遠国奉行・代官が管内の寺社問題を扱う一方で、寺社奉行は江戸触頭とつながりつつ全国の寺社問題を管掌した。案件によっては、町奉行・勘定奉行らとともに評定所の一員として対処した。吉宗政権期には記録管理の改善が図られ、基本法と判例に基づく寺社裁許も定着していった。

　法度による支配を前提としたうえで幕府は教団自治を認め、自治能力を超えた問題に対処する姿勢をみせた。教義については本山などの統制権を認め、諸宗の紛争を禁止したように、幕府は統治権力として一定の宗教的中立性を実現していた。ただし、寺社などに命じて、国家祭祀とも呼び得る鎮魂呪術的儀礼を政策的に遂行した点も見逃せない。また、仁政イデオロギーに基づく教化政策も展開し、儒者などがブレーンとなったが、これについては宗教政策と区別することも可能である。

◉ 研究課題と史料

　幕府の宗教政策については、幕政史研究の主要課題として追究される必要がある。従来は一方的な強制として論じられることもあったが、現段階では幕藩領主・朝廷・宗教者・地域社会の相互関係や当事者の認識などを踏まえた把握が求められる。

　研究に際しては、幕政関係をはじめとする武家文書はもちろんのこと、寺社文書なども広く活用することが望まれる。前者について補足すると、たとえば『御触書集成』『徳川禁令考』『近世法制史料叢書』『御仕置例類集』『問答集』（『三奉行問答』ほか）に収められた法令・判例の中に、宗教政策と関連するものがある。『江戸幕府日記』や『徳川実紀』は、幕府の動向を把握するための基本史料である。

　寺社奉行関係では、これまで『大岡越前守忠相日記』や内閣文庫所蔵『祠曹雑識』『祠部職掌類聚』等の史料が用いられてきたが、静嘉堂文庫・篠山市立青山歴史村所蔵の『祠部職掌類聚』の刊行も成った。加えて国立国会図書館や東京大学史料編纂所にも関連史料が所蔵されている。寺社奉行関係に限っても膨大だが、その他の史料群も既刊・未刊を問わず調査・検討すべきであろう。　　　　　　　　（上野大輔）

◉ 参考文献

高埜利彦　1989　『近世日本の国家権力と宗教』　東京大学出版会

大友一雄　2003　『江戸幕府と情報管理』　臨川書店

杣田善雄　2003　『幕藩権力と寺院・門跡』　思文閣出版

274　第3部　日本＊第3章　日本近世

4　徳川と仏教

◉ 定義・内容

◆将軍家と二大寺院　徳川氏は、三河国の領主だった時期から浄土宗の檀家で、家康（1542-1616）の5代前の祖先（松平親忠）の時代から、菩提寺は岡崎の大樹寺であった。家康の時代、関東に移ることになったため、江戸の菩提寺が必要になり、大樹寺と同じ浄土宗白旗派に属する増上寺が、新たな菩提寺となった。これにより、近世浄土宗の実権は増上寺に移り、知恩院などの上方寺院は実質的に増上寺の支配をうけることになった。将軍家菩提寺の地位を獲得した増上寺であったが、その地位を脅かす存在が現れた。家康の厚い帰依を受けた天台宗の天海（1536-1643）である。

　徳川家康は、仏教に深く親しんだ武将で、日頃から念仏を唱え、さらに駿府城に移った晩年（大御所時代）には、諸宗を代表する僧侶を集めて御前論義を興行した。これを単に寺院統制策とする見解もあるが、家康の意向に沿った方式や論題選定が行われていることから、家康自身の関与を無視することはできない。論義を通じて家康の信任を得たのが天海であったため、家康死後の祭祀方式は天海を中心に構築されることになった。

　家康は自ら神格化を遺言し、元和2年（1616）の死後ただちに、駿府郊外の久能山で神となった。当時、神に祀るなら吉田神道→3部2章特論と考えられていたが、天海は叡山に伝わる神仏習合神道による祭祀を主張し、将軍秀忠が天海に同意し公家に働きかけたことから、家康は東照権現として山王一実神道によって祀られることになった。一周忌には関東の聖地である日光に遷座し、新築された東照宮（正保2年〈1645〉以前は東照社）が天台宗のもとに管理されることになった→3部3章4節1。歴代将軍のうち、第3代家光は天台宗が管理する日光に葬られ、第4代家綱と第5代綱吉は上野の寛永寺に葬られた。いずれも将軍自身の遺言によるが、菩提寺の地位を無視された増上寺側が巻き返しを図り、結果として歴代将軍は天台宗寛永寺と浄土宗増上寺に半数ずつ葬られることになった。近世を通じて将軍家の宗教行事は、寛永寺と増上寺の二大寺院を中心に営まれた。

◆御三家と大奥　一方、もっとも近い分家である御三家のうち、尾張藩の菩提寺は浄土宗建中寺、紀州藩は天台宗長保寺であった。それに対し水戸藩は、第2代藩主光圀が儒教に基づき、葬祭への仏教の関与を認めなかったため菩提寺を欠き、また墓所（瑞龍山）への僧侶の立ち入りは禁じられた。

　こうした公式的信仰に対し、徳川氏の私的な信仰を担ったのは大奥である。女性たちの間では、二大寺院にとらわれない信仰が目立つ。熱心な日蓮宗信者であった家康側室の養珠院（お万の方）、新義真言宗の隆光や黄檗宗の潮音道海などに帰依した桂昌院（家光側室・綱吉母）の例などが著名である。天台僧の天海や、浄土僧の祐天においてもそうであったように、大奥の女性たちの信仰は、しばしば現世利益的な祈禱に向けられており、呪術的能力に長けた僧侶への帰依が、将軍家の信仰のもう1つの

側面であったといえる。

◆**祖先祭祀**　徳川氏のもっとも重要な仏教行事は、祖先の年忌法要であったと思われる。家康以後の将軍はもとより、夭折した世子や将軍の生母などに対し霊廟が建てられ、節目ごとに祭祀が実施された。元和4年（1618）に江戸城内の紅葉山に東照社が建てられ、家康以下歴代将軍の霊廟が置かれたため、日常的には江戸城内において歴代将軍の参詣を行い、節目の年忌には二大寺院（場合によっては日光）で祭祀が実施された。こうした祖先祭祀の実施は、単に徳川氏の行事にとどまらず、国内外に将軍家の権威を示す働きをもった。たとえば寛永13年（1636）の家康二十一回忌には、朝鮮通信使が初めて日光に招かれ、家康の威風が異国にも及んだとの演出がなされた。

その後、第8代将軍吉宗期を画期として、歴代将軍年忌行事の簡素化が進み、勅使派遣のとりやめ、読経の規模

図1　日光・徳川家康宝塔

図2　増上寺・崇源院殿石塔（現在は徳川秀忠を合祀）

縮小、新規霊廟建設の廃止と合葬などが進められた。その原因については、第5代から第7代将軍が次々に逝去したため、霊廟などへの参詣回数激増による財政難、社会変化に伴う「御威光」を示す方途の変質などが指摘されている。

◉ **課題と展望**

家康神格化の経緯は明らかになってきた点も多い。しかしその意義づけをめぐり、近年は東アジア世界やキリスト教世界との関係で再検討の機運があり、注目される。

8代将軍吉宗は年忌行事を簡素化したが、一方で日光社参を復活するなど、新たな形での将軍家の権威化を図ったともいわれ、近世後期の展開について、解明が求められる。また、歴代将軍の年忌儀礼の実態調査や天皇家祭祀との比較、各地東照宮との関係性解明なども、なお未着手の課題である。

（曽根原　理）

◉ **参考文献**

大桑　斉　2003　『日本仏教の近世』　法藏館
曽根原　理　2005　「徳川家康年忌行事にみる神国意識」（『日本史研究』510）
浦井正明　2007　『上野寛永寺将軍家の葬儀』　吉川弘文館
山澤　学　2009　『日光東照宮の成立』　思文閣出版

5 藩と仏教

● 定義・内容

　徳川幕府は、諸大名の頂点に立ち、中世の宗教勢力を抑え込んで体制化することにより成立した近世領主権力である。宗教的な側面では天皇・門跡の権威を梃子に統合していくとともに、キリシタンや不受不施派の禁制を軸に**本末制度**と**寺請制度**を通じて各宗派と領民を支配した→3部3章1節3。諸藩においてもその制度的な枠組みのなかで各宗派寺院を支配したのである。しかしながら、諸藩においては、仏教に対する位置づけや対応にはさまざまな側面があった。たとえば、薩摩藩や人吉藩における真宗禁制や（桃園 1983）、近世初期の会津藩・水戸藩・岡山藩のような神道・儒教思想などの影響による突出した寺社整理など、それぞれの大名の特性によって必ずしも一様ではない。

　一般的に藩の仏教を考えるには、寺という宗教施設と、宗門改めや寺請制度を通じての民衆支配のほうに重点が置かれている。大名家は、**各菩提寺**などを通じて自家の祭祀を統括するとともに、大庄屋などを通じて民政・宗教政策の一環として仏教各派を支配した。この項目では、おもに大名家という家の**祖先祭祀**を行う場所としての寺院を中心に論述する。

　諸大名家の菩提寺や墓所は、城下町の寺町の一部として形成されているものがほとんどで、歴代藩主やその一族の菩提を弔う場所である。初代藩主や近世初期の藩主一族の菩提寺がそのまま大名家自体の墓所や菩提寺となっている場合が少なくないが、諸大名家によってさまざまである。ただ、全体的には禅宗に帰依する場合が多いといえる。たとえば、長州毛利家は、藩祖元就の墓地が吉田郡山（広島県）にありながら、菩提寺洞春寺は城下の移転に伴い萩城内にあった。

　大名家の仏教による祖先祭祀は、藩主の動きを中心に組み立てられているのが特徴である。国元の菩提寺とともに城内屋敷では仏壇を設けて起居にあわせて供養し、藩主は懐中に持仏や守札などを携える場合が多い。常に、藩主という公的存在をいかに仏教的な要素がサポートできるかを中心に組み立てられているといっても過言ではないであろう。長州毛利家の場合は、国元萩城内に藩祖元就夫妻の菩提寺、城下に東光寺と大照院等に分けて歴代藩主の墓が置かれている。江戸には青松寺・瑞松寺があり、そこには正室など一族の墓があった。江戸における菩提寺の場合は、毛利家だけの独占とはならず、複数の大名家の菩提寺となる場合が多かった。

　藩における仏教寺院の役割は、歴代藩主や一族への追善や、五穀豊穣や雨乞いの祈禱などがあげられ、大部分は菩提寺などの有力寺院によって担われることが多い。だ

図1　高野山・毛利家墓所、有馬家墓所ほか

が、東照宮を勧請している藩では、別当寺が力をもつ場合もある。たとえば、鳥取藩では、藩祖池田光仲菩提所の興禅寺と同格に近いかたちで、藩主および城内祈禱をはじめとする重要な役割を、別当寺の大雲院が担っていた。大雲院は、因幡・伯耆における天台宗の触頭として、上野寛永寺や比叡山と本末関係をもつだけでなく、城内と藩内の重要な祈禱を受け持っていた。

さらに、各藩ともに共通するものとして高野山信仰がある。高野山奥之院には一つ橋から空海の廟まで各藩の墓がぎっしりと並び（図1）、近世武家社会における高野山信仰の深さを痛感させる。各藩は、毎年・年回忌ごとの法事や参勤交代に際して、それぞれ代参を派遣している。

原則として各寺院は、宗派ごとに本寺によって統括されている。その一方で、藩による寺院支配は、藩の寺社部局（寺社奉行など）によって行われ、各宗派の触頭は本寺とつながるとともに藩の寺社部局から支配を受けていた→3部3章2節8。宗派による統制は本末が中心だが、寺院施設の普請・修繕・梵鐘鋳造等やそれに関わる勧進・興行などは藩の許可なしにはできず、村や郡単位の民政に組み込まれていた。

◉ 研究状況・課題と展望

藩と仏教についての研究は、幕藩領主の宗教統制として枠組みが提示されてきた（圭室 1987）。諸藩については、たとえば薩摩藩や人吉藩における浄土真宗の禁制の研究などにみられるように、諸藩ごと個別に行われているのが現状であろう（桃園1983）。その一方で、近世仏教は仏教単独では論じられないところに大きな特徴がある。近年の儀礼研究の流れをうけ、大名の葬送儀礼に関わっては仏教的な葬送儀礼よりも儒葬や神葬との関連に重点を置いたものが増えている（たとえば吾妻2008）。藩内の儒者・国学者・僧侶などのイデオロギー的な側面を含めた思想的なアプローチとともに、儒葬や神葬との関連を視野に入れた個別研究と比較研究の蓄積が焦点となってくるであろう。

また、従来、各大名家の菩提寺や墓所に関するまとまった研究はほとんどなく、報告書や展示図録類にとどまっていたが、近年、考古学の研究者を中心とする「大名墓研究会」などにおいて、新たな知見が出てくるようになっており、各自治体や研究者による報告書などが蓄積され、位置づけも見直されつつある（松原2012）。

さらに、近世後期の神葬祭運動と寺院や藩との関係、幕末期の宗教者による武装化や浦上キリシタンの影響など、藩領と地域社会を軸にさまざまな問題提起がなされている。今後は、日常的な寺院の役割を含めて、時代の変化に伴う僧侶や寺院の動向にも視野を広げた研究が求められていくこととなるだろう。　　　　　　　（岸本　覚）

◉ 参考文献

桃園恵真　1983　『薩藩真宗禁制史の研究』　吉川弘文館

圭室文雄　1987　『日本仏教史　近世』　吉川弘文館

吾妻重二　2008　「池田光政と儒教喪祭儀礼」（『東アジア文化交渉研究』1）

松原典明　2012　『近世大名葬制の考古学的研究』　雄山閣

② 諸宗派の動向

1 南都・律

● 研究史

　近世の南都の寺社は、統一政権と決定的に対立することなく体制下に組み込まれ、その庇護と統制をうけた。このため南都の寺社に関する研究は、もっぱら織豊政権論・幕藩体制論における**宗教統制**と**地域支配**（大和国・奈良町）が重なる場として深められてきた（杣田善雄『幕藩権力と寺院・門跡』）。この間、あまり注目されていなかった江戸幕府の寺社行政の担当者であった西笑承兌の記録である『相国寺蔵西笑和尚文案　自慶長二年至慶長十二年』が公刊され、利用に供された意義は大きい。

　個別寺院史については、古代・中世の研究蓄積に比べて近世は少ない。泉谷康夫『興福寺』、岩城隆利『元興寺の歴史』をみても、中世までの記述の厚さに対して、近世は簡単に過ぎ、一挙に明治維新（神仏分離）に至っている。わずかに、公慶による**東大寺大仏・大仏殿再建事業**は、奈良の地域史あるいは幕藩体制下の勧進システムを検討するうえでも重要なテーマで、近年事績の掘り起こしが進められた。

● 課題と展望

　全体として近世寺院史は低調で、膨大な近世史料は手つかずのままになっていた。しかし近年、興福寺でいえば、『興福寺典籍文書目録』として同寺所蔵史料目録が公刊されたほか、各地に所蔵されている興福寺史料の整理と目録化が進んだ。こうした作業を重ねるなかで、**近世寺院文書論**ともいうべき、近世における文書整理や目録化、あるいは幕府・藩による寺院文書調査、史料散逸の過程も研究対象となってきている。

　南都を起点とする教学で早くから注目されていたのが、**戒律復興**である。西大寺に学んだ明忍に始まるこの運動により、近世初期に西明寺（京都）、神鳳寺（和泉国）、野中寺（河内国）の「律三僧坊」が成立した。戒律復興運動は、西大寺に逆流して律宗（真言律）そのものを活性化させただけではなく、臨済宗・浄土宗・日蓮宗に影響を及ぼし、天台宗では安楽律が一派をなした。さらに、鳳潭の華厳教学を批判した普寂、あるいは正法律を唱えた慈雲が生まれた。近年、三僧坊の史料が調査され（稲城信子『日本における戒律伝播の研究』）、安楽律の史料集も公刊されている。

　「心」を重視する法相宗の唯識教学は浄土宗・真言宗などへも広がりをみせた。そもそも宗派ではない南都仏教の研究には、思想史的アプローチにせよ社会史的にせよ、宗派の枠組みを超え、時代に開かれた視点が要請されている。　　　　　　（幡鎌一弘）

● 参考文献

　ＧＢＳ実行委員会　2006　『論集　近世の奈良・東大寺』　法藏館

　西村　玲　2008　『近世仏教思想の独創―僧侶普寂の思想と実践―』　トランスビュー

　幡鎌一弘　2014　『寺社史料と近世社会』　法藏館

2　天台宗

　日本近世の天台宗を、①1680年代まで、②1690 – 1751年、③1752 – 72年、④1773年以降の４つの段階で概観してみたい。

◆**第１期（-1680年代）**　①は天海（1536-1643）を中心に、近世天台宗教団が編成される時期である。織田信長による比叡山焼き討ちなど、武家の侵攻によって各地の天台寺院は甚大な被害を蒙った。豊臣政権期に叡山再興が許されると、各地に散っていた学僧が再集結し、典籍の収集や書写が始まった。豊臣政権による大仏千僧会→３部３章１節１で真言宗と首座を争うなど、天台宗自体の格式は保たれたが、多くの世俗的な利権を回復するには至らなかった。また山門（延暦寺）・寺門（園城寺=三井寺）の区別なく、天台宗として一括された。その後、会津出身で関東に基盤を置いた天海が、徳川家康の信任を得て台頭し、家康死後の神格化と東照宮祭祀を担ったことで勢力を得た。天海への接近を図り、あるいは他宗派の寺院が天台宗に転宗し、あるいは民間の宗教者などが寛永寺の配下に入ることを求めるような事態も起こった。江戸の寛永寺が新たな中心となり、東国の有力寺院が寛永寺の末寺化し、伝統ある比叡山と西国有力寺院に対し、宗内の実権は寛永寺の貫首（当初は天海、後に輪王寺門跡）が握ることになった。比叡山内でも、近世を通じ伝統的な東塔の勢力が相対化され、輪王寺門跡に直結した滋賀院留守居役が力を伸ばした。

◆**第２期（1690-1751）**　制度的な枠組みの確立に続き、教学面の近世的再編の進んだのが②の時期である。それまでの本覚思想を基本とする「中古天台」教学に対する批判が始まった。その中心であった慈山や霊空は、第２代輪王寺門跡（天真）時代に迫害をうけたが、第３代公弁法親王に代替わりすると、その支援をうけて本覚思想を批判し、智顗教学への傾倒を強め、中国風の戒律（安楽律）を導入した。顕教教学と並行し、密教においても口伝主義の諸流が後退し、経典に基づき儀軌を重視する法曼流が優遇された。後継門跡にもそれが引き継がれた。

◆**第３期（1752-72）**　③は、そうした動向に変化がみられ、安楽律運動が弾圧された時期で、第６代公啓法親王の輪王寺門跡在任期間に重なる。妙厳や真流などの僧の活動により、中国天台の智顗でなく、日本天台宗の宗祖である最澄教学への志向が顕著となった。

◆**第４期（1773-）**　公啓の逝去を画期とし、安楽律推進派の復活がみられた④の時期は、教学統制はやや穏やかになり、園城寺の敬光や寛永寺の慧澄など、近世天台を代表する学僧が活動した。　　　　　　　　　　　　　　　　　　　　　（曽根原　理）

◉ 参考文献

曽根原　理　2008　「日本近世天台の時期区分」（吉原浩人編『海を渡る天台文化』　勉誠出版）

曽根原　理　2009　「徳川家康年忌行事と延暦寺」（『仏教史学研究』51- 1）

3 真言宗

◉ 特色―多様な支配系統―

　近世の真言宗教団は、幕藩領主による宗教政策や諸本寺の動向をうけて、多様な支配系統によって統轄されていた。それは、①本末帳記載の本末関係、②教学に関する支配系統、③教団行政の支配系統、などである。

　①は、事相（密教儀礼作法・法流）の相承関係により、上方本寺（法流本寺・大本寺）と、田舎本寺（中本寺）の間で結ばれ、田舎本寺の配下寺院も教団組織に統轄されていった。

　②は、教相（教学）により、新義真言宗（長谷寺・智積院）と古義真言宗（高野山）の２派に区別された。天明期（1781-89）の本末帳では新義が１万400カ寺余り、古義が9,800カ寺余りとされる。

　③は江戸触頭を頂点とし、その下に国郡や藩領などの枠組みで、幕藩領主や教団の主導によって「（国）触頭」や「録所」が置かれ、領域の寺院を統轄した。そして幕藩領主や教団の出す触が伝達されるなど、行政機構として機能した。新義真言宗教団の場合、「江戸四箇寺」（根生院〈はじめ知足院〉・弥勒寺・円福寺・真福寺）が教団行政の頂点にあった。

　①事相法流の頂点には、大覚寺・醍醐寺・東寺・仁和寺などの古義寺院が上方本寺として位置していた。ただし、その末寺である田舎本寺が新義という形態もみられた。事相の本寺ではない高野山（古義）の末寺となる新義寺院もあった。それらは、長谷寺・智積院・護国寺など新義寺院を本寺とするものと同様に、本末帳の作成は、③に基づく新義教団の系統を通じてなされた。

◉ 成果と課題

　教団組織や制度については櫛田良洪による基礎的研究があり、長谷寺や護国寺、智積院については寺史が編纂されている。また教団の組織化については、中世から近世初頭における関東の新義教団を中心に、宇高良哲や坂本正仁による研究成果がある。しかし、古義真言宗や上方・西国については不明な点が多い。また朴澤直秀によって安房国をフィールドとした実態分析が示されているが、より多様な地域の研究が求められる。民衆との関わりや寺院経営の具体像なども検討課題であり、村落史や他宗の研究と連携するためにも多くの研究蓄積を必要としている。　　　　　（日暮義晃）

◉ 参考文献

櫛田良洪　1964　『真言密教成立過程の研究』　山喜房佛書林

櫛田良洪　1979　『続真言密教成立過程の研究』　山喜房佛書林

坂本正仁　1982　「近世真言宗新義派における触頭制度」（『豊山教学大会紀要』10）

坂本正仁　1985　「本末制度の成立と展開　真言宗」（『歴史公論』11）

宇高良哲　1999　『近世関東仏教団史の研究』　文化書院

朴澤直秀　2015　『近世仏教の制度と情報』　吉川弘文館

第2節　諸宗派の動向　281

4　禅

● 定義

　日本化した近世の禅は、戦国期を経て貴族的な五山の禅→3部2章2節3が衰退していく反面、江戸幕府によるキリスト教排斥に伴い、仏教の再生と大衆教化に顕著な動きを見せる。また、寺院内の行儀軌範が確立し、教学の見直しと整備が進むと同時に、江戸幕府による寺院統制と呼応して近代的教団組織体制の基礎が構築された。

● 内容

　臨済宗においては、幕府が「寺院諸法度」を定めて仏教教団の管理・統制を強めたことで、いわゆる「紫衣事件」（1629年）が起こったが、やがておもに関山慧玄の系統で、形骸化した状況を刷新しようとする動きが現れる。愚堂東寔（1577-1661）や大愚宗築（1584-1669）が関山派の正統を自認して主流をなす一方、雲居希膺（1582-1659）、雪窓宗崔（1589-1649）、一絲文守（1607-43）、盤珪永琢（1622-93）などが特徴ある禅法を打ち出し、民衆教化に尽力するなど、日本禅の新たな展開を促した。

　承応3年（1654）に明国から隠元隆琦（1592-1673）が来日して明朝禅林の生活規範を記した『黄檗清規』をもたらし、禅宗各派の行儀に多大な影響を及ぼした。また隠元は『弘戒法儀』を撰して授戒会を各地で行い、戒律復興運動に契機を与えた。

　曹洞宗においても、万安英種（1591-1654）、鈴木正三（1579-1655）、月舟宗胡（1618-96）、卍山道白（1636-1715）などが仏法再生に尽力した。この頃までは、臨済宗と曹洞宗の区別もそれほど顕著でなく、寺院の行儀軌範もともに『黄檗清規』に倣って規矩を調整していたが、道元の『正法眼蔵』や『永平清規』が出版され普及したことを機に、曹洞宗では道元の頃の古規に復そうとする「古規復古運動」が起こった。嗣法については、悟りを重視した天桂伝尊（1648-1735）に対し、卍山は面授嗣法のみを正統（一師印証）とするべきであると主張して幕府の承認を得るところとなった。清規については、面山瑞方（1683-1769）が『黄檗清規』に基づく行儀を排除して古規に復し、曹洞宗全体が道元への回帰というかたちで発展した（「宗統復古運動」）。

● 課題と展望

　近世中期以降、臨済宗では、白隠慧鶴（1685-1768）が悟りへ導く手段として修行者に与える課題「公案」を新たに生み出し、やがて公案に基づく修行体系が編み出された。しかし、その後の歴史的展開は明らかではない。無著道忠（1653-1745）による考証学の内容検討を含め、禅籍および漢籍研究の系譜を明らかにすることが必要である。

　曹洞宗では、幕藩体制と呼応して教団の組織体制が確立されたが、各地方の武家との結びつきや伝播の様相を社会史的に整理する必要がある。　　　　　　　（吉田叡禮）

● 参考文献

竹貫元勝　1989　『日本禅宗史』　大蔵出版

伊吹敦　2001　『禅の歴史』　法藏館

5 浄土宗

● 特色

近世の浄土宗は、他の宗派と同様、織豊政権による中世教団の解体を経て、徳川幕府によって新たに再編成・統制が加えられた近世教団として確立する。

近世浄土宗教団の諸制度の整備をはかり、一宗の総本山としての知恩院の基盤を固めたのが、知恩院29世の尊照である。慶長2年（1597）に本末関係・学徒養成・僧位進級に関する5カ条からなる「関東諸寺掟書」を制定すると、徳川家康の許可を得て関東の本山・諸檀林（僧侶養成機関）に発布した。ここには、知恩院を本寺として全国の末寺と住僧を統制していこうとする教団体制が看取できる。しかし、この「掟書」は、いまだ浄土宗一宗を包括的に規定するものではなく、これが一宗全般に効力を発揮する宗制として制定されるのは、18年後の元和元年（1615）のことであった。

近世浄土宗の根本法規である「浄土宗法度（元和条目）」は全35カ条からなり、増上寺12世の存応が高弟の廓山と了的をして起草せしめ、存応と尊照が協議のうえで成案とし、幕府の認可を得て発布したものである。そこには宮門跡（法親王または入道親王が居住した寺院）の設置をはじめ、伝法・法談・僧位・座次・法服・住職任免・檀林修行など、多岐にわたる諸条令が制定されており、その内容は詳細をきわめている。これによって知恩院は、浄土宗一宗の総本山としての地位を確固たるものとし、増上寺は総録所となって行政上の諸権限を掌握した。また宮門跡は、後陽成天皇の第8皇子である良純法親王を初代として、幕末維新に廃絶するまで7代つづいた。

浄土宗法度は教団の秩序形成の大綱であり、その制定と発布は近世浄土宗教団の確立を意味するものであった。しかし、その実施にあたっては、のちに細則や追加条目が幕府をはじめ、増上寺・知恩院から発布されているように、教団制度の整備は、なお近世中期にかけて進められていくことになる。ところが、教団の制度化が進展し、檀家制度の確立にともなって経済的基盤が確保されていくと、教団の世俗化や檀林教学の空洞化などが問題とされるようになった。

● 信仰運動・実践主義

そうした状況にあって、宗祖法然への回帰を標榜する新たな2つの信仰運動・実践主義が教団内部から勃興してくるのである。この浄土宗信仰の革新運動は、捨世地と律院を中心に展開する。前者は檀林体制・寺檀制度から離れて念仏を実践した捨世僧による隠遁専念主義運動で、これを捨世派と呼ぶ。また、後者は戒律復興の実践を目指した律僧による持戒念仏主義運動で、これは興律派と称される。両派はともに、隠遁または持戒という実践を通じて浄土宗義の把握に専念した点に特徴があり、捨世派は専修念仏を唱導して、積極的に民衆布教をおこない、興律派は檀林教学を再検討し、浄土律の興隆に尽力したのである。

その捨世派は、織豊政権期に称念（1513-54。浄土宗捨世派の祖。武蔵国の人）が出て、知恩院の南に念仏三昧の道場（一心院）を結んだことに始まり、同時期には以八

第2節　諸宗派の動向　283

(1532-1614。袋中良定の実兄。陸奥国の人)・弾誓（1551-1613。京都古知谷の捨世道心の僧。尾張国の人）らが活躍した。近世には称念・以八の系譜から雲説（1705-73。増上寺で五重相伝を受ける。長門国の人）・学信（1724-89。厳島光明院に以八をしのんで住持。安芸国の人）を輩出し、奥羽地域で民衆教化につとめた無能（1683-1719。名越派の宗戒両脈を伝授。陸奥国の人）を私淑する者に関通（1696-1770。捨世主義をとり、浄土律の興隆につとめる。尾張国の人）・法岸（1744-1815。関通との出会いを契機に捨世派の念仏に専心。周防国の人）があった。また、木食念仏遊行僧の弾誓流からは、澄禅（1652-1721。捨世派の坐禅称名を求め、弾誓の遺跡古知谷に幽棲。近江国の人）・徳本（1758-1818。木食草衣で諸国を教化し、特異な名号碑を残す。紀伊国の人）が念仏教化活動を展開した。こうした隠遁専念主義運動と一対の関係にあった持戒念仏主義運動の興律派には、念戒一致を唱えて持戒念仏の弘通につとめた霊潭（性澂。1676-1734。肥前国の人）があり、浄土律の開祖として知られる。その門下には戒律研究に専念し、各地で経論を講説した湛慧（信培、信倍とも。1675-1747。山城国の人）や、霊潭に具足戒を授け、浄土律の興隆に尽力した徳巌（1697-1771。越中国の人）などを輩出した。また、霊潭の浄土律の系譜とは別に、律門を興隆した江戸の律僧に敬首（1683-1748。武蔵国の人）があり、武蔵国花又村の正受院を律院として開山となった。

● 教学の多様化

教学の振興は、近世前期には『琉球神道記』の著述で知られる袋中良定（1552-1639）や門弟の良聞、聞証らによって担われ、中期以降には江戸幕府の学問奨励策とも相まって、多数の学僧を輩出することになった。教学は檀林を中心に発達するとともに、各地域にあっても講席を張って、学徒を養成する学匠も少なくなかった。檀林の学僧には雲臥（1642-1710。徳川綱吉の帰依を受けて城中説法を行う。武蔵国の人）・岸了（1647-1716。徳川家継の葬送に納経拝礼。伊勢国の人）・義海（？-1755。宗義だけでなく仏像にも造詣が深い。武蔵国の人）・観徹（1657-1731。江戸中期の宗学者で多くの著述を残す。山城国の人）らが著名で、在野教学では忍澂（1645-1711。戒律の研究に励み、法然院万無寺の開山となる。武蔵国の人）・懐音（？-1714。法然院第三世として律の遵守につとめた。大和国の人）・義山（1647-1717。宗学・宗史の研究に寄与。山城国の人）・貞極（1677-1756。念仏と戒律を厳修し、教化活動を行う。山城国の人）らが宗学・宗史研究に功績を残した。しかし、後期には宗学の形式化・檀林の衰退と、儒学や国学の発達のなかで趨勢を失っていった。

（平野寿則）

● 参考文献

伊藤真徹　1975　『日本浄土教文化史研究』　佛教大学伊藤真徹先生古稀記念会

恵谷隆戒　1978　『概説浄土宗史』　隆文館

伊藤唯真　1981　『浄土宗の成立と展開』（『日本宗教史研究叢書』10）　吉川弘文館

長谷川匡俊　1988　『近世浄土宗の信仰と教化』　溪水社

宇高良哲　2015　『近世浄土宗教団の足跡』　浄土宗

6 日蓮宗・法華宗

定義と内容

　日蓮宗・法華宗は、中世には本山を頂点とする門流を単位に展開したが→3部2章2節4、江戸幕府から身延久遠寺派、池上本門寺派、中山法華経寺派、水戸久昌寺派、京都本圀寺派、京都妙満寺派、勝劣派の七派として把握されるようになる。一致派の本山の多くは、身延久遠寺派の下に集束され、勝劣派の本山は妙満寺派を除いた本山がまとめて一派とされる。一致派は『法華経』の迹門と本門を最終的に一致あるいは一体とみる教学的立場をとり、勝劣派は本門が迹門に優れるとみる立場をとる門流である。

　信者以外から布施を受けないことを指標とする不受不施信仰は、教義解釈と運用をめぐって教団内に大きな軋轢を生じさせたが、元禄4年（1691）、最終的に幕府により禁圧されることになる。以後、不受不施派は、明治初年に至るまでキリスト教とともに禁制宗門となった→3部3章1節3、3部3章5節4。江戸時代半ばには、江戸など都市部を中心に日蓮を崇敬する祖師信仰が庶民に広まり、在家の熱心な信者の活動もみられるようになる。

研究状況

　教団史・教学史としての通史が編まれているほか、日奥・日経・元政や身延久遠寺など、特定の僧侶や寺院を対象とした研究も行われている。不受不施派については、幕府により禁圧されるまでの状況や、禁圧後のかくれキリシタンと同様の地下信仰について研究が進められている。近年は、江戸時代半ば以降に隆盛を迎える庶民信仰について、祖師信仰、守護神信仰や遠隔地参詣が取り上げられ、また大名の信仰や寺の本尊や寺宝を他所で公開する出開帳なども研究が進められている。このほか、江戸時代に隆盛を迎えた出版について、宗派の学問所である檀林との関係や日蓮伝などを視点とした研究が行われている。

課題と展望

　教団における諸制度については、本末や寺格、僧階をはじめとして研究が手薄であり、今後の課題である。布教や葬祭、寺院の日常的なあり方についても、地域における役割とともに具体的に明らかにすることが求められよう。信仰を受け取る側である在家信者の信仰の内実については、本阿弥家や小川泰堂についての研究があり、近年に至り参詣日記などを用いて庶民の動向が明らかにされてきているが、さらなる研究の深化が期待される。庶民を対象とした仮名書きの著作や縁起書なども数多く出版されており、それらの集成と分析も今後の課題である。　　　　　　　　　　（寺尾英智）

参考文献

冠　賢一　1983　『近世日蓮宗出版史の研究』　平楽寺書店

望月真澄　2002　『近世日蓮宗の祖師信仰と守護神信仰』　平楽寺書店

7 時宗

● 定義・内容

時宗は一遍（1239-89）が開いたとよくいわれるが、その説明は必ずしも正確では
ない。一遍ら遊行聖たちが活躍した鎌倉時代は自他ともに「時衆」といった。「一
日に六回（時）、念仏を称える集団」というほどの意で、中世には一遍のほかにも、
一向や国阿などといった念仏聖による多様な「時衆」が存在していた。

「時宗」という音通上の初出は、『大乗院寺社雑事記』で、寛正元年（1460）条に
「時宗道場」とあるものが相当する。ほかに「時衆宗」という例もあり、その呼称は
一定していなかった。宗派としての「時宗」の成立は、江戸幕府の宗教政策に促され
てのことである。それまでいくつもの門流に分かれ、その活動も教学もまとまってい
なかった「時衆」は、江戸幕府の要請によって「時宗十二派」（表1）として再編成
され、その際、一遍を「宗祖」と設定したのである。

● 基礎資料

時宗には、全国を廻国する遊行上人が代々教団を継承し、遊行上人を退位すると、
総本山である藤沢清浄光寺（遊行寺）に隠棲して、藤沢上人と呼ばれた。よって、
近世時宗研究の際には、遊行上人在位中の遊行記録である『遊行日鑑』（藤沢市文書館
1977-79）、おもに藤沢上人の動静を記録する『藤沢山日鑑』（藤沢市文書館 1983-刊行
中）が基礎資料となる。また、近年、『長楽寺蔵七条道場金光寺文書の研究』（法藏館
2012）が刊行され、長らく実態が不明であった西国総本山金光寺の研究が進展した。

● 論点（課題・展望）

近世時宗教団の特徴の1例として、遊行派による他派一元化（市屋派・解意派など）
の動きをあげることができる。江戸幕府による教団統制が強まるなかで、時宗は、他
派を糾合することで、遊行派を中心とする教団として存続することを選択したので
あった。このほか、地方における教団の
展開や、時宗の教学振興の実内など、な
おそのすがたには未解明の点が多い。今
後の研究の深化が強く望まれている。

（秋月俊也）

● 参考文献

金井清光 1975 『一遍と時衆教団』 角川
　書店
圭室文雄 2012 『江戸時代の遊行聖』 吉
　川弘文館
小野澤眞 2012 『中世時衆史の研究』
　八木書店

表1　時宗十二派一覧

派	本 寺	派 祖
遊行派	藤沢道場清浄光寺	遊行四代呑海
当麻派	当麻道場無量光寺	内阿真光
四条派	四条道場金蓮寺	浄阿真観
一向派	八葉山蓮華寺	一向俊聖
天童派	宝樹山佛向寺	一向俊聖
国阿派	東山道場雙林寺	国阿随心
霊山派	霊鷲山正法寺	国阿随心
奥谷派	豊国山宝厳寺	仙阿
六条派	六条道場歓喜光寺	聖戒（弥阿）
市屋派	市屋道場金光寺	作阿
御影堂派	五条御影堂新善光寺	王阿
解意派	如體山新善光寺	解意阿観鏡

8 浄土真宗

定義・内容

　親鸞→3部2章2節2を祖師とする浄土真宗は近世、複数の宗派に分かれていた（表1）。それは現在の真宗十派の原形となる。各宗派では、本山を頂点とする教団を形成していた。その諸本山は准門跡（親王門跡・摂家門跡に準ずる門跡）の格式にあった。准門跡という呼称があらわれ、門跡の格式と序列が明確化されたとする元禄13年（1700）の『公家鑑』には、西本願寺・東本願寺・専修寺（高田派）・興正寺・佛光寺が記されている。宝暦7年（1757）からは錦織寺（木辺派）も加わる（朝幕研究会編 2005『近世朝廷人名要覧』学習院大学人文科学研究所）。一方で、越前四箇本山（旧越前国に所在する4カ寺の本山）は17世紀後半、専照寺（三門徒派）が天台宗妙法院、誠照寺が同輪王寺（慶応元年〈1865〉、准門跡に）、證誠寺（山元派）が同聖護院、毫摂寺（出雲路派）が同青蓮院にそれぞれ属して、その院家となった。つまり別派独立し得ていなかった。なお、国制上は主に「一向宗」と公称されていた。

　このように分派していた真宗諸派は、各本山を中心に近世的な教団の組織や制度を徐々に整備していった。また地域社会では、講組織など、宗派や教団の枠組みを超えた地域独自の結集のあり方も展開した。

研究状況・課題と展望

　従来、東西本願寺教団を中心に研究が進められた。その際の研究視点は、①教団史、②地域社会史・民衆史、に大別できる。①では国家史を踏まえつつ教団の組織や制度が明らかにされてきた。②では宗教社会史や思想史として、地域や民衆を主体に信仰の実態が検討されてきた。各視点による豊富な研究蓄積はあるが、今後①②の研究成果を有機的に接合させることが求められる。

　論点としてはまず、真宗の中でも最も規模の大きかった東西本願寺の研究があげられる。近世初期、本願寺が東・西に分かれたことについて、従来は、一向一揆などの反権力的行動を封じるために、徳川幕府が政治的意図をもって分派させたと理解されるのが一般的であった。しかし近年では、東本願寺教団の主体的独立であったとの側面が、西本願寺教団の動向と併せて明らかにされてきている。ただし分派後も、なお所属を定め得ない家臣・僧侶・門徒も多くいた。各教団はより多くの門末（末寺・門徒）を自派へ取り込もうと努めた。近世教団として安定的に整備されるまで、分派後100年ほどを要した（同朋大学仏教文化研究所 2013）。

表1　浄土真宗諸派一覧

現在の宗派名	本　山	近世の格式・所属
浄土真宗本願寺派	西本願寺	准門跡
真宗大谷派	東本願寺	准門跡
真宗高田派	専修寺	准門跡
真宗佛光寺派	佛光寺	准門跡
真宗興正派	興正寺	准門跡
真宗木辺派	錦織寺	准門跡
真宗出雲路派	毫摂寺	天台宗青蓮院
真宗誠照寺派	誠照寺	天台宗輪王寺→准門跡
真宗三門徒派	専照寺	天台宗妙法院
真宗山元派	證誠寺	天台宗聖護院

各地域における寺院支配の中核であったのが触頭（御坊）である。幕府・藩あるいは本山からの諸事を支配下へ伝達する触頭役を務める一方→3部3章1節5、多くの門末から信仰を集める、地域における真宗信仰の結節点でもあった。御坊での諸行事には、手次寺（門徒に本山からの教化を取り次ぐ門徒の所属寺）を介さずに、門徒が関わることができ、真宗の他派門徒が参加する場合もみられた。御坊についても、門徒が本末制や寺檀制といった制度とは異なり、地域として主体的に教団へ関われる結節点であった点を踏まえ、言及していく必要がある。また本山や御坊などは、茶の湯や能などの文化的交流を通じて、武家社会・公家社会と継続的に関係を有していた。

教学面では、学林・学寮を中心とする末寺僧侶の教育機関や教化体制が形成されていくことで、宗学研鑽と教化伝達が進められた。このように、正統教学なるものが確立されていくことと連動し、異安心事件が続発していった→3部3章5節4。また東西本願寺は宝暦4年（1754）以来、たびたび祖師親鸞の大師号宣下を幕府・朝廷へ請願した。さらに安永3年（1774）より3年間、「浄土真宗」という宗名の公称をめぐって浄土宗と争った、いわゆる宗名論争が繰り広げられた。このように、宗学・教化の深化により、近世的な宗派意識が徐々に顕在化していった動向について研究が進められている。

儒学者や神職などからの排仏論→3部3章5節1・2への反駁やキリシタンへの対応も、真宗の教学や宗風が問い直され、明確化する契機となった。幕末には、キリスト教を排除しようとする排耶論と一体となって護法論が展開された。真宗を中心とする仏教者からのキリシタン批判は、プロテスタントの流入を契機とする幕末に顕著な動向としてとらえられる→3部3章5節3。ただし19世紀前半に起こった京坂「切支丹」一件への対応にも、幕末における護法＝排耶の前段階とも位置づけられる動きがみられる。

中世から近世へ、近世から近代へといった過渡期については、より段階的な転換と継承の実態について明らかにしていくことが課題である。

これまでは東西本願寺教団をおもな対象として真宗が論じられてきたが、それ以外の真宗諸教団についても取り上げて総体を論じていく必要があろう。佛光寺教団については、中世から近代までの歴史が諸論点から言及され論集としてまとめられており、研究の着手点となる（『佛光寺の歴史と文化』法藏館 2011）。高田本山専修寺や鯖江本山誠照寺などについても調査が進められ、研究成果が蓄積されつつある。

宗派による差異、あるいは地域差を意識しつつ、従来おもに扱われてきた教団や地域のみならず、様々な事例を、史料調査によって発掘して明らかにしていくことで、より豊かな近世真宗像を構築していくことが求められよう。　　　　　　（松金直美）

● 参考文献

大谷大学真宗総合研究所真宗本廟（東本願寺）造営史資料室編　2011　『真宗本廟（東本願寺）造営史—本願を受け継ぐ人びと—』　真宗大谷派宗務所出版部

同朋大学仏教文化研究所編　2013　『教如と東西本願寺』　法藏館

本願寺史料研究所編　2015　『増補改訂　本願寺史』第2巻　本願寺出版社

288　第3部　日本＊第3章　日本近世

9　修　験

● 定義・内容

　修験→3部2章4節4は、中世以来その活動が認められるが、慶長18年（1613）の「修験道法度」によって、聖護院を本寺とする天台系の本山派修験と、醍醐寺三宝院を本寺とする真言系の当山派修験の二大教団が形成され、江戸幕府はそれぞれの本寺としての地位を認めた。これにより、諸国の修験は聖護院・三宝院いずれかにより支配・組織化されることになった。

　一方で、中世以来その勢力を保持し続けていた羽黒山・英彦山などは、幕府により聖護院末と定められたが、これに異を唱え、争論を経て、それぞれに聖護院末から離脱し一山組織を確立している（表1）。

　このように、近世には江戸幕府の宗教政策にしたがい、諸国の修験はそれぞれの本寺に所属するかたちがとられた。ただし、一般的な寺院・僧侶の本末関係とは異なり、修験は個人として本寺に帰属し、本寺は修験の管理する堂社について、その有無にかかわらず、関知することはなかった。地域で活動する修験は、役銭や補任料を本寺へ上納し、それに対して本寺から各種の補任状を受けて、その身分が保証された。こうした組織化は17世紀中にほぼ完成していたが、一方で、修験は当初、仏教寺院の檀那として寺檀制度にも組み込まれていた。しかし、18世紀頃になると、寺檀制度から離脱し、「自身引導」を行うなど、独自の葬送儀礼が行われるようになった。

　さて、近世の修験は一般的に「里修験」とも呼ばれ、それには村方修験と町方修験があった。村方修験は土地を所有し、宗教活動を行うが、その身分は百姓であり村の五人組に組み込まれ、年貢を納めていた。このような村方修験と比べ、町方修験は店借り（借家住まい）が多数を占め、住まいを移動しながら生活して宗教活動するように、ある意味、修験本来の漂泊性をとどめていたともいえる。彼らの宗教活動は、卜占、加持祈禱、神社の祭事など、当時の民衆の要望や地域社会に即した宗教的活動をはじめ、その多様な知識から薬の調法などの医療的活動、寺子屋の経営など多様な活動を行っていた。特に彼らが行う宗教活動は修験独自の特権的な活動ではなく、神職や陰陽師、神事舞太夫等、他の同類の宗教者も同様な活動をしており、その権利をめぐって各地で争論が繰り返されていた。他方、羽黒山・英彦山・求菩提山などの一山内に居住する修験は、村々を訪れ、霊山へ誘う御師としての活動もしていた。

● 研究状況と課題

表1　派別本寺一覧

派別	本　寺	確立時期
本山派	聖護院	慶長18年（1613）、修験道法度
当山派	醍醐寺三宝院	
羽黒派	東叡山寛永寺	延宝4年（1676）、本山派から独立
彦山派	英彦山霊仙寺	元禄9年（1696）、本山派から独立

　　修験に関する史資料は、明治初頭の宗教政策によって多く散逸したこともあって、地域的な差異はあるものの、全般に残存が少なく、研究が遅々として進捗して

こなかった。しかし、1960-70年代に全国的規模で史資料が調査・蒐集され、修験道（史）研究全体が大きく進展した。たとえば、宮家準による一連の研究は修験道の全体像を把握するうえで欠かせないものとなっている。

しかし、近世の修験に焦点を絞ると、その全容の把握はいまだ課題のままである。近年では、東日本を中心に宗教学・民俗学・歴史学の各分野において、修験と在地社会・在地寺院との関係を対象とした研究が進んでいるが（菅野2011など）、本山派の研究が主流であり、当山派についての研究は進んでいない。また、修験道史という一領域での研究も必要であるが、在地社会・在地寺院との関係、当該期に活躍している宗教者・芸能者との比較検討など、ひろく近世社会史に位置づけていくことも、今後の課題といえるであろう。

図1　山伏（寛政元年『頭注増補訓蒙図彙大成』巻21、個人蔵）

その際に指標となる研究と問題提起が、林淳と高埜利彦によってなされている（林2010、高埜2012）。林は、修験のみではなく同時代に生きた同類の宗教者を勧進の宗教者として位置づけ、彼らは堂社をもつが、それらは私的な施設であり、本寺は人別支配のみで、施設の有無までは管理しなかったとし、地域社会の秩序形成の役割を期待することはなかったとする。高埜は、近世社会に宗教者を位置づけ、祈禱だけではなく薬の調法など、さらに幕末期に出現する新しい民衆宗教との関わりなど、近世社会に花開く宗教者について概観している。こうした研究史の到達点を踏まえ、批判的に超えていく研究が期待される。これらの研究成果を踏まえたうえで、①本寺支配のみではなく、彼らが生きた在地社会での支配、②同時代に生きた宗教者との比較、③また修験は檀家制度に組み込まれるが、時代とともに離檀し自立していく、その自立性の背景、④講社の関わり、⑤修験間のネットワークあるいは地域社会における他宗教者間の関わり、⑥また修験の知識が地域社会に与えた影響など、修験を取り巻く本寺、地域社会、他宗教者など、幅広い視野で取り組んでいく必要がある。

（石黒智教）

● 参考文献

宮本袈裟雄　1984　『里修験の研究』　吉川弘文館
林　淳　2010　「幕府寺社奉行と勧進の宗教者　山伏・虚無僧・陰陽師」（『新アジア仏教史13 日本Ⅲ　民衆仏教の定着』　佼成出版社）
菅野洋介　2011　『日本近世の宗教と社会』　思文閣出版
高埜利彦　2012　「近世社会と宗教」（『新体系日本史　15　宗教社会史』　山川出版社）
　（本稿脱稿後、時枝務ほか著『岩田書院ブックレット歴史考古学系H14　近世修験道の諸相』〈岩田書院　2013年〉、時枝務ほか編『修験道史入門』〈岩田書院　2015年〉が刊行されている。この成果を反映されていないことをお含みいただきたい。）

③ 社会と仏教

1 都市社会における仏教

● 定義・内容・史料

　幕藩領主が領域支配の拠点とした近世都市—城下町。城下町は居住者の身分、社会関係によって、武家地・寺社地・町人地などに明確に区分されており、仏教寺院もこの城下町を構成する一要素に位置づけられた。城下町域の寺院はその立地から、①宗派を超えて地縁的にまとまり寺町を形成するもの（寺町型寺院）、②町人地に散在する寺院（町寺型寺院）、③寺院本坊・本堂を中核として門前や子院などから構成される一山寺院（境内型寺院）に類型化される（伊藤 2003）。

　城下町における仏教寺院は、武家や町人など都市住民の祈禱・菩提寺としての機能のほか、城主である幕藩領主から国家・領域を宗教的に護持するという役割を担った。たとえば、将軍徳川家康を祀る東 照 宮（山王一実神道で祀られたため、別当は主に天台宗寺院）→3部3章1節4、4節1は、幕府が国家の鎮護を目的に創建したが、さらに藩主によって国許城下町に勧 請され、藩主の支配権確立にも利用された。家康の命日に行われた東照宮祭礼は、城下町祭礼と位置づけられ、城下町の正式な構成者（家中・町人）が参加し、東照宮が城下町の守護神として城下町住民の精神的紐帯という機能をもったことが明らかにされている（倉地 1996）。

　では、このような城下町における仏教寺院をどのようにとらえたらよいだろうか。その分析視角の1つとして吉田伸之の「寺院社会論」をあげたい。吉田は、城下町江戸の社会構造を分節的に把握する方法として寺院社会論を提起した（吉田 2000）。寺院社会論は、大寺院が都市社会を部分的にではあれ編成・統合する役割を果たすことに着目し、これを核として構成される社会構造のあり方を描くことを意図している。具体的には、城下町江戸の北東に朱印地500石を有した浅草寺（天台宗・寛永寺末）を事例に（図1）、浅草寺地域が院内—境内—領内という相互に異質な社会＝空間構成をもち、そのそれぞれに多様な社会集団・社会関係が存在することを示し、その総体を「寺院社会」とした。この寺院社会の特質について、①宗教的権威の中核である院内は、生産や流通を直接担う要素を欠いた消費を主とする社会であるため、その存立を支える寺院外部社会のありように深く拘束されていた、②境内は、境内商人らの営業の場であり、かつ膨大な参詣客を誘う名所として開放的性格をもつ、③町人社会（境内町屋・門前町屋）を領有関係のもとに内包している、などを指摘している。

　寺院社会論において重要な点は、仏教寺院を単体としてとらえるのではなく、寺院の存立に必要不可欠な諸存在を身分や場を限定せずに総体（寺院社会）として把握しようとする視角にある。寺院運営の中核を占めたのは僧侶身分といえるが、その職掌は多様であり、これを一概に論じることはできない。また、年中行事における諸宗教者の関与や、将軍や大名家から寺領の給付をうけた寺院の場合では、俗身分である代

官(目代)による寺領年貢収納や領民支配が行われるなど、僧侶身分以外が関わる局面も多岐にわたる。さらに寺院へ日々の生活に不可欠な物資を納入する出入商職人や、参詣者相手の門前・境内の商人や諸芸能者など、寺院によって生活が成り立つ町人の姿までを含めて考えていくと、寺院の存立を支える諸存在は必ずしも自明とはいえず、様々な史料から丹念に再構成していく作業が不可欠となる。

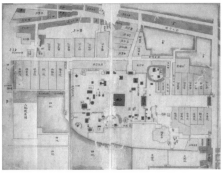

図1　浅草寺境内図(国立国会図書館所蔵・旧幕引継書「諸宗作事図帳」)

　寺院の基本情報は本末帳のほか、収入費目、寺有財産がわかる分限帳、寺院明細帳などからおさえることができるが、これらには開帳や堂舎修復・再建など非日常的な出来事までは記されないため、日記、御用留類などを合わせて参照することが不可欠である。また、境内図・縁起・名所図、浮世絵など、寺院境内部分が描かれた絵図・絵画史料を合わせて用いることで、対象とする寺院の社会＝空間構成を明確にすることができる。絵図に描かれる門や塀、垣根、堀などで区切られる部分は、その内外で社会＝空間が異質であることが示されていることから、社会＝空間構成を読みとく重要なポイントとなる。さらに、境内に集う人々の姿からは、境内の諸営業や江戸の文化・芸能のありようを具体的にみることができる。これらは文献史料に記されない部分を補う役割を果たすため積極的に活用することが望まれる。

● 展望

　都市社会における仏教を考えるにあたり、ここでは城下町における大寺院のとらえ方の提示にとどまった。しかし、在地社会においても幕藩領主から寺領を給付されるような大寺院の場合、それ自体が単立した寺院社会＝都市の要素を兼ね備えており、寺院社会論の視角を用いて考察することが可能である。寺院＝領主という側面、神仏混淆の状況、寺院に付随する諸集団の存在など、現代にはない江戸時代の仏教寺院のもつ特質を描出するうえで、寺院を総体(寺院社会)でとらえるという視角はいっそう有効性を帯びてくるといえよう。

(小松愛子)

● 参考文献

倉地克直　1996　『近世の民衆と支配思想』　柏書房
吉田伸之　2000　『巨大城下町江戸の分節構造』　山川出版社
伊藤毅　2003　『都市の空間史』　吉川弘文館
塚田孝、吉田伸之編　2013　『身分的周縁と地域社会』　山川出版社

2 寺社参詣

● 定義・内容

　近世にはさまざまな文化が大衆化した。18世紀になる頃には、地方にも高度な知識をもった文人（地方文人）が輩出された。また茶道や華道が家元制度によって全国に広まり、歌舞伎や浄瑠璃などの芸能が商品化され、地方の舞台でもその住人によって上演されるようになった。江戸などの都市の住民は、上記のような文化的行為だけでなく、都市内部もしくは周辺地域で年中催されている宗教的行事や祭礼・縁日、四季の移り変わりを楽しむ花見や紅葉狩り、花火や屋形船などさまざまな文化に身を投じていった。西山松之助はこのような人々の行動を「行動文化」と名づけた（西山 1975）。

　こうした文化の大衆化の1つに、寺社参詣の大衆化がある。近世の旅は、公用の旅、商用の旅などをのぞく私的な旅においては、神社仏閣への旅がその大半を占めていた。近世後期になると、次第に寺社への参詣はたてまえになっていき、物見遊山の要素が強まっていくとされるが、それでも伊勢参宮や山岳信仰においては、精進潔斎の儀礼が守られているなど、必ずしも娯楽化していたとはいいきれない。旅に出る際に所持する往来手形（村役人や檀那寺が発行するパスポートのようなもの。これとは別に幕府の主要な関所を通行する場合には関所手形が必要であった）には、仮に旅先で死去した場合には、その土地の風習に従って埋葬することを依頼する文言が記されていることが多く、大衆化したとはいっても決死の旅には変わりはなかった。

　寺社参詣の大衆化を代表するのが、伊勢参りであり、西国順礼であり、湯殿山（出羽三山）参詣であり、富士参詣である。とくに伊勢神宮は全国津々浦々から参詣者を集め、実際に旅をした記録である「道中日記」（図1）が青森県から鹿児島県に至るまで大量に残されている。

　近世にこれだけ寺社への参詣が盛んとなった要因はさまざまある。新城常三は、中世からつながるものとして「交通環境の好転」や、自力で参詣者を集めなければならない寺社側の事情による「御師・宿坊の発達」をあげ、そのほか、近世には旅に出るだけの余裕をもたらした「民衆の上昇」や旅に出る資金を捻出するための「講の発展」などを指摘している（新城 1982）。

　そのほかにも、石高制社会において定住化が進み、旅が非日常の文化となったこと、檀家制度が確立されることによって寺院が葬祭寺院化したことで、宗教本来の役割を果たしにくくなり（祖先崇拝を浸透させるという意味では成功したが）、雨乞いや

図1　道中日記

病気治癒などの現世利益(げんぜりやく)を外の寺社に求めざるをえなくなったことや(圭室 1971)、貨幣経済や出版文化の発達(図2)、識字率の向上なども、おもな要因の1つである。

このような寺社参詣の大衆化がのちの時代に与えた影響は大きい。近世になり、いったんは地域ごとの固有の文化・習俗が形成されたものの、人々の活発な移動がそれを解消し、

図2 『伊勢参宮名所図会』(『版本地誌大系』より転載)

国民国家の前提となる日本列島内の同質化をつくりだした。旅に出た人々は、故郷をみつめなおす機会となるだけでなく、具体的には最先端の文化に触れ、新しい農業技術を学び、それを地域に還元する役割をになった。また彼らのなかから、地域の歴史書や地誌を編纂するなどして、のちの郷土史・地方史の先駆的存在となった人物もあらわれた。

● 研究状況・課題と展望

近世の寺社参詣史は当初、社会経済史的側面から研究が進められたが、1970-80年代の自治体史編纂のなかで「道中日記」が大量に発見されると、道中日記からルートを復元する試みが盛んとなった。また女性史的視点に立ち、女流文人の紀行文から近世の旅をみつめる研究も進んだ。道中日記研究は、事例が東日本に偏っているものの、旅自体の実態の把握はずいぶんと進展した。一方で参詣者を迎え入れる寺社側の動向の研究も、開帳(かいちょう)(寺の本尊や至宝を公開することだが、本来は仏との結縁を図る意味)や勧化(かんげ)(幕府の許可のもとで一定期間、一定の場所で募財すること。許可を得ない私勧化も横行した)、富(とみ)くじ、御師などの実態解明を軸に少なからず進んでいる。しかしながら、国文学や地理学、民俗学の研究者も含めて相互交流的に研究が行われてきた反面、近世史の研究成果と突き合わせる試みが充分ではなかった。まずはなぜ寺社参詣の大衆化が近世に達成されたのか、そしてその結果、日本列島にどのような影響を与えたのか、という大局的な問題意識に立ち、1つひとつの社会経済的な、あるいは文化的な要素をこまめに検証していく必要がある。今一度、旅という視点からの交通制度史の見直しや政治権力の政策との関連性、人々の移動に伴う地域の変容や寺社側の宣伝活動の分析、都市史・村落史への位置づけ、行動文化論の深化など、多様な切り口が考えられる。

(原 淳一郎)

● 参考文献

圭室文雄　1971　『江戸幕府の宗教統制』　評論社
西山松之助　1975　「江戸の町名主齋藤月岑」(『江戸町人の研究』4　吉川弘文館)
新城常三　1982(初版 1964)　『新稿 社寺参詣の社会経済史的研究』　塙書房
原　淳一郎　2007　『近世寺社参詣の研究』　思文閣出版

3　勧進

● 定義

　勧進とは、もともとの語義としては仏教の教えを勧め広めることであったが、寺社の仏像や伽藍・鐘・経典などの建立や再建、橋や道路など社会資本の資金を広く大勢の人から寄付を募る行為を指す語であった。「勧進」を名目にして物乞いをすることもしばしばあったため、「乞食」のことを「勧進」ということもあった。

● 内容

　平安時代末に焼失した東大寺大仏殿を再建するための資金を集めるために重源が諸国をまわっていたように、伽藍の再建などにかかる費用として多くの人々からの喜捨を集める行為は、中世には広く行われていた。鎌倉時代後期になると、聖・勧進上人が諸国をめぐって喜捨を集めるかたちから次第に変質していったといわれている。朝廷や幕府といった権力の許可を得て関所を立て、そこから得られる関銭や津料を取ることが行われたり、一括して棟別銭が賦課されたり、一国平均役がかけられる場合もあった。こうした状況を「勧進の体制化」とする論者もいる。戦国期になり、続く戦乱で寺社が焼失すると、寺領からの収入も減少し、莫大な再建資金を寄進する大檀越不在となったなかでの再建を余儀なくされた寺社が多くなる。そうしたなかで、再建資金を広く集めてまわる勧進をする聖が活躍するようになっていった。中世の勧進聖は伽藍再建などの目的を達成するまでの事業を請け負うだけであったが、中世末から近世にかけて「本願」と称した勧進聖たちは、目的達成後も寺社に残り、寺院組織の一角に定着することも多くなった（図1）。この勧進聖の集団について、近世には没落するという傾向が指摘されていたが、近世以降も寺社組織に定着し寺院組織の中枢を担うようになり、経済力を背景に既存の寺僧集団を圧迫する事例も多くみつかっている。

　近世前期には、寺社の再建や修復は、幕府からの寄進によって行われることも多くなっていたが、寺社の修復費用が幕府財政を圧迫するようになると方針転換する。享保7年（1722）から寺社が幕府の許可のもとで一定期間募財を行う「勧化制」が採用された。この勧化には、寺社奉行や老中が認可し、勧化状を持参して行われる御免勧化と勧化状を持たない相対勧化の2種類があった。御免勧化は勧化触が出されて勧化の実施が広く周知されるなど多大な便宜が図られる。このような御免勧化は幕府との関係がとくに深い寺社に対して認可されることが多く、しばしば村高を基準に賦課され、受け入れる側としては年貢などと変わらないも

図1　清水寺本願による勧進（『清水寺参詣曼荼羅』清水寺所蔵。『清水寺史』4より転載）

のと受けとめられる場合も少なくなかった。それゆえ、半ば強制的な負担となっていき、時に民衆の不満を引き起こしていた。相対勧化は、御免勧化と同じように公儀の認可を受けたものだが、とくに便宜が図られることはなく、寺社を信仰する者から相対で金銭を集めることになる。このような、公儀の認可を受けている勧化に対して、寺社の再建や鐘の鋳造などを騙る勧進もあった。

　公儀の認可を受けた勧化制が一般化すると、認可を受けないで地域社会で勧進をしている人や行為自体が社会的な賤視を受けるようになる。そうしたなか、寺社の再建や修復のために勧進を行うことを主たる役割としていたはずの本願も、自らが勧進を行うのではなく、修験者などの宗教者に委託するようにもなる。

　近世後期には、勧進にあたり、寄進を強要する「ねだり」が社会問題となり、禁令が出されたり、複数村で対応窓口を決めるなどの対応がとられることも多くなっていった。

● 論点

　勧進は、時代や地域、寺社の性格や規模などに規定されて多様なありようをとる。とりわけ、中世末に寺院内部へ入り込み定着していく本願は、後発ながら大きな経済力を持ち、勧進を円滑に進めるために権力と良好な関係を築くことが多いこともあり、既存の寺社組織との関係は複雑で、時に長期間にわたって摩擦をくりかえすこともある。近世以降の本願が、寺社のなかでいかなる地位を占めていくのかについては、事例研究の積み重ねが求められている。

　また、勧進にあたって広く家々をまわり金銭を集めるだけではなく、祈禱札などを配ったり、寺社境内の様子を描き勧進に使用されたといわれる参詣曼荼羅が作成されるなどさまざまな行為がなされている。効率的な資金獲得のための手段として、芸能者を雇っての勧進興行や、寺社の宝物を寺社内や他所で公開する開帳なども行われる。勧進を名目として行われる芸能興行や、寺社の開帳を当てこんでの歌舞伎上演など、寺社経営にかかる経済行為の範疇にとどまらない文化的広がりに着目することも欠かせない。

　このような勧進の実務は、寺社の僧侶だけではなく、民間の宗教者や町人に委託して行われていることも多い。勧進を誰が担い、寺社組織のなかにどのように位置づけられているかを、史料に基づいて具体的に明らかにしていくことも必要である。

（村上紀夫）

● 参考文献

倉地克直　1976　「「勧化制」をめぐって」（『論集　近世史研究』　京都大学近世史研究会）

高埜利彦　1989　『近世日本の国家権力と宗教』　東京大学出版会

下坂　守　2003　『描かれた日本の中世』　法藏館

村上紀夫　2011　『近世勧進の研究―京都の民間宗教者―』　法藏館

4　葬送文化

● 定義

「葬送文化」は、1990年代から使われ始めた新しい学術用語である。ただし、明確な定義をもっているわけではない。ここでは、葬式や法要など、人の死を弔う行為全般に対して、人々がどのような思いを込め、どういった行動を示すのか、そうした死の儀礼にあらわれる人々の志向性を、「葬送文化」と名づけておきたい。

● 内容・研究史

葬送文化の内実は、①人の死が発生して埋火葬(土葬・火葬)されるまでの葬送儀礼、②埋火葬される瞬間、③葬礼後の供養、という3つの段階に分けて考える必要がある。近世の村や町に生きた一般民衆を例にその特徴をみていくと、①については、遺族とその関係者が葬送行列(葬列)を組んで、遺体を喪主の家から墓地・火葬場まで運ぶ、という光景が、17世紀以降の文献史料で確認できるようになる。従来、こうした葬礼は「夜中ひっそりと地味に行われた」と考えられてきた。だが実際には、葬列を提灯や灯籠、幟、天蓋などの葬具で飾り付け、なるべく多くの参列者を引き連れて、白昼堂々と行進する姿が、都市でも村でも普通にみられた(図1)。こうした状況は、**葬送の華美化志向**とでもいうべき文化動向であり、これを背景に、葬具の製造・販売・賃貸に従事する**葬具業者**(図2)も登場するようになる。一方、華美化に反発して、葬送の質素化を掲げ、葬具業者よりも互助組織の利用を推奨する村や町も現れる。近世の葬送文化は、華美化と質素化、そして葬具業者に象徴される**葬送の商品化**といかにうまく付き合っていくのか、そのせめぎ合いが詰まった歴史過程である。

②の埋火葬については、地域の慣行や地理的環境、喪主の経済力、宗派や家・個人の思想など、さまざまな条件がからみ合って、火葬・土葬の選択がなされた。したがって、火葬と土葬どちらが多いかという議論や、「土葬／火葬地帯」という区分けは、近世の葬送文化の特徴を考える際、あまり意味がない。また埋火葬の担い手についても、三昧聖・非人番などの賤民や、賤民以外の百姓・町人、寺院の関係者など、さまざまな身分・立場の人々が、実際の土葬・火葬の作業にたずさわっていた。

③については、四十九日や年忌法要で故人を偲んだり、盆の頃に「先祖」の墓参りをする姿が、18世紀以降の史料で確認できるようになる。こうした「祖先祭祀」については、これまで「死者は三十三回忌、五十回忌の弔い上げを経て、没個性的・抽象

図1　Illustrations of Japan 『日本風俗図誌』に描かれた長崎役人の葬列
(勝田至編『日本葬制史』より転載)

的な家の『先祖』となる」という「先祖」観念が、近世以降、定着していくと考えられてきた。ところが当時の人々は、見も知らない遠い過去の「先祖」ではなく、自分の記憶の範囲内にある身近な死者を供養するという、**追憶主義**的な態度もあわせ持っていた。文書や墓石に登場する「先祖」「祖先」という文言が、本当に没個性的な家の「先祖」を意味するものなのか、注意深く検討する必要がある。

● 基礎資料

村や町の旧家に残された葬式帳、法要帳が一番重要な基礎資料となる。また、19世紀前半に作成された風俗調査書「諸国風俗問状」(『日本庶民生活史料集成』9)は、全国的な葬送・法要の慣行を概観するときに便利である。墓石については1990年代以降、墓地に残されたすべての時代の石造物を1つずつ調べあげるという、悉皆調査が各地で導入

図2 『人倫訓蒙図彙』に描かれた葬具業者(勝田至編『日本葬制史』より転載)

され、墓石の建立数や形態の変遷、戒名の動向など、さまざまな分析が可能となっている。それらの調査報告書も注意深く読み込む必要があろう。

● 課題と展望

近世の「葬式仏教」や「祖先祭祀」を銘打った学術書はそれなりにあるが、実は葬送文化の内実に迫ったものは意外に少なく、研究は緒についたばかりである。したがって課題は山積しており、とりわけ追憶主義と「先祖」観念の関連や、互助組織と業者の関係、あるいは僧侶の立場・役割については不明な点がなお多い。地域差や階層差に配慮した実態分析を地道に積み重ね、前後の時代も意識した長期的な視野で、近世の葬送文化研究を進めていくべきであろう。　　　　　　　　　　(木下光生)

● 参考文献

西木浩一　2006　「江戸の社会と「葬」をめぐる意識」(『関東近世史研究』60)
木下光生　2010　『近世三昧聖と葬送文化』　塙書房
澤　博勝　2012　「近世の葬祭と寺院」(『新体系日本史15　宗教社会史』　山川出版社)
勝田　至編　2012　『日本葬制史』　吉川弘文館

298　第3部　日本＊第3章　日本近世

5　女性と仏教

● 定義・内容・研究状況

　近世社会においても、それ以前の時代と同様に、女性と仏教→3部1章5節7・2章4節5との接点は日常のあらゆる場面に存在していた。冠婚葬祭、通過儀礼はいうまでもなく、縁結び・子授け・子育てなど、女性にとってとりわけ生活に密着した祈り、願いの向かう先は、まず神と仏であった。都市部、村落のいずれにも、信仰集団である講が結ばれ、なかには女性のみで取り結ぶものもあった。女性がみずから祈禱を依頼する例もしばしばみられる。また、夫を亡くした女性が後家尼となる慣行が広く行われていたほか、離縁や救済、謹慎の場として、法的に認められた駆込寺が存在した。

　近世に入ると、女性による宗教活動も活発になり、多様な展開をみせた。宗教者の妻が、その立場によって主体的に活動した例として、真宗の坊守、修験の神子がよく知られている。武家・公家の女性が尼寺に入り、宗教者となった例も多い。善光寺大本願の歴代などはその好例である。また、比丘尼御所と呼ばれる一群の寺は皇女も入寺する格式で、独自の社会的、文化的な活動を展開した（岡 2000-02）。さらに近世後期には、新興教団の教祖となる女性が現れたことも見逃せない→3部3章5節5。

　ここにあげたのは、近年の研究成果のごく一端である。女性と仏教の関係を出発点として近世社会に向き合うことは、近世を生きた女性のさまざまな姿を明らかにしていくために、有効な手法の1つだといえる。

● 基礎資料

　さきに述べたように、近世社会において女性と仏教が接点をもつ場は多い。基礎資料と呼べる史料群こそ存在しないが、関連する文字史料そのものは少なくない。とくに縁起と講関係の史料は近世の文書群にしばしば含まれている。巡礼記など、信仰をもつ在家の女性が書き残した史料も注目される。また、女性宗教者が直接残した史料として、尼寺に伝わる文書はたいへん貴重である。そのほか、女性と仏教の関わりを示す痕跡は、建築、文学などに色濃く残り、護符・寄進銘・絵馬などのかたちでもみることができる。

● 課題と展望

　比較的あたらしい研究領域であるうえ、共通の基礎資料がないことも影響し、近世における女性と仏教の研究は、いまだ大きな余地を残している。しかし、この分野の研究は近年めざましい進展をみせた。それらのすべてが、既知の史料を丁寧に読み解くことに加え、つねに新たな史料を発掘していく研究姿勢に裏打ちされていることは特筆すべきである。今後も新たな史料の発見と、それに基づく研究の展開が大いに期待される。　　　　　　　　　　　　　　　　　　　　　　　　　　　（青谷美羽）

● 参考文献

岡　佳子　2000-02　「近世の比丘尼御所―宝鏡寺を中心に―」上下（『仏教史学研究』42・44）

佐藤孝之　2006　『駆込寺と村社会』　吉川弘文館

6　被差別民・差別と仏教

● 定義・内容・研究状況

　近世被差別民、とくに「穢多」身分と仏教の関係性についての研究は、部落寺院史（被差別寺院史）研究という研究領域で行われてきた。「部落寺院」「被差別寺院」は研究用語である（以降、本項では「被差別寺院」と表記する）。史料上には「穢寺」「穢多寺」「皮多寺」「河原寺」として表記される場合が多い。山本尚友は「近世社会で穢多身分の人だけを檀徒とする寺院」と規定し、建立された被差別寺院の大部分は浄土真宗であることを明らかにした。このように浄土真宗との関係性が深いことから、被差別寺院史研究は近世本願寺教団との関係によって、研究が進展している。よって、被差別寺院史研究は近世身分制研究と近世仏教史研究との往還の中に存在するといえる。

　被差別寺院史研究は、被差別部落と浄土真宗の関係性の深さを問うことから出発した。古くは、喜田貞吉・禿氏祐祥らの教義による主体的受容を理念とする始原的研究にはじまり、藤谷俊雄・船越昌による近世国家権力による強制へと研究が進展する。そして、最も研究史が動態的であったのは、近世国家権力による強制説を制度史的に解明しようとした安達五男の「部落寺院制」が提起された1980年代以降である。安達の立論に対して、山本尚友は「穢寺帳」を用い部落の真宗受容が近世以前に遡る事例があることを指摘した。左右田昌幸は播磨国源正寺の事例を反証し、和田幸司は地域史研究の側から「部落寺院制」に含まれない事例を実証した。つまり、この時期は制度史研究が中心であった。その後、被差別民衆が真宗に何を求め、どのような態度をとったのかといった信仰を中心とする課題、各地域の個別課題へと研究は進行している。

● 基礎資料・課題と展望

　基礎資料としては「本願寺末寺帳」が想定できる。とくに、被差別寺院のみを別帳化した「穢寺帳」については西本願寺では6冊が確認されるが所在は不明である。東本願寺では1冊が確認される。西本願寺の「穢寺帳」は杉本昭典によって史料紹介がされ、その詳細は左右田昌幸によって明らかにされている。

　被差別寺院を研究対象とすることは、教団組織や集団（個人）の信仰に立ち入ることにほかならない。今後の研究展望として、被差別寺院が内包した様々な機能面はもちろん、その機能を支えた社会構造分析が重要となろう。そのために、あらゆる属性を視野に入れた集団と集団、人と集団、さらに、国家と集団の関係性を論じる研究視角が重要である。

(和田幸司)

● 参考文献

左右田昌幸　1997　「『穢寺帳』ノート」（『教学研究所紀要』第5号　浄土真宗教学研究所）

部落解放・人権研究所編　2001　『部落問題・人権事典』　解放出版社

和田幸司　2007　『浄土真宗と部落寺院の展開』　法藏館

寺木伸明、中尾健次編著　2009　『部落史研究からの発信』第1巻　解放出版社

和田幸司　2015　『近世国家における宗教と身分』　法藏館

300　第3部　日本＊第3章　日本近世

④ 仏教の学問・知識

1　仏教治国論

● 定義

　近世幕藩制国家の形成にともなって、権力による仏教教団の再編成が進む一方、諸宗による仏教復興が目指されるなかで、両者が相互に連関し合いながら生み出されたととらえる民衆支配のイデオロギーが仏教治国論である。

　戦国争覇を制した織田・豊臣・徳川の統一権力は、その過程において、世俗権力に対峙する宗教権力を打倒し、中世的な教団を解体したが、それは仏教あるいは信仰を否定することを意味するものではなかった。すなわち、死者の霊魂や地獄・極楽といった宗教的世界は、前近代にあっては社会の仕組みの基底をなすものであり、権力自体が世俗的である以上、そうした宗教性に規定されざるを得なかったのである。こうした枠組みにおいて、俗権力たる統一政権は、近世的な教団を政治的・経済的に統制していくことになるが、その一方で、織田信長が生きながら神になろうとし、豊臣秀吉や徳川家康（図1）が死後に神として祀られたように、宗教性を自らの内に取り込むことによって民衆支配のイデオロギーへと転化したのである。ここに権力者の神格化の問題が浮上する。

　徳川政権は、教団再編成のため寺院法度を発布し、本末制度を整備して僧侶身分を確定するとともに、寺領下付によって「国家安全」の祈禱を行う「役」を命じた。また、宗旨人別帳・寺請制を制度化して経済基盤を保証する一方、民衆教化を教団の「役」として義務づけた。こうして権力は、近世教団を幕藩制国家に位置づけると同時に、民衆統治の役割を担わせようとしたのである。他方で徳川権力は、織田・豊臣政権から一段階進んで、民衆を国家体制に編成することを課題としたが、むき出しの権力によってではなく、「現当二世安穏」という民衆の宗教的願望を吸収することで統合をはかろうとした。家康の神格化は、仏教教団の再編成とともに、民衆支配を念頭において構想された政治的・宗教的戦略であったのである。それは、大坂の陣前後の慶長末年に集中的にみられる天台論義の興行と、浄土宗の仏法論談を通じて具体化していった。

● 衆生救済と天台論義

　天台論義とは、叡山の山王神道教学の伝統に立つ天海→3部3章1節4が主導したもので、家康を天皇になぞらえ、正統仏教（八宗）を総覧すると同時に、宗教的超越者（転輪聖王）と観念する場であった。それは家康神格化の儀式であるとともに、諸宗に超越して民衆救済にあたろうとする家康像の創出を意味していた。一方、家康に浄土宗の五重血脈を伝授した増上寺存応との法問とは、遠祖新田氏や松平・徳川家の菩提所の整備と、日課念仏による滅罪往生について模索する場であった。先祖代々の菩提を弔うことは、徳川系譜の正当性を弁証し、家の守護と繁栄を保証することとな

り、自己救済の希求は、民衆統治という課題のなかで、家康自らが衆生済度を本願とする仏に昇華することによって達成されたのである。天海の天台論義が、民衆救済を内実とする家康の神格化を準備するとともに、存応の浄土法問においては、徳川体制の永続性が確保されるなかで、家康の内面に関わって、民衆の現当二世安穏の願望を吸収していく装置が用意されていったのである。

図1　徳川家康坐像（京都・南禅寺所蔵。東京国立博物館ほか編『南禅寺』より転載）

● 家康の神格化

こうして家康は公儀の神である東照大権現（とうしょうだいごん）として日光山に奉祀され→3部3章1節4、のちには御三家をはじめ諸藩の有力大名が城下に東照宮を勧請した→3部3章3節1。民衆による勧請も少なからずあって、家康を祭神とする神社は、小祠を含めると全国に500を超えたとされ、この点からも徳川体制の宗教性を看取することができよう。他方、家康と衆生済度を本願とする阿弥陀仏との一体化論は、民衆の宗教的願望を吸収する主体であり、宗教的諸観念を総括する神格に具体的な根拠を与える議論として重要である。

この「家康阿弥陀論」は、増上寺存応の浄土法問の後、浄土宗の五重相伝の布薩戒（ふさつかい）伝授の時に「添え口伝（くでん）」として伝えられた「四民教化（しみんきょうけ）」譚のなかで展開していくが、のちには武士勧化（かんげ）の「口説（くどき）」として文字化されることになる。その内容は松平一流・家康一代記が主題となり、浄土宗信仰を中心に、阿弥陀から天下が授与されたとする「弥陀天下授与論」が主張されるのである。この勧化譚は、5代将軍綱吉の御前で法談されると、江戸城紅葉山（もみじやま）の書物庫に収蔵されて、8代将軍吉宗も上覧することになった。

仁慈（じんじ）による万民救済と念仏治国を内容とする「四民教化」譚は、浄土宗の正当な伝記で念仏護国思想の書『浄宗護国篇（じょうしゅうごこくへん）』として刊行される一方、地域的・階層的な広がりをもって書写されることになり、『松平開運録（まつだいらかいうんろく）』『啓運記（けいうんき）』『大樹帰敬録（たいじゅききょうろく）』等の書名で幅広い読者層を獲得して市井に流布した。

仏教治国論とは、仏教の衆生救済という宗教的伝統を幕藩制国家の内に総括し、政治的・社会的秩序の正当性を実現した民衆支配のイデオロギーであった。（平野寿則）

● 参考文献

大桑　斉　1989　『日本近世の思想と仏教』　法蔵館
曽根原理　1996　『徳川家康神格化への道―中世天台思想の展開―』　吉川弘文館
平野寿則、大桑　斉　2007　『近世仏教治国論の史料と研究　松平開運録／東照宮御遺訓』　清文堂
大桑　斉　2015　『近世の王権と仏教』　思文閣出版

2　書物と仏教知

● 定義・内容

　江戸時代の仏教教団が体験した大きな変容の1つに、商業出版の成立をあげることができる。江戸時代以前の寺院は、圧倒的な知識と技術を独占し、書物を作り出していく側の存在であった。高野版や五山版（おもに中世において、有力寺院が出版した木版印刷物）は、いずれも寺院を担い手としていた。もっとも、寺院の出版活動によって仏教知が大量に複製され、不特定多数の人々に行き渡ったわけではない。市販を目的としない寺院版は発行部数も限られており、仏教知はまだ一部の知識階級に秘蔵されたままであった。

　ところが、江戸幕府の樹立にともなって社会秩序が安定してくると、庶民読者層の拡大を見込んで本屋が誕生し、商品としての書物を生産し始める。中野市右衛門・西村九郎右衛門など、江戸時代初期から活躍した本屋の多くが京都を本拠としているように、彼らは出版に関するノウハウを寺院や公家から継承したものと考えられる。

　それでは、誕生したばかりの商業出版を支えたのは、どのようなジャンルの書物だったのか。江戸時代前期から中期にかけて断続的に作成された書籍目録は、当時販売されていた書物のあらましを知るうえで有用な資料である。そのうち、寛文10年（1670）版・元禄5年（1692）版・享保14年（1729）版のいずれをみても、全出版点数のなかで仏教書が占める割合は4割ほどもあり、他のジャンルを圧倒している。曹洞宗の僧侶にして仮名草子の作家でもあった鈴木正三（1579-1655）が、「仏書の類、殊外うれ申候」と回顧しているように、仮名交じりの通俗的な仏教書が、庶民読者層の心をとらえたことも一因だろう。しかし、仏教書出版盛行の背景として見逃せない要素は、むしろ江戸時代の仏教諸宗が推し進めた檀林・学林（僧侶の研究・教育機関）の整備である。

　寛文5年（1665）の寺院法度で仏教諸宗が正統・異端の別なく公認されると、江戸時代の僧侶にとって、自ら属する宗派の教義に精通することは必須要件となっていく。そこで各宗派の本山は、宗学を学ぶ場として檀林や学林を整備させ、僧侶を目指す者の入門を義務づけた。こうして江戸時代前期に、大量の仏教書を必要とする僧侶養成機関が出現したわけである。

表1　京都における主な寺院御用書林（蒔田稲城『京阪書籍商史』参照）

宗派名・本山	書林名
浄土真宗・西本願寺	永田調兵衛・丁字屋庄兵衛
浄土真宗・東本願寺	西村九郎右衛門
浄土真宗・佛光寺	永田調兵衛
浄土宗鎮西派	澤田吉左衛門・出雲寺文治郎・豊田熊次郎
浄土宗西山派	永田調兵衛
真言宗智山派	藤井孫兵衛
曹洞宗	小川多左衛門
日蓮宗	村上勘兵衛
天台宗	出雲寺文治郎

檀林・学林の「教科書」を確保することは仏教本山にとって死活問題であったから、いずれの宗派も特定の本屋と結びつきを強めて事態に対処した。表1は寺院の「御用書林」として活躍した本屋をまとめたものである。この表から確認できるように、仏教諸宗の本山は京都の有力な本屋をお抱え業者とすることで、教学書の安定的な供給に努めたといえる。

　もっとも、宝暦4年（1754）版・明和9年（1772）版の書籍目録でさらに仏教書出版の動向を追うと、浄土真宗の例外的な盛行を除き、その勢いは急速に衰えていく。両目録で確認したところ、全出版点数のなかで仏教書が占める割合は2割に満たない。檀林・学林で必要とされる教学書がおおよそ出揃ったこと、仏教諸本山による偽書の取り締まりが出版を停滞させたこと、娯楽本・実用書の人気に押されて、もはや仏教書が読者の心をとらえなくなったことなど、考えられる理由は様々だが、ともあれ、江戸時代後期に至ると、仏教書は商業出版を支える主役の地位を失墜するのである。

● 研究状況・課題と展望

　書物と仏教知をめぐる諸研究は、仏教諸宗（とくに日蓮宗・浄土真宗）の本山と御用書林の関係を探るかたちで進められてきた。その最大の成果は、日蓮宗諸檀林と京都の本屋村上勘兵衛との濃密な関係を解き明かした冠賢一の研究である（冠 1983）。本山の公認を得て、一時期に大量の宗学書を出版するという村上勘兵衛の出版戦略は、日蓮宗以外の諸宗派と御用書林の結びつきを解き明かすうえで大いに参考となるモデルケースであり、冠の研究が果たした意義は大きい。

　他方、西本願寺と民間本屋の独特な関係に注目したのが浅井了宗である（浅井 1958）。浅井の研究によれば、浄土真宗系の書物は、通俗的な仏教書の流行に着目した民間本屋によって次々と出版された。ところが、そのなかには真偽も定かでない書物が多数含まれていたため、本山が後追い的に統制を加えていったという。

　両宗派に限らず、仏教諸本山と本屋の関わりは、教団体制の差異を背景として多様に展開したはずであり、その比較検討は今後に残された課題である。また、江戸時代の書物史研究全般に目をやると、本屋の営業活動にとどまらず、読者個々の読書行為にまで考察の手が及びつつある。仏教史においても、全国各地に存在する蔵書を丹念に分析し、読者による仏教知の活用を実態的に解明していくことが、さらなる研究の進展には不可欠といえよう。　　　　　　　　　　　　　　　　　　　　　（引野亨輔）

● 参考文献

浅井了宗　1958　「本願寺派に於ける聖教出版の問題」（『龍谷史壇』44）

冠　賢一　1983　『近世日蓮宗出版史研究』　平楽寺書店

引野亨輔　2007　「近世真宗僧侶の集書と学問」（『書物・出版と社会変容』3）

万波寿子　2008　「御蔵版『真宗法要』について」（『国文学論叢』53）

3　寺院縁起と由緒書上

● 定義・内容

　由緒には物事の由来やいわれという語義が含まれているから、それを踏まえれば、寺院由緒書とは、寺院創建の沿革や仏像安置の由来を記した書類ということになる。他方、縁起とは事物が様々な原因と条件によって成立しているという仏教思想であるが、そこから派生して事物の起原という語義でも頻用される。とすれば、寺院縁起もまたその由来を記した書類であり、両者が似通った言葉であることは間違いない。

　ただし、由緒に行動の正当性を裏づける根拠という語義が強く含まれることも見逃してはならない。この点を重視するなら、寺院由緒書とは、国家権力や諸宗本山に対して寺領や寺格の正当性を主張した書類であり、寺院縁起とは、信者・参詣者に向けて仏閣・仏像のご利益を喧伝した書類であると、ひとまず区分することができる。

　もちろん、「縁起」「由緒」といった史料用語をたよりとして、上記のような区分を明確に行えるわけではない。もっとも古い縁起の事例は「法隆寺伽藍縁起幷流記資財帳」などであり、これは国家の保護を目当てに提出された寺院の財産目録である。ただ、古代国家の動揺にともない、財産目録としての縁起はその性格を変化させ、唱導によって参詣者をいざなうアイテムへと化していく。上記のような寺院縁起の性格変化を決定的にしたのが、江戸時代後期における略縁起の板行である。中世段階までの縁起（本縁起）は、まだ寺院の奥深くに秘蔵されていた。しかし、幕藩権力によって寺領収入を制限された近世寺院は、難解な本縁起を簡略化し、略縁起として大量頒布することで、参詣者を開帳や縁日へといざなったのである。われわれが縁起という言葉から奇瑞譚を思い浮かべがちなのは、こうした事情によっている。

　他方、寺院由緒書にとっても、江戸時代の到来は大きな節目となった。寺請制度の整備によって、僧侶がキリシタン取り締まりの役目を担い始めると、江戸幕府や諸藩は宗判権を持つ寺院の正確な把握に腐心することとなった。そこで、仏教諸宗本山に全国横断的な末寺支配権を付与し、繰り返し由緒書上を行わせたのである。

図1　『花見岡縁起』挿絵（『略縁起集成』2〈勉誠出版〉〈1996〉より転載）

　当然ながら、こうして書き上げられた由緒は、寺領成立の経緯や領主権力・本山との関係を客観的に叙述しているものが多い。ただし、参詣者を誘導するために脚色された縁起とは異なる理由で、由緒もまた時に意図的な脚色を加えて提出された。

　古くから存在した寺院が住職の決断や檀家の要請によって改宗し、現在に至るという型の由緒書は、かなり一般的なものである。われわれはそこから、いまだ

宗派性が明確になっていない仏教諸宗の姿を垣間見るわけだが、こうした改宗のすべてが史実に基づいているとはいえない。江戸幕府は新寺の建立を厳しく制限したため、たとえ村落民衆の要望があっても、新規寺院の建立許可を取り付けるには大変な困難がともなった。そこで、名目上は古跡の移築や刷新ととなえ、実質的に新寺を建立してしまうのが、引寺という慣行である。改宗前の経歴を華々しく語る寺院は、この引寺の正当性を領主に主張するため、偽証を行っている可能性も高いのである。

　もちろん、由緒書上にあたって略縁起の文章が引用されることも多く、由緒と縁起は深く絡み合って成り立っている。略縁起は本縁起を忠実に再現しているのか。略縁起が由緒書上に引用されるとき、どんな変化が生じたのか。史料成立の複雑な経緯を探ることで、江戸時代的な宗教世界の特質は、より鮮明に浮かび上がると考えられる。

● 研究状況・課題と展望

　歴史学は文献実証を重視する学問である。そのため、寺院由緒書研究の課題として当初掲げられたのも、荒唐無稽な由緒書から一端の史実を取り出す方法の確立であった。『蓮門精舎旧詞』に収められた膨大な浄土宗寺院の由緒により、民間寺院の成立期やその基盤を解き明かした竹田聴洲の研究は、その代表的成果といえる。

　こうした竹田の研究手法から学ぶべき点は多い。ただ、昨今の研究動向をみると、荒唐無稽にみえる叙述がなぜ信憑性をもちえたのか、虚偽の主張を行うことで誰がどんな権益を勝ち取ったのかという点にこそ、研究者の関心は集まっている。

　たとえば堤邦彦によると、大蛇済度（大蛇と化してしまった人間を高僧が救済する話）や経石功徳（高僧が小石に書いた経典の文字により、人々が救済される話）など定番の高僧伝が江戸時代に積極的に受容されたのは、出版物の広範な流布にともない庶民層の知識共有度が飛躍的に上がったからだという（図1）。この指摘は由緒や縁起全般を考察するうえでも重要なものである。もっとも堤は、他方で在地寺院の寺格争いなどに目配せしつつ、高僧伝の微細な変化をも読み解いていく。マクロな視点とミクロな視点を合わせ持ち、史料成立の背景を探ることが、今後の由緒研究、また縁起研究に求められているといえる。

　由緒の信憑性という点でいえば、塩谷菊美の「文法」を抽出するという方法論も興味深い。明らかな師弟関係にある上寺－下寺が、由緒のなかで父－子や兄－弟による開基を主張するケースは多い。塩谷によると、それは門流意識に基づく中世の師弟関係が、血縁同様の濃密なものと認識されていたためである。近代人の視座から史料の虚偽性を暴露するだけでなく、それを逆に活用して当時の常識を探る作業も、今後の研究では重要なポイントとなるだろう。　　　　　　　　　　　　　　（引野亨輔）

● 参考文献

竹田聴洲　1971　『民俗仏教と祖先信仰』　東京大学出版会

塩谷菊美　2004　『真宗寺院由緒書と親鸞伝』　法藏館

久野俊彦、徳田和夫　2004　『偽文書学入門』　柏書房

堤　邦彦　2008　『江戸の高僧伝説』　三弥井書店

306 第3部 日本＊第3章 日本近世

⑤ 諸思想・諸宗教と仏教

1 神道と仏教

● 歴史的前提

　仏教史の立場から近世における仏教と神道との関係についてみようとする場合、ま
ず踏まえるべき事態は、中世後期における**吉田神道**（唯一神道）の成立である→3部2
章5節2。なぜなら、同神道を唱えた吉田家により、神社における祭祀・祈禱の体系が
整備されるとともに、仏教・儒教と並ぶ日本の神道の存在が主張され、神道を根本、
儒教を枝葉、仏教を果実に擬する説などを通じて神・儒・仏の関係が理論的に提示さ
れ、このことが近世において様々な神道説が成立する歴史的前提となったからである。
　そのなかでもとくに重要な点は、『日本書紀』等の神話上の神々に関する解釈とい
う意味での「神道」のほかに、「我国（日本）の道」という意味が「神道」という語
に付け加わり、このことを前提にいわゆる**儒家神道**や国学に基づく**復古神道**などが
次々と生み出されていったことであろう。もっとも、「我国の道」としての神道の核
心をどのようにとらえるかについての理解は、朱子学との「妙契」（符合）を信じ君
臣関係の在り方を中心にとらえた山崎闇斎による**垂加神道**や、本居宣長の『古事記
伝』を踏まえて死後の霊魂の行方を宇宙生成論に探った平田篤胤による復古神道など
の例にみられるように、立場によってまちまちであった。そのなかで仏教の僧侶たち
による神道の理解は、神仏一致あるいは神儒仏一致論に立つものが多いが、その場合
でも、神道は「我国の道」であるとの認識が近世には一般化していたのである。

● 内容・課題・展望

　神道の「我国の道」としての側面に即しては、仏教の発祥の地である天竺（イン
ド）・儒教発祥の地である中国と日本との関係が世界認識の次元でどのようにとらえ
られるかということや、神道と仏教が一般的にどのような関係にあるかという点が問
題となり、神道家や僧侶の間で論争になった。
　一方、吉田神道においては、神社における祭祀・祈禱の儀礼の体系が神祇道として
位置づけられたが、このような祭祀・祈禱・祓などの宗教的な儀礼や祭神に関する解
釈の体系という意味での「神道」も、宗教者の所属や立場に応じて、天台宗の山王一
実神道、真言宗の御流神道、あるいは垂加神道における橘家神道（兵法に関わる宗教
儀礼の体系）など、近世には様々に唱えられ展開していた。このような儀礼の体系と
しての神道の側面では、**本地垂迹説**（彼土の仏菩薩が人々の救済のために仮に此土にお
いて神となってあらわれるとする説）などの仏教的教理によって解釈されているかどう
かという点が、仏教史の立場からは注目される事柄となろう。
　もちろん、仏教や儒教と並ぶ「我国の道」としてとらえられた神道に関する理解と、
儀礼の体系としての神道に関する理解は相互に関係していた。たとえば、実際には仏
教（とくに密教）の儀礼を参照して神祇道を構築していた吉田神道の場合も、表向き

には仏教色の排除をうたうようになった。またそうした傾向を受け継いだ垂加神道などの儒家神道になると、仏教そのものの存在意義を否定する排仏論を展開するようになった。これに対し、本地垂迹説に立った神解釈を行い、祭祀・祈禱にも仏教の儀礼を導入する立場からは、排仏論に反撃するために、神道と仏教の一致、あるいは神・仏・儒の一致または棲み分けを説く議論が展開されたのである。

　ただし、神祇祭祀への関わり方については、仏教の宗派により著しい違いがあったことも事実である。天台宗、真言宗や日蓮宗などのように、僧侶が神祇の祭祀や祈禱に積極的に関わることを認める宗派がある一方で、浄土真宗のように僧侶が祭祀に関わることを否定するだけでなく、門徒に対しても祭祀への参加を制限し祈禱を否定する宗派もあったからである。

　このような違いがあったために、地域内の仏教寺院の宗派構成などの条件により、いわゆる**神仏習合**のありようや、神道と仏教の対立の構図にも地域差が少なからずあったのが近世という時代の特徴であった。たとえば、浄土真宗が優勢で天台・真言の密教寺院が少なく、吉田神道を創始した吉田家などの配下の神職による神社支配が一般的であった出雲国や石見国では、浄土真宗の神祇不帰依の宗風をめぐって僧侶と神職の間で論争が展開され、門徒も巻き込んだかたちでの争論が頻発していた。これに対し、百姓や寺院支配の神社が多い地域では、百姓身分の者が専業の神職身分として自立を図るために、ともに公家で神職としての免許を与えていた吉田家や白川家に入門したり、神道の作法に則り葬儀を執り行おうとする**神葬祭運動**を展開したりしたことが紛争につながることもあったし、神社の支配をめぐる神職と社僧との争論もしばしば起こったのである。したがって、こうした地域による状況の違いは、近代初頭における**神仏分離**の実態や、神道と仏教の関係の再編過程を条件づけていたことが想定されよう。

　このような状況を踏まえるならば、地域における信仰の実態や、宗教施設を管理した宗教者の構成などの宗教的社会関係の分析と、様々な神道説の思想史的な研究とを関連づけて、総合的に考察していくことが今後の研究の課題として設定されるべきであろう。

（小林准士）

● 参考文献

澤　博勝　1999　「近世後期の神道と仏教—神葬祭運動の歴史的意義—」（『近世の宗教組織　と地域社会—教団信仰と民間信仰—』　吉川弘文館）

小林准士　2008　「神祇不拝の論理と行動」（澤　博勝、高埜利彦編『近世の宗教と社会　3　民衆の〈知〉と宗教』）

引野亨輔　2008　「近世後期の地域社会における『神仏分離』騒動」（『近世の宗教と社会　3　民衆の〈知〉と宗教』）

井上寛司　2011　『「神道」の虚像と実像』　講談社

308　第3部　日本＊第3章　日本近世

2　儒教と仏教

● 研究史

◆**幕藩体制の支配原理をめぐって**　戦後の近世思想史研究では、儒教、とりわけ朱子学は、幕藩体制の支配原理かどうかが問題となった。従来、幕藩体制の支配原理を儒教（朱子学）とすることに対して、儒教は外来思想であり幕藩体制に合わないことが多いとの見解も示され、儒教はもっぱら身分制の維持に機能するとされた。では幕藩体制の**支配原理**が儒教（朱子学）ではないとすれば、支配思想・支配イデオロギーとは具体的にはどのようなものなのかが次の問題となった。そこで仏教をはじめとする諸思想があらためて注目されるようになった。これまで儒教（朱子学）が中心であった近世思想史研究に、仏教思想が民衆の自律を支える幕藩体制の基本的思惟として位置づけ直された（大桑 2007）。また、これまで仏教思想史が排除されてきたことを見直し、儒教（学問・治世などの道）と仏教（葬儀・祈禱・信仰など）は社会的な機能によって**棲み分け**がなされていたと提起された（黒住 2003）。その後も仏教思想史を組み込む必要がいわれるとともに、言説上の棲み分けでもある儒仏一致、鈴木正三や沢庵などの仏者による儒教の位置づけ、宗教思想としての仏教思想史に独自性を見出すこともいわれている（西村 2008）。

◆**儒仏論争をめぐって**　国家や体制と儒教（朱子学）との関係が限定的に考えられるようになったために、幕藩制社会における儒教と仏教との関係として**儒仏論争**が問題になった。もともと儒学が中世の五山禅林や清原家など公家の家学として研究されていたこともあって、儒学が自立しようとする際に仏教を排撃する論争的な様相をもっていた。この論争を知識人の論争として、4つの争点（人倫、輪廻・地獄・天堂、神儒一致と仏教、経世済民）があげられ、論争はおもに仏教側が世俗化したことにあって、中国明末と比較しても、思想論争としては平板で豊かではないとする見方があった（高橋 1975）。これに対して、単に知識人間の論争というより民衆を意識した論争であること、仏教優勢のなかでの朱子学提唱は衝撃であり、霊魂不滅・神国・神道が浮上して三教一致が登場するとしたことに、その特徴があるとされた。儒仏論争でも早い時期の『儒仏問答』（慶長12年〈1607〉以前に儒者 林羅山と日蓮宗信者の松永貞徳が儒仏論争をしたと考えられ、寛文年間〈1661-73〉には版本として出版された）によると、儒教では仏教を「虚偽」とするなど微妙にズレているという朱子との偏差から、その特徴は前世・現世・来世という三世にわたって原因と結果の因果律が貫徹するという三世因果説であって、もともとの心性論は深められなかった。むしろ儒仏が同質的な心性論を共通基盤としているがゆえに、心そのものを争点化せず、儒仏相似を認めたうえで、なぜ相似したのか、きわだつ相違点は何かということで論争が成立したとみることが提起された（大桑、前田 2006）。この後も、儒教側の朝山意林庵『清水物語』は2－3千部も売れたとされ、これに逐一反論した仏教側の『祇園物語』も出て、仮名草子で教義問答体小説と分類されるものがその一角を形成した。

◆**排仏論と護法論**　近世仏教史では、当初、仏教が形式化し僧侶の腐敗によって**排仏論**が生まれたとされたが（辻 1955）、これに対して儒者・国学者などの排仏論を一定認めたうえで、仏教側が**護法論**を積極的に形成して、儒仏や神儒仏などの一致論、仏教覚醒としての戒律復興、現世での世俗倫理を説いて庶民教化をしたことなどを評価した（柏原 1969）。とくに排仏論では、儒教を政治化して新しい祭祀体系を考える荻生徂徠の学問である徂徠学以後に、仏教と民俗信仰や民俗宗教的なものを邪祠とし、淫祠と同一視して仏教を排除するものが、幕末維新期の国体の議論につながるとされた。そして、排仏論が支配原理の転換を促すものとみられて（安丸 1985）、近代仏教を見越し、排仏論を通して仏教がいったん異端化するとされた（ケテラー 2006）。また真宗では、肉食妻帯などの排仏論に対応するなかで、真宗教義と儒教などの世俗倫理を守る「真俗二諦」論が教義化されるとした（平田 2001）。このように近世から近代へと見通すなかで、排仏論と護法論を通して仏教に本来的にある平等思想を打ち出した、あるいは内外の教団危機に対応するかたちで護法論を展開したなど、近世仏教を再評価する問題構成は、2000年前後から1つの論調としてある（前田 2010、西村2012）。

● 課題と展望

　近世において、儒学（朱子学）＝幕藩体制の思想原理ではなくなったとしても、近世の国家や社会において儒教と仏教との関係をどう考えるのかという問題は依然としてある。また排仏論と護法論という問題構成の場合、近世を通じて思想空間なり言説空間なりを設定して、一貫して近代までを見通すことが必要であろう。また儒仏論争では、寛永年間（1624-44）から寛文（1661-73）前後にかけて盛り上がり、元禄（1688-1704）前後には論点が出揃って終息するとの指摘があるので（宮崎 2001）、儒学では朱子との偏差が問題とされたように、中国などの護法論書などとどのような関係にあるのか、古学派など新しい儒学とどのような関係にあるのか、さらに東アジアの中での儒学と仏教はどのような関係にあるのかを考える必要がある。　　　（前田一郎）

● 参考文献

安丸良夫　1985　「排仏論から国体神学へ」（『佛教史学研究』28-1）

平田厚志　2001　『真宗思想史における「真俗二諦」論の展開』　龍谷学会

宮崎修多　2001　「漢学／儒仏論のはてに―元禄思想一斑―」（井上敏幸・上野洋三・西田耕三編『元禄文学を学ぶ人のために』　世界思想社）

黒住　真　2003　『近世日本社会と儒教』　ぺりかん社

大桑　斉　2007（初出 1974）「幕藩体制と仏教―近世思想史における仏教思想史の位置づけの試み―」（青木美智男、若尾政希編『展望日本歴史16　近世の思想・文化』　東京堂出版）

西村　玲　2008　『近世仏教思想の独創―僧侶普寂の思想と実践―』トランスビュー

前田　勉　2010　「仏教と江戸の諸思想」（『新アジア仏教史13　日本Ⅲ　民衆仏教の定着俊成出版社）

310 第3部 日本＊第3章 日本近世

3 キリスト教と仏教

● 定義・内容

　16世紀から17世紀にかけて、日本と中国にカトリック・キリスト教が伝来した。キリスト教は東アジアに西洋天文学や科学をもたらし、日本では寺請制度（ある寺が特定の家〈檀家〉の葬祭を行って財施を受ける寺檀関係のうえに、寺が檀家の人間をキリシタンでないと証明する制度。江戸幕府の宗教統制として始まり、戸籍制度の性格をもつ）が成立する契機となった。朝鮮では、豊臣秀吉による朝鮮出兵の時に日本から宣教師が渡って布教を行ったが、その後は18世紀末まで途絶えている。

　キリスト教からみれば、東アジア布教は16世紀初頭のルターに始まるプロテスタント勃興に対するカトリック側の反撃の一環である。その中心となったイエズス会の布教方針は、東アジア巡察使のヴァリニャーノ（図1）による現地適応主義であり、各国の宗教と文化に応じた布教が進められた（井手 1995）。そのキリスト教を受け止めたのは、それぞれの国における思想界の主流であった。日本では仏教であり、中国では儒教である。中国では、キリスト教は天につかえて倫理を説くヨーロッパからの新儒教として受け入れられて、1650年には15万人の信徒がいた（後藤 1979）。

　仏教とキリスト教の思想的論争は、中国の明末高僧とイエズス会宣教師の間に見られる。日本の戦国時代における支配層の間では、禅が優勢だった。来日したヴァリニャーノをはじめとする宣教師らは、仏教思想の核心は禅であると考えて、仏教は虚無混沌を根元とする一元論の無神論であると批判した。この批判は、中国布教でもマテオ・リッチによって踏襲されており、その後のヨーロッパにおける仏教観に大きな影響を及ぼした。

　リッチの主張する唯一神に対して、明末の臨済禅僧である密雲円悟は、外界の神を頼んで自己内心の仏性を否定するのは、自らの成仏を放棄する自暴自棄であると反論した。その弟子であった費隠通容は、キリスト教の神に対抗する仏教の普遍的な原理として、如来蔵の宇宙論である虚空の大道（さまたげのない無限の虚空のような性質をもつ真理）を主張した。日本の臨済禅僧であった雪窓宗崔は、正保4年（1647）に徳川幕府の命を受けて長崎で排耶説法（排耶は耶蘇教排撃。耶蘇教はキリスト教）を行い、その排耶論では虚空大道を理論的な基礎としている（西村 2012）。またリッチは、六道輪廻に基づいて仏教者が説く一切生物の不殺生を批判した。明末高僧の雲棲袾宏は梵網経に依って反論し、広く俗人に肉食禁止を呼びかけ、捕らえた動物を放つ放生を実践した。

　日本では、キリスト教は洗礼によって死後の天国を保証する新しい宗教として社会に広まり、大坂冬の陣が起こった慶長19年（1614）、キリシタンは全国に37万人がいたという。イエズス会は、日本布教の当初から仏教や神道と激突した。1570年代半ばからキリシタン大名の領内では転宗を強制し、寺社や仏像の破壊などの行為が行われていた。他宗派を否定するキリシタンは、ヨーロッパ諸国による日本植民地化への脅

威とあいまって厳禁されるに至り、キリシタン殉教の惨劇となった。黒衣の宰相といわれた臨済禅僧の以心崇伝は、慶長18年（1613）に幕府の命をうけて『排吉利支丹文』を書き、日本の正義と平和は神道・仏教・儒教の三教に依ることと、キリスト教は邪教であることを宣言した。幕臣から曹洞禅僧となった鈴木正三は、キリシタンを批判するなかで、当時の一般的な摂理であった天道を主張する。1610年代後半に下火になっていたキリスト教布教は、幕府が島原の乱（寛永14年・1637）後に寺請制度を厳格に施行したことによって、全国的に終わりを告げた。その後の近世を通じて、キリシタンは魔法の邪教とみなされて、キリスト教は日本国のいわば仮想敵としての役割を果たした。

図1　ヴァリニャーノ像（高取正男ほか編『図説　日本仏教史』3より転載）

幕末の開国とともにプロテスタント・キリスト教が伝来し、仏教批判書が出版されるに伴い、仏教で再び排耶論が盛んになった。浄土僧の鵜飼徹定によって明末の排耶論書が刊行され、また浄土真宗を中心に多くの排耶論書が書かれた。この時期の排耶論では、西洋諸国による植民地化への脅威を背景として、キリスト教排撃と尊皇攘夷が一体化している。近代になってからは、明治中期の国家主義台頭に伴って、井上円了に代表されるキリスト教批判が生まれた。これをもって近世的な邪教観は終わりを告げ、以後は近代的なキリスト教観へと展開される。

● 研究状況・課題と展望

　キリシタン研究は、第二次大戦前から歴史学・宗教学・国語学・日本思想史学などの多分野において進められてきた。戦後にはキリスト教史からの研究が進むとともに、海外からの研究も貢献して、それまでの日本一国のキリシタン史から世界史的な枠組みに大きく広がった。仏教からの研究においても、日本近世という枠組みにとどまらず、アジアに広がる仏教文化圏を踏まえて、通史的にとらえることが求められよう。またキリシタン研究では、ローマをはじめとするヨーロッパに東アジアに来た宣教師による膨大な史料が遺されているために、基礎的な史料研究も重要である。

（西村　玲）

● 参考文献

海老沢有道　1966　『日本キリシタン史』　塙書房
後藤基巳　1979　『明清思想とキリスト教』　研文出版
井手勝美　1995　『キリシタン思想史研究序説』　ぺりかん社
西村　玲　2012　「東アジア仏教のキリスト教批判」（中野三敏、楠元六男編『江戸の漢文脈文化』　竹林舎）

312 第3部 日本＊第3章 日本近世

4 異端的宗教

● 定義・内容

　国家・社会の秩序から逸脱しているとみなされたことにより、警戒・排除された宗教を「異端的宗教」と総称する。ただしその秩序観は容易に変容するものである。幕府によって、1610年代にキリシタンが禁制となり、さらに寛文9年（1669）には不受不施派、元禄4年（1691）に悲田宗と、日蓮宗系の両派も禁止された。以後、これらの信仰が邪宗門・邪教として弾圧を受けることになる→3部3章1節3。

　近世において異端の象徴とされたのは「切支丹」であった。もともとこの言葉はキリスト教を信仰する人々＝キリシタンを指すものとして用いられたものであるが、実際にはキリスト教徒に限らず、異端的な言説や集団、行動をも集約・表象するものとして使用された。幕府は寺請や絵踏みによって宗門改めを行い、取り締まりをはかった（安丸 1986、大橋 2014）。

　仏教諸派内部でも異端が問題となっていった。浄土真宗の場合には、正統なる信仰とは異なった教義解釈をするものを異安心と称し、問題が顕著にみられた。祖師親鸞の在世中以来、異義・邪義として種々の教理的見解が批判の対象となっていた。近世に正統教学なるものが確立していくことで、異安心が問題となっていった。本願寺教団は東西分派後、西本願寺教団は寛永15年（1638）に、東本願寺教団は寛文5年（1665）に、学寮を創建したと伝える。そして、学寮を核とする一元的な教学体制と、学寮講者による全国的な教化体制が、18世紀後半から19世紀前半にかけて、段階的に確立されていく。正統教学が模索され追求されていく過程で、異安心の疑いのあるものが摘発されて取り調べられる異安心事件が急増した。異安心は真宗教団における異端的信仰であり、基本的には教団内部において取り調べと処罰がなされた（松金 2013）。ただし秘事法門（信仰内容を秘密裏に伝える異安心の一種）のようにたび重ねて幕府から処罰を受けたり、西本願寺教団における最大の争論である三業惑乱のように、最終的に幕府が介入して収束に至った場合もある。

　また異端的な信仰のあり方として「かくれキリシタン」や「かくれ念仏」などがある。南九州の人吉藩（相良氏）や薩摩藩（島津氏）では、一貫して真宗を禁制とした。真宗禁制の初見は弘治元年（1555）の相良氏分国法とされ、藩成立以後も、たびたび禁令が発せられた。したがって両藩領域において真宗は、異端的宗教と位置づけられる。禁制下にあっても真宗を秘密裏に継承した信仰を「かくれ念仏」と称する。西本願寺など本山から法宝物や消息（歴代門跡が門末に向けた手紙形式の法語）を免許されて正統な真宗信仰を継承した講集団が、広域に展開した。ただし三業惑乱により西本願寺教団では異端とされた僧侶による活動の影響も大きかったとみられる。各地には取り締まりからまぬがれようと、かくれて講を営んだ洞（図1）や、本尊の阿弥陀如来をかくして安置したタンスや傘・まな板などの遺品が伝わる。一方で弾圧が繰り返されるなか、本山との結びつきが途切れ、霧島修験などの在地の諸信仰と習合した信

仰形態も生まれた。正統なかくれ念仏講の広まる地域に、さらに秘密裏に伝えられることで、独自な信仰形態に変容をとげた信仰集団が生じた場合もあった。

　僧侶は、社会的な異端である「切支丹」などを、寺請制度にもとづく宗門改めによって取り締まることを役務としていた。それは幕府による民衆支配の一翼を担うものとして否定的評価がなされてきたが、宗門改めを教諭・教化の機会ととらえ、積極的にその責務を果たそうとする僧侶の姿もみられる。教学の研鑽が進むことで、仏教教団内では、真宗の異安心のような異義・邪義が問題視されていった。僧侶は、教団内の異端と社会的異端に対して、一貫する課題として取り組んだ。

図1　花尾かくれ念仏洞

● 研究状況・課題と展望

　幕府によって禁教とされたキリシタンや不受不施派・悲田宗については、近世前期における幕府の宗教行政を論じるなかで取り上げられてきた。またキリシタンについてはキリシタン史としての研究蓄積も豊富である。

　異安心やかくれ念仏は、真宗史のなかでも個別の研究課題として取り扱われてきた傾向にある。南九州のかくれ念仏について、真宗本山とのつながりを有する信仰集団については殉教の歴史として顕彰的に扱われてきた。一方、在地の諸信仰と習合し、特有の展開をとげた「カヤカベ」をはじめとする信仰形態については、歴史民俗学的視点からも言及されている（森田 2008）。

　そのほか「切支丹」とみられたものとしては、東北のかくし念仏や富士講などがある。秘事法門とも言われる東北のかくし念仏は「犬切支丹」と称され、あるいは「切支丹」として処分された歴史がある。また、富士講は「切支丹」と紛らわしいといわれていた。このように、かくれ念仏や民衆宗教、また異安心についても、個別分野史にとどまらず、近世前期に禁教とされた諸信仰とともに、幕藩制秩序との関係からとらえ直す視点が求められる。かくれ念仏には、民衆宗教とも共通するような、通俗道徳的生活規律を一般民衆に浸透させた機能も認められる。また領主による異端的宗教の差異も意識していく必要がある→3部3章1節5。さらに幕府の宗教行政について、異端的宗教への対応から、中・後期における変容も明らかにしていくことが今後の課題である。

(松金直美)

● 参考文献

安丸良夫　2007（初出1986）「民俗の変容と葛藤」（『文明化の経験―近代転換期の日本―』岩波書店）

森田清美　2008　『霧島山麓の隠れ念仏と修験』　岩田書院

松金直美　2013　「近世真宗東派における仏教知の展開―正統教学確立と異安心事件をめぐって―」（『真宗文化』22）

大橋幸泰　2014　『潜伏キリシタン―江戸時代の禁教政策と民衆―』　講談社

5 民衆宗教

● 定義

　「民衆宗教」とは、歴史学・思想史学の立場から、民衆の間で発生した創唱的救済宗教のことを指し、具体的には18世紀に関東で盛んになった富士講、19世紀初頭に誕生した如来教から同世紀末に創始された大本あたりまでを指すことが多い。一方、宗教学・宗教社会学においては、「新宗教」という枠組みが用いられる。この立場では、幕末維新期から昭和末年までを6期に分けて検討されてきており、その第1期・第2期およびそれに先立つ江戸後期に発生した宗教がおおむね「民衆宗教」に該当する。本項では、江戸時代から維新期に発展した民衆宗教を扱うが、発生は19世紀前半であっても、発展したのはむしろ19世紀半ばの幕末維新期以後だということもあり、近代の動向についても言及する。

● 内容・研究史

　民衆宗教教団の多くは、教典・聖典などの教義書を出版しており、それらを利用して研究が進められてきた。戦後、民衆宗教研究を主導した村上重良は、黒住教・金光教・天理教などの教派神道を近代民衆宗教として位置づけ、村上の『近代民衆宗教史の研究』や主要な教団史料・教義書をまとめた『日本思想大系67　民衆宗教の思想』が上梓されて研究の基礎が固まった。

　もともと歴史学・思想史学における民衆宗教研究は、社会変革をもたらす人々の意識の変化、自己解放や自己変革、つまり民衆史研究の一環として検討されていた。そのため、「世直し」という言葉に象徴される政治支配体制に対する反抗、あるいは伝統的な価値とは異なった新しいビジョンを提示していることが重要視されている。

　「新宗教」という枠組みでの「新」には、近代（明治）以降の宗教であることが含意されている。もちろん、「近代」は単なる時間軸ではない。日本の近代化の原動力の1つとみるにせよ、その矛盾や抑圧に対峙したととらえるにせよ、江戸時代を近代の先駆的な形態として、日本の近代化と関わらせながら議論されているし、幕末維新期に多くの民衆宗教が誕生し発展した政治・経済的背景として、近代化（資本主義化・国民国家化）は見落とすことはできない。今後とも近代化と民衆宗教の関係性の問題は、古くて新しい課題であり続けるだろう。

　民衆宗教の諸教団は、それぞれ固有の信仰体系をもっているが、一部には異論はあるものの、「生命主義的救済観」と呼ばれ、現世における救済が強調されるという共通点が見出せる。宇宙（万物）と生命と神とを三位一体的なものとしてとらえ、それを体現する根源者（神）が存在し、万物の一員たる人間の内部にも根源的な生命の力が働いていることなどが、教えの根幹として説かれている。

　教えを人々に示し、また人々の悩みや苦しみを神に取り次ぐ媒介者となる教祖は、救済者でもあり、宗教社会学的にはカリスマ的指導者と概念化されるが、当時の人々からは「生き神」とみなされることが多かった。教祖は「啓示」（神がかり）によっ

て教えに覚醒するが、もともとは、ごく普通の百姓あるいは町人であり、複雑な事情や葛藤を生きた求道者としての生きざまのなかに、生き神としての教祖の魅力がある。とりわけ、一尊如来きの（如来教開祖）・中山みき（天理教教祖）・出口なお（大本開祖）のような**女性教祖**が誕生していることも研究史上の論点の１つである。

　民衆宗教の教えや実践の背景となる習合宗教（民俗信仰）の次元が深められるようになったのは、それほど古いことではない。黒住宗忠における吉田神道の伝統、金光大神では石鎚行者の神託に現れた金神、中山みきが経験した修験者による加持祈禱や、おかげ参り・おかげ踊りなどが知られており、如来教や金光教の祭神は、多様な神仏の霊験を統合・止揚して形成された。

　修験者や民間宗教者は、人々の救済願望を満たすなにがしかの実践活動を行っており、各地で救済活動を展開した浄土宗捨世派の徳本、法華宗の在家信者の活動が母体になっている長松日扇の本門仏立講などを視野にとれば、時として異端的な教団改革運動や習合宗教そのものに「民衆宗教性」を見出すことは可能であり、これらは民衆宗教の幅広いすそ野を形成していたといえるだろう。

◉ 課題・展望

　民衆宗教研究では、高い思想性や実践性をもち、国家権力からの弾圧のなかで教えがとぎすまされていった教祖時代には注目するものの、教祖没後の教義整備や教団化に対する評価は低い。しかし、教祖の言葉の多くは信者となった人々との対話によって示されており、教祖を教祖たらしめているのは、教祖を取り巻く人々に他ならず、帰依者の集団である教団なしに教祖も存在しえない。教祖と信者そして教祖時代と教祖没後、民衆宗教から教派神道への変化は確かに大きな断絶だが、民衆宗教研究はその溝をさらに大きくしたように思われる。むしろ教祖没後を問い、仏教やキリスト教などと対比的にとらえることで、民衆宗教研究を近代宗教史研究に広げていくことが期待される。

　教祖と信者、救済者（神）と求道者（人）、過去と現在など、容易に解消しえない二項対立を内包しつつ、人々は教祖像を構築してきた。教祖とは何かを問うと同時に、「教祖伝」という救済の神話、教祖伝の物語り論にも光が当てられるようになってきている。

（幡鎌一弘）

◉ 参考文献

村上重良　1963　『近代民衆宗教史の研究　増訂版』　法藏館

井上順孝、孝本　貢、対馬路人、中牧弘允、西山　茂編　1994　『新宗教事典（本文篇）』
　　弘文堂

桂島宣弘　2005　『増補改訂　幕末民衆思想の研究』　文理閣

幡鎌一弘　2012　『語られた教祖—近世・近現代の信仰史—』　法藏館

永岡　崇　2015　『新宗教と総力戦—教祖以後を生きる—』　名古屋大学出版会

基礎資料（日本近世）

　日本近世仏教史の基本史料として、近年、宗派・寺院別で史料集の刊行が相次ぐ。また、寺社行政に関するもの、諸思想・諸宗教との思想闘争をまとめたものも重要である。『名所図会』などに掲載する図版も活用することで、具体的なイメージを知ることができる。

鷲尾順敬編『日本思想闘諍史料』全10巻（東方書院　1930-31）　…　江戸時代における神道・儒教・仏教・キリスト教の思想上での関係交渉を示す史料を収録。

副島種経校訂『新訂本光国師日記』1－7巻（続群書類従完成会　1966-71）　…　臨済宗僧である以心崇伝（本光国師）の慶長15年（1610）-寛永10年（1633）にかけての日記。

『日本庶民生活史料集成』18巻　民間宗教（三一書房　1972）　…　民衆宗教や、隠れ・隠し念仏、隠れキリシタンといった体制側から否認された諸宗教に関する史料を収録。

柏原祐泉、藤井学校注『近世仏教の思想』（日本思想大系57　岩波書店　1973）　…　学僧が著した、神儒仏一致や護法論、不受不施・受布施といった、近世仏教を代表する思想を示す史料を収録。

『真宗史料集成』全13巻（同朋舎出版　1974-83）　…　中世から近代にかけての基礎的な真宗史料を所収。うち4-10巻に、近世史料が収録。

『日本名所風俗図会』全19巻（角川書店　1979-88）　…　近世に刊行された主要な名所図会を収録。寺院なども掲載。18巻に『西国三十三所名所図会』『二十四輩順拝図会』を収録。

『祠曹雑識』全3巻（内閣文庫所蔵史籍叢刊7－9　汲古書院　1981）　…　江戸幕府の寺社行政、訴訟に関する記録類や、見聞記事、沿革考証などを編集したもの。

『祠部職掌類聚』（内閣文庫所蔵史籍叢刊13　汲古書院　1982）　…　江戸幕府の寺社奉行所が管掌していた寺社の朱印状・条目・法令・諸記録等を分類、集録したもの。

宮内庁書陵部編『皇室制度史料』22巻既刊（吉川弘文館　1983-）　…　皇室に関する諸般の制度の歴史的沿革を明らかにすることを目的に、皇室制度に関する基本的史料を編目別に編修。

小此木輝之編『安楽律院資料集』全3巻（文化書院　第3巻は大正大学出版会　2001-06）　…　天台宗の安楽律院（比叡山飯室谷）に所蔵されてきた文書のうち主要なものを収録。

藤井讓治・吉岡眞之監修『天皇皇族実録』全135巻（ゆまに書房　2005-10）　…　歴代天皇や皇后以下、後宮、皇親、皇親妃に関する事蹟を示す文書・記録を編年体に載録。

『大系真宗史料』全25巻・特別巻1（法藏館　2006-）　…　真宗受容史の視点からの史料を「伝記編」とし、基本史料を「文書記録編」として、諸巻に近世史料が収録。

大桑斉・前田一郎『羅山・貞徳『儒仏問答』註解と研究』（ぺりかん社　2006）　…　儒者・林羅山が問い、仏教者・松永貞徳が答えた、儒仏の思想闘争を示す問答の記録。

平野寿則・大桑斉『近世仏教治国論の史料と研究　松平開運録／東照宮御遺訓』（清文堂出版　2007）　…　「史料編」「研究編」の構成で幕藩制国家の宗教性について「仏教治国論」の視座から論究。

村井康彦・大山喬平編『長楽寺蔵七条道場金光寺文書の研究』（法藏館　2012）　…　時宗の七条道場金光寺旧蔵文書（長楽寺蔵）を「史料編」「論考編」に分けて紹介。

参考文献（日本近世）

　日本近世の仏教史研究は、幕藩権力や教団によって構築された組織制度を明らかにする研究、地域社会における民衆に主眼を置いた研究に大別できる。それらの方法論としては、構造や関係を明らかにする宗教社会史、ならびに思想史がある。それに加え、民俗学的視点を取り入れた研究も重要である。

辻善之助　1952-55　『日本仏教史』7 -10巻　近世篇 1 - 4　岩波書店

1960-65　『近世仏教　史料と研究』全10巻　近世仏教研究会

森岡清美　1962『真宗教団と「家」制度』創文社

圭室諦成監修　1967　『日本仏教史　近世近代編』法藏館

柏原祐泉　1971　『近世庶民仏教の研究』法藏館

圭室文雄　1971　『江戸幕府の宗教統制』（日本人の行動と思想16）評論社

児玉識　1976　『近世真宗の展開過程―西日本を中心として―』吉川弘文館

大桑斉　1979　『寺檀の思想』教育社歴史新書

圭室文雄・大桑斉編　1979　『近世仏教の諸問題』雄山閣出版

圭室文雄編　1986　『論集日本仏教史　7 巻　江戸時代』雄山閣出版

圭室文雄　1987『日本仏教史　近世』吉川弘文館

宇高良哲　1987　『江戸幕府の仏教教団統制』東洋文化出版

大桑斉　1989『日本近世の思想と仏教』法藏館

高埜利彦　1989　『近世日本の国家権力と宗教』東京大学出版会

奈倉哲三　1990　『真宗信仰の思想史的研究―越後蒲原門徒の行動と足跡―』校倉書房

蒲池勢至　1993　『真宗と民俗信仰』吉川弘文館

竹田聴洲　1993-97　『竹田聴洲著作集』全 9 巻　国書刊行会

有元正雄　1995　『真宗の宗教社会史』吉川弘文館

日本仏教研究会編　1995　『近世・近代と仏教』（「日本の仏教」4 巻）法藏館

柏原祐泉　1996　『真宗史仏教史の研究　Ⅱ　近世篇』平楽寺書店

澤博勝　1999　『近世の宗教組織と地域社会―教団信仰と民間信仰―』吉川弘文館

高埜利彦編　2000　『民間に生きる宗教者』（シリーズ近世の身分的周縁 1 ）吉川弘文館

千葉乗隆　2001-02　『千葉乗隆著作集』全 5 巻　法藏館

有元正雄　2002　『近世日本の宗教社会史』吉川弘文館

杣田善雄　2003　『幕藩権力と寺院・門跡』思文閣出版

朴澤直秀　2004　『幕藩権力と寺檀制度』吉川弘文館

児玉識　2005　『近世真宗と地域社会』法藏館

森岡清美　2005（初出1978）『増補版　真宗教団における家の構造』御茶の水書房

引野亨輔　2007　『近世宗教世界における普遍と特殊―真宗信仰を素材として―』法藏館

吉田伸之編　2007　『寺社をささえる人びと』（身分的周縁と近世社会 6 ）吉川弘文館

澤博勝　2008　『近世宗教社会論』吉川弘文館

西村玲　2008　『近世仏教思想の独創―僧侶普寂の思想と実践―』トランスビュー

高埜利彦ほか編　2008　『近世の宗教と社会』全 3 巻　吉川弘文館

末木文美士　2010　『近世の仏教　華ひらく思想と文化』吉川弘文館

幡鎌一弘編　2010　『近世民衆宗教と旅』法藏館

末木文美士ほか編　2010　『新アジア仏教史13　日本Ⅲ　民衆仏教の定着』佼成出版社

菅野洋介　2011　『日本近世の宗教と社会』思文閣出版

智山勧学会編　2011　『近世の仏教―新義真言を中心として―』青史出版

高埜利彦・安田次郎編　2012　『宗教社会史』（新体系日本史15）山川出版社

上場顕雄　2013（初出1999）『増補改訂　近世真宗教団と都市寺院』法藏館

蒲池勢至　2013　『真宗民俗史論』法藏館

高埜利彦　2014『近世の朝廷と宗教』吉川弘文館

幡鎌一弘　2014　『寺社史料と近世社会』法藏館

島薗進・高埜利彦・林　淳・若尾政希編　2014-15　『シリーズ日本人と宗教―近世から近代へ―』全 6 巻　春秋社

大桑斉　2015　『近世の王権と仏教』思文閣出版

朴澤直秀　2015　『近世仏教の制度と情報』吉川弘文館

318 第3部 日本＊第3章 日本近世

特論 仏教と科学

　西洋の自然観と日本仏教の出会いは、16世紀のイエズス会士によるキリスト教伝道にはじまる。来日した宣教師たちは、しばしば地球説をもとに仏教を批判した。仏典中の物語の背景にある宇宙像は、平らな世界の中心に巨大な須弥山が聳え立ち、これを取り巻く山脈と大海によって構成された円盤状の宇宙像（須弥山説）であったからである。

　その後、徳川幕府の鎖国政策とキリシタン禁教令によって→3部3章1節3、5節3、須弥山説の是非を問う論争はしばらく鎮静化するが、徳川吉宗による禁書令の緩和（1720年）と実学奨励によって西洋の自然科学に関する文献が広く紹介され、再び須弥山を取り巻く仏教の宇宙像に批判の目が向けられるようになる。しかし、この時期に紹介された近代科学の自然観は、西洋においても伝統的なキリスト教の世界観と決別し、産業革命につながる技術革新を導いて近代化の推進力となった新たな世界の認識であった。ガリレオ・ガリレイが異端審問で有罪判決を受けたのは、鎖国令と同時期の1633年のことである。このため、仏教の擁護者たちは排仏論者たちの仏説批判と同時に、近代自然科学の機械論的な宇宙論とも向き合わなくてはならなくなるのである。

　こうした状況のもとで、須弥山を中心とする宇宙像の正当性を主張した仏教僧の一人が、普門円通（1754-1834）であった。地球説や地動説が暦数の計算や実際の観測によって証明された理論だとすれば、巨大な須弥山を中心として拡がる円盤状の世界は、現実には存在しない虚構にすぎないことになる。

　この疑問を解消するために、円通は各地を渡り歩きながら仏典中の天文・暦法を研究し、土御門家に入門して天文暦学を学んだ。インドの暦数にはじまる研究は、経論から百家の書に至り、地動説を含む西洋の天文学にも及ぶ。その後、仏典中の天文説に再び天文学としての可能性を見いだした円通は、これを「梵暦（仏教天文学）」として体系化する営みに着手した。この研究の成果は、文化7年（1810）に刊行された『仏国暦象編』（全5巻）に結実している。

　円通の「梵暦」は、仏典中の多彩な天文・地理・暦学に関する記述を整理し、古今東西の天文学理論と比較しながら最大公約数的な仏教天文学を体系化する営みであった。円通を「開祖」として「梵暦」を学ぶ人たちは、独自の仏暦を頒布したり、仏教諸宗派の学林等で暦学を講義したり、各地で私塾を開いて天文学を教えたりしながら、かなり広範な活動を大正期まで続けた。円通が組織的な活動をはじめたのは寛政年間（1789-1801）であり、門弟たちの活動はおよそ100年近く継承されることになる。

　とはいえ、明治期の後半には急速に衰えた彼らの活動の実態を把握する研究は、これまで本格的にはなされてこなかった。しかし、近年では安政年間の仏暦印施や『仏国暦象編』の版本調査など、梵暦運動の実態を把握する研究が行われている。また、当時の活動拠点となっていた寺院等の調査をもとに、印刷・頒布された仏暦や天文学

講義の筆録、「梵暦開祖」の須徳碑や書写された暦本類、仏暦や梵医方に基づく売薬の販路、といった梵暦関係資料の整理が進んできた。さらには、佐田介石や禿 安慧といった円通の門弟たちについても多くの論考が発表され、梵暦運動の実態が明らかになりつつある。

なかでも興味深いのは、「須弥山儀」や「縮象儀」、「視実等象儀」などと呼ばれる天体運行時計の存在である。円通とその門弟たちは、須弥山を中心とする世界（須弥界）を説明するために、仏典中の宇宙像を図版として刊行するばかりでなく、時計仕掛けの装置を作って、平らな世界の実在をデモンストレーションしようとした。重錘式やゼンマイ式の精密機械として製作されたこれらの天体運行時計は、各地に現存している。

従来の日本仏教史では、円通以前の須弥山説擁護論と19世紀の梵暦運動は同一線上において議論され、これらの天体運行時計は、しばしば地球儀や天球儀に対抗するためのモデルであると考えられてきた。しかし、実際の須弥山儀や縮象儀は、天球上の星座の位置や世界地図を図示する儀器ではなくて、天体の運行を実際の観測に近いかたちで自動表示する極めて精密な装置である。

西洋でも18世紀から19世紀にかけて、太陽系のシステムを説明して地動説の正しさを主張するために、「オーラリー（orrary）」と呼ばれる天体運行時計が盛んに製作された。須弥山儀や縮象儀は、のちにプラネタリウムへ発展するこの天体運行時計に類する装置である。科学史の研究者たちは、かなり早い時期から円通の須弥山儀は、西洋のオーラリーに類する天体運行時計であると指摘している。宗教史の研究者が、須弥山儀や縮象儀を天球儀や地球儀と対比させて考えてきたのは、排仏論と護法論の対立や排耶論の言説を意識しすぎて、梵暦理論の仏教科学としての側面に目を向けられなかったからではなかろうか。

円通とその門弟たちが、時代の要請に応じて仏教思想を再解釈するために向き合ったのは、国学や儒学、キリスト教の立場からの仏教批判よりは、むしろ近代自然科学がもたらしたリアリティの転換だったのである。

近代科学の機械論的自然観は、西洋においても伝統的なキリスト教の宇宙論を覆したように、日本においても仏教を中心にした人々の信仰生活や伝統的な自然観に多大な影響を及ぼすことになる。近代日本の黎明期に仏教と科学を架橋し、天文学を中心にした仏教科学を構築しようとした円通たちの足跡は、後の近代仏教思想の展開→3部4章を考えるうえでも重要ではないだろうか。

(岡田正彦)

● 参考文献

岡田正彦　2011　『忘れられた仏教天文学—19世紀の日本における仏教世界像—』　ブイツーソリューション

第4章 日本近代

総説

◉ 本章で扱う範囲

　日本近代仏教史の幕開けは、神仏分離令(神仏判然令)とともに訪れた。日本仏教史を特徴づける神仏習合の長い歴史が、明治初年における一連の布告で廃止されたことに伴う、仏教界が受けた影響は大きい。留意すべき点は、神道国教化政策を推し進める近代国家が形成される過程で、仏教をはじめ諸宗教が、新たに再編成された政教関係を律する国家の政策下に置かれたことにある。そのような社会の様々な場面で、僧侶だけでなく在家信徒もまた新時代に対応しようとしたのが、近代仏教史の特徴といえるだろう。一方、日本国内にとどまらず、アジアの仏教国や欧米との接触による影響も無視できない。本章は、これらの歴史的変動を反映した構成をとっている。

◉ 本章の構成と研究動向

　第1節は、仏教界に多大な圧力と影響を及ぼした政教関係に関連した諸問題について、第2節は、西洋からもたらされた近代的知の体系が伝統的な仏教概念に与えた影響について、第3節は、明治以降に解禁された海外渡航に伴う異文化接触の事例について、第4節は、大きく変化する社会の中で、仏教徒がどのように差別などの諸問題に対応してきたかについて、第5節は、文学や芸術の領域で表現された仏教的世界観を取り上げている。以下、各節の相互関連性とあわせて、一部を補足して解説する。

　明治国家は、王政復古の大号令によって天皇を新たな支配者と位置づけ、かつての仏教との関係を排除した「現人神」とする神権政治としてスタートした。とくに近代以前の天皇制と異なるのは、宗教教団が他の世俗集団と同等の扱いで政府の管理下に置かれるようになった点である。例えば、僧侶の肉食妻帯が教義や戒律の問題ではなく政府の布告によって許可されたことや、寺請制度に代わり政府によって一元的に全国民の戸籍が管理されるようになったことなどである。

　欧米列強や日本の植民地となった多くのアジア諸国では、宗主国への抵抗運動が展開され、仏教が抵抗の精神的支柱となった例も少なくない。一方、日本では、政府への抵抗というよりは、近隣のアジア諸国を植民地にする過程で、多くの場合、帝国主義化する日本の政治的・軍事的侵攻を従軍布教という形で後押しした歴史がある。日本がアジア広域に勢力圏を拡大するのと歩みを同じくして、仏教諸宗派は、広範な地域で主に現地日本人を対象に海外布教(開教)を展開した。また、政府が琉球王国とアイヌモシリをそれぞれ沖縄、北海道として日本の領土とすると、布教を開始している。

　このように、日本政府の庇護下にあったアジアの勢力圏での布教と、ハワイ・北米での布教は政治的・社会的・宗教的背景の点で対照的であり、便宜上、アジアとハワ

イ・北米に分けているが、両地域で布教した僧侶も少なくない。また、現地での布教活動や現地寺院付属の日本語学校は、地域・時代によって変化があることから、今後は地域横断的な調査が必要となるだろう。

一方で、仏教独自の立場を取り戻そうとした事例も少なくない。宗教行政への異議申し立てや戒律復興運動などが起こったほか、急速に発達したメディアは、国内外の仏教界や来日した外国人仏教徒の動向を報じ、また知識人が仏教思想を表現する場として、**仏教改革運動**を推進させた。『新仏教』と『精神界』の2誌が代表的だが、とくに前者は社会主義者やユニテリアン（キリスト教の一派）と親交があり、「自由討究」を掲げて政府批判を行ったため数度の発行禁止処分を受けている。大逆事件（幸徳事件）による社会主義者への弾圧は、石川啄木（1886-1912）など文学者にも衝撃を与えたが、社会主義に共鳴した新興仏教青年同盟に先立つ先鋭的な仏教徒の社会運動として、部落差別への糾弾闘争を行った水平社運動がある。浄土真宗の西光万吉（1895-1970）は、1922（大正11）年に設立された全国水平社の創設者の一人として、日本初の人権宣言といわれる水平社宣言を起草している。

一方、海外との**異文化接触**は、それまで各宗派で教えていた宗学（宗乗）と異なる「仏教」概念をもたらした。欧米やアジアから来日した仏教徒や、アジアの仏教国へ行った日本人仏教徒が、日本の大乗仏教と異なる「仏教」の存在を知らしめ、漢訳経典に代わり、パーリ語やサンスクリット語の経典を中心とする新たな研究方法が導入されるようになった。こうした文献重視の傾向はその後の仏教学の方法論を方向づけ、仏教史学もまた文献史料を用いた歴史学の方法論に多大な影響を受けている。

これに対し、文献史料によらない**仏教民俗**の研究は、知識人の言説が中心であるなかで見落とされがちだが、民衆の生活文化に根ざした仏教の姿を明らかにしてきたことは重視すべきである。またジェンダーの視点でみると女性仏教徒に関する研究が圧倒的に少ないが、仏教民俗や仏教系新宗教での女性の役割や、とくに現代史ではNGOのほか、戦前にはみられなかった、教団内外で性差別撤廃や反戦平和のために活動する女性仏教徒が現れており、今後の研究がまたれる。

● 研究の展望

近代仏教史を研究することは、今日の日本仏教のあり方につながる諸問題の歴史を知ることであり、未開拓の領域も多い。宗派別では浄土真宗が最も研究が多く、浄土宗、日蓮宗、曹洞宗、真言宗も研究が進んでいるが、臨済宗、天台宗についてはさらなる研究の進展が望まれる。時代でいうと、明治期と昭和期（戦中まで）に研究が集中しているが大正期は少なく、通史的に近代仏教史をとらえる研究がほとんどない。一方、先述した日本人の国際移動を念頭に、越境的な視点から仏教史をとらえる国際共同研究は、日本仏教史の多様な可能性を示すものでもある。既出のテーマも、研究者の問題意識によって深く掘り下げられるものが少なくないため、章末の基礎資料のほか各派本山や地方寺院所蔵の一次史料を丁寧に渉猟し読み込むことが、よりよい研究への近道となるだろう。

（守屋友江）

① 国家と仏教

1 廃仏毀釈

● 定義・内容

　明治初期の神仏分離令などを契機として全国に展開した仏教排斥運動。背景には近世後期の排仏論や水戸藩の寺院整理、長州藩の淫祠破却などがあった。維新政府は、祭政一致・王政復古の方針のもと、神道国教化を目指して一連の神仏分離政策を展開した。1868（慶応4）年3月28日の**神仏分離令**では、従来混淆であった神道と仏教→3部1章5節1を分離させる方針が示された。以後、同年4–10月にかけて付帯する布告が次々と出されている。神仏分離を実施する過程では、各地で寺院の廃止・合併、僧侶の弾圧、仏像などの毀損行為などに発展していった。そのため仏教史の立場から見れば、神仏分離と廃仏毀釈を同義にとらえる傾向が根強い。なお、「廃仏毀釈」という用語は当時の法令等では用いられておらず、厳密に言えば「排仏毀釈」、「破仏」、「廃仏」、「廃毀合併」などと表記されている（村田1999、阪本2007）。

　維新政府では津和野藩出身の福羽美静・亀井茲監らが担い手となり、神仏分離政策を主導した。一連の政策はあくまで神社から仏教色を払拭する意図であったが、政府の意図を超えて一部地域の国学者・神道家は廃仏毀釈運動を展開した。比叡山延暦寺日吉山王権現（日吉社）では、神仏分離令後、膨大な仏像・仏具・経典が破却されたほか、奈良の興福寺などにおいても僧侶が還俗し廃寺同然となった。

　廃仏毀釈の起こった地域では特に苗木藩・松本藩・富山藩・津和野藩・鹿児島藩などが代表的だが、これらは藩主自らも寺院破却を徹底したことで知られる。仏教界では「大打撃」だととらえて対策に乗り出したが、特に先導したのが**真宗勢力**→3部3章2節8であった。真宗地帯であるか否かも廃仏状況を規定した。富山藩では政治行動に訴えた島地黙雷ら真宗僧侶が、長州出身政治家へ対策を依頼すると、政府は富山藩に対し穏当な処置を求めた。真宗勢力は政府の神道国教化政策を挫折させ、1872（明治5）年に神仏合同の統轄機関である教部省の設立を導くこととなる。

　ところで、廃仏毀釈像を視覚的に形成するのに一役買ったのが、横河秋濤『開化の入口』（明治6–7年）の挿絵（図1）である。仏像・仏具・経典が破却され、僧侶が嘆いている場面を描いたこの挿絵は、浮世絵師長谷川貞信が描いたもので苛烈な廃仏毀釈を説明する際にしばしば用いられた。『明治文化全集』第20巻文明開化篇（1929年）に採録された後

図1　仏具・経典が破却される様子（『開化の入口』　早稲田大学図書館所蔵）

も、一般書や教科書等で取り上げられている。

● 基本資料

　神仏分離・廃仏毀釈の研究については、村上専精・辻善之助・鷲尾順敬編『明治維新神仏分離史料』上・中・下（東方書院 1925-26年）の刊行によって大きく進展したといってよい。内容は公文書や寺院所蔵史料などの一次史料を集積した史料集で、関係する論文や全国各地からの事例報告なども収めている。以後の廃仏毀釈の研究はこの史料集によって立像されているといってもよい。現在でも史料集としての価値は損なわれておらず、廃仏毀釈の研究を志すうえで必須の史料である。

　典拠となっている史料の中にはもはや散逸してしまったものや、そうでなくとも所在が不明となっているものが少なくない。特に寺院所蔵の史料は公開の遅速があって、史料的に制約されているのが現況である。新たな寺院史料の発掘が難しいなかで、政府・地方自治体など行政側の史料群への目配りは最低限欠かせないだろう。国立公文書館が所蔵する明治新政府の公文書のほか、各自治体の文書館・史料所蔵機関などにおいても、関係する史料が所蔵されている。

● 研究状況と今後の課題

　廃仏毀釈については、戦前からの仏教史研究、神社神道史研究、歴史研究の３点から主に分析が進められており、挙げれば枚挙に遑がない。上述の『明治維新神仏分離史料』刊行以後、これを基にした研究がなされてきた。同史料集の監修を務めた辻善之助の研究は、廃仏毀釈から始まり、徐々に仏教界が立ち直っていくという明治仏教史の構図を体系化した（辻 1949）。この他、社会経済史的な観点からの研究がなされたが、全国的な廃仏毀釈の嵐だととらえるような見方自体は引き継がれた。安丸良夫は従来の研究を踏襲しながらも、宗教生活の改編において民俗信仰の抑圧を氏神・氏仏の廃滅ととらえた点で大きな衝撃を与えた（安丸 1979）。近年になり、地域事例の実証的な研究が積み重ねられるようになり、徐々に全国的に展開した苛烈な廃仏毀釈像は修正されつつある。さらに、国家神道形成の文脈で論じる阪本是丸によって仏教側の「法難史観」だと批判的にとらえる向きもあり、廃仏毀釈をめぐる研究は一様ではない。

　地域での事例の積み重ねを要するとともに、廃仏毀釈が行われた／行われなかった地域を峻別して多様な実態を把握する必要がある。中央での政治的動向を視野に収めることも全体像をつかむ鍵となる。また、同時代ないしは後年になって、廃仏毀釈の経験が関係者の記憶とともにどう語られたのか、現実の歴史過程と記憶という二段階に整理して検討する必要があるだろう。　　　　　　　　　　　　　　　（辻岡健志）

● 参考文献

辻善之助　1949　『明治仏教史の問題』　立文書院
安丸良夫　1979　『神々の明治維新―神仏分離と廃仏毀釈―』　岩波書店
村田安穂　1999　『神仏分離の地方的展開』　吉川弘文館
阪本是丸　2007　『近世・近代神道論考』　弘文堂

324　第3部　日本＊第4章　日本近代

2　天皇制と仏教

● 内容

　欧米列強によるアジア諸国の植民地化を前に、幕末の日本では勤王派が対外的危機意識から、尊王論により天皇の伝統的権威を復活させ、「現人神」としての天皇を頂点に置く近代国家の形成を企図した。幕末の尊王攘夷運動には、多くの勤王僧も加わり、国事に奔走した。

　天皇制は、**大日本帝国憲法**で、帝国日本を統治する「万世一系」の天皇は神聖不可侵であると明文化され、制度的確立をみた。憲法に加え、教育、宗教など日常生活のあらゆる次元において天皇を神格化する環境が構築されるなかで、仏教も教育勅語や戊申詔書などを社会に浸透させる役割を担った。

　仏教の大勢は、一貫して天皇制国家と親和的な関係を主張した。著名な僧侶が「尊皇奉仏大同団」（大内青巒）という組織を結成し、天皇を「現人仏」「生き仏」（暁烏敏）だと説いたことは、そのような立場を端的に表現している。

● 研究史

　戦後の仏教史研究は、講座派マルクス主義や丸山学派による研究成果を積極的に吸収したことで、民衆生活を抑圧し、民衆の自律を阻害するシステムとして天皇制を把握する傾向にあった。そのため、近代仏教史研究の領域でも、天皇制による強権的弾圧の側面に注目しつつ、民衆の側に立たないで天皇制に従属した仏教を批判的に論じるとともに、たとえば大逆事件に連座した僧侶などについては、例外的に天皇制と対決しえたと把握して高く評価してきた。こうした立場は、仏教が本来は権力と対決しうる性質をもつと認識し、国家権力と仏教との対立関係を重視した研究主体の問題意識に支えられていた。しかしながら、近年では、問題意識の多様化によって、天皇制と仏教との対立関係を主題とする研究が少なくなっている。

● 今後の課題

　天皇制やその国家の宗教性は、近代日本に生を享けた民衆の思想形成を深部から制約し続けた。仏教史研究にとって重要な課題は、天皇制国家による抑圧と民衆による自発的奉仕、および両者の循環の構造がいかなる歴史的段階を経て構築されたのかを、宗教性の次元から動態的に解明することであろう。そこで仏教が果たしてきた役割はもちろん、その循環に断絶を持ち込む可能性が仏教に存するのかという問題も含めて、今後の課題といえるだろう。

（近藤俊太郎）

● 参考文献

安丸良夫、宮地正人校注　1988　『日本近代思想大系5　宗教と国家』　岩波書店

村上重良　2007（初版 1986）　『天皇制国家と宗教』（講談社学術文庫）　講談社

安丸良夫　2007（初版 1992）　『近代天皇像の形成』（岩波現代文庫）　岩波書店

3 国家神道と仏教

● 内容・定義

「国家神道」の定義は様々あり、定まっていないのが現状であるが、近代仏教史においては、おおむね明治維新からアジア・太平洋戦争の敗戦に至るまで、国家のイデオロギー的基盤となった宗教ととらえられている。このような、いわゆる**国家神道体制**の下、仏教教団や仏教者は、国家の宗教政策に追随した国民教化を行い、戦時にはその遂行に協力もした。

● 研究史

神道国教化の過程の詳細は、村上（1970）・島薗（2010）らの研究があるが、概して、神道の国教化を図ろうとする明治政府が、神社神道を皇室祭祀や天皇崇敬のシステムと結びつけながら国家体制に組み入れ、神道を「宗教ではない」とすること（神道非宗教論）により、キリスト教徒や仏教徒が皇室や天皇を崇拝することを当然とするような国民教化を行ったと理解されている。

先行研究では、そうした**神道国教化政策**下において、廃仏毀釈 →3部4章1節1が席巻するなか各地で起こった廃合寺反対一揆や福田行誠が主張した戒律による仏教復興論、そして三条教則を批判した島地黙雷の信教自由論などが取り上げられてきた。また戦時期においては、神仏の教義を融合させた暁烏敏の目論見と過誤とその意味や、非戦論を説いた高木顕明や竹中彰元などが注目されて論じられてきたが、いずれにせよ、国家神道体制下における仏教側の対応のあり方とその限界や問題点などを明らかにしようとする研究が目立つのが現状である。

● 研究課題

この「国家神道と仏教」というテーマは、国家神道と仏教に着目する従来の研究に内包された問題意識を継承し、戦前・戦中の仏教のあり方に自覚的な反省をもって研究しようとするものである。果たして、国家神道体制下、仏教教団が取った態度は、単なる面従腹背であったのか。国家の宗教政策と不可分に存在した仏教界と神道界は、相互にいかなるジレンマを抱えていたのか。考えるべき未解明な課題は多い。今後は、政府が実施した神道国教化政策と、それが仏教界にもたらした影響や仏教者たちの反応や動き、さらには、そうした仏教界への政府や神道界の反応や動きに着目し、とりわけ近代の神道・仏教と政府の動態的相互関係を把握することで、従来、断罪的に単純化してとらえられがちであった戦前・戦中の仏教史像を見直し、複雑で多様な実態に迫り、その特質を明らかにすることが期待される。 （福島栄寿）

● 参考文献

村上重良 1970 『国家神道』 岩波書店

子安宣邦 2004 『国家と祭祀―国家神道の現在―』 青土社

福島栄寿 2004 「神道非宗教論をめぐって―せめぎあう神と仏―」（『教化研究』133号）

島薗 進 2010 『国家神道と日本人』 岩波書店

326　第3部　日本＊第4章　日本近代

4　宗教行政

● 定義・内容

　明治初年から戦後に至るまでの宗教行政は、複雑な変遷を遂げてきた（文化庁文化部宗務課 1983）。300有余の単発的な諸法令は一元的な宗教法制を整えられず、混然とした宗教界全体を指導・監督する困難さを物語っている。図1に見るように所管する官庁組織もまた統廃合を繰り返しており、統一的な宗教行政の展開を阻む要因となった。近現代における政府と宗教の関係は、断続的な諸法規、一貫性を欠く官庁組織により、絶えず緊張的な関係にあった。

　まず政府が宗教を本格的に行政上の管理に置いたのは、1872（明治5）年の**教部省**の設置からである。それまでは、維新政府は祭政一致の理念のもと、明治元年に神祇官により全国の神社・神官を管轄下に置き、神道国教化政策を展開していた。仏教については1870（明治3）年に民部省寺院寮が管轄したが、仏教界の諸問題を解決するには十分ではなかった。島地黙雷（1838-1911）ら真宗僧侶らは立法諮問機関の左院や江藤新平らと協同して、社寺の個別管理から宗教を統一的に管理する行政機関として教部省を設立するに至った。政府は仏教勢力を抱き込み、国民教化政策を展開する目論見で、全国の神官・僧侶を教導職に任命して大教院を設立したが、やがて立ちゆかなくなる。しかし、島地黙雷ら真宗僧侶らによって教部省・大教院が廃止に追い込まれ、1877（明治10）年に所掌していた社寺事務は内務省社寺局へと引き継がれることとなる。

　その後、1889（明治22）年2月に大日本帝国憲法が発布されると、その第28条に**信教自由**の原則が保障されることになった。国家の安寧秩序を妨げず、および臣民たるの義務に背かない限りにおいての自由であった。1900（明治33）年には内務省社寺局を宗教局と神社局に分割し、神社を宗教の外に置くこととした。1913（大正2）年に内務省は宗教局を文部省に移し、宗教行政が現在に至るまで部局課の変遷はあるものの文部省の所管となった。なお、内務省神社局は後に神祇院と改められている。

　戦後になると、1946（昭和21）年11月3日、日本国憲法が公布され、第20条および第89条に、信教の自由、**政教分離**の原則が保障された。1939（昭和14）年公布の宗教団体法の廃止を受けて制定された宗教法人令に代わって、1951（昭和26）年4月に所轄庁により規則等の認証を受ける制度を採り入れた**宗教法人法**が施行されて、現在に至っている。

● 基本資料

　宗教関係の法令を押さえるうえで、文部省文化局宗務課監修『明治以後宗教関係法令類纂』（第一法規 1968）が明治から戦後に至るまでの宗教法令を網羅しており便利である。宗教関係の公文書については、明治以降の宗教行政機関が複雑に変遷したことからもわかるように、複数の官庁に引き継がれており、いくつかの機関に分散されて保管されている。

　政府の公文書を所蔵する国立公文書館には、「太政類典」「公文録」などの政府編

纂の記録のほかに、宗教法案関係など内務省の公文書に見るべき点が多い。また、明治初期の宗教政策を研究するうえで不可欠な史料群として、国立国会図書館所蔵「社寺取調類纂」がある。主として神祇官・神祇省・教部省が社寺行政を所管していた時期の公文書195冊で、特に明治3-10年に集中している。内容は府藩県からの稟請書や諸官庁との往復書類、地域から政府への提出書などで、政策立案の過程や地域への政策実施の内実をうかがうことができる。

1913年に内務省から文部省で宗教行政を所掌することになって以降については、宗教行政の主管部局課で作成・取得した公文書が、1961年に文部省史料館（現在の国文学研究資料館）へ移管されている。「文部省調査局宗務課引継文書」と題する一連の文書群には、「神社明細帳」「寺院明細帳」などの社寺関係文書や宗教制度調査会関係文書など2,163点を収める。文部省の宗教行政をうかがううえで、極めて貴重な史料である。

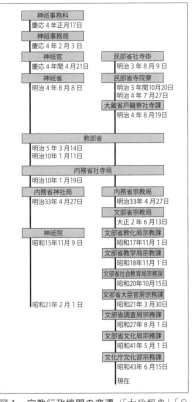

図1　宗教行政機関の変遷（「太政類典」「公文録」「官報」等より作成）

● 研究状況と今後の課題

『明治以降宗教制度百年史』がある以外は、概して行政全体を見渡す研究の蓄積が少ない。宗教行政に関する個別研究は、主に法学研究と歴史研究の二方面よりなされてきた。前者は戦前期から宗教法制の整備を背景にした宗教法学の一分野として深化し、戦後は宗教法人法や政教分離裁判という現在的な動機に促される形で宗教法学の体系化が進んだ。

後者は、戦後になり国家神道体制研究の一分野として進展した。主として国家神道形成段階である明治初期の宗教行政に関して研究関心が寄せられてきた。そのため、明治中期の宗教行政と教団自治の混迷を論じた研究成果もあるが（羽賀 1994）、明治期のみならず大正・昭和期を通じた宗教行政上に仏教教団をいかに位置づけていくのか、今後の課題である。特に、比較的手薄な大正・昭和期の宗教行政の実証研究が期待される。

（辻岡健志）

● 参考文献

文化庁文化部宗務課　1983　『明治以降宗教制度百年史』　原書房

羽賀祥二　1994　『明治維新と宗教』　筑摩書房

5 従軍布教

● 定義・内容

　従軍布教とは、日本の仏教諸宗派が陸海軍人に行った**軍人布教**のなかの1つの活動であり、戦時下において僧侶が従軍し戦地にておこなった軍人への布教等の活動のことである。このような活動をおこなった僧侶は**従軍布教師（使）**または従軍僧と呼ばれた。従軍布教師は戦地において軍と行動をともにし、ときには最前線において布教や戦死者の葬送などをおこなった。また軍の駐屯地等へおもむき布教や慰問品の寄贈などをおこなう**軍隊慰問**を、戦地にて行うこともあった。

　近代以降の従軍布教は1894（明治27）年の日清戦争より始められるが、この戦争で従軍布教師は軍部の許可のもと、おもに戦地となった朝鮮において活動をおこなった。また日清戦争後の台湾領有化のための戦争では、台湾においても活動をおこなった。この戦争に従軍布教師を派遣した宗派は、天台宗、真言宗、浄土宗、曹洞宗、日蓮宗、真宗大谷派（東）、浄土真宗本願寺派（西）などであった。1900（明治33）年の義和団事件や1904（明治37）年の日露戦争においても従軍布教がおこなわれたが、日露戦争では戦争規模の拡大とともに各宗派の戦時奉公体制の拡充もともなって、活動は拡大されていった。日露戦争における従軍布教師はおもに中国東北部（「満州」）に派遣され活動したが、なかでも本願寺派がその中心であった。本願寺派では開戦と同時に従軍布教使条例を発布し、また法主であった大谷光瑞の指示のもと105名の従軍布教使を戦地へと派遣するなど、従軍布教に積極的に取り組んでいった。本願寺派にはその

図1　中国戦線の真宗本願寺派の従軍布教使　首に輪袈裟をかけ、左手には念珠、右手には引磬を持っている。（浄土真宗本願寺派国際センター所蔵）

ような戦時奉公と従軍布教使の派遣に対し、明治天皇より嘉賞の勅語が与えられている。1918（大正7）年のシベリア出兵の際にも従軍布教がおこなわれたが、そののち1931（昭和6）年のいわゆる「満州事変」とそれに続く1937（昭和12）年よりの日中戦争、およびその後の1941（昭和16）年より開始されたアジア太平洋戦争という一連の戦争においては、仏教諸宗派の戦時体制がより一層強化され、従軍布教は戦時奉公の柱の1つとも位置づけられた。この一連の戦争では戦闘地域の拡大にともない、中国はじめ東南アジア各地や南太平洋諸島方面まで従軍布教師の派遣がおこなわれた。またそれら地域への兵力の増強にともない従軍布教師数も増加された。

　従軍布教師は戦地においてはおもに現地軍部の指揮のもと活動したが、そこでは軍人への布教のほか、戦死者・戦病死者の葬送や追悼、駐屯地や

病院などへの慰問および慰問品等の寄贈、戦地における自宗派の開教およびその準備
工作、各本山への活動状況や戦況の報告などがおこなわれた。また現地民衆への宣撫
工作や戦闘への参加などもおこなわれており、その活動内容は多様なものであった。
軍人への布教は、戦闘の合間や戦死者の葬送の時などにおこなわれたが、その内容は
兵士たちの戦意を高揚させ、また慰安するものであり、いわゆる「軍人勅諭」の規範
に沿った法話などもおこなわれた。前線でおこなわれた葬送は「野戦葬」とも呼ばれ
たが、葬送を通じて兵士たちに戦死（死後）への安心感を与え、士気を高めていった
との従軍布教師の報告も見られる。さらに従軍布教は仏教諸宗派のアジア開教とも深
く結びついていた。従軍布教師は戦闘が終息し警備状態に移った地で、自宗派の開教
のための寺院・教会所・布教所・出張所などの開設やそれに向けての準備工作もおこ
なったが、それは軍部の協力のもと進められていったものであり、アジア開教という
ものが軍事行動に即してなされていった面のあることを示している→3部4章3節5。

● 研究状況・課題と展望

　従軍布教に関する研究は早くには吉田（1976）などがあるが、多くは1980年代後半
以降に発表されてきている。宗派別では曹洞宗、日蓮宗、浄土宗、真宗大谷派、本願
寺派などの研究が多く、時期・地域別では日清戦争時の朝鮮や台湾、日露戦争時の中
国東北部（「満州」）、日中戦争からアジア太平洋戦争時にかけての中国における活動
の研究が多い。内容では各宗派の機関誌等を史料として活動の歴史的変遷を論じた研
究が多く（工藤 1995、安中 1997）、従軍布教師たちの戦地からの報告にもとづき、活
動内容を分析したものも見られる（野世 1991、野世 2012）。

　今後これまでの研究のさらなる深まりや拡がりが求められるとともに、宗派横断的
な研究や、従軍布教を推し進めた各宗派の教義理解の面の解明も求められる。またキ
リスト教など他宗教の従軍布教活動との比較も、仏教の活動の性格付けにおいて有意
義であろう。さらに従軍布教は戦場における多くの軍人たちとのかかわりのなかです
すめられたが、そのような従軍布教の研究は、戦地における軍人の意識と行動の解明
という軍事史的研究の面からも期待されるであろう。　　　　　　　　（野世英水）

● 参考文献

吉田久一　1976　「日清戦争と仏教」（笠原一男博士還暦記念会編『日本宗教史論集』下　吉
　川弘文館）

野世英水　1991　「戦時下真宗者の従軍布教―日中全面戦争開始時における―」（『龍谷大学
　大学院紀要　人文科学』12）

工藤英勝　1995　「曹洞宗と国家（五）―明治期軍人布教―」（『宗学研究』37）

安中尚史　1997　「日清・日露戦争における日蓮宗従軍僧についての一考察」（『日蓮教学研
　究所紀要』24）

野世英水　2012　「大谷光瑞と日露戦争下の従軍布教」（柴田幹夫編『大谷光瑞―「国家の前
　途」を考える』　勉誠出版）

330　第3部　日本＊第4章　日本近代

② 近代的知と仏教

1　近代仏教学・近代仏教史学

◉ 定義・内容

　ここでいう近代仏教学とは、明治以降、西洋近代のインド学の影響の下に形成された、教理中心の仏教研究を意味する。それは、宗門大学においては宗学（宗派の教義を研究する伝統的な学問、教学、宗乗）を補うものとの位置づけを与えられてきたが、客観的・実証的な学問研究の形をとる点で、宗学とは本来一線を画するものである。

　近代仏教学の形成に大きな影響を与えたのは、19世紀に欧州の学界で発達をとげた古典文献学としてのインド学である。これを日本人は、西洋への留学生の派遣を通じて「洋学」として受容した。その歴史は、1872（明治5）年に欧米に派遣された東西本願寺の使節団が、イギリスやフランスでインド学の成果の一端に触れたことに始まる。初期の欧米仏教留学生のほとんどは、表1に見られるように浄土真宗の関係者であった。1876（明治9）年、南條文雄と笠原研寿がイギリスに派遣された。2人はオックスフォード大学で比較宗教学・言語学を講ずるマックス・ミュラー（1823-1900）に師事した。彼らの強みは漢文資料の知識と読解力であった。その力量が遺憾なく発揮されたのが、南條が訳補した『大明三蔵聖教目録』（1883年）である。笠原は病気のため中途帰国を余儀なくされるが、南條はミュラーと共同で『無量寿経』『阿弥陀経』『般若心経』『仏頂尊勝陀羅尼』の梵文テクスト→1部1章4・5節を次々に刊行していった。南條のこの成功が、その後の日本の仏学の方向を決定づけた。

　南條の次にミュラーの指導を受けた代表的日本人は、高楠順次郎である。滞欧7

表1　初期の欧米仏教留学生

名　前（生没年）	所　属	主な留学先	留学期間
赤松連城（1841-1919）	浄土真宗本願寺派	イギリス	1872-1873
光田為然（1848-1875）	浄土真宗本願寺派	ドイツ	1872-1873
堀川教阿（生没年不詳）	浄土真宗本願寺派	イギリス	1872-1873
今立吐酔（1855-1931）	浄土真宗本願寺派	アメリカ	1874-1879
南條文雄（1849-1927）	真宗大谷派	イギリス	1876-1884
笠原研寿（1852-1883）	真宗大谷派	イギリス	1876-1882
菅　了法（1857-1936）	浄土真宗本願寺派	イギリス	1882-1886？
藤島了穏（1852-1918）	浄土真宗本願寺派	フランス	1882-1889
藤枝沢通（1861-1920）	浄土真宗本願寺派	フランス	1882-　？
常磐井堯猷（1872-1951）	真宗高田派	ドイツ	1886-1899
高楠順次郎（1866-1945）	（在家、普通教校出身）	イギリス・ドイツ・フランス	1890-1897

所属の宗派名は、現行のものに統一した。

年の間に、高楠は、イギリスのみならず、ドイツ、フランスの各地で研鑽を積み、1897（明治30）年に帰朝すると、まもなく東京帝国大学文科大学にポストを得た。以来半世紀近くにわたって、木村泰賢（1881-1930）、宇井伯寿（1882-1963）を始めとする数多くの後進を育成するとともに、『ウパニシャッド全書』『大正新脩大蔵経』『南伝大蔵経』の三大叢書の刊行事業などを通じて日本のインド学・仏教学をリードした。この分野における官学アカデミズムの主流を形成したのは彼の学統である。

1887（明治20）年前後から日本仏教界では、やはり欧州の学界から刺激を受けて、チベット語研究の必要性が叫ばれるようになる。道を切り拓いたのは、河口慧海（1866-1945）、寺本婉雅（1872-1949）を始めとする入蔵（チベット入国）者たちであった→3部4章3節2。以来、我が国のチベット学は、主として仏典研究の一部門として発展してきた。

他方、近代仏教史学は、同じく明治以降に発展した近代的・実証的な歴史研究である。インド学と親和性の強い近代仏教学がインド仏教の典籍の研究に重点を置いたのに対して、近代仏教史学は、日本仏教史を主な研究対象としてきた。その始まりは、1894（明治27）年に村上専精（1851-1929）が学術雑誌『仏教史林』を創刊したことにあると考えられている。村上と鷲尾順敬（1868-1941）、境野哲（黄洋 1871-1933）らの精力的な活動が実証的な日本仏教史研究の扉を開き、これに多くの研究者が続いて、この学を発展させてきた。

◉ 課題と展望

近代仏教学は、西洋のインド学に学んだ文献学的研究方法によって数々の成果を上げてきた。しかし、この学に「無意識に据えられた前提」が仏教研究の方向性を規定してきたとの指摘もなされている（下田 2001）。仏教学が文献学を基盤とすることは今後も変わらないであろう。ただ、これに携わる研究者が、自らの方法に反省を加え、他の諸学、例えば図像学のような文献とは異なった意味体系からのアプローチを積極的に取り入れることは、この学をより豊かなものにするのに役立つはずである。また近代仏教学・近代仏教史学の形成と展開には、西洋的な仏教概念の受容、日本仏教論の展開など、それ自体が思想史的研究のテーマとなり得るものが含まれている（クラウタウ 2012）。

（奥山直司）

◉ 参考文献

湯山　明　1988　「近代仏教学」（古田紹欽、金岡秀友、鎌田茂雄、藤井正雄監修『仏教大事典』　小学館）

下田正弘　2001　「〈近代仏教学〉と〈仏教〉」（『仏教学セミナー』第73号）

末木文美士　2011　「仏教研究方法論と研究史」（『新アジア仏教史14　日本Ⅳ　近代国家と仏教』　佼成出版社）

オリオン・クラウタウ　2012　『近代日本思想としての仏教史学』　法藏館

末木文美士、林　淳、吉永進一、大谷栄一編、2014　『ブッダの変貌―交錯する近代仏教―』　法藏館

332　第3部　日本＊第4章　日本近代

2　仏教系教育機関

◉ 定義

　浄土宗が設けた檀林や、東西本願寺の学寮・学林など、近世では各宗派が自宗派の僧侶養成、教義の研究を目的に教育機関を設けた。近現代の場合はそれに加え、僧侶養成を目的としない学校など、仏教者が設けた教育機関全体を指すという広い定義もできる。その際、①各宗派の僧侶養成機関の制度的再編、②有志僧侶による学校設置、そして、③宗派を超えた学校設立への取り組みが注目される。

◉ 内容

　維新期には、キリスト教流入に危機感を抱いた護法運動から③の動きが見られ、明治政府による神仏合同の民衆教化政策で設けられた大教院にも引き継がれた→3部4章1節4。だが1875（明治8）年に同院は解散、各宗派は個々に①に取り組む。浄土真宗本願寺派や浄土宗では、全国の教区ごとに地方の教校や宗学校を配置し、そこでの修学ののち最高学府へという進学階梯を定め、住職資格の取得につなげる画一的制度を目指した。それらは学制など文部省の世俗教育制度を下敷きにしたが、現場での運用は難しく制度変更を繰り返した。僧侶養成は宗派の存立や方針に関わる重要事であり、しばしば内部抗争の対立点となった。1884（明治17）年に教導職制が廃止され管長制へ移行すると、各宗派は19世紀末までの教団運営の模索の末、僧侶養成制度を確立していくことになる。①は1895年内務省訓令第9号（布教師資格には尋常中学校卒の学歴が必要）のように、世俗の教育制度との接続・関係性が問われ、僧侶養成機関のなかには内容・設備面の準拠により私立中学校・専門学校、大正期には私立大学に認可される最高学府もあらわれた（表1）。

　そうした制度の確立過程で、学習内容として自宗派の教義や仏教学にとどまらない、「普通学」（読書・算術・英語など）を重視する傾向が強まる。その先駆的な②の例として、真宗大谷派の井上円了（1858-1919）が1887年に設立した哲学館（後の東洋大学）があげられる。教育程度の高い僧侶を輩出すべきだという宗派の意図が背景にあったが、②の熱意は宗派の枠外で発揮されることも多かった。1880年代終盤、無償の小学校（小学簡易科）が有志僧侶により多数設けられたのもその一例である。1890（明治23）年発布の教育勅語と、内村鑑三「不敬」事件に端を発する1892年頃の「教育と宗教の衝突」論争を契機に、19世紀末の仏教界は政府の国家主義的教育の方針に則し、キリスト教→3部4章3節1とは違い国家に適合すると自らをアピールした。先の①の動きも、世俗の中等・高等教育機関に準拠して仏教教育を表立っては控え、徴兵猶予などの特典を得つつ、仏教

表1　戦前の仏教系私立大学

設置年	大学名	宗派
1922（大正11）年	龍谷大学	浄土真宗本願寺派
1922（大正11）年	大谷大学	真宗大谷派
1924（大正13）年	立正大学	日蓮宗
1925（大正14）年	駒澤大学	曹洞宗
1926（大正15）年	高野山大学	真言宗
1926（大正15）年	大正大学	天台・真言・浄土宗

が国家的・社会的意義をもつ存在だと示す狙いがあった。また③は大正大学の例もあるが、計画段階で宗派間の調整に苦慮した。

19世紀末、②では**女学校**の設置も目立つようになった。1888年の相愛女学校・女子文芸学舎の創設に続き、同志社に学んだ甲斐和里子（1868-1962）が仏教徒を対象とした顕道女学院を設けた。小学簡易科の制度廃止もあり、僧侶以外を対象とする教育熱は、男子から女子へ移行した観を呈した。また大正期には仏教者による日曜学校も各地で実践されていった。明治・大正期の②は、常にキリスト教を意識した動きだったとも言えよう。

◉ 研究史・基礎資料・展望

ほとんどの仏教系大学・高校で、近世の僧侶養成機関以来の伝統を背景とする学校を中心に、『龍谷大学三五〇年史』のような年史編纂が進められている。その史料編は学校・教団所蔵文書などを中心とした基礎資料集として有用である。だが本文編での仏教界の教育参与に関する叙述は断片的なものにとどまり、専門書でも教育制度の説明や学校の羅列・紹介的なものが主であった。だが20世紀末に近代仏教史研究が急激に発展して以後、公文書・地域史料の公開や発見、新聞・雑誌への広い目配りにより、教育機関の創設から変容・衰微・復興をも探る本格的な研究がまとめられだした。真宗を中心に仏教系女子教育の展開を扱ったもの（中西 2001）や、キリスト教・神道までも見渡そうとする宗門系大学史研究（江島・三浦・松野 2014）などである。これらは宗派や仏教界の「近代化」といった単純な動機や制度の説明を超え、学校間関係や教育実態・制度運用にも踏み込んだ点で優れている。大学や女子教育への関心には、自己点検や「伝統」探しといった自校史への現在的課題が介在しており、今後も研究自体は進むだろう。それだけに、単なる顕彰でない、宗派を超えた視野を意識することが重要となる。

さらに「教育と宗教の関係」という視点から、明治前期の仏教界による世俗教育への関心・実践の様相を解明した研究（谷川 2008）も登場した。地方信徒の教育要求の様相や、僧侶の小学校・師範学校設置なども追ったが、明治後期以後の動向や真宗以外への考察、植民地での教育事業など、なお深めるべき課題は多い。

教育と宗教（ないし仏教）の交錯という視点は、現代世界でも広く共有される政治的・社会的課題である。人の流動・移民や、信教の自由などを視野に入れたとき、現代日本に無関係とみることはできない。仏教系教育機関の歴史研究は、これらの問題が凝縮された対象であり、より意識的に検討されるべき意義の深いテーマであろう。

（谷川　穣）

◉ 参考文献

中西直樹　2001　『日本近代の仏教女子教育』　法藏館

谷川　穣　2008　『明治前期の教育・教化・仏教』　思文閣出版

江島尚俊、三浦　周、松野智章編　2014　『近代日本の大学と宗教』　法藏館

334　第3部　日本＊第4章　日本近代

3　メディア

● 定義・内容

　近現代日本社会で仏教の教説や学知、情報を多くの人々に伝える手段として、新聞、雑誌、ラジオ、テレビ、インターネットなど、数多くのメディア（media、媒体）が用いられてきた。仏教者や仏教団体による新聞・雑誌の発行は、明治初期に始まる（上坂 1935）。1872（明治5）年に『教義新聞』、1874（明治7）年に『報四叢談』が創刊された。

　また、仏教界の情報を報道した**仏教新聞**として、『明教新誌』（1874年創刊）と『中外日報』（1897年創刊）が有名である。後者は宗教・文化専門紙として現在も刊行中である。

　なお、明治年間に創刊された仏教新聞・雑誌の数は、760余に及ぶ（上坂 1935）。1884（明治17）年の教導職制の廃止による各宗派の活動の活発化よって、明治20年代以降、仏教新聞・雑誌の創刊が増加する（表1）。

　また、明治20年代以降は仏教青年サークルが続々と結成され、これらの仏教青年たちも雑誌を刊行した。たとえば、1886（明治19）年、本願寺派の普通教校（現在の龍谷大学）の学生たちによって、禁酒団体・反省会が結成される。翌年、機関誌『反省会雑誌』（図1）が創刊された（のちに『中央公論』に発展）。

　明治20年代は仏教改革の機運が高まった時期だが、その背景には、井上円了（1858-1919）や中西牛郎（1859-1930）らの仏教改革論→3部4章4節2の刊行という出版メディアの役割や仏教新聞・雑誌メディアの整備という背景があり、メディアの果たした役割が大きかった（大谷 2012）。

　大正時代に入り、新たなマス・メディアとして、**ラジオ**が登場する。1926（大正15）年、日本放送協会（現在のNHK）が発足。多くの僧侶や仏教系知識人がラジオ演説を行ったが、とりわけ一世を風靡したのが、友松円諦（1895-1973）である（坂本 2008）。1934（昭和9）年3月に友松が行った「法句経講義」は大きな社会的反響を呼び、「宗教復興」と呼ばれる社会現象を引き起こすきっかけとなった。

　ラジオやテレビで宗教番組が本格的に放送、放映されるようになるのは、戦後である。1946（昭和21）年、NHKラジオで「宗教の時間」の放送が始まり、現在でも続いている。その5年後に民間

表1　教導職制廃止後の各宗派の主な機関誌

創刊年	機関誌名	宗　派
1885（明治18）年	『本山報告』	浄土真宗本願寺派
1885（明治18）年	『宗報』	真宗大谷派
1885（明治18）年	『日蓮宗教報』	日蓮宗
1886（明治19）年	『溯源教会雑誌』	黄檗宗
1888（明治21）年	『四明餘霞』	天台宗
1889（明治22）年	『浄土教報』	浄土宗
1889（明治22）年	『密厳教報』	新義真言宗
1891（明治24）年	『正法輪』	臨済宗妙心寺派
1894（明治27）年	『曹洞宗報』	曹洞宗

ラジオ放送局が開局し、多くの宗教団体が番組を放送するようになり、1960（昭和35）年頃には宗教放送ブームといわれた（石井 2008）。

1953（昭和28）年にテレビ放送が始まるが、昭和30年代には一般家庭にテレビが普及する。1960（昭和35）年に日本テレビで「宗教の時間」が、その2年後に NHK でも同名の番組がスタートする。後者は1982（昭和57）年に「こころの時代」と改題され、現在も放映中である。

1990年代後半からのインターネットの普及によって、現在の仏教界ではインターネットの利用も広くみられるようになった。ブログや Facebook、Twitter、Ustream、LINE など、最新のメディアが活用されている。SNS（ソーシャル・ネットワーキング・サービス）の発展が今後、仏教界や、仏教界と一般社会の関係にどのような影響を与えるのか、その動向に注目したい。

図1 『反省会雑誌』創刊号の表紙（明治20年8月。復刻版、中央公論社、1975年）

このように時代の変遷とメディアの多様化によって、仏教界でもさまざまなメディアが活用されている。もちろん、新聞や雑誌のような活字メディアがなくなったわけではなく、テレビ、ラジオ、電子メディアと並存している。現在、これら複数のメディアを使い分けながら、仏教界は活発な情報発信を行っている。

● 研究状況・課題と展望

近現代における「仏教とメディア」に関する先行研究は数少ない。戦前には上坂倉次や禿氏祐祥、中野春介らによって明治期の仏教新聞・雑誌の研究が行われた。しかし、表1にあげたような各宗派の機関誌の分析は近代の宗派史研究で行われているが、まだ活用の余地が大いにある。「近現代仏教メディア史研究」を標榜した安食文雄の『20世紀の仏教メディア発掘』（鳥影社 2002年）のような研究の進展が望まれている。

ラジオやテレビの利用については坂本慎一や石井研士の先駆的な研究がある。インターネットとの関わりについても、黒崎浩行らによって少しずつ研究成果が公になっているが、いずれもその進展は今後の課題である。　　　　　　　　　　（大谷栄一）

● 参考文献

上坂倉次　1935　「明治仏教雑誌発達史」（『仏教』第1巻第7号）
石井研士　2008　『テレビと宗教―オウム以後を問い直す―』　中公新書ラクレ
坂本慎一　2008　『ラジオの戦争責任』　ＰＨＰ新書
大谷栄一　2012　『近代仏教という視座―戦争・アジア・社会主義―』　ぺりかん社

336　第3部　日本＊第4章　日本近代

③　異文化接触

1　キリスト教と近代日本

● **定義・内容**

　近代のキリスト教の特徴として、プロテスタント諸教派が各地で伝道を開始したこ
と、カトリックを含めた大半の教派が学校や病院なども創設し、教育（女子教育を含
む）や医療、社会福祉を伝道活動に取り入れたことがあげられる。近世のキリスト教
禁制や「耶蘇」（キリスト教の蔑称）を排斥する排耶論→3部3章5節3に基づく「邪教」
観が残る一方（同志社大学人文科学研究所 1989）、キリスト教徒が近代以降に日本社会
で果たした役割は大きい。キリスト教精神に基づく幅広い分野に及ぶ伝道はまた、仏
教の伝道のあり方にも影響を与えている→2部2章5節3・3部4章2節2・4節8。

　1859（安政6）年に、長老派、オランダ改革派、聖公会の宣教師が来日して、居留
地で伝道を開始したのが近代のキリスト教伝道の始まりである。当時、仏教側では、
主に幕末の東西本願寺において、「破邪学」としてキリスト教批判が教えられていた。
これは儒者や国学者からの排仏論が、主に浄土真宗に向けられたことへの理論武装の
一環としてキリスト教を批判したという側面があり、近代にも引き継がれた（柏原
2003）。

　明治政府のキリシタン弾圧に対する欧米各国公使や宣教師からの抗議を受けて、政
府は1873（明治6）年、キリスト教禁制の高札を撤去した。その後、来日宣教師は全
国各地に教会や学校を作ったが、仏教僧侶が扇動して反対運動を起こす例も少なくな
かった（安丸・宮地 1988）。1880年代末からは、不平等条約改正の条件として外国人
の居住や土地所有を認める「内地雑居」をめぐり、激しい議論が起こった。仏教界で
は外国人をキリスト教徒と捉えて、内地雑居反対の保守派と賛成の開明派に議論が分
かれたが、条約改正が実施されると反対論は姿を消していった（稲生 1992）。

　教育家の井上円了（1858-1919）は、『真理金針』（1887年）や『仏教活論』（1887年）
で、キリスト教は文明に逆行するが仏教は科学的見地に反しないと述べて、西洋文明
＝キリスト教とする当時の世論に異議を唱えた。一方、禅を西洋に広めた鈴木大拙
（1870-1966）は、禅とキリスト教神秘主義を比較し、両者には宗教経験として共通す
る点があると多くの論著で述べている。近代では、井上のように、排耶論の影響を受
けつつも「文明」や「科学」を基準にして批判する点で幕末の「邪教」観と異なって
いる点や、鈴木のように宗教経験として共通する普遍性に着目する思想家が現れた点
に留意する必要がある。

　日本人キリスト教徒は士族の知識人が多く、宣教師が創設した学校で改宗したり、
札幌農学校や熊本洋学校でアメリカ人教師の感化を受けて入信した。学校の所在地に
より「札幌バンド」（内村鑑三、新渡戸稲造など）、「熊本バンド」（徳富蘇峰・蘆花、浮
田和民、海老名弾正など）、「横浜バンド」（植村正久、本多庸一、島田三郎、井深梶之助な

ど）と呼ばれる。

仏教教団の本山が集中する京都で、新島 襄が創設した同志社英学校は、主に熊本バンドのキリスト教徒が入学した。同志社の開校に仏教側の反発は強かったが、新島は初志を貫いた。同志社出身者からは言論界や政界などで活躍する人物が現れ、また安部磯雄や村井知至など、社会主義→3部4章4節4やユニテリアンに共鳴した者もいる。ユニテリアンは、イエスを神の子とする三位一体を否定するが、彼らは『六合雑誌』を刊行して社会主義者や仏教徒の論説も積極的に掲載した（同志社大学人文科学研究所1984）。また、ユニテリアンは新仏教徒→3部4章4節2に演説会場を提供するなど、仏教徒に対してオープンであった（吉田 1992）。

● 研究状況・課題と展望

近代仏教史と近代キリスト教史は、それぞれ研究の蓄積は大きいが、両宗教の相互関連性を捉えた研究はまだ多くはない。廃仏毀 釈→3部4章1節1と前後してキリスト教伝道が始まったことを踏まえ、浄土真宗の教勢が強い地域で起きた護法一揆に「排耶」という宗教的排他性があった問題も考慮する必要があるだろう。この点は、宣教師が欧米の本部へ送った伝道報告書を追うことで明らかにできる（同志社大学人文科学研究所 2004）。また、幕末に身分を隠して宣教師からキリスト教を学んだ原口針水など真宗僧侶の動向について、仏教史の観点からの研究が求められる。

明治期における仏教徒のキリスト教観や、ユニテリアンとの関係は、吉田（1992）に詳しい。排耶論は同志社大学人文科学研究所（1989）や柏原（2003）にまとめられているが、キリスト教徒からの反論を加えた総合的研究は少ない。

なおユニテリアンは、日本では「キリスト教の一派」とされるが、他教派と根本的な違いがあり、仏教から改宗しやすい教義ということを考慮した検討も必要である。ユニテリアンになった佐治実然のほか、中西牛郎などユニテリアンに近づいたり、キリスト教に改宗した人物について、その宗教的背景を含めて明らかにされるべきであろう。全般的に、カトリックとの関係や女性キリスト教徒との関連を取り上げた研究がほとんどなく、今後の検討がまたれる。 （守屋友江）

● 参考文献

同志社大学人文科学研究所 1984 『「六合雑誌」の研究』 教文館

安丸良夫、宮地正人校注 1988 『日本近代思想大系5 宗教と国家』 岩波書店

同志社大学人文科学研究所編 1989 『排耶論の研究』 教文館

稲生典太郎編 1992 『内地雑居論資料集成』 2－4 原書房

吉田久一 1992（初出 1959）『日本近代仏教史研究』 川島書店

柏原祐泉編 2003（初出 1975）『真宗史料集成』11巻 同朋舎メディアプラン

同志社大学人文科学研究所編 2004 『アメリカン・ボード宣教師—神戸・大阪・京都ステーションを中心に、1869～1890年—』 教文館

星野靖二 2012 『近代日本の宗教概念—宗教者の言葉と近代—』 有志舎

338　第3部　日本＊第4章　日本近代

2　仏跡巡礼と遺跡調査・探検

◉ 定義・内容

　明治以降、日本仏教界に興った海外進出の動きの中から、ここでは、**インド仏跡**（釈尊の遺跡。→1部1章7節1）の巡礼、仏教遺跡や仏教圏の調査・探検を取り上げる。またセイロン（現スリランカ。→1部2章3節）・インド留学にも触れる。このような動きは、総じて、仏教の源流に遡ることを目指すものであった。それは、日本仏教界の改革運動の一環であり、近代仏教学の形成→3部4章2節1や海外布教→3部4章3節4・5ともリンクしている。

　インド仏跡を訪れたことが確認される最初の日本人は、1883（明治16）年12月にブッダガヤーに参詣した浄土真宗本願寺派の北畠道龍（きたばたけどうりょう）（1820-1907）と同行者の黒崎雄二である。1887（明治20）年には南條文雄（なんじょうぶんゆう）がインドを旅行し、ブッダガヤーとサールナートに参詣した。その後、後述のブッダガヤー復興運動の影響もあって、日本人が頻繁にインド仏跡を巡礼するようになる。

　1886（明治19）年、真言宗の釈興然（しゃくこうぜん）の渡島を皮切りに、日本仏教徒のセイロンへの留学が始まる。興然の留学を可能にしたのは、双方向的関心によってセイロンと日本の仏教徒の間に築かれたネットワークであった（奥山 2013）。この動きは、1889年の**神智学協会**のヘンリー・オルコット（1832-1907）とダルマパーラ（1864-1933）の来日によって加速される。留学生たちは、コロンボの仏教学院などでパーリ語、梵語などを学びながら、さまざまな現地情報を発信して日本仏教界に刺激を与えた。やがてその中からマドラス（現チェンナイ）、カルカッタ（現コルカタ）、ボンベイ（現ムンバイ）、ベナレスなどに転学する者が現れる（表1は最初の7年間［興然の留学期間］のセイロン・インド留学生）。彼ら初期のセイロン・インド留学生の後に天台宗の大宮孝潤（おおみやこうにん）（1872-1949）、本願寺派の清水黙爾（しみずもくじ）（1875-1903）らが続いた。

　日本とシャム（現タイ。→1部2章5節）の仏教徒同士の交流が始まったのは、両国間に国交が開かれた1888（明治21）年である。真宗大谷派の生田（織田）得能（いくた（おだ）とくのう）（1860-1911）と浄土真宗佛光寺派の善連法彦（よしつらほうげん）がバンコクに留学した。善連はまも

表1　初期セイロン・インド留学生

名　前（生没年）	所　属	留学期間
釈　興然（1849-1924）	真言宗	1886-1893
釈　宗演（1860-1919）	臨済宗	1887-1889
善連法彦（1865-1893）	真宗佛光寺派	1888-1891
東温　譲（1867-1893）	浄土真宗本願寺派	1888-1893
徳沢智恵蔵（1871-1908）	浄土真宗本願寺派	1889-1896
小泉了諦（1851-1938）	真宗誠照寺派	1889-1891
朝倉了昌（1856-1910）	真宗大谷派	1889-1891
川上貞信（1864-1922）	浄土真宗本願寺派	1889-1897
村山清作（1870-　？　）	（在家で浄土宗に縁故）	1892-1895
比留間宥誡（生没年不詳）	真言宗	1892-1893
釈　守愚（1868-1920）	臨済宗	1893-1896

なくセイロンに転学するが、生田はバンコクで2年余を過ごして帰国する。その後も生田は北京に行って入蔵（チベット入国）を試み、インドに渡って岡倉天心（1863-1913）と東洋宗教会議の構想を練るなど奔走を続けた。

　1891（明治24）年、ダルマパーラが釈興然、徳沢智恵蔵とともにブッダガヤーを訪れたことをきっかけに、ブッダガヤー復興の機運が生まれる。ダルマパーラはそのために**大菩提会**（Mahā Bodhi Society）を結成。これに呼応して日本でも印度仏蹟興復会が結成され、資金の勧募や視察員の派遣などの事業が行われた。

　明治20年代に入る頃から日本仏教界に入蔵熱が起こり、鎖国チベット→1部2章2節の探検に名乗りを上げる者が次々に現れる。その中で大谷派の能海　寛（1868-1901？）と寺本婉雅は、1899（明治32）年にチベット領東端に入った。1900（明治33）年、黄檗宗の河口慧海はネパールからヒマラヤを越えてチベットに潜入し、翌年、日本人で初めて都ラサに到達した。その後も寺本は中国・チベット・インドを広く旅し、河口はインド・ネパール・チベットで多年を過ごして、それぞれに大量の資料を請来し、草創期の我が国のチベット学を主導した。

　1902（明治35）年から始まる、いわゆる**大谷探検隊**の活動は、従来三次にわたる内陸アジア調査を軸に整理されてきた。しかし最近は、その範囲を、同じく大谷光瑞（1876-1948）の指揮下に行われた南アジア、東南アジア、東アジア各地での調査や青木文教（1886-1956）と多田等観（1890-1967）のチベット派遣などにも拡大し、その総体をアジア広域調査活動としてとらえ直す必要が唱えられている（白須 2012）。

● 課題と展望

　近代日本の仏教者たちのアジア体験は、文化接触の事例としても興味深い。彼らの多くは巡礼者、旅行者、調査者、留学生、現地駐在員、布教師など複数の顔を持っており、そのあり方は一義的には規定しがたい。この分野の研究で重要なのは、ここに取り上げたような人々が残した日記、書簡、手記、報告書などから、彼らの思想と行動を内面に立ち入って理解し、その可能性や限界などを明らかにすることである。

　なお中国・朝鮮半島の場合については、今後の研究にまつところが大きいが、1920年代の大谷派の常盤大定（1870-1945）による中国の仏教史跡調査、同派の大屋徳城（1882-1950）による朝鮮・中国の仏教史跡調査などが注目される。　　　　　（奥山直司）

● 参考文献

リチャード・ジャフィ　2002　「釈尊を探して─近代日本仏教の誕生と世界旅行─」（前川健一訳　『思想』2002年第11号）

藤井健志　2011　「仏教者の海外進出」（『新アジア仏教史14　日本Ⅳ　近代国家と仏教』　佼成出版社）

白須淨眞　2012　『大谷探検隊研究の新たな地平─アジア広域調査活動と外務省外交記録』勉誠出版

奥山直司　2013　「明治インド留学生─興然と宗演─」（田中雅一、奥山直司編『コンタクト・ゾーンの人文学　第Ⅳ巻　Postcolonial／ポストコロニアル』　晃洋書房）

340　第3部　日本＊第4章　日本近代

3　来日仏教徒

● 定義・内容

　日本の近代仏教を研究するうえで、それを日本一国の歴史に制限すべきでないということは、近年の近代仏教研究の大きな成果の1つであろう。たとえば明治20年代の仏教復興は欧米「仏教徒」の存在が起爆剤になっており、近代仏教の思想も欧米の仏教学、哲学、キリスト教の影響なしには考えられない。そもそも「仏教」というカテゴリー、「日本」というネーションの誕生など、どれも近代世界抜きにはありえない。

　日本仏教をグローバルな視点から見直す作業において、その交流の最前線にいた「来日仏教徒」の研究が重要性を帯びてくる。ただし「来日仏教徒」という語が指すものは単純ではなく、出身地の宗教文化と、日本仏教とのかかわり方で次の4類型に分けられる。（1）欧米などの仏教伝統に乏しい国々から来日する場合。これは（A）仏教徒との交流を目的とする仏教シンパ、（B）日本で仏教修行を志す者たちに分けられる。（2）仏教伝統のある他のアジア諸国からの来日。これもさらに（A）親善友好、交流の拡大、あるいは政治的な目的で来日する場合、（B）日本仏教の研修や修行で滞日する場合がある。植民地出身の修行僧も、実質的には（2）の（B）に分類されよう。（2）の例では、戦前に限っても、中国の太虚、ビルマのウ・オッタマ、江原亮瑞に協力して解脱道論の英訳を完成させたスリランカ僧侶の例などがあるが、紙数の制限もあるので、ここでは（1）の歴史を祖述したい。

　（1）の場合、仏教徒と称されながら実際は神智学徒であることも多い。**神智学**とは、1875年にブラヴァツキーと**オルコット**がニューヨークで結成した神智学協会の思想を指し、簡単に言えば、西洋のオカルティズムに東洋の宗教思想を接合したものであり、そのために仏教と混同されることも多々あった。神智学協会は1882年からインドに本拠を移し、会長のオルコットはスリランカ→1部2章3節の仏教復興に大きな貢献をなしている。日本でもオルコットの成功は評判を呼び、居士仏教者平井金三は野口善四郎らと協力して1889（明治22）年にオルコット来日を実現している。この時、オルコットは**ダルマパーラ**と共に来日し、各地で開いた講演は大成功に終わった。ただし、2年後の再来日では、南北仏教の連合への足場作りを目論んだが、こちらは失敗に終わっている。一方、同時期、浄土真宗本願寺派の普通教校（現・龍谷大学）では、神智学徒との文通を契機に**海外宣教会**が発足している。この会は、欧米への文書伝道を企図して結成され、1888（明治21）年には『海外仏教事情』誌を創刊している。アメリカ最初の仏教雑誌 *Buddhist Ray* の発行人フィランジ・ダーサなども寄稿し、ロンドンでは会員のフォンデスがイギリス最初の仏教伝道を行った。

　宣教会の後も、仏教の国際交流を支える組織がいくつか存在している。東京に短期間だけ存在した（1902-04年）本願寺派の高輪仏教大学では、万国仏教青年連合会が発足している。この連合会は1902（明治35）年、ダルマパーラの同大学での講演を契機に企画され、発会式にはアイルランド出身で、ビルマで得度したテーラワーダ僧ダン

マローカも出席した。また、1915（大正4）年には、やはり本願寺派の平安中学を拠点として、同校の教員ウィリアム・M・マクガヴァンやM・T・カービーを中心に、京都に大乗協会が結成され、1916年まで機関誌 *Mahayanist* が発行されている。その他、1924（大正13）年にはビアトリス鈴木と宇津木二秀（龍谷大学）が中心となり、龍谷大学と大谷大学の教員が集まって、神智学協会の支部（大乗ロッジ）が京都に結成されて

図1 ウィリアム・M・マクガヴァン（『教海一瀾』大正5年2月1日号掲載）

図2 M・T・カービー（大阪・正徳寺所蔵）

いる。また、反省会や高輪仏教大学以来、日本仏教の国際化に尽力してきた桜井義肇は、高楠順次郎と共に1925（大正14）年に *Young East* 誌を創刊している。

（1）の（B）の例では、1885（明治18）年に天台宗で受戒したフェノロサとビゲローの例があり、1893（明治26）年に来日した宣教会のフォンデスは、いくつかの寺院で仏教を学んでいる。1915（大正4）年、前述のマクガヴァンが浄土真宗、カービーは臨済宗で得度している。カービーはカナダに帰国後、北米とハワイで本願寺派の伝道→3部4章3節4に従事、最終的にはスリランカに赴きテーラワーダに帰依している。その他、男性では、アメリカに禅を紹介したドワイト・ゴダード、女性ではビアトリス鈴木を嚆矢として、アダムズ・ベック、昭和に入るとルース・フラーなどの例がある。

◉ 研究状況・課題と展望

現在、欧米における近代仏教史研究が進みつつあり、その関係でダンマローカやフォンデスなどの来日仏教者にも光が当てられつつある。またオルコットとダルマパーラについては海外での研究が多い。ただ、全体としてはまだまだ研究に乏しい領域であり、初期欧米人僧侶や、あるいは他のアジア諸国の僧侶たちの事績などは、ほとんど研究されておらず、今後の研究が望まれる。　　　　　　　　（吉永進一）

◉ 参考文献

佐藤哲朗　2008　『大アジア思想活劇』　サンガ
奥山直司　2011　「多重化する近代仏教(4)　明治仏教と神智学との出会い」（『春秋』526号）
杉本良男　2012　「四海同胞から民族主義へ：アナガーリカ・ダルマパーラの流転の生涯」（『国立民族学博物館研究報告』36巻3号）
末木文美士編　2012　『近代と仏教』（国際研究集会報告書41）　国際日本文化研究センター

342　第3部　日本＊第4章　日本近代

4　海外布教（ハワイ・北米開教）

● 定義・内容

　明治以降の日本仏教諸宗派は、海外へ仏教を広めようとして布教活動を行ったが、それをとくに現地の人々に「教えを開く」という意で「開教」と名付け、国内における一般の布教と区別した。キリスト教と違うのは、布教対象が現地在住の日本人移民またはその子孫がほとんどで、現地の異教徒を改宗させることが少なかった点である。また実際の活動が仏教の伝道にとどまらず、教育・文化活動も含む幅広いものであることや、同時代に海外進出した他宗教との比較研究を念頭において、「開教」ではなく「海外布教」と呼ぶ研究もある（藤井 1999）。

　早くも1868（明治元）年から、日本人は移民としてハワイへ渡航している。ハワイの主要産業である製糖業を支える労働力として、主に広島、山口、熊本、福岡など西南日本から移民が陸続と渡航し、明治30年代（1900年代）までにハワイ全島の人口の約4割を日本人移民とその家族が占めるに至っている。日本人移民の大半が仏教徒であるが、ハワイで布教を行ったのは、浄土真宗本願寺派の曦日蒼龍が1889（明治22）年に渡航したのが最初であり、その後、各島の日本人移民コミュニティに寺院が建設されていった。これらの寺院は現地の在家仏教徒の協力と製糖会社の寄進により建設されており、移民労働者の精神的慰安に仏教は大きな役割を果たしていた。

　ハワイへ各宗派が進出した時期は、表1の通りにまとめられる。進出時期は明治30年代に集中しているが、ちょうどアメリカによるハワイ併合（1898年）にともなって日本人移民がハワイから北米大陸（西海岸）へ渡航した時期と重なり、移民の国際移動の多様化に即して海外布教の地域も拡大した。ハワイで布教基盤を作った教団が漸次大陸へ進出することが多く、表2の通りにまとめられる。

　両地域ともに浄土真宗本願寺派系教団が最大規模の布教活動を展開し

表1　ハワイに進出した日系仏教教団

1889（明治22）年	曦日蒼龍の渡航
1894（明治27）年	浄土宗
1898（明治31）年	浄土真宗本願寺派（現地では「本派本願寺」）
1899（明治32）年	真宗大谷派、日蓮宗
1903（明治36）年	曹洞宗
1914（大正3）年	真言宗

表2　北米大陸に進出した日系仏教教団

1899（明治32）年	浄土真宗本願寺派（現地では「北米仏教団」、1945年以降は「米国仏教団」）
1905（明治38）年	浄土真宗本願寺派（現地では「カナダ仏教団」、2007年以降は「浄土真宗カナダ仏教団」）
1912（大正元）年	真言宗
1914（大正3）年	日蓮宗
1921（大正10）年	真宗大谷派
1922（大正11）年	曹洞宗
1928（昭和3）年	浄土宗

ているが、それ以外は、ハワイに比べて北米では小規模になっている。これは人口に占める日本人移民の割合が、数パーセント以下とハワイに比べて少ないことのほか、日露戦争を境にアメリカ西海岸で排日運動が激化したことなども原因として考えられる。

図1　ハワイ本派本願寺　インド風の伽藍、日本風の内陣、西洋風の外陣をもつ。

太平洋戦争中、約11万人の日本人移民と日系アメリカ人は「敵性外国人」として強制収容された。とくに仏教僧侶は神道主義者とともに「反米的」とみなされ、より監視の厳しい収容施設へ送られることもあった。戦後は、各寺院の施設や財産が没収されていたこともあり、ゼロからの出発を余儀なくされたところがほとんどだったが、在家仏教徒の寄進で再建を果たし、今日に至っている。

● 研究状況・課題と展望

各宗派の現地教団が教団史を編纂したほか（章末「基礎資料」）、日本では東京大学宗教学研究室による日系人の宗教に関する社会学調査がある。また、宗派別の調査や、日系移民史、宗教学の研究があるが、仏教史からみた研究はアジアへの海外布教に比べて多くない。いずれも日本語史料による研究が大半である。アメリカでは主に米国仏教団や曹洞宗、創価学会などを対象にした英語史料による研究が多いが、日系仏教全体を俯瞰した研究は少ない。近年では、日米ともに「エスニック仏教」としてとらえ、日本語学校、太鼓や盆踊り、英語伝道、寺院運営のアメリカ化などが研究されている。禅宗は白人中心の禅センターと日系人中心の禅寺があり、エスニック仏教で一括りにできない面もある。

アジアでの海外布教と開始時期が近いが、ハワイ・北米については戦後も日本人、アメリカ人の開教使が現地で布教を続けたケースが多い。また政治的・文化的背景が異なるため、アジアとは対照的な歴史をたどっている→3部4章3節5。ハワイ・北米ともに浄土真宗本願寺派だけでなく、日系仏教全体の海外布教について、アジアとの比較が今後の課題といえるだろう。また南米への布教を含めた、現地語による史料を用いた、さらなる比較研究の発展が期待される。　　　　　　　　　　　　　　　（守屋友江）

● 参考文献

藤井健志　1999　「戦前における仏教の東アジア布教―研究史の再検討―」（『近代仏教』6）
守屋友江　2012　「太平洋を越えた仏教東漸―ハワイ・アメリカにおける日系コミュニティと仏教教団―」（中牧弘允、ウェンディ・スミス編『グローバル化するアジア系宗教―経営とマーケティング―』東方出版）

5　海外布教（アジア）

● 定義と内容

　近代における日本仏教の海外布教が組織的に実行されたはじまりは、1876（明治9）年の真宗大谷派による中国の上海別院開院とされる。その後、日本仏教の海外布教は、各宗派によって中国・朝鮮・台湾など日本に隣接する地域をはじめ、ハワイ・北米・南米にまで展開したが、昭和に入ってから本格化した軍事行動をともなう強硬な海外政策によって、大きな変化がみられた。

　日本仏教による海外布教の特徴をみると、「植民地布教」と「移民布教」といったふたつの形に大別できる（安中 2008）。1つは、明治中期からはじまる植民地政策に通じた海外進出に対し、それに追随するような形で展開したものであった。東アジアからはじまり、北アジア・東南アジアなどの諸地域にまで広まりを見せ、現地に赴いて活動する僧侶、その僧侶を送り出す組織、またそこに関係する檀信徒、さらには活動の場であった地域の人々や政府などが連関して繰り広げられた。さらにもう1つには、海外移民に追随する形で展開したもので、ハワイ・北米西海岸を中心に、移民社会の拡大にともない檀信徒・僧侶・宗派のそれぞれに積極的な活動がみられた。

　アジア諸地域での布教は、日本の海外政策と深く関わりながら中国ではじまった。1873（明治6）年、真宗大谷派僧侶の小栗栖香頂は、中国語習得と日中印仏教同盟締結を主な目的に北京へ渡り、その後、上海を拠点として中国仏教に代わって真宗の教えによる仏教の復興を企図した。この動きの背景には、日本人僧侶を諜報活動などの対中国政策に利用しようとする政府の意図があった。その後、真宗大谷派の中国布教は徐々に当初の目的から離れ、中国へ渡った日本人を対象とするものへ変化した。

　次いで日本仏教の活動がみられた国は朝鮮であった。1876年に締結した日朝修好条規により、最初の開港場となった釜山を舞台に真宗大谷派の展開がみられた。この時は中国布教以上に政府の意向が反映され、内務卿大久保利通と外務卿寺島宗則が朝鮮布教を勧め、これを受けて真宗大谷派は奥村円心と平野恵粋を派遣した。釜山では政府の力添えによって別院が建設され、いっぽう真宗大谷派僧侶たちにより居留地に住む日本人の生活全般に対する支援がなされた。さらに、朝鮮人社会との関係も構築されながら布教が展開し、こうした動きは釜山以外の開港場にも広まった。

　このように、中国・朝鮮における日本仏教宗派の活動は真宗大谷派がその先鞭をつけたが、少し遅れて他宗派も同様に日本政府の直接的な支援の有無にかかわらず、布教という言葉を掲げながら様々な活動が繰り広げられた。さらに日清戦争、日露戦争が起こると、従軍する僧侶たちを各宗派が派遣し、戦地に入って活動する姿勢が積極的に取られたが、そのかたわらで戦勝後の領土拡大を見越して現地の民衆や宗教事情などの調査が進められる場合もあった。その後、明治後期から日本の支配地域拡大にともなって、日本仏教宗派の活動が台湾・満州・サハリン・シベリア・東南アジア・ミクロネシアなどにおいて現地の人々や行政と相まって展開したが、1945（昭和20）

年のアジア太平洋戦争終結によって終止符が打たれた。

● 研究史・基礎資料・課題と展望

　近代仏教史研究の中でアジアにおける海外布教をテーマにしたものは、昨今の近代仏教に対する関心の高まりに応じ、着実に成果はあがっている。このテーマで研究がはじまったのは1960年代のことで、日中関係史研究の中で考察が進められた。その後、1970年代になると近代仏教史研究の中で捉えられるようになり、柏原（1975）や中濃（1976）によって成果が発表された。さらに1980－90年代にいたっては、地域・時代・組織・人物など様々な側面からアジア布教を捉える研究が行われ、学際的な研究分野として位置づけられることもあった。いっぽうで、研究の多くはアジア布教を日本が起こした侵略戦争に協力した組織や人物として捉え、戦争責任を問いただす内容でもあった。こうした中で、藤井（1999）は、海外移民の中で展開した宗派や僧侶、信徒などの考えや行動と同じようにアジア布教を論じる必要性を説いている。そして木場（2008）が発したように、侵略戦争への協力を批判・非難される中で看過されてきた問題に目が向けられるようになり、移民研究などの観点から広くアジア布教として捉えた研究が増してきた。

　アジアにおける海外布教の研究をする中で用いられる基礎的な史料としては、布教に直接携わった僧侶が書き残した日記・日誌や著書、僧侶等が所属した宗派の宗務行政上で作成した文書や宗派の機関誌（紙）、国内外を問わず行政の中で作成された文書、新聞や雑誌などの史料がある。また、布教先である海外の個人や組織などによって作成された文書などは有効な史料であるが、侵略戦争に協力した組織や僧侶に関わるものということから、破壊的に除去されてしまった場合も多い。

　先にも著したように、これまでのアジアにおける日本仏教の布教は、侵略戦争に大きく加担して批判・非難の対象となっていたことは明らかであるが、そのことが強調される時期ではなくなったことは確かである。地域・宗派・時代によって、その動向がほぼ解明されている場合もあるが、それはわずかなことで、全容を解明するための研究の進展が期待される。さらに布教が展開した地域に住む人々の側に立った研究は、現地の人たちによって少しずつではあるが着手されている。今後は進出した側と進出された側の相互的な研究が進むことが必要であり、また、アジア以外の地域（ハワイ・北米・南米など）との比較研究の進展も期待する。　　　　　　　（安中尚史）

● 参考文献

柏原祐泉　1975　「明治期真宗の海外伝道」（『仏教研究論集』　清文堂出版）

中濃教篤　1976　『天皇制国家と植民地伝道』　国書刊行会

藤井健志　1999　「戦前における仏教の東アジア布教―研究史の再検討―」（『近代仏教』6）

木場明志　2008　「近代日本仏教によるアジア布教の越境性」（『宗教研究』355）

安中尚史　2008　「近代日蓮宗の海外布教に関する一考察―植民地布教と移民布教を比較して―」（『日蓮教学研究所紀要』35）

346　第3部　日本＊第4章　日本近代

④ 社会と仏教

1 戒 律

● 定義・内容

　仏教には元来、嘘をつかない、命あるものを殺さない、夫婦を持たないなどの、大小様々な戒律がある。それらはいわゆる三学（仏道の根本となる戒・定・慧の実践修行）の第一として、仏教徒の教えや生活倫理の根本に位置づけられてきた。もっとも広義には、戒律とは仏教徒が悟りを目指して実践する主体形成の方法のことである。しかし歴史的には、戒律はしばしば仏教徒たちに持戒と破戒の葛藤をもたらしており→3部1章2節1、その緊張の中から、新たな仏教革新運動が繰り返し起こってきたともいえる。ここでは、明治期を中心に、戒律からみた仏教の近代史に注目してみよう。

　維新期の1872（明治5）年4月、太政官布告で、「今より僧侶の肉食・妻帯・蓄髪は勝手たるべき事」という通達が出された（第133号）。これにより僧侶は、俗人と同一の戸籍（壬申戸籍）の中に組み込まれ、それまでの僧俗の枠組みが大きく揺らぐことになった。いわば政府の公許による破戒の一般化という状況が、日本史上初めて現出することになったのである。その意味で、このいわゆる「肉食妻帯令」の持つ意味は決定的であった。

　そして肉食妻帯などの戒律問題は、明治初期には、主として旧仏教の僧弊の問題として捉えられたことが特徴である。たとえば浄土宗の福田行誡（1809-88）は、仏教界の頽落ぶりを憂える立場から、「肉食妻帯令」の撤回を明治政府に求めた。また行誡は、「出離解脱」を目指して「無我の法」を実践する我々仏教徒が、どうして「我執の敬神愛国」を説くことができるだろうかと、"敬神愛国、天理人道、皇上奉載・朝旨遵守"のいわゆる「三条教則」などを掲げて国民教化政策を展開する政府を、厳しく批判している。このように、仏教界の革新を目指した戒律復興の立場が、同時に明治政府の宗教政策の批判へと向かっている点にも、注意が必要だろう。

　明治20年代（1890年代）になると、日本社会が急速に文明化する中で、仏教は世俗社会との新たな関係を模索していくことになる。この時期に特に注目されるのは、（1）教育勅語に代表される国民道徳（論）との結びつきにおいて、戒律の実践が奨励されたこと、（2）日清戦争前後に再燃した戒律論争では、とくに戦争と不殺生戒との関係が問われたこと、などである。

　この点について、釈雲照（1827-1909）の場合を例にみてみよう。雲照は真言系の律師で、1872（明治5）年、政府による「肉食妻帯令」と高野山の女人解禁令に反発するなど、行誡と並んで、明治仏教界で戒律復興を唱えた代表者の一人である。後に宗門と対立して十善会を組織し、独自に戒律運動を展開した（1890年に雑誌『十善宝窟』を創刊）。

　たとえば雲照は『教育勅語義解』（1900年）などの著作で、無我の自覚を常に忘れ

なければ不孝は起こるはずはないとし、仏教の無我説が、国民道徳とつながることを説明している。また日清戦争時には、雲照は「不殺生戒法の軍事に対する観念」（1894年）を発表し、仏教の本義に従えば、戦争に参加したり人を傷害することは許されないとしながら、殺人が正当化される場合の例を挙げている→3部4章1節5。ただし、これは在家居士つまり出征兵士（軍人）の場合を想定したもので、出家者は、いかなる理由があっても不殺生戒を犯すことを禁じている。このように日清戦争時に盛んに議論された「不殺生戒」と戦争の関係であったが、日露戦争時の『十善宝窟』誌上では、この問題は全く問われなくなっていることも、興味深い事実である。

　そして、近代仏教とその改革運動に最も大きな影響を与えた戒律といわれるのが、**十善戒**である。十善戒とは、大乗戒の１つで、人が身・口・意の三方面において行うべき十善を保つための戒律である。十善戒の特徴は、広範な人々が実践しやすい簡潔さにあって、とくに世俗（在家）に生きる人々に、日常的な倫理規範を示すものであった（人のものを盗まぬ、嘘を言わぬ、悪口を言わぬ、腹を立てぬ、など）。十善戒を広く提唱したのは、近世後期の慈雲飲光（1718-1804）にさかのぼる。そして慈雲が在家向けに（神儒仏の）三教一致的な道徳として説いたように、十善戒は、世俗化する近代社会に生きる人々にとって、もっとも適合的な戒律であったと考えられる。先の行誡と雲照も、同じくこの十善戒を重視して、戒律復興運動に取り組んでいる。また柏原（1969）は、十善戒の系譜にみられる自戒自律の精神が、清沢満之の「精神主義」にも大きな影響を与えていると指摘している。

● 課題と展望

　日本で僧侶の妻帯が真宗以外にも一般化したのは、1900年代である。それ以前にも妻帯僧はいたが、その妻は「梵妻」や「大黒」と呼ばれ、一般に秘匿の対象であった。妻帯が公認されると、妻は後継ぎの長男を産むことを期待され、寺院は、世襲による寺族を形成するようになった。一方で、これまで僧侶の妻帯は破戒であり、「日本仏教」に固有の問題だと考える向きもあった。

　しかし近年、そうした日本特殊性論の見直しが進められている。たとえば、チベット仏教のニンマ派やネパールにも妻帯僧が存在しており、それは同地域にカースト制度がなく、出家が必ずしも仏道の絶対条件ではなかったという文化的背景によるといわれている。日本では、「家」の制度化とその下支えが近代国家形成の重要な役割を果たしたが、そのことが、今日にみる妻帯僧の広がりや寺族の形成にも影響を与えていると思われる。国や地域で異なるそうした社会・文化的な背景も考慮しながら、戒律と仏教の近代史を広く再考することが、今後求められている課題といえるだろう。

（繁田真爾）

● 参考文献

柏原祐泉　1969　『日本近世近代仏教史の研究』　平楽寺書店

池田英俊　1976　『明治の新仏教運動』　吉川弘文館

松尾剛次編著　2006　『シリーズ　思想の身体―戒の巻―』　春秋社

2　仏教改革運動（その1）

● 定義・内容

◆大内青巒と近代日本仏教　1872（明治5）年のいわゆる「肉食妻帯」許可の太政官布告の発布や、欧州的な思想の流布などによって、仏教は教学のみならず、社会的、政治的な側面においても変革された。この転換期における様々な動向の1つとして、大内青巒（1845-1918）の活動がある。彼は1870年代中葉より、本願寺派の島地黙雷（1838-1911）と協力して月刊誌『報四叢談』を発行し、後には新聞『明教新誌』（隔日発行）の主宰も務めた。通宗派的な活動に大きく貢献した大内は政治にも積極的に関わり、1889（明治22）年には政治団体「尊皇奉仏大同団」を井上円了（1858-1919）や前田慧雲（1855-1930）など、当時の有名な仏教活動家とともに立ち上げた。翌年、第1回衆議院議員総選挙にも出馬した。彼は仏教演説で、教義の内容を述べつつ仏教徒の政治参加を促した。また、在家信者向けに、『正法眼蔵』からの抜粋である『修正義』を編集するなど、仏教教義の再編成に取り組んだ。

◆清沢満之と「精神主義」　明治前期・中期に仏教徒の政治的役割を唱えた大内の運動に対し、真宗大谷派の僧侶・清沢満之（1863-1903）が主唱する、阿弥陀仏を「絶対無限」ととらえ直し、「精神主義」という個人の内省的信仰に基づいた仏教改革運動が明治後期より現れた。清沢は大谷派の奨学金で東京大学を卒業した後、宗門の教育に携わり、教育と教団組織の改変に取り組んだ。しかし、宗門内の反発に遭い挫折し、思想的・宗教的回心を経て、1900（明治33）年に東京で私塾「浩々洞」を開き、翌年から同人誌『精神界』を発行した。清沢は夭逝するが、弟子が各自の解釈を加えつつ、個人主義的な信仰運動を引き継いだ。

● 研究課題・展望

　曹洞宗僧侶であった大内は、明治前期に還俗し、在家信者として教義の編集も含めて教団に関わり続けた。一方、積極的に教団の構造的改革を主唱した清沢の場合、改革運動のために一時期、僧籍を剥奪されてもいる。近代において、2人のように様々な理由で教団から距離を置いて活動した仏教者をめぐる研究は、数多く発表されてきた。近年は、改革運動に反対する宗門内の保守派との対抗関係、それぞれの運動の母体となる結社の形態、それを可能とした国内外の人脈、**雑誌などのメディア**→3部4章2節3の役割を含めた研究が現れ、新たな展開をみせている。　　（Orion KLAUTAU）

● 参考文献

池田英俊　1976　『明治の新仏教運動』　吉川弘文館

吉田久一　1986（初版 1961）『清沢満之』（新装版）　吉川弘文館

3　仏教改革運動（その2）

● 定義・内容

◆新仏教運動　明治後期の代表的な仏教改革運動の1つに、**新仏教徒同志会**による**新仏教運動**がある。明治末から大正初期にかけて、境野黄洋、高嶋米峰、田中治六、杉村楚人冠、加藤咄堂ら在家の青年仏教者らを中心にして、機関誌『**新佛教**』（1900-15）の発行と、東京という都市空間での定期的な演説会の開催を主軸として展開された。この運動の賛同者たちは、既存のいかなる権威や権力にもとらわれない「自由討究」を理念として、「健全なる信仰」を説き、制度的慣習に毒された既存の宗派・教団を「旧仏教」と評してその問題点を批判しつつ、仏教者の積極的な社会参加を呼びかけた。その自由な言論活動は、明治20年代以降の活版印刷技術や出版流通網の発達を背景とした読書文化の隆盛に呼応したものであり、とりわけ知的好奇心にあふれる青年知識人からの支持を集めた。

◆近角常観と求道運動　新仏教運動とほぼ同時期に、**真宗大谷派**という伝統宗門においても改革運動が開始された。近代真宗の旗手として清沢満之と並び称されることの多い、**近角常観**（1870-1941）が主導した**求道運動**である。近角は、1902（明治35）年に東京本郷に創設された学生寄宿舎である「求道学舎」、および1915（大正4）年に同じ場所に建設された布教所「求道会館」を拠点として、やはり同時代の青年知識人たちに大きな影響を与えた。新仏教運動が、メンバーのゆるやかなネットワークのもと既成仏教を批判し自由な言論空間の構築を目指す取り組みであったのに対し、近角のもとに集った青年たちの多くは、自己の苦悩を近角の教えによって解消してもらうことを願ったのであり、それは著しく実存的な宗教運動として繰り広げられた。彼らを真宗の教えに導く際、近角が好んで取り入れたのが、自己の救済体験の経緯とその内実について語らせる**信仰告白**（体験談）であり、近角本人も彼の信徒らも、自らが救われるに至った経緯を繰り返し語ることで、相互の内面的な信仰を深化させていった。

● 研究課題・展望

　新仏教運動については、近年、そのメディア活動→3部4章2節3としての特徴や、参加者の全貌や人脈、後世への影響などの解明が進み、近角常観に関しては、求道会館から発掘された資料などに基づき、これまではほぼ皆無に近かった研究が飛躍的に進展しつつある。近代日本の仏教史は、上記したような明治後期からの仏教改革運動を1つの頂点として論じられてきたが、近年の研究状況をふまえ、そうした既存の認識をどう更新していくかが問われている。

（碧海寿広）

● 参考文献

大谷栄一　2012　『近代仏教という視座―戦争・アジア・社会主義―』　ぺりかん社
岩田文昭　2014　『近代仏教と青年―近角常観とその時代―』　岩波書店
碧海寿広　2014　『近代仏教のなかの真宗―近角常観と求道者たち―』　法藏館

350　第3部　日本＊第4章　日本近代

4　社会主義

● 定義・内容

　社会主義は、日本においては近代化に伴って起きた諸問題の解決を目指す社会運動と結びついた思想であり、ここではマルクス主義、共産主義、無政府主義を含めた広義の意味で用いる。時代的には明治期と昭和期に、社会主義に共鳴した仏教徒による運動が展開している。いずれも弾圧にあったが、当時の社会が抱える経済的・社会的不平等を批判し、言論・思想の自由を求め、**反戦平和**→3部4章4節11を唱えた数少ない運動として、思想史的意義が深い。

　明治期は、幸徳秋水（1871-1911）や堺利彦らによる平民社を中心に社会主義運動が展開した。平民社のほか、木下尚江や石川三四郎などのキリスト教社会主義者の活躍も目立ったが、新仏教徒同志会→3部4章4節3も彼らと深い関係をもっていた。雑誌『新佛教』には社会主義者の論説が掲載され、何度か発禁処分を受けている。また、幸徳秋水の絶筆『基督抹殺論』を出版したのは、新仏教徒の高島米峰であった（吉田1992）。

　1910（明治43）年、天皇殺害を計画したということで、全国各地で幸徳秋水ら社会主義者・無政府主義者の検挙が始まり、翌年1月に非公開裁判により26名の被告全員に死刑判決が出た（一部は無期懲役に減刑）。これは**幸徳事件**または**大逆事件**といわれるが、今日の研究では、政府による捏造であることが明らかになっている。本件では被告となった4名の仏教徒のほかにも、仏教徒の関わりが深いことに注目すべきである（阿満2005）。曹洞宗の内山愚童（1874-1911）は「入獄記念　無政府共産」、真宗大谷派の高木顕明（1864-1914）は「余が社会主義」を著し（吉田1959）、仏教的信念に基づく平等な社会の実現を願ったのだが、この弾圧で曹洞宗や真宗大谷派は、彼らの僧籍を剥奪し、政府や宮中に対して陳謝と恭順の声明を出した（吉田1992）。

　昭和期は、妹尾義郎（1889-1961）や林霊法（1906-2000）らの**新興仏教青年同盟**（新興仏青）が全国的に運動を展開した。1930年代の反宗教運動において、日本戦闘的無神論者同盟などのマルクス主義者が既成教団の腐敗を厳しく批判するなか、新興仏青では実践を通して仏教の真理を社会に生かす道を追求し、私有財産の否定や階級打破などマルクス主義の理論を取り入れた、仏教的共同社会の実現を目指した（稲垣1974）。幸徳事件に連座した仏教徒や新興仏青のメンバーは、いずれも仏教を学問としてではなく、生活のなかでその真理を受け止め、その真理の実現を目指した。

　新興仏青は1931（昭和6）年に結成され、1937（昭和12）年に弾圧を受け解散を命じられるまで、平和思想の高調、梵鐘献納など武器供出に反対、労働運動や農民組合運動の支援、不殺生戒に基づく死刑廃止、排外的国家主義反対などを方針に掲げて活動を行った（林1976、稲垣1975）。

　幸徳事件は社会主義者弾圧のために政府が作り上げた冤罪であり、新興仏青の活動した1930年代は、世界恐慌に端を発する深刻な経済不況があり、また政治的には軍国

主義とファシズムが勢いを増す時代であった。そうしたなかでの、彼らの異議申し立てや実践には多くの困難が伴ったが、その一方で、これらの運動が全国各地に展開していたことは、彼らと同様の問題意識を共有した仏教徒が少なからずいたことを示しているといえるだろう。

● 研究状況・課題と展望

宗教と社会主義との関連を取り上げた研究はあまりなく、主にキリスト教→3部4章3節1について論じたものである。とくに幸徳事件については幸徳秋水に関する研究が大半であり、宗教との関連はあまり取り上げられていない。しかし幸徳事件の犠牲になった宗教関係者では仏教徒が多く、キリスト教徒の大石誠之助も死刑になっており、彼らの信仰と社会主義への関心と

図1　妹尾義郎『社会変革途上の新興仏教』（国立国会図書館デジタルコレクション）

の結びつきは、仏教史やキリスト教史の観点から解明される余地は大きい。本項目で取り上げた以外の人物についても、各宗派で史料の掘り起こしが少しずつ行われているが、新興仏青の動きまでを含めた近代仏教史を通じて、社会主義と仏教の関係を捉えた研究はほとんどない。

このほか、経済学者の河上 肇が伊藤 証 信の無我苑に入信していることも重要である。彼は、若き日にはキリスト教的人道主義に感銘を受けるなど、宗教的感性の高い経済学者であった。彼の立場は宗教的真理とマルクス経済学の真理をいわば車の両輪とするものであり、貧困問題の解決をはかるなど、きわめて実践的であった。

なお、1930年代には、上座仏教国タイの僧侶ブッダダーサもまた、「仏教社会主義」を構想しており、地域を越えた共通のテーマとして、今後の研究が期待される。

（守屋友江）

● 参考文献

吉田久一　1959　「内山愚童と高木顕明の著述」（『日本歴史』131）
稲垣真美　1974　『仏陀を背負いて街頭へ―妹尾義郎と新興仏教青年同盟―』　岩波書店
稲垣真美編　1975　『妹尾義郎宗教論集』　大蔵出版
林　霊法　1976　『妹尾義郎と新興仏教青年同盟』　百華苑
吉田久一　1992　『日本近代仏教史研究』　川島書店
阿満利麿　2005　『宗教は国家を超えられるか』　筑摩書房

5　女性と仏教

● 定義・内容

　仏教史研究における「女性と仏教」とは、単なる**女性と仏教の関係**を問う研究関心を意味するのではない。それは、女性にとって仏教とはいかなる意味があったのかを、例えば仏教思想を自らの信念として主体的に生きた女性の姿に着目して明らかにしようとするような研究視座を意味するのである。1980年代の仏教史研究における「女性」の視座の導入は、男性研究者による男性僧侶の研究という仏教史研究の常識を覆すものであったし、従来の仏教史像には欠落していた側面に光を当て、より多面的で豊かな仏教史像を解明し、さらには女性と仏教の関係に孕まれた、現代にまで残存する課題を摘出していこうとする問題意識が介在していた→3部1章5節7・2章4節5・3章3節5。

● 研究史

　「女性と仏教」に関する仏教史研究上の立場や問題の立て方については、約15年前の松井やよりの整理（「女性と仏教」〈『日本仏教の研究法』　法藏館　2000〉）によれば、①仏教側が女性をどのように捉え、何を説いていたのかを明らかにし、仏教にとって女性とは何であったのかを考察する研究。②仏教さらに社会において、女性はどのような役割を果たし、どのような意味を持っていたのかを明らかにする研究。③女性の立場において、仏教はどのように受け入れられたのか。つまり女性にとっての仏教とは何であったのかを明らかにしようとする研究。主に以上の3種類に分類されるが、最近は②③の立場が研究の傾向として見られ、④ジェンダーの立場（性別や性差を社会的文化的に作られると見なす立場－筆者）から①を相対的に捉えようとする方向もあるとしているが、こうした研究の傾向に大きな変動はない。

　翻って、こうした「女性と仏教」という問題意識や視座は、近代仏教史研究においては、未だ十分な導入はなされておらず、活発な研究が行われてきたとは言いがたい。80年代に千葉乗隆が、明治20年代の本願寺派教団と曹洞宗における婦人教会を取り上げて以降、仏教婦人会の活動に着目する中西（1999）、名和（2011）の研究があるが、活動や会員女性たちの具体像については十分には明らかではない。

　90年代になると、ジェンダーの立場が導入される。福島（2003）は、明治30年代以降に清沢満之らが提唱した「精神主義」信仰の論壇『精神界』→3部4章4節2の姉妹雑誌で、大谷派の関

図1　『家庭』2巻8号、3巻2号（大谷大学所蔵）

係者により設立された「大日本仏教婦人会」の機関誌『家庭』(明治34年創刊)に着目し、同誌に語られる家族像・女性救済を論ずる言説を分析し、「精神主義」には、女性向けの教説が存在したこと、すなわち、「精神主義」教説が男女に等しく向けた言説ではなかったことを明らかにしている。機関誌というメディアを取り上げ、規約内容に留まらず、女性読者の投稿内容も考察の対象とした点で、近代仏教史研究における「女性と仏教」研究の画期をなすといってよいだろう。とはいえ、福島の研究も、松井の整理で言えば、①の側面が強く、②と③については十分な考察がなされたものではない。なお、ジェンダー視点の研究は、「女性と仏教 東海・関東ネットワーク」の活動に見るように、寺院等の生活の場で仏教を生きる女性たちの実践的取り組みの意味と自覚をもってなされている点を指摘しておきたい。

● 課題と展望

では、果たして、仏教に関わる女性たちが、仏教や社会でいかなる役割を担ったのか、また女性たちにとって仏教がいかなるものであったのだろうか。このような③の視座に立った「女性と仏教」研究は十分な蓄積はなく、今後の研究がまたれる。その意味では、関東大震災時に震災孤児や負傷者の救済活動に従事した真宗信仰に生きた九條武子(1887-1928)の生涯を明らかにした籠谷(1988)の研究は先駆的で重要である。また最近では、碧海(2013)が、真宗の学僧近角 常 観→3部4章4節3の下に集まり、その教えを聞いた女性たちの信仰世界の内実に視点を合わせて考察している。他にも、障がい者としての生を全うした真宗者中村久子(1897-1968)や参禅修行に勤しんだ社会運動家の平塚らいてう(1886-1971)、そして軍事救援を目的とする愛国婦人会を設立した真宗寺院出身の奥村五百子(1845-1907)など、近代日本において重要な足跡を残した注目すべき女性たちと仏教の関係についての研究は、これからの課題であろう。

以上のように、近代仏教史研究における「女性と仏教」研究は、近代史全般にわたり、まだ明らかにされていないことが多く、その具体像を掘り起こし、実態を明らかにしていくことが期待される。

(福島栄寿)

● 参考文献

籠谷真智子 1988 『九條武子—その生涯とあしあと—』 同朋舎出版

中西直樹 1999 「戦前における西本願寺仏教婦人会の女子大学設立運動」(京都女子大学宗教・文化研究所『研究紀要』12)

福島栄寿 2003 (初出 1998) 「近代日本の仏教と女性—仏教婦人雑誌『家庭』にみる 仏教的「家庭」と「女性」—」(『思想史としての「精神主義」』 法藏館)

名和月之介 2011 「日露戦争期における仏教団体の社会事業と地方改良事業—仏教婦人会の事業活動を中心に—」(『日本仏教社会福祉学会年報』42)

女性と仏教 東海・関東ネットワーク編 2011 『新・仏教とジェンダー 女性たちの挑戦』梨の木舎

碧海寿広 2013 「近代仏教とジェンダー—女性信徒の内面を読む—」(『日本思想史学』45)

6　民間信仰と仏教

● 定義・内容

しばしば「日本仏教は、(本来の) 仏教ではない」と言われる。この「(本来の) 仏教」を「日本仏教」へと変質させた要因を問題視する際には、迷信・因習・遺制などの明確な価値判断をはらんだ用語が使われるが、比較的価値中立の立場から学問的に扱う際の代表的な術語が「民俗」であり、その中でも特に宗教現象を指して民間信仰と呼ぶ。この民間信仰は、仏教を含むいわゆる「宗教」(成立宗教・創唱宗教など、教祖・教義・教団を具備する既成の宗教団体が念頭に置かれる)と対比して位置付けられる。もちろん対比した際の両端はあくまで抽象化されたもので、具体的現象としては両者の混淆した仏教民俗(民間仏教・庶民仏教・民俗仏教などとも称される)として観察される。その具体像として参考になるのは、仏教年中行事・法会・葬送習俗(葬式・年忌・墓地・塔婆。→3部3章3節4)・仏教講・仏教芸能・仏教伝承(縁起・唱導・奇蹟)・仏教的俗信(呪禁・禁忌・予兆)、また修験道といった、五来重が提唱した仏教民俗学の対象範囲である。これら仏教民俗に見出される、農耕儀礼や先祖祭祀(死霊供養)、また現世利益の要素は、非・仏教つまり民間信仰の側面として説かれる。

民間信仰と仏教との関係は、前者の影響による後者の変容(仏教の民俗化)と、その逆の方向性(民俗の仏教化)が想定されるが、両方向性が截然と区別されるわけではない。ただし民間信仰は仏教(の日本への伝来)に先駆して列島上の人々に担われていたとみなされ、固有と外来、土着と普遍、基層と表層、等々に準えられる。そのため民間信仰は、仏教やキリスト教など外来宗教の受け皿として、時に日本民族固有の本質として位置付けられてきた。その核には、先祖祭祀に代表される死霊への信仰に加え、現世利益信仰が指摘される。

● 研究史

大局的には、民間信仰から民俗宗教へ、と整理される。つまり術語「民間信仰」の初出である姉崎正治「中奥の民間信仰」(『哲学雑誌』130 1897)を嚆矢とし、戦後の堀一郎による体系化を承け、櫻井徳太郎が主導した「民間信仰」の研究領域が、『講座日本の民俗宗教』全7巻(弘文堂 1979-80)刊行と前後して術語「民俗宗教」へと転換された、とする流れである。ここに流入するのが、日本民俗学の祖・柳田国男による固有信仰の探究である。仏教嫌いとされる柳田だが、大正期には「毛坊主考」「俗聖沿革史」を執筆するなど、ヒジリ(毛坊主・修験者・下級陰陽師などの民間宗教者)に注目していた。ただし戦前は、姉崎・柳田とも体系化に至らず、ま

図1　両墓制の埋葬墓地景観 (滋賀・近江八幡市)

た塔婆や墳墓などに注目した仏教考古学でも仏教民俗への関心は散発的であった。

戦後の研究は、柳田の多大な影響を受けた学者たちによって牽引された。中でも堀と五来は双璧であろう。堀が宗教史の立場から民間信仰研究を体系化した一方、五来は仏教学・歴史学の立場から仏教民俗（学）研究の重要性を提唱した。この領域は術語こそ統一されないものの、堀・五来・櫻井、また宮田登・竹田聴洲・田中久夫・藤井正雄・宮家準など、様々な専門分野からの参入により進展した。昭和50年代から平成にかけて、『山岳宗教史研究叢書』全18巻（名著出版 1975-84）、『民衆宗教史叢書』全32巻（雄山閣 1982-92）、『仏教民俗学大系』全8巻（名著出版 1986-93）、また先述の『講座日本の民俗宗教』などが刊行され、修験道史・神仏習合史も含め

図2　願掛けとして縄で縛られた石仏（埼玉・川越市）

た仏教民俗の研究蓄積が整理された。その後は研究の個別化が展開している状況にある。

● 基礎資料および論点

仏教民俗の基礎資料は、なんといっても現場(フィールド)である。しかし現場へ虚心坦懐(きょしんたんかい)に臨んだつもりでも、自身の無自覚な偏見を助長する可能性が高い。それは民俗調査報告書などの文書(テキスト)を読む際も同様なので、まずは先行研究を、その視座も含め学ぶ必要がある。とはいえ叢書・大系の類は大部であるため、たとえば入門書として五来『仏教と民俗』と高取・橋本『宗教以前』の併読を勧めたい。

この領域は柳田の影響が大きいため、どうしても柳田民俗学に偏った学史が叙述されるが、たとえば近世文学研究における、怪談の文化的背景となる仏僧の具体的な鎮魂儀礼について当時の無縁本などを検討した成果（堤 1999など）を含めた、民間信仰と仏教との関係史が構想される必要がある。さらには仏教史的事実のみならず、文化論・認識論的問題として、何を「基層」「固有」あるいは「外来」「本来」とみなしてきたのかを含めた学史的再検討が喫緊の論点であろう。　　　　　（土居　浩）

● 参考文献

堤　邦彦　1999　『近世説話と禅僧』　和泉書院
坂詰秀一編　2003　『仏教考古学事典』　雄山閣
伊藤唯真　2006　「仏教民俗」（『精選　日本民俗辞典』　吉川弘文館）
宮本袈裟雄　2006　「民間信仰」（『精選　日本民俗辞典』　吉川弘文館）
宮本袈裟雄、谷口貢編著　2009　『日本の民俗信仰』　八千代出版
五来　重　2010　『仏教と民俗』（角川ソフィア文庫）　角川書店
高取正男、橋本峰雄　2010　『宗教以前』（ちくま学芸文庫）　筑摩書房
菊地　暁ほか　2013　「小特集・京都で読む『先祖の話』」（『日本民俗学』276）

356　第3部　日本＊第4章　日本近代

7　社会福祉

● 定義・内容

　仏教社会福祉とは、社会的・歴史的文脈の中で仏教と社会福祉の関係性を問うとともに、仏教精神に基づく社会福祉の可能性と固有性を追求していく理念的かつ実践的概念と言える。日本における仏教社会福祉事業の源流を探ってみると、古代の聖徳太子や行基まで遡ることができ、鎌倉期の忍性や叡尊→3部2章2節5などもよく知られている。

　吉田久一の整理によると日本の社会福祉事業は、慈善→慈善事業→社会事業→社会福祉事業という4段階を経て発展してきた。明治20年代までは個々の僧侶や寺院を単位として伝統的な慈善活動が行われていたが、産業革命の進展に伴い、それでは対応できなくなった。そこで、徐々に組織化され慈善事業に進展していった。しかし、資本主義社会の更なる進展に伴い、社会構造の必然的産物として貧困者や社会的弱者が大きな問題となってくる。そこで、平時からの防貧・防災・教育なども射程に入れ、社会構造全体を対象にしようとしたのが**社会事業**である。戦後になり、社会福祉事業が日本に広まっていくが、両者の間に明確な区分はなく重なり合う領域が大きい。

　仏教社会福祉事業とは仏教的精神に基づく実践的な社会福祉事業を意味するが、活動内容としては一般の社会福祉事業と大差はなく、災害救済、軍事援護、医療保護、児童保護、防貧事業、更生保護、教育活動などがある。

● 歴史

　明治中期頃までの慈善事業が徐々に組織化され、仏教社会事業として本格化するのは明治後期からである。この時期の代表的なものに、1901（明治34）年に浄土真宗本願寺派で設立された大日本仏教慈善会財団、1911（明治44）年設立の浄土宗労働共済会、真宗大谷派慈善協会などがある。この時期になると、教団を背景としながら広範囲に及ぶ組織的な活動が展開されていく。

　『仏教徒社会事業大観』によると、1919（大正8）年段階における社会事業施設数は表1の通りである。単独では浄土真宗系の施設が最も多く、続いて禅宗、浄土宗と続く。ただし、実際には各宗共同の施設が半数を超えていることから、仏教社会事業は教団の枠を超えて実践されていたことがうかがえる。また、同書に掲載されている事業分類として、①統一助成研究事業、②窮民救助事業、③養老救助事業、④救療事業、⑤育児事業、⑥感化教育事業、⑦盲啞教育事業、⑧貧児教育事業、⑨子守教育事業、⑩幼児保育事業、⑪授産職業紹介宿泊保護事業、⑫免囚保護事業が挙げられている。事業統計をみると、免囚保護事業が全施設の60％を占め、次いで児童関連事業が26％となっている。

　1910年代になると、仏教社会事業の組織的研究や人材育成を目的とする動きが活発化する。渡辺海旭による仏教徒社会事業研究会は1912（明治45）年に創設され、2年後には全国大会を開催している。この研究会では毎月1回の例会を開催しながら、各

宗諸団体同士の情報交換の場として機能した。また、仏教系高等教育機関においては専門研究と人材育成を進めるべく社会事業関連の組織が創設された。1917（大正6）年、宗教大学に社会事業研究室、翌年に日蓮宗大学に同名の研究室が設置、1920（大正9）年には龍谷大学に社会事業講座、翌年には東洋大学に社会事業科が創設されている。なお、1919（大正8）年には、大日本仏教慈善会財団も築地本願寺内に社会事業研究所を開設している。

表1　各宗別社会事業施設数
(1919年)

宗　派	施設数	割合
浄土真宗	65	17%
禅　宗	26	7%
浄土宗	22	5%
日蓮宗	15	4%
真言宗	10	3%
天台宗	7	2%
その他諸派	5	1%
各宗共同	201	52%
通仏教	36	9%
合　計	387	100%

　1930年代には日本社会全体で戦時体制が強化されていった。それに伴い仏教社会事業は銃後活動の役割も強めていく。従来の活動に加えて、戦傷者・戦災遺族への慰問、戦災孤児の保護、工場労働者への訓話なども仏教社会事業の一環として行われるようになっていった。

● 研究状況と課題・展望

　仏教社会福祉に関する研究蓄積は非常に厚く、歴史、人物、思想、理論、事例、制度など多種多様な視点・方法によって多くの成果が公刊されている。その嚆矢は、大正期に遡ることができるが、戦前期の研究は概して仏教教団・僧侶の社会事業に関心が置かれていた。戦後になると仏教社会福祉事業が活発化する過程で、大学制度内にも社会事業を研究する部門・人員が増え、それに伴い研究量も増加していった。現在では研究対象地域も拡大し、国外地域（アジア、ハワイ、アメリカ本土、ブラジルなど）に焦点をあてた新しい研究も生まれている（日本仏教社会福祉学会編 2006『日本仏教社会福祉辞典』）。

　近年の社会福祉活動において、宗教的精神に基づく活動といったものは少数派と言わざるを得ず、その傾向は社会福祉関係の教育・人材育成機関においても同様である。こうした状況の中、仏教社会福祉を今後どのように提示できるか、その他の諸学分野といかに関連させていくことができるかが仏教社会福祉研究の大きな課題と言えよう。さらに近年では、ビハーラ運動や被災地活動、ホームレス救護活動など仏教者らによる積極的な社会活動・地域貢献が盛んとなってきている。こういった動向を本研究分野の中にどのように位置づけていくかも重要な問題といえる。　　　　　　（江島尚俊）

● 参考文献

仏教徒社会事業研究会編　1920　『仏教徒社会事業大観』　仏教徒社会事業研究会

日本仏教社会福祉学会編　1969-　『日本仏教社会福祉年報』　日本仏教社会福祉学会

吉田久一　1991　『改訂増補版　日本近代仏教史研究　上・下』　川島書店

池田英俊、芹川博通、長谷川匡俊編　1999　『日本仏教福祉概論―近代仏教を中心に―』　雄山閣

日本仏教社会福祉学会編　2006　『仏教社会福祉辞典』　法藏館

8 差別と仏教

● 研究状況

日本近代仏教史研究において差別に関する研究は充分とはいえず、それを焦点とする関心や視点もあまり共有されてはいない。あえて言えば、被差別者への救済・救護活動として仏教社会事業研究がこの問題に触れる程度であり、近代仏教と差別に関しては、いまだ研究の余地が多く残されている。そこで本項では、比較的に研究・整理が進んでいる**部落**差別と**ハンセン病**の２点に絞って述べていく。

● 部落問題

1871（明治４）年に「穢多非人ノ称ヲ廃」する解放令が太政官によって布告される。これによって身分としての「穢多非人」は消滅したが、近世以来の慣習は根強く残り続けた→3部3章3節6。それは仏教界全体においても同様であり、被差別部落の約８割を門徒とする東西本願寺教団内にも差別体質は温存し続け、実際に「穢寺」「穢多寺」（主に「穢多」を対象とする寺院）はそう簡単には無くならなかったとされる。

1922（大正11）年になると、全国水平社が設立される。水平社は創立大会の決議において、多くの被差別部落を抱える東西本願寺に厳しい批判を突きつけた。それに対し両本願寺は早々と水平社への賛意を表明した。これに前後して、1921（大正10）年、真宗大谷派では宗務所内に部落問題等に取り組む社会課を新設し、武内了温を主事に据えている。武内はその４年後に真宗身会を設立し、そこを基盤にして意欲的な活動を展開する。浄土真宗本願寺派では1924（大正13）年に一如会を設立し、指導者である梅原真隆のもと融和活動が行われた。他宗派でも有志僧侶による同類の活動が行われてはいたが、結果的には一過性のものに過ぎず、教団ひいては仏教界全体に共有されていた差別意識を是正するまでには至らなかった。

日蓮宗においては、日蓮自身による「旃陀羅」出自の告白をめぐって様々な議論が交わされていた。「旃陀羅」＝「穢多」という説も根強かったがゆえに、この告白は大きな関心事だったといえる。たとえば田中智学は、「種姓尊高」が日蓮の本当の出自であり、「旃陀羅」告白は教化に必要な方便だったと述べている。ここではその是非を問わないが、日蓮の出自をめぐるそれらの議論には、暗黙の前提として旃陀羅が絶対的な差別対象として認識されていた点は留意すべきである。ここにも部落問題、差別意識の根深さを垣間見ることができる。

● ハンセン病

法華経ならびにその信奉者を誹謗するものは「白癩の病」を得ることが、同経・普賢菩薩観発品に記述されている。この記述を一つの根拠としながら、日本仏教ではハンセン病患者を救済ならびに差別の対象として見なしてきた。救済活動としては、聖徳太子や光明皇后、叡尊や忍性によるものがよく知られている→3部2章2節5。差別としては、ハンセン病を「仏罰」「業病」「家筋」としてとらえ、差別意識の助長を促してきた面がある。

ハンセン病の専門医療施設として日本で最初に設立されたのは、カトリック神父・テストウィードによる神山復生病院（静岡県、1889〈明治22〉年）であった。その後、キリスト者による設立をいくつかみることができるが、仏教者によるものとしては日蓮宗僧侶・綱脇龍妙による身延深敬病院（山梨県）がある。1906（明治39）年10月、身延山の山裾に仮病舎を建設、男女合わせて患者13人を収容し救護活動を開始し、その後、1930（昭和5）年には福岡県に深敬九州分院を設立している。周囲からの偏見や運営資金のやり繰りに苦労しながらも意欲的に活動した。ほかにも、京都帝国大学助教授・小笠原登（真宗大谷派円周寺出身）は、ハンセン病を非遺伝性であり、感染力が弱い伝染病として論文を発表し、当時の医学界に対して隔離政策の廃止を訴えていた。

ただし、綱脇や小笠原のような活動は少数派であり、ハンセン病に対する仏教界の基本姿勢は当時の社会風潮と同一のものであった。ハンセン病に対する組織的活動の事例としては、真宗大谷派の光明会が挙げられる。1931（昭和6）年に施行された「らい予防に関する法律」を契機に、同年6月に宗内に光明会を設立、ハンセン病の根絶を目的に啓発・救護活動を行った。具体的には、全国の隔離療養所に慰問団を派遣し、各寺院に「らい絶滅」ポスターを配布するなどした。後に大谷派は、光明会の活動は国策の補強的役割を担っており、政府への無批判追従・強制隔離という人権侵害を行ったとして、1996（平成8）年に公式に謝罪している。

● 研究課題・展望

真宗大谷派や浄土真宗本願寺派などにおいては他宗派に比べて研究が進んでいるが、仏教界全体としては、差別と仏教に大きな関心を払われているとは言いがたい。本項で取り上げた「部落問題」や「ハンセン病」のほかにも、近年、新しく関心がもたれ始めているのが女性僧侶（尼僧）や寺庭婦人についてである。たとえば、福島栄寿は仏教婦人雑誌の分析を通して明治期における女性の語られ方について明らかにしている→3部4章4節5。熊本英人は、曹洞宗教団における尼僧や寺庭婦人について研究を行っている。また、他にも大きなテーマとしては、差別戒名（法名・法号）問題があるが、各教団ともに研究が進んでいるとは言い難い状況である。今後は差別という視点からも近代仏教史を読み解いていく必要があろう。　　　　　　　　（江島尚俊）

● 参考文献

仲尾俊博　1982　『宗教と部落差別』　柏書房

柏原祐泉　1988　『仏教と部落差別―その歴史と今日―』　部落解放研究所

山本俊一　1997　『増補　日本らい史』　東京大学出版会

熊本英人　2002　「近代仏教教団と女性（1）―曹洞宗における「寺族問題」―」『駒沢大学禅研究所年報』13・14合冊号

福島栄寿　2003　『思想史としての「精神主義」』　法藏館

熊本英人　2004　「近代仏教教団と女性（2）―曹洞宗における「尼僧」―」『駒沢大学仏教学部論集』35

9 仏教系新宗教

● 定義・内容

　新宗教とは幕末・維新期以降に成立し、既成宗教とは区別される特徴をもった新たな成立宗教のことである。成立宗教とは独自の教義や実践の体系と教団組織を備えた宗教のことであり、それらを欠いた民俗宗教とも区別される→3部3章5節5。ただし、既成宗教や民俗宗教の伝統を発生基盤としており、民衆を教団の主な担い手とする（井上ほか 1990）。既成宗教との関係に注目すると、新宗教は神道系、仏教系、その他（キリスト教や諸教）に大別できる。つまり、仏教系新宗教とは既成仏教や民俗仏教の伝統を基盤にして、あるいはそれに影響を受けて形成された新宗教のことである。

　仏教系新宗教への伝統仏教の影響をみると、法華系（日蓮系）と密教系の影響力が圧倒的に強い（対馬 1998）。前者としては本門佛立宗、大乗山法音寺、大乗教、霊友会、立正佼成会、創価学会等が、後者としては中山身語正宗、念法眞教、解脱会、辯天宗、真如苑、阿含宗等が挙げられる。このうち、法華系新宗教は仏教系新宗教の中で顕著な数と規模を誇る（西山 2011）。たとえば、創価学会は827万世帯（公称）、立正佼成会は約309万人（『宗教年鑑』2014年版）の会員数を数える。西山によれば、法華系新宗教の教勢が伸長した背景には、法華系新宗教のもつ現世主義（娑婆即寂光）と現状打破の精神（現世利益・立正安国）がある。現世主義とは来世での救済ではなく、現世での救済を重視することである。そのために現状打破の精神が強調されるが、その武器となるのが、現世利益の提供である。新宗教はとくに貧・病・争（貧困・病気・人間関係の争い）に苦しむ人々に対して、救済をもたらすことに力を発揮してきた。ただし、救済の対象が個人にとどまらず、「立正安国論」（日蓮）に象徴されるように、社会・国家レベルに及ぶのが、法華系新宗教の特徴である。

　なお、法華系新宗教を類型化すると、その出自を宗派講にもつ「宗派系」と民間法華行者にもつ「民俗系」に区分できる（西山 2011）。宗派系として、日蓮門下の八品派系統の本門佛立宗とその分派、富士派系統の創価学会や富士大石寺顕正会等の教団がある。民俗系として、仏教感化救済会系諸教団（大乗山法音寺、大乗教、法公会、真生会）や霊友会系諸教団（立正佼成会や妙智會等）が含まれる。

　ここで、主な仏教系新宗教教団の創立年をまとめておくと、表1のようになる。

　これらの新宗教の特徴として挙げられるのが、信者中心主義である。在家者（俗人）が布教・教化等の活動を中心的に担っている。信者自らが「導き」（霊友会）のような布教活動や

図1　立正佼成会の法座（写真提供：立正佼成会）

「法座」（立正佼成会）、「座談会」（創価学会）のような家庭集会を実施している。図1は、立正佼成会本部大聖堂（東京都杉並区）での「朔日参り」という行事後に行われた法座の様子である（2015年6月撮影）。

表1　主な仏教系新宗教教団の創立年

創立年	教団名	系　統
安政4（1857）年	本門佛立宗	法華系
明治42（1909）年	仏教感化救済会	法華系
大正元（1912）年	中山身語正宗	真言系
大正14（1925）年	念法眞教	天台系
昭和4（1929）年	解脱会	真言系
昭和5（1930）年	霊友会	法華系
昭和5（1930）年	創価学会	法華系
昭和11（1936）年	真如苑	真言系
昭和13（1938）年	立正佼成会	法華系
昭和17（1942）年	富士大石寺顕正会	法華系
昭和25（1950）年	妙智會	法華系
昭和27（1952）年	辯天宗	真言系
昭和29（1954）年	阿含宗	真言系
昭和33（1958）年	浄土真宗親鸞会	真宗系

● 研究状況・課題と展望

　仏教系新宗教を含めた新宗教の研究は、昭和初期に教派神道（神道系新宗教）の研究として始まった。しかし、研究が本格化するのは、第二次世界大戦後である。1950年代以降、高木宏夫や村上重良らによって、宗教学や宗教社会学、宗教史の分野で研究が進展した。一方、1960年代以降、歴史学や思想史の領域でも安丸良夫や鹿野政直らによって、民衆史研究として研究が進められた。その後、新宗教研究の水準を大きく高めたのが、1975年から90年まで活動した**宗教社会学研究会**（宗社研）の活動である。宗社研は、宗教学・社会学・人類学・民俗学等の多様な領域の研究者が集まった学際的研究組織だった。その成果は4冊の論集、『新宗教研究調査ハンドブック』（雄山閣、1981年）、『新宗教事典』（井上ほか 1990）等にまとめられた。

　今後の仏教系新宗教の研究は、こうした新宗教研究の蓄積を踏まえたうえでの新たな展開が求められている。その課題の1つとして、近代仏教史研究とのリンクが挙げられる。1950年代後半以降、吉田久一、柏原祐泉、池田英俊らによって基礎が作られた近代仏教史研究は、2000年代以降、大きく進展している（大谷 2012）。しかし、これまで近代仏教史研究と仏教系新宗教研究は没交渉的に行われてきた。今後、2つの研究領域が有機的に交流することが求められている。　　　　　　　　（大谷栄一）

● 参考文献

井上順孝、孝本　貢、対馬路人、中牧弘允、西山　茂編　1990　『新宗教事典』　弘文堂

対馬路人　1998　「日本における仏教伝統と新宗教」（日本仏教研究会編『仏教と出会った日本』　法藏館）

西山　茂　2011　「杉山辰子とその教団—法華系新宗教研究史の「失われた環」の発見—」（西山　茂、小野文珖、清水海隆『大乗山法音寺の信仰と福祉』　仏教タイムス社）

大谷栄一　2012　『近代仏教という視座—戦争・アジア・社会主義—』　ぺりかん社

10 仏教系 NGO

● 定義・内容

　NGO とは非政府組織のことで、発展途上国や日本国内で紛争や貧困、社会的弱者への人権侵害など諸問題の克服へ向けて活動し、支援などを行う団体である。日本の法律上は非営利組織（NPO）として法人格をとる団体が多いが、ここでは海外の団体を含めるため、NGO とする。戦前・戦中までは、人権に配慮し反戦を表明する団体は活動そのものが難しく、日本では NGO は戦後に発達したという経緯がある。

　仏教系の代表的な団体として、海外では、タイに本部を置く国際エンゲイジド・ブッディスト・ネットワーク（INEB）、スリランカに本部を置くサルボダヤ・シュラマダーナ運動、アメリカに本部を置くブッディスト・ピース・フェローシップがある。日本では、1981年設立のシャンティボランティア会（SVA）、1993年設立のアーユス仏教国際協力ネットワーク（アーユス）などがある。SVA は曹洞宗のボランティア団体として発足し、難民キャンプや日本国内の被災地で移動図書館などによる教育支援を行い、アーユスは超宗派の僧侶による団体として、他の NGO の財政支援や緊急支援を行って、それぞれ支援の届きにくい草の根の活動を支えてきた。日本の団体は男性僧侶が多く、近年、国際支援を扱う部署や NGO を新たに設けた教団もあるが、海外の団体は男女の性別や僧籍の有無を問わず、また特定の教団と関係なく組織されているのが特徴である。

　ベトナム戦争時に反戦平和を唱えたベトナム僧ティック・ナット・ハーンが提唱したエンゲイジド・ブッディズムは、慈悲の精神に基づいて社会の諸問題の解決に取り組む運動であり、海外の仏教 NGO やアーユスの活動にも共有されている重要な理念である。社会福祉→3部4章4節7や慈善事業とは異なり、時として政府に異議申し立てや提言を行って、新たな社会を築くことを目指している。こうした社会への働きかけは、近代以前の仏教徒による慈善事業とは異なる点といえるだろう。

● 研究状況・課題と展望

　海外の NGO に関する研究は英語が大半で、日本語での研究は少ない。NGO 論、社会開発論、宗教社会学などの研究が多く、仏教史からとらえた研究は手薄である。また、女性僧侶や在家信者による活動に注目する必要があるだろう。　　（守屋友江）

● 参考文献

西川　潤、野田真里編　2001　『仏教・開発・NGO—タイ開発僧に学ぶ共生の智慧—』　新評論

枝木美香　2009　「アーユス仏教国際協力ネットワーク」（萩原康生、松村祥子、宇佐見耕一、後藤玲子編『世界の社会福祉年鑑　2009』　旬報社）

女性と仏教 東海・関東ネットワーク編　2011　『新・仏教とジェンダー—女性たちの挑戦—』　梨の木舎

11　平和運動

● 定義・内容

　近代の仏教者の中には、同時代の社会状況に対して発言し行動する者がいた。特に20世紀は国内外で戦争が行われたが、平和運動をめぐっては時に仏教者が関与した。

　日露戦争の開戦直前から社会主義者らにより非戦論が展開され、影響を受けた仏教者がいた。大逆事件（1910年）では、複数の僧侶が刑死もしくは獄死となった。

　治安維持法（1925年公布・施行）により、非戦思想で検挙されたり、日中戦争の反戦発言で、陸軍刑法の流言飛語罪とされた人物がいたように、平和運動を実践した仏教者が多くいたのである。

　第二次世界大戦後の日本国憲法で、戦争の放棄が明記されたが、朝鮮戦争の影響で警察予備隊（自衛隊の前身）が発足した。この頃から「再軍備」に反対する各団体が発足して仏教者も関与した。仏教者平和懇談会、京都仏教徒会議、世界連邦日本仏教徒協議会などである。仏教者も参加した宗教者全体の団体には、宗教人懇談会、宗教者平和運動協議会、日本宗教者平和協議会、世界連邦日本宗教委員会、世界宗教者平和会議日本委員会、宗教者九条の和などがある。日本山妙法寺の藤井日達は、戦前・戦中はアジアで軍と行動を共にしたが、戦後は平和運動を進めた。

● 研究状況と課題

　仏教者の平和運動に関する研究については、前掲人物の行動と思想に関する研究が蓄積されてきた。また仏教知識人が運動に関わりつつも、自己の問題として仏教の戦争責任を問う研究を行ってきた。例えば臨済宗妙心寺派（のち還俗）の市川白弦（石井 2004）や浄土真宗本願寺派の鈴木宗憲（大澤 2015）、日蓮宗の中濃教篤らである。

　研究の方法として、まず対象人物の論著を分析することである。個人全集や日記がなければ、参加団体が発行した雑誌や機関紙を見る必要がある。可能な限り周辺人脈を整理したい。対象人物と共に運動に参加した者が、人物について回想を残している場合があるからである。

　課題として、仏教の平和運動を研究する際には、仏教と政治、仏教と社会の関係を念頭に置き、キリスト教など他宗教の平和運動の動向も合わせて把握したい。

（大澤広嗣）

● 参考文献

石井公成　2004　「宗教者の戦争責任―市川白弦その人の検証を通して―」（池上良正ほか編『岩波講座　宗教8　暴力』岩波書店）

大谷栄一　2012　「1950年代の京都における宗教者平和運動の展開」（『〈佛教大学〉社会学部論集』54）

鈴木徹衆　2012　『信仰・宗派の違いをこえて―宗教者平和運動の歩みと課題―』新日本出版社

大澤広嗣　2015　「仏教留学生のインドシナ派遣」（『戦時下の日本仏教と南方地域』法藏館）

364　第3部　日本＊第4章　日本近代

⑤ 文学・芸術と仏教

1　仏教と文学

● 定義・内容

　明治以降さまざまな欧米の文学作品が日本語訳を通じて急速に紹介され、欧米の
Literature にあたる訳語として「文学」が登場する。日本の文学界でも写実主義、ロ
マン主義、自然主義、反自然主義などのブームが相次いで起こり、私小説をはじめさ
まざまな文学作品が創り出されていく。その一方で、文壇では日本の古典文学への再
評価が行われ、こうしたなか仏教に関心をよせる作家が多くあらわれる。実際、仏教
に関連した近現代の文学作品を数えるとなると枚挙にいとまがない。また一口に文学
といっても散文と詩文の形態があり、散文体には、小説・私小説・自伝・歴史小説・
随筆などさまざまな形態があり、さらに劇作品のテキストまで目を向けるとなると、
仏教にふれた文学作品は広域にわたる。

　一方、近代日本は「宗教」という造語も普及させた。その結果、宗教といえば、一
般的にはキリスト教・仏教・教派神道・新宗教など、教団や教義を示すものと思われ
るようになる。このように近代以降「宗教」と「文学」の概念化が別個にすすんだこ
とで、教団に属さない**文学者**の宗教的営みは、遠藤周作など一部の作家を除いてあま
り知られていない。特に近代における「仏教」と「文学」の相互関係を研究する方法
は未だ確立されていない。その理由として、こうした作品の多くは仏教の教義的素養
がなくても読めること、仏教の影響を受けつつも「**仏教文学**」というカテゴリーを意
識した作家は極めて少ないこと、作品の相対的評価が読者と文芸評論家の宗教的価値
観によって変わること、等があげられる。

● 研究状況

　こうした問題を念頭に置きつつ、2つの先行研究を紹介する。1つは、仏教教義お
よび仏教史学的解釈を反映させた見理文周の分類評価である。見理は「近代日本仏
教的文学」という枠を設け、それを仏教の史実から生まれた作品（真継伸彦の『鮫』
や井上靖の『天平の甍』等）、仏教の教養から生まれた作品（森鷗外の『寒山拾得』や三
島由紀夫の『金閣寺』等）、仏教の思想から生まれた作品（倉田百三の『出家とその弟
子』や岡本かの子『生々流転』等）、仏教の体験から生まれた作品（丹羽文雄の『菩提樹』、
水上勉の『雁の寺』、夏目漱石の『門』等）という4つのカテゴリーに分けている（見理
1986）。その他、浄土門（他力）系の作品、聖道門（自力）系の作品といった教義別の
分類を行い、同時に自己告発の作品、女流作家と尼僧を描いた作品、僧侶と戦争を描
いた作品、戦後作品など、テーマ、ジェンダー、時代別の分類も試みている。また、
宮沢賢治の詩集『春と修羅』など科学と仏教の融合を表現した作品や、亀井勝一郎や
小林秀雄の評論や随筆も考慮することを提案している（見理 1995）。しかし、仏教教
義および仏教史学的解釈を中心とする研究では、文学作品のもつ芸術的価値観が見落

とされがちである。例えば大正宗教ブームのもとロングセラーとなった倉田百三の『出家とその弟子』や松岡譲の『法城を護る人々』の書評や研究には、宗派的批判を交えたものが圧倒的に多い。

もう１つは、仏教と文学の関係を多面的にとらえる研究方法である。オリガスは1880－90年代に日本近代文学の基礎を築いた幸田露伴や森鷗外などの作家に宗教に対する強い感覚があったこと、近代日本文学に一つの宗教に限定されない有機的な宗教の流れがあったことに着眼した。そして新たな試みの１つとして、近代日本の自伝文学研究に内村鑑三、植村正久、古河老川、清沢満之→3部4章4節2などの宗教家の著作も取り込むことを提案している。また、作家の精神性の発展を全体的にとらえるには、作家の一生涯の軌跡を調べる必要があり、その時々の作品と言葉の世界に深く立ち入らなければならないと述べている。例えば、島崎藤村は洗礼を受けた後キリスト教を棄教したが、それは藤村の宗教否定を現すものではなく、藤村の宗教体験を理解するには『千曲川のスケッチ』にふくまれる「巡礼の歌」などを読み込むことが必要であるとしている。また、宗教に当初関心がなかったようにみえる森鷗外にも、『最後の一句』や『寒山拾得』のように、信仰の謎と自由をとりあつかった作品があることを指摘している（オリガス　1999）。

◉ 研究課題・展望

こうした提案をふまえ、今後の研究として、４つの視点を考えてみたい。１つは文学者たちが理解した仏教の中身を明らかにすることである。彼らは書くという行為を通じて宗教的内省を深めるケースが多く、その作品には教団のドグマから解放された生き生きとした宗教的精神が躍動している。作品をドグマから解釈するのではなく、作品の主張に即しながら「生きた仏教」を取り出すことが要求される。２つは宗教と芸術の矛盾ないし同一性について文学者たちがどのような認識をもっていたかを明らかにすることである。３つは文学の大衆化など、文学をめぐる社会的環境の変化や、教団仏教の社会的役割の変質など、文学と仏教をめぐる社会的、歴史的変化の有機的な研究である。４つは、「仏教」と「文学」の領域設定そのものを問い直すことである。例えば、自らの私生活を赤裸々に告白することによって大衆の支持を得ようとした僧侶は、私小説作家と同じ範疇に入ると考えてもよいだろう。「告白」をキーワードとするならば「文学と仏教」が同じレベルで論じられることになる。　　（阿満道尋）

◉ 参考文献

見理文周　1986　『近代文学と仏教の周辺』　般若窟

見理文周　1995　「近代日本の文学と仏教」（『岩波講座　日本文学と仏教　第10巻　近代文学と仏教』　岩波書店）

ジャン・ジャック・オリガス　1997　「生き地獄、そして花—明治時代の散文にあらわれた宗教と文学の関わりあい、考察と仮説—」（『創立十周年記念国際シンポジウム　日本における宗教と文学』　国際日本文化研究センター）

2　仏教と美術

● 定義・内容

　近代において、各地の仏教寺院の仏像や絵像などの**仏教美術**は、明治初年の廃仏毀釈→3部4章1節1の影響により破壊や焼却の被害に遭い、安価で売却されることもあった。この状況を憂慮し、お雇い外国人として東京大学で哲学と政治学を講じていたアーネスト・フェノロサ（1853-1908）が、仏像や絵像の調査と収集に着手し、彼の助手として岡倉覚三（天心、1863-1913）が同行した。また、フランスの実業家エミール・ギメ（1863-1918）も、来日して数多くの仏教美術を収集した。

　西洋化が強く推奨された明治初期は、日本の伝統的芸術への評価は低かった。そのため、西洋人による仏教美術への評価に促されて、これらを文化財として指定し保存する古社寺保存法が1897（明治30）年に制定されたともいえる。フェノロサ、岡倉らのコレクションはボストン美術館、ギメのコレクションはパリのギメ美術館にそれぞれ所蔵されている。

　一方、大正から昭和期にかけて**民芸運動**を起こした柳宗悦（1889-1961）は、文化財や国宝級の作品ではなく、民衆の信仰の拠り所となってきた仏像や絵像、日常生活で使う「雑器」を評価し、数多く収集した。民芸運動では、無名の職人が作る工芸品がもつ、機能的で飾らない美しさを重視する。柳は、『美の法門』『南無阿弥陀仏』など浄土教と美を結びつける著作を発表したが、その仏教美学は『無量寿経』の四十八願にある第四願「無有好醜の願」に触発された、独創的なものである。彼はまた、江戸期の遊行僧・木喰が全国各地で彫った柔和な姿の仏像（木喰仏）を高く評価したが、木喰は柳によって再発見されたともいえる。柳のコレクションは、東京・駒場の日本民藝館に所蔵されている。

● 研究状況・課題と展望

　美術史の観点や、欧米、アジアとの文化交流史からとらえる研究は多いが、とくに、青年時代から宗教に深い関心を寄せていた柳や、仏教に改宗したフェノロサの仏教思想について論じたものはそれほど多くない。しかし彼らの思想を理解するうえで、仏教は重要な位置を占めている。彼らは独特な仏教理解によって、仏像や絵像など「もの」を通して、「美の宗教」を広めたのであり、近代における新たな「宗教」運動の1つとしてとらえる研究視座が求められているといえる。　　　　　　　　（守屋友江）

● 参考文献

亀井勝一郎、宮川寅雄編　1968　『明治文学全集38　岡倉天心集』（筑摩書房）

阿満利麿　1987　『柳宗悦―美の菩薩―』　リブロポート

村形明子編　2000-01　『アーネスト・F・フェノロサ文書集成　翻刻・翻訳と研究』上・下京都大学学術出版会

日本民藝館監修　2010-11　『柳宗悦コレクション』1-3　筑摩書房

3 仏教と音楽

● 定義・内容

　仏教と音楽の関係は近代以降、**仏教音楽**として概念化されている。そのカテゴリーは、**声明**・ご詠歌・雅楽など伝統的なもの→3部2章6節6から**西洋音楽**の旋律を基にしたガーサやコーラスまでふくみ、仏教音楽の唱歌・演奏は今日、宗教施設やコンサートホール等で多目的に行われている。また仏教音楽は海外でも寺院法要やボン・ダンスを通して日常的なものとなっている。このため仏教音楽の研究は歴史的・空間的に多彩であり、その内容も充実している。ここでは、明治以後の教団仏教と洋楽を中心とした関係について取り上げる。

　仏教音楽は主として日本社会での洋楽の受容とマスメディアの発展、また諸教団の教化活動を介して普及してきた。明治中期に真宗教団を中心に「仏教唱歌」が伝統的・西洋的音階を通して作られ、その後、「讃仏歌」「仏教童謡」「仏教聖歌」といった呼び名で広まり、単一旋律から伴奏を伴う合唱形式に発展する。その一方で、大正末期から真言宗がご詠歌を伝統的仏教音楽として再評価し、ご詠歌の近代化をすすめていく（新堀 2010）。

● 研究状況・課題と展望

　従来の研究では、仏教音楽が近代初期に普及した理由として、廃仏毀釈で痛手を負った教団が近代化の一策として唱歌運動をすすめたことや、キリスト教の賛美歌の影響などが指摘されていた。しかし最近の研究では仏教音楽受容の初期段階は複雑であり、教団の教化面からの分析だけでは不十分であるという指摘がある。たとえば、仏教的イベントでの演奏会で、仏教とは関係のない「君が代」や余興的な曲が演奏されていたり、信者が意図せずに洋楽を受容していったことがあった。一方で、地域の寺院での洋楽演奏には保守的抵抗があり、さらには仏教音楽の普及には仏教婦人会との関わりが深かったこと、等である（福本 2004）。

　今後も仏教音楽の研究はすすみ、近代日本仏教の新たな文化的側面がより鮮明になると思われる。同時に「仏教音楽」を異なった学際的研究からとらえることも必要となる。たとえば、**宗教学**的見地から、仏教音楽を儀式と位置づけ、その普及が社会変化にどのように影響を与えたのかを考究したり、法要が儀式化される過程において、伝統的声明と洋楽の相互関係にどのような関係が生じるのか、儀式執行者、演奏者、聴衆をふくめ、その関係はどのように止揚されるのか、等である。　　　（阿満道尋）

● 参考文献

飛鳥寛栗　1999　『それは仏教唱歌から始まった―戦前仏教洋楽事情―』　樹心社

福本康之　2004　「仏教界における初期洋楽受容―洋楽の位置づけを中心に―」（『阪大音楽学報』2）

新堀歓乃　2010　「近代日本における仏教音楽と布教活動―真言宗教団によるご詠歌伝承と大師主義―」（『近代仏教』17）

基礎資料（日本近代）

　日本近代仏教史の基礎資料は、印刷技術の発達により活字になった出版物が多く、様々な媒体による復刻版・新版もある。一方、書簡や日記、報告などの一次史料については、ほとんど翻刻されておらず未開拓である。ここでは、比較的入手・閲覧しやすい14点をあげる。

辻善之助・村上専精・鷲尾順敬編『新編明治維新　神仏分離史料』全10巻（名著出版　1983-84）　…　神仏分離令と廃仏毀釈につき1926-28年に全国で収集した一次史料と聞き書きを収録。

圭室文雄監修『明治初年寺院明細帳』全7巻・別巻2巻（アルヒーフ）　…　各藩における宗派別寺院数と各檀家数が記された、明治初頭の寺院明細帳をまとめた史料集。

柏原祐泉編『維新期の真宗』（『真宗史料集成』第11巻　同朋舎メディアプラン　1983）　…　排耶論、護法論、政教論、アジア布教などに関する著作を解説・解題つきで収録。同12巻「真宗の近代化」も参考になる。

安丸良夫・宮地正人校注『宗教と国家』（日本近代思想大系5　岩波書店　1988）　…　宗教と国家の関係を明らかにする一次史料を頭注・解題つきで収録。1891年までの宗教法令も収録。

明治仏教思想資料集成編集委員会編『明治仏教思想資料集成』全7巻・別巻全5巻（同朋舎出版　1980-）　…　本篇は1868-80年に出版された単行本類、別巻は新聞・雑誌類を収録。

高野山大学附属高野山図書館監修『明教新誌』CD-ROM版（小林写真工業）　…　日本最初の仏教新聞で当初は『官准教会新聞』。大内青巒が主筆、隔日刊行で1874-1901年に発行。

『中外日報』マイクロフィルム版、中外日報社　…　仏教以外の諸宗教を含めた総合的宗教新聞。当初は『教学報知』と称し、真渓涙骨により1897年創刊。

福嶋寛隆監修『新仏教』CD-ROM版、すずさわ書店　…　超宗派の仏教雑誌。「自由討究」を掲げた論陣を張り、高島米峰らが1900-15年に発行。

『精神界』復刻版（法蔵館）　…　『新仏教』と並び称される仏教雑誌。真宗大谷派の清沢満之が主宰する浩々洞の同人が1901-19年に発行。

『戦前期仏教社会事業資料集成』全13巻（不二出版　2011-）　…　明治末期から昭和戦前期までに仏教諸宗派が発行した、社会事業関係の報告や便覧などを復刻・収録。

『仏教海外開教史資料集成』ハワイ編全6巻・北米編全6巻・南米編全3巻（不二出版　2007-09）　…　ハワイ、北米、南米で海外布教を行った仏教諸宗派の現地教団が発行した、教団史や報告などを復刻・収録。

『仏教植民地布教史資料集成』朝鮮編全7巻・台湾編全6巻（三人社　2013-）　…　日本が植民地とした朝鮮半島で布教した仏教諸宗派の活動記録を復刻・収録。中国、北方、南洋の資料が復刻予定。

奥山直司・雲藤等・神田英昭編『高山寺蔵　南方熊楠書翰―土宜法龍宛　1893-1922』（藤原書店　2010）　…　高山寺で発見された土宜へ宛てた南方熊楠の書簡を収録。背景となる解説付き。

国立国会図書館デジタルコレクション（http://dl.ndl.go.jp/）　…　国会図書館所蔵の、明治以降に刊行された図書を閲覧できる。

参考文献（日本近代）

　日本近代仏教史研究は、吉田久一、柏原祐泉、池田英俊らの実証的な研究によって牽引されてきた。また仏教民俗学の高取正男や五来重、思想史の安丸良夫らの研究も重要である。宗教社会学の方法論による研究や、海外の研究者による研究も近年ではみられている。

竹田聴洲・高取正男　1957　『日本人の信仰』創元社

法藏館編集部編　1961-63　『講座近代仏教』全5巻　法藏館

圭室諦成　1963　『葬式仏教』　大法輪閣

柏原祐泉　1969　『日本近世近代仏教史の研究』平楽寺書店

西光万吉　1971-74　『西光万吉著作集』全4巻　濤書房

戸頃重基　1972　『近代社会と日蓮主義』評論社

武田泰淳　1972-73　『快楽』全2巻　新潮社

市川白弦　1975　『日本ファシズム下の宗教』エヌエス出版会

林霊法　1976　『妹尾義郎と新興仏教青年同盟』百華苑

安丸良夫　1979　『神々の明治維新―神仏分離と廃仏毀釈―』岩波書店

エルンスト＝ベンツ著、柴田健策・榎木真吉訳　1984（初版 1962）『禅　東から西へ』春秋社

阿満利麿　1987　『柳宗悦―美の菩薩―』リブロポート

同志社大学人文科学研究所編　1989　『排耶論の研究』教文館

吉田久一　1992（初版 1959）『吉田久一著作集4　日本近代仏教史研究』川島書店

安丸良夫　1992　『近代天皇像の形成』岩波書店

池田英俊　1994　『明治仏教教会・結社史の研究』刀水書房

池田英俊・芹川博通・長谷川匡俊編　1999　『日本仏教福祉概論―近代仏教を中心に―』雄山閣出版

五来重　2001-09　『五来重著作集』全12巻　法藏館

中西直樹　2000　『日本近代の仏教女子教育』法藏館

R・ジャフィ　2002　「釈尊を探して―近代日本仏教の誕生と世界旅行―」(『思想』943)

福島栄寿　2003　『思想史としての「精神主義」』法藏館

小川原正道　2004　『大教院の研究―明治初期宗教行政の展開と挫折―』慶應義塾大学出版会

ジェームス・E・ケテラー著、岡田正彦訳　2006（初版 1990）『邪教／殉教の明治―廃仏毀釈と近代仏教―』ぺりかん社

木場明志・程舒偉編　2007　『日中両国の視点から語る植民地期満洲の宗教』柏書房

河口慧海著、奥山直司編　2007　『河口慧海日記―ヒマラヤ・チベットの旅―』講談社

谷川穣　2008　『明治前期の教育・教化・仏教』思文閣出版

安中尚史　2008　「近代日蓮宗の海外布教に関する一考察―植民地布教と移民布教を比較して―」『日蓮教学研究所紀要』35

高取正男・橋本峰雄　2010（初版 1968）『宗教以前』筑摩書房

女性と仏教　東海・関東ネットワーク編　2011　『新・仏教とジェンダー―女性たちの挑戦―』梨の木舎

大谷栄一　2012　『近代仏教という視座―戦争・アジア・社会主義―』ぺりかん社

オリオン・クラウタウ　2012　『近代日本思想としての仏教史学』法藏館

奥山直司　2013　「明治インド留学生―興然と宗演」(『コンタクト・ゾーンの人文学Ⅳ』　晃洋書房)

新堀歓乃　2013　『近代仏教教団とご詠歌』勉誠出版

末木文美士編　2013　『新アジア仏教史14　近代国家と仏教』佼成出版社

守屋友江　2013　「日本仏教のハワイ布教と文化変容―ハワイ本派本願寺教団を中心に―」(『歴史評論』756)

リチャード・ジャフィ著、小川隆訳　2014　「いま、大拙を読む―Zen and Japanese Culture 2010年版解説―」(『思想』1082)

末木文美士・林淳・吉永進一・大谷栄一編　2014　『ブッダの変貌―交錯する近代仏教―』法藏館

陳継東　2016　『小栗栖香頂の清末中国体験―近代日中仏教交流の開端―』山喜房佛書林

大澤広嗣編　2016　『仏教をめぐる日本と東南アジア地域』勉誠出版

大谷栄一・吉永進一・近藤俊太郎編　2016　『近代仏教スタディーズ―仏教からみたもうひとつの近代―』法藏館

370　仏教史関連地図

372　仏教史関連地図　南アジア

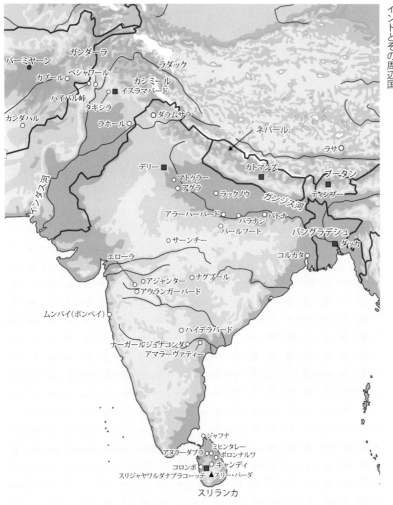

インドとその周辺国

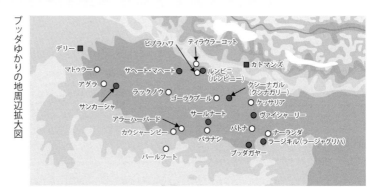

ブッダゆかりの地周辺拡大図

中央アジア・チベット 373

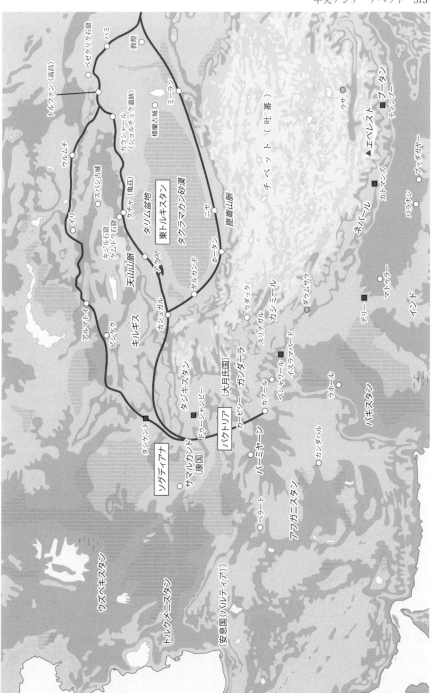

374　仏教史関連地図

中国 375

376 仏教史関連地図 東南アジア（関連部分）

朝鮮半島 377

378　仏教史関連地図

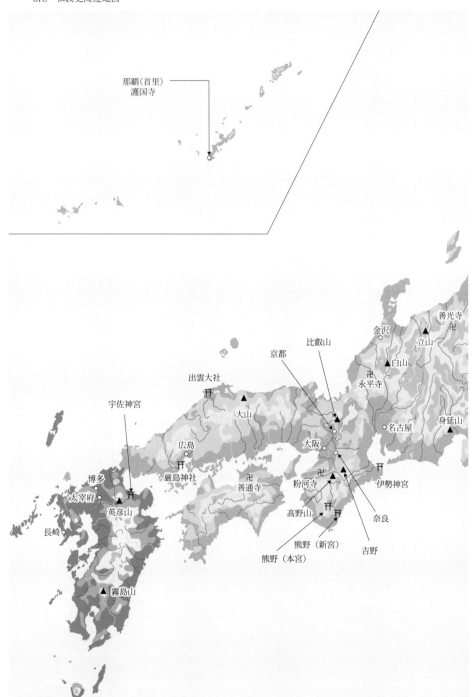

日本 379

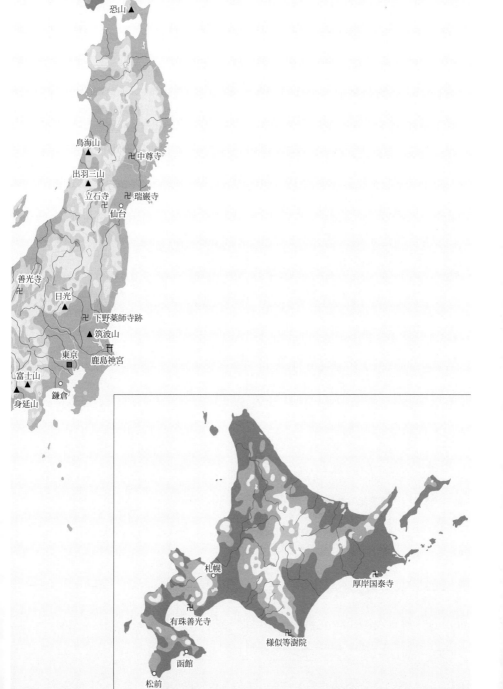

仏教史年表

西暦	国・地域	インド・チベット・中央アジア	西暦	国・地域	スリランカ・東南アジア
BC5C	インド	釈迦入滅 　BC544～3年説(南方仏教諸国の伝承) 　BC485年説（分別説部の伝承) 　BC383年説（説一切有部の伝承)			
	インド	第1結集（ラージャグリハ）			
	インド	第2結集・根本分裂（ヴァイシャーリー）			
BC268	インド	アショーカ王即位			
BC261?	インド	アショーカ王、仏教に帰依			
	インド	サーンチー第一塔中核部建立			
BC242	インド	アショーカ王、多数の仏塔・石柱建立 パータリプトラ結集・カターヴァット の編纂・インド辺境各地に伝道師派遣	BC250	スリランカ	マヒンダ比丘、伝道。デーヴァーナンピ ヤ・ティッサ王、上座部(分別説部)仏教 に帰依。大寺(マハーヴィハーラ)建立
			BC3C	スリランカ	この頃、サンガミッター尼、ブッダ ガヤーの菩提樹をアヌラーダプラに 植樹。比丘尼サンガ設立
BC2C	インド	プシュヤミトラ王仏教迫害			
	インド	メナンドロス（ミリンダ）王、ナー ガセーナと仏教をめぐり問答			
	インド	バールフット仏塔建立			
	インド	サーンチー大塔建立	BC161	スリランカ	ドゥッタガーマニー・アバヤ王即位、 アヌラーダプラにマハートゥーパ仏 塔建立
BC1C	インド	部派分裂ほぼ終了			
BC84	中央アジア	于闐(コータン)王ヴィジャヤサン バヴァ、擦摩寺を建立	BC89	スリランカ	タミル人よりアヌラーダプラを奪回。 ヴァッタガーマニー・アバヤ王復位 （～BC77)。無畏山寺建立
BC1C	インド	アジャンター前期窟開鑿（～AD1C）			
	インド	大乗仏教興起（～AD1C）			
	インド	ヴィクラマ紀元始まる			この頃、アル・ヴィハーラにて仏典 書写（～BC77)
AD1C	インド	ガンダーラ・マトゥラーで仏像制作開始	AD1C	カンボジア	この頃、扶南興る
	インド	『般若経』『法華経』『華厳経』『維摩 経』等の初期大乗経典成立（～3C頃）			
	インド	馬鳴（アシュヴァゴーシャ）『仏所行 讃』『端正なるナンダ』成立			
2C	インド	カニシュカ王仏教に帰依			
150	インド	『阿毘達磨大毘婆沙論』成立			
	インド	ガンダーラ・マトゥラー美術 アマラーヴァティー美術隆盛(～3C前)			
	インド	龍樹(ナーガールジュナ)『中論』『十二 門論』『大智度論』			
2C	中央アジア	伝于闐出土ガンダーラ語『法句経』成 立（～3C)			
3C	インド	『解深密経』『如来蔵経』『勝鬘経』『涅 槃経』等の中期大乗経典成立(～4C 頃)	214	スリランカ	ヴォーハーリカティッサ王即位（～ 236)。アバヤギリを拠点とする詭弁論 者、ヴェートゥルヤヴァーダ(方広派) と呼ばれる大乗仏教徒をインドへ追放
	インド	『瑜伽師地論』『大乗荘厳経論』成立			
260	中央アジア	魏の朱士行が于闐に仏典を求める			
276	中央アジア	法欽、于闐で『華厳経』を入手	276	スリランカ	マハーセーナ王即位（～303)。大乗仏 教を受容して、大寺派を弾圧、祇多林 寺(ジェータヴァナヴィハーラ)建立
292	中央アジア	竺法護『諸仏要集経』訳出	303	スリランカ	シリメーガヴァンナ王即位（～331)。 この王の治世下に、カリンガ国のヘー ママーラー、歯舎利将来
	インド	無著(アサンガ)『摂大乗論』『顕揚聖 教論』『順中論』			
310	中央アジア	この頃、キジル石窟開鑿	4C～5C 初め	スリランカ	『島史』成立
366	中央アジア	楽僔、敦煌鳴沙山に石窟を開鑿			

西暦	国名	年号	中国・朝鮮半島	西暦	元号	日　本
BC2C	前漢		月氏王使伊存、漢に『浮屠経』を将来			
64	後漢	永平7	明帝、金人を夢み、秦景らを西域に遣わして仏法を求める			
65	後漢	永平8	楚王英の仏教信奉、後に自殺（71）			
67	後漢	永平10	摂摩騰と竺法蘭が『四十二章経』等を携え秦景と洛陽に来る			
68	後漢	永平11	明帝は白馬寺を建立			
147	後漢	建和1	安世高、洛陽へ至り『修行道地経』等の翻訳開始（148、149年の諸説あり）			
167	後漢	永康1	支婁迦讖、洛陽へ至り『般舟三昧経』等訳出			
220	魏	黄初1	支謙、呉の建業（南京）に至り『維摩経』『法句経』等訳出（253）			
247	呉	赤鳥10	康僧鎧、洛陽に至り『無量寿経』訳出			
265	晋	泰始1	竺法護、長安に来る。『正法華経』『漸備一切智徳経』等の訳業を開始			
310	前趙	河瑞2	仏図澄、洛陽に来る（一説、永嘉中）			
340	東晋	咸康6	沙門の王者敬礼問題起こる			
372	高句麗	小獣林王2	秦王苻堅、高句麗へ僧順道を派遣			

382　仏教史年表

西暦	国・地域	インド・チベット・中央アジア	西暦	国・地域	スリランカ・東南アジア
384	中央アジア	呂光、亀茲を滅ぼし、鳩摩羅什を獲得			
386	中央アジア	鳩摩羅什、姑臧（涼州、武威）に至る			
4C?	インド	『金光明経』成立			
5C	インド	世親（ヴァスバンドゥ）『唯識二十論』『唯識三十頌』			
	インド	ナーランダー寺建立	410	スリランカ	マハーナーマ王即位（～432）。この王の治世下に南インドからブッダゴーサ来島。大寺派伝承シンハラ語資料をもとに429年までに『清浄道論』、435年までに四部注釈書を著す
412	中央アジア	曇無讖、姑臧に至り『金光明経』等を訳出			
421	中央アジア	曇無讖『大般涅槃経』(北本)を訳出			
	中央アジア	敦煌莫高窟第268・272・275窟造営(～441)	5C～6C初め	スリランカ	『大史』成立
5C	インド	アジャンター後期窟開鑿			
5C?	中央アジア	于闐語仏典『ザンバスタの書』成立			
6C	インド	仏護（ブッダパーリタ）『中論註』	6C	カンボジア	扶南のサンガパーラ『阿育王経』『解脱道論』『文殊師利問経』等訳出
	インド	陳那（ディグナーガ）『集量論』『因明正理門論』			
	インド	安慧（スティラマティ）『唯識三十頌釈』『中辺分別論釈』			
	インド	清弁（バーヴィヴェーカ）『般若灯論釈』			
	インド	インド密教の興隆			
6C後半?	中央アジア	『大般涅槃経』が突厥語に訳出			

西暦	国名	年号	中国・朝鮮半島	西暦	元号	日本
374	高句麗	小獣林4	前秦の阿道、高句麗に来る			
375	高句麗	小獣林5	肖門寺・伊弗蘭寺創建			
379	前秦	建元15	道安、苻堅に捕えられ長安に入る			
384	百済	枕流王1	胡僧の摩羅難陀、東晋より来る			
385	百済	枕流王2	漢山に寺を創建、摩羅難陀により10人の僧侶が出家			
390	東晋	太元13	慧遠、廬山に入り、白蓮社を結ぶ。劉遺民、誓文を作る			
396	北魏	皇始1	沙門法果を道人統に任ずる			
399	北魏	隆安3	法顕、インド出発			
401	後秦	皇初3	鳩摩羅什、長安へ入る。『妙法蓮華経』『中論』等の大乗経典を訳出する			
403	楚	永始1	桓玄、沙門に君親を礼拝させる			
404	東晋	元興3	慧遠『沙門不敬王者論』成立			
416	後秦	弘始15	法顕、インド・スリランカから帰国し建康に達する。後に『伝国記（法顕伝）』成立			
420	後秦		仏駄跋陀羅、建康で『華厳経』60巻訳出			
439	北魏?		智猛『西域伝』			
446	北魏	太平真君7	北魏太武帝、廃仏を断行			
452	北魏	興安1	文成帝、仏教復興の詔を発する			
454	北魏	興光1	曇曜、雲崗の五大石窟の開鑿			
460	北魏	和平1	曇曜、昭玄沙門統となる			
476	北魏	承明1	曇曜、僧祇戸・仏図戸を設ける			
494	北魏	太和18	龍門・麦積山などの石窟の開鑿			
504	梁	天監3	武帝、道教を捨て仏教に帰し、50余年にわたる崇仏の事業を始める			
515	北魏	延昌4	沙門法慶らの大乗の乱起こる			
519	梁	武帝18	慧皎『高僧伝』			
521	新羅	法興王8	梁使の僧元表らが香をもたらす。新羅の仏教公認（異説あり）			
526	百済	聖明王4	謙益、中インド常伽那寺で律部を学び帰国			
527	新羅	法興王14	異次頓の殉教、新羅で仏教が公認			
529	梁	永安2	武帝、同泰寺に無遮大会を設け捨身する			
548	東魏	孝静帝6	楊衒之『洛陽伽藍記』			
550	北斉	天保1	十統を置き、法上が大統となる	6C半ば		百済聖明王から朝廷に仏像・経論等を贈られたという（538年説・552年説）
551	新羅	真興王12	高句麗僧恵亮、新羅で初代国統となる			
556	北斉	天保7	那連提黎耶舎（490～556）、鄴に入り天平寺で『大集月蔵経』『法勝阿毘曇心論』等を訳出する			
558	陳	天保9	慧思、『立誓願文』を著す			
565	新羅	真興王26	明観、陳使と帰国し、経論を持ち帰る	570	欽明31	物部氏らによる破仏が行われたという（552年説・585年説）
574	北周	建徳3	武帝、仏・道二教を廃し、沙門・道士200万余還俗。通道観を建立し学士を置く			
575	陳	太建7	智顗、天台山に入る。後に『天台三大部』等を著す			
580	北周	大象2	静帝、仏教を復興する			
581	隋	開皇1	文帝、勅して五嶽に仏寺を建立	584	敏達13	司馬達等の娘・嶋ら3人の女性が出家
582	隋	開皇2	天下45州に大興国寺を建立			
				588	崇峻1	百済から仏舎利・僧・寺工・鑪盤博士・瓦博士・画工が贈られる。飛鳥寺（法興寺）建立開始
589	隋	開皇9	霊裕、宝山霊泉寺に石窟を開鑿			
				593	推古1	荒陵寺（四天王寺）建立開始
594	隋	開皇14	法経『衆経目録』（法経録）成立。三階教の信行没。この頃、五衆主を設ける	594	推古2	詔して仏教を奨励し、群臣が競って寺を建立（三宝興隆の詔）

384　仏教史年表

西暦	国・地域	インド・チベット・中央アジア	西暦	国・地域	スリランカ・東南アジア
6〜7C	中央アジア	バーミヤーン西大仏造立	601	ベトナム	隋の文帝が交州龍編県禅衆寺に舎利塔を建立
7C	インド	月称（チャンドラキールティ）『入中論』			
	インド	法称（ダルマキールティ）『正理一滴論』『量評釈』	7C	カンボジア	真臘（カンボジア）勃興する
620頃	チベット	ソンツェン・ガンポ王、冠位十二階制を発足。チベット（吐蕃）王国成立			
634	インド	玄奘、ナーランダー寺滞在（〜643）			
646	チベット	文成公主、唐より仏像をもたらしラモチェ寺に祀る			
7C中	インド	『大日経』成立			
674	インド	義浄、ナーランダー寺滞在（〜684）	684	スマトラ島	パレンバンで、シュリーヴィジャヤ王と見られる王による園林造成（タラン・トゥオ碑文）
680	インド	この頃、『金剛頂経』成立			
7C後	インド	寂天(シャーンティデーヴァ)『菩提行経』『学道の集成』			
8C	インド	寂護（シャーンタラクシタ）『真理綱要』	8C	スリランカ	金剛智（ヴァジュラボーディ）、不空（アモーガヴァジュラ）来島
	インド	蓮華戒（カマラシーラ）『真理綱要註』			
707	中央アジア	沙州（敦煌）龍興寺建立			
712	中央アジア	敦煌に密教尊像出現			

500～700年　385

西暦	国名	年号	中国・朝鮮半島	西暦	元号	日　本
597	隋	開皇17	費長房『歴代三宝紀』成立	596	推古4	飛鳥寺（法興寺）完成、蘇我馬子の子善徳が寺司となる
601	隋	仁寿1	文帝、諸州に舎利塔を建立	602	推古10	百済僧観勒来日、暦・天文書をもたらす
602	隋	仁寿2	彦琮『衆経目録』（仁寿録）成立	606	推古14	鞍作鳥が飛鳥寺の釈迦像を造る
605	隋	大業1	静琬、房山雲居寺に大蔵経石刻（石経）を始める	607	推古15	第2次遣隋使で小野妹子派遣。法隆寺創建
609	隋	大業5	道綽、玄中寺に詣で浄土教に帰す。寺院統廃合の勅出される	608	推古16	第3次遣隋使で学問僧ら留学
621	唐	武徳4	傅奕『寺塔僧尼沙汰十一条』を上表			
622	唐	武徳5	法琳『破邪論』を著し、仏・道の二教論争激化	622	推古30	この頃、天寿国曼荼羅繡帳成立とされる
624	唐	武徳7	道宣、終南山へ入る	623	推古31	鞍作鳥が法隆寺金堂釈迦三尊像を造る
626	唐	武徳9	高祖、仏・道二教論争に沙汰し、両教勢力をそぐ	624	推古32	僧侶の悪逆が起こり僧官が設置される
627	唐		玄奘、西域を経由してインドへ出発（一説に629）			
637	唐	貞観11	道先僧後の詔出される	639	舒明11	百済大寺（後の大官大寺、大安寺）造営
639	百済	武王40	弥勒寺石塔完成			
645	唐	貞観19	玄奘、インドから帰国。『大毘婆沙論』『倶舎論』等の翻訳著述を開始。道宣『続高僧伝』を著す。玄応『一切経音義』著す	645	大化1	乙巳の変（大化の改新）。詔して僧侶と寺院の制度を整える（仏教興隆の詔）
	唐		玄奘、長安に帰国			
	新羅	善徳女王14	皇龍寺九層塔完成			
648	唐	貞観22	長安に大慈恩寺建立、翻経院設置			
650	新羅	真徳女王4	元暁、義湘と共に入唐を計るが断念	653	白雉4	道昭入唐（～660）
661	唐	龍朔1	王玄策、インドから帰国し、仏頂骨をもたらす	660	斉明6	百高座が設けられ、仁王般若会が行われる
663	百済	豊璋2	白村江の戦いにより百済滅亡			
664	唐	麟徳1	道宣『集古今仏道論衡』『大唐内典録』成立			
668	唐	総章1	道世『法苑珠林』成立。華厳宗智儼没。この頃、王玄策『西国行伝（中天竺行記）』を著す（661～669）			
671	唐	咸亨2	義浄ら、海路でインドへ出発（～695）			
676	新羅	文武王16	義湘、浮石寺を建立し、華厳宗開宗			
677	唐	儀鳳2	慧能、曹渓山宝林寺へ入り南宗禅を確立	683	天武12	僧正・僧都・律師を任命し、僧尼を監督
690	周	天授1	則天武后、『大雲経』を諸州に頒ち、天下諸州に大雲経寺を設置			
692	周	長寿1	義浄、『大唐西域求法高僧伝』『南海寄帰内法伝』を則天武后に贈る			
693	周	長寿2	菩提流志、長安に来る。後に『大宝積経』、陀羅尼経典類を訳出			
699	周	聖暦2	実叉難陀、『華厳経』80巻を訳出			
705	唐	神龍1	中宗、諸州に中興寺を設置	701	大宝1	『大宝律令』完成。大官大寺で「僧尼令」が説かれる
				702	大宝2	諸国に国師を設置。道慈入唐（～718）
713	唐	開元1	僧尼の偽濫者12,000人余を還俗	710	和銅3	平城京遷都。山階寺（興福寺）・大官大寺が平城京に移転
716	唐	開元4	善無畏、長安に入る。『大日経』等訳出	717	養老1	詔して僧尼の寺院定住を命じ、行基とその弟子らの活動を違法とする
				718	養老2	『養老律令』完成。飛鳥寺（元興寺）・薬師寺が平城京に移転
720	唐	開元8	金剛智と不空、相次ぎ洛陽に入る	720	養老4	初めて僧尼に公験を授ける。『日本書紀』完成
727	唐	開元15	新羅僧慧超、唐から南海・インド・中央アジアを経て亀滋（クチャ）に到着。後に長安に帰り、『往五天竺国伝』を著す			
730	唐	開元18	智昇『開元釈教録』成立	729	天平1	藤原光明子が皇后となる

386 仏教史年表

西暦	国・地域	インド・チベット・中央アジア	西暦	国・地域	スリランカ・東南アジア
738	中央アジア	沙州開元寺建立			
8C	インド	ダルモーッタラ『正理一滴論註』			
8C後半	インド	『グフヤサマージャ・タントラ』			
	インド	『ヘーヴァジュラ・タントラ』			
754	チベット	崇仏派・廃仏派の対立激化			
761	チベット	ティソン・デツェン王、仏教の国教化を決意			
763	チベット	インド僧シャーンタラクシタ、チベットに入る			
766	チベット	サムエ寺建立			
771	チベット	シャーンタラクシタ、再びチベットに入国			
775	中央アジア	この頃、吐蕃が河西隴右地方の支配確立	775	タイ	タイ南部においてシャイレーンドラ王家のシュリーヴィジャ王、蓮華手菩薩、釈迦牟尼仏、金剛手菩薩を祀る３つの祠堂建立（リゴール碑文）
779	チベット	サムエ寺にてシャーンタラクシタが6人のチベット僧に授戒。訳経事業開始	778	ジャワ	カラサン寺院建立（カラサン碑文）
781	中央アジア	吐蕃による敦煌統治（〜848）	782	ジャワ	この頃、チャンディ・セウ建立
786	チベット	唐僧摩訶衍、チベットに入る			
789	中央アジア	悟空、敦煌で『浄名経関中疏』を講義	789	ベトナム	仏教結社随喜社が鐘を鋳造
			8C後半	ジャワ	シャイレーンドラ朝がボロブドゥール建立（〜9C前半）
			8C末	ジャワ	チャンディ・ムンドゥット建立
9C	インド	ハリバドラ『現観荘厳論註』	802	カンボジア	ジャヤヴァルマン２世王即位（アンコール王朝）
803	チベット	セーナレク、ティデ・ソンツェン王として正式に即位			
814	チベット	『翻訳名義大集』勅定により『中集』勅定訳経用語を統一			
822	チベット	唐蕃和平成立。会盟碑建立			
824	チベット	最古訳経目録『デンカルマ』成立	832	ミャンマー	ピュー、南詔国の攻撃を受けて衰退
841	チベット	ティック・デツェン王没、ダルマ王即位	9C半ば	ジャワ	この頃までに、シャイレーンドラ王家、ジャワで勢力を失う
842	チベット	ダルマ王殺害、王朝南北に分裂。仏教の国家統制が失われる	860	マラッカ海峡周辺	この頃、シャイレーンドラ王家のバーラプトラ王がパーラ朝と親交を結び、ナーランダーに僧院建立
			875	ベトナム	チャンパでラクシュミーンドラ・ローケーシュヴァラを讃える石碑建立
			889	カンボジア	ヤショーヴァルマン１世即位。アンコール最初の都城ヤショーダラプラ造営
10C	中央アジア	ウイグル人の仏教帰依、ウイグル仏典成立、ウイグル語『マイトリ・シミット（弥勒との邂逅）』	929	ジャワ	この頃、クディリ朝創設（〜1222）
10C半ば	中央アジア	この頃、『于闐国史』成立			

700〜900年　387

西暦	国名	年号	中国・朝鮮半島
738	唐	開元26	玄宗、天下の諸郡に開元寺を設置
	新羅	孝成王2	唐の玄宗が新羅へ使者を派遣し、『老子道徳経』を贈る
746	唐	天宝5	不空、インドより長安を再訪し、浄影寺に灌頂壇を開く。『金剛頂経』『発菩提心論』等を訳出
8C前半	唐		玄宗、于闐から毘沙門信仰導入
751	新羅	景徳王10	金大城、仏国寺を建立、多宝塔・釈迦塔完成
757	唐	至徳2	進納得度制開始
764	新羅	景徳王23	金山寺の丈六弥勒像造立
768	唐	大暦3	長安大興善寺に灌頂道場設置
800	唐	貞元16	円照『貞元新定釈教目録』（貞元録）（一説に貞元15）
807	唐	元和2	慧琳『一切経音義』。左右街功徳使制確立
819	唐	元和14	韓愈「論仏骨表」を奉り仏教攻撃
821	新羅	憲徳王13	道義、唐から帰国し南宗禅を伝える
845	唐	会昌5	武宗が廃仏を断行
903	唐	天復3	左右街功徳使制廃止
918	高麗	太祖1	八関会を開催
955	後周	顕徳2	世宗による仏教教団の粛清（廃仏）
961	高麗	光宗12	諦観を宋に派遣し天台論疏を送る

西暦	元号	日本
734	天平6	得度許可の際の能力基準が示される
735	天平7	玄昉帰国（717〜）
737	天平9	天然痘大流行。国ごとに釈迦像を造り『大般若経』を書写。道慈、『金光明最勝王経』を大極殿で講説
740	天平12	藤原広嗣の乱。鎮圧のため国ごとに観音像・観音経を造写。新羅僧審詳、初めて『華厳経』を講説
741	天平13	聖武天皇が国分寺・国分尼寺建立を発願
743	天平15	聖武天皇が盧舎那仏造立を発願
745	天平17	行基、大僧正となる。僧正であった玄昉は左遷される
749	天平勝宝1	聖武天皇、三宝の奴と自称して東大寺の盧舎那仏を拝し、黄金を献じる
752	天平勝宝4	東大寺盧舎那仏開眼供養
754	天平勝宝6	唐僧鑑真来日し戒律を伝える。また東大寺仏前にて聖武天皇等に授戒
755	天平勝宝7	東大寺に戒壇設置
756	天平勝宝8	聖武天皇の遺品が東大寺に施入（正倉院宝物の前身）
761	天平宝字5	下野薬師寺・筑紫観世音寺に戒壇設置
772	宝亀3	持戒・看病に優れた僧10人を禅師に任命
788	延暦7	最澄、比叡山寺（後の延暦寺）を建立
794	延暦13	平安京遷都
796	延暦15	平安京に東寺・西寺が建立
804	延暦23	最澄と空海が入唐（最澄は805年、空海は806年帰国）
806	延暦25	年分度者制を改革し宗ごとに人数枠を割り振る
819	弘仁10	最澄、比叡山における戒壇の設立を朝廷に願い出る。南都勢力が反対
822	弘仁13	東大寺に灌頂道場（真言院）建立。この頃、『日本霊異記』成立
827	天長4	延暦寺に戒壇が設立
830	天長7	「天長六本宗書」が朝廷に提出
834	承和1	空海の提案で後七日御修法が始められ、以後毎年恒例となる
838	承和5	円仁入唐（847年帰国し『入唐求法巡礼行記』を著す）
853	仁寿3	円珍入唐（858年帰国し園城寺再興）
863	貞観5	神泉苑で御霊会が行われる
899	昌泰2	宇多天皇、仁和寺で出家、法皇となる
917	延喜17	この頃、『聖徳太子伝暦』
963	応和3	宮中の法会において法相宗と天台宗との間で論争（応和の宗論）

388 仏教史年表

西暦	国・地域	インド・チベット・中央アジア	西暦	国・地域	スリランカ・東南アジア
			973	ベトナム	前黎朝の都華閭で『仏頂尊勝陀羅尼』経柱が建立
978	チベット	中央チベットに僧伽が復活			
1008	中央アジア	西ウイグル王国下、トルファンのマニ教寺院が仏教寺院に改造	1017	スリランカ	ポロンナルワへ遷都
1035	中央アジア	敦煌、西夏の支配下に入る。莫高窟、計60窟の石窟重修。敦煌莫高窟第17窟（蔵経洞）封鎖（～1036）			
1036	中央アジア	李元昊、西夏文字を制定、『西夏大蔵経』雕造（～1038）			
1042	チベット	アティーシャ、西チベットに招聘。3年後、中央チベットに招聘	1044	ミャンマー	アノーヤター王即位。ビルマ族による統一国家パガン朝創設（～1287）
1056	チベット	ドムトゥン、ラデン寺を建立、カダム派創始	1057	ミャンマー	パガン朝、モン族の都タトンを攻略してパーリ聖典及び比丘500人を将来
1073	チベット	中央チベットにサンプ大僧院建立、サキャ派創始			
			1113	カンボジア	スールヤヴァルマン2世王即位、アンコール・ワット造営
			1117	ベトナム	李朝の神秘僧道行没
1121	チベット	ガムポに僧院建立、カギュー派創始	1121	ベトナム	ドイ山に崇善延齢宝塔建立
1153	チベット	ナルタン寺建立	1153	スリランカ	パラッカマバーフ1世王即位。この王の治世下にサンガ浄化、マハーヴィハーラ派のもとにサンガ統一
			1181	カンボジア	ジャヤヴァルマン7世王即位、アンコール朝最盛期
			1190	ミャンマー	サッパダ、スリランカより帰国、上座部大寺派のシーハラサンガ設立
1203	インド	ヴィクラマシラー寺破壊。インドにおける仏教、事実上消滅	1222	ジャワ	シンガサリ王国成立（～1292）
1206	中央アジア	チンギス・カン、モンゴル統一	1240	タイ	この頃、スコータイ朝創設（～1438）
			1243	カンボジア	ジャヤヴァルマン8世王（在位1243～1295）即位。この王の治世下に廃仏行為
1239	チベット	モンゴル軍、ギュルラカンを攻撃			
1244	チベット	サキャパンディタ、チベットを代表してモンゴルと和平交渉のため西涼に赴く（1247にコデンと会見）	1254	ジャワ	クルタナガラ王即位（～1292）
1260	チベット	クビライ・カアン即位。パクパ、国師となる。以後、サキャ派隆盛の基礎を作る			
1269	チベット	パクパ、パクパ文字制定			
1270	チベット	パクパ、元朝の帝師となる。			
			1279	タイ	この頃、ラームカムヘーン王即位
			1293	ジャワ	マジャパヒト王国成立
			1296	カンボジア	元朝使節随員の周達観が来訪（1312年頃、『真臘風土記』を著す）
			1299	ベトナム	陳仁宗上皇が安子山で出家し竹林派開創
			1345	タイ	後のリタイ王、タイ語による仏教宇宙論『トライプーミ・カター』（三界論）著

西暦	国名	年号	中国・朝鮮半島	西暦	元号	日本
971	北宋	開宝4	『蜀版大蔵経（開宝蔵）』雕造			
				984	永観2	源為憲『三宝絵詞』成立
				985	寛和1	源信『往生要集』成立
				986	寛和2	この頃、慶滋保胤『日本往生極楽記』成立
982	北宋	太平興国7	太平興国寺に訳経院（後の伝法院）設置	987	寛和3	奝然が釈迦像と大蔵経を持って宋より帰国、清凉寺建立を願い出る
988	北宋	端拱1	賛寧『宋高僧伝』			
991	高麗	成宗10	韓彦恭が宋から帰国、大蔵経を献上	993	正暦4	天台宗において山門派と寺門派が対立、寺門派が比叡山下山
1011	高麗	顕宗2	契丹兵の退散を祈願して『高麗版大蔵経（初雕）』雕造			
				1022	治安2	藤原道長が法成寺金堂を供養
				1041	長久2	園城寺戒壇設立に延暦寺が反対、この頃、鎮源『法華験記』成立
11C半ば	契丹	景福・重熙間	『契丹大蔵経』雕造			
1057	契丹	清寧3	房山雲居寺の四大部（涅槃・華厳・般若・宝積）石経完成	1053	天喜1	藤原頼道、平等院阿弥陀堂（鳳凰堂）建立
1062	高麗	文宗17	契丹より大蔵経が送られる			
1080	北宋	元豊3	『東禅寺版大蔵経（崇寧蔵）』雕造	1072	延久4	成尋入宋し、『参天台五臺山記』を著す
1086	高麗	宣宗3	義天、宋から3,000余巻の仏典を将来	1077	承暦1	法勝寺建立
1090	高麗	宣宗7	義天『新編諸宗教蔵総録』編纂			
1112	北宋	政和2	『開元寺版大蔵経（毘盧蔵）』雕造			
1126	北宋	靖康1	『思渓版大蔵経（円覚蔵）』雕造			
1145	高麗	仁宗23	『三国史記』成立			
1149	金	皇統9	『金版大蔵経（趙城蔵）』雕造			
				1168	仁安3	栄西入宋、重源と共に帰国
				1180	治承4	平重衡、南都を攻撃。東大寺・興福寺焼失
				1186	文治2	法然、大原勝林院に招かれ専修念仏の教えを説く（大原談義）
				1194	建久5	栄西らが禅の布教活動を禁止される 東大寺大仏殿の再建供養行われる
				1198	建久9	法然『選択本願念仏集』、栄西『興禅護国論』
1200	高麗	神宗3	知訥、定慧社を松広山に移す	1200	正治2	幕府、念仏を禁止する
				1202	建仁2	栄西、建仁寺を創建
				1207	承元1	専修念仏を禁止。法然、親鸞ら流罪
1231	南宋	紹定4	『磧砂版大蔵経』雕造	1212	建暦2	明恵『摧邪輪』
1236	高麗	高宗23	大蔵都監を設置して、『高麗版大蔵経（再雕）』雕造	1238	暦仁1	浄光、鎌倉に大仏を建立
1251	モンゴル	モンケ1	海雲印簡、モンケ・カアンの命を受け仏教教団を統括	1243	寛元1	東福寺建立。円爾弁円住持となる
				1244	寛元2	波多野義重、越前に大仏寺（永平寺）を建て、道元を招く
1255	モンゴル	モンケ5	道・仏の対決論議開催（1257に再度開催）	1246	寛元4	蘭渓道隆、来日
				1255	建長7	道元『正法眼蔵』を弟子懐奘が整理
				1260	文応1	日蓮『立正安国論』を著し、北条時頼に送る
1269	南宋	咸淳5	志磐『仏祖統紀』			
1275	高麗	忠烈王1	一然『三国遺事』			
1277	元	至元14	杭州『大普寧寺版大蔵経』雕造			
1287	元	至元24	『至元法宝勘同総録』成立			
1291	元	至元28	祥邁『弁偽録』			
				1322	元亨2	虎関師錬『元亨釈書』
				1339	暦応2 延元4	足利尊氏・直義、諸国に安国寺・利生塔を建立
1335	元	後至元1	徳輝『勅修百丈清規』			
				1342	康永1 興国3	五山・十刹の制度を定める
1341	元	至正1	念常『仏祖歴代通載』			

390　仏教史年表

西暦	国・地域	インド・チベット・中央アジア
1357	チベット	ツォンカパ、青海に誕生
1391	チベット	ゲンドゥン・ドゥプ（ダライラマ1世）誕生
1409	チベット	ガンデン大僧院建立、ゲルク派創始。ラッサ大祈禱法会始まる
1419	チベット	セラ大僧院建立。ツォンカパ没
1475	チベット	ゲンドゥン・ギャンツォ（ダライラマ2世）誕生
1544	チベット	ソナム・ギャンツォ、ゲンドゥン・ギャンツォの化身に指定（ゲルク派の化身の初め。ダライラマ3世）。2年後、デープン大僧院に入る
1578	チベット	ソナム・ギャンツォ、青海でアルタン汗に会い、ダライラマの称号拝受。モンゴル布教の開始
1603	チベット	モンゴル人ダライラマのユンテン・ギャンツォ、チベットに至る
1617	チベット	ロサン・ギャンツォ（ダライラマ5世）誕生
1623	チベット	ジャン版カンギュル、カルマ派指導のもとに開版
1642	チベット	ツァン王カルマ・テンキョンを倒し、ダライラマ政権が成立。シッキム政権成立
1645	チベット	ポタラ宮造営開始（1648完成）
1659	チベット	ダライラマ5世、ポタラ宮常住
1682	チベット	ダライラマ5世没（その死を1696年まで秘匿）
1683	チベット	ツァンヤン・ギャンツォ（ダライラマ6世）誕生
1687	中央アジア	酒泉のウイグル人コロニーで、ウイグル文『金光明経』書写
1691	チベット	ダライラマ5世の霊廟を含むポタラ紅宮造営開始（1695完成）

西暦	国・地域	スリランカ・東南アジア
1346/47	タイ	リタイ王即位、「マハータンマラーチャ（大正法王）」と号す
1351	タイ	アユタヤ朝創設（～1767）
1365	ジャワ	プラパンチャ著『ナーガラクルターガマ』（『デーシャワルナナ』）完成
1431	カンボジア	アンコール朝、アユタヤ朝の軍事的脅威を理由にアンコール都城放棄
1476	ミャンマー	ハンターワディー朝（1287～1539）のダンマゼーディー王、比丘をスリランカに派遣、受戒させる。翌年カルヤーニー戒壇設立
1477	タイ	チェンマイで第8回仏典結集を開催
1486	ミャンマー	タウングー朝創設（～1599）
1505	スリランカ	ポルトガルによる植民地化（～1658）
16C前半	タイ	ラタナパンニャによるパーリ語仏教史『ジナカーラマーリー』編纂
1592	スリランカ	キャンディ王国ヴィマラダルマスリヤ1世即位。治世下にダラダーマーリガーワ（仏歯寺）建立
1597	スリランカ／ミャンマー	コーッテ王国滅亡／第2次タウングー朝（ニャウンヤン朝）創設（～1752）
1601	ベトナム	阮氏広南国の阮潢が天姥寺建立
1632	カンボジア	森本右近太夫一房、アンコール・ワット参詣
1633	ベトナム	福建の拙公がベトナム北部に渡来し臨済宗をひろめる
1655	ベトナム	ブッタップ寺の千手千眼観音坐像完成
1658	スリランカ	オランダによる植民地化（～1796）
1665	ベトナム	広東の元韶がベトナム中部に渡来し臨済宗をひろめる
		浙江省鳳凰山で修行を終えた水月が北部に曹洞宗をひろめる
1695	ベトナム	広東の大汕がベトナム中部に渡来し曹洞宗をひろめる
1699	ベトナム	大汕がベトナム中部滞在記『海外紀事』を著す

西暦	国名	年号	中国・朝鮮半島	西暦	元号	日　本
				1345	貞和1 興国6	延暦寺衆徒の強訴のため、光厳上皇、天龍寺供養への臨幸中止
1368	明	洪武1	金陵天界寺に善世院設置			
1372	明	洪武5	『大報恩寺版大蔵経（大明南蔵）』雕造	1379	康暦1 天授5	春屋妙葩、僧録司に任命される
				1382	永徳2 弘和2	相国寺建立
1406	朝鮮	太宗6	11宗を7宗に統合、全国の寺利数制限	1401	応永8	相国寺を五山の第一と定める
1410	明	永楽8	永楽版カンギュル、開版			
1419	明	永楽17	『明北蔵版』雕造			
1424	朝鮮	世宗6	7宗を改め、禅・教両宗に併合			
				1467	応仁1	応仁の乱勃発、寺院多数焼失
				1471	文明3	蓮如、越前吉崎に坊舎建立
				1488	長享2	加賀一向一揆、守護富樫政親を攻め滅ぼし、約100年にわたり国中支配
1482	朝鮮	成宗13	新寺院の建立を禁止			
1499	朝鮮	燕山君5	僧科が廃止			
1515	朝鮮	中宗10	禅・教両宗を停止	1536	天文5	比叡山僧徒、京都の法華宗寺院を焼く（天文法華の乱）
1550	朝鮮	明宗5	文定王后が普雨を登用、禅・教両宗復活	1570	元亀1	石山合戦開始
				1571	元亀2	織田信長、比叡山延暦寺を焼き討ち
				1579	天正7	浄土宗と日蓮宗が論争（安土宗論）
1589	明	万暦17	『万暦版大蔵経（嘉興蔵）』雕造	1580	天正8	石山合戦終結
1592	朝鮮	宣祖25	壬辰倭乱で休静ら義僧群決起	1596	慶長1	日奥、不受不施を唱える
				1601	慶長6	徳川家康、諸宗の寺院法度を制定（～1615）
1606	明	万暦34	北京版カンギュル（万暦）再版	1604	慶長9	東本願寺創立（東西本願寺分立）
				1612	慶長17	江戸幕府、キリシタン禁令発布
				1613	慶長18	修験道法度を制定
				1614	慶長19	方広寺大仏殿竣工。家康、同寺鐘銘に疑義唱える
1617	明	万暦45	如惺『大明高僧伝』	1617	元和3	徳川家康に東照大権現の神号が勅賜（追号）され、日光に東照社造営
				1623	元和9	後七日御修法、再興
				1625	寛永2	天海、寛永寺創建
				1627	寛永4	大徳寺・妙心寺などへの紫衣勅許を無効とする（紫衣事件）
				1630	寛永7	受不施派と不受不施派が論争（身池対論）、勝者の受不施派が公認
				1631	寛永8	幕府、諸宗本山に末寺帳提出を命令
				1632	寛永9	諸宗本山、幕府に末寺帳提出
1636	朝鮮	仁祖14	清が侵入し、覚性が義僧軍を率いる	1635	寛永12	幕府、寺社奉行設置。この頃より各地で寺請制度が始まる
				1637	寛永14	島原・天草一揆起こる（翌年鎮圧）
				1645	正保2	東照社を東照宮に改号
				1648	慶安1	『天海版一切経』完成（1637開版）、日光東照宮に奉納
				1654	承応3	明から隠元隆琦が来日し、黄檗宗（禅宗の一派）を伝える
				1665	寛文5	寺社に領地判物・朱印状一斉発給（寛文印知）。諸宗寺院法度・諸社禰宜神主法度制定
1683	清	康熙22	『西蔵大蔵経（北京版）』雕造	1681	天和1	鉄眼『黄檗版一切経』完成
				1688	元禄1	幕府、寺院の古跡・新地を定める
				1691	元禄4	日蓮宗悲田派を禁止
				1697	元禄10	法然に「円光大師」宣下（以後50年ごとに追号）

392　仏教史年表

西暦	国・地域	インド・チベット・中央アジア	西暦	国・地域	スリランカ・東南アジア
			1715	ベトナム	『禅苑集英』刊行
1730	チベット	デルゲ版カンギュル開版（1734完成）	1744	ベトナム	華人の李瑞龍が覚林寺を建立
1731	チベット	チョネ版カンギュル開版	1752	ミャンマー	コンバウン朝成立（～1885）
1732	チベット	ナルタン版カンギュル、ツェルカルで開版	1753	スリランカ	キッティシリラージャシーハ王、存続の危機にあった仏教サンガ復興のため、タイより比丘を迎え、シャム派を設立
1737	チベット	デルゲ版テンギュル開版（1744完成）			
1741	チベット	ナルタン版テンギュル開版。カプチン派、ラサの伝道を放棄	1767	タイ	トンブリー朝成立（～1782）
1757	チベット	ダライラマ7世没	1778	タイ	トンブリー朝、ラオス及びカンボジア攻略。ラオスよりエメラルド仏を持ち帰りワット・チェーンに安置
1758	チベット	ダライラマ8世（ジャムペル・ギャンツォ誕生）			
1760	チベット	チョネ版テンギュル開版（異説あり）	1782	タイ	ラタナコーシン朝成立（～現在）
			1788	ミャンマー	ボードーパヤー王、トゥダンマ派（宗教会議派）設立、サンガ管理体制整備
				タイ	バンコクで第9回仏典結集を開催
1798	チベット	古派タントラ集、デルゲで開版	1796	スリランカ	イギリスによる植民地化（～1948）
			1803	スリランカ	アマラプラ派設立
1806	チベット	ダライラマ9世（ルントク・ギャンツォ）誕生	1815	スリランカ	キャンディ王国滅亡
1816	チベット	ダライラマ10世（ツルティム・ギャンツォ）誕生			
			1828	タイ	モンクット（ワチラヤーン比丘）、復古主義的改革運動（タンマユット運動）開始
1838	チベット	ダライラマ11世（ケードゥプ・ギャンツォ）誕生	1836	タイ	モンクット、ボーウォーンニウェート寺の寺長就任
			19C後半	ミャンマー	ミンドン王の治世下、戒律厳守のドワーヤ派、シュエジン派、ゲトウィン派設立
			1849	ベトナム	南部アンザン省でドアン・ミン・フエンが宝山奇香仏教開創
1856	チベット	ダライラマ12世（ティンレ・ギャンツォ）誕生	1854	カンボジア	アン・ドゥオン王、タイのタンマユット派導入
1875	チベット	親政2年後にダライラマ12世没。クンデリン寺院タツァク活仏チューキ・ギェルツェン、名代職に	1871	ミャンマー	第5回仏典結集開催。パーリ聖典を校合編集及び大理石板729枚に刻記
1876	チベット	ダライラマ13世（トゥプテン・ギャンツォ）誕生			
1877	チベット	ダライラマ13世選出される			
			1880	スリランカ	神智学協会を設立したブラヴァツキー、オルコット来島、仏教文化回復に貢献
			1883	インドネシア	神智学協会支部設立
			1885	ミャンマー	コンバウン朝滅亡。翌年、イギリス領インド帝国に併合

1700〜1800年　393

西暦	国名	年号	中国・朝鮮半島	西暦	元号	日本
				1722	享保7	幕府、寺社に勧化制
1733	清	雍正11	『乾隆版大蔵経（龍蔵）』雕造			
				1759	宝暦9	幕府、偽虚無僧取締令発布
1784	清	乾隆49	北京で李承薫がフランス人イエズス会士より洗礼を受ける	1774	安永3	東西本願寺、「浄土真宗」宗名公称を幕府に願い出るが、増上寺反対
1790	清	乾隆55	『満文大蔵経』成立	1786	天明6	諸宗本山、幕府に末寺帳提出（〜1795）
	朝鮮	正祖14	龍珠寺創建			
1796	清	嘉慶1	白蓮教徒の乱（〜1804）	1788	天明8	京都大火により、諸寺社焼失
	朝鮮	正祖20	『仏説父母恩重経』の木版を製作して龍珠寺に下賜	1790	寛政2	浦上一番崩れにてキリシタン発覚
				1791	寛政3	幕府、陰陽師支配の全国発令発布
				1802	享和2	一尊如来きの、神がかり、如来教の教えを説く、背大悲寺創建（如来教のはじまり）
1816	朝鮮	純祖26	白坡亘璇『禅門手鏡』			
				1838	天保9	中山みきに天啓が下り、「神のやしろ」となる（天理教のはじまり）
1851	清	咸豊1	太平天国の乱勃発（〜1864）			
1860	朝鮮	哲宗11	崔済愚が民間信仰に儒・仏・道の三教を折衷した東学を創始			
				1864	元治1	禁門の変により、京都の諸寺社焼失
				1868	明治1	神仏分離令。その後、廃仏毀釈起こる
1873	清	同治12	小栗栖香頂、北京に留学	1870	明治3	維新政府、大教宣布の詔を発布し、神道国教化を目指す。東本願寺、北海道で布教開始
1877	朝鮮	高宗14	奥村円心、朝鮮で布教開始	1871	明治4	上知令により寺社領没収。三河大浜騒動。宗門人別帳・寺請制度廃止
				1872	明治5	教部省設置（〜1877）、教導職制度（〜1884）。僧侶に肉食妻帯蓄髪の許可。大教院を増上寺に設置
1878	朝鮮	高宗15	東本願寺、釜山別院を建立	1874	明治7	『官准教会新聞』（後の『明教新誌』）創刊
				1875	明治8	真宗4派、大教院より離脱。大教院解散
				1876	明治9	日蓮宗不受不施派再興許可。南條文雄ら、イギリス留学に出発。東本願寺、那覇で布教開始
				1877	明治10	内務省に社寺局を設置
1880	朝鮮	高宗17	李東仁と無仏、日本から帰国	1881	明治14	北畠道龍、ヨーロッパ視察の帰途、インドの仏跡を巡礼（〜1883）
				1884	明治17	釈雲照、十善会を結成。教導職廃止。田中智学、立正安国会を結成
1885	朝鮮	高宗22	初の西洋式の病院である広恵院（後の済衆院）設立			

394　仏教史年表

西暦	国・地域	インド・チベット・中央アジア	西暦	国・地域	スリランカ・東南アジア
1889	中央アジア	バウアー、クチャで仏典写本（バウアー写本、6・7C頃書写）を入手	1887	タイ	ラーマ5世、ワット・マハータート寺の境内にマハーニカーイ派所属の仏教学院（マハーチュラーロンコーン仏教大学の前身）創設（1889～講義開始）
			1891	スリランカ	アナガーリカ・ダルマパーラ、コロンボに大菩提会創設
				タイ	ワチラヤーン親王、ワット・ボーウォンニウェート寺の寺長就任。タイ仏教の近代化に貢献
1893	中央アジア	ヘディン、第1次タクラマカン砂漠探検	1893	タイ	タイ文字版三蔵出版、世界中の仏教研究機関に寄贈 ラーマ5世、ワット・ボーウォンニウェート寺の境内にタンマユット派所属のマハーマクット仏教院創設
1895	チベット	ダライラマ13世親政			
1899	中央アジア	ヘディン、第2次タクラマカン砂漠探検（1901年、遺跡発見）	1899	タイ	イギリス人ペッペが前年にインドで発掘した仏舎利が、ワット・サケート寺境内のブーカオトーンに安置される
1900	チベット	河口慧海、中央チベットに入る。ダライラマ13世特使ドルジエフ、ロシア皇帝に謁見			
	中央アジア	スタイン、第1次中央アジア探検。道士王円籙、敦煌莫高窟で大量の古書を発見			
1902	中央アジア	ドイツ、第1次トルファン探検（グリュンヴェーデル・バルトゥスら）。第1次大谷探検隊、渡邊哲信、堀賢雄がクチャを中心に調査	1902	タイ	ラタナコーシン暦121年、サンガ統治法制定
1904	チベット	ダライラマ13世、外モンゴルに亡命。ヤングハズバンド、ポタラ宮でラサ条約を締結			
	中央アジア	ドイツ、第2次トルファン探検（ル・コック、バルトゥスら）。ドイツ、第3次探検、グリュンヴェーデル、ル・コック、バルトゥスら、クチャ、カラシャール、トルファン調査			
1905	チベット	バタン事件。パンチェンラマ6世、イギリス・インド政庁を訪問。寺本婉雅、青海から中央チベットを経てインドへ	1905	タイ	ラーマ5世、王室経蔵、ワチラヤーン御文庫、仏教文庫を統合し、国立ワチラヤーン図書館設立（1933タイ国立図書館に改称）
1906	チベット	寺本婉雅、青海にてダライラマ13世と会見			
1907	中央アジア	スタイン、第2次探検で敦煌莫高窟・蔵経洞の文物入手			
1908	中央アジア	ペリオ、敦煌莫高窟・蔵経洞の文物入手 コズロフ率いるロシア皇室地理学探検隊、カラホト発掘調査 第2次大谷探検隊（野村栄三郎、橘瑞超ら）			
	チベット	ダライラマ13世、北京にて西太后と会見、五台山にて大谷尊由と会見			
1909	中央アジア	ロシア隊オルデンブルグ、トルファンやクチャを調査、さらに敦煌莫高窟・蔵経洞の文物入手			
1910	中央アジア	敦煌莫高窟・蔵経洞の残存経巻、北京図書館に収蔵、途中多くが散逸			
	中央アジア	第3次大谷探検隊（吉川小一郎、橘瑞超ら）、トルファン古墓調査、敦煌莫高窟・蔵経洞の文物入手			

1800～1900年　395

西暦	国名	年号	中国・朝鮮半島	西暦	元号	日　本
				1886	明治19	普通教校に反省会結成、禁酒運動を開始。釈興然、スリランカへ出発（～1893）
				1887	明治20	井上円了『仏教活論』『真理金針』。『反省会雑誌』（後の『中央公論』）創刊。井上円了、哲学館を開校
				1888	明治21	大阪に相愛女学校、東京に女子文芸学舎創設
				1889	明治22	大内青巒ら、尊皇奉仏大同団を結成。オルコットとダルマパーラ、来日。曜日蒼龍（かがひそうりゅう）、ハワイ布教に出発
1890	朝鮮	高宗27	日蓮宗、京城別院を建立	1891	明治24	「教育と宗教の衝突」論争で仏教徒によるキリスト教排撃が激化（～1892）
				1893	明治26	米国シカゴで開催の万国宗教会議に釈宗演、土宜法龍ら参加
1895	朝鮮	高宗32	浄土真宗本願寺派、全国に布教網をひろげる。日蓮宗の佐野前励が来る。僧侶の入城の解禁を請う	1894	明治27	『仏教史林』創刊。日清戦争勃発、仏教各宗派が軍人布教を開始
1897	朝鮮	高宗34	日本の浄土宗、釜山に進出	1898	明治31	巣鴨監獄教誨師事件
				1899	明治32	仏教公認教運動活発化
				1900	明治33	タイ国王寄贈の仏舎利を奉迎。『新仏教』創刊
				1901	明治34	『精神界』創刊。奥村五百子、愛国婦人会を設立。本願寺派、大日本仏教慈善会財団設立
1902	朝鮮	高宗39	元興寺を大法山とし寺社管理署設置	1903	明治36	村上専精『大乗仏説論批判』
1905	朝鮮	高宗42	僧侶の都城への出入り禁止令が撤廃			
1906	朝鮮	高宗43	井上玄真、洪月初や李宝潭などソウル地域の僧侶と共に、仏教研究会を組織。明進学校（現在の東国大学校）設立	1906	明治39	綱脇龍妙、身延深敬病院開設
1908	朝鮮	純宗2	円宗の開創を決議	1909	明治42	杉山辰子、仏教感化救済会（後の大乗山法音寺）設立
1910	日本統治	純宗4	円宗に対抗し臨済宗設立。韓龍雲、日本統監に僧侶の妻帯認可を要請	1910	明治43	大逆事件（～1911）、仏教関係者4名連座
1911	日本統治		朝鮮総督府、「寺刹令」等発布	1911	明治44	渡辺海旭、浄土宗労働共済会設立
1912	中華民国	民国1	中国仏教総会発足	1912	大正1	仏教・神道・キリスト教による三教会同開催。仏教各宗派懇話会設立（後の大日本仏教会）

396　仏教史年表

西暦	国・地域	インド・チベット・中央アジア	西暦	国・地域	スリランカ・東南アジア
1910	チベット	四川軍、ラサに侵入。ダライラマ13世インドへ亡命	1912	タイ	ラーマ6世、ラタナコーシン暦を廃止、仏暦を採用
1912	チベット	多田等観、ラサに入る			
1913	中央アジア	ドイツ、第4次探検隊（ル・コック、バルトゥスら）、クチャ、トゥムシュクを調査			
1913	中央アジア	スタイン、第3次探検で敦煌再訪			
	チベット	青木文教、ラサに入る。シムラ会議開催			
1914	チベット	イギリスとチベットの間でシムラ条約締結			
1924	中央アジア	アメリカ隊ウォールナー、敦煌で壁画や仏像入手			
1927	中央アジア	西北科学考査団			
			1929	カンボジア	カンボジア版パーリ三蔵編纂開始（〜1969）
1930	中央アジア	バーミヤーン写本発見			
1931	中央アジア	ギルギット写本発見	1932	ベトナム	フエ市の竹林寺が仏教振興運動開始
1933	チベット	ダライラマ13世没			
1934	チベット	ラサ版カンギュル開版	1934	インドネシア	スリランカよりナーラダ長老が来訪、ジャワ島各地で布教活動
1935	チベット	ダライラマ14世（テンジン・ギャンツォ）誕生			
1938	チベット	パンチェンラマ7世誕生	1939	ベトナム	南部アンザン省でフイン・フー・ソーがホアハオ教（和好仏教）開創
1940	チベット	ダライラマ14世即位	1941	タイ	仏暦2484年、サンガ法制定
			1944	ベトナム	南部キエンザン省でミン・ダン・クアンが乞士仏教開創
			1947	カンボジア	「カンボジア王国憲法」制定。仏教を国教とする
				ミャンマー	新憲法制定。仏教が、「国民の大多数の信奉する特殊的地位にある宗教」と規定。翌48年イギリスから主権を回復しビルマ連邦としてイギリスから独立
1950	チベット	中国人民解放軍、チベットに進軍開始	1950	スリランカ	世界仏教徒連盟発足。第1回世界仏教徒会議開催。国際仏旗採択、「小乗仏教」という呼称の不使用を採択
			1952	インドネシア	アシン・ジナラッキタ長老、インドネシア三教連合会を結成、翌年神智学協会との共催によりボロブドゥールでワイサク祭開催
			1954	ミャンマー	仏暦2500年記念事業として第6回仏典結集開催（〜1956）。ビルマ政府仏教会、ビルマ文字版パーリ三蔵、アッタカター、ティーカー出版

西暦	国名	年号	中国・朝鮮半島	西暦	元号	日　本
1912	日本統治		朝鮮臨済宗中央布教堂設立。総督府、円宗と臨済宗の解散を決定、30本山住職会議院を結成			
				1914	大正3	柳田国男「毛坊主考」連載開始（〜1915）
1915	中華民国	民国4	管理寺廟条例発布	1915	大正4	近角常観、求道会館を建設。本福寺文書公刊される
				1917	大正6	『国訳大蔵経』刊行開始（〜1931）
1920	日本統治		朝鮮仏教青年会設立、仏教維新会を組織	1921	大正10	鈴木大拙ら東方仏教徒協会設立。鷲尾教導、恵信尼文書を西本願寺宝物庫で発見
				1922	大正11	全国水平社創立、「水平社宣言」発表
				1924	大正13	『大正新脩大蔵経』刊行開始（〜1934）
				1925	大正14	柳宗悦『木喰五行上人の研究』
				1926	大正15	辻善之助ら『明治維新神仏分離史料』刊行開始（〜1928）。柳宗悦「日本民芸美術館設立趣意書」を発表
1928	中華民国	民国17	邰爽秋「廟産興学運動」宣言			
1929	中華民国	民国18	中国仏教会設立			
				1930	昭和5	妹尾義郎ら、新興仏教青年同盟結成（〜1937）。ハワイで開催の第1回汎太平洋仏教青年大会に35名が参加。霊友会と創価学会、設立
				1931	昭和6	反宗教闘争同盟準備会結成
1933	中華民国	民国22	山西省趙城県の広勝寺において『金版大蔵経』発見	1932	昭和7	内務省、日蓮遺文に天皇への「不敬」に当たる字句があるとして削除命令
				1934	昭和9	友松円諦、「法句経講義」のラジオ放送開始。東京で第2回汎太平洋仏教青年大会開催
				1935	昭和10	『南伝大蔵経』刊行開始（〜1941）
				1936	昭和11	東西本願寺、『教行信証』等の「不敬」に該当する字句を伏字・読誦省略と決定
				1941	昭和16	金属回収令発布、寺院の仏具・梵鐘を供出
				1942	昭和17	文部省、「南方宗教講座」を増上寺で開催
				1944	昭和19	辻善之助『日本仏教史』刊行開始
				1945	昭和20	アジア太平洋戦争終結。宗教団体法廃止、宗教法人令を制定
				1946	昭和21	日本仏教連合会（後の全日本仏教会）設立
				1948	昭和23	服部之総『親鸞ノート』
				1949	昭和24	法隆寺金堂壁画焼失。仏教系大学が新制大学として認可。鈴木大拙ら、ハワイ大学での東西哲学者会議に参加。佛教史学会設立
				1950	昭和25	真宗大谷派、ブラジルに開教所設置
				1951	昭和26	宗教法人令廃止、宗教法人法公布
				1952	昭和27	東京で第2回世界仏教徒会議開催
1953	中華人民共和国		中国仏教協会設立	1953	昭和28	中国人俘虜殉難者慰霊実行委員会、中国人の遺骨返還を実施
1954	大韓民国		曹渓宗宗務院設立、太古寺を曹渓寺に改名	1954	昭和29	全日本仏教婦人連盟結成
				1955	昭和30	『西蔵大蔵経』刊行開始（〜1962）

398 仏教史年表

西暦	国・地域	インド・チベット・中央アジア	西暦	国・地域	スリランカ・東南アジア
			1956	スリランカ、インドネシア	仏暦2500年記念祭開催
			1957	タイ、カンボジア	仏暦2500年記念祭開催
1959	チベット	ダライラマ14世インドに亡命	1959	インドネシア	政府関係者やアジア諸国から比丘を招き、ボロブドゥールで国際的なワイサク祭開催。サンガ結成。授具足戒式挙行
			1961	ミャンマー	ウー・ヌ首相、憲法の第3次改正を行い、仏教を国教化。非仏教徒の抗議で、ただちに第4次改正を行って、すべての宗教に教育の自由と平等の保護を与えるとする
			1962	タイ	仏暦2505年、サンガ法制定
			1963	ベトナム	ティック・クワーン・ドゥック、仏教弾圧に抗議し、焼身供養を行う
1965	チベット	西蔵自治区成立			
1966	チベット	文化大革命（〜1976）	1966	タイ	第8回世界仏教徒会議開催
			1972	スリランカ	シュリマオ・バンダーラナーヤカ首相、新憲法発布。国名を「セイロン」から「スリランカ共和国」に改称。仏教に「第一の地位」を与える
			1974	ミャンマー	新憲法制定。国名を「ビルマ連邦社会主義共和国」に改称。国教の規定はなし
			1975	カンボジア	民主カンプチア（ポル・ポト派）政権、「有害な反動宗教」を禁止、出家者を強制的に還俗、寺院や仏像を破壊
			1980	ミャンマー	ラングーンで第1回全宗派サンガ合同会議開催
			1981	ベトナム	ハノイでベトナム仏教教会が創設され、全国仏教組織を統括
			1982	スリランカ	ジェータヴァナヴィハーラ（祇多林寺）地区より9C頃とみられる金板二万五千頌般若経の断簡出土
1989	チベット	パンチェンラマ7世没。ダライラマ14世ノーベル平和賞受賞	1989	カンボジア	カンボジア憲法制定。国名を「カンボジア国」に改称。仏教を国教とする
			1993	カンボジア	カンボジア王国憲法制定。国名を「カンボジア王国」に改称。仏教を国教とする
2001	中央アジア	バーミヤーン大仏爆破	2001	カンボジア	バンテアイ・クデイ寺院で274体の破壊された仏像出土

1900～2000年　399

西暦	国名	年号	中国・朝鮮半島	西暦	元号	日　本
1956	中華人民共和国		北京に中国仏学院設立	1957	昭和32	全日本仏教会設立。増上寺で原爆13回忌法要
				1959	昭和34	吉田久一『日本近代仏教史研究』。鈴木俊隆、アメリカ布教へ出発
				1960	昭和35	仏教者平和協議会等、安保反対デモ
1962	大韓民国		大韓仏教曹渓宗の成立	1962	昭和37	この頃から各宗派で信仰回復運動始まる
				1963	昭和38	全日本仏教会等、南ベトナム政府による仏教徒弾圧に対して抗議
1964	大韓民国		東国訳経院を設立			
1965	大韓民国		『ハングル大蔵経』刊行（～2001）	1967	昭和42	弟子丸泰仙、ヨーロッパ布教へ出発
1966	中華人民共和国		文化大革命（～1976）	1969	昭和44	全日本仏教会、靖国神社法案に反対声明
						柏原祐泉『日本近世近代仏教史の研究』
1970	大韓民国		太古宗、曹渓宗から分宗する	1972	昭和47	ベトナム難民救済日本仏教徒委員会発足
						武田泰淳『快楽』
1974	中華人民共和国		山西省応県の仏宮寺木塔において『契丹蔵』残巻を含む大量の仏典を発見	1974	昭和49	日中友好仏教協会設立
				1981	昭和56	同和問題に取り組む宗教教団連帯会議（同宗連）結成。真宗大谷派、法主・管長制を廃止。曹洞宗ボランティア会（後のシャンティ国際ボランティア会）設立
1984	中華人民共和国		『中華大蔵経』刊行	1985	昭和60	ハワイで官約移民100年日米仏教徒交流大会開催。京都で第1回日中仏教学術会議開催
1989	中華人民共和国		天安門事件			
				1993	平成5	アーユス仏教国際ネットワーク設立
1998	中華人民共和国		中華電子仏典協会（CBETA）設立	1996	平成8	大正新脩大蔵経テキストデータベース（SAT）、データベース化開始

索　引

あ行──

アーナンダ寺院……………55
アーラヤ識………………26
アーリヤデーヴァ…………24
アヴァダーナ……………15,66
阿含……………4,5,10,11,360
阿閦……16,17,31,44,65,67
阿閦仏国経………………16,17
アショーカ王（阿育王）…4,5,
　8,14,28,29,36,38,39,60,
　82,83
アショーカ王碑文…4,5,8,36,
　38,39
飛鳥池遺跡………………184
アッタカター……7,11,12
アティシャ………………42,47
アヌラーダプラ……48,50,51
アノーヤター王………52-54
アバヤギリヴィハーラ………48
アビダルマ…………12,13,24
尼寺……143,152,160,162,163,
　176,198,199,244,271,298
阿弥陀…16,17,67,68,70,115,
　122,141,146,147,197,204,
　205,216-218,236,250,255,
　265,283,301,312,348,366
阿弥陀経……16,17,31,68,79,
　122,126,127,246,330
阿弥陀聖………………196
アユタヤ…………56-59,61
アンコール・ワット……60,62
安楽律………………278,279
異安心………………312,313
夷夏論争………………86
生き神………………314,315

異国降伏祈禱…………210,211
伊勢神宮……221,228,264,292
伊勢参り………………292
板碑………………248,249
市聖………………196
一宮………………203,210,211
一宮国分寺興行令……210,211
夷中………………231
一向一揆……202,207,214,215,
　262,265,268,269,286
一遍……202,213,228,239,240,
　258,285
田舎本寺………………280
移民布教…………333,342-345
李英宰………………145
一然………………129,130
因果応報………………15,156
因行………………19
淫祀………………105
インターネット……41,85,334,
　335
インド学………………330,331
インド仏跡………………338
隠通………………196,282,283
ヴァジュラボーディ…22,48,64
義相（湘）（ウィサン）　→義相
　（湘）（ぎしょう）
義天（ウィチョン）　→義天
　（ぎてん）
ヴィハーラ窟………………29
元暁（ウォニョ）　→元暁（がん
　ぎょう）
円光（ウォングァン）　→円光
　（えんこう）
円測（ウォンチュク）　→円測
　（えんそく）

盂蘭盆経…………102,188
雲崗石窟…77,91,110,111,114,
　115
衛元嵩………………87
栄西………195,202,220,231
叡尊……202,224,225,244,356,
　358
慧遠………………84,96,122
慧灌………………132
易行………………202,218,224
慧皎………………97,116
慧思………………97,126,174
絵図…62,177,238,254,259,291
エスニック仏教…………343
絵踏み………………312
縁起（寺社縁起等）…131,154,
　155,168,172,173,182,200,
　204,238,247,254,259,260,
　264,284,291,298,304,305,
　354
エンゲイジド・ブッディズム
　………………362
円光………………136,137
円性………………100
円測………………126,131,133
延暦寺…167,172,174,175,203,
　205,208,212,213,219,220,
　231,243,262,268,270,271,
　279,322
王師………64,129,142
往生要集………………217
王統明示鏡（王統明鏡史）…42
黄檗宗………230,274,339
王法……86,204,205,208,210,
　219,268
大内青巒………………348

索引 401

大谷探検隊‥‥‥‥‥‥‥‥339
大寺‥‥‥‥‥‥‥‥‥‥‥176
大野寺土塔‥‥‥‥‥‥‥‥184
御黒戸‥‥‥‥‥‥‥‥270,271
オルコット‥‥‥‥49,338,340,341
音楽‥‥‥‥‥160,256-258,367
園城寺（三井寺）‥‥‥205,212,
　231,256,270,279
厭離穢土・欣求浄土‥‥‥‥216
怨霊‥‥‥‥‥‥‥‥‥190,191

か行――

絵画‥‥‥‥44,146,182,224,239,
　252,254,259,260,291
海外宣教会‥‥‥‥‥‥‥‥340
開教‥‥‥‥‥320,329,342,343
海禁政策‥‥‥‥‥‥‥‥‥232
開元釈教録‥‥‥81,106,181,188,
　189,235
開権顕実‥‥‥‥‥‥‥‥‥18
海商‥‥‥‥‥‥‥‥‥232,233
開帳‥‥‥‥119,272,284,291,293,
　295,304
戒律‥‥‥‥76,82,88,89,122,126,
　137,160,166,167,192,199,
　202,217,220,224,225,227,
　278,281,283,309,320,321,
　325,346,347
科学‥‥‥‥85,261,310,318,319,
　336,337,364
カギュ派‥‥‥‥‥‥‥‥36,42
格義仏教‥‥‥‥‥76,96,126,157
学説綱要書‥‥‥‥‥‥24,25,47
覚訓‥‥‥‥‥‥‥‥‥‥‥130
学林‥‥‥‥‥287,302,303,318
かくれキリシタン‥‥‥284,312
かくれ念仏‥‥‥‥‥‥312,313
駆込寺‥‥‥‥‥‥‥‥‥‥298
河西回廊‥‥‥‥‥‥‥‥‥110
家僧‥‥‥‥‥‥‥‥‥‥‥82
画像‥‥‥‥41,231,236,237,261

刀狩令‥‥‥‥‥‥‥‥‥‥268
ガダル‥‥‥‥‥‥‥‥‥‥42
果徳‥‥‥‥‥‥‥‥‥‥‥19
カトリック‥‥144,145,310,336,
　337,359
上方本寺‥‥‥‥‥‥‥‥‥280
伽藍‥‥‥‥‥58,146,156,159,163,
　205,294
カルマ・ガルディ‥‥‥‥‥44
河口慧海‥‥‥‥‥‥43,331,339
瓦‥‥‥‥‥158,159,163,165,184
関羽‥‥‥‥‥‥‥‥‥‥‥104
寛永寺‥‥‥‥‥274,277,279,290
カンギュル‥‥‥‥‥‥‥‥42
元暁‥‥‥124,127,128,130,133,
　134,137,140
漢詩文‥‥‥‥‥‥202,252,253
勧進‥‥‥‥164,165,202,238-240,
　247,259,277,278,289,294,
　295
勧進聖‥‥‥‥‥196,238,294
強首‥‥‥‥‥‥‥‥‥‥‥140
巻数‥‥‥‥‥‥‥‥‥179,235
ガンダヴューハ‥‥‥‥‥19,66
看話禅‥‥‥‥‥‥‥‥‥‥135
観音‥‥‥31,42,44,52,70,104,
　115,147,173,216,217,237-
　239,270
観無量寿経‥‥‥17,68,122,246
願文‥‥‥‥147,180,244,249-251
韓龍雲‥‥‥‥‥‥‥‥‥‥145
翰林五鳳集‥‥‥‥‥‥‥‥252
観勒‥‥‥‥‥‥‥‥‥140,168
キェンツェ派‥‥‥‥‥‥‥44
疑偽経‥‥‥91,133,138,188,189
記家‥‥‥‥‥‥‥‥‥‥‥228
義相（湘）‥‥‥‥124,127,128
義浄‥‥‥24,56,64,76,98,126,132
起請文‥‥‥‥‥‥‥‥250,251
祇多林寺‥‥‥‥‥‥‥48-50
吉蔵‥‥‥‥‥‥‥‥‥97,132

乞師表‥‥‥‥‥‥‥‥‥‥136
契丹蔵‥‥‥92,93,106,108,109
義天‥‥‥‥92,124,128,129,134,
　135,138,195,234
キャル・ボン‥‥‥‥‥46,47
キャンディ‥‥‥‥‥‥50,51
義邑‥‥‥‥‥‥‥‥‥91,102
休静‥‥‥‥‥‥‥‥‥‥‥129
九層塔‥‥‥‥‥‥‥‥124,137
均如（キュニョ）　→均如（き
　んにょ）
ギュル・ボン‥‥‥‥‥‥‥46
教育‥‥‥‥76,125,142,144,145,
　150,253,287,302,324,332,
　333,336,342,346,348,356,
　357,362
教学‥‥‥13,21,22,31,47,78,79,
　92,98,99,113,122-124,
　127,128,130,134,143,150,
　155,156,164,170,171,173,
　174,178,180,193,198,202,
　208,209,222,224-227,235,
　246,247,267,278,279,280,
　281,283-285,287,303,312,
　313,321,330-332,338,340,
　343,348,355
鞏県石窟‥‥‥‥‥‥‥110,111
教相‥‥‥‥‥‥‥‥‥‥‥280
経蔵（三蔵のうち）‥‥‥3-5,10,
　35
教相判釈‥‥‥‥‥‥‥‥‥97
響堂山石窟‥‥‥‥‥‥110,112
教部省‥‥‥‥‥322,326,327
経量部‥‥‥‥‥‥‥‥‥3,13
清沢満之‥‥‥‥‥347,348,352
魚山‥‥‥‥‥‥‥‥‥‥‥256
キリシタン（切支丹）‥‥‥266,
　272,276,277,284,287,304,
　310-313,318,336
ギルギット‥‥‥‥‥‥‥‥32
金蔵‥‥‥‥‥‥‥‥93,106-108

均如‥‥‥‥‥‥‥‥‥‥128
観勒（クァルルク）→観勒
　（かんろく）
光宗（クァンジョン）→光宗
　（こうしゅう）
空（思想）‥‥16,24,26,126,
　190,191,198,226,
空海‥‥152,170,171,174-176,
　179,193,236,256,277
宮寺‥‥‥‥‥‥‥‥‥‥162
空也‥‥‥‥‥‥‥196,216
久遠実成‥‥‥‥‥‥18,222
九山禅門‥‥‥‥‥127,128
倶舎宗‥‥‥‥‥173,174,224
公請‥‥‥‥‥‥‥204,205
口伝‥‥‥‥‥227,256,279
クビライ‥‥‥94,101,107,108
熊野三山検校‥‥‥‥‥243
熊野比丘尼‥‥‥‥‥‥238
鳩摩羅什‥17,18,41,76,78,79,
　90,96,122,222
弘明集‥‥‥‥‥‥‥70,96
軍人布教‥‥‥‥‥‥‥328
軍隊慰問‥‥‥‥‥‥‥328
訓要十条‥‥‥‥‥‥‥128
芸能‥‥‥178,182,191,196,221,
　222,256,258,259,289,291,
　292,295,354
慶派‥‥‥‥‥‥‥‥‥260
悔過会‥‥‥‥‥‥‥‥178
華厳‥18,19,21,66,70,92,99,
　122,124,125,127,128,134,
　135,173,220,224,246
華厳宗‥101,127,128,134,135,
　173-175,192,224,227
解深密経疏‥‥‥‥‥‥133
結集（仏典結集）‥‥3,5,6,53,
　56
血盆経‥‥‥‥‥‥‥‥244
ゲルク派‥‥‥‥‥36,42,44
現起‥‥‥‥‥‥‥‥‥19

顕教法会‥‥‥178,179,202,212
現在他方仏‥‥‥‥‥‥‥16
玄奘‥‥12,13,16,39,40,78,79,
　98,115,126,127,172
源信‥‥‥‥‥‥216,217,219
遣隋使‥‥‥‥‥‥‥83,192
現世利益‥‥‥‥39,104,197,274,
　293,354,360
現前サンガ‥‥‥‥‥‥‥6
遣唐使‥133,134,152,170,173,
　192-195
玄昉‥‥‥‥‥‥173,189,193
遣明船‥‥‥‥‥‥‥232,233
講経‥‥‥‥‥‥102,113,178
興慶府‥‥‥‥‥‥‥‥123
寇謙之‥‥‥‥‥‥‥‥‥86
講式‥‥‥‥‥‥‥246,257
口承‥‥‥‥‥‥‥182,183
講説‥‥83,138,160,165,172,
　173,178,190,256,283
光宗‥‥‥‥‥‥‥‥‥128
高僧伝‥‥77,85,79,97,98,103,
　116,117,126,130,132,133,
　148,186,262,305
高野山‥‥170,236,256,268,269,
　277,280,346
高麗版大蔵経‥‥‥‥125,234
興律派‥‥‥‥‥‥‥282,283
皇龍寺‥‥‥‥‥‥‥‥137
牛玉宝印‥‥‥‥‥‥‥250
御願寺‥‥‥‥176-178,205,234
古義真言宗‥‥‥‥‥‥280
悟空‥‥‥‥‥‥‥‥‥‥99
国師‥‥‥94,124,128,138,142,
　173,174
護国‥‥98,124-126,128,136-
　139,141,163,181,194
五臺山‥‥‥‥‥‥‥136,194
五山‥‥101,202,212,213,220,
　230,231,252,253,281,308
国家神道‥‥‥‥‥323,325,327

乞食‥‥‥‥‥‥‥‥‥294
古ナルタン本‥‥‥‥42,43
護法善神‥‥‥‥‥‥‥186
護法‥‥‥173,287,309,319,332
御免勧化‥‥‥‥‥‥294,295
御用書林‥‥‥‥‥‥‥303
御霊会‥‥‥‥‥‥190,191
五輪塔‥‥‥‥‥‥‥‥248
金光寺‥‥‥‥‥‥‥241,285
金剛智‥‥‥‥‥22,48,64,98

さ行――

西域南道‥‥‥‥‥36,40,112
崔浩‥‥‥‥‥‥‥‥‥‥86
西国順礼‥‥‥‥‥‥‥292
妻帯‥‥‥125,199,309,346-348
崔致遠‥‥‥‥‥‥‥140,141
最澄‥‥124,127,152,167,170,
　171,174,175,190,191,193,
　222,279
サキャ=パンディタ‥‥‥‥94
サキャ派‥‥‥‥42,44,94,95
ザナバザル流‥‥‥‥‥‥45
三国史記（サムグクサギ）→
　三国史記（さんごくしき）
三国遺事（サムグンサ）→
　三国遺事（さんごくいじ）
サンガ（僧伽）‥2,6,8,35,37,
　48-50,52,53,56,57,60,61
三階教‥‥‥‥‥‥‥97,164
サンガミッター‥‥‥48,50
三句の法門‥‥‥‥‥‥‥22
参詣曼荼羅‥‥‥238,239,295
三綱‥‥‥‥‥‥89,169,184
三業惑乱‥‥‥‥‥‥‥312
三国意識‥‥‥‥‥‥195,228
三国遺事‥‥‥127,129,130,132,
　137,193
三国史記‥‥‥126,132,136,140,
　141,193
三十番神‥‥‥‥‥‥‥228

三性説……………………26
三蔵……3,12,48,53,57,80,106,
　145,188
山王神道………………228,274
三武一宗の法難…………86,87
三宝………………2,138,166
三論宗……97,126,132,140,172-
　175,224
ジェンダー……199,244,321,352,
　353,364
シェンチェン・ルガ…………47
シェンラプ・ミウォ…………46
持戒………166,282,283,346
詩画軸……………………252
四箇法要…………………256
師資相承……………256,257
寺社奉行………273,277,294
寺主………………………89,169
時宗……………213,240,285
四聖諦………………………3
事相……………………247,280
慈蔵…………126,132,136,137
大寺派……7,11,37,48-50,52,53
寺檀……240,266,272,282,287,
　288,310
悉有仏性………………20,224
祀典………………………105
寺内町……………265,269
祠部…………………84,273
四分律……………………88
四方サンガ…………………6
ジャータカ…11,14,15,40,54,
　55,57,59,66,67
シャイレーンドラ……37,64-66
社会事業……164,165,356-358
写経所………106,180,181,189
釈雲照……………………346
捨身……………………82,160
捨世派………………282,283
沙門不敬王者論…………84,96
ジャヤヴァルマン7世……60,62

社邑………………………102
舎利……5,14,28,48,50,51,54,
　70,82,83,92,119,234,236,
　237
宗教…………278,332,361,367
宗教法人法……………326,327
従軍布教師（使）………328,329
宗源宣旨…………………264
住持長老……………………89
十事の非法…………………6
十善戒……………………347
周達観……………………61,63
宗名論争…………………287
宗門改め……266,272,276,313
儒家神道………………306,307
修験……189,203,215,217,239,
　242,243,288,289,295,298,
　312,315,354,355
朱子学…128,129,142,306,308,
　309
呪術………23,52,135,150,156,
　189,206,242,274
修正義……………………348
出三蔵記集…………81,96,188
十地…………………………19
出土写本……………………32
儒仏論争………………308,309
シュリーヴィジャヤ……56,58,
　64,65
笑隠大訴…………………101
静琬………………………97
定額寺……………………176,177
貞元新定釈教目録………64,81
相国寺……………………212,270
上座………………………89,169
上座部……2,3,6-8,11,12,32,37,
　48-50,52,53,56,57,60-62,
　64,65,68,70
成実宗……136,173,174,224,262
清浄光寺…………………285
清浄道論……………………48

唱導……182,196,256,258,259,
　282,304,354
浄土教…31,69,97,99,110,122,
　143,202,203,213,216,217,
　219,224,366
聖徳太子……132,153,154,157,
　174,192,204,237,250
浄土宗…213,215,240,268,271,
　274,278,282,287,300,301,
　305,315,328,329,332,346,
　356
浄土真宗……213,214,221,227,
　265,270,277,286,299,303,
　307,311,312,321,330,336,
　337,341,356　→浄土真宗
　本願寺派・真宗・真宗大谷
　派
浄土真宗本願寺派……328,332,
　334,338,340-343,348,358,
　359,363
声明……247,256-258,350,367
称名念仏……122,202,218,219
定林寺……………………146
女学校……………………333
諸行往生…………………218
植民地布教………………344
書籍目録………………302,303
諸社禰宜神主法度…………264
書承………………………182
女性……6,44,70,104,129,143,
　165,166,198,199,203,221,
　244,245,267,271,274,293,
　298,315,321,337,341,352,
　353,359,362
私立大学…………………332
シルクロード……38-40,96,112
神異僧……………………164
清規………………88,89,281
神祇………………………228
新義真言宗……………274,280
新義八宗…………………269

信行……………………97,127
神宮寺……………………186,210
進香……………………………104
新興仏教青年同盟……321,350
神国……203,209,228,229,308
真言密教……134,170,171,220,
　228
真宗……214,236,237,240,265,
　276,286,287,298,299,309,
　312,313,322,326,333,337,
　344,347,349,353,367
真宗大谷派…328,332,338,339,
　344,348-350,352,356,358,
　359
仁寿舎利塔……………………83
神葬祭運動……………277,307
神智学………49,338,340,341
神道……202,203,211,213,214,
　221,222,228,229,242,254,
　255,260,264,266,267,274,
　276,290,306-308,310,314,
　315,320,323,325-327,333,
　343,360,361,364
神判……………………………250
神仏隔離………………………228
新仏教運動……………………349
神仏習合……186,187,191,203,
　209,210,211,228,254,255,
　260,274,307,320,355
神仏分離令……………320,322
親鸞……122,202,208,214,216,
　218,219,226-228,239,244,
　265,286,287,312
真臘風土記………………61,63
垂加神道………………306,307
スールヤヴァルマン2世…60,
　62
スコータイ………37,56,58,59
僧科（スングァ）→僧科（そ
　うか）
スンブム………………………42

僧朗（スンラン）→僧朗（そ
　うろう）
棲霞山石窟……………………110
西夏大蔵経……………………123
西夏文字………………………123
政教分離………………326,327
正祀……………………………105
精神主義……347,348,352,353
成巫譚…………………………183
磧砂蔵………………94,106-108
石造物…………………248,249
世俗五戒………………126,136
説一切有部…………………3,12
石窟寺院……28,29,39,41,77,
　110,112,123,158
石刻書…………………………118
石刻資料新編…………………118
薛聡……………………………140
説草……………………………182
禅……35,92,101,110,122,125,
　127-130,134,135,142-145,
　147,160,202,207,208,212,
　213,220,221,230-233,240,
　252,253,258,281,283,308,
　310,311,336,341,343,353
禅観…………………………110,183
禅家亀鑑………………………129
善光寺…………………238,298
禅宗…68,69,77,88,92,95,100,
　101,116,127-129,134,135,
　143,145,147,195,202,212-
　215,220-222,230-232,237,
　240,252,253,271,276,281,
　343,356
宣政院…………………………94
善導……………………98,122,219
泉涌寺…………………240,270
善無畏………………………22,98
禅林文学………………………231
僧位僧官………………168,169,271
僧科……………………128,129,143

蔵外チベット文献……………42
宋学……………………230,231
僧官……84,90,101,113,114,137,
　160,168,173,174,176,177
僧伽　→サンガ
蔵経洞…………………………113
曹渓宗…………………………150
宋高僧伝………………116,117
増上寺…274,282,283,300,301
総制院………………………94,95
葬送……47,196,203,240,241,
　252,277,278,296,297,328,
　329,354
造像記……99,102,103,114,115
僧団…2,3,6,7,9,14,52,88,194
曹洞宗…68,100,220,230,281,
　321,328,329,343,348,350,
　352,359,362
造東大寺司……………180,181
僧尼令…160,161,165,166,168,
　198
僧祐………………81,96,97,188
綜理衆経目録…………………81,188
僧朗……………………………126
続（唐）高僧伝………116,117
ソグディアナ………………39,40
則天武后…………82,83,98,176
祖先（先祖）祭祀……189,275,
　276,296,297,354
祖堂集…………………………128
薛聡（ソルチョン）→薛聡
　（せつそう）
ソンツェン・ガンポ……36,42,
　44,46

た行――

ターラナータ……………………43
大安寺………160,168,172,176
大雲経……………………………83
大雲寺……………………………83
大慧宗杲………………………101

大覚寺‥‥‥‥‥‥‥‥280
諦観‥‥‥‥‥‥‥‥128,134
大逆事件‥‥‥321,324,350,363
大教院‥‥‥‥‥‥‥326,332
太元宮斎場所‥‥‥‥‥264
醍醐寺‥212,234,243,254,280,
　288
泰山‥‥‥‥‥‥‥‥‥104
大寺（スリランカ）‥‥48,50
大師号‥‥‥‥‥‥‥‥287
大衆‥‥‥‥‥‥6,8,206,215
大修多羅宗‥‥‥‥‥‥172
大神宝使制‥‥‥‥‥‥210
大蔵経（一切経）‥3,7,23,42,
　43,49,72,77,81,92-94,97,
　98,106-109,117,123,125,
　134,138,173-175,180,188,
　189,194,234,235,246,247,
　261,331
大足石窟‥‥‥‥‥‥‥110
大唐西域記‥‥‥‥‥40,98
大唐西域求法高僧伝‥‥64,98,
　126,133
大日本帝国憲法‥‥‥324,326
大般涅槃経‥‥‥‥‥‥20
大菩提会‥‥‥‥‥49,339
代録‥‥‥‥‥‥‥‥81,116
第六天魔王‥‥‥‥‥‥228
タクラマカン砂漠‥‥32,38,40
ダライ・ラマ‥‥‥33,42-44,46
ダルマ王‥‥‥‥‥‥‥42
ダルマキールティ‥‥24,26,27
達磨宗‥‥‥‥‥‥‥‥220
ダルマパーラ‥‥‥49,338-340
タンカ‥‥‥‥‥‥‥‥44
談義所‥‥‥‥‥‥‥‥222
タングート族‥‥‥‥‥123
タントラ‥‥‥‥‥23,42,43
ダンマゼーディー王‥37,52,54
タンマユット派‥‥‥57,61
ダンマローカ‥‥‥‥‥341

檀林‥‥‥282-284,302,303,332
諦観（チェグァン）→諦観
　（たいかん）
崔致遠（チェチウォン）→崔
　致遠（さいちえん）
知恩院‥‥‥‥‥‥274,282
近角常観‥‥‥‥‥349,353
智顗‥‥‥97,122,174,222,279
蓄髪‥‥‥‥‥‥‥‥346
智積院‥‥‥‥‥‥‥280
智昇‥‥‥‥‥‥81,106,188
チダル‥‥‥‥‥‥‥‥42
知訥‥‥‥‥‥‥‥128-130
チベット大蔵経‥‥3,22,42,43
チャイティヤ窟‥‥‥‥29
慈蔵（チャジャン）→慈蔵
　（じぞう）
チャンディ・ボロブドゥール
　‥‥‥‥‥‥‥‥64-67
チャンドラキールティ‥‥24
中観‥‥‥‥3,13,16,24,25,43
中世日本紀‥‥‥‥228,229
チュラーロンコーン‥‥‥57
澄観‥‥‥‥‥‥99,128,134
趙帰真‥‥‥‥‥‥‥‥86
重源‥‥‥‥‥‥‥228,234
朝山進香‥‥‥‥‥‥‥104
朝鮮出兵‥‥‥‥‥231,310
彫像‥‥‥‥‥‥112,236,237
奝然‥‥‥175,189,194,195,234
勅修百丈清規‥‥‥‥‥89
定林寺（チョンリムサ）→定
　林寺（じょうりんじ）
追善‥‥‥181,203,212,240,241,
　248,252,257,270
都維那‥‥‥‥‥‥‥89,169
ツェルパ‥‥‥‥‥‥‥43
ツォンカパ‥‥‥‥‥‥43
帝師‥‥‥‥‥94,95,101,123
ティソン・デツェン王‥42,44,
　46

寺請‥‥‥‥266,272,276,300,304,
　310-313,320
デンカルマ目録‥‥‥‥42
テンギュル‥‥‥‥‥‥42
天山南路‥‥‥‥‥36,40,112
天山北路‥‥‥‥‥36,40,112
伝世写本‥‥‥‥‥‥‥32
天台四教儀‥‥‥‥‥134
天台宗‥‥‥22,89,97,116,122,
　128,129,134,135,166,167,
　170-175,196,222,243,246,
　247,256,274,277-279,286,
　290,306,307,321,328,338,
　341
天道教‥‥‥‥‥‥‥125
テンパンマ‥‥‥‥‥‥43
伝訳‥‥‥‥‥‥‥‥78,79
天龍山石窟‥‥‥‥‥110
転輪聖王‥‥‥‥82,83,300
ドヴァーラヴァティー‥56,58
道安‥‥‥‥81,88,90,96,188
東学‥‥‥‥‥‥‥‥125
道行般若経‥‥‥‥‥‥16
道元‥‥‥202,220,226,227,237,
　244,281
東国李相国集‥‥‥‥129
東寺‥‥‥170,172,174-176,243,
　270,280
同時成立説‥‥‥‥‥18
道綽‥‥‥‥‥‥97,122,219
東照宮‥274,275,276,279,290,
　301
東照大権現‥‥‥‥274,301
道宣‥‥‥‥‥88,97,98,116
道先仏後‥‥‥‥‥‥‥83
道僧格‥‥‥‥‥‥‥160
東大寺‥158,162,167,170,172-
　174,176,180-182,186,189,
　204,212,224,234,256,268,
　270,271,278,294
藤沢上人‥‥‥‥‥‥285

道中日記……………………292,293
道仏論争……………………………94
道倫……………………………131
ドゥル・ボン………………46,47
読経……178,179,186,240,255,275
度牒………84,93,142,143,160
吐蕃……36,42,44,46,47,94,98,99
渡来僧…168,192,203,220,221,232,233,252,253
道倫（トリュン）→道倫（どうりん）
敦煌…36,40,42,47,74,77,97,102,103,106,108,110-113,188
敦煌莫高窟………102,112,113
遁世僧………………225
トンパ……………………46
曇曜…………90,91,114,115
曇曜五窟………91,114,115
曇鸞…………122,219

な行――

ナーガールジュナ………16,24
内地雑居…………………336
南海寄帰内法伝………56,64,98
南山律宗………88,89,167,225
南伝仏教…………2,37
南都六宗……170,172-175,181,192,202,208,212,224
ニカーヤ……4,5,10,11,48,49
二巻本難語釈……………42
肉食……309,310,320,346,348
二十二社……203,210,211
二乗作仏…………………18
日蓮……214,220,222,226,228,237,244,284,358,360
日蓮宗……214,222,223,236,240,268,272,274,284,303,307,308,312,321,328,329,357-

359,363
日本国見在書目録…………189
日本書紀……140,141,154-156,158,162,177,182,188,192,193,228,264,306
娘娘………………………104
如実知自心…………………22
女人往生…………198,203,244
如来蔵（思想）…3,19,20,21,310
仁和寺…134,205,234,270,280
ニンマ派……………42,47,347
年忌法要……………275,296
念持仏………………44,236
念仏……96,122,150,161,196,197,202,205,207,216-220,240,256,258,259,265,274,282,283,285,301,312,313
年分度者……166,167,174,175

は行――

バーヴィヴェーカ……………24
拝君親………………76,84,85
排仏崇儒…………125,142,144
廃仏…61,63,76,86,87,90,91,97,114,124,134,150,322,323,325,337,366,367
排耶論…287,310,311,319,336,337
バイヨン……………60,63
墓…147,164,184,188,240,241,248,249,274,277,296,297,354,355
博士………………140,256
麦積山石窟…………110,111
パクパ……………94,101
長谷寺……………216,280
破僧………………………9
八正道……………………3
八千頌般若経…………16,17
法度……264,272,273,281,282,

288,302
反戦……………321,350,362
ハンセン病………224,358,359
ハンターワディー（ペグー）朝→ペグー朝
般若（思想）……16,17,24,40,50,60,68,98,99,106,126,136-138,181,191,235,246,247,330
韓龍雲（ハンヨンウン）→韓龍雲（かんりゅううん）
比丘尼御所………………298
秘事法門……………312,313
美術…2,28,-31,36,40,41,44,45,59,77,83,111,113,115,119,125,135,146,147,185,198,203,209,222,225,239,248,253-255,260,261,366
聖…196,197,202,215,217,238-242,285,294,296
筆受………………78,79
悲田宗……………312,313
白蓮社……………96,122
ピュー族…………52,54,60
休静（ヒョジョン）→休静（きゅうじょう）
飛来峰石窟………………110
毘盧遮那仏……22,67,147,205
賓陽三洞…………………114
興律派（ファンリョンサ）→興律派（こうりつは）
不空……22,48,98,170,174
福田行誡…………325,346,347
封戸………………………163
武后登極讖疏……………83
布薩……………………6,9
富士参詣…………………292
不受不施派…272,273,296,284,312,313
布施屋……………………165
普陀山……………………104

仏舎利塔⋯⋯⋯⋯⋯⋯⋯92
仏所⋯⋯⋯⋯⋯⋯⋯⋯⋯ 260
仏性⋯⋯⋯⋯⋯ 19,20,224,310
仏祖統紀⋯⋯⋯⋯⋯⋯ 116,177
仏祖歴代通載⋯⋯⋯⋯⋯⋯ 116
ブッダ（釈迦・釈尊）⋯⋯2-7,
　10,12,14,15,17,18,20,21,
　24,28-31,35,40,44,46,48,
　50,54,55,62,64,65,67,70,
　82,92,106,115,119,146,
　194,216,222,234,236,238,
　255,338
ブッダゴーサ⋯⋯⋯⋯ 7,12,48
仏塔⋯3,5,14,28,29,38,50-55,
　58,59,92,100,119,125,
　146,158
仏図澄⋯⋯⋯⋯⋯⋯⋯ 90,96
武当山⋯⋯⋯⋯⋯⋯⋯⋯ 104
ブトン⋯⋯⋯⋯⋯⋯⋯⋯⋯43
扶南⋯⋯⋯⋯⋯ 37,60,68,70
芙蓉道楷⋯⋯⋯⋯⋯⋯⋯ 100
プラマーナ⋯⋯⋯⋯⋯⋯ 26,27
触頭⋯⋯⋯⋯ 273,277,280,287
プロテスタント⋯144,145,287,
　310,311,336
文学⋯⋯⋯77,103,308,364,365
仏教文学⋯⋯⋯⋯52,53,57,364
分類整理目録⋯⋯⋯⋯⋯⋯81
炳霊寺石窟⋯⋯⋯⋯⋯ 110,111
碧霞元君⋯⋯⋯⋯⋯⋯⋯ 104
慧灌（ヘグァン）　→慧灌（えか
　ん）
ペグー朝⋯⋯⋯⋯⋯⋯37,52-54
変成男子⋯⋯⋯⋯⋯⋯ 199,244
変体漢文⋯⋯⋯⋯ 131,132,253
宝雨経⋯⋯⋯⋯⋯⋯⋯⋯⋯83
法会⋯88,99,102,103,125,129,
　137-139,142,143,152,162,
　167,174,175,178,179,182,
　188,202,204,205,212,213,
　220,236,238,250,254,256-

259,270,354
法果⋯⋯⋯⋯⋯⋯⋯⋯⋯⋯90
宝篋印塔⋯⋯⋯⋯⋯⋯ 248,249
房山石経⋯⋯⋯⋯87,92,97,106
奉先寺洞⋯⋯⋯⋯⋯⋯⋯ 114
法然⋯⋯122,202,208,216,218,
　219,227,244,282,283
法門寺⋯⋯⋯⋯⋯⋯⋯⋯ 119
ボードーパヤー王⋯⋯⋯⋯53
北伝仏教⋯⋯⋯⋯⋯⋯⋯2,18
法華経⋯18,19,31,68,70,163,
　173,174,194,197,199,202,
　213,219,222,223,235,246,
　257,284,358
菩薩戒（菩薩戒）⋯⋯82,88,93
菩薩行（菩薩行）⋯⋯⋯⋯ 164
菩提寺⋯240,267,274,276,277,
　290
法華⋯⋯125,126,163,182,196,
　205,212,222,223,239,246,
　257,270,360
法華一揆⋯⋯⋯⋯ 202,214,265
法華宗⋯208,213-215,222,223,
　265,284,315,360
法顕⋯⋯⋯⋯⋯⋯⋯39,48,96
法顕伝⋯⋯⋯⋯⋯⋯⋯⋯⋯96
法勝寺⋯⋯⋯⋯⋯ 178,205,234
法親王⋯⋯⋯ 202,205,279,282
法相宗⋯128,131,164,173-175,
　220,224,262,278
ポロンナルワ⋯⋯⋯⋯48,50,51
本願⋯⋯⋯16,176,239,265,294,
　295,301
本願寺⋯202,214,265,268,269,
　286,287,299,303,312,328-
　330,332,334,336,338,340-
　343,348,357-359,363
本願所⋯⋯⋯⋯⋯⋯⋯⋯ 238
ボン（ポン）教⋯36,42,43,46,
　47
本地垂迹⋯⋯⋯186,228,229,238,

239,264,306,307
本末（本末制度）⋯⋯⋯215,266,
　276,277,280,282,284,287,
　288,291
翻訳名義大集⋯⋯⋯⋯⋯⋯42
梵暦⋯⋯⋯⋯⋯⋯⋯⋯ 318,319

ま行――

媽祖⋯⋯⋯⋯⋯⋯⋯⋯⋯ 104
マックス・ミュラー⋯⋯⋯ 330
末法思想⋯⋯⋯⋯⋯97,216,217
マヒンダ⋯⋯⋯⋯⋯⋯5,48,50
万松行秀⋯⋯⋯⋯⋯⋯92,101
曼荼羅⋯22,45,67,222,236,255
マンダレー⋯⋯⋯⋯⋯⋯53,54
密教⋯2,3,16,20-23,31,37,39,
　42-44,46-48,52,54,55,64,
　65,67-70,92,98,125,126,
　129,134,135,139,170,171,
　174,175,178,179,188,189,
　195,196,202,206,208,209,
　212,213,217,219,220,221,
　228,236,242,243,247,255,
　260,270,279,280,306,307,
　360
名号⋯⋯⋯⋯⋯ 218,219,236,283
ミリンダ王の問い⋯⋯⋯⋯38
弥勒寺（朝鮮半島）⋯125,132,
　146,147,155
弥勒寺（日本）⋯⋯⋯⋯⋯ 280
弥勒⋯⋯ 17,26,83,115,125-127,
　141,146,147,150,173,216,
　217,238,255
民芸運動⋯⋯⋯⋯⋯⋯⋯ 366
明高僧伝⋯⋯⋯⋯⋯⋯⋯ 116
ミンドン王⋯⋯⋯⋯⋯⋯53,54
無畏山寺⋯⋯⋯⋯⋯37,48-50
無準師範⋯⋯⋯⋯⋯⋯⋯ 101
夢窓疎石⋯⋯⋯⋯⋯⋯ 213,220
無量寿経⋯⋯ 17,40,122,246,366
メディア⋯⋯321,334,335,348,

349,353,367

メルヴ……………………32

メンリ流………………………44

モンクット……………………57

門跡……212,215,243,270-273,
276,279,282,286,312

や行——

訳主…………………………78,79

訳場…………………………78,79

やまと絵……………………260

山伏……………242,243,272

唯識……13,24,26,47,92,126,
127,131,224,278

由緒……153,185,267,304,305

唯心…………………………19,122

友社…………………………252

瑜伽行派……………………26

瑜伽行唯識学派…24,26,43,172

喩伽行唯識思想………3,164

遊行上人……………………285

湯殿山（出羽三山）参詣…292

ユニテリアン…………321,337

吉田神道…229,264、274,306,
307,315

ら行——

ラームカムヘーン王……56,58

ラリタ・ヴィスタラ……14,66

李元昊………………………123

リタイ王………………………56

律………6,7,12,14,40,80,88,89,
92,106,124,132,134,172,
174,175,207,221,225,240,
246,278,282,283

律宗……98,134,173-175,207,
221,225,240,246,278,282,
283

律蔵………………3-9,10,14,35

略縁起………………304,305

龍樹…………16,24,122,219

龍泉行育……………………101

龍門石窟…77,91,110,111,114,
115

梁高僧伝………………116,186

両部神道………………228,264

林下…………………………220

臨済宗……68,71,100,101,128,
134,213,220,228,230,278

リンチェン・サンポ……42,44

リンチェン・サンポ様式……44

盧舎那大仏…………………114

歴代三宝紀………………81,116

六勝寺………………204,205

六波羅蜜………………3,98

廬山慧遠……………84,96,122

論義………………178,257,274

論蔵………………………3,13

わ行——

和漢聯句……………………252

ワット・アルン………………59

ワット・シー・チュム………58

ワット・プラ・シーサンペット
…………………………59

ワット・プラケオ………57,59

ワット・ポー…………………59

ワット・マハータート………58

執筆者一覧（各章五十音順）

第1部第1章　インド
天野　信　　岩田　朋子　　江田　昭道　　岡本　健資　　加納　和雄　　倉西　憲一
佐藤　直実　　志賀　浄邦　　庄司　史生　　福山　泰子　　吉田　哲

第1部第2章　アジア諸国・地域
大西　和彦　　熊谷　誠慈　　佐藤　直実　　仲宗根充修　　山口　周子

第2部第1章　中国
石野　一晴　　市野　智行　　今西　智久　　倉本　尚徳　　千田たくま　　中田　美絵
福島　重　　藤井　政彦　　藤村　潔　　藤原　崇人　　松浦　典弘　　山口　正晃
山本　明志　　米田　健志

第2部第2章　朝鮮半島
中島　志郎　　馬場　久幸　　師　茂樹　　安田　純也

第3部1章　日本古代
上島　享　　勝浦　令子　　櫻木　潤　　佐藤　文子　　関山麻衣子　　曾根　正人
竹内　亮　　手島　崇裕　　中川　修　　東舘　紹見　　舩田　淳一　　北條　勝貴
堀　裕　　牧　伸行　　増尾伸一郎　　宮﨑　健司　　吉田　一彦　　若井　敏明

第3部2章　日本中世
安藤　弥　　上島　享　　追塩　千尋　　大田壮一郎　　大原　嘉豊　　上川　通夫
菊地　大樹　　衣川　仁　　斎藤　夏来　　佐藤　弘夫　　下間　一頼　　高橋　大樹
辻　浩和　　寺尾　英智　　徳永健太郎　　冨島　義幸　　橋本　雄　　長谷川賢二
原田　正俊　　舩田　淳一　　細川　涼一　　三島　暁子　　芳澤　元

第3部3章　日本近世
青谷　美羽　　秋月　俊也　　石黒　智教　　上野　大輔　　岡田　正彦　　鍛治　宏介
川端　泰幸　　岸本　覚　　木下　光生　　小林　准士　　小松　愛子　　曽根原　理
寺尾　英智　　西村　玲　　幡鎌　一弘　　原　淳一郎　　引野　亨輔　　日暮　義晃
平野　寿則　　前田　一郎　　松金　直美　　村上　紀夫　　吉田　叡禮　　和田　幸司

第3部4章　日本近代
阿満　道尋　　安中　尚史　　江島　尚俊　　大澤　広嗣　　大谷　栄一　　碧海　寿広
奥山　直司　　オリオン・クラウタウ　　近藤俊太郎　　繁田　真爾　　谷川　穣
辻岡　健志　　土居　浩　　野世　英水　　福島　栄寿　　守屋　友江　　吉永　進一

編集委員会名簿
第1部　第1章　佐藤　直実　　山口　周子
　　　　第2章　仲宗根充修　　山口　周子
第2部　第1章　福島　重（地図兼担）　　藤原　崇人　　松浦　典弘
　　　　第2章　馬場　久幸（年表兼担）
第3部　第1章　佐藤　文子　　関山麻衣子
　　　　第2章　大田壮一郎　　舩田　淳一　　芳澤　元
　　　　第3章　川端　泰幸　　松金　直美
　　　　第4章　福島　栄寿　　守屋　友江

編集委員長　安藤　弥

協力機関・協力者

下記の寺院・研究機関・個人からご協力を賜わりました。厚く御礼申し上げます。
安城市歴史博物館　上野学園大学日本音楽史研究所　大谷大学　大谷大学博物館
久遠寺　奈良国立博物館　本證寺　本法寺　満性寺　立正佼成会　龍谷大学
龍谷大学古典籍デジタルアーカイブ研究センター　早稲田大学図書館　老泉　量
田林　啓

カバー・扉使用図版（括弧内は写真提供者、出典。無記名の場合は編集委員提供）

〈カバー表1〉
　上段左：インド・アジャンタ第26窟の仏塔
　上段右：復元されたベゼクリク石窟第15号窟の誓願図（龍谷大学古典籍デジタルアーカイブ研究センター）
　下段左：中国・雲崗大仏
　下段右：愛知・本證寺所蔵　聖徳太子立像（安城市歴史博物館）

〈カバー表4〉
　上段：韓国・海印寺大蔵経殿
　中段左：タイ・ワットアルン
　中段右：愛知・満性寺所蔵　善光寺如来絵伝（安城市歴史博物館）
　下段左：インド・サーンチー第1ストゥーパ　トラナ　レリーフ
　下段右：京都・大谷大学博物館『大唐西域記』〔チベット語〕

〈第1部扉〉
　上段左：インド・サーンチー第1ストゥーパ　トラナ　レリーフ
　上段右：スリランカ・ランカーティラカ仏堂
　下段左：チベット・毘沙門天像（井ノ口泰淳ほか編『図説　日本仏教の原像』）
　下段右：ベトナム・筆塔寺　千手千眼観音坐像

〈第2部扉〉
　上段左：鳩摩羅什像（井ノ口泰淳ほか編『図説　日本仏教の原像』）
　上段右：中国・大雁塔
　下段左：韓国・国立中央博物館所蔵　金銅半跏思惟像（井ノ口泰淳ほか編『図説　日本仏教の原像』）
　下段右：中国・『雑阿含経』（大谷大学所蔵、京都国立博物館ほか編『仏法東漸』）

〈第3部扉〉
　上段左：滋賀・比叡山延暦寺戒壇院（高取正男ほか編『図説　日本仏教史』第1巻）
　上段右：大阪・一心寺一行一筆阿弥陀経（高取正男ほか編『図説　日本仏教史』第2巻）
　下段左：『精神界』創刊号表紙（法藏館）
　下段右：和歌山・穀屋寺所蔵　紀三井寺参詣曼荼羅（高取正男ほか編『図説　日本仏教史』第3巻）

仏教史研究ハンドブック

2017年2月25日　初版第1刷発行
2020年7月30日　初版第3刷発行

編　　者　　佛 教 史 学 会
発 行 者　　西 村 明 高
発 行 所　　株式
　　　　　　会社 法 藏 館

〒 600-8153
京都市下京区正面通烏丸東入
電　話　075（343）0030（編集）
　　　　075（343）5656（営業）

装幀　山崎　登

印刷・製本　亜細亜印刷株式会社

©The Learned Society of the History of Buddism
　2017 *Printed in Japan*

ISBN978-4-8318-6005-7　C1015

日本の仏教1　仏教と出会った日本	日本仏教研究会編	三、〇〇〇円
日本の仏教2　日本仏教の研究法　歴史と展望	日本仏教研究会編	三、二〇〇円
日本の仏教3　日本仏教の文献ガイド	日本仏教研究会編	三、二〇〇円
釈尊と親鸞　インドから日本への軌跡	龍谷大学龍谷ミュージアム編	一、五〇〇円
電子書籍版　密教を知るためのブックガイド	松長有慶編	三、七八六円
近代仏教スタディーズ　仏教からみたもうひとつの近代	大谷栄一・吉永進一・近藤俊太郎編	二、三〇〇円
総合佛教大辞典　全一巻	横超慧日・多屋頼俊ほか編	二八、〇〇〇円

価格は税別

法藏館